Wilhelm und Gertrude Hermann

Die alten Zechen an der Ruhr

5., völlig neu bearbeitete und erweiterte Auflage 2003
Nachbearbeitung: Christiane Syré
Endredaktion Hans-Curt Köster

Die Blauen Bücher

Karl Robert Langewiesche Nachfolger Hans Köster
Verlagsbuchhandlung KG · Königstein im Taunus

Verlag und Autoren danken für Interesse und Hinweise den Rheinischen und Westfälischen Ämtern für Denkmalpflege, dem Deutschen Bergbau-Museum Bochum sowie dem Westfälischen Industriemuseum und der Stiftung Westfälisches Industriearchiv. Unser besonderer Dank gilt der RAG Aktiengesellschaft, vor allem ihrem Stellvertretenden Vorstandsvorsitzenden, Arbeitsdirektor Wilhelm Beermann. Für Hilfe und Zuspruch danken wir: Dr. Martin Bach, Dr.-Ing. Rolf Helge Bachstroem, Dr. Ulrich Barth, Dr. Walter Buschmann, Angela Dickhoff, Horst Hampel, Dr. Hans H. Hanke (LWL), Peter Happel, Herrn Heckmann (KVR), Michael Hegemann, Dr.-Ing. Walter Jackisch, Klaus Kaewert, Hans Karlisch, Klaus Kerten, Eckhard Kroll, Dr. med. F. Laubenthal, Joachim Leitsch, Erich Lubahn, Rolf Meyer, Hugo Martin, Paul Micheel, Dr. Rolf Petry, Günter Patschul, Dr. Detlef Riedel, Hedwig Rosker-Hansel, Dr. Daniel Salber, Rolf Sanders, Manfred Schröder, Paul-Johann Schwarz, Dr. Rainer Slotta, Werner Stegmann, Ignaz Stratmann, Günter Streich, Rolf Tasche, Ulrich Tenbergen, Gabriele Unverferth, Dr. Ulrich Wegmann, Peter Wentscher, Fritz Winkhaus †, Frau Dipl.-Ing. Wittkamp (LWL), Sonja Zadler (DSK).

INHALT

UMSCHLAGVORDERSEITE: *Das Bergwerk Zollverein in Essen war die letzte der fördernden Schachtanlagen im Gebiet der einstmals hinsichtlich der Anzahl der Zechen wie auch der Menge der geförderten Kohle größten Bergbaustadt des Kontinents. Die Zentralschachtanlage 12, die 1932 in Betrieb gegangen ist, war mit ihrem bis in die letzte Einzelheit architektonisch durchgearbeiteten charakteristischen Fördergerüst und den sorgfältig aufeinander abgestimmten und funktionsmäßig optimal zugeordneten Tagesanlagen sowie ihrer revolutionierenden Technik unter Tage für Jahrzehnte das modernste Bergwerk an der Ruhr. Keine andere Schachtanlage ist so oft fotografiert, gezeichnet und gemalt worden wie Zollverein 12. Aufnahme etwa 1975.*
UMSCHLAGRÜCKSEITE: *Lünen-Brambauer, ehem. Bergwerk Minister Aachenbach, Schacht 4 mit «Colani-Ei» (vgl. S. 272f.).*
SEITE 1: *Essen-Katernberg: Bergwerk Zollverein. «So fing ich den Bergbau in dieser Gegend wieder für eigene Rechnung an, kaufte mehrere passende Ländereien, erwarb verschiedene Kohlenfelder und vereinigte sie unter dem Namen Zollverein». Mit diesen Worten hielt der Bergwerksbegründer, Franz Haniel (1779–1868), fest, wie es zu dieser berühmten Zeche kam, die 135 Jahre in Betrieb gewesen ist. Das Bild zeigt die beiden Malakofftürme über den Schächten 1 und 2, die 1851 die Förderung aufnahmen. Lithographie aus dem Jahre 1852.*

Herten-Langenbochum: Bergwerk Schlägel & Eisen. Ganz links das Stahlkastenstreben-Fördergerüst über Schacht 4, – es war das erste in Kastenbauweise erstellte Fördergerüst –, mit 64 m Höhe ehemals ein bergbauliches Wahrzeichen des Stadtteils Langenbochum. Der alte Schacht 4 von 1900 wurde zu Beginn der 1980er Jahre verfüllt, dann auf 1 240 m neu geteuft und war (Durchmesser 7 m) zunächst Hauptförderschacht des Bergwerks (später Förderschacht). Rechts neben Schacht 4: deutsches Strebengerüst über Schacht 3. Ganz rechts im Bild: Vollwandstrebengerüst über Schacht 7. † 1990, Abriß 1991.

Zum Geleit

Der Essener Bürger Johannes Ursinus, der einer Familie Baar entstammte, kann als der «Vater» der Geschichte des Ruhrbergbaus bezeichnet werden. Er war Buchhändler sowie Schriftsteller und gab seine «Historia Westphaliae seu veteris Saxoniae» (Geschichte Westfalens oder Altsachsens) am 17. Dezember 1616 in seinem «Vaterland, der löblichen kayserlichen freien Reichstadt», zum Druck.

In dem Kapitel «Von Metallgruben und anderen Bergwerken» sagt Ursinus: «Kohlgruben oder Kohlberge, derer hat es in Westfalen, sonderlich aber im Stift Essen, der Grafschaft Mark und anderswo unterschiedlich viel. Daraus werden die schwarzen Brennsteine, oder, wie mans gerechter nennet, Steinkohlen wunderlicher Weise und mit großer Mühe, und nicht ohne sonderliche Gefahr der Bergknaben Leben, gegraben oder gebrochen.»

Fast wie aus dem Notizbuch eines modernen Werbetexters wollen uns in dem Geschichtswerk die Bemerkungen des Ursinus über «Steinkohlen» anmuten, die 1198 (also vor jetzt 800 Jahren) ein Pilger nahe Lüttich fand. «Sie geben ein strenges, klares und helles Feuer.» Den Armen seien sie wegen ihrer «Dauerhaftigkeit am Feuer» willkommen und weil sie wohlfeil wären, den Schmieden aber, weil sie damit «das Eisen besser, geschwinder und leichter als anderswie erweichen» könnten, und den Kaufleuten, weil sie «einen überschwenglichen Nutz und Vorteil schaffen».

Das Werk Ursinus' (im Original in der Stadtbibliothek Hamburg, die wichtigsten Passagen sind im 34. Heft der «Beiträge zur Geschichte von Stadt und Stift Essen» 1912 festgehalten) macht den Anfang der vielen Veröffentlichungen, die im Verlauf von nahezu vierzig Dezennien zur Geschichte der Ruhrbergwerke und der Ruhrkohle seit 1616 erschienen sind.

Unser Buch ist in den bisherigen vier Auflagen inzwischen mit über fünfzigtausend Exemplaren verbreitet. Es hat viel Anerkennung bei Fachleuten und interessierten Laien gefunden. Möge der hier vorgelegten fünften Auflage, die nochmals erweitert, gründlich durchgesehen und redaktionell wie typographisch verbessert worden ist, weiter der freundliche Zuspruch des Lesepublikums gesichert bleiben.

Essen, an der Schwelle zum 21. Jahrhundert

Wilhelm und Gertrude Hermann

Vorbemerkung zur 5. Auflage

Seit der letzten Überarbeitung des Buches für die 3. Auflage 1990 hat der Steinkohlenbergbau im Ruhrrevier starke Veränderungen durchgemacht, die auch bei Erscheinen dieser Ausgabe anhalten. Ein dramatisch gesunkener Weltmarktpreis für Kohle und eine drastische Kürzung der Subventionszahlungen sind die Hauptursachen für den Absturz der Fördermenge und Beschäftigtenzahl auf den Ruhrzechen. Auf Seite 303 listet die alte Ausgabe unter der Überschrift «Ruhrbergwerke heute» noch zwanzig aktive Bergwerke auf. Bei der Neubearbeitung für die vorliegende Ausgabe mußte diese Zahl auf ein Drittel, sieben Bergwerke, verkleinert werden.

Trotz dieser starken Veränderungen sollte kein neues Buch entstehen, sondern solche Teile, die durch die jüngere Entwicklung überholt waren, galt es auf den Stand bei Beginn des 21. Jahrhunderts zu bringen. Für den zweiten Teil des Buchs, den «Katalog der Bergwerke» bedeutete das: die neuesten verfügbaren Zahlen (2001) bzgl. Fördermenge und Zahl der Mitarbeiter/-innen eintragen, Stillegung und Verbund, Aufgabe von Schächten und Baufeldern und größere Veränderungen an den Bergwerksanlagen notieren. Durch Stillegung ausgedehnter Betriebsflächen und in jüngerer Zeit entstandene Einrichtungen zur Erhaltung von Industriedenkmälern waren zahlreiche Ergänzungen bei den Abschnitten zum Denkmalbestand nötig. Als Erweiterung dieser Abschnitte wird man in der vorliegenden Auflage zahlreiche Bergarbeitersiedlungen neu erwähnt finden, von denen ein großer Teil unter Denkmalschutz steht.

Im ersten Buchteil mußten die Änderungen manchmal etwas «großerflächig» ausfallen. Solche Änderungen oder Ergänzungen sind durch die Verwendung jener Schrift deutlich gemacht worden, aus der auch diese Vorbemerkung gesetzt worden ist. Erweiterungen, die über die Entwicklung der letzten fünzehn Jahre informieren, wurden eingefügt, sofern das Thema bereits in der alten Ausgabe angesprochen war. Die Einfügung erfolgte an solchen Stellen, wo sie inhaltlich am besten paßt, so dass keine neuen Kapitel entstanden. «Die alten Zechen an der Ruhr» ist also, trotz Neubearbeitung, das Buch von Wilhelm und Gertrude Hermann geblieben.

Bochum, November 2002

Christiane Syré

Vom Feuerstein zur Ruhrkohle

Schon am Ende der letzten Eiszeit – vor fast 10 000 Jahren – entwickelte der Mensch bergmännische Tätigkeiten. Nicht das Aufspüren von Kupfer, das als erstes Nutzmetall die geschichtlich fundamentale Wende zur Metallzeit einleitete, ebensowenig die gleichzeitig einsetzende Suche nach dem Edelmetall Gold waren der Anlaß zur ersten systematischen Eroberung der Erdtiefe in prähistorischer Zeit.

Der früheste bergmännische Tiefbau ist nach heutigen Erkenntnissen in dem Umkreis des *Feuersteins* (Silex) anzusiedeln. Das war in der Jungsteinzeit (6000 v. Chr.). Bei dem noch älteren Bergbau auf *Hämatit* (Blutstein) – ein schwarzroter Halbedelstein, dessen Pigment bei Felsmalereien begehrt war – handelte es sich dagegen nur um einfache Grubenbaue von etwa 2 m Tiefe. Die schon im Paläolithikum (Altsteinzeit) weltweit verbreitete Technik des *Faustkeils* beruhte im wesentlichen auf dem Feuerstein. Die Feuersteinbergwerke waren Tiefbaue mit Schacht- und Streckensystemen; das *Gezähe* des frühen Bergmanns war aus Stein (Schlägel) und Hirschhorn (zum Kratzen und Schaben), Holzfackeln dienten ihm als *Geleucht.*

Als sich um 3500 v. Chr. die Landwirtschaft in Nord-West-Europa durchsetzte, entstanden zwei Großbergbaugebiete für die Lieferung des Feuersteinmaterials: Krezmionki (Polen) und Spiennes-Ryckholt im belgisch-niederländischen Raum. Reich an erkundeten Feuersteinbergwerken ist England. Die ausgedehntesten Silexgruben befinden sich nach gegenwärtiger Kenntnis in Grimes Graves (Norfolk).

Die prähistorischen Bergleute waren Experten, wie die Ergebnisse der Grabungen in den Kreideformationen der Talhänge am rechten Maasufer von Ryckholt (südöstlich von Maastricht) beweisen. In einem Gebiet von 25 Hektar waren um 3100 v. Chr. die Silexbänke durch mehr als 700 Schächte erschlossen, sie hatten oben einen Durchmesser von 2,5 bis 3 m, unten einen solchen von etwa 1 m, die Teufe betrug 10 bis 12 m.

Nach dem Urteil der Vor- und Frühgeschichtsschreibung verweisen die gefundenen archäologischen Zeugnisse für die erste Verwendung von Kupfer auf den Raum zwischen Vorderasien und Turkestan. Hier im östlich und südöstlich an das Mittelmeer angrenzenden Gebiet, dem Alten Orient, stand nach diesen Erkenntnissen die Wiege des Erzbergbaus. Die Anfänge des europäischen Erzbergbaus sind nach jüngsten Grabungs-

Essen-Rellinghausen: Zeche Langenbrahm. Diese Anthrazitkohlenzeche war eine der ältesten des Ruhrgebiets. Sie wurde schon 1772 gegründet. 1902 ist der erste Tiefbauschacht in Förderung gekommen. † 1966. Das Fördergerüst (deutsches Strebengerüst) über dem Hauptschacht 2/4 von 1900 wurde 1968 abgebrochen.

ergebnissen im Zentralbalkan zu suchen. Als ältester Kupferbergbau gelten die Grubenanlagen von Rudna Glava (Ostserbien). Die Bergwerke werden in die erste Hälfte des vierten vorchristlichen Jahrtausends datiert; die dortigen Schächte waren 15 bis 20 m tief.

Die Bedeutung des zyprischen Bergbaus basiert auf seit ältester Zeit genutzten Kupfervorkommen. Schon in der Bronzezeit (3400 bis 1200 v. Chr.) brachten die reichen Kupferlager der Insel Zypern, die ihr den Namen gaben (griechisch: Kypros = Kupferinsel), einen ziemlichen Wohlstand ein. Nach 1600 v. Chr. nahm die Metallverarbeitung einen schnellen Aufschwung; die zyprischen Bergwerke (im Besitz der königlichen Regierung) führten Kupfer nach Ägypten, Kreta und Griechenland aus.

Von einer starken Bergbautätigkeit auf Kupfererze zeugen ausgedehnte Halden mehrerer alpiner Reviere. Hervorragende Bedeutung haben die ur- und frühgeschichtlichen Gruben Mitterberg (Salzburger Land) und Kelchalpe (bei Kitzbühel in Tirol). In diesem großen Revier wurden zwischen 1900 und 600 v. Chr. Kupfererze abgebaut; man ist auf Grubenbaue gestoßen, die 70 m Tiefe erreichten, in anderen – um 800 v. Chr. betriebenen – Bauen war man sogar bis 120 m Teufe und mehr vorgedrungen. Laurion auf Attika gilt als das berühmteste vorrömische Montanrevier der antiken Welt. Hier wurde jahrhundertelang – die Anfänge datieren von 1500 v. Chr. – bis weit in die Römerzeit hinein ein zeitweise sehr ergiebiger Bergbau auf silberhaltige Bleierze betrieben. Man schätzt die Streckenlänge dieser antiken Grubenbaue auf insgesamt mehr als 140 000 m.

Die Bergwerke von Laurion, so kann man bei Aischylos (525 – 456 v. Chr.) lesen, ließen im Goldenen Zeitalter (480 – 399 v. Chr.) «einen Silberbrunnen» für Athen fließen. Sie bildeten die Haupteinnahmequelle der Regierung, die alle Rechte auf Bodenschätze beanspruchte und die Gruben an private Ausbeuter verpachtete. 483 v. Chr. entdeckte ein Schäfer die ersten wirklich ergiebigen Silberadern, und ein allgemeiner Ansturm auf das Bergbaugebiet setzte ein. Nur Bürger durften Bergwerksbesitz erwerben und nur Sklaven die Arbeit verrichten. Beträchtliche Athenische Vermögen entstanden durch Geldanlagen in den Bergwerken. In den Silbergruben arbeiteten im Perikleischen Zeitalter etwa zwanzigtausend Sklaven; auch die Aufseher und Ingenieure waren Sklaven. Gearbeitet wurde in zehnstündigen Schichten, und die Arbeit lief ununterbrochen Tag und Nacht weiter. Die Grubenbaue waren etwa einen Meter hoch und dreiviertel Meter breit. Die Sklaven arbeiteten auf den Knien, auf dem Bauch oder dem Rücken mit Hammer und Meißel (Schlägel und Eisen). Das hereingewonnene Erz wurde in Säcken und Körben gefördert, die von Mann zu Mann weitergegeben wurden.

Die Gewinne der Bergwerke waren ungeheuer; der Anteil der Regierung wird für das Jahr 483 v. Chr. mit hundert Talenten angegeben (etwa 1,3 Millionen Euro nach heutigem Wert). Die Athenischen Finanzen wurden im Laufe der Zeit völlig von den Gruben abhängig, und als die Spartaner die Silberbergwerke im Peloponnesischen Krieg (431 – 404 v. Chr.) eroberten, geriet die ganze Athenische Wirtschaft in Unordnung. Die Erschöpfung der Silberbergwerke im 4. Jahrhundert v. Chr. bewirkte im Verein mit anderen Faktoren den Niedergang Athens.

Die *Römer* waren mit dem Bergbau erst im Verlauf ihrer territorialen Expansion in Berührung gekommen. Auf der italienischen Halbinsel gab es neben einigen Silbergruben der Griechen im Süden vor allem in Etrurien eine jahrhundertelange ergiebige Produktion von Kupfer und Eisen. Als Rom Spanien erobert hatte, arbeiteten viele Römer in den iberischen Bergwerken. Schon antike Autoren vermerken wiederholt Initiativen bei der Eröffnung von Bergwerken in Griechenland, auf Zypern und Sardinien, in Spanien und anderenorts.

Der Bergbau auf der Iberischen Halbinsel während der späten römischen Republik und der frühen Kaiserzeit (100 v. Chr. bzw. 100 n. Chr.) war der wichtigste Metalllieferant der antiken Welt. Allein in den Silbergruben bei Cartagena sollen um die Zeitenwende nicht weniger als 40 000 Arbeiter beschäftigt gewesen sein. Die reichen Erträge der spanischen Bergwerke dienten nicht nur zur Finanzierung der wachsenden Militärhaushalte, sondern waren auch ein Mittel der auswärtigen Politik; die Römer erkauften sich Ruhe an ihren gefährdeten Grenzen. Lange Zeit waren die Goldfelder im Nordwesten der Iberischen Halbinsel die ergiebigsten des Römischen Reiches. Einem großtechnisch betriebenen hydraulischen Abbau goldhaltigen Gesteins fielen ganze Bergwände zum Opfer, dieser gewaltige Eingriff des Menschen in die Natur ist heute noch deutlich in der Landschaft zu erkennen. Auch am Oberrhein ist zur Römerzeit und später Gold gewonnen worden.

Einer der größten und wichtigsten Montandistrikte war der Bergbau auf silberhaltige Blei- und Kupfererze in Südspanien (Sierra Morena, Murcia und Almeria). Die Römer, die ursprünglich die Bergbautechnik der unterworfenen Bevölkerung in den neuen Provinzen übernahmen, haben – ähnlich wie in der Bau- und Waffentechnik – sehr bald wichtige eigene Beiträge zur Ingenieurtechnik im Berg- und Hüttenwesen geleistet. Am Oberlauf des Rio Tinto gab es sogar eine Schulungsstätte für den bergbaulichen Fachkräftenachwuchs.

Salz, das der Mensch sicher mit dem Beginn des Ackerbaus regelmäßig verwendet hat – Spuren von seßhaften Bauern im Nordosten des Irak (Dscharmo), die auf etwa 6500 v. Chr. datiert werden, weisen darauf hin – dürfte wohl zuerst um 1500 v. Chr. im Salzburgischen (Hallein, Plassen bei Hallstadt) bergmännisch gewonnen worden sein. Nach dem Untergang des römischen Weltreiches kamen die Bergbauunternehmungen in Spanien, Gallien, Germanien usw. weithin zum Erliegen; die meisten Grubenanlagen gerieten in Vergessenheit. Das technisch und finanziell weniger aufwendige Waschen von Gold aus goldhaltigen Anschwemmungen der Flüsse und Bäche zählt jedoch mit Sicherheit zu den Bergbautätigkeiten, die nach der Unterbrechung am schnellsten wieder aufgenommen werden konnten.

Ähnliches gilt für den Abbau von Raseneisenerzen im einfachen Tagebau, den die Germanen schon früh betrieben. Das älteste schriftliche Zeugnis (aus dem Jahr 890) des *österreichischen* Bergbaus bezieht sich vermutlich auf Eisenerz. Die Anfänge des später recht bedeutenden Silberbergbaus im *Elsaß* werden dagegen schon im 8. Jahrhundert vermutet. Für das 9. Jahrhundert wird ein reger Bergbau auf Eisen, Kupfer, Silber und Gold in der *Maingegend* angenommen. Um 850 begann der Abbau der silberreichen Kupfer- und Bleierze am *Rammelsberg* bei Goslar; die Anfänge des Harzer Bergbaus datieren aber noch erheblich früher.

Das glänzendste schriftliche Zeugnis des mittelalterlichen Montanwesens stammt von *Georgius Agricola* aus Glauchau (1494 – 1555). Er hatte in Italien studiert und war einige Jahre Arzt in der jungen Bergbaustadt St. Joachimsthal (Erzgebirge). «Mit glühendem Eifer», wie er schreibt, hatte er sich dem Studium der Natur und bergmännischen Erfahrungswelt gewidmet, und in Joachimsthal begann die Geschichte seiner «Zwölf Bücher vom Berg- und Hüttenwesen» (De re metallica Libri XII), die 1556 (nach dem Tod des Autors) in Basel erschienen sind (1557 in deutscher Übersetzung). Schon zehn Jahre vor Erscheinen des Werkes hatte Agricola den Inhalt so angekündigt: «Darin werde ich die Verfahrensarten aufzeigen, nach denen man Erze auffinden kann, nach denen man sie herausholen, waschen und schmelzen muß... zugleich auch die Grubenmaschinen und vieles andere erklären...»

Bochum-Dahlhausen: Zeche Hasenwinkel. Diese alte Zeche ging in ihren Ursprüngen bis vor 1700 zurück. Der erste Tiefbauschacht ist 1861 angesetzt worden; erst 1866 konnte die Förderung aufgenommen werden. † 1919. Fast sämtliche Tagesbauten sind damals abgebrochen worden. Aufnahme um 1900.

Steinkohlenbergbau wird erstmals im holländischen Südlimburg um 1100 erwähnt. Wahrscheinlich datieren die Anfänge aber viel früher, denn Kohlenfunde in Resten römischer Bauwerke in der Gegend von Aachen lassen vermuten, dass schon die Römer ihre Villen und Badehäuser im unwirtlichen Germanien mit Kohle beheizt haben. Steinkohle ist – unbeschadet ihrer Entdeckung im frühen Mittelalter – ein echtes Kind des Maschinenzeitalters. Besonders interessant wurde sie erst durch die industrielle Eisenverhüttung (für die noch bis in die Mitte des 19. Jahrhunderts Holzkohle bevorzugt wurde).

Als der Holzbedarf der Hochöfen nicht mehr gedeckt werden konnte, ist zunächst versucht worden, Steinkohle zur Eisenerzverhüttung zu verwenden. Die geringe Festigkeit und der Schwefelgehalt der Kohle stehen aber der Verbrennung im Hochofen hindernd entgegen. Der *Steinkohlenkoks* dagegen ist fest genug, um die Last der Erzsäule zu tragen, und er ist porig (guter Durchzug des Hochofenwindes). Der Anstoß zur Kokserzeugung im großen Maßstab ist also eindeutig von der Eisenindustrie ausgegangen. Die backende Fettfeinkohle von der Ruhr liefert den für die Verhüttungs- und Schmelzprozesse der Eisen- und Stahlindustrie unentbehrlichen harten, stückigen und festen Koks. Die zur Herstellung dieses Kokses benötigte Fettkohle steht im Ruhrgebiet in großen Mengen an. Sie wird als backende, gewaschene Fettfeinkohle mit einem Gasgehalt von 18 bis 30 Prozent Kokskohle genannt.

Der moderne *Koksofen* hat sich aus dem Holzkohlenmeiler entwickelt. Die ältesten Koksöfen hießen «Bienenkorböfen», weil sie eine bienenkorbähnliche Form aufwiesen. Ein Koksofen besteht aus etwa einem halben Meter breiten, 4 bis 6 m hohen und 10 bis 14 m langen Kammern, gemauert aus feuerfestem Material. Mehrere solcher Koksöfen sind zu einer *Koksofenbatterie* vereinigt und werden durch Heizzüge gleichmäßig beheizt. Bei der Verkokung zersetzt sich die Kohle; die flüchtigen Bestandteile (Sauerstoff, Stickstoff, Methan, Kohlenoxyd, Wasserstoff und Kohlenwasserstoff) werden frei. Der Koks, der nach einer *Garungszeit* von 18 bis 24 Stunden aus dem Ofen «gedrückt» wird, fällt glühend in den Löschwagen und wird im *Kokslöschturm* mit Wasser abgelöscht. Die Kohle ist in der Verkokung durch Erhitzung und Luftabschluß chemisch umgestaltet und zu etwa 97 Prozent reiner Kohlenstoff geworden (ein Produkt, das gleichmäßig und ohne Flammenbildung rauch- und rußfrei verbrennt).

Seit etwa 150 Jahren wird Steinkohle auch zu *Briketts* verarbeitet. Versuche zur Brikettierung wurden zuerst in Frankreich durchgeführt, und die ersten Steinkohlenbrikettfabriken sind 1840 dort errichtet worden. In Deutschland entschloß man sich Anfang der 1860er Jahre zur Brikettherstellung. Bei der Brikettierung werden aus der nicht verkokbaren Eß- und Magerfeinkohle durch Zusatz von Steinkohlenteerpech als Bindemittel Stück-, Eier- und Nußbriketts hergestellt.

Die Kohle stand am Anfang der industriellen Revolution. Sie wurde, wie man im 19. Jahrhundert formulierte, zum «Brot der Industrie» und brannte schnell unter allen Kesseln. Ihre Unentbehrlichkeit unterstreicht der Name «Schwarzer Diamant», den sie erhielt – ein sehr treffendes Synonym, denn der Edelstein aus reinem Kohlenstoff ist wie die Kohle tief im Inneren der Erde unter einem Druck von Tausenden Atmosphären entstanden. Von allen fossilen Energiearten hat sie mit Abstand die größten weltweiten Reserven.

Die Stärke der Kohle beruht auf der breiten Streuung ihrer riesigen natürlichen Vorkommen. Die bekannten Reserven dürften den Bedarf noch für mehr als 500 Jahre decken, während die bekannten Ölvorkommen nur noch für knapp ein Zehntel dieses Zeitraums ausreichen. Die Kohlenvorkommen sind zudem – im Gegensatz zum Mineralöl – nicht in einer politischen Wetterecke konzentriert, sondern überall vorhanden, auch in den großen Industriestaaten.

Am Beginn des 21. Jahrhunderts zeigte sich der Weltmarkt für Steinkohle in einem kräftigen Wachstum begriffen. Sowohl die Förderung als auch der Handel von Steinkohle stiegen und werden dies voraussichtlich auch in den kommenden zwanzig Jahren tun. Im Jahr 2001 wurden weltweit 603 Millionen Tonnen Steinkohle gehandelt, sieben Prozent mehr als im Jahr zuvor. Unter den Exportländern führt Australien (194 Mio. t) vor China (91 Mio. t) und Südafrika (69 Mio. t). Erstaunen mag hier Kolumbien, das 2001 mit 39 Millionen Tonnen bereits mehr Kohle ausgeführt hat als die GUS und Kanada. Die Liste der europäischen Ausfuhrländer führt Polen an (23 Mio. t). Das Land mit der höchsten Steinkohlenförderung (nicht dem höchsten Export) ist China, wo im Jahr 2000 etwas mehr als eine Milliarde Tonnen zu Tage gezogen wurden.

Das US-Energieministerium rechnete mit einem Anwachsen des Kohlenverbrauchs auf der Erde bis 2020 um 40 Prozent. Die größten Zuwächse erwartet man in Japan und den sogenannten Schwellenländern Süd- und Südostasiens, die den Energiebedarf ihrer wachsenden Industrie überwiegend aus Kohle decken werden.

Trotz dieser Aussicht und der Aufwärtsentwicklung der letzten Jahre ist die Zahl der im Kohlenbergbau Beschäftigten seit einiger Zeit stark rückläufig. In China beispielsweise sank sie von 6,7 Millionen (1995) auf 4,3 Millionen (2000), in Polen in der gleichen Zeit von 350 000 auf 217 000. Stillegung weniger rentabler Betriebe und Rationalisierung der verbleibenden sind hauptsächlich für den Personalabbau verantwortlich.

Ungefähr 38 Prozent der weltweit im Jahr 2000 erzeugten elektrischen Energie kommen aus Kohlekraftwerken (Steinkohle und Braunkohle). Eine Änderung dieses Anteils wird für die folgenden zehn Jahre nicht erwartet. In Deutschland trugen Stein- und Braunkohle 2000 sogar fast 52 Prozent zur Stromerzeugung bei; bis 2010 rechnet man mit einem Sinken dieses Anteils auf gut 46 Prozent. In Deutschland ist der Anteil der Steinkohle an der Stromerzeugung in den 1990er Jahren aufgrund politischer Entscheidungen zugunsten der «Kohleverstromung» ungefähr gleichgeblieben. Starke Veränderungen werden auch für die folgenden zwei Jahrzehnte nicht erwartet. Bei stetig sinkender deutscher Förderung wurde ein immer größerer Teil des Bedarfs durch importierte Kohle gedeckt. Erstmals im Jahr 2001 war die Importmenge größer als die inländische Förderung: von 65 Millionen Tonnen verbrauchter Steinkohle kamen nur 31 Millionen aus deutschen Bergwerken. Drei Viertel der Gesamtmenge nehmen hierzulande die Kraftwerke ab. Das verbleibende Viertel geht in die Stahlindustrie. Zum Heizen wird Kohle in Deutschland fast nicht mehr benutzt; ganz anders als gegen Ende der 1950er Jahre, als der Wärmemarkt fast die Hälfte der deutschen Kohlenförderung aufnahm.

Anteil der Primär-Energieträger an der Stromerzeugung in Deutschland

(lt. AG Energiebilanzen)	1990	2002
Steinkohle	23,4%	22,3%
Braunkohle	33,2%	29,1%
übrige Feststoffe	1,2%	1,7%
Heizöl	2,0%	1,2%
Gase (Natur- & Erdgas)	8,0%	9,1%
Wasser- u. Windkraft	1,4%	3,1%
Kernenergie	30,8%	33,5%
Gesamt	100,0%	100,0%

Das billigere Erdöl verdrängte in Deutschland schon ab 1958/59 die Kohle aus der Wärmeerzeugung und leitete damit den stetigen Förderrückgang auf den Berg-

Bochum-Harpen: Zeche Caroline. Das Bild stammt aus der Zeit kurz vor 1900. Bildmitte: Malakoffturm über Schacht 1 mit (links) angebautem Maschinenhaus. Das Abteufen war 1856 begonnen worden. Die Förderung konnte jedoch erst 1873 anlaufen. Ende der 1860er Jahre wurden wahrscheinlich der Malakoff und die übrigen Tagesanlagen errichtet. † 1931.

Anteil der Primär-Energieträger am Verbrauch in Deutschland

(lt. AG. Energiebilanzen)	1990	2002
Mineralöl	35,1%	37,4%
Gas	15,5%	22,0%
Steinkohle	15,5%	13,2%
Kernenergie	11,2%	12,6%
Braunkohle	21,5%	11,6%
Wasser- und Windkraft	0,4%	0,9%
Sonstige (Solar-, Biomasse)	0,8%	2,3%
Gesamt	100,0%	100,0%
in Millionen Tonnen Steinkohle-einheiten (SKE)	509	489

– davon im Jahr 2000 importiert 60% –

(Rückgang des Energieverbrauchs in Deutschland pro Kopf in den 1990er Jahren um 5%)

Anteil der Verbrauchergruppen am Energieverbrauch in Deutschland

in % (lt. AG Energiebilanzen)	1990	2002
Industrie	31,4%	25,3%
Verkehr	25,1%	29,0%
Haushalte	25,1%	29,2%
Handel, Gewerbe, Dienstl.	18,4%	16,5%
Gesamt	100,0%	100,0%

Energieeinsatz je Wertschöpfungs-

Einheit	1991	1999
	4,4 GJ (100%)	3,8 GJ (86,5%)

werken ein. Bald begann auch der Verkauf an die Eisen- und Stahlindustrie zu sinken und forderte weitere Stilllegungen. 1968 wurden die Ruhrbergwerke in der RAG (Ruhrkohle AG) zusammengefasst (s. S. 95f.). Nachdem sich 1973-1974 der Rohölpreis verdreifacht hatte («Ölkrise»), wurden innerhalb weniger Jahre zahlreiche Atomkraftwerke erbaut. Ab Mitte der 1980er Jahre sank zudem der Weltmarktpreis für Steinkohle drastisch und beschleunigte das Zechensterben in Deutschland.

Schon lange ist der kostendeckende Preis für deutsche Steinkohle (etwa 200 DM/t) deutlich höher als der Weltmarktpreis. Die Preisdifferenz mußte und muß den Abnehmern deutscher Kohle aus Mitteln der Kohlebeihilfe ausgeglichen werden (vgl. S. 98). 1985 kostete eine Tonne Steinkohle auf dem Weltmarkt 146 DM, 2000 bekam man sie für weniger als die Hälfte: 68 DM. Um Förderung und Absatz deutscher Kohle auf dem alten Niveau zu halten, hätte man die Beihilfen erhöhen müssen, was politisch längst nicht mehr durchsetzbar war.

Der Rückgang in Zahlen: 1957 förderten in Deutschland 607 000 Beschäftigte 149 Millionen Tonnen Steinkohle, im Ruhrgebiet sank bis 2002 die Beschäftigtenzahl von 495 800 auf 44 600, die Förderung von 123 auf 26 Millionen Tonnen. Eine einzige Kokerei arbeitete 2002 noch im Ruhrgebiet (Bergwerk Prosper-Haniel in Bottrop). Keine 150 Jahre vorher, in der zweiten Hälfte des 19. Jahrhunderts, waren es gerade die reichlichen Kokskohlenvorräte des Ruhrkarbons, die hier die größte Industrieregion Europas entstehen ließen.

Wird also das 21. Jahrhundert das Ende der Ruhrzechen bringen? Die Zukunft des deutschen Steinkohlenbergbaus über das Jahr 2012 hinaus hängt davon ab, ob und in welcher Höhe die Bundes- und Landesregierungen ihn künftig fördern wollen und mit Zustimmung der Europäischen Kommission fördern dürfen (s. S. 98).

Die Höhe der für den deutschen Bergbau so wichtigen Kohlebeihilfe wird oft überschätzt und ist, zumindest in Nordrhein-Westfalen, so unbeliebt nicht, wie die Politik der letzten Jahre es nahelegt. Bei einer Internet-Umfrage des Westdeutschen Rundfunks gab es 2002 fast 96 Prozent Zustimmung zur Subventionierung der heimischen Kohle, und eine EMNID-Umfage ermittelte 2002 unter allen Deutschen 71 Prozent Zustimmung.

Der Anteil der Kohlebeihilfen an den insgesamt im Jahr 2001 gezahlten Unterstützungen betrug weniger als drei Prozent und wurde z.B. von Verkehr und Landwirtschaft bei weitem übertroffen.

Die wirtschaftliche und gesellschaftliche Bedeutung auch eines stark geschrumpften Kohlenbergbaus für das Ruhrgebiet sollte nicht unterschätzt werden. 1997 bestätigte eine Untersuchung des Heidelberger Prognose Instituts einen Zusammenhang, der zumindest in den Kohlenrevieren schon seit längerer Zeit bekannt war: Ein Arbeitsplatz im Steinkohlenbergbau sichert 1,3 Arbeitsplätze in anderen Gewerben durch Auftragsvergabe oder auch einfach durch Wirkung von Löhnen und Gehältern.

Witten-Herbede: Die Kleinzeche Egbert ist die einzige original erhaltene Kleinzeche im Ruhrgebiet. Sie ist ein in die Moderne projiziertes Dokument des frühen Bergbaus an der Ruhr. Der Schacht (unser Bild) ist bis zwanzig Meter Teufe in Eisen ausgebaut und in Förder- und Fahrtrum geteilt.

Essen-Heisingen: Das Bruchsteingebäude aus dem Jahre 1841, das später als Fördermaschinenhaus der Zeche Carl Funke diente, ist 1986 in die Denkmalliste eingetragen worden. Es gilt als frühestes bekanntes Beispiel der Technologie des Ruhrbergbaus und ist bedeutend für die Geschichte seiner Arbeits- und Produktionsverhältnisse. Die Erhaltung und Nutzung des Baudenkmals liegt daher «im öffentlichen Interesse», wie es in der Denkmalliste der Stadt Essen heißt.

Im Vergleich mit vielen ausländischen Kollegen müssen und mußten deutsche Kohlenbergleute sich mit recht schwierigen natürlichen Bedingungen auseinandersetzen: große Tiefe, geringe Mächtigkeit und starke Faltung der Lagerstätten. Diese anspruchsvollen Bedingungen haben eine Bergbau- und Maschinentechnik entstehen lassen, die auch international gefragt sind. Trotz der stark rückläufigen inländischen Kohlenförderung lieferten deutsche Unternehmen 2000 immerhin 30 Prozent der weltweit gehandelten Maschinen für den Untertageeinsatz und führten damit die Liste der Exporteure auf diesem Markt an; USA und Großbritannien folgten mit 15, Japan mit 14 Prozent. Dieses Niveau ließe sich sicherlich nicht halten, gäbe es nicht die Nachfrage und Anregung eines – wenn auch kleinen – heimischen Steinkohlenbergbaus und die Vorführmöglichkeit in seinen Gruben.

Witten-Herbede: Quadratisches hölzernes Fördergerüst und Haspelbude der Zeche Egbert (Kämpenstraße 97).

Für die Entwicklung des Ruhrbergbaus war die natürliche Schiffahrtslinie des Rheins von entscheidender Bedeutung. Der Rhein verbindet das Ruhrgebiet mit dem Süden Deutschlands, sowie dem französischen und schweizerischen Wirtschaftsraum; im Norden besteht über die Beneluxländer eine günstige Verbindung zum Meer. Duisburg-Ruhrort und die Rheinmündungshäfen haben sich zu wichtigen Ausfalltoren des Ruhrgebiets zur Welt entwickelt. Durch künstliche Wasserstraßen ist der Rhein schon früh ergänzt worden. 1899 kam es zum Bau des 238 km langen Dortmund-Ems-Kanals, der das Revier mit der deutschen Nordseeküste und dem Mittellandkanal verbindet. 1914 wurde der Rhein-Herne-Kanal in Betrieb genommen. Wenig später folgte der Lippe-Seitenkanal, der 1930 durch den Wesel-Datteln-Kanal ergänzt worden ist. Mit diesen Kanalbauten wurde in Verbindung mit den Flußsystemen des Rheins, der Ems und der Weser ein weitverzweigtes, leistungsfähiges

Witten, Rauendahlstraße 166: Zeche Fortuna ins Westen. Diese drei an der Längsseite zusammengebauten Häuser waren Betriebsgebäude der bereits 1749 beliehenen Zeche. Der Betrieb kam 1870 zum Erliegen. Die eingeschossigen Gebäude wurden in Bruchstein errichtet und sind später verputzt worden. Sie stehen unter Denkmalschutz und werden als Wohnungen genutzt.

Witten: Bergbauhistorischer Rundweg Muttental. Die Kleinzeche Muttental ist 1934 durch die Gewerkschaft Jupiter errichtet worden. Der Name geht wahrscheinlich auf einen Stollen zurück, der schon 1783 gemutet worden war. Der neue Stollen Jupiter (Mittelgrund unseres Bildes rechts) ist nach alter Weise im Flöz Geitling vorgetrieben worden. Die Förderwagen wurden durch einen Kreiselkipper (links vom Stollenmundloch) entleert.

Wasserstraßennetz geschaffen. Wie schon beim Bau der Kanäle hat die Initiative der Ruhrzechen und ihre kapitalmäßige Beteiligung bei der Schaffung der Eisenbahnlinien eine entscheidende Rolle gespielt. Nicht unmittelbar an Bahnstrecken oder Wasserstraßen gelegene Bergwerke bauten Anschlußstrecken zur leichteren Abwicklung des Verkehrs. Durch das Zusammenwirken staatlicher, kommunaler und privater Initiativen entstand im Ruhrgebiet (mit dem Schwerpunkt Essen) ein Netz von Eisenbahnverbindungen, wie es in dieser Dichte im kontinentalen Europa sonst nicht vorhanden ist.

Die bei der Kohlenverbrennung entstehenden Stäube, Schwefel- und Stickoxyde sorgten in der Vergangenheit zumindest in einigen Gebieten Deutschlands für eine unerträgliche Luftverschmutzung. Durch aufwendige Anlagen zur Rauchgasreinigung, die große Teile der Kraftwerksgelände beanspruchen, dürfen deutsche Kohlekraftwerke heute zu den saubersten der Welt gezählt werden. Die Zunahme des Energiebedarfs zahlreicher Länder auf der Erde und das Anwachsen des Kohlenverbrauchs in der Folge werden auch die Notwendigkeit vergrößern, die in Deutschland und anderen westlichen Industrieländern gemachten Fortschritte andernorts nachzuholen.

Essen-Steele/Königssteele: Mitte der 1980er Jahre stieß man bei Erdarbeiten an der Bochumer Landstraße auf Spuren eines alten Bergbaus, der unter dem Namen «Kohlberg an der Glashütte» oder «Hünninghauser Kohlberg» um die Mitte des 18. Jahrhunderts bekannt war und dessen Ursprünge bis in das Jahr 1661 zurückreichen (s. Hünninghauser Erbstollen).

Ein anderes Problem bleibt aber von der Rauchgasreinigung unberührt: das bei der Verbrennung unvermeidliche Kohlendioxyd. Die Vergrößerung seines Anteils an der Atmosphäre führt wahrscheinlich zu einer Erwärmung des Erdklimas («Treibhauseffekt»). Natürlich sind Kohlekraftwerke nur eine Kohlendioxydquelle unter vielen, aber auch sie werden Wege finden müssen, ihren Ausstoß des «Klimagases» in Zukunft zu senken. Zunächst einmal kann man dafür den Wirkungsgrad der Kraftwerke so steigern, daß für die gleiche Menge Strom weniger Kohle verbrannt wird. Immerhin benötigen deutsche Kohlekraftwerke heute (Stand 2002) für die Erzeugung eines Kilowatts nur noch halb so viel Brennstoff wie vor 50 Jahren; Wirkungsgrad: 36 Prozent. Eine weitere Steigerung auf 45 Prozent scheint mit heutigen Mitteln möglich und würde ein Fünftel des derzeit abgegebenen Kohlendioxyds vermeiden. Ein solches modernes Steinkohlekraftwerk soll noch vor 2008 im Ruhrgebiet entstehen. Dieses Referenzkraftwerk könnte für deutsche Unternehmen gute Exportchancen eröffnen, denn nicht nur Deutschland und Europa müssen ihre Kraftwerksleistung erweitern oder modernisieren, auch weltweit werden steigender Energiebedarf und Kohlenverbrauch für Nachfrage nach modernen Kohlekraftwerken sorgen.

Eine Möglichkeit, das Kohlendioxyd ganz aus der Atmosphäre herauszuhalten, ist seine unterirdische Deponierung. Dafür muß man es zunächst aus dem Kraftwerksabgas abtrennen. In Norwegen wird etwas ähnliches bereits im Zusammenhang mit der Erdgasförderung praktiziert. Bei einer küstennahen Förderstelle, die stark mit Kohlendioxyd verunreinigtes Erdgas liefert, filtert man diesen unerwünschten Bestandteil heraus und preßt ihn 1000 Meter unter den Meeresboden in eine Salzwasser führende Gesteinsschicht. Ein solches Vorgehen könnte etwa 2020 auch die luftfreundliche Entsorgung des Kohlendioxyds aus den Kraftwerken ermöglichen.

Seit einigen Jahren nutzt man Kohle auch ohne bergmännischen Abbau. Man zieht das oft reichlich vorhandene Methangas heraus und setzt es zur Wärmegewinnung ein. Das Gas kann sowohl aus den Kohlenfeldern stillgelegter wie auch noch aktiver Bergwerke kommen und kann darüber hinaus über tiefe Bohrlöcher aus Lagerstätten abgesaugt werden, in denen es gar keinen Bergwerksbetrieb gibt. Im Bereich des Ruhrbergbaus sollen nach Plänen der Ruhrkohle AG Mitte 2002 bis zu 50 Heizkraftwerke das Grubengas nutzen.

Der Schacht A. Der unterſte Pumpenſatz B. Der erſte Waſſerkaſten C. Der zweite Pumpenſatz D. Der zweite Waſſerkaſten E. Der dritte Pumpenſatz F. Das Gerinne G. Die verlängerte Radwelle H. Das erſte breite Geſtänge I. Das zweite breite Geſtänge K. Das dritte breite Geſtänge L. Die erſte Kolbenſtange M. Die zweite Kolbenſtange N. Die dritte Kolbenſtange O. Die Drehpunkte P. Die Scheren Q.

Abbildung aus «Zwölf Bücher vom Berg- und Hüttenwesen» (De re metallica libri XII) des Georgius Agricola (1494 – 1555), die 1557 in deutscher Übersetzung erschienen sind.

Mit der Pinge fing es an

Wann und wo an der Ruhr mit der Kohlengewinnung begonnen wurde, ist nicht bekannt. Die Geschichte, nach der ein Hirtenjunge irgendwo im Ruhrtal am Abend ein Feuer anzündete und morgens die Steine der Brandstelle glühend vorfand, erzählt man auch in anderen Bergbaugebieten; sie ist eine Sage.

Ein kaiserliches Dokument von 1129 dagegen gesteht Bürgern im Gebiet von Duisburg das Recht zu, nach Steinkohle zu graben. Da die Gewinnung also bereits damals Gegenstand juristischer Vereinbarungen war, kann geschlossen werden, daß die Kohle nicht nur längst bekannt gewesen ist, sondern schon eine gewisse Be-

Bochum-Hamme, Zeche Carolinenglück: Tauchmotorkreiselpumpe, die größte ihrer Art (Aufnahme: 1988), vgl. Abb. S. 15.

deutung erlangt hatte. Die frühe Gewinnungstechnik ist strittig. Vorherrschend ist die Meinung, daß mit Hacke und Schaufel Löcher gegraben wurden, deren Überreste sich heute noch in Form von flachen Bodenvertiefungen *(Pingen)* nachweisen lassen. Möglich ist, daß die Pingen selbst gar nicht der Gewinnung dienten, sondern nur den Zugang zur Kohle ermöglichten.

Schon im späteren Mittelalter, lange Zeit vor dem Dreißigjährigen Krieg (1618 – 1648) und hundert Jahre vor der Einführung der Sprengarbeit mit Schwarzpulver, sind an der Ruhr Stollenbetriebe, meist «Werke» genannt, entstanden, die auf zwei und sogar drei Sohlen die Kohle abbauten. Die Gewinnungsebenen waren durch rechteckige Schächte miteinander verbunden, die zehn und mehr Meter tief in die Lagerstätte gegraben wurden. Sie waren meist *tonnlägig* (schräg abwärts führend) oder *gebrochen* (bis zur Lagerstätte senkrecht, dann schräg weitergeführt). Es wurden aber auch schon damals einzelne *seigere* (senkrechte) Schächte niedergebracht.

Der frühe Stollenbau ist gegen Ende des 17. Jahrhunderts entscheidend verbessert worden, weil die Stollen nun durch die Möglichkeit des Sprengens im Gestein aufgefahren werden konnten. Die kilometerlangen Stollenbauten haben im Ruhrtal bis in die neuere Zeit hinein Bedeutung gehabt, vor allem auch zur Ableitung der unterirdischen Wasserzuflüsse. Der Tagesbetrieb der Kleinzechen im Ruhrtal, wie sie in der Zeit des Brennstoffmangels unmittelbar nach dem Zweiten Weltkrieg am Rande der zusammengebombten Großstädte überall eröffnet wurden, zeigte oft das Bild der ganz frühen Tage des Ruhrbergbaus. Diese Miniaturzechen bauten in stehengebliebenen Lagerstättenteilen der großen Zechen und förderten meist aus Stollen, aber auch aus tonnlägigen und manchmal sogar seigeren Schächten von geringer *Teufe.* Einige hatten klangvolle Namen: «NORDPOL», «MARIA GLÜCK», «PIEPERS ERBSTOLLEN», «NEUES GLÜCK», «GLÜCKLICHE ZUKUNFT»; die Neuapostolische Kirchengemeinde Gemeinnützige Kohlenförderung in Bochum-Weitmar nannte ihr kleines Bergwerk «JOHANN GOTTFRIED». Im Volksmund wurden alle diese Kleinbetriebe, deren Förderung nicht durch eine offizielle Verkaufsorganisation abgesetzt wurde, leicht geringschätzig – jedoch mit einem Schuß wohlwollender Anerkennung – «Zechen Eimerweise» genannt. Ihre Produktion (180 der insgesamt etwa 220 Minizechen förderten 1950 zusammen 81 000 Tonnen Kohle) ging unmittelbar meist an kleine Gewerbebetriebe, und sie hat zu deren Überleben und das Hineinwachsen in das «Wirtschaftswunder», das sich schon bald nach der Währungsreform (1948) ankündigte, ihr Teil beigetragen. Noch 1964 gab es an der Ruhr 24 Kleinzechen und Stollenbetriebe mit einer Gesamtförderung von 208 000 Ton-

Essen-Überruhr: Die Zeche Heinrich ist eine der insgesamt elf Zentralwasserhaltungsanlagen, deren Aufgabe es ist, die fördernden Bergwerke vom Wasserzufluß aus den stillgelegten Gruben freizuhalten. Unser Bild: Pumpenkammer, wie sie ähnlich auch auf allen anderen Zentralwasserhaltungsanlagen eingerichtet worden ist (Aufnahme: 1988).

Bochum-Hamme: Zeche Carolinenglück. Standort der Betriebsabteilung Zentrale Wasserhaltung der Ruhrkohle AG. Jährlich werden etwa 63 Millionen Kubikmeter Grubenwässer zu Tage gehoben. Die Menge entspricht ungefähr der Hälfte des Wasserinhalts der Möhnetalsperre. Über Schacht 1 der vermutlich älteste erhaltene Malakoff des Ruhrgebiets (vgl. S. 106f.).

nen; 1968 war ihre Zahl auf drei Betriebe zusammengeschrumpft, die gemeinsam 42 000 Tonnen Kohle förderten. Sieben Jahre später existierte nur noch eine Kleinzeche, die 1976 endgültig stillgelegt worden ist.

«Die Grubenwasser, welche bey Erweiterung eines Gebaeudes sich mehr und mehr haeufen, sind eine der groebsten Beschwerlichkeiten, die bey dem Bergbau aus dem Wege zu raeumen sind. Weswegen ein jeder Bergmann dahin zu sehen hat, wie er selbige mit Stoelln abzapfe, oder wie er sie sonst ueber und unter denen Stoelln am fueglichsten los werden kan.» So ein bergbauliches Handbuch aus dem Mittelalter. In einem modernen Lehrbuch der Bergbaukunde heißt es wesentlich nüchterner: «Die Wasserhaltung umfaßt alle Fragen, die sich mit der Bedrohung der Grubenräume durch das Auftreten von Wasser, mit den Maßnahmen und Vorrichtungen zur Fernhaltung der Wasser von den Grubenbauen, mit der Ausrichtung der Gruben im Hinblick auf die Wasserhaltung und mit der Wasserhebung aus den Bauen beschäftigen.» Das Problem der Wasserhaltung ist in der Tat eines der schwierigsten im Steinkohlenbergbau. Es war schon in der «Pingenzeit» vorhanden, denn wenn die Grundwassersohle erreicht war, mußten die Bergleute die Abbaustelle verlassen. Nicht anders war es später beim Stollenbau; die *Erbstollen,* die besonders ausgemauert waren, brachten große Erleichterung, und mit der Wasserführung in den Abbaustollen selbst (in der Mitte wurde eine Rinne gemauert) schien das Problem zunächst gelöst zu sein. In den Jahren 1720 bis in die Mitte des 18. Jahrhunderts begann man damit, an vielen Stellen des Ruhrgebiets Erbstollen zur Entwässerung größerer Bergbaugebiete aufzufahren. Dem «Erbstöllner» standen hohe und feste Abgaben von den wassergelösten Zechen zu.

Um die Mitte des 19. Jahrhunderts ging der Ruhrbergbau zum Tiefbau über. Immer mehr Stollengruben waren erschöpft, und neue Lagerstätten mußten erschlossen werden. Wieder stieß man auf Wasser. Am Anfang waren die Zechen noch nicht sehr tief. Tonnlägige oder seigere Schächte reichten bis zu einer Teufe von etwa 200 Metern hinab. Man benutzte zunächst Eimer oder Tonnen, die an Seilen abgesenkt und wieder heraufgezogen wurden und bei jedem Gang Wasser mit nach oben brachten.

Mit zunehmenden Teufen wuchsen jedoch auch die Wassermassen. Pumpen wurden notwendig. Einfache Ausführungen wie Holzkolben und Steigrohre aus Holz fanden auf zahlreichen Ruhrzechen Verwendung. Der Kolben dieser Pumpen war mit mehreren Bohrungen versehen, so daß das Wasser beim Herunterdrücken des Kolbens durch die Öffnungen strömte. Damit es nicht zurückfließen konnte, wurden oben auf dem Kolben Lederstückchen befestigt. Bei der nächsten Hubbewegung zog man das Wasser dann nach oben heraus. Waren größere Teufen zu überwinden, so setzte man mehrere Kolben übereinander an das Pumpengestänge. Eine solche Pumpe konnte von einem Mann bedient werden.

Doch die Entwicklung stand nicht still. Der nächste Schritt war, die Pumpen mit Pferden zu betreiben, später mit Dampfkraft. An der Ruhr kam die erste Dampfmaschine zur Wasserhaltung 1801 auf der Zeche VOLLMOND (Bochum-Langendreer) in Betrieb. Immer mehr Tiefbauzechen an der Ruhr folgten diesem Beispiel. Bereits um die Mitte des 19. Jahrhunderts waren im südlichen Essener Bereich 66 Dampfmaschinen mit einer Gesamtkraft von 4 700 Pferdestärken im Einsatz.

Besondere Bedeutung erlangte die Pumpenkonstruktion des Zivilingenieurs Kley. Sie basierte auf sogenannten Pumppausen und arbeitete mit geringeren Hubfolgen. Die Maschine war in der Lage, mit einem Zylinderdurchmesser von 1,25 Metern und einer Hublänge von 2,86 Metern innerhalb einer Minute 6,3 Kubikmeter Wasser aus einer Teufe von 400 Metern zu heben. Die erste Wasserhaltung nach diesem System wurde 1887 auf der Zeche FRÖHLICHE MORGENSONNE in Bochum-Wattenscheid in Betrieb genommen.

Ascheberg: Schachtanlage Donar. Teufbeginn (1986) von Schacht 6 im Anschlußfeld Donar des Bergwerks Radbod. Der Schacht hat einen Durchmesser von 8,10 m und ist 1 330 m tief.

Es hat lange gedauert, bis die in England und Frankreich längst eingeführten unterirdischen Wasserhaltungsmaschinen auch im Bergbau an der Ruhr üblich wurden. Die erste unterirdische Wasserhaltung kam 1869 auf der Zeche NEU-ISERLOHN (Bochum-Werne) in Betrieb. Die um 1900 wohl größte existierende Wasserhaltung war die für die drei Zechen GNEISENAU, KURL und SCHARNHORST. Diese Maschine wurde 1902 auf der Düsseldorfer Industrie- und Gewerbeausstellung im Pavillon des Bergbaulichen Vereins gezeigt; die Anlage hob bei 60 Umdrehungen in der Minute 25 Kubikmeter Wasser aus 500 Metern Teufe. Die Leistung belief sich auf etwa 3 500 PS.

Die modernen Wasserhaltungsmaschinen werden elektrisch betrieben. Die größten Schwierigkeiten bestanden anfänglich darin, die schnellaufenden Elektromotoren mit den langsamer laufenden Pumpen zu koppeln. In den Gebäuden der 1964 stillgelegten Zeche CAROLINENGLÜCK in Bochum-Hamme wird das Wasser der ehemaligen Zechen CENTRUM, FRÖHLICHE MORGENSONNE, PRÄSIDENT, KÖNIGSGRUBE, CONSTANTIN, LOTHRINGEN, SHAMROCK, HANNOVER, MONT-CENIS, FRIEDRICH DER GROSSE und ERIN gehoben. Neben CAROLINENGLÜCK sorgen zusätzlich die ehemaligen Zechen ROBERT MÜSER, FRIEDLICHER NACHBAR, AMALIE, HEINRICH, ZWECKEL, WALTROP, HANSA und CONCORDIA als Zentralwasserhaltungsanlagen dafür, daß das Wasser dem derzeitigen Abbaubereich der Zechen im mittleren Ruhrgebiet ferngehalten wird. Moderne, elektrisch betriebene Pumpen ziehen das Wasser aus 1 000 Meter Teufe ab und leiten es in die Ruhr oder in die Emscher.

Welche Entwicklung die Wasserhaltung seit der ersten Pumpe bis in unsere Zeit genommen hat, wird besonders an der bei der Zentralen Wasserhaltung (Zeche CAROLINENGLÜCK) eingesetzten größten Tauchmotorpumpe der Welt deutlich: sie befördert 7,5 Kubikmeter Wasser in einer Minute aus einer Tiefe von 1 000 Metern an die Erdoberfläche. Die Betriebsabteilung Zentrale Wasserhaltung der Ruhrkohle AG (Standort: CAROLINENGLÜCK) hebt jährlich ungefähr 63 Millionen Kubikmeter Grubenwässer zu Tage. Nach Stillegung der

Gelsenkirchen-Buer, Bergwerk Hugo: Schacht 9 (Frischwetterschacht) im Abteufen, 1976.

Waltrop: Fördermaschine der Zeche Waltrop, die ebenso wie das Maschinenhaus und die anderen erhaltenen Zechengebäude in die Denkmalliste des Landes eingetragen wurde.

Bergwerke GNEISENAU, MINISTER STEIN und ZOLLVEREIN sind der Zentralen Wasserhaltung neue Aufgaben zugefallen. ZOLLVEREIN und GNEISENAU bleiben als Zentralwasserhaltungsanlagen mit jeweils zwei Schächten erhalten. Die Zahl der Zentralanlagen ist damit auf elf angestiegen.

Bemerkenswert ist, daß die Zentralwasserhaltungsanlagen betriebsrechtlich ebenso geführt werden wie ein modernes Bergwerk. Es gelten dieselben bergrechtlichen Vorschriften und Richtlinien für Bewetterung, Brandschutz, Bauart von Maschinen und Anlagen, Arbeitsschutz und -sicherheit.

Die «Wasserbergwerke» beliefern auch Solebäder (so Raffelberg, Wanne-Eickel und den Gysenberg in Herne). Grubenwasser ist Grundwasser, das den Niederschlägen entstammt. Auf dem Versickerungsweg durch den Gebirgskörper löst es Mineralien und Salze, reichert sich hier und da zur Sole an. Ein Seniorenzentrum in Essen-Überruhr, das mit Grubenwasserwärme beheizt wird, läßt hoffen, daß Grubenwässer noch einer weiteren Nutzung zugeführt werden können.

Mit der Zunahme der Teufe – die größte Teufe betrug 1858 etwa 300 Meter (Zeche GEWALT in Essen-Überruhr), 1886 rund 624 Meter (Schacht EWALD I in Herten) und gegen Ende des 19. Jahrhunderts bereits 774 Meter (Zeche MONOPOL in Kamen) – erwies sich das *Einfahren* (Fahren kennzeichnet in der Bergmannssprache die Fortbewegung von einer Stelle zur anderen) der Bergleute in die Gruben als immer mühevoller und zeitraubender. Die 1833 im Harz erfundene und 1852 auf der Zeche GEWALT erstmals im Ruhrgebiet eingerichtete *Fahrkunst* brachte eine gewisse Erleichterung. Die Fahrkunst bestand aus zwei Holz- oder Eisenstangen, die beide im Abstand von zwei bis drei Metern mit Tritten versehen waren. Die Stangen wurden in gleichem Rhythmus (aber in umgekehrter Bewegungsrichtung) im Schacht auf- und abbewegt. Die Höhe der Bewegung entsprach dem Abstand zwischen zwei Tritten; diese ermöglichten dem Bergmann jeweils bei der Umkehrung der Bewegungsrichtung des Gestänges den Übertritt auf das andere Gestänge und damit eine vergleichsweise mühelose Bewältigung des Höhenunterschiedes im Schacht. Die letzte Fahrkunst des Ruhrgebiets wurde auf der Oberhausener Zeche CONCORDIA (Schacht Flashoff) 1863 in Betrieb gesetzt. Nachdem sie durch einen Gestängebruch 1883 beschädigt worden war, ging man auch hier zur *Seilfahrt* über, die sich im Ruhrrevier seit 1860 mehr und mehr durchzusetzen begonnen hatte. Auf Schacht 1 (Haniel) der gleichen Zeche war die Fahrkunst bereits 1876 durch eine Seilfahrt ersetzt worden.

Die Urformen der *Schächte* waren trichterförmige Tagebaue in vorgeschichtlicher Zeit. Die Abschrägung der Seitenwände war erforderlich, weil die Gruben nicht ausgebaut (abgestützt) wurden und daher einsturzgefährdet gewesen sind. Die Teufe betrug 1 bis 2 Meter. Reifenschächte waren die ersten planmäßig ausgebauten Schächte. Der Ausbau war einfach; er bestand aus dünnen Birken- und Buchenstämmchen, die wie die Windung einer Schraubenfeder übereinandergelegt waren. Diese Abstützung reichte aus, lockeres (nicht druckhaftes) Gestein zurückzuhalten. Die Schächte hatten runde Querschnitte und einen Durchmesser von etwa einem Meter. Solche Reifenschächte wurden in aller Regel mit der Keilhaue niedergebracht. Tonnlägige Schächte wurden schon in der Bronzezeit (im Abendland 2000 bis 1000 v. Chr.) meist ausgebaut; sie hatten den Vorteil der leichteren Befahrung. Ihre größte Bedeutung erhielten diese Schächte im frühen Steinkohlenbergbau, weil sie in steil *einfallenden Kohlenflözen* schnell aufgefahren werden konnten.

Werne-Langern: Schacht 7 (Romberg) des Bergwerks Haus Aden. Die Fördermaschine dieses Schachtes ist eine Neukonstruktion (Treibscheibe mit integriertem Motor). – Links: Transport der 130 Tonnen schweren Maschine über die Autobahn von Oberhausen nach Werne. Diese Fördermaschine erfordert durch ihre kompakte Bauweise wesentlich geringere Fundamentausmaße als bisher üblich. – Rechts: Die Treibscheibe wird über das Dach des Fördermaschinenhauses gehoben.

Wir wollen jedoch nicht unterlassen, an dieser Stelle auf die ganz erstaunlichen Leistungen hinzuweisen, die von den Bergleuten bereits am Ende des Mittelalters im Abteufen von Schächten erbracht wurden. Im Silberbergbau von Kuttenberg (Kutna Hora, südöstlich von Prag) zum Beispiel drang man bis zu einer Teufe von 600 Metern in die Erde vor; in Tirol wurden um das Jahr 1600 schon Teufen von 880 Metern erreicht. Diese Leistungen können nur gewürdigt werden, wenn man bedenkt, daß damals nur kümmerliche Hilfsmittel zur Verfügung standen: Sprengarbeit war noch unbekannt, alle Gesteinsarbeiten mußten mit Schlägel und Eisen (also mit Hammer und Meißel), Brecheisen und Haue ausgeführt werden.

Der Schachtquerschnitt (der mit seinem Ausbau und seiner Einteilung *Schachtscheibe* genannt wird) kann rechteckig, quadratisch, kreisförmig, elliptisch oder durch vier flache Bogen begrenzt sein. Rechteckige Schachtquerschnitte finden sich stets bei tonnlägigen Schächten. Kreisrunde Schächte haben gegenüber den rechteckigen verschiedene Vorteile und sind daher im Ruhrgebiet seit langem allgemein üblich. Vor allem verteilt sich der Gebirgsdruck bei runden Schächten nahezu gleichmäßig auf den ganzen Umfang, und der Ausbau erhält die widerstandsfähigste Form (in sich geschlossener Zylinder); außerdem ist beim Kreis das Verhältnis des Umfangs zur Fläche am günstigsten. Die Vorteile steigen bei wachsendem Schachtdurchmesser.

Ein moderner Schacht hat einen Durchmesser von 6 bis 8 Metern. Er ist mit Gußeisen- oder Stahlringen ausgebaut oder gemauert und wird wie eine gewaltige Röhre in einer Länge von mehr als einem Kilometer durch Grundwassergebiete, Schwimmsand, Mergelschichten, Sandstein, Schiefer und Kohlenflöze in die Tiefe geführt. Der vom Schacht aufgeschlossene Teil des Steinkohlengebirges ist von oben nach unten durch mehrere Sohlen stockwerkartig eingeteilt (Abstand 100 bis 150 Meter). In der Schachtwand befinden sich in unterschiedlichen vertikalen Abständen horizontale Einbauten *(Einstriche)* aus Holz oder Stahl, die die lotrecht verlaufenden Spurlatten für die Förderkörbe tragen und so den *Fördertrum* abgrenzen (den Teil des Schachtes, der die Fördereinrichtung aufnimmt). In den auf diese Weise in dem kreisrunden Schacht entstehenden Segmenten (Trumen) ist neben den Kabel und Rohrleitungen auch die Schachtfahrung untergebracht, die in Notfällen benutzt werden kann.

Die *Keilhaue* (Hacke), die die Bergleute bis in unsere Zeit hinein verwendet haben, ist schon im Altertum üblich gewesen. In vorgeschichtlicher Zeit benutzte man Teile von Geweihen starker Hirsche als Keilhaue. Die

Die Ruhrzechen verfügen über ein 2 000 Kilometer langes Verkehrsnetz – tausend Meter unter der Erdoberfläche. Oben: Ferngesteuerte Elektrolok im Zugverkehr unter Tage.

Die Ruhrkohle wird mit modernsten Methoden gewonnen; die Hochleistungsmaschinen unter Tage werden auch von über Tage elektronisch überwacht und gesteuert. Oben: Grubenwarte auf dem Bergwerk Westerholt (Gelsenkirchen-Buer).

Großbehälter-Gliederzug für den Bergetransport beim Streckenvortrieb.
Haltern: Schachtanlage Haltern 1/2 des Bergwerks General Blumenthal (Recklinghausen). Den Großraumpersonenzug nennen die Kumpels «Silberpfeil» – wegen seiner Farbe, aber auch weil sich in ihm sicher und (einigermaßen) bequem fahren läßt.

neuzeitliche Gesteinshacke hatte ihren Vorläufer in der römischen Hacke; die Römer, die in Spanien, Griechenland, Kleinasien, aber auch in den Vogesen, in der Eifel und im Siegerland ziemlich ausgedehnten Bergbau betrieben haben, kannten auch schon die Kreuzhacke. «Die wichtigsten Werkzeuge des Bergmanns sind Schlägel und Eisen, die Embleme der Bergarbeit, sowie die Keilhaue. Die letztere wird hauptsächlich dazu benutzt, um in das Kohlenflöz einen engen und tiefen Schlitz hineinzuhauen. Diese Arbeit, *Schrämen* genannt, ist schwierig und mühevoll.» So schrieb ein Kenner des Ruhrbergbaus 1905. Ähnliche Gedanken hatte übrigens schon 1866 eine Ministerialzeitschrift geäußert. Es hieß da: «Bedenkt man, daß Tausende von Bergleuten jahraus jahrein in ungenügender Lage vor hartem Schram hingestreckt liegen müssen, so muß man es als Aufgabe des menschlichen Erfindungsgeistes erkennen, dieselben von ihrer geisttötenden, wenig leistenden Arbeit zu befreien».

Gründe genug also, die Erfindung geeigneter Maschinen anzuregen. Im Ruhrgebiet wurden die ersten Versuche mit Schrämmaschinen 1875 auf der Duisburger Zeche RUHR & RHEIN angestellt. Die neuen Maschinen bewährten sich aber zunächst ausschließlich in regelmäßig gelagerten Flözen und waren außerdem zu groß und unhandlich in der Bedienung.

Auf der Zeche KÖNIGSBORN in Unna sind 1908 zum ersten Mal mit Druckluft betriebene *Abbauhämmer* als Gewinnungswerkzeuge verwendet worden. In den 1920er Jahren wurde der Abbauhammer auf allen Zechen eingeführt. Dieses halbmechanische Gewinnungsgerät leitete unter Tage die erste Mechanisierungswelle der Ruhrzechen ein und wurde zum Sinnbild dieser Epoche – die längst ihr Ende gefunden hat.

Links: Walzenschrämlader. Links die Hydraulikstempel des maschinellen Schildausbaus (oben), unten rechts der Kettenkratzerförderer.

Die Sprengarbeit (das Schießen) in der Grube verlangt vom Bergmann ein hohes Maß an Umsicht, gründliches Vertrautsein mit den Gebirgsverhältnissen und die genaue Beachtung der Sicherheitsvorschriften. Die bereits in der zweiten Hälfte des 19. Jahrhunderts entwickelte elektrische Zündung bot die Möglichkeit des gleichzeitigen Zündens einer großen Zahl von Schüssen, was nicht nur eine erhebliche Zeitersparnis mit sich brachte, sondern auch in der Sprengwirkung eine Steigerung bedeutete. Der Sprengberechtigte (Schießmeister) hat nach den bergbehördlichen Vorschriften ein Sprengbuch zu führen über Empfang, Verbrauch und Rückgabe von Sprengmitteln (Sprengstoffe, Zündmittel und Sprengzubehör). Für den Steinkohlenbergbau ist eine Sprengtabelle vorgeschrieben, in der die zulässigen Sprengstoffe und Zündmittel für die verschiedenen Sprengstellen (Schußstellen) aufgeführt sind.

Die Förderung der Kohle in der *Strecke* (den «Hauptstraßen» unter Tage) besorgte anfangs der Bergmann selbst (der Schlepper). Die Pferdeförderung wurde in den 1850er Jahren eingeführt. Zunächst fuhren die Pferde bei Schichtbeginn mit ein und wurden bei Schichtende wieder zu Tage geschafft. Dann baute man unter Tage Pferdeställe, in denen an der Ruhr um 1900 etwa 7 000 bis 8 000 Grubenpferde standen.

Zur gleichen Zeit aber war in anderen Bergbauländern die mechanische Streckenförderung bereits stark verbreitet. Schon um 1850 gab es in England die Seilförderung, die 1862 auch im Saarrevier Eingang fand. Vor allem wegen der zahlreichen Krümmungen und starken

Rechts: Kohlenhobel, der am Kettenkratzerförderer (Vordergrund) geführt wird.

Unten: Marl: Steinkohlenbergwerk Auguste Victoria. Vordergrund: Walzenschrämlader, bereitgestellt für den Transport nach unter Tage. Im Hintergrund Betriebsgebäude und die deutschen Strebengerüste über den Schächten 1 und 2, die 1905 und 1907 errichtet worden sind.

Oben: Bottrop; Bergwerk Prosper-Haniel. Maschinenhalle des Förderbergs Prosper (Antriebs- und Endstation des Förderbandes), 1986 in Betrieb gekommen (rechts). Die Bandanlage kann 1 800 Tonnen Rohkohle in der Stunde fördern und transportiert die bei der Aufbereitung anfallenden Waschberge in die Grube zurück (1 000 Tonnen pro Stunde). Im Vordergrund das Antriebsaggregat des Bandes. Auf beiden Seiten der Antriebswelle befindet sich ein 3 100 Kilowatt leistender Synchronmotor. Links: Im Förderberg. Der 1,4 m breite Fördergurt der Bandanlage kann ein Gewicht aufnehmen, das drei vollbetankten und vollbesetzten Großraumflugzeugen entspricht.

Oben: Herten Langenbochum: Bergwerk Schlägel & Eisen. Rohwaschkohlen-Stapel- und Vergleichmäßigungsanlage für die sehr unterschiedliche Rohförderkohle. Sie wurde über mehrere Bandanlagen in das Zentrum des Mischlagers gebracht. Dort verteilte ein schwenkbares Absetzband die Kohle kreisförmig, sie fiel im Zentrum des Lagers über einen Trichter auf ein Gurtband und wurde in die Aufbereitung transportiert.

Unten links: Die gewaltigen Dimensionen der zentralen Aufbereitungsanlage des Bergwerks Monopol (Bergkamen).

Unten: Oer-Erkenschwick: Bergwerk Haard. Personen- und Materialtransport mit Gleislosfahrzeug (Jeep) im weiträumigen Streckennetz des Schachtes An der Haard 1. Die Jeeps sind Dieselfahrzeuge, mit Schlagwetterschutz und einer automatischen Feuerlöschanlage ausgerüstet.

Kurven konnte man sich im Ruhrrevier nur zögernd zur Übernahme entschließen. Erst als die Löhne der Schlepper infolge eines Ausstandes (1889) beträchtlich stiegen, ging man das Problem energisch an. Durch entsprechende Rollenführung und besonders gestaltete Mitnehmer an den Förderwagen wurde das Durchfahren von Kurven ohne Ausklinken der Wagen ermöglicht. Von 1889 bis 1898 wurden 71 Seilbahnen in Förderstrecken eingebaut. Fast gleichzeitig war auf der Zeche NORDSTERN (Gelsenkirchen) die erste Kettenförderung an der Ruhr in Betrieb genommen worden. Über Tage wurde wenig später die erste Lokomotive eingesetzt. Die sofort angestellten Versuche, Lokomotiven auch

Schichtwechsel auf einer Ruhrzeche. – Im Ruhrgebiet ist der Steinkohlenbergbau mit seinem Auftragsvolumen, seiner hochwertigen Ausbildung und einer zukunftweisenden Forschungs- und Entwicklungsarbeit nach wie vor ein Wirtschaftsfaktor, der entscheidende Impulse gibt.

unter Tage einzuführen, scheiterten zunächst, da man bei Fahrdraht- und Benzinlokomotiven die Zündung von Schlagwettern befürchten mußte. 1914 aber gab es bereits 374 Seil- und 36 Kettenbahnen sowie 1 164 Lokomotiven unter Tage; die Fahrdrahtlokomotiven hielten die Spitze, aber auch eine größere Anzahl von Druckluftlokomotiven gab es.

Die Grubenpferde verschwanden allmählich. Nach dem Ersten Weltkrieg kam als Ersatz für die Benzinlokomotive die Diesellokomotive hinzu. Immerhin hat es bis in unsere Zeit noch vereinzelt Pferde unter Tage gegeben. Das letzte Grubenpferd verfuhr 1966 auf der Zeche GENERAL BLUMENTHAL in Recklinghausen seine Abschiedsschicht.

Als in den Abbaustrecken und *Streben* neue Fördermittel (Förderbänder) Eingang gefunden hatten, die Wagen also die Hauptstrecken nicht mehr zu verlassen brauchten, konnten die Förderwagen vergrößert werden. Der durchschnittliche Inhalt stieg von 622 Liter (1919) auf 769 Liter im Jahre 1932 und schließlich auf 1 200 Liter. Heute gibt es auf den Ruhrzechen moderne Großraumförderwagen mit einem Fassungsvermögen bis zu 5 000 und mehr Liter Inhalt. Sie haben sich in Form und Material weit vom «*Grubenhund*» der bergbaulichen Frühzeit entfernt.

Füllort heißt der Grubenraum im Schachtbereich für die Aufnahme der Kohle in die Schachtförderung. Das Füllort findet seine Verlängerung im *Hauptquerschlag*, der in gerader und waagerechter Richtung aufgefahren wird; der Hauptquerschlag geht quer durch das Gebirge und schneidet auch die Kohlenflöze, die in seiner Richtung liegen. Vom Hauptquerschlag aus werden rechtwinklig weitere Strecken angelegt, die sogenannten Richtstrecken, die heute fast nur im *Nebengestein* aufgefahren werden. Mit Hilfe von Abteilungsquerschlägen erfolgt der weitere *Aufschluß* der Flöze. So werden sie in Streifen von 100 bis 200 Metern Breite zergliedert, und diese Streifen werden von einem zum anderen Ende fortschreitend abgebaut.

Bei *Gestellförderung* (Schachtförderung, bei der die Förderwagen auf den am Förderseil hängenden Förderkorb geschoben werden) dient das Füllort gleichzeitig der Bebunkerung der Rohförderkohle in Wagen und dem Mengenausgleich zwischen Schacht- und Hauptstreckenförderung. Der gesamte Zugverkehr wird mit Hilfe von Gleisbildstellwerken überwacht, und der Betrieb viele 100 Meter unter Tage gleicht völlig dem im Güterbahnhof einer Eisenbahnstation über Tage.

Die Ruhrzechen sind um die Wende zum 21. Jahrhundert mechanisiert und automatisiert, angefangen vom Füllort bis zum Gewinnungsstreb. In den Abbaubetrieben stehen leistungsfähige Gewinnungsmaschinen, die vor allem nach dem schneidenden oder schälenden Prinzip arbeiten.

Der Walzenschrämlader, auf oder neben einem Kettenkratzerförderer fahrend, löst die Kohle aus dem Flöz mit umlaufenden Gewinnungswerkzeugen im Teilschnitt oder Vollschnitt.

Bergkamen: Das Bergwerk Monopol liegt im Bereich der Städte Kamen und Bergkamen; es umfaßt die Schachtanlagen Grillo 1/4 (Kamen) und Grimberg 1/2 (Bergkamen). Die alten Übertageanlagen sind im Zuge des Ausbaus neu gestaltet worden. Die Aufbereitung der aus großer Teufe kommenden Kohle erfolgte umweltfreundlich unter dem Dach einer farbig gehaltenen weitläufigen Halle (Bildmitte links). Das Stahlkastenstreben-Fördergerüst über Schacht Grimberg 2 ist 73 Meter hoch (rechts neben der Aufbereitungshalle). Vorhandene Schächte sind Ende der 1970er Jahre tiefergeteuft und modernisiert worden; in weiten Teilen entstand ein neues Grubengebäude. † 1994. Links neben dem Fördergerüst Grimberg 2 der geschlossene Förderturm des Schachtes Grimberg 1. Im Vordergrund: Bergkamen; Hintergrund links: Schering-Werke.

Bei der schälenden Gewinnung wird ein Kohlenhobel mit feststehenden Gewinnungswerkzeugen an einem Kettenkratzerförderer, der zur Kohlenabfuhr und Führung der Gewinnungsmaschine dient, am Kohlenstoß entlanggezogen. Durch hydraulische Rückzylinder wird die Gewinnungsanlage ständig an den Kohlenstoß gedrückt, so daß der Hobel stets im Eingriff bleibt und die Kohle in beiden Fahrtrichtungen hereingewinnt.

Ein weiter Bogen spannt sich von der Keilhaue über den Abbauhammer zu den modernen Kohlengewinnungsmethoden an der Ruhr. Jahre hindurch hat sich als letzter Arbeitsvorgang im Streb der Ausbau einer wirksamen Mechanisierung verschlossen. Erst in der neuesten Zeit ist die Entwicklung des Schildausbaus (Liegendkufe, Bruch- und Hangendschild, 2 bis 4 Hydraulik-Stempel, Schreitwerk) zum Abschluß gekommen; auch der Strebausbau ist vollmechanisiert. Die Ruhrkohle wird in einer mittleren Teufe von 908 m gewonnen (1970 = 784 m); die größte Teufe der Ruhrzechen beträgt über 1 400 m (1970 = 1307 m).

Insgesamt konnte durch Mechanisierung und teilautomatisierte Betriebsabläufe in den vergangenen zwanzig Jahren die durchschnittliche Kohlengewinnungsmenge nahezu verdoppelt werden. In Spitzenbetrieben einzelner Schachtanlagen werden längst bis zu 5 000 Tonnen Kohle pro Tag gewonnen. Elektronische Steuer- und Regeltechnik sowie Mikroprozessoren haben die Arbeit des Bergmanns entscheidend gewandelt. Sie besteht immer mehr aus Kontrollfunktionen und Einsätzen in Störfällen.

Brennende Steine

Das Ruhrgebiet hat seinen Namen von der Ruhr, die in 674 m Höhe am Ruhrkopf auf der Hochfläche von Winterberg (Sauerland) entspringt und bei Duisburg in den Rhein mündet.

Vor rund 350 Millionen Jahren bedeckte das Meer große Teile Europas, so auch den Binnenraum zwischen Wesel und Recklinghausen bis zu Hunsrück und Taunus im Süden. Im Norden erhob sich ein riesiger Kontinent, und die Flüsse spülten Verwitterungsschutt, Schlick und immer neue Ablagerungen in den gewaltigen Trog, dessen Grund beständig absank und der sich dennoch füllte. Schicht um Schicht lagerte sich ab, bis alles von einer Gebirgsbildung erfaßt wurde, die von Südosten nach Nordwesten die Erde auffaltete. Das Rheinische Schiefergebirge türmte sich auf, auslaufend ins Sauerland und Bergische.

Im Norden dieses Gebirges blieb ein Rest des Beckens zurück, dessen Boden weiter absank: langsam, unregelmäßig Flachmoore bildend, in deren Sümpfen Wälder wuchsen – die späteren Kohlenflöze. Dann legten sich Sand- und Tongeschiebe darüber, schlossen sie luftdicht ab, bis die alte Flachsee von 4 000 m mächtigen Ablagerungen ausgefüllt war. Auch diese Ablagerungen wurden von Gebirgsbildung erfaßt, verformten sich zu Sätteln und Mulden.

Mit Enstehung des Steinkohlengebirges (die Steinkohlenbildung dauerte etwa 50 Millionen Jahre) war am Ende der Karbonzeit das Gebiet des heutigen Reviers lange Zeit Festland. Dann kam es zu einer neuen Meeresüberflutung. Kalkschichten und Kalksandstein, in sie eingeschlossene Seeigel, Ammoniten und Muscheln, blieben zurück, als dann auch dieses Meer nach Norden abzog.

Aber noch ungeheure Zeiträume vergingen, bis die Erdgeschichte ins Diluvium (etwa 600 000 bis 20 000 v. Chr.) eintrat und in der Eiszeit die Gletscher vom hohen Norden aus den Bergen Skandinaviens Felsbrocken, Granit, Gneise und Porphyre nach Westfalen bis an den Lauf der Ruhr heranschoben: die Moränen, die mit ihren Sanden, Tonen und Lehmen die Landschaft hervorbrachten, in die der Mensch eintreten konnte. Aus nördlicher liegenden Ablagerungen wurde der *Löß* herangeweht – das wertvollste Geschenk der Eiszeit an den Menschen.

In der Steinzeit, bis etwa 10 000 Jahre v. Chr., sehen wir Jäger, Fischer und Sammler von Früchten und Wurzeln ihr Leben fristen. Im dritten Jahrtausend v. Chr. rodete der Mensch Wälder, legte Ackerflächen an. Er lebte nun nicht mehr in Höhlen, sondern baute Häuser (mit Wänden aus lehmbeworfenem Flechtwerk), im Grundriß oft riesenhaft, was vermuten läßt, daß er sich zu Großfamilien zusammengeschlossen hatte. Auf Saat und Ernte bedacht, wirtschaftete er, gebrauchte die Ziehhacke aus Stein – den Pflug kannte er noch nicht. Der Mensch jener Zeit formte Tonwaren, die er mit eingestochenen Linien verzierte, weshalb die Geschichtsforscher ihn «Bandkeramiker» nennen. In der Bronzezeit (1700 bis 600 v. Chr.) nahm sich der Mensch des heutigen Ruhrgebietes der Metalle an, die Händler aus England und Irland lieferten. Im eigenen Boden fand er keine Metalle, aus denen er Waffen und Geräte herstellen konnte. Erst in der Eisenzeit (ab 800 v. Chr.) entdeckten die frühen Bewohner Westfalens, daß vereinzelt Erz unter den nassen Wiesen lag *(Raseneisenerz)*, das sich verhütten und schmieden ließ.

Zwischen Ruhr und Lippe, begrenzt von Moers im Westen und von Hamm im Osten, leben heute über fünf Millionen Menschen (1 200 auf einem Quadratkilometer gegenüber knapp 250 als Durchschnittsdichte im übrigen Bundesgebiet). Vor 2 000 Jahren lebten im Ruhrgebiet etwa 25 000 Menschen. Auf den fruchtbaren Lößböden zwischen Essen und Paderborn in einem

Bergkamen, Bergwerk Monopol: Das Fördergrüst über Schacht Grimberg 2 ist eines der markantesten an der Ruhr.

schon stark gelichteten Waldgebiet bauten die Germanen bereits Weizen, Gerste und Flachs an; in den Flußtälern, wo es Weideflächen gab, betrieben sie Viehzucht und Wildpferdfang. Aber auch Erze verhütteten sie, gewannen Eisen und schmolzen Bronze.

Schon früh wurde an der Ruhr Salz gewonnen (nachweislich um 950); Solquellen gab es bei Unna, Werl und Soest, Brauneisenerz fand man nahe der Erdoberfläche im Sauerland und im Bergischen. Hammerwerke wurden angelegt, man erfand den mechanischen Blasebalg, produzierte Stabeisen in Altena und Werdohl; in Lüdenscheid und Iserlohn wurde Draht gezogen; in Solingen schmiedete man Klingen. Die Zunft der Waffenschmiede blühte auf, und in Essen gab es im 15. Jahrhundert die Gilde der Büchsenmacher.

Das Ruhrgebiet ist keine Verwaltungseinheit. Seine Grenzen sind nirgendwo festgelegt. Es gibt das Land Nordrhein-Westfalen, zu dem neben drei anderen die Regierungsbezirke Düsseldorf, Arnsberg und Münster gehören. Die Grenzen dieser drei Regierungsbezirke laufen durch das Ruhrrevier – aber die drei Bezirke zusammen sind keineswegs das Ruhrgebiet. Es gibt auch keine Regierungsstelle oder eine Behörde, die speziell für das Ruhrrevier zuständig wäre, die dafür sprechen und handeln könnte. Seit 1920 nimmt der Kommunalverband Ruhrgebiet (Essen) überörtliche Aufgaben für die Städte und Gemeinden wahr.

Als seit Beginn des 19. Jahrhunderts an der Grenze zwischen Rheinland und Westfalen sich eine neue industrielle Region entwickelte, erhielt Essen durch eine Dynastie von tatkräftigen Wirtschaftsführern eine dominierende Rolle. Im Osten dagegen erkämpfte sich Dortmund den bestimmenden Einfluß durch die Nähe der in Jahrhunderten gewachsenen Eisenindustrie des Sauerlandes. Beide Städte traten im wirtschaftlichen, kulturellen und administrativen Leben in Wettbewerb miteinander. So unterblieb die Zusammenballung, weitere Kraftfelder konnten entstehen (in der Mitte des Reviers Bochum, Gelsenkirchen und andere).

Die einzelnen Kommunen suchten sich gegeneinander abzuschirmen und in der Siedlungsentwicklung Abstand zu halten. Im Anfangsstadium wurde verschiedentlich sogar der Bau der Straßenbahnverbindungen an den Stadtgrenzen unterbrochen, oder man wählte eine andere Spurbreite, um die Verbindung zu erschweren. Auf diese Weise bildeten sich Korridore, die von Süden nach Norden quer durch die Häusermassen liefen und die heute noch wahrnehmbar sind. Sie verhinderten, dass die Siedlungen im Revier zu einem riesigen Brei oder zu einer Mammutstadt zusammenflossen.

Der typisch dezentralisierte Charakter des Ruhrgebiets ist entscheidend durch den Bergbau bestimmt. Seine naturgegebene Arbeitsweise zwang ihn, sich über große Flächen auszudehnen. Er durchlief dabei mehrere, die Umwelt verschiedenartig prägende Etappen. Die erste und älteste Zone liegt im Ruhrtal und südlich davon bis Gevelsberg und Schwelm, wo das deutsche Mittelgebirge endet und an seinen Ausläufern die Kohlenflöze zu Tage treten.

Zwischen Essen und Dortmund begegnet uns der Bergbau auf Kohle in urkundlichen Nachweisen schon zu Ende des 13. oder zu Beginn des 14. Jahrhunderts. So ist 1317 im Zusammenhang mit dem Bau einer Herberge für durchreisende Bettelmönche (bei Werden) ausdrücklich von einem Kohlenschuppen die Rede. Es steht fest, daß in jenen Tagen Ruhrkohle schon als Heizmaterial diente, in erster Linie freilich der Armen, für die Holzfeuerung zu teuer war. Die Qualität der Kohle, die im Mittelalter verwendet wurde, muß so schlecht gewesen sein, daß Holz durchweg für den Hausbrand bevorzugt wurde. Immerhin aber sagen alte Urkunden aus, daß zum Beispiel Essener Kapuzinermönche von der Stadt Steele eine Karre Kohle erhielten und, daß sie mit diesem Kohlendeputat sehr zufrieden waren.

In Dortmund beginnt die durch Dokumente nachgewiesene Geschichte des Ruhrbergbaus 1296. Jedenfalls ließ sich damals ein Conradus filius Conradi, colculre de Schuren (Conrad, Sohn des Conrad, Kohlenkuler aus Schüren) einbürgern. Das Dortmunder Bürgerbuch erwähnt hier erstmals den Beruf des Kohlenbergmanns, und viel spricht dafür, daß er längst Vorgänger hatte. Denn der Conrad ließ sich als Brennstoffhändler in Dortmund nieder, um an dem beginnenden schwunghaften Kohlenhandel zu partizipieren. In Schüren hatte der Dortmunder Steinkohlenbergbau also wahrscheinlich schon Anfang oder in der Mitte des 13. Jahrhunderts begonnen; im Urkundenbuch des Klarissenklosters in Hörde wird nämlich der Begriff «Schuirer Steinkulen» bereits 1277 zur Lokalisierung anderer Ländereien verwendet.

Am 22. November 1303 verschenkten die Brüder Heinrich und Dietrich von Aplerbeck nach der gleichen Urkundensammlung ihr Haus in Schüren «mitsamt den Ländereien, Stenbrecken (Steinbrüchen) und Kohlegraffen (Kohlengruben)» an den Pfarrer Boymundus von

Dortmund-Wickede: Zeche Ver. Norm. Das Bergwerk war 1847 auf Kohle und Eisenstein verliehen worden. 1879/80 erfolgte der Ausbau der Schachtanlage auf 126 m Teufe. Über dem Schacht wurde ein Schachthaus errichtet. 1896/97: Einstellung des Förderbetriebes. Der Schacht ist zum Wetterschacht der Zeche Caroline (Holzwickede) umgebaut worden. † 1909. Anschließend wurde der Schacht verfüllt und das Schachthaus nach Umbau zu Wohnzwecken genutzt. Das Gebäude (unser Bild) blieb bis in die erste Hälfte der 1980er Jahre in seiner letzten Zweckbestimmung erhalten (Abriß 1986).

St. Reinoldi. Als Gegenleistung verpflichtete sich der Gottesmann in dem von prominenten Zeugen unterschriebenen Dokument, die Glückseligkeit der beiden Brüder mit Hilfe von «Predigten und Messen auf ewige Zeiten» zu gewährleisten.

1388/89 kam es zur «Großen Dortmunder Fehde». Dabei ging es auch um die Kohle, die im ausgehenden 14. Jahrhundert im Wirtschaftsleben des Gemeinwesens eine bedeutende Rolle spielte. In der Nacht zum 6. Januar 1389 starteten die Dortmunder einen Ausfall aus der belagerten Stadt. Die angemieteten Söldner erhielten den Auftrag, die Hörder Burg der Grafen von der Mark zu erobern (vor allem um in Körne Holz schlagen zu können); die Schmiede dagegen sollten in Schüren Kohle holen. Die Holzaktion und die Eroberung der Burg scheiterten, aber die Schmiede schafften in jener Nacht angeblich «100 Malter» (= 20 Tonnen) Steinkohle nach Dortmund. Der Dortmunder Steinkohlenbergbau ist somit sehr alten Datums, und bis in die jüngste Zeit hinein ist man bei großen Baustellen (so etwa beim Westfalenstadion) auf Reste von frühen Bergbaubetrieben gestoßen, die in keiner noch so antiken Karte verzeichnet waren.

Das Recht an den nutzbaren Mineralien und damit auch den Kohlenvorkommen war von jeher als Hoheitsrecht des Staates den Grundeigentümern entzogen. Im Allgemeinen Berggesetz für die Preußischen Staaten von 1865 wird bestimmt, daß die «Aufsuchung und Gewinnung» von Steinkohle, Braunkohle, Eisenerzen und Salz nur dem Staate zusteht. Der Staat kann die Ausbeutung eines Bergwerks allerdings durch Verleihung an andere übertragen. Der Eigentümer hat Befugnis, die Kohle «aufzusuchen» und zu gewinnen. Er darf, wie es im Gesetz heißt, «alle hierzu erforderlichen Einrichtungen unter und über Tage treffen». Dieses Allgemeine Berggesetz hat die Berggesetze der anderen deutschen Länder im 19. Jahrhundert stark beeinflußt und wurde zusammen mit diesen aufgehoben, als das neue Bundesberggesetz am 1. Januar 1982 in Kraft trat.

Dortmund-Scharnhorst: Zeche Scharnhorst. Die Gebäude der Schächte 1 und 2 mit einer Länge von 180 m waren noch 1975 eine monumentale, schloßähnliche Anlage. 1985 wurden das Schachtgebäude und die beiden Fördergerüste abgebrochen.

In den «Ronkalischen Beschlüssen» zählt das Recht an den Bodenschätzen zu den Regalien des Kaisers. Friedrich Barbarossa hatte im November 1158 in die Ebene von Roncaglia (Norditalien) einen Reichstag einberufen. Es wurde ein Verzeichnis der «Regalia» aufgestellt. Der Regalherr war befugt, bestimmte Bodenschätze privatwirtschaftlich für sich auszubeuten oder aber die Felder an Private zur Ausbeutung zu verleihen. Damals ging es nicht um den Kohlenbergbau, sondern um den auf Erz, vor allem auf Gold und Silber und auf Steinsalz. Dieses, das heute im Kalibergbau gar nicht mehr zu Tage gefördert wird, sondern zur Ausfüllung der Hohlräume Verwendung findet, war im frühen Mittelalter eine begehrte Kostbarkeit.

Zweihundert Jahre später, nämlich 1356, trat Kaiser Karl IV. durch die Goldene Bulle an vier weltliche und drei geistliche Kurfürsten für deren Gebiete das Bergregal ab. Für das Stift Essen war die Abtretung des Bergrechts durch Sonderbelehnung übrigens schon 1349 erfolgt, und zwar auf Grund der sehr guten Beziehungen des Stiftes der Essener adeligen Fräulein zum Kaiserhaus des Heiligen Römischen Reiches.

Am 8. Dezember 1450 hat der Essener Bürger Hermann Borchard seinen «Kohlberg» in Frohnhausen verpachtet. Pächter waren die drei Brüder Strunckede aus Holsterhausen. Nach den beurkundeten Abmachungen hatten die Brüder das Bergwerk zu erschließen, die Kohle zu Tage zu schaffen und zu verkaufen. Bereits 14 Tage nach «Auffinden der Kohle» mußten sie an Borchard eine Entschädigung entrichten. Außerdem hatten sie, «wann die Kerzen im Berge brennen» (also sobald das Werk in Betrieb gegangen war), jede Woche «eine Karre Kohlen» an den Feldeseigentümer zu liefern.Es ist unbekannt, an welcher Stelle in Frohnhausen diese Zeche errichtet worden ist. Wir wissen auch nicht, wie lange das Bergwerk betrieben wurde noch kennen wir die Kohlenmenge, die gefördert worden ist. Aber es handelt sich zweifellos um die erste Kohlenzeche an der Ruhr, von der wir sichere Kunde haben.

In dem Vertrag war ausdrücklich festgelegt, daß Borchard sich an der Einrichtung des Bergwerks finanziell nicht beteiligt. Die Pächter hatten die Bergarbeit auf ihre Kosten zu verrichten, «bis sie auf Kohle stoßen». Der Grubenfeldbesitzer war demnach nur am Gewinn beteiligt und hatte keinerlei Zuschüsse zum Betrieb zu leisten. Die Pächter mußten sich ferner verpflichten, die «Pütten» nach Erschöpfung des Bergwerks wieder zu verfüllen und Holz, Steine usw. abzuräumen. Das Wort *«Pütt»* (Mehrzahl: Pütte) taucht hier erstmals in einer Urkunde auf; es scheint abgeleitet zu sein vom lateinischen puteus = Grube (im klassischen Latein wurde vor allem der künstlich hergestellte Brunnen so bezeichnet). Wahrscheinlich sind kleine (rechteckig angelegte) Schächte schon damals Pütte genannt worden. Dann hätte das Wort bis heute seine ursprüngliche Bedeutung behalten, denn der Ruhrbergmann spricht ganz allgemein vom «Pütt», wenn der Schacht (oder auch die Zeche) gemeint ist.

1472 erwarb ein anderer Essener Bürger die Hufe «Hohe Warte» in Holsterhausen. Er hat sie jedoch sofort wieder veräußert, und zwar unter dem Vorbehalt des «Kohlrechts» und gewisser anderer Ansprüche. Offenbar hatte er das Gut nur angekauft, um dort Bergbau zu betreiben. Der Verkauf der Kohle in der nahen Stadt brachte einen guten Ertrag. Nach Angaben in den Stadtrechnungen kostete eine Karre Kohle 1418 viereinhalb Schilling; der Preis fiel 1461 auf vier Schilling und 1471 sogar auf drei Schilling; 1489 stieg er wieder auf vier Schilling an, wahrscheinlich unter dem Einfluß einer Münzverschlechterung, der sich der Preis der Kohle als wertbeständiges Gut jeweils schnell anpaßte.

Im Essener Rathaus wurde Steinkohle im 15. Jahrhundert wohl nur auf der Wachstube verfeuert, während man die Ratskammer mit Holz heizte (das 1471 mit drei Pfennig für das «Hundert Knüppel» berechnet wurde). Auch in den Bürgerhäusern wurde damals schon Ruhrkohle verwendet. Denn in den Ratsverordnungen werden immer Holz und Kohle nebeneinander aufgeführt, wenn von der Feuerung in Bürgerhäusern die Rede ist. Diese Angaben belegen, daß schon in der zweiten Hälfte des 15. Jahrhunderts in nächster Nähe der heutigen Altstadt von Essen Förderung, Verkauf und Verbrauch der Ruhrkohle sehr rege gewesen sein müssen.

Die Berghoheit stand im Stift Essen der Äbtissin zu samt der Berechtigung, den Zehnten zu erheben. Im Gebiet der Stadt selbst und der Grafschaft Dortmund wurde sie dagegen vom Magistrat ausgeübt. In dem nahegelegenen Stift Werden ist die Bergregalität von der Kanzlei des Abtes verwaltet worden, worüber Urkunden bis 1520 zurückgehen. Doch war der Kohlenzehnte

Dortmund-Scharnhorst: Die Scharnhorstschächte waren zuletzt für Seilfahrt und Materialförderung in Betrieb (vgl. S. 28).

hier unbedeutend. Frei von Verleihung und Abgaben war der Bergbau in dem Damenstift Rellinghausen (das bis ins 13. Jahrhundert als Filiale des Essener Stiftes galt, sich dann aber von Essen absonderte und einen eigenen Vogt mit der Stiftsvogtei beauftragte). Hier war die Kohle nach der niemals schriftlich niedergelegten «Rellinghauser Observanz» als Zubehör von Grund und Boden anzusehen und konnte von den Grundeigentümern ohne Konzession gewonnen werden.

In dem Bericht des Johannes Ursinus, der «am 17. Dezember 1613 zu Essen» abgeschlossen wurde (vgl. S. 3), wendet er sich seiner engeren Heimat zu und schreibt: «Ich sahe in meinem Vaterland, dem Styft Essen, nachdem für etlich hondert Jahren unsere Vorfahren das Erdreich dieser Steinkohlen halber eröffnet, das man dieser Zeit die alten Gruben oder Pfützen wider ausraumet und selbige weiter etliche viel Klafter tiefer hinuntersenket, dieses sie dann ein Unterwerk nennen, welches an etlichen Orten zum drittenmal geschehen, also

Essen-Altendorf: Zeche Ver. Sälzer & Neuack. Keine Zeche war fast drei Jahrhunderte hindurch so mit der Geschichte Essens verbunden wie diese. Schon um die Mitte des 19. Jahrhunderts gehörte sie zu den fortschrittlichsten Betrieben des Ruhrbergbaus. Im Mittelgrund des Bildes Kohlenbunker (davor zwei belandene Eisenbahnwaggons). Hintergrund rechts: Die beiden Malakofftürme über den Schächten Huyssen und Schmits (dazwischen das Maschinenhaus).

das diese Stein zum ersten und andernmal in der Erden, und endlich zum drittenmal oben der Erden und also aus einer schier unglaublichen Tiefe herausarbeiten.» Ursinus überliefert hier die Tatsache, dass im Stift Essen schon seit 100 Jahren Bergbau auf Steinkohle betrieben worden ist, daß also schon rund 70 Jahre früher als es die älteste Urkunde ausweist, sach- und kunstgerechter Bergbau an der Ruhr umging. Wort und Begriff «Unterwerk» tauchen hier erstmals auf, eine Abbauform, die später gerade bei Essen so bedeutsam werden sollte.

Ursinus berichtet auch von den Gefahren, «wann die Bergknaben ins Wüst hauen, das ist, wann sie an den Ort geraten, wo vorzeiten ausgekohlt und derhalben voller Wasser stehet und also mit ihrem Keylh (Keilhaue) da unvorsichtig hindurchhauen oder arbeiten, das gleichsam in einem Hau das ganze Werk unter Wasser stehet und alle Personen, so unter der Erden arbeiten, samt aller Gerätschaft und Kosten so angewandt, im Augenblick zugrund gehen, es sei denn, das sie ihr Leben durch wundersame Mittel davon bringen»: Es wird hier wohl zum ersten Mal von einem Wassereinbruch unter Tage berichtet, einem Vorkommnis, das sich in der Geschichte des neuzeitlichen Tiefbaus so oft ereignen sollte.

Auch von dem ersten Grubenbrand an der Ruhr ist bei Ursinus die Rede. Er erzählt von brennenden Bergwerken bei Zwickau und in der Steiermark und fährt fort: «Ist der Kohlberg einmal angezündet, so gleicht er dem Ätna oder Vesuv oder der Hekla in Island. Dergleichen haben wir auch in unserem Vaterland mit einem Bergwerk an dem Wasser der Rohra (Ruhr) und bei der Stadt Essen erlebet, das aber ohne sonderliche Gefahr abgegangen und endlich sich gestillet hat.»

Schließlich erwähnt der Berichterstatter «Steinkohlen», die 1198 ein Pilger nahe Lüttich gefunden habe: «Sie geben ein strenges, klares und helles Feuer.» Den Armen seien sie wegen ihrer «Dauerhaftigkeit am Feuer» willkommen und weil sie wohlfeil seien, den Schmieden aber, weil sie damit «das Eisen besser, geschwinder und leichter als anderswie erweichen» könnten, und den Kaufleuten, denen sie «einen überschwenglichen Nutz und Vorteil schaffen» – alles Gesichtspunkte, die «für die gleichartigen Kohlen der Ruhr gelten».

Eine Bergordnung der Fürstäbtissin Irmgard von Diepholz (sie leitete von 1561 bis zu ihrem Tode im Jahre 1575 das Essener adelige Damenstift) gibt gute Einblicke in die Struktur und Betriebsvorgänge eines einzelnen Bergwerks. Es handelt sich um den Vorgänger der Zeche VER. HAGENBECK. Das Bergwerk lag westlich der Stadt nahe Holsterhausen und hieß «AUF DER GOES» (Gans), später «Auf dem Steut» (Stoß).

Am 15. April 1575 nahm die «Societät der Koelers Auf der Goes» die Bergordnung «freiwillig und einträchtig» an und versicherte, sie «in und auf dem Werk und Berge hinfürten stets halten und gebrauchen» zu wollen. Der Vertrag wurde notariell bestätigt. Aus einzelnen Bestimmungen ergibt sich klar, daß sowohl die Gesellschafter wie auch die Äbtissin bereits Erfahrungen im Kohlenbergbau gesammelt hatten. Der Anspruch des einzelnen an die Gesellschaft bestand in «Anteilen». Die «Societät» war also eine Art Gewerkschaft. Jeder Vertragspartner konnte seine Anteile verkaufen, mußte sie jedoch zunächst der Gesellschaft anbieten, die im Falle eines Ankaufs dasselbe zu zahlen hatte, was ein Dritter zu zahlen bereit war. Das Bergwerk war ein Stollenbetrieb, der schon länger existiert haben muß. Es ist näm-

Essen-Altendorf: Zeche Sälzer-Amalie. Das Bild zeigt das doppelgeschossige Fördergerüst über dem Schacht Marie, mit dessen Abteufen 1904 begonnen worden war und der 1908 die Förderung aufgenommen hatte. † 1966. Der Abbruch der Übertageanlagen erfolgte 1983.

lich in dem Dokument von einem «Unterwerk» die Rede. Das konnte aber erst angelegt werden, nachdem ein «Oberwerk» (eine höhere Sohle) aufgefahren war. «Es soll auch allzeit ein underwerk irst (zuerst) gekohlt werden» hieß es an einer Stelle. Damit erweist sich, daß die Anfänge der nachmaligen Zeche HAGENBECK noch erheblich vor 1575 datieren! Das Unterwerk lag ungefähr zehn Meter unter der Stollensohle. Die Bergleute («Köhler») arbeiteten bei Kerzenlicht und «hauten» die Kohle. Das Wort «Hauen» erscheint hier übrigens zum ersten Mal. Auch das Wort «Fahren» kam in jener Zeit auf an der Ruhr.

Herne-Wanne-Eickel: Zeche Hannibal (Bochum-Riemke): Malakoffturm über Schacht 2 von 1872, 1979 abgerissen.

Neben den «Köhlern» spielten die «Dragers» (Träger) eine große Rolle. Ihre Aufgabe bestand darin, die gehauene Kohle zum Schacht zu tragen und sie auf Pferdekarren zu verladen. In der Bergordnung von 1575 stand: «Die Dragers auf dem Berge sollen mit Fleiss darauf sehen, das niemandem von seinem Haufen Kohle gestohlen» werde. Es wurde also keine gemeinsame Halde aufgeschüttet, sondern die Kohle wurde zu Haufen vor dem Verladen auf die Fuhrwerke «zwischengelagert».

Für die Arbeit «im Berg soll ein jeder sein Licht und Kerzen rechtzeitig haben» und diese «nach Notdurft» gebrauchen «und nicht wieder heimtragen» (was recht häufig vorgekommen sein muß). Untersagt war auch, «anstatt zu arbeiten vom Berge fortzubleiben und einen Feiertag» einzulegen oder gar zu «trinken und saufen». Natürlich war es «verboten in den Berg zu ziehen, es sei bei Tage oder bei Nacht» und dort zu «Unzeiten Kohle zu hauen», die nicht «in Behuf der Gesellschaft quemen» (in den Besitz der Gesellschaft kommen). Untersagt war schließlich, daß ohne «Wissen und Willen des Principalen des Bergs» (des Zecheneigentümers) «verkoft und versoft» (verkauft und der Erlös vertrunken) wird. Überhaupt durfte niemand «aus dem Pütt Kohle hauen, nehmen und mit sich heimtragen». Andererseits «mag jeder die Kohlen heimtragen, die ihm zugemessen» waren. Ja, er kann die ihm zugemessenen Kohlenmengen sogar «verkaufen und nach seinem Willen gebrauchen», sofern die Kohle «nicht schon einem Fremden verkauft» war.

Hieraus ergibt sich, daß es nicht etwa um ein regelrechtes Deputat ging, sondern offenbar um ein Quantum, das dem Kohlenhauer zustand. Nach welchem Gesichtspunkt es «zugemessen» wurde, ist nicht überliefert. Grundsätzlich wird dann noch betont, daß «niemand von der Gesellschaft am Püttfahren» behindert oder ihm «sonstwie am Berg oder bei der Arbeit Schaden» zugefügt werden dürfe. Komme aber jemand zu Schaden, so habe der Schädiger dem Geschädigten «alles zu erstatten und verliert seinen Anteil am Berg».

Viele Bestimmungen jener Essener Bergordnung handelten von Strafen. Diebstahl, Streit und Beschimpfungen wurden hart geahndet. Ebenso wurde bestraft, «wer auf dem Berg schwört oder flucht, gotteslästerliche Reden» führt – vor allem aber, «wer unrechtmäßig Kohlen verkauft». Die Arbeit «auf dem Berg» lief im Sommer von sechs Uhr morgens bis sechs Uhr abends, im Winter aber «nach Gelegenheit». Der langen sommerlichen Arbeitszeit stand also eine kürzere winterliche (und teilweise gar keine) gegenüber. Grundsätzlich richtete sich alles nach dem Absatz der Kohle; im Herbst mußten hinreichend «Kohlenhaufen» für die Abfuhr bereitliegen, ehe der Winter mit Schnee und Eis einzog.

In dem Damenstift Rellinghausen gab es ebenfalls um 1560/70 bereits einen Bergbau auf Steinkohle. Das bezeugen mehrere Urkunden. Unter dem 6. Dezember 1569 heißt es zum Beispiel, daß «die würdigen, edlen und tugendreichen Kapitularjufferen» des Stiftes Rellinghausen Mechthild Hugenpoet, Agnes Bewehren und Margaretha von der Hove den Henrich Karsypen, Berndh Schulte up dem Stade, Henrich von Heisingen, Henrich von Steinen und Henrich aus dem Bercksgen erlauben, auf einem im Besitz der adeligen Fräulein befindlichen Grundstück «zu kohlen», also Bergbau zu betreiben. Das Grubenfeld lag laut Urkunde «oben dem gude Stade nach Essen» (in der Gegend zwischen der heutigen Annenkapelle und dem Gasthaus «Zornige Ameise» in Essen-Rellinghausen). Das verpachtete Feld war das «Beysiepen» (beye oder beie = Biene; vielleicht unterhielten die Rellinghauser Stiftsdamen hier eine Imkerei?).

Das «Beysiepen» existiert längst nicht mehr. Anstelle des sonst üblichen Zehnten hatten die «Köhler» dem Stift «am Tag Thomae apostoli» (21. Dezember) als «Gewinnstpfennig» eine Zahlung in Höhe von einem Taler zu leisten. Daneben soll, solange in dem Feld Bergbau betrieben wird, der Stiftsvogt «alle und jeder Wochen», und zwar samstags, «eine gute Karre Kohlen» anfordern können. Sofern die «Jufferen» aber statt der Kohle Geld wünschten (das stand laut Vertrag in ihrem Ermessen), sollen die «Kohlgesellen» jedoch «jeden sambstag abend» einen viertel Taler zahlen. Werden die Gesellschafter säumig und kommen dem, «so versprochen», nicht nach, können ihnen die «Jufferen» die Arbeit verbieten. Handeln sie überdies «betrügerisch, untreu oder böslich», so ist eine Strafe von 50 Gulden zu zahlen.

Die adeligen Jungfrauen räumten den «Kohlgesellen» auch das Recht ein, «eynen neuwen pütt», das heißt also einen zweiten Schacht anzulegen. Dreizehn Jahre später, nämlich am 22. Oktober 1582, verpachtete das Damenstift «zwey kohlenbencke jenseits der Rhur» an verschiedene Personen, die als «Pächter» oder «Berggesellen» bezeichnet werden. Als Gegenwert mußten wöchentlich «9 heuff kohlen» geliefert werden. Hier erscheint der «Kohlenhaufen» als festes Maß. Ohne Willen des Kapitels durften «keine neue pütte» eingerichtet

Essen-Kray: Zeche Bonifacius. Der Schacht 1 war zuletzt Seilfahrt- und Materialschacht des Bergwerks Zollverein. Unser Bild: Waschkauen- und Sozialgebäude von 1903/08 im neugotischen Stil. Mit Türmen und Zinnen sowie der Innengestaltung ist dieses Bauwerk ein Zeichen gehobenen Selbstgefühls des Bürgertums am Ende des 19. Jahrhunderts.

werden. Dem «Jungfernrichter» (also dem Richter des Stiftes) war alljährlich zu Weihnachten ein «Haufen Kohle» als Bringschuld zu liefern.

1587 haben «Schulte aufm Stade und Kassipen» wegen eines Kontraktes über den «Kohlberg Bienensiepen» neu verhandelt. Von einer Gesellschaft der «Köhler», die vor 18 Jahren schon einmal an derselben Stelle tätig war, ist nun nicht mehr die Rede. Die beiden liefern den Stiftsdamen wöchentlich «eine gute Karre Kohlen», aber auch den Zehnten an Schmiedekohle. Der Zehnte galt hier also als Abgabe von der Förderung. Wahrscheinlich konnten die Damen nicht überblicken, wieviel Schmiedekohle überhaupt zu Tage kam. Es heißt nämlich in dem Werksvertrag vom 5. August 1587 etwas unklar, falls sich die «Bank auf anderthalb oder zwei Fuß erstreckt, so sind dem Kapitel 30 Goldgulden zu

Das 1906 auf Bonifacius errichtete «Krankenverbandhäuschen» (19 mal 9 m) diente «zur vorläufigen und vorübergehenden Unterbringung etwaiger verunglückter Bergleute p.p.» (Bauantrag) und ist als industrielles Baudenkmal registriert.

zahlen». Ferner gibt es die Abmachung, daß den adeligen Fräulein «allwöchentlich eine weitere Karre Kohlen» zu liefern sei, falls eine zweite «Bank» unter der, die die Belehnten «itzo verarbeiden» anstehen sollte.

Auch über den Bergbau im Gebiet von Werden gibt es frühe Nachweise. Ein Kohlenhandel wird schon 1528 erwähnt, und 1543/44 liefert «Ludger zu Lutenscheid gemeinsam mit seiner Frau dem Gut Berkhoven» von einem gepachteten Waldstück alljährlich «bis Michaelis 1546» drei Fuhren Kohle und fünftausend Knüppel Holz. In den Büchern des Stiftes Werden tauchen 1555/56 «drei Karren oder zwanzig Sack Kohlen» auf, die wieder von Ludger Lutenscheid als Pacht für einen «Kohlberg» zu liefern waren. 1557/58 ist ausdrücklich von «zwei Karren Steinkohlen» die Rede.

Mitte 1566 konstituierte sich eine Berggenossenschaft; an der Spitze stand der Abt des Ludgerusstiftes Hermann Kellenberg von Holte, der von 1540 bis 1570 amtierte. Die verschiedenen erhalten gebliebenen Abrechnungen von 1566 bis 1577 über Anlage und Betrieb des am Bredeneyer Berg gelegenen Bergwerks Schenkenbusch vermitteln gute Eindrücke von den hier durchgeführten Arbeiten. Der Verwalter («Kellner») des Stiftes Werden (Heinrich Duden) hatte das Kohlenvorkommen entdeckt, sofort «nachgraben» lassen und war dabei auf einen «Kohlgang» (Flöz) gestoßen.

Die Kohle streicht an dieser Stelle in drei Flözen aus, wo sich an der Straße von Bredeney nach Werden ein kurzes, aber tiefes Tal zur Ruhr herunterzieht. Noch in den 1950er Jahren konnte man im Winter, wenn Bäume und Sträucher unbelaubt standen, hier kleine Pingen und Aufschüttungen erkennen. Sie rührten wohl von ei-

Dortmund-Bodelschwingh: Zeche Westhausen. Lohnhalle (rechts) und Waschkaue von 1906 (vorn): Abkehr vom Historismus und monumentale Tendenzen des ausgehenden Jugendstils zeigen die Suche nach neuen Ausdrucksformen. Der basilikale Querschnitt gibt Aufschluß über die Baugesinnung der Auftraggeber. – Unten: Malakoff über Schacht 1 (rechts). † 1956, Denkmalschutz seit 1989.

Essen-Heidhausen: Zeche Ver. Pörtingssiepen. Die Anfänge dieser Zeche gehen bis in die Zeit der Abtei Werden zurück. 1777/1779 verlieh der Werdener Abt die ersten Konzessionen. Jahrzehntelang wurde Stollenbau betrieben. 1837 ging man zum Tiefbau über. Bildmitte: Malakoffturm in schmuckloser, kubischer Bauform. Das Bild stammt aus der Zeit vor dem Ersten Weltkrieg.

nem alten Bergbau her, der viel später unter dem Namen «VER. HITZBERG, CRUSENBERG / BLUMENDELLE» konsolidiert war und noch über 1870 hinaus in Betrieb stand. Die Berggenossen Schenkenbusch haben wahrscheinlich im Streichen der Kohle einen tonnlägigen Schacht angelegt, denn in den Abrechnungen werden unter «Instrumenten» stets Tonnen und Ketten erwähnt (die Ketten wurden laufend pfundweise angeschafft). Allerdings läßt sich diese Angabe auch dahin deuten, daß ein Stollen vorgetrieben wurde; dafür sprechen die Grubenholzstempel, die ebenfalls aufgeführt werden. Die Kohle wurde in kleinen Schächten gefördert, wozu man Ketten und Tonnen benötigte. Sie wurde mit Hacken und Brecheisen gelöst, in Fässer gefüllt und so verkauft.

Grundsätzlich wird die bergmännische Tätigkeit mit «Arbeit» bezeichnet. Immer wieder heißt es: «Den Berg bearbeiten», gelegentlich aber auch: «Kohlgraben» oder einfach: «kohlen». Es taucht in diesen Abrechnungen aber sogar schon der Ausdruck «Bergwerker» auf, der später wieder verlorengegangen ist. Über die geförderte Menge in diesem Werdener Bergwerk ist nichts bekannt. Einige Anhaltspunkte bieten jedoch die Verkaufsmengen. 1566 sind 1 400 Faß Kohle abgegeben worden, ebenso 1568. Für 1569 wird eine Förderung von 3 150 Faß genannt, für das Betriebsjahr 1570 von 2 389 Faß. Erhebliche Mengen der Förderung wurden von Werden aus auf der Ruhr nach Mülheim verfrachtet. Der Abt des Stiftes dürfte aus dem Bergwerk Schenkenbusch jährlich einen Ertrag von 67 bis 68 Gulden erwirtschaftet haben. Das war beachtlich, wenn man bedenkt, daß er als erster «Berggenosse» mit Förderung und Verkauf der Kohle im Gegensatz zu den übrigen fünf Mitgliedern der Berggenossenschaft (allesamt als «Bergherren» bezeichnet) nichts zu tun hatte. Um 1577 ist das Bergwerk wahrscheinlich zum Erliegen gekommen; vielleicht war die Pest (1575 bis 1579), die das Stift Werden schwer heimsuchte, die Ursache hierfür.

Am 31. Januar 1591 wandte sich der Herzog Wilhelm von Düsseldorf aus an den Werdener Abt (am 27. April 1542 war die Bergordnung von Wilhelm, Herzog von Jülich, Geldern, Kleve und Berg, Graf zu der Mark und Ravensberg, erlassen worden.) Er habe seinem Werdener Rentmeister Peter Schmachtenberg befohlen, für ihn «drei Fuder Schmiedekohle einzugelden» und nach Kleve zu liefern. Schmachtenberg sei ausgeblieben, obwohl die Kohle gekauft war und der notwendige «Wagendienst aufgeboten» gewesen sei. Daraufhin habe der Richter den Schmachtenberg «gepfändet und die Pferde auf die Herberge gestellt». Als sich nunmehr «andere Hausleute zum Dienst bereit erklärten», habe der Abt das «Fortführen der Kohle verboten». Deshalb ersuche er jetzt den Abt, «sich solcher Neuerung zu enthalten und ihn in dem rechtmäßigen Besitz der Dienste nicht zu behindern» sowie ihm «schriftlich zu erklären, daß er sich danach richte». Dem Werdener Rentmeister schickte der Herzog eine Abschrift seiner Beschwerde; dem Abt sei «bei namhafter Strafe zu befehlen, die Kohle unweigerlich nach Kleve zu liefern».

1598 verpachtete der Abt Heinrich das Bergwerk «Schmedebank am Kahr» (später «Schmiesbank» genannt). Hier stand halbfette Kohle an, die sich als Hausbrand-, besonders aber als Schmiede-Kohle eignete. Sie fand guten Absatz, da die damals noch allenthalben gebräuchliche Holzkohle inzwischen sehr teuer und vor allem schwieriger zu beschaffen war.

In Mülheim senkt sich ein höheres Gelände zum Tal der Ruhr hinunter. Kleinere Nebenbäche legten an mehreren Stellen die Kohle bloß. Hier lag der Hof Sellerbeck, der schon im 15. Jahrhundert erwähnt wird und 1432 von Wilhelm und Ewert von Limburg erworben wurde. Bergbau auf Steinkohle muß auf Sellerbeck schon frühzeitig umgegangen sein, denn in einer Handschrift von 1610 spielt das «auff Sellerbecker gut befindliche kohlwerck» eine bedeutende Rolle. Es ist von einem Stollen die Rede «beneben dem kempgen (Feld) zu Heissen in der Straßen»; von einer Gewerkschaft wird berichtet, die aus sechs Gewerken bestand. An führender Stelle war nach dieser Urkunde Heiwert Krabbe tätig, der 1585 den Stollen so weit vorbereiten ließ, daß die Gewerken das Wasser «äussern» konnten, wie es recht anschaulich heißt. Das Wasser wurde «oben herausgezogen», wahrscheinlich in Pütten mit Haspelbetrieb. Dann stand die Anlage zwölf Jahre lang still, bis sie 1597 wieder in Gang kam. Bald gab es aber neue Wassereinbrüche, die wieder zur Stillegung zwangen, bis Jaspar von Schoeler (der Schwiegersohn von Krabbe) unter Aufwendung erheblicher Kosten das Bergwerk erneut in Betrieb nehmen konnte. In diesem Zusammenhang ist übrigens von einem zweiten Stollen die Rede, den Schoeler von einem Kölner namens Driesen «aus seinem Werk in dies Werk» erwarb. Beide Bergwerke liefen anschließend «ein Jahr und ohne Besperrung».

Sprockhövel: Schacht 1/2 der Zeche Alte Haase. Dieser Malakoff ist der jüngste der noch existierenden Schachttürme dieser Art im Ruhrgebiet. Er ist als erhaltungswürdiges Baudenkmal registriert und Anfang der 1990er Jahre instandgesetzt worden.

Sehr früh ist auch im Umkreis von Sprockhövel (Haßlinghausen) Steinkohlenbergbau betrieben worden. Eine Urkunde von 1547 teilt mit, daß «das Erbe und Gut ten Schede» zwischen drei Parteien aufgeteilt wurde, mit Ausnahme der «Büsche in der Dyckerdellen und in den Stocken». Die «Kohlberge» in den beiden Gehölzen sollen die Erben «zusammen gebrauchen» (also gemeinsam betreiben) und dabei «ein jeder Kohlen gewinnen nach seiner Berechtigung». Ein Vorgang vom 30. November 1573 spielt in der gleichen Gegend und bezeugt die Belehnung eines «Steinkohlenberges». Von einer weiteren Belehnung eines «Kohlberges auf dem Hallo» in der Sprockhöveler

Essen-Frillendorf: Malakoffturm über Schacht Wilhelm der Zeche Königin Elisabeth, 1850 errichtet und im Laufe der Jahrzehnte mehrfach verändert. Seit 1912 diente dieser Schacht der Grubenbewetterung (Zeche Wilhelm-Emil).

Gegend wird in einer Urkunde vom 24. April 1578 berichtet. Das Bergwerk hatte etliche Jahre stillgelegen und sollte wieder in Betrieb genommen werden. Der Amtmann und Rentmeister von Wetter gibt Bescheid, man möge mit den Erben des Bergwerks verhandeln und an der «Öffnung des Kohlwerkes» als Gewerken mitwirken.

Über einen Steinkohlenbergbau in der Gegend zwischen Wetter und Herdecke liegen ebenfalls frühe Nachrichten vor. Am 9. August 1582 meldet ein Matthias Beckers, «Richter zu Schwerte», daß «im Dorfe Sieberg (Syburg) Steinkohlen aufblühen» und vermutlich zu gewinnen seien. Er habe an die 80 Reichstaler Unkosten aufgewendet und ein kleines «Werk hinter dem Dorf» errichtet. Die Kosten seien ungewöhnlich hoch, weil das Bergwerk zwar nahe der Ruhr liege, aber «unartige Bergen» den Zugang zum Fluß mit einem Fuhrwerk außerordentlich beschwerlich machten. Andererseits sei bei den Einwohnern von Schwerte das Brennholz sehr teuer, so daß sie beim «Feuermachen» auf Kohle angewiesen seien. Schon am 11. August 1582 wurde Beckers die Abbauerlaubnis erteilt.

Aus den Jahren 1591 und 1592 gibt es ausführlichere Nachrichten über ein «Kohlbergwerk» auf dem Kaisberg zwischen Wetter und Vorhalle. Es wird erwähnt, daß «mehrmals das Kohlengraben angefangen» habe und «darüber ein Zwist» entstanden sei. Auch ist die Rede von «Abgaben nach Brauch der anderen Kohlberge» dieser Gegend; danach müssen also mehrere Bergwerke dort betrieben worden sein.

In einem Bericht des «Amtmannes zu Unna» Dietrich von der Reck vom 3. Januar 1575 heißt es, daß «Hans Zobell von Augspurgk» in einem «Steinkohlenberg bei Herigke (eine halbe Meile von der Stadt Unna entfernt) Kohlen gemutet» habe. Die Kohle war in Soest und Hamm «probiert» und als gut befunden worden. Zobell suche jetzt um Belehnung mit dem «Steinkohlenberg» nach. Am 24. April 1575 fragten mehrere Bürger aus Unna bei den Klever Räten um die Erlaubnis zum Betrieb eines «Kohlberges» an. Sie waren «bei Strickherdicke an einen Steinkohlenberg» gekommen, der, wie weitere Angaben darlegen, «zwischen Upherdicke und Langschede an gemeiner Veheweide» lag.

Die Räte des Herzogtums arbeiteten recht zügig. Schon am 22. Januar 1575 beziehungsweise am 25. April erteilten sie dem Dietrich von der Reck «Instruktionen». In seiner Eigenschaft als Amtmann von Unna berichtet er über die Angelegenheit gemeinsam mit Caspar Lapp, dem Amtmann von Altena, am 21. Juli 1575. Er führt aus, Hans Zobell von Augsburg und die Bürger aus Unna hätten zwei «Kohlgruben» gefunden; die erste sei von Zobell, die andere von den Unnaern in Angriff genommen worden. Dagegen aber habe die «Äbtissin von Fröndenberg und Aldenbochum zur Heide» als «Grund- und Stuhlherrin des Gerichtes Ardey» Einspruch eingelegt; mit dem Kohlenabbau sei ohne ihre Zustimmung begonnen worden. Der Streit wurde alsbald dahin geschlichtet, daß «die Zehnten den Landesherren zu zahlen, die Schäden aber den Hausleuten und Nachbarn» zu vergüten seien. Beide Parteien wurden gemeinsam mit den Bergwerken belehnt. Am 21. November 1590 erteilten die Klever Räte auf ein Gesuch von «Herman Roddinckhausen zu Brockhausen, Wynold und Everhart Bueren, Hinrich Baimen, Andres Kock und anderen» die Belehnung an einem schon alten, verfallenen (jetzt aber zu erneuernden) «Steinkohlenberg» zwischen Hagenberg und Ardey im Amt Unna.

Bergkamen-Oberaden: Bergwerk Haus Aden. Rechts das Doppelbock-Fördergerüst in Vollwandbauweise über Schacht 1; links: Stahlkastenstrebengerüst über Schacht 2 (Aufnahme aus den frühen 1970er Jahren, 1979 zu einem Doppelbock erweitert). † 2000.

Während an der Ostflanke des Reviers bei Unna bereits im 16. Jahrhundert ein äußerst reger (und geordneter) Steinkohlenbergbau umging, war man im äußersten Westen, in der Gegend von Duisburg, zunächst weniger erfolgreich. Zwar wird berichtet, daß am 17. Juli 1561 der Duisburger Bürgermeister und «etliche Ratspersonen» mit dem «Meister, der die Kohlen gräbt», einige Stellen im Duisburger Stadtwald aufsuchten, an denen «eine Kohlbank vermutet» wurde. Der Kohlengräbermeister, der Simon hieß, hat dann später die gleichen Orte noch einmal «befahren». Eine Stadtrechnung sagt aus, daß Simon mit zwei «Berggesellen» 34 Tage lang gegraben hätte, um nach «Steinkohlen zu suchen». Dafür wurden insgesamt 51 Gulden als Vergütung gezahlt.

Eine weitere Rechnung läßt erkennen, daß in Mülheim Gerätschaften angefertigt worden sind, die für die Arbeiten benötigt wurden, unter anderem «eine Tonne zum Herausziehen von Erde, mit eisernen Bändern beschlagen». Demnach ging es wohl um einen Schacht, in dem eine Tonne heraufgezogen wurde. Nach einer anderen Unterlage sind Bürgermeister Ott Vogell und Lueff Tack zu den «berchmennen» (Bergleuten) «in den Busch» gefahren. Man maß dann an Ort und Stelle «auf Anordnung» ab, wie tief die «wercklude» bereits gegraben hatten (nämlich insgesamt «24 Faden», ungefähr 50 m). Ob es sich um einen Stollen gehandelt hat, in dem der Schacht aufsetzte, ist nicht ersichtlich. Es ist dann in den Dokumenten noch von einer Stelle die Rede, an der «drei berchwerckers oder grevers» (Bergleute oder Gräber) arbeiteten, am «Hilligen bornschen berge» (am Heiligen Born). 1563/64 sind alle Arbeiten abgebrochen worden, da man nirgendwo auf Kohle gestoßen war und das ganze Schürfunternehmen die Stadt schon 120 Gulden gekostet hatte.

Wie die wenigen erhalten gebliebenen Dokumente ausweisen, hat es schon vor mehr als 500 Jahren einen durchweg gewissenhaft und geordnet betriebenen Bergbau an der Ruhr gegeben. Nichts deutet darauf hin, daß nur eine gelegentliche (wüste) «Kohlengräberei» existiert hat. Schon im ausgehenden 15., vor allem aber im 16. Jahrhundert gab es recht eindrucksvolle Bergordnungen mit erstaunlich präzisen Anweisungen für die Arbeit in den Gruben. Bemerkenswert auch die einheitliche Nomenklatur: überall ist von «Pütten» die Rede.

Sie waren wohl die lateinischen putei (Gruben, Brunnen, Zisternen und Schächte); die Lautverschiebung ist nur minimal. Immer tritt der Pütt im Zusammenhang mit den «Kohlenbänken» auf, wie die Flöze damals genannt wurden. Es kann sich daher nur um kleine Schächte gehandelt haben, die tonnlägig oder sogar senkrecht in die Lagerstätten gegraben wurden.

Die landläufige Meinung, daß die Einführung des Sprengens mit Schwarzpulver im 17. Jahrhundert überhaupt erst die eigentliche bergmännische Gewinnung der Kohle im Stollenbau möglich gemacht habe, wird durch die auf uns gekommenen (wenigen) Urkunden nicht belegt. Schon aus dem 15., aber erst recht aus dem 16. Jahrhundert sind bemerkenswerte Entwicklungen der Stollenbetriebe nachgewiesen. Unter einer Obersohle wurde ein Unterwerk angelegt, also eine zweite Abbauebene, die zehn Meter tiefer lag als die obere; manchmal wurde sogar noch eine dritte Sohle aufgefahren. Die Sohlen waren von der Oberfläche her miteinander durch einen Schacht (Pütt) verbunden. Sehr früh kam es also zu technisch recht kunstvollen Anlagen, und diese wurden ständig fachmännisch beaufsichtigt, damit sie ihren Zweck erfüllen konnten.

Erstmalig kommt um 1577 an der Ruhr als neue Bezeichnung für ein Bergwerk das Wort «Grube» auf (neben Kohlberg, Kohlwerk oder auch einfach Werk). Es stammt wohl aus südlicheren Bergbaugebieten, setzte sich aber im Ruhrbergbau verhältnismäßig schnell durch, vor allem in den Zusammensetzungen Grubenbau, Grubenholz, Grubenpferd (und 100 anderen). Eine Zeche in Betrieb nehmen heißt im 16. Jahrhundert «den Kohlberg öffnen», die Bergleute werden meist Kohlgräber genannt, oft auch Bergknaben und Bergknappen oder Berggesellen, manchmal jedoch auch schon einfach «Arbeiter». Überall im Revier war freilich noch lange die Berufsbezeichnung «Köhler» üblich; sie wurde von der Holzkohle übernommen.

Von bergbaulichen Gewerkschaften hören wir schon sehr früh, vor 400 und mehr Jahren. Die Gewerken (Berggenossen) werden oft auch «Bergherren» genannt; sie sind aber durchweg gleichzeitig als Arbeiter in den von ihnen aus- und eingerichteten Bergwerken, in der Kohlengewinnung und -verladung sowie im Verkauf und der Kohlenabfuhr tätig.

Es waren nicht die einheimischen Bauern, die den Kohlenbergbau an der Ruhr aufnahmen und entwickelten. Sie, die unmittelbar auf der Ruhrkohle saßen, beschäftigten sich mit dem Bergbau erst, als ihnen Fachleute gezeigt und bewiesen hatten, welch wertvolle Schätze in der Tiefe der Erde lagerten und wie sie zu heben sind. Bald verpachteten Bauern ihre «Kohlenbänke» an die «Kohlengräbermeister» zur Anlage von «Werken». Diese Experten kamen aus dem Aachener Gebiet, dem Harz mit seinem damals schon mehrere 100 Jahre alten Erzbergbau, vielleicht auch aus dem holländischen Limburg. In den Annalen der Augustiner-Abtei Rolduc werden schon 1113 erstmals Kohlengruben erwähnt. Die Anfänge des Aachen-Limburger Bergbaus datieren einige 100 Jahre früher als die des Ruhrbergbaus. Kohlenfunde in Resten römischer Bauwerke der Aachener Gegend deuten darauf hin, daß vielleicht schon die Römer ihre Villen und Badehäuser im unwirtlichen Germanien mit Steinkohle beheizten. Die ersten Bergleute an der Ruhr sind mit hoher Wahrscheinlichkeit Männer gewesen, die ihre bergmännischen Grundkenntnisse in älteren Bergbaugebieten erworben hatten und nun in ihrem neuen Wirkungsbereich anwandten.

In Bochum gab es bereits im 17. Jahrhundert Fuhrleute für Kohle. Die verfrachteten Mengen dürften sehr gering, die Frachtkosten jedoch hoch gewesen sein. Als 1634 in der Bauernschaft Wiemelhausen (südlich von Bochum) ein «Kohlberg» einstürzte, brachte ein Bauer eine Karre Kohlen (etwa zehn Zentner) aus der Weitmarer Mark in die Stadt. Die Fracht kostete einen Taler, der Fuhrlohn dagegen betrug eineinhalb Taler.

Das Dorf Gelsenkirchen bezog seine Kohle bis ins 19. Jahrhundert aus Bochum oder Eppendorf. Gelegentlich brachte ein Fuhrmann mit zwei oder drei Pferden eine Karre Kohlen; meist besorgte das ein Mann mit einer Schubkarre und einem Hund als Vorspann. Er benutzte den Fußweg über Ückendorf/Wattenscheid zur Zeche ENGELSBURG in der Gemeinde Eppendorf. Abgelegene Stellen versorgte der «Kohletreiber», ein Kötter mit drei oder vier Pferden, von denen jedes einen Sack mit etwa zwei bis drei Zentnern Kohle tragen konnte.

Das Interesse des preußischen Staates, das sich bisher auf die Einziehung des Zehnten beschränkte, richtete sich erstmalig auf die Steinkohlengewinnung und -förderung selbst, als für die Staatliche Saline Königsborn bei Unna zum Versieden der Sole ausreichender Brennstoff beschafft werden sollte. König Friedrich Wilhelm I. erließ 1737 die «Renovierte Bergordnung» und richtete 1738 in Bochum ein Bergamt ein (es wurde 1745 nach Schwerte, 1766 nach Hagen und 1779 nach Wetter ver-

Essen-Schonnebeck: Zeche Friedrich Joachim, Schacht 1. Deutsches Strebengerüst in Vollwandbauweise von 1958. † 1966.

legt). Um 1735/37 gab es im Ruhrgebiet 101 fördernde Zechen, 27 Stollen befanden sich in Bau, 26 waren stillgelegt. In Bochum zählte man 25 Zechen, die jährlich zusammen etwa 3 700 Tonnen Kohle förderten (zehn Prozent der Förderung des Ruhrgebiets). Trotz der weiterhin schlechten Absatzmöglichkeiten steigerte sich die Produktion der Ruhrzechen bis 1754 auf 140 000 Tonnen; in diesem Jahr verzeichnete das Bergamt Bochum 35 Zechen mit 114 Bergleuten. Der Siebenjährige Krieg (1756 bis 1763) brachte eine Unterbrechung des wirtschaftlichen Lebens und der bergbaulichen Bestrebungen. Die Bevölkerung des Ruhrgebiets wurde um ein Sechstel vermindert. Für die Ruhrzechen waren die Absatzverhältnisse mangels geeigneter Straßen äußerst ungünstig; Möglichkeiten, die Kohle zu verschiffen, fehlten meist.

Am 29. April 1766 kam von Friedrich dem Großen (1712 – 1786) die «Revidierte Bergordnung für das Herzogtum Cleve, das Fürstentum Moers und die Grafschaft Mark». Diese erklärte das Schürfen auf nutzbare Mineralien für frei, wenn die Bergbehörde durch Ausstellung eines Schürfscheins ihr Einverständnis gegeben hatte. Der erste Fund führte zur Verleihung eines Grubenfeldes bestimmter Größe. Diese Bestimmung war ein wichtiger Fortschritt zur Bergbaufreiheit. Zur Erzielung einer pfleglichen «Ausgewinnung» der Lagerstätte und eines rationellen Grubenhaushaltes wurde das sogenannte Direktionsprinzip festgelegt. Die Betriebsleitung der Bergwerke und ihre Haushaltungen wurden dem Bergamt (Bergmeister, Berggeschworenen) übertragen. Wörtlich hieß es im 29. Kapitel dieser Bergordnung: *«Da es die Erfahrung bezeuget, wie sehr es Bergwerksliebhabern zum Schaden und Nachteil gereicht, wenn ihnen die Einrichtung des Baues auf ihren gemuteten und bestätigten Werken alleinig überlassen, indem sie sich größtenteils auf ihre öfters ganz unerfahrenen Arbeiter, Steiger und Schichtmeister verlassen müssen, von diesen aber zu unnötigem und unnützem Bau verleitet und um das Geld gebracht werden, zu schweigen, was öfters für Klagen zwischen Gewerken und Arbeitern wegen des Arbeitslohnes, ja auch unter den Gewerken ferner selbst entstanden, bald wegen Berechnung, Zubußen und Ausbeute, bald aber wegen des Arbeitslohnes, da der eine Gewerke das Werk betreiben, der andere aber dasselbige nicht betreiben lassen wollen, mithin sie sich deswegen nicht untereinander vergleichen können, und was dergleichen vielerlei Vorfälle sind, diese Unordnungen aber nicht anders als zum Nachteil und üblen Ruf unserer Bergwerke gereichen können, mithin deren Abstellung umso nötiger ist, so sollen künftighin unter des Bergamtes Direktion alle Zechen betrieben werden.»*

Duisburg-Walsum: Bergwerk Walsum. Der Industrielle August Thyssen reichte 1904 den Betriebsplan für eine Doppelschachtanlage auf dem Gebiet des Dorfes Walsum ein. Das Abteufen der Schächte 1 und 2, die 1956 die Namen Franz und Wilhelm erhielten, begann bereits am Anfang des 20. Jahrhunderts. Unser Foto: Das Bergwerk im Jahre 1987.

Gelsenkirchen-Ückendorf: Die Doppelschachtanlage Holland 1/2 – zwei Malakofftürme mit dazwischenliegendem Maschinenhaus von Schupp-Kremmer (1924) – ist die letzte vollständig erhaltene Anlage dieser Art an der Ruhr. Schacht 2 ist 1958, Schacht 1 dagegen 1963 verfüllt worden. Der Gebäudekomplex ist als erhaltungswürdiges Baudenkmal registriert.

Rechts: Die durch Bänder, Gesimse usw. reich gegliederten Ziegelfassaden der ehemaligen Maschinenhalle von Holland 1/2 weisen an der Westseite fünf große Rundbogenfenster auf.

Hier ist anzumerken, daß die friderizianische Bergordnung für das Knappschaftswesen ausgedehnte Leistungen zum Wohle der Bergarbeiter festlegte. Auch den Kohlenbergleuten wurde durch sie ein Teil der Privilegien zugestanden, deren sich die Erzbergleute schon seit langem erfreuten.

1768 wurde ein besonderes Bergwerks- und Hüttendepartement als 7. Abteilung des Generaldirektoriums in Berlin eingerichtet. 1777 wurde Friedrich Anton Freiherr von Heinitz Bergwerksminister Preußens. Er gilt als der beste Kenner des Bergwesens der damaligen Zeit (Gründer der Bergakademie Freiberg). Heinitz bemühte sich um die Heranbildung eines tüchtigen und fachmännischen bergbaulichen Nachwuchses, indem er exakte Ausbildungsvorschriften erarbeitete und ein Eleveninstitut einrichtete. Da er mit der Familie Stein eng verwandt war, nahm er sich auch der beruflichen Entwicklung des jungen Freiherrn Heinrich Friedrich Karl von und zum Stein (1757 – 1831) an, als dieser nach seiner Göttinger Studienzeit als Kammerherr an den Preußischen Hof kam. Stein trat als «Referendaire» in das Bergwerks- und Hüttendepartement ein und wurde 1784 mit der Leitung des Märkischen Bergamtes betraut. In der westfälischen Mark hatte sich damals das Direktionsprinzip noch nicht durchgesetzt. Stein rügte, daß «alles nach Willkür des Eigentümers, nach dessen momentanem Belieben und Vermögenszustand geht» und der «Grubenhaushalt nicht nach einem bestimmten Plan vorgenommen» werde. Er beantragte die Einführung eines ordentlichen Rechnungswesens, auch möglichst die Festsetzung der Löhne und Preise für Materialien.

Während die Selbstverwaltung der Gemeinden seinen Grundsätzen entsprach, hielt Stein bei den Bergwerken die staatliche Beaufsichtigung für notwendig, um den Bergbau zu einer leistungsfähigen Industrie zu entwickeln. Eine ähnliche Reform des Rechnungswesens war in den Jahren 1773 und 1774 am Widerstand der Gewerken gescheitert. Erst nachdem Stein den Gewerken zusicherte, dass keine neuen Abgaben von ihnen verlangt würden, wenn sie nach den neuen Bestimmungen handelten, und indem er sie andernfalls mit dem Verlust ihrer Gruben bedrohte, gaben sie Ende 1786 ihren Widerstand auf.

Parallel zur gemeindlichen Selbstverwaltung forderte Stein dagegen auch die Selbstverwaltung der Knappschaft. Er äußerte sich hierzu: *«Es ist der Sache ange-*

messener, wenn die Bergleute sich diejenigen wählen können, denen sie ihr Interesse und die Mitaufsicht über eine für sie gemeinnützige Anstalt anvertrauen. Sie sollen vier aus ihrer Mitte dem Bergamt vorschlagen, welches dann zwei zu ernennen hat; diese sollen die Geschäfte der Knappschaft unentgeltlich führen.»

Ab 1787 hatte das Direktionsprinzip an der Ruhr fast überall (Ausnahme: die Stifte Essen und Werden) Gültigkeit. Die Betriebsleitung der Zechen war auf die Bergbehörde übergegangen. 1792 wurde durch das Eingreifen Steins die Märkische Bergbehörde zu Wetter aus der allgemeinen Landesverwaltung und der Unterordnung unter die Clevische Kriegs- und Domänenkammer gelöst, um als Oberbergamt unmittelbar dem Bergwerks- und Hüttendepartement in Berlin angeschlossen zu werden.

In Essen und Werden behielten die Gewerken ihre Selbständigkeit länger. Noch 1802 kümmerte sich dort keine behördliche Stelle um Oberaufsicht und Leitung der Bergwerke; zuständig waren allein die Gewerken mit ihren «Schichtmeistern». Im Stift Essen waren außer dem sogenannten «Zehntläufer», der für die ordnungsgemäße Abtragung des Zehnten zu sorgen hatte, «gar keine landesherrlichen Offizianten» vorhanden. Teilweise fand die Erhebung des Zehnten überhaupt nicht statt. Im Stift Werden lag der Betrieb der Zechen ebenfalls ganz in den Händen der Gewerken ohne jede Aufsicht des Abtes, der keine technischen Beamten hielt. Kamen benachbarte Gruben etwa über die *Berechtsame* in Streit, berief der Reichsabt preußische Bergbeamte vom Märkischen Oberbergamt Wetter zur Schlichtung.

Um 1800 lag das wirtschaftliche Schwergewicht des rheinisch-westfälischen Industriegebiets im Siegerland sowie im Bergischen und Märkischen Land, also im Süden des eigentlichen Ruhrreviers. Es lebten im Revier etwa 150 000 Menschen; 30 Jahre später hatte sich die Einwohnerzahl bereits verdoppelt.

Die jährliche Steinkohlenförderung der Zechen belief sich um 1800 auf noch nicht einmal zwei Millionen Tonnen. Erst die sich allmählich anbahnende Zusammenarbeit mit dem Eisen und zum anderen der Ausbau des Verkehrswesens, nicht zuletzt aber der steigende Bedarf der Bergtechnik gaben den Anstoß zu den fortschreitenden Wechselbeziehungen zwischen Kohle und Industrialisierung. 1850 gab es im Ruhrgebiet 198 Zechen, die jedoch insgesamt weniger als 13 000 Beschäftigte und eine Durchschnittsförderung von wenig mehr als 8 000 Tonnen täglich zu verzeichnen hatten.

Wie bescheiden die Anfänge waren, läßt sich recht einprägsam am Beispiel der Industriestadt Oberhausen ablesen. Der Bahnhof Oberhausen war mit der Köln-Mindener Bahnstrecke bereits erbaut worden, als das umliegende, später zum Teil die Innenstadt von Alt-Oberhausen bildende Gebiet noch weithin unwirtschaftliches, teils sandiges, teils sumpfiges Heideland war. Den eigentlichen Siedlungskern bildeten die Bauernschaften Lippern und Lirich an der Emscherterrasse und ihre heidewärts daran angelegten Ackerfluren. Das neue Siedlungszentrum aber erwuchs unabhängig davon inmitten der Lipperheide um den Bahnhof Oberhausen als Kristallisationspunkt. Die Heide erstreckte sich damals von Dümpten im Osten bis nach Obermeiderich im Westen. Im Norden reichte sie bis nahe an das Hochufer des sich in weiten Windungen dahinschlängelnden alten Emscherlaufes und im Süden bis an die ruhrwärts gelegenen Siedlungen Alstaden und Styrum.

Die Ruhrschiffahrt geht auf ein Privileg zurück, das Kaiser Konrad II. schon 1033 dem Abt von Werden verlieh. Vom 14. Jahrhundert an wurde die Wasserkraft der Ruhr zum Antrieb zahlreicher Mühlen ausgenutzt, wozu der Bau vieler Flußwehre erforderlich war. Die dadurch bewirkte Stauung des Wassers ermöglichte auch eine Schiffahrt mit flachen Holzschiffen, den sogenannten Ruhraakes, die 25 bis 150 Tonnen laden konnten.

Als der Kohlenbergbau an der Ruhr sich weiter entwickelte, nutzte er den Wasserweg zum Kohlentransport aus. Nachdem lange Zeit an den Stauwehren umgeladen werden mußte, gestatteten Schleusen – die Friedrich der Große 1772 bis 1780 anstelle der Wehre errichten ließ – eine durchgehende Lastenschiffahrt. Damit entstand ein Schiffsverkehr auf der Ruhr, der den auf dem Rhein zur damaligen Zeit weit übertraf. Die große Zeit der Ruhrschiffahrt war gekommen.

Die Kohlenschiffe waren bis zu 35 Meter lang und fünf Meter breit. Drei Viertel der gesamten Kohlenförderung des Reviers sind in jenen Jahren auf der Ruhr verfrachtet worden. Immerhin gab es 1802 schon 127 Bergbaubetriebe; die meisten lagen auf Werdener Gebiet, und ihre Namen sind fast alle längst verschollen. 1 500 Schiffer und 250 Pferdetreiber waren im Kohlentransport beschäftigt; 500 Pferde zogen auf den Treidelpfaden am Flußufer die Schiffe an der Leine. Schon 1820 zählte man 3 490 Ruhrschiffe, die in der Hauptsache Kohle luden, doch auch Holz, Steine und Salz. Allmählich wurde die Stadt Mülheim a. d. Ruhr der wichtigste

Essen-Kray: Zeche Katharina. Detail eines zweigeschossigen deutschen Strebengerüstes (Koepe-Förderung).

Gelsenkirchen-Feldmark: die unter Denkmalschutz stehende Schachtanlage 8 (Oberschuir) des Bergwerks Consolidation (Sitz Gelsenkirchen-Schalke). Neben dem Fördergerüst (vgl. unten) Tagesbauten von 1908/09: Lohnhalle und Waschkaue (rechts; Foto 1975).

Unten: Gelsenkirchen-Feldmark: Deutsches Strebengerüst (Koepe-Förderung) von 1907/08 über Schacht 8 (Oberschuir), stets Wetterschacht des Bergwerks Consolidation. 1984 verfüllt. Das Gerüst ist in die Denkmalliste eingetragen (vgl. S. 47).

Stapel- und Umschlagplatz für Ruhrkohle. Eine 1845/46 erbaute Schleuse am heutigen Wasserbahnhof in Mülheim passierten um 1850 jährlich etwa 7 000 Schiffe. Ihren Höhepunkt erreichte die Ruhrschiffahrt 1860. 1889 fuhr der letzte Ruhrkohlenaak durch die Mülheimer Schleuse, nachdem der Bau der Ruhrtaleisenbahn die Schiffahrt zum Erliegen gebracht hatte.

Durch den Frieden von Lunéville (9. Februar 1801), bestätigt durch den Regensburger Reichsdeputationshauptschluß von 1803, fiel mit anderen (z.B. Werden) auch das Stift Essen an Preußen. Nach einer amtlich durchgeführten Zählung hatte das Stift damals 13 088 Einwohner, wovon auf die Stadt Essen 3 519 und auf die Stadt Steele 1 459 Menschen entfielen. Im Werdenschen Gebiet wurden 7 325 Einwohner gezählt (davon 2 454 in der Stadt). Im Stift Essen gab es etwa 3 000 Morgen des schönsten Eichenwaldes, die Borbecker, Viehofer und Frohnhauser Mark nebst dem Langenbrahm, Gemeindewaldungen, an denen die Essener Äbtissin wesentliche Nutzungsrechte hatte. Der Wald- und Ackerboden im Gebiet um Essen war überaus fruchtbar. Neben der Fruchtbarkeit des Bodens wurde als Quelle des Reich-

Gelsenkirchen-Feldmark: Detail des zweigeschossigen Fördergerüstes über Schacht 8 Oberschuir des Bergwerks Consolidation (Sitz Gelsenkirchen-Schalke). Teufbeginn 1906, Fördergerüst 1907/08, Tagesbauten 1908/09. Vgl. Abb. S. 46.

tums im Stift vor allem der Ertrag der Steinkohlenbergwerke gepriesen, von dem die Äbtissin den Zehnten bezog und den man 1801 im Essenschen auf etwa 400 000 Ringel (etwa 40 000 Tonnen), in dem zu Essen gehörigen Byfang auf rund 10 000 Tonnen und im Werdenschen auf etwa 60 000 Tonnen Kohle angab. Auf der Ruhr wurden über 75 000 Tonnen befördert beziehungsweise verschifft.

Wichtig waren in Essen auch die Reste der alten und die Anfänge neuer Industriezweige: das fürstliche Hüttenwerk, die Gewehr-, Kaffeemühlen- und Tuchfabrikation sowie ein «sehr ausgedehnter Spezereihandel durch die ganze Grafschaft Mark und die umliegenden Gegenden» (so in einer zeitgenössischen Darstellung); durch ihre günstige Verkehrslage und die große Zahl der öffentlichen Gebäude schien die Stadt geeignet, der «Sitz der Clevisch-Märkischen Regierung» zu werden. «Man kann sagen», hieß es, «daß fast kein Land ist, welches mit so kleinem Raume so viele Vorteile verbindet als das Essensche.» Auf keinem Gebiet riefen die Anordnungen der preußischen Regierung nach der Übernahme des Stiftes so viel Erbitterung hervor wie im Bergwesen. Am 12. April 1803 erschien ein «Patent wegen Verwaltung des Bergregals in den bisherigen Stiftern Essen und Werden». Die Bestimmungen des Allgemeinen Preußischen Landrechtes und der Cleve-Märkischen Bergordnung von 1766 wurden hierdurch auf die Bergwerke der neuen Gebiete ausgedehnt; sie unterstanden fortan der Aufsicht des Westfälischen Oberbergamtes. Der Zehnte und andere Abgaben wurden auch da eingeführt, wo der Bergbau bisher abgabenfrei gewesen war (Rellinghausen), und der Verkaufspreis der Steinkohle war von nun an von einer alljährlich durch das Oberbergamt betimmten Taxe abhängig.

Auch für Essen und Werden wurde eine Knappschaftskasse errichtet; die Bergleute waren von der Heerespflicht befreit. Je größer bisher die Willkür gewesen war, mit der der Bergbau betrieben wurde, desto mehr fühlten sich die Gewerken durch die weitgehende staatliche Bevormundung eingeengt. Die Art, wie der Zehnte berechnet und eingefordert wurde, steigerte die Aufregung beträchtlich. Am 14. September 1803 richteten die Essener und Werdener Gewerken eine Bittschrift an den preußischen König und baten um Aufhebung der neuen Bestimmungen.

Natürlich fiel die Antwort ablehnend aus, denn in Berlin dachte niemand daran, den neuerworbenen Ländern Vorzüge gegenüber den alten Provinzen einzuräumen. In einzelnen Punkten wurde eine Prüfung der Beschwerden durch das Oberbergamt zugesagt. Als dieses sich für die Aufrechterhaltung der Anordnungen aussprach, schritten die Werdener Gewerken zu offener Rebellion; daraufhin rückten im November zwei Kompanien preußischer Grenadiere und eine Eskadron Blücherscher Husaren in Werden ein, um die Ruhe wiederherzustellen.

In Essen hatte man sich, wie es scheint, zu ungesetzlichen Schritten nicht hinreißen lassen; doch ergingen unter dem 30. Januar 1804 Beschwerden des Fürstentums und der Stadt an den König; dabei wurde auch die Einführung neuer Lasten und Abgaben gerügt. Die zahlreichen Geschäfte, die in Essen und Werden für das Oberbergamt neu erwuchsen, machten zunächst die Errichtung einer Bergamtsdeputation in Essen notwendig. Schließlich wurde ein eigenes Bergamt begründet und 1804 auch das Oberbergamt von dem stillen, abgelegenen Wetter an der Ruhr nach Essen verlegt.

Schon bald darauf vereinigte Napoleon die Essener Gebiete mit dem Herzogtum Berg; als Regent setzte der Kaiser seinen Schwager Murat ein, mit dessen Ernennung zum König von Neapel das Herzogtum Berg an Frankreich fiel. Die Cleve-Märkische Bergordnung blieb indessen auch unter französischer Herrschaft gültig; der größte Teil der preußischen Bergbeamten trat in den Dienst der Generaladministration der Bergwerke, Salinen, Hütten und Steinbrüche in Düsseldorf.

Der Ruf der Tiefe

Das staatliche Direktionsprinzip, das mit der Revidierten Bergordnung von 1766 und den weitreichenden Reformen von Heinitz und Stein im Ruhrbergbau gültig geworden war, hatte mit der Wirtschaftsweise früherer Jahrhunderte gebrochen. Ein straff gelenkter Zentralismus trat an die Stelle eines sich frei betätigenden Individualismus.

Es steht außer Frage, daß das Direktionsprinzip den Ruhrzechen fruchtbare Erfahrungen anderer Bergbaugebiete (Schlesien, Sachsen, Harz usw.) zugute kommen ließ, um wirtschaftliche und soziale Probleme zu lösen. Jedoch schon bald änderten sich die Voraussetzungen, die Entwicklung schritt stürmisch fort in Wirtschaft und Technik. Als Stichwort sei hier die Dampfmaschine erwähnt, mit deren Erfindung sich für den jungen Ruhrbergbau entscheidende Umwälzungen ergaben. Das Direktionsprinzip entsprach nicht mehr den Anforderungen der Zeit; es hemmte mehr und mehr die technische und wirtschaftliche Entwicklung. Hierfür sind die Vorgänge auf der Essener Zeche SCHÖLERPAD um 1830 ein aufschlußreiches Beispiel. Es war Franz Haniel (1779 - 1867), der den Kampf gegen administrative Einengung und Bevormundung aufnahm und siegreich durchstand. Er wurde zum Pionier des modernen Tiefbaus.

Der Bergbau war Anfang des 19. Jahrhunderts im Raum südlich von Bochum stehengeblieben. Ein 1808 auf der Zeche VOLLMOND bei Langendreer angelegter senkrechter Tiefbauschacht (46 Meter Teufe) blieb fast drei Jahrzehnte ohne Nachahmer. Auf dieser Zeche war um 1800 die erste Dampfmaschine für die Wasserhaltung eingesetzt worden; 1828 gab es im Bereich des Oberbergamts Dortmund schon 26 Dampfmaschinen. Die meisten betrieben Pumpwerke, aber acht dienten bereits der Kohlenförderung.

Schon lange war aber bekannt, daß die Kohlenflöze, die sich vom Tal der Ruhr nach Norden erstrecken, jenseits der Flucht von Städten, die sich von Mülheim über Essen und Bochum bis Dortmund und Unna aneinanderreihen, unter einer Mergeldecke verschwinden, und es war ohne Erfolg versucht worden, die Mergelschicht vom Rand aus mit Stollen zu unterfahren.

Ein Fortschritt war nur zu erzielen, wenn es glückte, von oben her den Mergel mit Schächten bis auf das Kohlengebirge zu durchstoßen. Es war klar, daß das Niederbringen derartiger «Mergelschächte» (man nannte sie so im Gegensatz zu den «Tiefbauschächten», die schon im Stollenbau üblich waren) äußerst schwierig sein würde und große finanzielle Mittel erforderte.

Um 1830 hat Franz Haniel mit den Vorbereitungen begonnen, einen Mergelschacht abzuteufen. Er setzte in der Gegend an, die im Osten von Oberhausen an die damalige Hüttengewerkschaft Jacobi, Haniel & Huyssen (Gutehoffnungshütte) anschloß, und plante, dieses führende Unternehmen der Eisenindustrie, dessen Mitbesitzer er war, zukünftig besser und vor allem regelmäßiger mit Brennstoff zu versorgen. Die Hütte, die mit einem Walzwerk verbunden war, hatte einen großen Kohlenbedarf, der nicht immer zufriedenstellend gedeckt werden konnte. Hinzu kam, daß die meist von der Essener Zeche VER. SÄLZER & NEUACK gelieferte Kohle von nicht ausreichender Qualität war.

Bottrop: Zeche Arenberg-Fortsetzung. Die Doppelschachtanlage ist 1930 mit ihrem Grubenfeld der Zeche Prosper zugeschlagen worden. Sie war bis 1975 in Betrieb. 1977 wurde der Schacht Arenberg-Fortsetzung 2 verfüllt. Die Verfüllung des Schachtes 1 (unser Bild), über dem Ende der 1960er Jahre ein Stahlkastenstreben-Fördergerüst errichtet worden war, erfolgte 1981.

Am 17. Januar 1832 wurde beim Bergamt Werden um einen Schürfschein auf ein Grubenfeld südlich des Schlosses Borbeck nahe der Mülheimer Grenze (aber noch im Gelände des ehemaligen Stiftes Essen) nachgesucht. Das Grubenfeld *Franz* war etwa 800 Meter lang und 400 Meter breit. Am 10. März 1832 wurde das Gesuch genehmigt; der Schürfschein war wie üblich für ein Jahr und sechs Wochen gültig. Ende Mai 1832 nahm das Werdener Bergamt die Besichtigung des Schürfgebietes vor. Im Juli und August schaffte Haniel ein Bohrgerüst mit Seilscheibe, zwei Fördergefäße, Löffelbohrer, Haspel usw. an. Mehrere Bohrlöcher wurden niedergestoßen. Dann begann das Abteufen des Schürfschachtes, wofür der Obersteiger Pape von der nahen Mülheimer Zeche VER. SELLERBECK die Arbeiter besorgte. Unter ihnen befand sich auch der Bergmann Stoelzel, der schon bald Haniels Vertrauensmann beim Abteufen neuer Schächte werden sollte und schnell zum Grubenaufseher aufrückte; ihm unterstanden vier Bergleute.

Von Bedeutung war die Wahl des Schachtansatzpunktes. Es lag nahe, an die geologischen und bergmännischen Erfahrungen auf Mülheimer Gebiet anzuknüpfen. Die Zeche VER. SELLERBECK teufte seit dem Frühjahr 1832 einen Wetterschacht ab, der bei 16 Metern Teufe auf wasserführende Schichten gestoßen war. Haniel schien es am ratsamsten, für das Abteufen des neuen Schachtes eine Stelle an der Grenze des Stiftes Essen möglichst nahe dem Mülheimer Gebiet zu wählen. Südlich Borbeck würde er, so war seine Ansicht, voraussichtlich bald auf das Steinkohlengebirge stoßen, so daß der Versuchsschacht nicht allzutief zu sein brauchte. Er besorgte sofort für das Verzimmern des Schachtes, der in den Dimensionen von vier Fuß Breite und fünf Fuß Länge in Angriff genommen werden sollte, mehrere Partien Bretter, eine Pumpe und ein etwa 40 Kilo schweres Grubenseil. Es stellte sich aber heraus, daß die Abteufer die Wassermassen nicht beherrschen konnten. Im Oktober 1832 mußte der Schacht aufgegeben werden. Haniel ließ das Holz aus dem mißglückten Schürfschacht herausziehen und begann sofort einen zweiten Schacht, der bis zum festen Mergel gemauert werden sollte. Schon Ende Oktober 1832 waren sieben Hauer, sechs Haspelzieher und zwei Maurergesellen tätig; es mußte viel gepumpt werden. Außerdem wurden sämtliche Bohrlöcher tiefergestoßen in dem Glauben, bald würde «etwas Schwarzes angebohrt werden». Zugleich bemühte sich Haniel im Umkreis um weitere Mutungen.

Inzwischen lief der Schürfschein ab, und am 16. März 1833 wurde um Verlängerung nachgesucht, die am 21. März erteilt wurde. In dem Schriftwechsel über diesen Vorgang findet sich die Mitteilung, daß bereits «2 000 Taler verausgabt» seien, aber auch in dem zweiten Schürfschacht lasse sich das Wasser einstweilen nicht bezwingen, obwohl «Tag und Nacht gepumpt» werde. Eine Dampfmaschine sei in Auftrag gegeben, die «noch in diesem Monat aufgestellt» würde. Ehe man das Flöz, wie es die Bergbehörde verlange, «entblößt vorzeigen» könne, sei wahrscheinlich «ein Kapital von 5 000 bis 6 000 Talern notwendig; indessen, da wir einmal die Bemühungen und Anlagen gemacht, so wollen wir auf keinen Fall die Sache drangeben, sondern sind willens, sobald die Maschine aufgestellt, fleißig fortarbeiten zu lassen.»

Die Dampfmaschine wurde aufgestellt; es handelte sich um eine Hochdruckdampfmaschine von sieben PS, neun Zoll Zylinderweite und zweieinhalb Fuß Hubhöhe, die laut Frachtbrief 17 561 Pfund schwer war. – Aber auch jetzt kamen die Arbeiten nicht recht voran; die «Maschinenwerker» benutzten zum Speisen des Kessels das schmutzige Schachtwasser, weil kein anderes verfügbar war. Als Folge zeigte sich, daß der Kohlenverbrauch ungewöhnlich anstieg. Anfang Mai 1833 wurde deshalb für das Kesselwasser eine kleine Zisterne angelegt.

Im Sommer 1833 kam das Abteufen flotter voran. Am 23. Juli 1833 war der Schacht 48 Meter tief. Bei 54 m Teufe beschloß man, einen Querschlag aufzufahren, um das Kohlengebirge zu erreichen. Erst am 3. November stieß das Bohrloch am Ende des 26 m langen Querschlages in 3 m Tiefe auf «braunen Stein». Haniel schrieb am 11. Januar 1834 an Stoelzel: «Ich wünsche über diese kostbare Anlage endlich einige Resultate.» Unterdessen hatte er sich von der Gutehoffnungshütte zwei sieben- bis achtzöllige Pumpen mit einem Gestänge von elf Metern Länge erbeten, die alsbald in Betrieb kamen.

Am 27. März 1834 – ziemlich genau 19 Monate nach Beginn des Abteufens – konnte Stoelzel melden, im Querschlag sei ein Flöz angebohrt worden. Als «Augenscheintermin» für die Bergbehörde wurde der 29. März angesetzt. In 54 Meter Teufe stehe «Mergelsand an, wie er üblicherweise unter dem Mergel und über dem Steinkohlengebirge» vorkomme, hieß es im Besichtigungsprotokoll. Von hier aus sei ein Querschlag gut 26 Meter weit vorgetrieben, und «an dessen Ende ein Blindschacht senkrecht zwei Meter tief niedergebracht». Da-

Marl: Steinkohlenbergwerk Auguste Victoria. Schacht 4 mit zweigeschossigem Strebengerüst (Koepe-Förderung) in Vollwandbauweise von 1931, 1938-1962 Seilfahrtschacht des damaligen Erzbergwerks, das aus Schacht 2 förderte.

Witten-Bommern: Auf der Martha 1: Schacht- und Maschinenhaus. Die Gebäude aus den 1830er Jahren mit breit ausladenden flachen Satteldächern, heute zu Wohnzwecken genutzt, dokumentieren den Wandel des Ruhrbergbaus vom Stollenbau zum Tiefbau.

bei sei «unter dem Mergel zwischen Schiefertonen ein elf Zoll mächtiges Flöz entblößt, das mit 35 Grad nach Norden» einfalle. Am 10. Januar 1835 beantragte Haniel beim Bergamt die Genehmigung für die Inbetriebnahme der Zeche. An Schürfkosten seien bereits 10 000 Taler aufgewendet, eine Dampfmaschine nebst Pumpe und Zubehör sei angeschafft worden. Außerdem sichere seine «Anlage äußerst nahe der Mülheimschen Grenze unserem preußischen Staat den Zehnten, wohingegen dieser im Mülheimschen von einem fremden Fürsten bezogen» werde. Das Bergamt machte darauf aufmerksam, daß der recht enge Schacht für eine Förderung zu tief geworden sei; wolle Haniel einen Grubenbetrieb im Feld Franz eröffnen, müsse er neu abteufen. Auf Grund der gewonnenen geologischen Erfahrungen schien es aber ratsamer, den neuen Schacht im angrenzenden Grubenfeld Kronprinz niederzubringen. Von einem Betrieb auf der Zeche FRANZ wurde daher abgesehen. Die Felder Franz und Kronprinz wurden zusammengelegt.

Schon am 31. Mai 1831 hatte Haniel beim Werdener Bergamt einen Schürfschein für die spätere Zeche KRONPRINZ beantragt. Nach Überwindung erheblicher Schwierigkeiten konnte das Bergwerk 1837 die Förderung aufnehmen, wenn auch nur in bescheidenem Umfang. Zusammen mit den Schürfkosten, Auslagen für Reisen usw. errechnete sich für die Zechen FRANZ und KRONPRINZ ein Betrag von über 131 000 Reichstalern (also fast 400 000 Goldmark), die Franz Haniel aufgewendet hatte bei dem Versuch, der Gutehoffnungshütte die erforderliche Kohlengrundlage durch eine eigene «Hüttenzeche» zu sichern. Die überaus intensiven Bemühungen, die erste «Mergelzeche» in Betrieb zu setzen, hatten in einem Fiasko geendet.

Fragt man nach den tieferen Ursachen für den Mißerfolg, so ist an erster Stelle die Tatsache anzuführen, daß die Abteufer an eine zu magere Kohle geraten waren. Sie war für die Versorgung der Hochöfen nicht geeignet. Zum zweiten erwiesen sich die geologischen Verhältnisse als recht unglücklich. Drittens lag die Förderung in einer für die damalige Zeit zu großen Tiefe; wäre sie bei 200 Meter Teufe in Gang gekommen, so hätte sich der Kohlenpreis unverhältnismäßig hoch gestellt. Es kommt noch hinzu, daß mittlerweile das

Bottrop: Bergwerk Prosper-Haniel. Das Teufen der Doppelschachtanlage Franz Haniel 1/2 (unser Bild) hatte bereits 1921 begonnen. Infolge eines Schwimmsandeinbruchs in Schacht 2 mußten die Arbeiten bei 75 m Teufe eingestellt werden. Erst 1952 konnte die Schachtanlage die Förderung aufnehmen.

Wirtschaftsleben des gesamten Ruhrreviers von einer Krise betroffen war, die allgemein den Kohlenabsatz in den nächsten Jahren zu gefährden schien.

Dem Gedanken, eine Hüttenzeche zu schaffen, ist Franz Haniel trotz dieser schweren Rückschläge nicht untreu geworden. In einem Schreiben, das er einige Jahre später, am 30. Januar 1845, dem Oberberghauptmann Graf von Beust (Direktor der Abteilung für Berg-, Hütten- und Salinenwesen im Preußischen Finanzministerium) sandte, hieß es: *«Die Ausdehnung unserer Eisenwerke macht den Besitz eigener Kohlenfelder, wie dies in England und Belgien bei fast allen größeren Eisenwerken der Fall ist, auch für uns zu einem lebhaften Bedürfnis, weshalb ich seit einiger Zeit beschäftigt bin, jetzt, nachdem vielfach geognostische Aufschlüsse erlangt sind, mit größerer Wahrscheinlichkeit guten Erfolges in der Nähe der Köln-Mindener Bahn bei Essen einen neuen Betrieb durch Bohrarbeiten vorzubereiten, und war glücklich, ein fettes Flöz anzubohren, um dort später zu diesem Zwecke die Maschine, Kessel, Pumpen der verlassenen Anlage so viel wie tunlich zu benutzen.»* Gemeint waren Bohrungen, die später zum Bau der Zeche ZOLLVEREIN geführt haben. Für den Schacht wählte Haniel einen Ansatzpunkt 500 Meter westlich des Dorfes Katernberg und 300 Meter südlich der soeben fertiggestellten Köln-Mindener Eisenbahn. Es wurden ein Zechenhaus mit einem Malakoffturm errichtet und gleichzeitig zwei Dampfkessel und die Dampfmaschine (zehn PS) aufgestellt, die schon bei der Zeche FRANZ verwendet worden waren. Das Abteufen des Schachtes (6,6 Meter im Quadrat) begann 1847; im Januar 1848 war eine Teufe von 26 Metern erreicht.

Jetzt mußte das Abteufen unterbrochen werden, weil die Dampfmaschine die Wasserzuflüsse nicht mehr bewältigte; eine stärkere Zwillingsdampfmaschine (80 PS) war zwar im Mai 1848 betriebsfertig, konnte aber der politischen Unruhen und der damit zusammenhängenden wirtschaftlichen Unsicherheit wegen zunächst nicht eingesetzt werden. Die Pariser Februarrevolution von 1848 hatte sehr schnell auf Deutschland übergegriffen. Im März kam es in Berlin und vielen anderen deutschen Städten zu schweren Barrikadenkämpfen. Der preußische König Friedrich Wilhelm IV. (1795 – 1861) legte die schwarzrotgoldene Kokarde an und bekannte sich öffentlich zu Freiheit und zur Einheit aller deutschen Staaten.

Das Ruhrgebiet blieb von den Unruhen zwar nicht unberührt, doch überwogen die mäßigenden Stimmen. Als beispielhaft dürfte eine Äußerung Friedrich Harkorts (1793-1887) – des bedeutenden Unternehmers, Wirtschaftsführers des Rhein/Ruhr-Gebietes und Bannerträgers tiefgreifender sozialer Reformen (Verbot von Kinderarbeit, Gewinnbeteiligung der Arbeiter usw.) – zu den Berliner Ereignissen gelten: «Ich kann mir erklären, daß eine verständige Bevölkerung in Aufwallung geraten kann, die weiter führt, wie das Gesetz es erlaubt; allein wir schlichten Provinzialen gestehen der Hauptstadt das Recht nicht zu, in Barrikaden die Nation zu vertreten.»

In den von der Revolution kaum erfaßten Städten des Ruhrgebiets wurden Verordnungen zur Einrichtung von Bürgerwehren erlassen, um das Eigentum gegen die Aufrührer zu verteidigen. Am 18. 5. 1848 trat in der Frankfurter Paulskirche die deutsche Nationalversammlung zusammen. Der Essener Abgeordnete war Jacob Grimm (1785 - 1863), nachdem der in Essen gewählte Schriftsteller und Publizist Ernst Moritz Arndt (1769 - 1860) sein Mandat nicht angenommen hatte. Als weitere Vertreter von Ruhrgebietsstädten zogen Wilhelm Ostermann für Dortmund und Gustav Höfken für Bochum in die Nationalversammlung ein. Im Oktober des Revolutionsjahres kam es in den Dortmunder Werkstätten der Köln-Mindener Eisenbahngesellschaft zu einem Arbeiterausstand. Die Streikenden forderten eine Erhöhung des Tagelohns und die Verkürzung ihrer Arbeitszeit.

Auf den Erfahrungen Franz Haniels aufbauend, teufte Mathias Stinnes (1790 - 1845) in Essen den Schacht GRAF BEUST ab, der 1842 die Förderung aufnahm.

Es war Franz Dinnendahl, der «Mechanikus» der Ruhrzechen (1775 - 1826), der den Bergbau an der Ruhr von der Notwendigkeit befreite, Wasserhaltungs- und Fördermaschinen aus England zu importieren. In Essen erinnert seit 1920 die Dinnendahlstraße im Stadtteil Bergerhausen an diesen Fackelträger des maschinellen Bergbaus, und 1936 wurde ihm in seiner Heimatstadt ein Ehrengrab gewidmet. 1841 wurde der erste Schacht der Zeche PRÄSIDENT in Hamme bei Bochum abgeteuft.

Immer näher rückten die Kohlenzechen an die Emscher heran; 1853 wurde der erste Schacht der Zeche DAHLBUSCH in Rotthausen bei Gelsenkirchen abgeteuft, 1855 folgte die Zeche HIBERNIA (Gelsenkirchen). Schon 1854 war die erste Bohrung nördlich der Emscher in 240 Meter Tiefe auf Kohle gestoßen. In der Horster Mark ist 1857 der erste Schacht der Zeche NORDSTERN abgeteuft worden. Diese Zeche, die 1867 die Förderung aufnahm, war damals der nördlichste Vorposten des Ruhrbergbaus. Das Ruhrkohlengebiet war bis ins Herz des Emscherlandes vorgeschoben worden.

Der veraltete Stollenbau wurde mit der Zeit völlig verdrängt. 1852 trat die maschinelle Seilfahrt an die Stelle des bis dahin üblichen Einstieges in die Gruben mit Leitern. Die Dampfmaschine hatte die große geschichtliche Wende gebracht. Der technische Fortschritt setzte sich allerdings nicht stürmisch durch. Weitere zähe Kämpfe mußten geführt werden. 1840 haben die Ruhrbergwerke erstmals eine Million Tonnen Kohle gefördert – ein Zehntel dessen, was die englischen Zechen damals erbrachten. In den ersten Jahrzehnten des 19. Jahrhunderts betrug die Belegschaftsstärke der Zechen durchschnittlich acht bis zehn Mann.

Anfang November 1858 veröffentlichte die gesamte im Ruhrgebiet erscheinende Tagespresse unter der Überschrift «Bergbau-Verein» diese Einladung: «*Da es als dringendes Bedürfnis anerkannt werden muß, die allgemeinen Interessen des Bergbaus und der Bergbautreibenden in dem niederrheinisch-westphälischen Industriedistrikte durch gemeinsames Berathen und Handeln zu fördern, so ergeht hiermit an sämtliche Vorstände von Gewerkschaften des Oberbergamtsbezirks Dortmund die ergebenste*

Essen-Katernberg: Bergwerk Zollverein. Das Bild, das kurz nach 1900 entstanden sein muß, zeigt im Hintergrund ganz links den wuchtigen Malakoff über Schacht 2, der erst in den zwanziger Jahren abgebrochen und durch ein eisernes Gerüst ersetzt wurde. Rechts von Schacht 2 das 1903 errichtete Strebengerüst über Schacht 1. Im Vordergrund der Materialplatz mit den beträchtlichen Grubenholzvorräten.

Einladung, sich am 20. November 1858 Vormittags 10 Uhr im Hotel Berghaus zu Essen zum Zwecke der Bildung eines allgemeinen Gewerkenvereins versammeln zu wollen.» 51 bergrechtliche Gewerkschaften und Gesellschaften beschlossen die Konstituierung eines Vereins «zur Wahrung und Förderung der bergbaulichen Interessen». Die endgültige Gründung erfolgte am 17. Dezember 1858 («Verein für die bergbaulichen Interessen im Oberbergamtsbezirk Dortmund»). Die Produktion der Ruhrzechen lag im Gründungsjahr des Bergbauvereins bei etwas mehr als vier Millionen Tonnen Kohle. Die Beschäftigtenzahl betrug etwa 31 000. Innerhalb der nächsten zehn Jahre hat sich die Förderung verdreifacht, die Zahl der Bergleute war auf 50 000 Mann angestiegen.

Das «Freizügigkeitsgesetz» von 1860 (Gesetz über die Beaufsichtigung des Bergbaus durch die Bergbehörden und die Verhältnisse der Berg-, Hütten- und Salinenarbeiter vom 31. 5. 1860) hatte die letzten Bestimmungen der wirtschaftlichen Lenkung durch den Staat aufgehoben und die Bergbehörde im wesentlichen auf ihre auch heute noch bestehenden Aufgaben beschränkt. Zukünftig war zum Beispiel der Abschluß der Arbeitsverträge dem freien Übereinkommen von Arbeitgebern und Arbeitnehmern überlassen; die Löhne wurden freigegeben und die Privilegien der Knappschaftsgenossen aufgehoben. 1861 war dann die Zuständigkeit der Bergämter klar umrissen worden; sie erhielten das Recht, Bergpolizeiverordnungen zu erlassen.

1864 sind in Duisburg, Mülheim und Ruhrort die ersten Ortsvereine des «Allgemeinen deutschen Arbeitervereins» (ADAV) gegründet worden; weitere Ortsgruppen folgten 1865 in Hagen und Oberhausen sowie in Essen und Dortmund-Hörde. Der am 23. Mai 1863 von Ferdinand Lassalle (1825 -1864) gegründete Verein (Sitz in Berlin) war die erste deutsche Arbeiterpartei mit zentraler Organisation und politischem Programm. Forderungen des ADAV waren unter anderem die Einführung des freien, gleichen und direkten Wahlrechts und die Verbesserung der Arbeitsbedingungen für die Industriearbeiter. Carl Wilhelm Tölcke (1817 - 1893), führendes Mitglied des ADAV, hat später (1868) einen gewerkschaftlichen Verein für Bergleute ins Leben gerufen, der dem ADAV beigetreten ist.

Am 1. Oktober 1865 trat das «Allgemeine Berggesetz für die Preußischen Staaten» in Kraft, das die bis dahin gültigen Einzelgesetze zusammenfaßte und auf dem

Gelsenkirchen-Bismarck: Verbundbergwerk Consolidation / Nordstern (Sitz Gelsenkirchen-Schalke). Bildmitte: Der hohe Betonförderturm des Zentralförderschachtes Consolidation 3, in dem die gesamte Förderung des Verbundbergwerks zu Tage gehoben wurde. Links daneben Förderturm Consolidation 4 (Seilfahrt- und Bergeschacht). Rot gestrichen, oben links hinter Schacht 3 das Doppelstrebengerüst über Schacht 9 von 1922 (übereinanderliegende Seilscheiben, Koepe-Förderung); letztes erhaltenes Gerüst dieser Art an der Ruhr, Wahrzeichen und Identifikationsmerkmal des Ortsteils Bismarck. Rechts (neben der Gleisanlage): Rohwaschkohlen-Stapel- und Vergleichmäßigungsanlage (RSV) - Puffer zwischen Förderschacht und Aufbereitung.† 1993.

Grundsatz der Bergbaufreiheit aufgebaut war. Das Verleihungsverfahren für Grubenfelder wurde vereinfacht, und die Felder selbst erhielten eine den gewachsenen Betrieben angemessene Größe. Das Berggesetz bestimmte ferner, daß die bergrechtlichen Gewerkschaften die Zahl der auszugebenden Kuxe durch Statut auf 1 000 festsetzen konnten (mit Genehmigung des Bergamtes wurde auch eine Stückelung von 10 000 möglich). Insgesamt paßte das Gesetz die Vorschriften über die Gründung von Gewerkschaften, die damals im Bergbau eine große Rolle spielten, den allgemeinen wirtschaftlichen Verhältnissen an. Wichtigste Auswirkung des Allgemeinen Berggesetzes aber war, daß die staatliche Überwachung sich nunmehr im wesentlichen auf die bergpolizeiliche Aufsicht, das Gerechtsamswesen und die soziale Gesetzgebung erstreckte. Die Gewerbeordnung des Norddeutschen Bundes (später vom 1871 gegründeten Deutschen Reich übernommen) brachte die völlige Freigabe wirtschaftlicher Tätigkeit auch für den Kohlenbergbau.

In den ersten Jahren seines Bestehens seit 1858 hatte sich der Bergbauverein in besonders starkem Maße mit verkehrswirtschaftlichen Problemen zu befassen. Den Eisenbahnen, selbst Großverbraucher von Kohle, oblag es, die Absatzgebiete der Kohle und des Eisens verkehrspolitisch zu erschließen. Es ist nicht einfach gewesen, der Montanindustrie an der Ruhr die erforderlichen verkehrswirtschaftlichen Entwicklungsmöglichkeiten zu geben. Einmal fehlten die notwendigen Eisenbahnverbindungen, zum andern stellte der Interessenkampf der Privateisenbahngesellschaften ein starkes Hemmnis dar. Das Eisenbahntarifwesen lag völlig im argen, und der Jahresbericht des Bergbauvereins von 1868 klagte denn auch, daß «das Publikum der Gnade und Ungnade der Eisenbahnen preisgegeben» sei. Im Verlauf der Jahrzehnte ist es dann gelungen, das Verkehrswesen im Ruhrgebiet auf eine einheitliche Grundlage zu stellen; die Kohle erhielt schließlich im Juli 1881 den Tarif zugestanden, den sie als Massengut benötigte und die

Gelsenkirchen-Buer: Bergwerk Hugo. Die Aufnahme von 1977 zeigt (Hintergrund rechts) den von Prof. Schupp gebauten fensterlosen Förderturm über Schacht 8; im Mittelgrund links das Fördergerüst über Schacht 2. In Bildmitte der alte Tomsonbock des Schachtes 5, über dem in den achtziger Jahren ebenfalls ein geschlossener Förderturm errichtet worden ist. Links hinter dem Stahlkastenstrebengerüst die Schwarz-Weiß-Kaue, die 1971 bei vollem Betrieb des Bergwerks umgerüstet worden ist. † 1998.

Frachtberechnung über den kürzesten betriebsfähigen Schienenweg. Aber auch für den Bergbau selbst, dessen Förderzone sich immer weiter nach Norden, Westen und Osten ausdehnte, wurde es notwendig, verkehrswirtschaftliche Aufgaben zu lösen.

Die neu niedergebrachten Schachtanlagen nahmen an Größe ständig zu; während 1850 keine der insgesamt 198 Zechen des Ruhrgebiets eine Jahresförderung von 100 000 Tonnen erbrachte und die durchschnittliche Förderleistung bei einer Belegschaft von jeweils 64 Mann noch nicht 8 500 Tonnen betrug, errechnete sich 50 Jahre später eine Durchschnittsförderung von 364 000 Tonnen jährlich. Weniger als 100 000 Tonnen förderten um 1900 nur 20 Ruhrzechen, während 24 Anlagen eine Jahresförderung von mehr als 500 000 Tonnen erreichten. Insgesamt förderten 1900 an der Ruhr 77 Bergwerksbetriebe Kohle; die Fördermenge betrug über 60 Millionen Tonnen, die Zahl der Beschäftigten nahezu 229 000.

Gelsenkirchen-Buer: Bergwerk Hugo. Das moderne Stahlkastenstreben-Fördergerüst über Schacht 2, in den 1970er Jahren nach Kapazitätserweiterung des Schachtes neu errichtet.

Witten, Steinäckerweg 19: Das erhaltene Schachtgebäude der Zeche Wallfisch (Witten-Stockum), das 1850 über einem tonnlägigen Fahr- und Förderschacht (etwa zweihundert Meter Teufe) errichtet worden ist. Auf allen vier Seiten befanden sich ursprünglich rundbogige Tore, die später mit Ruhrsandstein zugemauert wurden. Das Fördermaschinenhaus ist dreistöckig und gehört zu den respektablen Bauleistungen, die in dieser Größenordnung aus der Zeit um 1850 kaum noch anzutreffen sind.

Ansätze und Versuche, zu Absprachen zwischen den einzelnen Zechen über die zu fördernden Kohlenmengen zu kommen («Förderkonvention»), gab es an der Ruhr auf lokaler Ebene schon Ende der dreißiger Jahre des 19. Jahrhunderts. In den siebziger Jahren waren es der Kohlen-Ausfuhr-Verein und ein Zechenkonsortium für den Kohlenhandel nach Osten (beide vom Bergbauverein gegründet), die als gemeinsame, wenn auch lockere Handelsorganisation in Erscheinung traten.

1878 gelang es dem Bergbauverein, eine Förderkonvention zu errichten, die 90 Prozent der Förderung zusammenfaßte; doch schon nach drei Monaten trennte man sich wieder. Eine neue Konvention vom Herbst 1879 hatte einen grotesken Erfolg. Obwohl die Förderung 1880 um fünf Prozent gegenüber 1879 gedrosselt werden sollte, wurden zwei Millionen Tonnen mehr gefördert. Dennoch verlängerte man die Konvention, aber die Förderung stieg weiter. Erst 1886 gestand man sich ein, daß die immer wieder erneuerten Bemühungen um eine Förderkonvention fehlgeschlagen waren. Man gab daher den Gedanken auf. Inzwischen hatten sich die Debatten um eine Vereinbarung über die Förderhöhe der Ruhrzechen in den 1880 gegründeten «Kohlen-Club» verlagert. Diese gesellschaftliche Vereinigung führte die Mehrzahl der maßgebenden Männer des Reviers auch zur Diskussion geschäftlicher Probleme zusammen.

1882 erregte William Thomas Mulvany (1806 - 1885) mit seiner Denkschrift «Amalgamation von Kohlenbergwerken in einem östlichen Teil des Oberbergamtsbezirks Dortmund» Aufsehen. Der Ire Mulvany, wissenschaftlich geschulter Geodät und praktischer Bergmann, kam im Alter von 48 Jahren an die Ruhr. Er hatte in seiner Heimat schon reiche wirtschaftliche und bergmännische Erfahrungen gesammelt. Als Wasserbauingenieur hatte sich Mulvany um die Regulierung und die Uferbefestigung des Shannon, des wirtschaftlich wichtigsten Stroms Irlands, verdient gemacht; sein Wissen um Theorie und Praxis von Wasserstraßen und Eisenbahnen war umfassend. Kurz nach seiner Übersiedlung nach Düsseldorf schrieb er: «*Ich sah, wie mangelhaft ihre Eisenbahnen, wie unvollständig die Kanäle und Transportmittel sind, und ich sagte mir auf der Stelle: Diese Leute wissen nicht, was sie hier haben.*»

Mit englischen Geldgebern entwickelte er den Plan, die Ruhrkohle nach modernen Methoden zu Tage zu fördern. Im März 1855 erfolgte der erste Spatenstich zur Anlage eines Schachtes nahe dem Dorf Gelsenkirchen. Mulvany taufte ihn auf HIBERNIA (Irland), eine zweite Zeche nannte er SHAMROCK (Kleeblatt), nach dem Wahrzeichen Irlands. Zehn Jahre später gründete er in Castrop die Zeche ERIN (das grüne Eiland). Zusammen mit Franz Haniel (1779 - 1868), Hugo Haniel (1810 - 1893), Edmund Heintzmann (1815 - 1890) und Dr. Friedrich Hammacher (1824 - 1904) rief er 1858 den Bergbauverein ins Leben.

1885 kam die Denkschrift «Zur Aufbesserung der Lage des niederrheinisch-westfälischen Steinkohlenbergbaus» von Geh. Bergrat Eduard Kleine (1837 - 1913) heraus. Kleine betonte, daß «*in der Zersplitterung unseres Bergbaues, in dem Umstande, daß beinahe 200 Ze-*

chen in Betrieb sind, und diese 200 Zechen nicht unter einen Hut zu bringen sind», die Ursache für die Notlage der Ruhrzechen zu suchen wäre. Weiter hieß es: «*Die verliehenen Felder sind zu klein. Gerade das Günstigste der natürlichen Bedingungen, die große Ausdehnung unseres Bezirkes, der enorme Kohlenreichtum macht diesen Übelstand der zu kleinen Beteiligungen um so verhängnisvoller.*» Kleine schlug vor, vier große Konzerne zu bilden; 1885 gab es an der Ruhr nur sieben Bergwerksgesellschaften mit mehr als einer Zeche.

Am 16. Februar 1893 endlich trat das Rheinisch-Westfälische Kohlen-Syndikat ins Leben. 98 Zechen bzw. Gesellschaften sind ihm beigetreten (nahezu 34 Millionen Tonnen der Förderung); ferngeblieben waren dem Zusammenschluß viele Kleinbetriebe und die zwölf Hüttenzechen des Reviers, die 1891 rund 3,4 Millionen Tonnen gefördert hatten. Die überwiegende Mehrzahl der Ruhrzechen hatte sich vereinigt und sich verpflichtet, ihre gesamte Produktion an Kohle, Koks und Briketts zukünftig an das Syndikat zu verkaufen. Die Gesamtförderung lag 1893 bei rund 40 Millionen Tonnen.

Das Ruhrkohlensyndikat war eine umwälzende Neuerung. Es sicherte die gleichmäßige Beschäftigung der Zechen und verhinderte durch den einheitlichen Kohlenverkauf einen ruinösen Wettbewerb auf den Brennstoffmärkten. Gleichwohl behielten die Worte von Dr. Theodor Reismann-Grone (1863 - 1949), damals Geschäftsführer des Bergbauvereins, bei der Gründung ihre Gültigkeit: «Das Syndikat wird Freunde und Feinde besitzen. Als größte kapitalistische Verbindung steht es im Vordergrund öffentlichen Interesses und wird gleichsam eine öffentliche Institution, welche aller Aufmerksamkeit auf sich ziehen wird. Tagtägliche Bekämpfung in der Presse, in der Literatur, in Versammlungen und in den Parlamenten werden nicht ausbleiben. Die Abwehr dieser Angriffe wird von allen Angehörigen und Freunden des Syndikats aufgenommen werden müssen, da die öffentliche Meinung ein nicht zu unterschätzender Faktor ist.»

Bergmann und Zeche

Am Vorabend des Ersten Weltkrieges belief sich die Kohlenförderung des Ruhrbergbaus auf 114 Millionen Tonnen. Nach einer Umfrage im Frühjahr 1914 sollten «in nächster Zeit» nicht weniger als zwölf neue Schachtanlagen (32 neue Schächte) abgeteuft werden. Der Kriegsausbruch vereitelte die meisten dieser Vorhaben und gebot der Ausdehnung des Ruhrbergbaus in den Norden des Reviers ein vorläufiges Halt.

Die Kohlenförderung von 1913 hatte deutlich den Bedarf überstiegen. Das änderte sich schnell. Bald fehlten den Zechen nicht nur Facharbeiter, sondern auch Grubenholz, Grubenpferde, Sprengstoffe usw. Schon im August 1914 sank die Förderung erheblich. Schwierigkeiten für die Ruhrzechen im Ersten Weltkrieg ergaben sich auch aus der Blockade, die Großbritannien gegen Deutschland verhängte, um den Gegner von der Rohstoffzufuhr aus dem neutralen Ausland abzuschneiden, sowie dem Ausfall der englischen Kohle auf dem Inlandsmarkt.

Es lassen sich zwei für die zukünftige Entwicklung bestimmende Linien herausschälen: 1. Im Kampf der Sozialpartner, die Probleme zu lösen, errangen die Arbeiterorganisationen eine gleichwertige Stellung und konnten erste Schritte in Richtung auf die Mitwirkung im Betrieb tun; 2. Die deutsche Kohlenwirtschaft hatte sich mit fortschreitender Zwangswirtschaft dem Diktat des Staates zu fügen.

Zum besseren Verständnis der komplizierten soziologischen und sozialpolitischen Entwicklung im Ruhrbergbau, die zum Zeitpunkt des Kriegsausbruchs 1914 ihrem ersten Höhepunkt zustrebte, muß hier etwas näher auf das Werden und Wachsen der Bergarbeiterorganisationen eingegangen werden.

Der Bergmann, der ein tiefempfundenes besonderes Standesbewußtsein entwickelt hatte, stand noch bis zur Mitte des 19. Jahrhunderts außerhalb der allgemeinen wirtschaftlichen und sozialen Entwicklung, die völlig vom Prozeß der Industrialisierung beherrscht wurde. Die dirigistische Berggesetzgebung hatte ihn nahezu zum Staatsbediensteten gemacht. Die Bergbehörde legte ihn auf der privaten Grube an und entließ ihn, sie bestimmte die Arbeitsbedingungen (Gedinge, Arbeitszeit und -ort). Das Verhältnis zu den Zechenbesitzern, die auf die Arbeitsbedingungen keinen Einfluß hatten, war praktisch ohne Spannungen. Althergebrachte persönliche Freiheiten (Steuerfreiheit, Befreiung vom Kriegsdienst und eigene Gerichtsbarkeit) hoben den Bergmann noch bis in die napoleonische Zeit über alle anderen Arbeitnehmer. Er stand unter dem besonderen Schutz des Landesherrn und gehörte einer festgefügten Standesorganisation an, der Knappschaft.

Essen-Altenessen: Zeche Carl. Der unter Denkmalschutz stehende Malakoffturm von 1856/61 gilt als Sehenswürdigkeit der Ruhrmetropole.

Die Eigenart und die Gefahren des bergmännischen Berufes, die Gemeinschaftlichkeit der Arbeit und die isolierte Lage vieler alter Bergwerke hatten die Bergknappen schon früh veranlaßt, sich zu gegenseitiger Unterstützung zusammenzuschließen. Als Friedrich der Große aus den alten preußischen Bergbaugebieten um Mansfeld und Siegen, aus Niederschlesien und den außerpreußischen Hauptbergbauregionen im Harz, den sächsischen und böhmischen Revieren, Bergleute an die Ruhr kommen ließ, gewährte er ihnen ihre alten Vorrechte auch an ihren neuen Arbeitsstätten und damit die knappschaftlichen Zusammenschlüsse.

Die Bergordnungen der zweiten Hälfte des 18. und des beginnenden 19. Jahrhunderts widmeten einige Paragraphen dem Knappschaftswesen. Die Knappschaft gewährte kostenlose Krankenbehandlung und zahlte Invaliden-, Witwen- und Waisenrenten sowie ein Sterbegeld. Unter den Einkünften der Knappschaft stand das «Büchsengeld» an der Spitze, das nicht einmal zwei Prozent des Bergmannslohnes betrug; der Name deutet auf seinen Ursprung in einer freiwilligen Sammlung. Außerdem wurden Freischichten- und Feierschichtengelder, Trauscheingebühren, Zahlungen bei Beförderungen, Einschreibgebühren in die Knappschaft und Strafgelder erhoben. Seit 1770 hatten auch die Gewerken einen Beitrag an die Knappschaft zu zahlen.

Lange bevor man an eine sozialpolitische Gesetzgebung dachte, bot also den Bergleuten die von ihnen selbst getragene Standesorganisation eine wirtschaftliche Sicherung gegen Krankheit, Invalidität und Tod. Gegen Arbeitslosigkeit und Verdienstausfall war der Bergmann durch seinen Grundbesitz weitgehend abgesichert. Bis zur Mitte des 19. Jahrhunderts besaßen die meisten Bergleute an der Ruhr einen Kotten, den sie mit ihren Familien bewirtschafteten.

Dortmund-Mengede: Zeche Adolf von Hansemann. Unser Bild zeigt die Lohnhalle mit anschließender Waschkaue. Die Lohnhalle wurde in norddeutscher Backsteingotik 1898/99 errichtet. Als Vorbild dürfte das berühmte Ünglinger Stadttor in Stendal (Altmark) gedient haben. Insbesondere durch diese Halle zählte Hansemann zu den architektonisch bedeutendsten Zechen der Stadt Dortmund. † 1967. Über Schacht Gustav dieser Zeche war 1937 das erste Fördergerüst mit Stahlkastenstreben an der Ruhr errichtet worden.

Dinslaken: Bergwerk Lohberg. Im Bild (aufgenommen 1972) oben rechts das zweigeschossige Doppelstrebenfördergerüst in Vollwandbauweise über Schacht 2, links daneben das deutsche Strebengerüst über Schacht 1. Im Vordergrund die Bergarbeitersiedlung Lohberg (1907 - 1923 erbaut), städtebaulich und architektonisch als Gartenstadtkonzeption interessant.

Die Wandlung vom privilegierten Bergmann zum Bergarbeiter wurde durch den ständig wachsenden Arbeitskräftebedarf der Zechen beschleunigt und verstärkt. Die aus anderen, meist ländlichen Gebieten zugewanderten Neubergleute (oft jüngere Bauernsöhne, die keine Hoferben waren) kannten den alten Bergmannsstand nicht mehr und mußten sich den neuen Verhältnissen noch schneller anpassen als die Ortsansässigen. Zunächst kamen die neuen Bergleute allerdings aus dem Ruhrgebiet sowie den benachbarten Provinzen (Westfalen, Rheinland, Hessen).

Vor allem infolge der Produktionsausweitung aufgrund französischer Reparationszahlungen nach dem Ende des Deutsch-Französischen Krieges (1870/71) strömten die Einwanderer aus den ostdeutschen Gebieten in immer steigender Zahl ins Ruhrrevier. Bereits vorher (1869) waren die Werber westfälischer Unternehmen im Waldenburger Revier (Niederschlesien) erschienen, um während des dortigen Ausstandes Arbeitskräfte für die Ruhrzechen zu gewinnen. Etwa 1 000 Bergleute zogen mit ihren Familien in das Ruhrgebiet. Hatte es sich hier noch um gelernte Bergleute gehandelt, so folgten bald Zuwanderer auch aus den ländlichen Ostgebieten, besonders aus den gemischtsprachigen Teilen Ost- und Westpreußens, Posens und Schlesiens. 1871 lebten etwas über 10 000 Einwanderer aus Westpreußen, Posen und Schlesien in den Regierungsbezirken Düsseldorf, Arnsberg und Münster, 1890 waren es schon fast 70 000, 1905 sogar knapp 154 000. Unter den Ostprovinzen stellten Posen und Ostpreussen die größten Anteile der ungelernten Zuwanderer, aus Schlesien (nur dort gab es gelernte Bergleute) kamen nur wenige. Der junge Bergbau im Norden des Reviers hatte den größten Bedarf an Arbeitskräften, so daß gerade dort (vor allem in der Emscherzone) viele ostdeutsche Bergleute angelegt wurden.

Der Zuwandererstrom brachte aber auch eine Rückwanderung mit sich. Nach Monaten oder Jahren kehrte ein Teil der Neubergleute in ihre Heimat zurück. Es waren vor allem solche, die die guten Verdienstmöglich-

Essen: Das Gebäude des Rheinisch-Westfälischen Kohlen-Syndikats an der Frau-Bertha-Krupp-Straße. Der Erweiterungsbau links, beginnend mit einem turmartigen Baukörper (rechts) ist wahrscheinlich 1898/99 von der Architektengemeinschaft C. Nordmann / Paul Knobbe entworfen und errichtet worden. Rechts neben dem ursprünglichen Gebäudeteil erkennt man das Haus der ehemaligen Essener Kreissparkasse (mit Turm), das in den dreißiger Jahren dem Komplex des Syndikatsgebäudes zugeschlagen wurde. Vordergrund links: Heinickeschule (benannt nach dem Gründer der ersten deutschen Taubstummenanstalt, Samuel Heinicke, 1727–1790). Rechts: Mauer des alten Friedhofs der Familie Krupp (heute südlicher Bahnhofsvorplatz).

Oben: Essen. Das Dienstgebäude des Bergbauvereins, Friedrichstraße 2 (1902 nach Entwürfen des Aachener Architekten Linse errichtet, 1961 abgerissen). Sehr malerisch wirkte die Fassade durch die Verwendung verschiedenfarbigen Sandsteins für die Verblendung der Flächen und die Gesimse, Fenster- und Türeinfassungen sowie durch die Bildhauerarbeiten. Die frühe Renaissance diente für die architektonische Gestaltung des Gebäudes als Vorbild; die Formen erfuhren jedoch nach dem Geschmack des 19. Jahrhunderts eine durchaus freie Abwandlung.

Rechts: Tür im Sitzungssaal mit wirkungsvollem Fries und abschließendem Schriftzug «Glückauf».

Links: Erker an der Friedrichstraße, von einem Pfeiler getragen, dessen Kapitell Zwerge bei bergmännischer Arbeit zierten.

Links außen: Das Portal des Gebäudes wurde 1937 mit einer schmiedeeisernen Tür neu gestaltet. Auf der Türumrahmung waren vierzehn Flöze des Ruhrgebiets in symbolischen Bildern dargestellt, begleitet von Schlägel und Eisen sowie Grubenlampen.

Herten-Scherlebeck: Koepe-Strebengerüst in Vollwandbauweise über Schacht 6 Schlägel & Eisen, 1899 neben Schacht 5 abgeteuft, 1969 aufgegeben und verfüllt (Aufnahme 1960).

Maschinenhalle und deutsches Strebengerüst über Schlägel & Eisen Schacht 5 (Aufnahme 1975), 1976/78 um 420 m tiefergeteuft, um Anschluß an die achte Sohle (1 117 m) zu erreichen. † 1996.

keiten im Westen ausnutzten, um den heimischen kleinen Bauernhof zu vergrößern. Da es ihnen nur auf hohen Verdienst ankam, zogen sie auch von einer Zeche gern zu einer anderen, die bessere Löhne zahlte. Sie waren damit eine der Ursachen der inneren Fluktuation im Revier, die den Zechen sehr zu schaffen machte.

Auch sonst kam es zu mancherlei Unzuträglichkeiten. Da Zuwanderer keinen eigenen Grundbesitz erwerben konnten, begann sich die Verwurzelung des Bergmanns zu lockern. In den 1870er Jahren waren über 25 Prozent der Bergleute Hauseigentümer, 1893 nur noch ungefähr zehn Prozent. Der Städtebau konnte mit dem Wachstum der Industriebevölkerung nicht Schritt halten. Die Wohnungsnot wurde zum sozialen Problem, das auch die Zechengesellschaften vor eine völlig neue Aufgabe stellte. Sie mußten zecheneigene Wohnungen bauen. 1900 wohnten bereits 21 Prozent der Ruhrbergleute in Zechenwohnungen; ihre Zahl stieg bis 1914 auf über 40 000.

Schon in der Mitte des 19. Jahrhunderts begehrten die Bergleute wegen ihrer geänderten Lage als Industriearbeiter bei der Neuregelung des Knappschaftswesens auf. Das Knappschaftsgesetz von 1854 verpflichtete die Zechen, Beiträge in mindestens der halben Höhe der Arbeiterbeiträge zu zahlen. Die Zechen erklärten sich jedoch freiwillig bereit, die gleichen Beiträge wie die Arbeiter zu entrichten. In den Statuten der drei Knappschaftsvereine Bochum, Essen und Mülheim wurde verankert, daß Arbeiter und Zechen je die Hälfte der Beiträge aufbrachten. Als die neue Satzung zu Beginn des Jahres 1857 an die Bergleute verteilt wurde, verweigerten zuerst wenige, dann immer mehr die Annahme. In wachsender Unruhe erklärte man schließlich die Satzung für unannehmbar, da man Einwände gegen die neueingeführte Selbstverwaltung hatte. Man fürchtete in der paritätisch besetzten Verwaltung unter den Einfluß der Zechen zu geraten. Außerdem sahen sich die

Bergleute in ihrer Standesehre verletzt, weil in dem Gesetz und in der neuen Satzung nur noch von «Bergarbeitern» die Rede war.

Noch 1865 berichtete das Oberbergamt Dortmund nach Berlin, daß man die Bergarbeiter nicht mit den Fabrikarbeitern verwechseln dürfe. Zwei Jahre später beklagten sich die Essener Bergleute in einer Eingabe an den preußischen König über «allerhand neue Gewohnheiten und Mißstände», wobei die Bemerkung «Ausbeutung unserer Arbeitskräfte» fiel. Sie bemängelten auch, daß ihnen die «so schöne und liebgewordene Einrichtung» genommen worden sei, «daß Bergleute vor dem Anfahren gemeinsam mit dem Steiger ihr Gebet verrichteten».

Verschärft wurde die Lage in den beiden ersten Jahrzehnten nach dem Erlaß des Allgemeinen Berggesetzes durch die Lohnentwicklung. Die Löhne reichten kaum zur Befriedigung der notwendigsten Bedürfnisse. Trotz steigender Kohlenförderung sahen sich die Unternehmer zu höheren Zahlungen außerstande, weil der Absatz stagnierte; Bemühungen um neue Absatzmärkte waren fruchtlos. Die schweren wirtschaftlichen Erschütterungen der Gründerkrise (1873 - 1877) taten dann ein übriges. 1873 betrug der Lohn pro Schicht durchschnittlich 5,- Mark; 1877 waren es nur noch 2,56 Mark.

In diese Zeit fallen auch die ersten Ausstände und Organisationsversuche der Bergleute an der Ruhr. Von einzelnen kleineren Arbeitsniederlegungen abgesehen, entlud sich der Unmut zuerst 1872 im Essener Gebiet. Ein von fünf- bis 6 000 Bergleuten gewähltes «Komitee der vereinigten Bergleute Essens und Umgebung» übersandte 26 Zechenverwaltungen Forderungen auf *Gedingeerhöhung* um 25 Prozent, Achtstundenschicht einschließlich Ein- und Ausfahrt, Wegfall des Auffüllens der Förderwagen und Lieferung von Hausbrandkohle zu einem niedrigen Preis. Nachdem bis zum 16. Juni, einen Tag nach der gesetzten Frist, keine Antwort eingegangen war, brach der Streik aus. 15 000 bis 18 000 Bergleute traten in den Ausstand.

Aber schon nach zehn Tagen bröckelte die Streikfront langsam ab; in Oberhausen, Mülheim und Meiderich wurde die Arbeit wieder aufgenommen. Die Streikenden sahen sich einer einheitlichen Haltung der Zechen gegenüber. Für den Bergbauverein lag die Ursache des Streiks nicht zu Unrecht in den schweren sozialen Übelständen, für die man die Zechen allerdings nicht einseitig verantwortlich machen konnte, und in den schlechten Wohnverhältnissen. Auch führte man den Streikausbruch auf «Agitation» und «Wühlarbeit» der «sozialdemokratischen und Teile der klerikalen Partei» zurück. Ende Juli brach der Streik völlig zusammen. Er war ein Vorspiel zu größeren Arbeitskämpfen im Ruhrbergbau und zeigte schon Züge, die bei den späteren großen Streiks immer wiederkehrten: Zentralstreikkommitee, gemeinsam erhobene Forderungen und auch die Ursachen des Streikabbruchs. Es zeigte sich aber vor allem, daß der Zusammenhalt der Bergleute untereinander und ihre Organisation nicht stark genug waren, um einen Arbeitskampf mit allen Folgen durchzustehen. Die Organisation der Bergarbeiter in Verbänden stand damals noch in den ersten Anfängen. Seit den 1850er Jahren gab es an der Ruhr zahlreiche konfessionelle, von Geistlichen geleitete Knappenvereine. Sie dienten aber mehr der Geselligkeit und dem Unterstützungswesen; man verfolgte kaum gewerkschaftliche Ziele im eigentlichen Sinn.

Essen: Zeche Graf Beust. 1842 war diese Anlage mit 12 000 Tonnen Förderung die größte Kohlenzeche des Reviers. 1865 betrug die Förderung über 100 000 Tonnen. Auf dieser Anlage wurde 1870 ein Fördergerüst in Betrieb genommen, das für die Entwicklung der deutschen Strebengerüste maßgeblich geworden ist. Unser Bild: Deutsches Strebengerüst über einem Beustgerüst.

Ruhrbergmann, 1960er Jahre.

Seit Ende der 1860er Jahre breitete sich mit Hilfe der Geistlichkeit die Christlich-Soziale Bewegung vom Niederrhein her über das ganze Ruhrgebiet aus. Versuche, nach dem Streik von 1872 unabhängige Bergarbeiterverbände ohne politische und religiöse Festlegung zu gründen, blieben erfolglos. Der Gegensatz zwischen katholischer und sozialdemokratischer Tendenz trat in der Folgezeit immer mehr hervor und hemmte die Einigungsbestrebungen. So traf der Stoß des «Gesetzes gegen die gemeingefährlichen Bestrebungen der Sozialdemokratie» (Sozialistengesetz) vom 21. Oktober 1878 bei den Bergarbeitern an der Ruhr ins Leere, denn es gab dort keine Organisation, die den Vorschriften des Sozialistengesetzes zum Opfer fallen konnte.

Der Anstoß zur Gründung eines gewerkschaftlichen Verbandes für die Bergarbeiter ging 1889 nach fast einjähriger Aufklärungs- und Versammlungstätigkeit von Essen aus. Hier formulierte im März eine Bergarbeiterversammlung klare Forderungen an die Zechen: Lohnerhöhung um 15 Prozent, Verminderung der Überschichten (um eine Überproduktion zu vermeiden), Einführung der Achtstundenschicht einschließlich Ein- und Ausfahrt, bessere Wetterführung in den Gruben, einen geschützten Gang von der Kaue zum Schacht auf jeder Zeche und Lieferung des Holzes in die Grube. Andere Bezirke schlossen sich diesen Forderungen in abgewandelter Form an. Der Streik, in der ersten Maiwoche 1889 zunächst von wenigen, meist jugendlichen Arbeitern ausgehend, brach gegen den Willen der zögernden Führer der Knappenvereine aus. Er dehnte sich schließlich über das gesamte Revier aus und griff sogar auf andere Bergbaugebiete über. Mitte Mai waren an der Ruhr fast 100 000 Bergleute im Ausstand (die Gesamtbelegschaft der Ruhrzechen betrug damals 124 000 Mann).

Durch ihre persönlichen Vorstellungen beim Kaiser in Berlin, den Hinweis auf ihre alten Rechte und größere Beharrlichkeit als bisher erreichten die Bergarbeiter eine ihnen günstige Stimmung in der Öffentlichkeit, während die Staatsbehörden (von einigen Ausnahmen abgesehen) auf Seiten der Zechen standen. Diese Lage (nicht zuletzt die Haltung Wilhelms II.) veranlaßte die Zechen zu Zugeständnissen. Der Streik ging jedoch auch nach den Vereinbarungen weiter, da es vor allem über die Arbeitszeitfrage zu Meinungsverschiedenheiten kam. Als sich Ende Mai die staatlichen Maßnahmen verschärften (Verhaftungen und Versammlungsverbote) und die Stimmung in der Bevölkerung umschlug, bröckelte die Streikbewegung immer mehr ab; Anfang Juni ging der Streik zu Ende.

Das wichtigste Ergebnis des Streiks war die Bildung einer großen Bergarbeiterorganisation. Am 20. Oktober 1889 wurde der «Verband zur Wahrung und Förderung

Witten, Muttentalstraße 35: In diesem Bethaus von 1825 versammelten sich die Bergleute der zahlreichen Stollenbetriebe im Muttental vor Schichtbeginn. Das Haus war Andachtsstätte, gleichzeitig aber auch Aufbewahrungsort für das Arbeitsgerät. Heute als Museum genutzt, ist das Bethaus ein wirtschafts- und sozialgeschichtliches Dokument des frühen Ruhrbergbaus.

der bergmännischen Interessen in Rheinland und Westfalen» gegründet. In einer Veröffentlichung hieß es: «Der Verband bezweckt die Förderung der geistigen, gewerblichen und materiellen Interessen seiner Mitglieder. Dieses soll erreicht werden durch Abhalten wissenschaftlicher Vorträge, Besprechung von Verbandsangelegenheiten und, wenn möglich, durch gewerblichen Unterricht, Lesen von Fachschriften, Gründung einer Verbandsbibliothek und Gewährung von Rechtsschutz bei gewerblichen oder sonstigen Streitigkeiten. Religion und Politik sind in jeder Hinsicht total ausgeschlossen.» An der Spitze des Zusammenschlusses standen Bergleute der verschiedensten Richtungen. Erst allmählich zeigte sich eine sozialdemokratische Tendenz. 1890 fand in Halle/Saale der erste deutsche Bergarbeitertag statt. Der «Verband der deutschen Bergleute» mit dem Sitz in Bochum wurde gegründet. Er nahm das Statut des in ihm aufgehenden rheinisch-westfälischen Verbandes an.

1894 wurde unter maßgeblicher katholischer Führung, der sich die evangelischen Vereine nur zögernd anschlossen, der «Gewerkverein christlicher Bergarbeiter im Oberbergamtsbezirk Dortmund» gegründet. Trotz anfänglicher innerer Schwierigkeiten hatte der neue Verein Bestand, besonders weil er gegen die ablehnende Haltung der Geistlichkeit die Unterstützung der Zentrumspartei fand. Die Führer des «Alten Verbandes» (so wurde der sozialdemokratische Verband jetzt genannt) schlugen schon bald eine Zusammenarbeit der beiden gewerkschaftlichen Organisationen vor. Unter Führung von Otto Hue (Dortmund 1868 - Essen 1922), der im Mai 1895 die Redaktion der «Bergarbeiter-Zeitung» des Alten Verbandes übernommen hatte, löste sich der Verband von parteipolitischen Vorstellungen und nahm eine rein gewerkschaftliche Haltung ein.

Bei den Knappschaftswahlen von 1899 gelang es Hue, den auf die Selbständigkeit des von ihm begründeten Christlichen Gewerkvereins bedachten Vorsitzenden, August Brust (Essen 1862 - Hannover 1924), zu einem Zusammengehen zu bewegen. Alter Verband und Gewerkverein stellten gemeinsame Kandidaten auf. Die Zechenbesitzer und der Bergbauverein lehnten es indessen ab, mit den Verbündeten zu verhandeln. 1900 antwortete der Bergbauverein auf eine Eingabe der Gewerkschaften: Der freie Einzelarbeitsvertrag verbiete ihm ein gemeinsames Handeln für die einzelnen Zechen, ebenso könne man den Gewerkschaften nicht das Recht zubilligen, für die Gesamtheit der Belegschaften zu sprechen.

Lippramsdorf: Bergmannskapelle vor Schacht 8 des Bergwerks Auguste Victoria. Rechts neben dem in A-Form (= Auguste Victoria bzw. Schacht 8) gebauten modernen Stahlkastenstreben-Fördergerüst die Fördermaschinenhalle; links: Zentrale Baustoffversorgung.

1902 wurde als weitere gewerkschaftliche Organisation die «Polnische Berufsvereinigung» gegründet. 1905 zählte der Alte Verband rund 105 000 Mitglieder, der Christliche Gewerkverein annähernd 67 000. Die Polnische Berufsvereinigung gab ihren Mitgliederstand für 1906 mit 25 000 an. Insgesamt waren auf den Ruhrzechen 1905 etwas über 273 000 Bergarbeiter beschäftigt (die Ruhrkohlenförderung betrug fast 67 Millionen Tonnen).

Die Ursachen des großen Bergarbeiterstreiks von 1905 sind oft diskutiert worden. Der Streik brach aus, obwohl die Löhne stiegen. Sie hatten sich seit 1897 als Folge der allgemeinen Wirtschaftslage und der Absatzpolitik des Kohlensyndikats nach oben entwickelt und sanken auch nach dem Abflauen der Konjunktur (ab 1900) nicht wieder. Im Vergleich zu anderen Bergbaugebieten erhielten die Ruhrbergleute die höchsten Löhne. Es waren andere Ereignisse, die nachhaltig beunruhigten.

Einmal machte sich steigender Unmut bemerkbar, weil durch die sich damals an der Ruhr stark ausbreitende Wurmkrankheit erhebliche Lohneinbußen zu verzeichnen waren. Zum anderen fürchtete man die Folgen der Zechenstillegungen. Die Ergebnisse der vom Kohlensyndikat konsequent betriebenen Politik, seine Zechen rentabler und krisenfest zu machen, waren für die Bergarbeiter zwiespältiger Natur: sie wurden zwar von all-

Bochum-Riemke: Oben: Schachtanlage 1 der Zeche Ver. Constantin der Große im Jahre 1879. Der Mittelbau des Malakoffs trägt eine große Schrifttafel «Constantin der Große». In den Seitenflügeln Maschinenhaus (links) und Kesselhaus (rechts). – Unten: Schachtanlage 1 um 1900. Das Bild wurde 1904 aufgenommen.

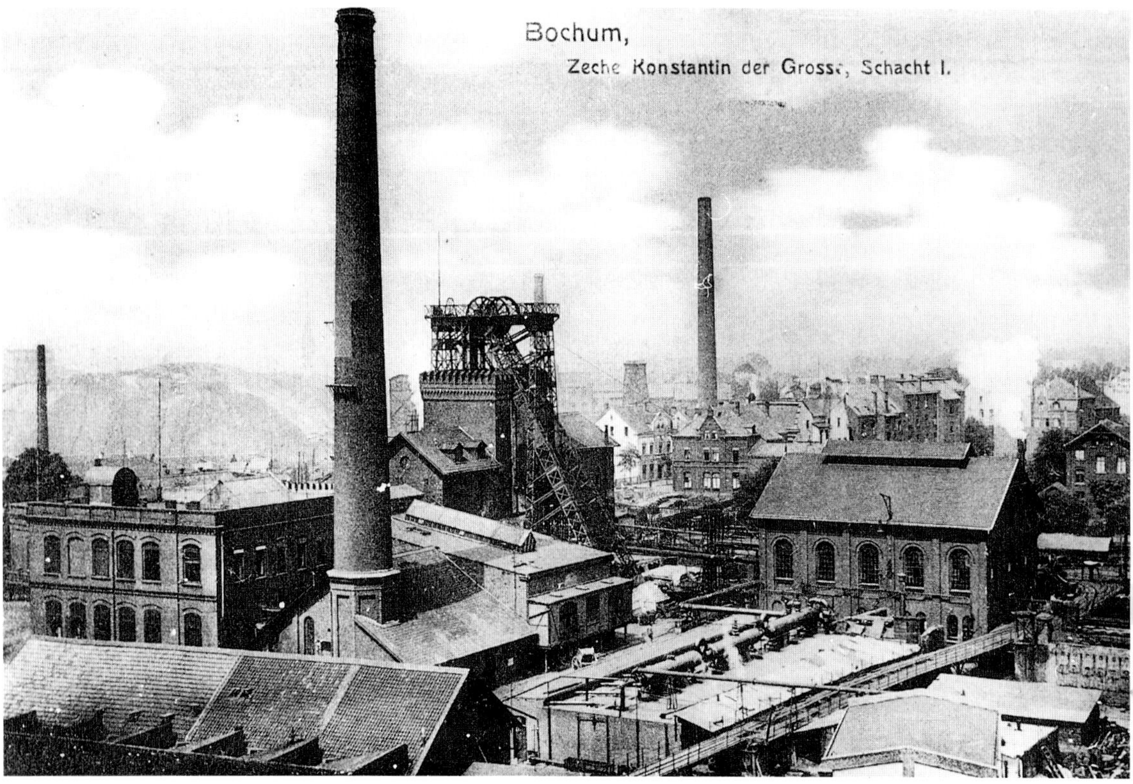

Oben: Bochum-Riemke: Schachtanlage 2 der Zeche Constantin der Große, 1866 in Betrieb gegangen. 1875 wurden die Schächte 1 und 2 durchschlägig, und 1893 sind in die Malakofftürme eiserne Strebengerüste eingezogen worden. Die Anlage 1/2 wurde 1936 nach einem Grubenbrand stillgelegt. Das Baufeld kam zur Anlage 6/7. – Unten: Herne-Sodingen: Schachtanlage 4/5 der Zeche Constantin der Große 1936. 1953 wurde die Förderung eingestellt, die Produktion ging fortan unter Tage zur Schachtanlage 6/7.

Bochum-Werne: Zeche Neu-Iserlohn, Schachtanlage 2/4. Links: Zweigeschossiger Tomsonbock über Schacht 2 (1905 erbaut; 1969 abgebrochen). Die Förderung der Neu-Iserlohn-Schächte wurde 1955 eingestellt. Das Grubenfeld kam zu Robert Müser.

gemeiner Existenzunsicherheit befreit, weil Massenentlassungen nicht mehr zu befürchten waren; andererseits kam es aber aus Rentabilitätsgründen in Einzelfällen zu Stillegungen, und so entstand neue Existenzangst. Bis zum 1. Juni 1904 waren schon neun Zechen stillgelegt oder standen kurz vor der Fördereinstellung. Die freigesetzten 9 000 Bergleute fanden bei steigender Gesamtbelegschaft zwar schnell Arbeit auf anderen Zechen, doch waren von der Stilllegung nicht nur die Bergleute und ihre Familien betroffen, sondern meistens auch die ganze Ortschaft. Die Folge war, daß die breite Öffentlichkeit in die Klagen der Gewerkschaft einstimmte. Hinzu kam, daß die Bergarbeiter sich wegen des «Nullens» ungerecht behandelt fühlten. Ungenügend beladene Wagen oder solche, in denen die Kohle zu stark mit Steinen vermengt war, wurden nicht auf das Gedinge angerechnet.

Die Gewerkschaften machten sich Forderungen und Vorstellungen der Bergarbeiter zu eigen, und sie glaubten wohl auch, durch Wachhalten des Mißmutes neue Anhänger gewinnen zu können. Einen Streik wollten sie nicht. Als er dann wegen der Verlängerung der Seilfahrt auf einzelnen Zechen ausbrach, versuchten sie, seine Ausbreitung zu verhindern. Das Bemühen war vergeblich; immer mehr Belegschaften traten in den Ausstand.

Der Katalog, den die Gewerkschaften dem Bergbauverein übersandten, enthielt alles, was seit 1890 immer wieder ohne Erfolg gefordert worden war: Achtstundenschicht, keine Sonntags- und Überschichten, Abschaffung des Wagennullens, Mindestlohn für alle Arbeitsgruppen, Errichtung eines Arbeiterausschusses zur Vorbringung und Regelung von Beschwerden, Mißständen und Lohndifferenzen sowie zur Mitverwaltung der Unterstützungskasse, Abschaffung der vielen und harten Strafen, Einführung von Grubenkontrolleuren, Anerkennung der Arbeiterorganisationen usw. Der Bergbauverein lehnte ab. Vereinbarungen über die Arbeitsordnung seien Sache der einzelnen Zechen und ihrer Belegschaften. Allerdings legte der Verein Wert darauf, dass eine Regierungskommission prüfe, ob tatsächlich allgemeine Mißstände im Ruhrbezirk bestünden. Obwohl der Streik inzwischen über 80 Prozent der Untertage-Belegschaft ergriffen hatte, richteten die Arbeiter gegen die Geschlossenheit der Arbeitgeber nichts aus. Die öffentliche Meinung stellte sich wieder auf die Seite der Bergarbeiter. Die Zentrums-Partei stimmte dem Streik zu, nachdem der Christliche Gewerkverein zu verstehen gab, daß ihm keine andere Wahl bliebe, als sich am Streik zu beteiligen. Die Sozialdemokraten hatten mit allen Mitteln zum Streik getrieben; sie befanden sich dabei teilweise im scharfen Gegensatz zum Alten Verband.

Im Reichstag und im Preußischen Abgeordnetenhaus wurde der Arbeitskampf ausführlich diskutiert. Der Kontraktbruch der Arbeiter ist dabei ebenso scharf kritisiert worden wie die unnachgiebige Haltung der Ruhrzechen. Die entscheidende Wende brachte die Ankündigung der preußischen Regierung, eine Novelle zum Berggesetz im Landtag einzubringen. Darin sollten die Arbeitszeit, das Verbot des Nullens und das Strafgeldverfahren geregelt werden.

Die Genugtuung über die Haltung der Regierung und die Enttäuschung über die geringen Geldzuwendungen der Gewerkschaften veranlaßten die Bergleute, einzulenken. Nachdem der Reichskanzler auf Anfrage erklärt hatte, daß er nach Wiederaufnahme der Arbeit die Vertreter der Arbeitnehmer und Arbeitgeber zu weiteren Verhandlungen empfangen werde, entschloß man sich, den Streik abzubrechen. Der Ausstand ging zu Ende, ohne daß die Bergwerkseigentümer den Arbeitern Zugeständnisse gemacht hatten. Der Streik war aber für die Gewerkschaften kein Mißerfolg. Da der Staat die wichtigsten Klagepunkte durch Gesetz regelte, gingen sie aus ihm gestärkt hervor. Aber auch die Arbeitgeber schlossen sich noch enger zusammen. Der Christliche Gewerkverein änderte seine Satzung; er erhöhte seine Beiträge und war so imstande, seinen Mitgliedern bei Arbeitskämpfen wirksame Unterstützung zu gewähren. Auch waren die Mitglieder zukünftig nicht mehr auf die Ablehnung der «sozialdemokratischen Grundsätze und Bestrebungen» zu verpflichten. Die Befürchtung, daß der Gewerkverein völlig auf die radikale Linie des Alten Verbandes einschwenken werde, ließ die Arbeitgeber auf Gegenmaßnahmen bedacht sein.

Im Dezember 1905 legte der Bergbauverein die Denkschrift «Arbeitgeberverband für den Ruhrbergbau» vor. Am 22. Januar 1908 fand die konstituierende Hauptversammlung des «Zechenverbandes» statt. Als Ziele des Verbandes wurden die Wahrung gemeinsamer Interessen in Arbeiterfragen und die Entschädigung vom Ausstand betroffener Mitglieder festgelegt. Mitglied konnte jedes im rheinisch-westfälischen Bezirk gelegene Bergwerk werden, sofern es dem Bergbauverein angehörte.

Der Sturm der Entrüstung, der sich nach der Gründung des Zechenverbandes bei den Gewerkschaften erhob, richtete sich vor allem gegen den Paragraphen acht der Verbandssatzung, der aus dem Gedanken des «Kontraktbruches» heraus eine Aussperrung von drei Monaten gegen Arbeiter eines bestreikten Betriebes und eine Sperre von sechs Monaten gegen Arbeiter vorsah, die einzeln ihre Arbeit auf einer Verbandszeche niedergelegt hatten. Im Reichstag, der im November 1908 über die Aussperrung verhandelte, traten vor allem das Zentrum und die Freisinnigen für die Arbeiter ein, während die Regierung das Vorgehen der Zechen als berechtigt anerkannte. Damit war zunächst die Aktion der Gewerkschaften gegen den Zechenverband festgefahren. Er blieb aber auch weiter das Ziel ihrer verschärften Agitation.

Diese erhielt neue Nahrung, als die Zechen 1909 beschlossen, für den Oberbergamtsbezirk Dortmund einen «zentralen Arbeitsnachweis» einzurichten. Damit wollten sie sich die Möglichkeit schaffen, auf die starke Fluktuation der Bergleute einzuwirken. Der an der Ruhr meist herrschende Arbeitermangel und die große Zahl von Zechen auf verhältnismäßig engem Raum machten es den Bergarbeitern leicht, ihre Papiere zu fordern und einen neuen Arbeitsplatz zu suchen. Für die Zechen bedeutete das nicht nur eine Gefährdung der Betriebssicherheit, sondern auch die Beeinträchtigung der Arbeitsleistung. Die Gewerkschaften forderten die paritätische Besetzung des Arbeitsnachweises. Sie nahmen scharf gegen die neue Einrichtung Stellung, hatten aber mit einer Eingabe an den Handelsminister keinen Erfolg. Am 4. Januar 1910 nahm der «Arbeitsnachweis für den rheinisch-westfälischen Steinkohlenbergbau» seine Arbeit auf.

Unabhängig von der Gründung des Zechenverbandes und der Einrichtung des Arbeitsnachweises bemühten sich die Arbeitgeber, die Kluft zwischen sich und den Arbeitern zu verringern; die Gründung werkstreuer Arbeitervereine wurde versucht. Sie blieben jedoch in der Folge hauptsächlich auf einige große Werke (vor allem der Eisen- und Stahlindustrie) beschränkt.

Durch die in der Novelle von 1905 zum Berggesetz vorgesehenen Arbeiterausschüsse hatten die Gewerkschaften den ersten Ansatz zur Mitsprache auf den Zechen erreicht.

1909 kam ein weiterer Erfolg hinzu. Unter dem Eindruck eines großen Grubenunglücks (Radbod 1908) erfüllten Regierung und Parlament eine Forderung der Gewerkschaften, in den Untertagebetrieben «Sicherheitsmänner» zu wählen. Sie erhielten die Aufgabe, den Betrieb hinsichtlich der Grubensicherheit zu überwachen. Außerdem wählten sie aus ihrer Mitte den bisher von der Belegschaft unmittelbar bestimmten Arbeiterausschuß.

Das Zusammengehen der beiden großen Gewerkschaften im Streik von 1905 gab der vom Alten Verband schon lange gehegten Hoffnung erneut Raum, beide Verbände zu vereinigen. Eifrigster Verfechter der Einigungsbestrebungen war Otto Hue. Sein Bemühen richtete sich auf zwei Hauptziele: Um das Ansehen des Alten Verbandes bei den Bergarbeitern zu heben, trat er nachdrücklich für eine Trennung von Gewerkschaft und sozialdemokratischer Partei ein. Es war seine Überzeugung, daß die Macht einer einheitlichen Bergarbeitergewerkschaft bei den Arbeitgebern ein stärkeres Gewicht haben würde. Dieses Ziel wurde aber nicht erreicht. Der Gewerkverein konnte die auf nationaler und internationaler Ebene vorgetragenen Angriffe gegen seine Selbständigkeit erfolgreich abwehren.

An dem Lohnstreik von 1912 beteiligte sich der Christliche Gewerkverein nicht. Man wollte jede Gemeinschaft mit den Sozialisten vermeiden. Der schnelle Zusammenbruch des Streiks zeigte den anderen Gewerkschaften, dass ein Ausstand ohne den Gewerkverein, der 1910 immerhin 83 000 Mitglieder zählte, keinen Erfolg haben konnte. Für den Alten Verband war der Streikabbruch ein großer Mißerfolg. Er hatte über zwei Millionen Mark an Streikunterstützungen auszuzahlen, verlor Mitglieder und mußte zahlreiche Niederlagen bei der nächsten Wahl der Sicherheitsmänner hinnehmen. Die Kluft zwischen den beiden Gewerkschaften war größer als je zuvor.

Als 1914 der Erste Weltkrieg ausbrach, war Deutschland weder politisch und wirtschaftlich noch militärisch ausreichend auf einen Krieg vorbereitet. Zu den zahlreichen großen Unbekannten, mit denen die oberste Kriegsführung zu rechnen hatte, gehörte die Haltung der Arbeiterschaft, der Gewerkschaften und der Sozialdemokratie. Aber die Sozialdemokratie bewilligte in der Reichstagssitzung vom 4. August nicht nur die Kriegskredite, sondern legte darüber hinaus ein klares Treuebekenntnis zum Vaterland ab. Die Gewerkschaften waren froh, vom Staat unbehelligt zu bleiben; man hatte mit Versammlungsverboten, Auflösung und Belagerungszustand gerechnet. Schon am 2. August hatten sie beschlossen, alle laufenden Arbeitskampfhandlungen einzustellen. In einzelnen anderen Gewerbezweigen, in denen schon früh Tarifverträge auf der Grundlage der Gleichberechtigung ausgehandelt worden waren, gründete man Arbeitsgemeinschaften von Unternehmern und Arbeitnehmern zur Lösung der auftretenden Probleme der Kriegswirtschaft.

Die Schwierigkeiten im Ruhrbergbau waren besonders groß. Zunächst herrschte wegen der zahlreichen Einberufungen ein empfindlicher Arbeiter- und Beamtenmangel. Allein etwa 70 bis 80 Prozent der Steiger waren zum Kriegsdienst eingezogen worden. Neue Möglichkeiten mußten gefunden werden, um den Arbeitskräftebedarf zu decken. Für die Arbeit unter Tage wurden zunächst Kriegsteilnehmer zurückgerufen. Es entstand das «Reklamationswesen», das seit April 1915 mit festen Regeln durch eine militärische Kontrollstelle gehandhabt wurde. So gelang es, wenigstens den dringendsten Bedarf an Führungskräften zu befriedigen. Zunächst konnten vor allem aus dem belgischen Kohlenrevier viele Arbeiter angeworben werden. Diese waren zwar ausgebildete Fachkräfte, wurden aber nicht seßhaft, sondern wechselten ihre Arbeitsstelle nach Ablauf ihres Vertrages oder kehrten nach Belgien zurück. Ab Sommer 1917 fielen die Arbeiter aus Belgien für die Ruhrzechen aus, weil sie für die Aufnahme der Förderung in den belgischen Revieren dringend gebraucht wurden.

Schon im November 1915 hatten die Zechen annähernd 10 000 russisch-polnische Arbeiter angeworben. Durch die starke Rückwanderung, besonders gegen Ende des Krieges, wurde ihre Zahl bis zum Juli 1919 bedeutungslos. Verhältnismäßig früh sind auch Kriegsgefangene im Ruhrgebiet als Arbeitskräfte angelegt worden. Schon im Februar 1915 rückten die ersten 1 600 Mann an; es waren fast ausschließlich gelernte Bergleute. Aber schon sehr bald war man gezwungen, auch ungelernte Gefangene in größerer Zahl über und unter Tage zu beschäftigen; im Dezember 1915 waren es bereits über 38 000. Das Arbeitskräfteproblem sowie der Mangel an Eisenbahnwagen und nahezu jeglichem Material wurden im Verlaufe des Krieges immer drückender. Zwar gelang es, die Förderung annähernd zu halten, aber die Schichtleistung ging zurück, und mehr und mehr zeigten sich auch Auswirkungen der sich ständig verschlechternden Lebensmittelversorgung. Die politische Unzufriedenheit unter den Arbeitern wuchs. Im April 1917 war als Höhepunkt der Zwietracht die Unabhängige Sozialdemokratische Partei (USPD) entstanden. Von ihr wurden die Idee der Internationale, die Ablehnung der Landesverteidigung sowie Mißtrauen und Abneigung gegen die parlamentarische Demokratie schonungslos verfochten.

Im August 1918 erfaßte eine Streikwelle das Revier; sie stand unter der Devise «Brot, Friede, Freiheit». Während der Alte Verband den Ausstand stützte, lehnten ihn der Christliche Gewerkverein und andere ab. Immerhin aber kam es noch im gleichen Monat zu einer gemeinsamen Verurteilung des Streiks durch alle Bergarbeiterverbände.

Bochum-Hordel: Zeche Hannover, Malakoff über Schacht 1 von 1858/59. Im Hintergrund (links und rechts) die Wäsche aus den 1940er Jahren. † 1973. Foto 1975. Der denkmalgeschützte Turm wird inzwischen durch das Westfälische Industriemuseum genutzt.

Bochum-Hordel: Zeche Hannover. Maschinenhalle und Malakoffturm (über Schacht 1), 1858/59 erbaut. Die Architektur der Anlage spiegelt das Unternehmertum der frühen Gründerzeit und den Aufbruch des Ruhrbergbaus in das Industriezeitalter wider. Auch über Schacht 2 (am vorderen Ende des Maschinenhauses) stand ursprünglich ein Malakoff; so hatte die Zeche das Aussehen einer Festung. Im Maschinenhaus steht eine Doppelkolben-Dampffördermaschine.

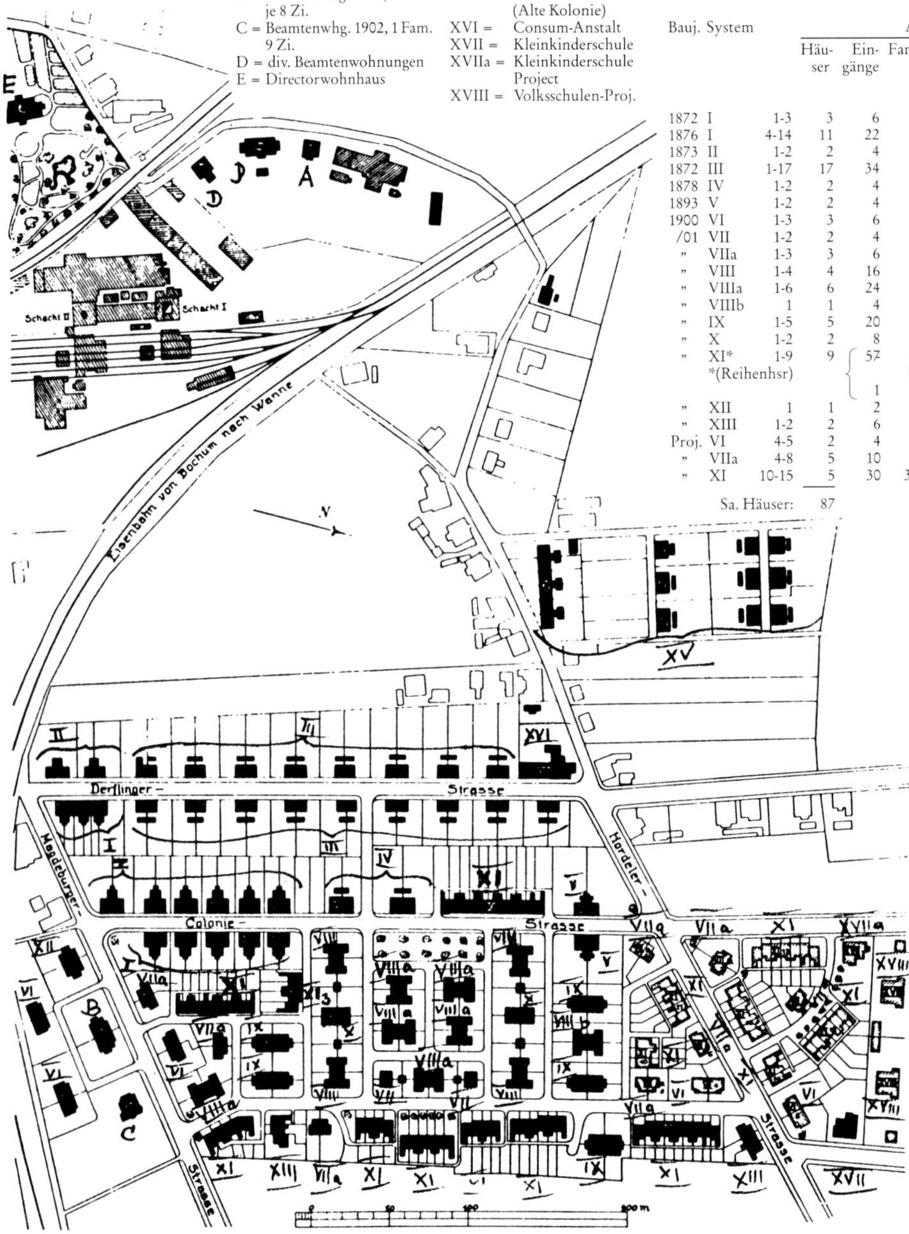

A = Beamtenwhg. 1892, 1 Fam. 7 Zi.
B = Beamtenwhg. 1902, 2 Fam. je 8 Zi.
C = Beamtenwhg. 1902, 1 Fam. 9 Zi.
D = div. Beamtenwohnungen
E = Directorwohnhaus

I - XIII = Whsr. d. Colonie (XIV betr. Hannover III / IV)
XV = Diverse Wohnhäuser (Alte Kolonie)
XVI = Consum-Anstalt
XVII = Kleinkinderschule
XVIIa = Kleinkinderschule Project
XVIII = Volksschulen-Proj.

Die »EICKELER KOLONIE« (teilweise erhalten geblieben, Reste unter Denkmalschutz) im Jahre 1902 in Zahlen:

Bauj.	System		Anzahl der Häuser	Anzahl der Eingänge	Anzahl der Fam.	Wohnungen mit 3 Räumen pro Eingang	4	5	6	8	Whg. sa.	qm/Whg.
1872	I	1-3	3	6	4	2					12	41,34
1876	I	4-14	11	22	4	2					44	»
1873	II	1-2	2	4	2				1		4	91,88
1872	III	1-17	17	34	4	2					68	34,14
1878	IV	1-2	2	4	4		2				8	70,28
1893	V	1-2	2	4	2				1		4	92,38
1900	VI	1-3	3	6	2				1		6	100,97
/01	VII	1-2	2	4	2	1					4	52,95
»	VIIa	1-3	3	6	2		1				6	63,04
»	VIII	1-4	4	16	4		1				16	61,35
»	VIIIa	1-6	6	24	4		1				24	?
»	VIIIb	1	1	4	4		1				4	?
»	IX	1-5	5	20	4		1				20	58,16
»	X	1-2	2	8	4		1				8	65,79
»	XI*	1-9	9	{ 57	4-		1				57	55,0
	*(Reihenhsr)				11							63,0
				1			1				1	73,40
»	XII	1	1	2	2					1	2	208,63
»	XIII	1-2	2	6	3		1				6	58,83
Proj.	VI	4-5	2	4	2				1		4	s.o.
»	VIIa	4-8	5	10	2		1				10	s.o.
»	XI	10-15	5	30	3-7		1				30	s.o.
	Sa. Häuser:		87			Sa. Wohnungen:					338	

	Gesamt-qm	qm/Whg.
Feldgröße	113.741	336,51
./. Wege und Plätze	26.206	77,53
= Häuser und Gärten	87.535	258,98

Die Durchschnittspreise pro cbm umbauter Raum betrugen zwischen 8,75 und 11,30 Mark; die Baukosten pro qm überbaute Fläche zwischen 34,14 und 91,88 Mark.

Beim System XI 3, von dem wir S. 75 unten eine Perspektive abbilden, betrugen die gesamten Baukosten 18.450 Mark und pro cbm umbauten Raum 9,75 Mark. Dieses Haus hatte zwei 4-Zimmer-Wohnungen je 62,42 qm, eine 4-Zimmer-Wohnung mit 54,94 qm und eine 5-Zimmer-Wohnung mit 73,4 qm.

(sämtliche Angaben nach: Wohlfahrtseinrichtungen der Gussstahlfabrik von Fried. Krupp zu Essen a. d. Ruhr, Band II, Zeichnungen, 3. Ausgabe, Essen a. d. Ruhr 1902, S. 118 - 138 und S. 249)

Am 2. Oktober 1918 konnte in Berlin die grundsätzliche Einigung über eine Arbeitsgemeinschaft zwischen Unternehmern und Gewerkschaften erzielt werden. Doch während noch über die Gründung dieser «Zentralarbeitsgemeinschaft» verhandelt wurde, veranlaßten die politischen Ereignisse die Unternehmerseite, den Gewerkschaften entgegenzukommen. Am 14. Oktober 1918 wurde dem Zechenverband ein Brief der Bergarbeitergewerkschaften überbracht, der eine Anzahl von neuen Vorschlägen über die Gestaltung des Arbeitsverhältnisses enthielt und in der Aufforderung gipfelte, der Vorstand des Zechenverbandes möge mit den Gewerkschaften in eine mündliche Aussprache eintreten. Unter dem Zwang der Verhältnisse nahm der Zechenverband das Gesprächsangebot an. Obwohl die Revolution vom 9. November zunächst im Revier ohne tiefgreifende Umgestaltungen vorübergegangen war, wurde doch allen Beobachtern klar, daß sich unter dem Einfluß radikaler Bestrebungen, die angesichts der katastrophalen wirtschaftlichen Lage überall Anhänger fanden, die allmählich angestaute Erbitterung entladen würde.

Die Ereignisse der folgenden Monate überstürzten sich. In einer gemeinsamen Sitzung mit den Gewerkschaften sagten die Arbeitgeber die Erfüllung einiger Forderungen zu: Achtstundenschicht unter Tage einschließlich Ein- und Ausfahrt, Zuschläge für Neben- und Sonntagsschichten, Mindestlohn für Gedingearbeiter, Beseitigung der Frauenarbeit, sobald genügend männliche Arbeitskräfte zur Verfügung standen usw. Doch waren das alles in den Augen der Radikalen, die sich in dem neu entstandenen Rätesystem und der wachsenden staatlichen Unordnung immer mehr entfalteten, völlig unzureichende Zugeständnisse.

Immer wieder flackerten Streiks auf. Radikale verkündeten die «Sozialisierung des Ruhrbergbaus». Beim Bergbauverein in Essen residierte ein von den radikalen Sozialisten berufener Kommissar; vom Balkon des Gebäudes wehte die rote Fahne. Die Arbeitsniederlegungen weiteten sich zum Generalstreik aus. Man erzwang mit immer unsinniger werdenden Forderungen Arbeitszeitverkürzungen auf sieben, ja sogar sechs Stunden.

Am 1. April 1919 wurde von der «Neunerkonferenz für die Sozialisierung des Bergbaus» der Generalstreik ausgerufen. Es hatte nicht genügt, daß die Reichsregierung, um mildernd zu wirken, die sofortige Sozialisie-

Marl: Die Schächte 1 und 2 des Steinkohlenbergwerks Auguste Victoria. Die beiden Fördergerüste (Strebengerüste in genieteter Fachwerkkonstruktion mit vier bzw. zwei nebeneinanderliegenden Seilscheiben sowie zwei zum Fördermaschinengebäude angeordneten Strebenbeinen) wurden in die Denkmalliste aufgenommen. Die Gerüste wurden 1903 bzw. 1906 gebaut; Generalüberholung 1982 (Schacht 1) und 1983/85 (Schacht 2). Beide Schächte sind als Hilfsförderschächte in Betrieb.

Linke Seite und unten: Seit den frühen 1850er Jahren, als mit dem Tiefbau die Zahl der bergbaulichen Betriebe schnell zunahm, haben sich die Zechen dem Wohnungsbau zuwenden müssen. Nach anfänglicher einfacher Reihung von Hauszeilen kam es sehr bald zu architektonischen Lösungen, die richtungweisend für die Bergbaugemeinden wurden (Gartenstadtkonzept). Ein Beispiel unter vielen ist die Wohnsiedlung «Eickeler Kolonie», der Schachtanlage Hannover 1/2 (Lageplan nebenstehend). Die Zechen setzten früh städtebauliche Maßstäbe für das Wohnungswesen, die im Revier allgemein anerkannt worden sind. Schon wenig später (und besonders forciert ab 1948) ermöglichte man auch den Bau von «Eigenheimen» (Grund- und Hauseigentum für Arbeiter zu günstigen Bedingungen). Unten: «Wohnhaus für 4 Familien System XI 3» der Hordeler Siedlung.

Essen-Katernberg: Schachtanlage Zollverein 1/2. Als «Höhere Mädchenschule für die Töchter der Zechenangestellten» ist 1895 dieses zweieinhalbgeschossige Gebäude (Ziegelmauerwerk) errichtet worden. Das Haus hat einen schwach erkennbaren T-förmigen Grundriß. Es erhielt seinen Schmuck durch Flächenreliefs aus Formziegeln in neuromanischen Formen sowie dem Emblem Schlägel und Eisen.

Ahlen: Bergarbeitersiedlung Neustadt. Die Gartensiedlung (1910 erbaut, 1927 auf den heutigen Zustand erweitert) gilt als Baudenkmal und ist erhaltungswürdig.

Oben: Gelsenkirchen-Buer: Siedlung Schüngelberg. Unser Foto von 1975 zeigt Wohnhäuser an der Hüchtebrockstraße (nahe der Zeche Hugo), die 1908 in unterschiedlichem Baustil errichtet worden sind (vgl. Abb. S. 236).
Mitte rechts und unten: Herne-Börnig; unmittelbar am Gelände der Zeche Teutoburgia entstand 1909/12 usw. eine gartenstädtische Bergarbeitersiedlung (vgl. Abb. S. 258).
Mitte rechts: Einfamilienhaus: unten: Teutoburgiahof.

rung des Kohlensyndikats verkündet hatte. Der Belagerungszustand mußte verhängt werden. Am 7. April wurde der Sozialdemokrat Carl Severing (1875 – 1952) zum Reichskommissar für das Ruhrgebiet ernannt. Er bemühte sich gemeinsam mit den militärischen Stellen um Ordnung. Während die Gewerkschaften noch im März den Zechenverband zur Annahme der Siebeneinhalbstundenschicht gedrängt hatten, einigten sich jetzt die Tarifparteien auf die Siebenstundenschicht einschließlich Seilfahrt. Nach vier Wochen ging der bisher größte Streik des Reviers zu Ende.

Seit November 1918 war eine Kohlenförderung von 45 Millionen Tonnen ausgefallen. Der Erste Weltkrieg war zu Ende gegangen, ohne daß der Arbeitsfrieden, mit dem er begonnen hatte, von Dauer gewesen wäre. Er hatte aber in der Sozialpolitik die Grundlage für die Gesetzgebung der Nachkriegszeit gelegt. Im Bergbau hatten sich die Sozialparteien als Verhandlungspartner anerkannt. Auf der Grundlage der Gleichberechtigung unterzeichneten am 25. Oktober 1919 die Bevollmächtigten den er-

Herne-Börnig: Zeche Teutoburgia. Das denkmalgeschützte deutsche Strebengerüst (oben rechts) ist Symbol der angrenzenden Bergarbeitersiedlung gleichen Namens, die als eine der beachtlichen gartenstädtischen Anlagen des Ruhrgebiets gilt. Die landschaftsprägende Wirkung des Fördergerüstes als markanter Blickpunkt an der A 42 (Emscherschnellweg) ist hervorzuheben. Links: Verwaltungs- und Kauengebäude der Zeche, das in den ersten 1980er Jahren abgerissen worden ist. – Unten: Zweifamilienhaus der Teutoburgia-Siedlung.

Hamm-Heessen: Bergwerk Sachsen. Innenansicht der 1914 von dem Essener Architekten A. Fischer errichteten Maschinenhalle für die Schachtanlage 1/2. Aufnahme vor 1929. Eintragung in die Denkmalliste 1989.

sten Tarifvertrag mit der ersten, zahlreiche Einzelheiten zusammenfassenden Lohnordnung im Ruhrbergbau. Mit der Anerkennung der Gewerkschaften als gleichberechtigte Verhandlungspartner in allen das Arbeitsverhältnis betreffenden Fragen begann ein neues Kapitel der Lohnentwicklung für die Ruhrzechen.

Flucht nach Hamburg

Nächst den territorialen Abtretungen waren die Reparationslasten die schwerste Bürde, die dem Deutschen Reich nach dem verlorenen Ersten Weltkrieg auferlegt wurde. So konnte es nicht ausbleiben, daß der Versailler Vertrag ganz entschieden die Hoffnungen auf einen baldigen Erfolg der Demokratie in Deutschland schwächte. Aber es gelang schließlich doch, viele Anhänger eines radikalen Sozialismus für die Republik zu gewinnen und auf die Ideale der Verfassung von Weimar festzulegen. Die deutsche Schwerindustrie geriet in äußerste Gefahr; ihre Grundlagen waren bedroht. Das Diktat der Siegermächte verlangte unerfüllbare Leistungen; die jetzt mächtigen Sozialisten riefen stürmisch nach der Sozialisierung der Grundstoffindustrie. Die Vergesellschaftung des Kohlenbergbaus wurde zu einem heißumstrittenen Politikum.

Die Gefahr der Sozialisierung der Ruhrzechen konnte gebannt werden. Dafür drohten andere Schwierigkeiten. Der Versailler Vertrag sah Kohlenlieferungen von durchschnittlich etwa 40 Millionen Tonnen jährlich an Frankreich, Belgien, Luxemburg und Italien vor. Diese Menge war so groß, daß selbst die alliierte Reparationskommission nie nachdrücklich volle Lieferungen verlangte. Es stellte sich nämlich heraus, daß auf den außerdeutschen Märkten bald Kohle im Überfluß angeboten wurde. Frankreich verkaufte Reparationskohle in beträchtlichen Mengen wieder an das Ausland; sie drückte dann auf den Märkten den Preis der englischen Kohle.

Auf den Reparationskonferenzen von Spa (1920), wo Otto Hue und Hugo Stinnes mutige Worte zugunsten der deutschen Sache fanden, und London 1920 und 1921 wurde zunächst eine bestimmte Menge für einen Zeitraum festgelegt und dann die Reparationskommission zur Fixierung der Lieferungen ermächtigt. Aber es gelang auch auf der Konferenz von Genua (April 1922) nicht, die verworrene Reparationspolitik zu ordnen, obwohl sich England wiederholt von der französischen Auffassung distanziert hatte. Auf Grund der ihm im Versailler Vertrag zugestandenen Möglichkeit, Sanktionen zur Erzwingung der deutschen Kohlenlieferungen zu verhängen, beschloß Frankreich, das Ruhrgebiet zu besetzen.

In den ersten Abendstunden des 9. Januar 1923 hatten sich im Essener Hotel Kaiserhof die Mitgliedszechen des Rheinisch-Westfälischen Kohlen-Syndikats versammelt; man beschloß einstimmig die Umsiedlung des Kohlensyndikats nach Hamburg: «Der Vorstand wird beauftragt, mit der Ausführung dieses Beschlusses noch heute unter Wegbringung der Akten, Papiere und Bücher zu beginnen.»

Die Flucht des Syndikats war für die von der Besatzung zur Ausbeutung der Zechen und Eisenwerke gebildete «Kontrollkommission» (Mission Interalliée de Contrôle des Usines et Mines – Micum) ein schwerer Schlag. Wenige Tage nach dem Einmarsch versuchten die Franzosen, mit einzelnen Zechen zu verhandeln; die bedingungslose Wiederaufnahme der Lieferungen wurde verlangt. Die Zechen erklärten, gegen sofortige Bezahlung würden sie Kohle liefern, sonst nicht. Daraufhin wurde die Besetzung des Ruhrgebiets bis in die Gegend östlich von Dortmund ausgedehnt und der Befehl gegeben, bis zum 17. Januar mit den Lieferungen wieder zu beginnen. Auch das war ein Fehlschlag. Es folgten Verhaftungen von führenden Unternehmern und Zechendirektoren.

In seltener Einmütigkeit wehrte sich Deutschland gegen die Gewalt. Am 15. Mai 1923 wies Reichskanzler Gustav Stresemann (1878 – 1929) in seinem berühmt gewordenen Aufsatz «Politik und Wirtschaft» der Wirtschaft ihre Rolle zu: *«Daß Reich und Volk erhalten bleiben, ist notwendig, daß die Substanz der Einzelwirtschaft sich erhält, ist nicht notwendig. Wenn es dahin kommt, daß wir diese Substanz angreifen müssen, um damit die deutsche Freiheit zu sichern, so muß das von allen an der deutschen Wirtschaft Beteiligten getragen werden. Das deutsche Volk wird stolz auf seine Wirtschaft sein, wenn sie es versteht, sich in diesem Sinne als höchste Kraftquelle des Staates zu bewähren, die in einer entscheidenden Stunde deutschen Schicksals für unsere Zukunft eingesetzt wird, um das zu sichern, was höher steht als materielle Interessen: Freiheit und Frieden.»*

Der von der Reichsregierung ausgerufene passive Widerstand, von den Gewerkschaften organisiert, von den Unternehmern mitgetragen und vom unbesetzten Deutschland moralisch und wirtschaftlich unterstützt, machte die Ruhrbesetzung zu einem wirtschaftlich unsinnigen Unterfangen. Die über Nacht erfolgte Verlegung des Kohlensyndikats, dem die ersten Schläge der Besatzung gelten sollten, war eine der eindrucksvollsten und aufsehenerregendsten Demonstrationen des Gemeinschaftsgedankens der Ruhrzechen gegen die Besatzung. Die während der Besatzung 1923/24 nach Frankreich gelieferten Kohlenmengen erreichten nur etwa 40 Prozent der Reparationsleistungen des Jahres 1922.

Es war aber nicht allein der Kampf an der Ruhr, den Deutschland führte. Der fortschreitende Verfall der Währung ließ den Ausgleich des Staatshaushaltes ebenso unmöglich werden wie die Forderung, die Löhne den gestiegenen Lebenshaltungskosten anzupassen. Die Regierungskoalition unter Stresemanns Führung brach deshalb schließlich den Ruhrkampf am 3. Oktober 1923 ab. Die Aufgabe des Widerstandes sollte nach dem Willen der Reichsregierung zu geordneten Lebens- und Arbeitsverhältnissen zurückführen. Im Einvernehmen mit der Regierung wurde von den Vertretern des Ruhrbergbaus mit der *Micum* am 23. November ein befristetes Abkommen bis zum 15. April 1924 geschlossen (Micum-Verträge).

Das Jahr 1924 brachte zwar das Ende der Inflation, dem Ruhrbergbau jedoch auch Absatzkrisen und erbitterte Arbeitsstreitigkeiten. Die starke Kohlennachfrage der ersten Nachkriegsjahre war plötzlich einem Brennstoffüberfluß gewichen. Nach dem Tiefstand des Jahres 1923 hatte sich die Kohlenförderung der Ruhrzechen wieder kräftig erholt (1923 = 42 Millionen Tonnen, 1924 = 94 Millionen Tonnen). Wegen der geringen Beschäftigung der Industrie, des inzwischen sehr viel stärker fühlbar gewordenen Wettbewerbs anderer Energieträger und der gegenüber der Vorkriegszeit bedeutenden Rationalisierung der Wärmewirtschaft traten Absatzstockungen auf, die in zunehmendem Maße Feierschichten notwendig machten. Es kam zur Stillegung von Schachtanlagen und zu Belegschaftsentlassungen.

Anfang 1926 hatte die Zahl der arbeitslosen Bergleute an der Ruhr mit 46 000 einen Höchststand erreicht. Eine Wende der schlimmen Lage brachte dann der am 1. Mai 1926 ausbrechende siebenmonatige Streik der englischen Bergarbeiter. Für die Ruhrzechen bedeutete der Ausstand eine drastische Besserung der Absatzverhältnisse, denn auf dem Weltmarkt fehlten monatlich etwa 15 Millionen Tonnen Kohle. Die Lieferwünsche an Ruhrkohle konnten kaum erfüllt werden. Bald mußten Überstunden auf den Zechen verfahren werden. Es kam zu langfristigen Lieferverträgen mit ausländischen Abnehmern.

Zur Steigerung seiner Wettbewerbsfähigkeit begann der Ruhrbergbau in großem Stil zu rationalisieren. Kleine und veraltete Einzelanlagen wurden aufgegeben und die Förderung auf modernen Großanlagen zusammengefaßt. Verlustzechen wurden mit rentablen verbunden, um ein gut verkäufliches Kohlensortiment anbieten zu können. Hand in Hand damit ging die Ausrüstung der Anlagen mit den modernsten Maschinen. Die Mechanisierung der Abbaubetriebe und der Streckenförderung kam in Gang. Mehr und mehr trat der elektrische Antrieb an die Stelle des teuren Preßluftantriebes. Die alten Kokereien wurden technisch erneuert. Man ging dazu über, Groß- und Zentralkokereien zu errichten.

Am 1. Oktober 1927 wurde vom Deutschen Reich, dem Preußischen Staat und der Knappschaftsberufsgenossenschaft die Versuchsgrubengesellschaft mbH zur Erforschung und Bekämpfung der Unfallgefahren im Bergbau gegründet. Als Versuchsgrube diente zunächst

Waltrop: Das gut erhaltene Maschinenhaus der Zeche Waltrop ist heute Bürgerbegegnungsstätte und Heimatmuseum. Hier steht eine der selten gewordenen Tandemfördermaschinen (kombinierte Nieder-/ Hochdruckmaschine) mit der Bezeichnung «1910 A.C. Isselburger Hütte, Isselburg». – Das nebenstehende Luftbild von 1977 läßt die einheitliche Bauweise, von historisierenden und Jugendstilformen beeinflußt, aller Übertagebauten klar erkennen. Auch die beiden deutschen Strebengrüste (Bildmitte) der Schächte 1 und 2 fügen sich harmonisch in das Gesamtbild ein. 1987 wurden die zu dieser Zeit erhaltenen Gebäude und die Dampfmaschinen in die Denkmalliste eingetragen.

die stillgelegte Zeche HIBERNIA in Gelsenkirchen. Später wurde für denselben Zweck die stillgelegte Zeche TREMONIA in Dortmund übernommen.

Die Rationalisierung der Ruhrzechen war vornehmlich ein Finanzproblem. Von 1924 bis 1928 investierte der Ruhrbergbau im Durchschnitt 7,50 Reichsmark je Tonne Förderung. Die Lohnsumme der Zechen stieg von 1924 bis 1929 von 698 Millionen auf 955 Millionen Reichsmark (während die Zahl der Bergarbeiter an der Ruhr von 463 000 auf 375 000 zurückging). 60 Prozent ihrer Investitionen finanzierten die Zechen aus Erträgen; die Beschaffung der verbleibenden etwa 40 Prozent war sehr schwierig. Auf dem deutschen Kapitalmarkt zeigten sich die zerrüttenden Folgen des Ersten Weltkrieges. Auslandskapital floß zunächst nur spärlich.

1929 erreichte die Förderung der Ruhrzechen mit 124 Millionen Tonnen Kohle einen neuen Höchststand (die Leistung des Jahres 1913 wurde um neun Millionen Tonnen übertroffen). Ende 1929 verschlechterte sich die allgemeine Konjunktur spürbar und mündete wenig später in die Weltwirtschaftskrise der dreißiger Jahre ein. Die Förderung fiel bis 1932 auf einen Tiefstand von etwas über 73 Millionen Tonnen und damit auf die Marke, die kurz nach 1900 erreicht worden war. Es mußten Feierschichten eingelegt und eine Anzahl Zechen vorübergehend stillgesetzt werden. Zu dauernden Stilllegungen kam es aber fast gar nicht mehr, weil sich die betriebliche Rationalisierung der Vorjahre inzwischen bereits ausgewirkt hatte. Von 1920 bis 1932 sind 56 Förder- und Wetterschächte an der Ruhr abgeteuft worden.

Die auch in den Jahren der Weltwirtschaftskrise fortgesetzten technischen und betrieblichen Maßnahmen zur Steigerung der Wirtschaftlichkeit schufen die Voraussetzungen dafür, daß die Ruhrzechen nach Überwindung der Krise in den Jahren bis zum Zweiten Weltkrieg einen neuen Leistungshöchststand zu erreichen vermochten. So ging beispielsweise die Zahl der Abbaubetriebspunkte unter Tage, die 1927 noch 16 700 betragen hatte, bis 1933 auf 4 075 zurück; gleichzeitig steigerte sich aber die tägliche Förderung je Betriebspunkt im Durchschnitt auf weit über 300 Prozent des Standes von 1927.

Das Ende der Freiheit

Im latenten Bürgerkrieg zwischen Rechts- und Linksradikalismus ging die Epoche der Weimarer Republik zu Ende. Für den Ruhrbergbau hatte sie mit dem ersten Aufbau nach dem Krieg und der Abwehr der Sozialisierung begonnen. Für viele Sozialisten radikaler Tendenz blieb die neue Republik bis zu ihrem tragischen Ende mit dem Makel der verpaßten Verstaatlichung behaftet. Im alten Gegensatz der Sozialpartner standen die Kontrahenten einander ebenbürtig gegenüber.

Waltrop: Zeche Waltrop. Die Doppelschachtanlage wurde 1903 abgeteuft und nahm 1905 die Förderung auf, die zunächst zur Brennstoffversorgung der Kaiserlichen Flotte diente (s.a. Abb. links).

Im zweiten Wiederaufbau nach der Inflation gelang den Ruhrzechen die Rationalisierung und Modernisierung der Anlagen, doch bot das dazu einströmende ausländische Kapital bei wachsender Radikalisierung der innenpolitischen Machtverhältnisse ein bedrohliches Moment, das den Sturz der mit so großen Hoffnungen ins Leben getretenen Weimarer Republik förderte. In Not und Angst versagten letzten Endes die internationalen Sicherungen der demokratischen Welt, die es der jungen deutschen Demokratie so schwer gemacht hatte, sich zu festigen. Nach der Meinung vieler blieb nur die Rückkehr zu dem im 19. Jahrhundert erprobten Weg zum nationalen Erfolg, zu Autorität im Inneren und Macht nach außen. Und genau das war der verhängnisvolle Irrtum der Epoche.

Von der Weltwirtschaftskrise, die sich seit 1930 ständig verschärft hatte und die 1932 ihrem Höhepunkt zustrebte, ist das Ruhrgebiet besonders stark betroffen worden, da seine Wirtschaft einseitig auf Kohle und Stahl ausgerichtet war. 1932 sanken die Förderzahlen der Ruhrzechen sowie die Produktion der Eisenhütten und Stahlwerke auf ihren tiefsten Stand seit 25 Jahren. Bei rapide steigender Arbeitslosigkeit – 60 Prozent aller Beschäftigten waren in den Bereichen Kohle und Stahl tätig – sahen viele ihre einzige Hoffnung in der radikalen NSDAP (Nationalsozialistische Deutsche Arbeiterpartei) Adolf Hitlers.

An der Ruhr hat die NSDAP erst verhältnismäßig spät in größerem Ausmaß Anhänger gewinnen können. Das läßt sich an den Reichstagswahlzahlen deutlich ablesen. Am 14. September 1930 wurde die NSDAP mit 6,4 Millionen Stimmen zweitstärkste Reichstagsfraktion (107 Mandate); das entsprach im Deutschen Reich einem Stimmenanteil von 18,3 Prozent. In den Ruhrgebietsstädten lag der Stimmenanteil der Nationalsozialisten erheblich niedriger: Dortmund 8,3 Prozent, Essen 14,5 Prozent; Duisburg 18 Prozent; Bochum 17,6 Prozent; Gelsenkirchen 10,4 Prozent; Recklinghausen 9,5 Prozent. Nur in Oberhausen wurde der Durchschnitt des Reiches mit 20,5 Prozent aller abgegebenen Stimmen

Essen-Dellwig: Zeche Christian Levin. Hinter dem Malakoffturm über Schacht 1 deutsches Strebengerüst über Schacht 2; links: deutsches Strebengerüst über (Wetter-)Schacht 3. † 1960.

überschritten. 1932 waren die Resultate ähnlich; bei den Juli-Wahlen wurde die NSDAP mit 37,5 Prozent aller abgegebenen Stimmen (230 Mandate) stärkste Fraktion im Reichstag. In den großen Ruhrgebietsstädten blieb sie aber – zum Teil weit – unter dem Reichsdurchschnitt: Dortmund 19,6 Prozent; Essen 24 Prozent; Duisburg 27,5 Prozent; Recklinghausen 23 Prozent und Oberhausen 24,9 Prozent.

Im November 1932 wurde die NSDAP nur in Bochum mit 27,2 Prozent stärkste Partei (Reichsdurchschnitt über 33 Prozent). In den anderen großen Ruhrgebietsstädten erhielten die Kommunisten mehr Stimmen als die NSDAP. In Essen zum Beispiel entfielen auf die KPD 25,4 Prozent, auf die NSDAP dagegen 21,5 Prozent; stärkste Partei wurde hier das katholische Zentrum mit 31 Prozent, womit das Ergebnis der Juli-Wahl (30,7 Prozent) noch übertroffen wurde.

Der Stimmenanteil der Sozialdemokraten lag mit einer Ausnahme (Dortmund = 27,5 Prozent) unter dem des Zentrums und war auch niedriger als der der NSDAP. Der Prozentsatz der KPD-Wähler übertraf dagegen den der SPD (Gelsenkirchen z.B. 29,8 : 13,1 Prozent).

Die beiden radikalen Flügel rechts und links der demokratischen Parteien hatten 1932 das Übergewicht; jedenfalls trifft das für einige der Ruhrgroßstädte sicher zu: Duisburg 54,4 Prozent; Gelsenkirchen 52,8 Prozent; Bochum 50,2 Prozent. Für Essen, Dortmund, Oberhausen und Recklinghausen ergibt die Addition der KPD- und NSDAP-Stimmen die Prozentsätze: 49 – 48 – 48 und 47,9.

Die «Machtergreifung» Hitlers am 30. Januar 1933 leitete die umfassende Beseitigung der bisherigen Ordnung staatlichen Lebens ein. Die NSDAP wurde durch Gesetz einzige Staatspartei. In den ersten Volksabstimmungen nach Deutschlands Ausscheiden aus dem Völkerbund (November 1933) und der Vereinigung der Ämter des Reichspräsidenten und des Reichskanzlers in der Person Hitlers (August 1934) wurde diesem mit großer Mehrheit das Vertrauen ausgesprochen.

Alle Säulen des Widerstandes schienen zusammengebrochen. Das Ende der Gewerkschaften und der Arbeitgeberverbände war die «Revolution» auf sozialpolitischem Gebiet. Gleichsam unter dem Marschtritt der «braunen Bataillone» vollendete sich die «Gleichschaltung», nämlich die Übertragung der Parteiprinzipien auf das gesamte Leben des Volkes, die «Sicherung der Einheit von Partei und Staat». Der einzelne wurde eingeschlossen in die Allgegenwart der nationalsozialistischen Partei.

Zum zweiten Mal im 20. Jahrhundert sah sich die deutsche Wirtschaft für die hochfliegenden Pläne der Politiker benutzt. Anders als im totalen Aufbau der wilhelminischen Weltgeltungsansprüche stand sie diesmal in der totalen Lenkung unter Staatsaufsicht. Dem Ruhrbergbau kamen in diesem System der Wirtschaftsführung die in den ausgehenden zwanziger Jahren vorgenommenen Rationalisierungs- und Ausbaumaßnahmen zugute. Die Förderung konnte bei anhaltender Kohlennachfrage gesteigert werden. Die Zechen widmeten sich dem weiteren Ausbau der Tagesanlagen und verbesserten den Betrieb unter Tage ohne größeren Kapitalaufwand. Das Jahr 1936 bedeutete für die Ruhrzechen das Ende des bedachtsamen Ausbaus. Während Anfang 1937 die Förderung mit der Nachfrage noch Schritt halten konnte, waren die Möglichkeiten der Zechen im zweiten Halbjahr bereits voll ausgeschöpft; es ergab sich ein Auftragsüberhang. Anfang 1939 ergriff der Staat Maßnahmen zur Fördersteigerung: Lohnerhöhung, Verlängerung der Arbeitszeit und Beschränkung des Arbeitsplatzwechsels.

Am 1. September begann Hilter den Zweiten Weltkrieg. Die Kohle, schon seit geraumer Zeit Mangelware, wurde am 7. September 1939 durch eine «Anordnung des Reichswirtschaftsministers über die Lenkung des Verbrauchs von Kohle» voll in die Zwangswirtschaft einbezogen. Zwölf Kohlenverteilungsstellen, darunter das Ruhrkohlensyndikat als «Kohlenverteilungsstelle für den westdeutschen Steinkohlenbergbau» (Ruhr, Saar und Aachen), sind eingerichtet worden.

Mit dem Ausbruch des Zweiten Weltkrieges begann für die Ruhrzechen erneut eine Zeit des Ringens mit den schon aus dem Ersten Weltkrieg bekannten Mangelerscheinungen: Arbeitskräfte fehlten und Material aller Art, verschlechterte Abfuhrmöglichkeiten entstanden, zunehmend machte sich die angespannte Versorgung der Arbeiter mit Lebensmitteln bemerkbar.

Nach den schnell beendeten Feldzügen in Polen und Frankreich trat mit dem Angriff auf die Sowjetunion im Juni 1941 der Zweite Weltkrieg in sein schwerstes und blutigstes Stadium. Bis dahin waren die etwa 312 000 Unter- und Übertagearbeiter bei der Rekrutierung geflissentlich übergangen worden – nun aber flatterten die berüchtigten Gestellungsbefehle auch in die Bergarbeitersiedlungen. Gleichzeitig rückten die Reserven heran, Tausende ungelernter Arbeiter, durch die Arbeitsämter von nah und fern vermittelt; dazu kamen viele Tausende Kriegsgefangene. Um dem chronischen (und durch den Krieg verstärkten) Arbeitskräftemangel im wichtigsten deutschen Bergbaugebiet abzuhelfen, wurden im Frühjahr 1941 etwa 15 000 oberschlesische Bergleute an die Ruhr zwangsversetzt. In den folgenden Monaten kam es jedoch zu zahlreichen Beschwerden der Schlesier über zu niedrige Löhne, miserable Unterbringung usw. Am 22. Juni – dem ersten Tag des «Rußlandfeldzuges» – ordnete das Arbeitsamt Kattowitz die Rückkehr der schlesischen Bergarbeiter an.

Ende 1941 waren bereits etwa 31 000 Zwangsarbeiter auf den Ruhrzechen tätig; zusammen mit den 272 000 einheimischen Bergarbeitern waren über 15 000 Bergleute mehr auf den Ruhrzechen beschäftigt als vor dem Krieg. Die Zahl der Zwangsarbeiter stieg bis Dezember 1943 auf über 80 000, und im Februar 1945 waren mehr als 150 000 «Fremdarbeiter», wie es beschönigend hieß, bei den Ruhrbergwerken unter und über Tage «eingesetzt» (dazu kamen nicht ganz 200 000 einheimische Bergleute). In der Mehrheit waren dies russische Kriegsgefangene; die anderen waren Kriegsgefangene anderer

Bochum-Werne: Die Großschachtanlage Robert Müser entstand 1929 durch Zusammenlegung mehrerer Einzelzechen. † 1968. Bahnbrechende, bewußt ästhetisch gestaltete Form des deutschen Strebengerüstes, 1928. Beine der vollwandigen Breitflanschstreben mit K-Fachwerk ausgesteift, Streben und Führungsgerüst klar voneinander abgesetzt, Höhe 57,2 m, Bauart Dörnen. Seit 1990 unter Denkmalschutz.

Nationalitäten (vor allem Polen, Belgier und Franzosen), aber auch verschleppte Zivilpersonen, die meisten von ihnen sogenannte «Ostarbeiter» (darunter Frauen und Kinder), aber zunehmend auch KZ-Häftlinge. Im August 1944 arbeiteten in der Kriegswirtschaft Deutschlands über 7,6 Millionen Zwangsarbeiter, das waren etwa 20% der Gesamtbeschäftigten (nach Ulrich Herbert: Fremdarbeiter, Berlin-Bonn 1985, S. 11). Deren Behandlung, Unterbringung und Ernährung war je nach Herkunft unterschiedlich, Russen und Polen sollte es aus rassistischen Gründen besonders schlecht gehen. Viele Hunderttausende Zwangsarbeiter starben in Deutschland.

Der Kampf um die Aufrechterhaltung der Kohlenförderung wurde in den sechs Kriegsjahren ebenso unermüdlich geführt wie 1914/18, doch verschärften sich die Schwierigkeiten noch ungleich stärker durch den Luft-

Dortmund-Eving: Bergwerk Minister Stein. Die stählernen Fördertürme der sog. Hammerkopfform über den Schächten 2 (rechts) und 4 (Emil Kirdorf), in den 1920er Jahren errichtet, waren bedeutende Zeugen der bergbaulichen technikgeschichtlichen Entwicklung. Diese Doppelfördertürme sind für die Zeit zwischen 1911 und 1945 an der Ruhr typisch. Der Turm über Schacht 2 wurde im Sommer 1988 abgerissen, der über Schacht 4 steht unter Denkmalschutz und beherbergt heute Büroräume.

Unten: Bochum-Riemke/Hofstede: Schachtanlage Hannibal, Schacht 1. Dieser Schacht erhielt 1924 Turmförderung. Der Turm (Hammerkopf) entsprach dem über Schacht 4 des Bergwerks Minister Stein (Dortmund-Eving).

krieg. Waren es zunächst Störungen des Verkehrs, so kam seit 1943 die Zerstörung von Übertageanlagen hinzu. Bereits 1940 wurde ein «Reichsbeauftragter für Kohle» (Reichskohlenkommissar) ernannt, der fortan alle Befugnisse zur Kohlenbewirtschaftung und Verkehrsplanung in seiner Hand vereinigte. Diese Machtfülle erfuhr jedoch eine erhebliche Schmälerung durch die Schwierigkeiten in der Praxis.

1941 kam es zum offenen Konflikt mit den Syndikaten. Daraufhin wurden Kohlenbergbau und Kohlenhandel zur «Reichsvereinigung Kohle» zusammengeschlossen. Die Leitung hatte Paul Pleiger, der die Hermann-Göring-Werke leitete. 1943 kam ein Erlaß über die «Konzentration der Kriegswirtschaft», die die Reichsvereinigung Kohle dem «Rohstoffamt» zuordnete. Damit war sie zum ausführenden Organ der staatlichen Planung und Lenkung degradiert worden.

Zerstörungsbefehl und Rettung

Am 19. März 1945 erließ Hitler seine erste Zerstörungsverordnung, den berüchtigten «Nero-Befehl». In ihm hieß es: «*Es ist ein Irrtum, zu glauben, nicht zerstörte oder nur kurzfristig gelähmte Verkehrs-, Nachrichten-, Industrie- und Versorgungsanlagen*

Bochum: Das von Schupp/Kremmer konstruierte Doppelbockfördergerüst mit Vollwandstreben des Zentralschachtes 5 der 1971 stillgelegten Dortmunder Zeche Germania überragt heute das Deutsche Bergbau-Museum und ist zum Wahrzeichen der alten Bergbaustadt Bochum geworden. Das Germania-Gerüst war dem Doppelbock über Zollverein 12 nachempfunden.

bei der Rückgewinnung verlorener Gebiete für eigene Zwecke wieder in Betrieb nehmen zu können. Der Feind wird bei seinem Rückzug nur eine verbrannte Erde zurücklassen und jede Rücksichtnahme auf die Bevölkerung fallen lassen. Ich befehle daher:

1. Alle militärischen, Verkehrs-, Nachrichten-, Industrie- und Versorgungsanlagen sowie Sachwerte innerhalb des Reichsgebietes, die sich der Feind für die Fortsetzung seines Kampfes irgendwie sofort oder in absehbarer Zeit nutzbar machen kann, sind zu zerstören.

2. Verantwortlich für die Durchführung dieser Zerstörung sind die Gauleiter und Reichsverteidigungskommissare für alle Industrie- und Versorgungsanlagen sowie sonstigen Sachwerte.» Im Ruhrgebiet wurde daraufhin unverzüglich die Demolierung der Schächte und Förderanlagen, die Unbrauchbarmachung der Wasserstraßen durch die Versenkung mit Zement beladener Schiffe sowie die Evakuierung der Bevölkerung ins In-

Herne-Wanne-Eickel: Zeche Pluto. 1953 baute Prof. Schupp die Übertageanlagen des neugeteuften Schachtes 3 nach den Grundsätzen des Funktionalismus um. Über dem Schacht wurde ein Doppelstrebengerüst in Vollwandbauweise errichtet, wobei das Gerüst über Schacht 12 des Bergwerks Zollverein (Essen-Katernberg) als Vorbild diente.

Essen: Zeche Graf Beust nach einer Radierung von Hermann Kätelhühn. Der Maler, Radierer und Graphiker Kätelhühn (1884 – 1940) kam 1917 nach Essen und gründete hier die Künstlerkolonie Margarethenhöhe. Er widmete sich mit seinen Radierungen, Steindrucken und Holzschnitten vor allem dem bergmännischen Bereich über und unter Tage.

nere des Landes vorbereitet. Die aufgegebenen Städte sollten in Brand gesetzt werden, wie ein geplanter Aufruf des Düsseldorfer Gauleiters Florian ankündigte.

Der amerikanische Journalist und Deutschlandkenner Louis P. Lochner schildert in seinem Buch «Tycoons and Tyrant» die Lage bei Kriegsende. Wir zitieren nach der «einzigen vom Verfasser autorisierten deutschen Ausgabe» (Darmstadt 1955, «Die Mächtigen und der Tyrann») Seite 289:

«Hitlers verrückte Befehle ordneten auch die Zerstörung aller Kohlenzechen an der Ruhr an. Dadurch wäre nicht nur für Deutschland ein nicht wiedergutzumachender, nicht abzumessender Generalschaden entstanden, sondern für die ganze westeuropäische Welt, deren Montanindustrie von der Koksversorgung aus dem Ruhrgebiet weitgehend abhängt – von anderen unmittelbaren oder mittelbaren Auswirkungen zu schweigen. Um diesen nihilistischen Wahnsinn zu durchkreuzen, setzte Martin Sogemeier[1)], der Geschäftsführer der Reichsvereinigung Kohle, sein Leben aufs Spiel. Die Umstände fügten es, daß er mit Paul Pleiger, dem in hohem Ansehen beim Regime stehenden Generaldirektor der Hermann-Göring-Werke (Salzgitter), in den kritischen Tagen eine Autofahrt von Berlin ins Ruhrgebiet in dessen Wagen unternahm. Sogemeier erinnerte sich, daß Pleiger der Sohn eines Ruhrbergmanns war. Konnte er wagen, offen mit ihm zu sprechen? Pleiger stand im Ruf eines überzeugten Nationalsozialisten. Wenn ihm das Wort des Führers Gesetz war, mochte es noch so wahnsinnig sein, würde er ihn dann nicht der Gestapo als Verräter anzeigen und dem Henker überantworten? Sogemeier nahm das Risiko auf sich.

‹Ist Ihnen klar, was das bedeutet – alle Kohlenpütts zu sprengen?› fragte er Pleiger, als sie irgendwo anhielten, um zu tanken. ‹Was soll denn werden? Sie wissen genauso gut wie ich, daß die Ruhrzechen dann unwiederbringlich dahin sind.› ‹So? Wirklich?› war Pleigers einziger Kommentar; dann zu seinem Chauffeur gewandt: ‹Also, weiterfahren!›

1) Dr. Martin Sogemeier (Lippe-Detmold 1893 † Essen 1962) war von 1938 bis 1945 Hauptgeschäftsführer des Bergbauvereins. 1941 wurde er Geschäftsführer der Reichsvereinigung Kohle in Berlin. Nach dem Zweiten Weltkrieg trat er in das Direktorium der Deutschen Kohlenbergbau-Leitung (DKBL) ein und übernahm die Hauptabteilung Absatz dieser Zentralorganisation des gesamten deutschen Kohlenbergbaus. 1950 wurde er von der Bundesregierung mit dem Amt des Bundeskohlenkommissars betraut. Von 1953 bis 1955 war Sogemeier Hauptgeschäftsführer des neugegründeten Unternehmensverbandes Ruhrbergbau in Essen.*

Essen: Zeche Victoria Mathias. Das Foto aus den 1930er Jahren zeigt das für die damalige Zeit typische unruhige Bild der Übertageanlagen einer alten Ruhrzeche, das durch im Laufe der Jahre notwendig gewordene Zu- und Anbauten verursacht wurde. Das Bergwerk förderte bereits seit 1845. Der Schacht Gustav (linkes Fördergerüst) ging 1858 in Betrieb, wurde jedoch nach einem Bruch kurz vor 1900 noch einmal neu abgeteuft und kam 1900 zusammen mit dem in den Vorjahren abgeteuften Schacht 2 (ganz rechts) erneut in Förderung. Das hier zu sehende deutsche Strebengerüst (Koepe-Förderung) ist 1910 gebaut worden. † 1965.

Was hatte Pleiger mit seinen zwei Worten sagen wollen? Sogemeier grübelte über die Frage eine lange schlaflose Nacht. Am nächsten Morgen gestand auch Pleiger, wenig oder gar nicht geschlafen zu haben. Dann fuhr er mit Sogemeier zu einer Ruhrzeche. Irgendwie hatte Pleiger es inzwischen fertiggebracht, die führenden Männer des Ruhrbergbaus in einem Stollen dieser Zeche zusammenzutrommeln. Er erzählte ihnen von Hitlers Befehl an die Gauleiter, die Gruben in die Luft zu jagen, und sagte dann: ‹Unter keinen Umständen darf das geschehen. Ich verbiete Ihnen hiermit, irgendeinem politischen Funktionär Sprengstoff auszuhändigen. Ich fahre sofort nach Berlin zurück›. Zwei entschlossene Männer hatten eine europäische Katastrophe verhütet.»

Die «Reichswerke Hermann Göring» waren 1937 gegründet und 1940 neu gegliedert worden. Kern war die «Reichswerke AG für Berg- u. Hüttenbetriebe Hermann Göring» (Aktienkapital 1941: 560 Millionen Reichsmark). Unternehmenszweck: In erster Linie die Verhüttung der «früher ungenutzten deutschen Eisenerzvorkommen im Salzgittergebiet bei Braunschweig». Die Ruhrindustrie hatte schon früh und wiederholt überprüfen lassen, wie die mageren Erze von Salzgitter zu verhütten wären. Paul Pleiger vertrat die Ansicht, daß diese Verhüttung rationell möglich sei. Als technischer Berater stand ihm der Amerikaner Herman Alexander Brassert zur Seite. Das von ihm in Corbin (Großbritannien) entwickelte Verfahren, das in Salzgitter angewendet werden sollte, wies der Erschmelzung hochwertigen Roheisens aus mageren Erzen neue Wege. Die Ruhrindustriellen wandten sich jedoch energisch gegen den Salzgitter-Plan mit der Begründung, daß das Kapital für die notwendigen Investitionen nicht zu beschaffen sei. Das Problem der Geldbeschaffung löste Göring (1893 - 1946), indem er die Stahlunternehmen zwang, Aktien der Hermann-Göring-Werke zu erwerben, die auf amt-

Dortmund-Derne: Bergwerk Gneisenau, Doppelbockgerüst in Fachwerkbauweise über Schacht 4 von 1934 in ortsbildprägender Lage. † 1985, Eintragung in die Denkmalliste einschließlich Maschinenhaus und Dampfmaschinen 1990.

lichen Befehl zu einem tief gedrückten Verlustkurs veräußert werden mußten. – In Hamm-Heessen war 1940 auch die «Steinkohlengewerkschaft der Reichswerke Hermann Göring» gegründet worden. In ihr waren die Bergwerke SACHSEN, VICTORIA (Lünen), JULIA (Herne-Baukau) und RECKLINGHAUSEN zusammengefaßt. Die «Reichswerke» führten seit dem 1. 7. 1961 den Namen Salzgitter AG (Satzung vom 18. 12. 1953). Alleinaktionär war die Bundesrepublik Deutschland.

Am 18. April 1945 stellten im «Ruhrkessel» 350 000 deutsche Soldaten ihren Widerstand gegen die überlegenen alliierten Streitkräfte ein. Der kommandierende Feldmarschall Model beging Selbstmord. Das gleiche Schicksal erlitt der Essener Albert Vögler, Generaldirektor der Vereinigten Stahlwerke, der von Hitler am 6. Dezember 1944 zum Generalbevollmächtigten der Ruhrgebietswirtschaft ernannt worden war. Amerikanische und britische Truppen besetzten das Ruhrgebiet.

Für die Deutschlandpolitik der Besatzungsmächte waren anfangs noch Gedankengänge aus dem Morgenthau-Plan bestimmend. Dieser Plan, von dem amerikanischen Politiker Henry Morgenthau (1891 – 1967) ausgearbeitet, betraf die Behandlung Deutschlands nach dem Zweiten Weltkrieg und sah vor, durch drastische Maßnahmen (Entindustrialisierung des Ruhrreviers, Zerstörung der Bergwerke, radikale Demontage) das Besatzungsgebiet in ein reines Agrarland zurückzuentwickeln. Der von Präsident Franklin Delano Roosevelt (1882 – 1945) zunächst gebilligte Plan wurde jedoch bereits Ende 1944 fallengelassen.

Die Militärregierung übernahm die Verwaltung der Bergwerke. Zur Beaufsichtigung der Zechen wurde zunächst im Alliierten Hauptquartier die Rhine Coal Control gebildet. Ihre Aufgaben sind im Juli von der North German Coal Control (NGCC) mit dem Sitz in Essen für die in der britischen Besatzungszone gelegenen Bergwerke übernommen worden.

Aus jenen ersten Tagen nach der «Überrollung» des Ruhrgebiets ist ein interner, unveröffentlichter «Überblick» für die Leitung des RWKS (Rheinisch-Westfälisches Kohlen-Syndikat) erhalten geblieben; darin hieß es: «*Förderung, Kokserzeugung und Brikettfabrikation der Ruhrzechen hatten nach dem Tiefstand von April, der praktisch einem völligen Stillstand gleichkam, im Mai mit dem allmählichen Anlaufen der Betriebe wieder etwas angezogen. In den nachfolgenden Monaten haben sich die Ergebnisse langsam gebessert.*» Über die letzten Kriegswochen und nächsten Zukunftsperspektiven: «*Gegen Ende 1944 wurde im Ruhrbergbau nur noch etwa die Hälfte der Normalförderung erreicht. Trotz dieser niedrigen Produktion wuchsen die Haldenbestände, weil bei der sich immer schwieriger gestaltenden Transportlage selbst die Abfuhr dieser Mengen nicht mehr möglich war. Täglich wurden nur noch 7 000 Wageneinheiten oder 35 Prozent des Normalbedarfs gestellt. Der Versand auf Flüssen und Kanälen kam infolge der Brückenzerstörungen fast ganz zum Erliegen. In den nachfolgenden Monaten verschlechterte sich die Lage weiter. Im Durchschnitt des Monats März 1945 war die Förderung auf arbeitstäglich 100 000 Tonnen abgesunken, die Kokserzeugung betrug nur noch 5 000 Tonnen und die Briketterzeugung 4 000 Tonnen. Die Haldenbestände waren Ende Februar auf rund acht Millionen Tonnen gestiegen. Der Bergbau verbrauchte das letzte Stück Grubenholz, und die Hochöfen sahen ihre Bestände bis auf die letzte Tonne Erz absinken. Die Stromerzeugung wurde immer unzulänglicher, und zwar im engeren Revier vor allem infolge Zerstörung wichtiger Fernleitungen. Von einer Gasversorgung konnte praktisch nicht mehr gesprochen werden. Zuletzt standen nicht einmal mehr 25 Prozent der normalen Gaserzeugung zur Verfügung. Dabei nahmen zeitweilig die Leitungsschäden ein derartiges Ausmaß an, daß die Versorgung innerhalb eines Gebietes nur noch für einzelne Inseln möglich war.*

Die Förderung der Ruhrzechen liegt gegenwärtig bei 90 000 Tonnen arbeitstäglich, die Kokserzeugung bei täglich 9 000 Tonnen. Da nur ein kleiner Teil der Zechenkokereien in Betrieb ist, beträgt die Kokereigasversorgung und die Weiterleitung von Ferngas nur einen Bruchteil der früheren Mengen. Die Leistung der öffentlichen Elektrizitätswerke des Reviers liegt bei etwa acht bis zehn Prozent der Normalleistung; dagegen beläuft sich die Kapazitätsausnutzung der Zechenkraftwerke auf etwas über 20 Prozent. Ende Dezember 1944 wurden im Ruhrbergbau rund 380 000 Mann beschäftigt, davon etwa 160 000 Ausländer; das entsprach etwa 40 Prozent der Gesamtbelegschaft. Jetzt sind auf den Ruhrzechen insgesamt wieder 215 000 Mann angelegt. Ziemlich hoch ist noch die Anzahl der Feierschichten.

Im Zusammenhang mit der verbesserten Ernährung, einer weiteren Erhöhung der Zahl produktiver Arbeiter und der Schaffung günstigerer Voraussetzungen für die

Bochum-Weitmar: Zeche Prinz Regent. Im Feld dieser Zeche bauten schon 1750 drei Stollenbetriebe. Mitte des 19. Jahrhunderts wurde die Gewerkschaft Prinz Regent gebildet. Schacht 1 (links im Bild) ging 1873 in Förderung, Schacht 2 wurde 1891 geteuft und 1907 zum Hauptförderschacht ausgebaut. Unser Foto von 1960 zeigt (rechts) den Schacht 2 nach seinem 1956/57 erfolgten Umbau zum Zentralförderschacht der Verbundanlage Prinz Regent/Dannenbaum (Gerüst mit Vollwandstreben).

Vor- und Ausrichtungsarbeiten wird gehofft, bis Anfang nächsten Jahres auf eine nicht unwesentliche Steigerung der Förderung (etwa 200 000 Tonnen arbeitstäglich) zu kommen. Eine der Grundvoraussetzungen ist allerdings, daß der Materialnachschub gesichert ist; besonders gilt das für die Grubenholzbeschaffung und -anlieferung.»

Am 5. September 1945 trat auf Anordnung der Militärregierung das Rheinisch-Westfälische Kohlen-Syndikat in Liquidation. An seiner Stelle wurde für die Verteilung der Kohle die Ruhrkohlen-Centrale eingerichtet; der Bergbauverein wurde suspendiert und später unter Zwangsverwaltung gestellt. Es war das Bestreben der Besatzungsmächte, jede Grundlage für eine gemeinschaftliche Willensbildung im Ruhrbergbau auszuschalten. Die sich schon sehr bald bei den Alliierten durchsetzende Erkenntnis, daß die Gemeinschaftsorganisationen des Ruhrbergbaus nie Instrumente des Nationalsozialismus waren, sondern sich vielfach unter Gefährdung durch das Regime auf Grund ihrer fachlichen Notwendigkeit gehalten hatten, blieb ohne Bedeutung.

Im Februar 1946 ereignete sich auf der Zeche GRIMBERG 3/4 (Bergkamen) ein außerordentlich schweres Grubenunglück; eine Schlagwetter- und Kohlenstaubexplosion legte die gesamte Schachtanlage still. Über 400 Todesopfer waren zu beklagen.

Im Dezember 1946 wurde in Bochum als eine der ersten Gewerkschaften der Industrieverband Bergbau (später IGBE Industriegewerkschaft Bergbau und Energie) gegründet. Trotz schwerer Behinderungen stieg die Förderung der Ruhrzechen in diesem Jahr auf über 50 Millionen Tonnen an, ein Ergebnis, das unter dem von 1900 lag.

Ende 1947 ist von den Besatzungsmächten die Deutsche Kohlenbergbau-Leitung (DKBL) geschaffen worden, die der alliierten Kontrolle unterstellt war. Damit wurde ein gewisses Maß an Teilverantwortung für den Kohlenbergbau wieder in deutsche Hände gelegt. Der DKBL war die Sorge für Produktion, Verteilung und Verkauf von Stein- und Braunkohle, Bergbaubedarf, Wohnungen für die im Bergbau Beschäftigten, Arbeiterangelegenheiten, Finanzen, Rechnungswesen und Statistik übertragen. Die Alliierten behielten sich zwar ein Vetorecht gegen die Anordnungen der neuen Institution vor, doch statteten sie die DKBL mit einem uneingeschränkten Weisungsrecht gegenüber den Zechen aus.

Diese Anordnungsbefugnisse übertrug man dem Generaldirektor, der lediglich einen paritätisch aus Bergbauunternehmern und Gewerkschaftlern besetzten *Beirat* in bestimmten Fällen anzuhören hatte. Mit der DKBL war also ein Kartell mit einer Machtfülle geschaffen worden, wie sie niemals zuvor eine Organisation des deutschen Bergbaus besessen hatte. Generaldirektor Dr. Heinrich Kost (1890 - 1978) hat von dieser Machtbefugnis nur maßvoll und umsichtig Gebrauch gemacht.

Der DKBL ist es mit Unterstützung der Alliierten dann gelungen, die westdeutsche Kohlenförderung so zu steigern, daß schon am 1. Januar 1950 die Brennstoffbewirtschaftung in der Bundesrepublik Deutschland aufgehoben werden konnte. Allerdings wurden im Herbst des gleichen Jahres infolge der Koreakrise gewisse Lenkungsmaßnahmen wieder notwendig. Es kam erneut zu Kontingentfestsetzungen; völlig aufgehoben wurden sie erst im Frühjahr 1958.

Bis in die 1950er Jahre hinein hat der Gedanke einer «Internationalisierung der Ruhr» eine große Rolle gespielt. Ende Dezember 1948 hatten sich die USA, Großbritannien, Frankreich und die Beneluxstaaten auf einer Konferenz in London über eine internationale Ruhrbehörde geeinigt (Ruhrstatut), der als Hauptaufgabe die Verteilung der Ruhrkohle (und des Stahls) auf Inlandsverbrauch und Export zugewiesen war. Ausschließlicher (im Vertragstext allerdings nur angedeuteter) Zweck des Vertrages war, den Partnern, die zugleich Hauptabnehmer (bzw. Hauptkonkurrenten) der Ruhrkohle waren, den Zugang zur damals auf dem Weltmarkt knappen Kohle in möglichst großem Umfang (und zu günstigen Preisen) zu ermöglichen. Der Vertrag sah allerdings auch ein vollberechtigtes deutsches Mitglied der neuen Behörde vor – zum erstenmal übrigens nach der bedingungslosen Kapitulation in einem internationalen Gremium. Doch war der deutsche Vertreter mit drei Stimmen gegen die insgesamt zwölf Stimmen der anderen Mitglieder in einer hoffnungslosen Minderheit. An dieser Unterlegenheit scheiterte die Wirksamkeit der deutschen Vorstellungen gegen die Maßnahmen der Ruhrbehörde. Bis zum Inkrafttreten des Ruhrstatuts war die Höhe der deutschen Kohlenexporte nach den Vorschriften des «Moskauer Abkommens» zwischen den drei Westalliierten (USA, Großbritannien und Frankreich) bestimmt worden, das am 1. Juli 1947 in Kraft getreten war. 1948 sind in Westdeutschland 87 Millionen Tonnen Steinkohle gefördert und 19 Millionen Tonnen Koks erzeugt worden. Etwas über 37 Millionen Tonnen Kohle und 10,6 Millionen Tonnen Koks blieben für die drei westlichen Besatzungszonen nach Abzug des Exports übrig. Die Mitarbeit der Bundesrepublik Deutschland in der Ruhrbehörde war der erste Schritt auf dem Weg der Zusammenarbeit mit den Ländern Westeuropas.

Die Befreiung von der Bevormundung des Ruhrstatuts konnte jedoch erst nach Gründung der Bundesrepublik (7. 9. 1949) erreicht werden. Am 9. Mai 1950 machte die französische Regierung durch ihren Außenminister Robert Schuman (1886 - 1963) den Vorschlag, die französisch-deutsche Kohlen- und Stahlerzeugung unter eine gemeinsame Aufsichtsbehörde zu stellen, an der sich alle europäischen Länder beteiligen könnten. Der Vorschlag fand lebhafte Zustimmung, weil in diesem Plan der erste praktische Versuch zur Einigung Europas und der Überwindung des deutsch-französischen Gegensatzes gesehen wurde.

Am 18. April 1951 ist in Paris die Montanunion (amtlich: Europäische Gemeinschaft für Kohle und Stahl, EGKS) gegründet worden. Sie wurde seit dem 25. Juli 1952 als übernationale Gemeinschaft der Bundesrepublik Deutschland, Frankreichs, Italiens, Belgiens, Luxemburgs und der Niederlande tätig und war die erste Gemeinschaft, der staatliche Hoheitsrechte übertragen worden waren. Unter den Vertragspartnern der Montanunion stand die Bundesrepublik Deutschland mit ihrer Steinkohlen- und Braunkohlenförderung an der Spitze. 1952 sind in der Bundesrepublik fast 52 Prozent der Steinkohlenförderung der Gemeinschaft gewonnen worden; 60 Prozent des Kokses wurden erzeugt und 96 Prozent der Braunkohle gefördert.

Am 21. Juli 1953 wurde die Deutsche Kohlenbergbau-Leitung aufgelöst. Der «Industriekurier» (Düsseldorf) kommentierte: «Die Geschichte des Kohlenbergbaus wird nicht umhin können, den leitenden Fachleuten der bisherigen Spitzenorganisation der deutschen Kohle zu bescheinigen, daß sie alle Möglichkeiten, die ihnen im Rahmen der DKBL gegeben waren, zum besten nicht nur des deutschen Bergbaus, sondern darüber hinaus der Kohlenverbraucher des In- und Auslandes jederzeit wirkungsvoll genutzt haben.»

Die höchste Kohlenförderung an der Ruhr nach dem Ende des Zweiten Weltkrieges ist 1956 mit fast 125 Millionen Tonnen erreicht worden. Von da an setzte infolge der veränderten Verhältnisse auf dem Energiemarkt der Rückgang ein.

Das große Zechensterben

«Später behaupteten einige, die es genau nachgerechnet haben wollten, daß der entscheidende Beschluß des Vorstandes der Deutschen Erdöl-AG (DEA) am Freitag, dem 4. 2. 1966 in Hamburg gefällt worden sei. An diesem Freitag feierte man in Gelsenkirchen das beliebte Presse- und Bühnenfest, das hier seit Jahren als der Schlager der Karnevalssaison gilt. Neben der fast kompletten örtlichen Prominenz sah man als offizielle Gäste unter anderen dort auch den Oberbürgermeister und Oberstadtdirektor der benachbarten Ruhrmetropole. Das Fest verlief gut. Schließlich feierte man in Gelsenkirchens modernem Theaterbau, der als Musentempel einer Bergarbeiterstadt auf der ganzen Welt seinesgleichen sucht. Weniger prominente Bürger der Stadt kamen woanders auf ihre Kosten;

Essen: Das GLÜCKAUFHAUS (oben) ist Anfang der zwanziger Jahre als städtisches Verwaltungsgebäude errichtet worden. In der NS-Zeit war es Domizil der Gauleitung Essen der NSDAP. 1945 wurde es Sitz der britischen Militärregierung. 1947 ist der rechte Flügel des Gebäudes für die Deutsche Kohlenbergbau-Leitung freigemacht worden. Dann wurde das Glückaufhaus Sitz des Unternehmensverbandes Ruhrbergbau, des Gesamtverbandes des deutschen Steinkohlenbergbaus und des Vereins für die bergbaulichen Interessen. – An der westlichen Fassadenecke des RUHRKOHLEHAUSES (unteres Bild) unter der Leuchtbuchstabengruppe RAG (rechts im Bild) eine mehr als zwei Stockwerke hohe Skulpturengruppe von Prof. Josef Bernhard Enseling (1866 - 1957): die heilige Barbara in behütender Gebärde über einem Bergmann, der vertrauend zu ihr aufblickt. Der gesamte Gebäudekomplex dieses Ruhrkohlehauses ist 1997 abgerissen worden. Die Skulpturengruppe von J. B. Enseling wurde aus ihrem Mauerverbund herausgelöst und eingelagert. Sie wird im Rahmen der neuen RAG-Baueinheiten eine angemessene endgültige Verwendung finden.

denn wo findet sich ein ausgeprägteres Vereinsleben als hier! Bei den Rassegeflügelzüchtern, den Kleingärtnern, Taubenvätern angefangen, bis zu den Fach- und Berufsgruppenvereinigungen, den Fördermaschinisten, der Vereinigung ehemaliger Bergschüler... Um so unglaubhafter und unheimlicher erschien am darauffolgenden Montagmorgen jenes Gerücht, welches hartnäckig behauptete, die größte Gelsenkirchener Schachtanlage, die Bismarckschächte, würde stillgelegt werden. Plötzlich war es da. Im abgelegenen Horst, im Stadtteil Buer und wie ein böser Smog in den betroffenen Bezirken, in Buer-Erle, in der Reesser Mark, in Bismarck selbst und in Schalke. Da es zu diesem Zeitpunkt noch niemand recht glauben und keiner genau sagen, geschweige denn bestätigen konnte, flog es nach der ihm eigenen Gesetzmäßigkeit um so schneller von Mund zu Mund. Tatsächlich war der Kreis der wirklich Wissenden nur klein. Aber der Kreis derer, die Schlimmes, ja, das Schlimmste befürchteten, wuchs von Stunde zu Stunde. Schließlich lebte man in Gelsenkirchen schon acht Jahre in dieser permanenten Kohlenkrise.»

So beginnt Josef Büscher (Oberhausen-Sterkrade 1918 - Gelsenkirchen-Horst 1983) seinen «Bericht aus einer Stadt an der Ruhr». Am Schluß heißt es: *«Eine Gruppe Fahnenträger. Die Prominenz. Der Oberbürgermeister. Der Gewerkschaftsboß. Der Bezirksvorsteher. Ratsherren. Funktionäre. Bürger. Bergleute. Geistliche. Frauen. Kinder. Polizei. Ja, die Polizei hatte vorgesorgt. Sie leitete den Zug sicher über die Straße, wo er in drei Säulen aufgeteilt wurde, die nun getrennt zum Marktplatz in Erle marschierten, einem schmalen, trostlosen Lichtschacht zwischen einer Halle, Bürgerhäusern und zwei Kneipen. Rund 5 000 Menschen warteten dort schon. Aus den Fenstern wehten Tücher der Trauer, wie sie überall gezeigt worden waren. Schwarz stand auch das Rednerpodium. Stumm marschierte man ein. Eine der traurigsten Beerdigungen, die ich jemals in meinem Leben mitgemacht habe.»*

In jenen Tagen schrieb Büscher auch seine «Grabrede auf den deutschen Ruhrbergbau», deren erste Verse lauten: *«(Frei nach Shakespeare, Julius Caesar III, 2) – Mitbürger, Freunde, Deutsche, hört mich an! Begraben wollen wir den Bergbau, nicht ihn preisen. / Was er uns Übles hinterläßt, das überlebt ihn. / Das Gute wollen wir mit ihm begraben! / Der Herr Minister hat euch schon gesagt, / daß dieses Zechensterben unvermeidbar sei, / und ist es das, so müßt ihr ihn verstehen, / denn der Minister ist ein ehrenwerter Mann.»*

Als 1959 die erste «Feierschicht» im Ruhrbergbau verfahren wurde, ahnte noch niemand, daß dies der Auftakt sein würde für einen beispiellosen Schrumpfungsprozeß der Ruhrkohle. Die Zahl der Bergwerke verringerte sich von 1958 bis 2002 von 128 auf 7; die Förderung sank von 122 Millionen Tonnen 1958 auf 26 Millionen Tonnen 2002. Die Stillegungsliste des Steinkohlenbergbaus wird von einer niedersächsischen Schachtanlage (Barsinghausen) angeführt, die wegen Unwirtschaftlichkeit auch ohne Kohlenkrise hätte stillgelegt werden müssen. An der Ruhr regte sich deshalb niemand darüber auf. Helle Empörung gab es dagegen erstmals bei der Stillegung der Zeche WILHELMINE VICTORIA (Gelsenkirchen) im Juni 1960. Diese Empörung, die sich in Kundgebungen und langen Protestmärschen Ausdruck verschaffte, ist in den Bergbaustädten Gelsenkirchen, Essen, Wattenscheid, Wanne-Eickel, Castrop-Rauxel, Bochum, Recklinghausen und Dortmund in dem ganzen Jahrzehnt 1958/68 nicht zur Ruhe gekommen.

Die Krise traf den Bergbau gleichsam über Nacht. 1957 war noch ein Jahr des Kohlenmangels (und sogar der Bewirtschaftung). Weitreichende Pläne, die Förderkapazität der Ruhrzechen erheblich zu steigern, wurden nicht nur diskutiert, sondern entsprechende Maßnahmen waren schon angelaufen oder sollten in Kürze durchgeführt werden. In einer offiziellen Verlautbarung des Steinkohlenbergbauvereins (Essen) vom 29. Juli 1957 hieß es: *«Das Lagerstättenvermögen oder die geologische Kapazität, die sich gegenwärtig auf rund 180 Millionen Jahrestonnen für den Ruhrbezirk beläuft, wird sich nur unwesentlich verringern, weil gute Aufschlüsse und baldige Inbetriebnahme bisher unaufgeschlossener Betriebsfelder weitere Vorratsreserven für*

Oben: Bochum, Alte Hattinger Straße 19: Hauptverwaltung der Industriegewerkschaft Bergbau und Energie. – Die traditionsreiche Bergarbeitergewerkschaft, die über hundert Jahre das Ruhrgebiet prägte und die Politik Nordrhein-Westfalens beeinflußte, fusionierte 1997 zur Industriegewerkschaft Bergbau, Chemie, Energie mit Sitz in Hannover. Symbol des Strukturwandels: vom Land der schwarzen Diamanten und Eisenhütten zur Region mit Energie aus Kohle und mit Stahl.
Unten: Essen, Rellinghauser Str. 1-11: Hochhaus der RAG Aktiengesellschaft. Wer sich auf der Autobahn A 40 dem Zentrum der Ruhrmetropole nähert, kann schon aus einiger Entfernung die Skyline der Stadt erkennen. Sie wird durch das neue Konzerngebäude der RAG mitgeprägt (Bauzeit 1994-99, Architekt Dipl.-Ing. Walter Brune). Es entspricht den Anforderungen und dem Selbstverständnis der RAG als weltweit agierendes modernes Bergbau- und Technologieunternehmen. Dem Wandel im Konzern verleiht das Logo Ausdruck: die Buchstaben RAG in drei Quadraten, weiß auf dunkelblauem Grund. Blau steht für Fortschritt/Technologie, der hohe Farbanteil an Schwarz dokumentiert die Verbundenheit mit dem Bergbau. Das R ist der Silhouette eines moderenen Stahlfördergerüstes nachempfunden.

Neukirchen-Vluyn: Bergwerk Niederberg. Die Luftaufnahme aus den sechziger Jahren zeigt oben links den modernen Betonturm der in Bau befindlichen zentralen Förderanlage 5. Darunter rechts die Aufbereitung, vor dieser die beiden deutschen Strebengerüste über den Schächten 1 und 2. Im Vordergrund die Bergarbeitersiedlung Niederberg, jeweils einheitlich im Stil der verschiedenen Baujahrzehnte. Mit dem Jahr 2001 endete die Förderung auf Niederberg.

die nächsten Jahrzehnte schaffen werden. Um die Zielförderung von 180 Millionen Tonnen in den nächsten zwanzig Jahren zu erreichen, sind verschiedene Maßnahmen eingeleitet worden.»

Aus diesen kurz-, mittel- und langfristigen Maßnahmen, die in jener Verlautbarung spezifiziert wurden, errechnete sich eine echte Fördersteigerung von rund 40 Millionen Tonnen jährlich, wobei die rund zehn Millionen Tonnen Förderausfall durch Stillegung von Altanlagen usw. schon berücksichtigt worden waren. Selbstbewußt hieß es am Schluß dieser umfangreichen Darstellung, die in allen großen deutschen Tages- und Wochenzeitungen sowie in zahlreichen ausländischen Blättern Niederschlag fand: «Der westdeutsche Steinkohlenbergbau ist überzeugt, daß er seine führende Rolle in der Energieversorgung der Länder der Montanunion nicht nur halten wird, sondern noch erheblich ausbauen kann. Durch Rückverflechtung, Zusammenlegung von Schachtanlagen und Rationalisierungsmaßnahmen will der Bergbau die Förderung steigern und seine Wirtschaftlichkeit erhöhen.»

Es kam aber ganz anders. Bereits 1958 setzte der Absatzmangel ein. Die Kohle wurde einem gnadenlosen Verdrängungswettbewerb unterworfen. Innerhalb weniger Jahre stellte sich die Wirtschaft in einem rasanten Tempo auf das Mineralöl um, und eine Zechenstillegung folgte der anderen. Es sind damals sicherlich viele Zechen an der Ruhr stillgelegt worden, die reif dafür waren, weil ihre Vorräte erschöpft oder weil sie technisch veraltet gewesen sind. Aber selbst diese notwendigen und sogar erwünschten Stillegungen erfolgten über Jahre hinweg viel zu schnell und vor allem planlos. Der stürmische Vormarsch des billigen Öls wurde dann sehr bald die Ursache dafür, daß an der Ruhr Zechen stillgelegt werden mußten, die zu den leistungsfähigsten Europas gehörten und von der Quantität ihrer Lagerstätten her noch Jahrzehnte hätten fördern können.

In den ersten Jahren der Krise ist um das Absatzziel der Steinkohle leidenschaftlich gerungen worden. Dieses Absatzziel war auf 140 Millionen Tonnen für den gesamten Steinkohlenbergbau (etwa 115 Millionen Tonnen für die Ruhr) fixiert. Das wurde in den auslaufenden fünfziger und ersten sechziger Jahren geradezu eine magische Zahl, zumal die Bundesregierung wiederholt die Erklärung abgegeben hatte, daß sie ihre Energiepolitik darauf abstellen wolle, dem Bergbau einen Kohlenabsatz von etwa 140 Millionen Tonnen jährlich zu ermöglichen.

Ende 1965 gab die Regierung die deklarierte Förderzahl offiziell auf, die außerhalb des Bergbaus übrigens schon seit vielen Jahren umstritten war. Resignation und Ratlosigkeit waren die Folge. 1966 ist die Aktionsgemeinschaft Deutsche Steinkohlenreviere GmbH (Düsseldorf) mit der Aufgabe gegründet worden: «...eine geordnete Stillegung von Stein- und Pechkohlenbergwerken zu erleichtern und die Wirtschaftsstruktur in den deutschen Steinkohlenbergbaugebieten zu verbessern.»

In den «Richtlinien über die Gewährung von Prämien für die Stillegung von Steinkohlenbergwerken und die Veräußerung von Grundstücken aus Bergbaubesitz», vereinbart zwischen Bundesregierung und Aktionsgemeinschaft, wurde erstmals die Berücksichtigung volkswirtschaftlicher Belange, der Situation des Arbeitsmarktes und der regionalen Wirtschaftsstruktur vorgeschrieben. Die Ankündigung der Gelsenkirchener Bergwerks-Aktien-Gesellschaft (GBAG), ihre Zechen PLUTO in Wanne-Eickel und HANSA in Dortmund-Huckarde stillzulegen, führte 1967 zur ersten Kraftprobe über die neuen Stillegungsgrundsätze. Die Gesellschaft verschob schließlich den Stillegungsbeschluß «in Erwartung einer bis zum Jahresende zu beschließenden Neuordnung des Ruhrbergbaus.»

Ein Veto der Regierung des Landes Nordrhein-Westfalen gab es in diesem Jahr gegen die beabsichtigte Stillegung der Zeche CONCORDIA in Oberhausen. Es wurde wieder zurückgezogen, als nachgewiesen war, daß die Sozialfragen geregelt und alle sonstigen Voraussetzungen für die ordnungsgemäße Schließung der Anlage erfüllt waren. Im Oktober 1967 veröffentlichte die Industriegewerkschaft Bergbau und Energie unter dem Titel «Wirtschaftliche und soziale Stabilität des Steinkohlenbergbaus» ein Weißbuch. Darin hieß es: «*Die bisher geübte Stillegungsmethode führte zur Betriebseinstellung moderner, leistungsstarker Anlagen mit für weitere Jahrzehnte ausreichenden, wirtschaftlich bauwürdigen Vorräten und berührte dabei teilweise die Kernbereiche des heutigen niederrheinisch-westfälischen Steinkohlengebietes. Der Grund liegt in den ausschließlich nach Konzern- und Unternehmensgesichtspunkten ausgerichteten Stillegungsentscheidungen. Darüber hinaus berücksichtigen diese Stillegungen auch in keiner Weise die tiefgreifenden kommunalen und regionalen Auswirkungen. Von einer gesamtbergbaulichen Betrachtung kann keine Rede sein. Selbst die für die Zukunft des Bergbaus so wichtige Frage eines stabilen Arbeitsmarktes blieb bei den Stillegungsentscheidungen unberücksichtigt. Die Anpassung und Gesundung des deutschen Steinkohlenbergbaus werden sicherlich zu weiteren Stillegungen führen. Vorbedingung für irgendeine produktionsmäßige Anpassung durch Stillegungen ist die Errichtung einer Einheitsgesellschaft. Das heißt, bevor über die Stillegung einer Schachtanlage entschieden wird, müssen jene Auswahlprinzipien vorhanden sein, die nach ökonomisch-ganzheitlichen Gesichtspunkten erarbeitet sind. Das ist aber nur in einer Einheitsgesellschaft möglich.*»

Reserven im Norden

Der Gedanke, den gesamten Ruhrbergbau in einer Einheitsgesellschaft zusammenzufassen, stieß zunächst auf heftigen Widerstand. Er erwies sich jedoch als so zwingend, daß im Juni 1968 bereits in Bonn

Modalitäten für die Bildung der Gesamtgesellschaft festgelegt werden konnten. Am 27. November 1968 ist die Ruhrkohle AG (RAG) gegründet worden. Die Gesellschaft nahm ihre Tätigkeit am 1. Januar 1969 auf. Die Übernahme der Bergwerksbetriebe erfolgte am 1. Januar 1970 im Rahmen eines Grundvertrages, dem ein Paket von Überleitungsverträgen und Abmachungen folgte. Vorher waren wegen der zahlreichen Vorbehalte für den Eintritt in die RAG noch einmal Verhandlungen mit dem Bundeswirtschaftsministerium notwendig. Die Schwierigkeiten, die damals zu überwinden waren, läßt ein Artikel ahnen, der im April 1969 in der «Essener Revue» unter der Schlagzeile «Die große Chance» erschienen ist:

«Die Pessimisten behielten nicht recht: Am 7. März 1969, morgens gegen 6 Uhr, als alle Tageszeitungen längst ausgedruckt waren, gab das Bundeswirtschaftsministerium über die soeben beendete Nachtsitzung eine Verlautbarung heraus. Wörtlich hieß es: ‹Unter dem Vorsitz von Bundeswirtschaftsminister Dr. Karl Schiller [1911-1994] *und in Anwesenheit des Finanzministers, des Landeswirtschaftsministeriums Nordrhein-Westfalen sowie des Bundesbeauftragten für den Steinkohlenbergbau und die Steinkohlenbergbaugebiete verhandelten am 6. und 7. März 1969 die Vertreter der Altgesellschaften des Ruhrkohlenbergbaus, der Vorstand der Ruhrkohle AG und der Vorstand der IG Bergbau und Energie, um die noch offenen Fragen der im Aufbau befindlichen Ruhrkohle AG zu klären. Wesentliche Probleme, wie Unternehmensgegenstand, Kraftwirtschaft und Kraftwerksverwaltung, Bergarbeiterwohnungen, Bewertungsfragen und Kapitalausstattung der Ruhrkohle AG, die Bemessung der Streckungslasten, die Weiterführung absatzstabilisierender Maßnahmen sowie die befriedigende Regelung der sozialversicherungsrechtlichen Belange derjenigen Arbeitnehmer, die bei den Altgesellschaften verbleiben, konnten grundsätzlich geklärt werden. Damit liegt das Vertragswerk für die Gesamtgesellschaft des Ruhrbergbaus vor. Die Gesprächsteilnehmer sind sich darin einig, daß nunmehr alle Voraussetzungen gegeben sind, um sämtliche Zechengesellschaften zur Beteiligung an der Ruhrkohle AG zu veranlassen.›*

Bei der feierlichen Gründung hatte der Aufsichtsratsvorsitzende, Generaldirektor Heinz P. Kemper, unter anderem gesagt: ‹Die Gesellschaft gibt erstmals in der Geschichte die Möglichkeit, den ganzen Ruhrbergbau einheitlich zu führen. Darin liegt die große Chance, die auf allen Gebieten wahrgenommen werden muß.› Die Wirtschaftsgeschichte kennt kein Beispiel, das dem unter unseren Augen sich vollziehenden Vorgang vergleichend zur Seite gestellt werden könnte. Schließlich ging es ja nicht darum, zwei oder drei Schachtanlagen zusammenzulegen oder nur einige Bergwerksgesellschaften. Gemessen an dem Umfang des Komplexes hat sich die gesamte Aktion in einem Tempo vollzogen, das nicht nur beachtlich, sondern geradezu als großartig zu bezeichnen ist. Der Weg in die Zukunft des Ruhrbergbaus ist frei. Alle Beteiligten dürfen stolz sein auf die gelungene Neuordnung eines Wirtschaftszweiges, dessen Bedeutung nicht zuletzt darin zum Ausdruck kommt, daß er allein im letzten Jahr fast 3,3 Milliarden DM als Aufträge in die deutsche Wirtschaft pumpte.»

So einzigartig der Vorgang zur Zeit der Gründung der Ruhrkohle AG gewirkt haben mag, die Wirtschaftsgeschichte wiederholte sich 30 Jahre später, und der gesamte deutsche Steinkohlenbergbau wurde in *ein* Unternehmen zusammengeführt, die DEUTSCHE STEINKOHLE AG – DSK (s. S. 98).

In den Jahren 1973/74 wurde der Schacht EMSCHERMULDE 2 (6,5 m Durchmesser) bis zu 1 090 m abgeteuft. Er war mit einer Strecke der Zeche NORDSTERN im Flöz Zollverein durchschlägig. Gleichzeitig wurden von den Zechen HUGO und CONSOLIDATION aus Strecken auf den Schacht zugefahren, und in Gelsenkirchen ist der Schacht *Hugo* 9 abgeteuft worden. So ist ein »Stützpunkt« für die Wetterführung der drei genannten Zechen entstanden. In fast 1 100 m Teufe hat hier das Gebirge eine Temperatur von mehr als 45 Grad Celsius. Um die unterhalb der alten Baue der Zeche GRAF BISMARCK anstehenden beträchtlichen Kohlenvorräte gewinnen zu können, war es notwendig, erträgliche Arbeitstemperaturen zu schaffen, das heißt, Wärme durch entsprechend große Wettermengen abzuführen und gleichzeitig das bei der Kohlengewinnung frei werdende Grubengas (Methan) so weit zu verdünnen, daß *Schlagwetterexplosionen* ausgeschlossen werden. Das Baufeld NORDSTERN wurde 1993 stillgelegt.

Seit Mitte des 19. Jahrhunderts ist bekannt, daß unter dem Waldgebiet der Haard nördlich von Recklinghausen in einer Tiefe von 800 bis 1 200 m über 500 Millionen Tonnen hochwertiger Kokskohle lagern (Grubenfelder HAARD und HALTERN). Ihre Erschließung wurde notwendig, weil die Vorräte in den früheren Grubenfeldern der Zechen EWALD FORTSETZUNG, FRIEDRICH DER

Bochum-Grumme: Zeche Constantin der Große. Schachtanlage 6/7. Ab 1960 kam hier die gesamte Förderung der Constantinschächte zu Tage. † 1967. Die Aufnahme entstand um 1975.

GROSSE und GENERAL BLUMENTHAL nahezu erschöpft waren. Es wurde daher der Bau von modernen Anschlußbergwerken geplant. Die neuen Schächte dienten ausschließlich der Zufuhr der notwendigen Frischwetter, der Seilfahrt und dem Transport von Material nach unter Tage. Die unter der Haard gewonnene Kohle wurde unter Tage mit Transportzügen zur Anlage GENERAL BLUMENTHAL gebracht.

Nachdem der erste Schacht dieses Gebietes (AN DER HAARD 1) fertiggestellt war, erfolgte im November 1978 die Auftragsvergabe zum Abteufen des Schachtes HALTERN 1. Mit den Arbeiten für die Auffahrung der ersten Sohle des neuen Bergwerks ist im Frühjahr 1979 begonnen worden; dabei wurden vorhandene Grubenbaue des Bergwerks AUGUSTE VICTORIA genutzt. Im Dezember 1979 begann die Auffahrung der Verbindungsstrecke von Schacht 8 des Bergwerks GENERAL BLUMENTHAL, der in der Zwischenzeit auf 1 000 Meter tiefergeteuft worden war, nach Haltern.

Das Abteufen des Schachtes HALTERN 1 begann 1980; im November liefen die Vorbereitungsarbeiten für HALTERN 2 an. Schacht 1 war im Oktober 1983 fertiggestellt; er hat einen Durchmesser von acht Metern, die Teufe beträgt 1 135 Meter. Noch im gleichen Jahr wurde mit den Vorbereitungen für die Bauarbeiten der Tagesanlagen des Anschlußbergwerks begonnen. Im August 1984 war Schacht 2 fertiggestellt (Durchmesser acht Meter; Teufe 1 017 Meter). Am 20. September 1985 erfolgte durch Bundespräsident Richard von Weizsäcker die Inbetriebnahme der Übertageanlagen.

Das Bergwerk GENERAL BLUMENTHAL in Recklinghausen war seit 1879 in Betrieb und hätte wegen der schwindenden Vorräte im Laufe der 1980er Jahre die Förderung einstellen müssen. Aus diesem Grunde ist ihm das Grubenfeld HALTERN zum Aufschluß und späteren Abbau zugewiesen worden. Die Entfernungen der neuen Abbaubetriebe von der Schachtanlage sind jedoch so groß, daß auch mit modernen technischen Methoden keine ausreichende Bewetterung und Klimatisierung der Arbeitsplätze erreicht werden konnte. Deshalb war es notwendig, in diesem Baufeld die beiden Schächte einzurichten. Ab Dezember 1984 begann die Förderung aus dem Halternfeld. Wie bei der Gestaltung der Übertageanlagen von HALTERN 1/2 der Umweltfreundlichkeit besonderes Gewicht zugemessen wurde, so sind unter Tage bei dem Herstellen der Grubenbaue und insbesondere der Infrastruktur neue Wege beschritten worden. Hier ist ein Betrieb entstanden, der erheblich von konventionellen Vorstellungen eines Bergwerks abweicht.

Die Kohle wurde über die 1 000-Meter-Sohle bis in den Bereich des Schachtes 8 transportiert. Für den Transport über diese weite Entfernung ist ein neuartiges Großzugsystem entwickelt worden. Kernstück dieses Systems waren Wagen mit einem Fassungsvermögen von 28 000 Litern und Lokomotiven mit 300 kW Antriebsleistung. Im Schachtbereich wurde die Kohle dann mit einer großen Gummibandanlage zur 700-Meter-Sohle gehoben und dort in 5 000-Liter-Wagen geladen. Von vollautomatischen Lokomotiven gezogen, rollten die Kohlenzüge zum Schacht General Blumenthal 11 (ehemals Shamrock 11) in Herne-Wanne-Eickel (17 km). Hier wurden die Wagen zu Tage gehoben und entleert.

Von der Mergelsohle (820 m Teufe) des Schachtes Haltern 1 aus wurde auch der Anschluß an das Grubengebäude des Steinkohlenbergwerks Auguste Victoria in Marl hergestellt. Auf dieser Zeche ist 1979 im zentralen Förderschacht 7 die westliche Gefäßförderung durch eine neue Förderanlage mit verdoppelter Nutzlast ersetzt worden. Bereits 1978 begann der Ausbau des Wetterschachtes 8 zur Seilfahrt- und Versorgungsanlage. 1980 hatte dieser Schacht die Endteufe von 1 300 m erreicht. Der Ausbau der Schachtanlage 8 war ein wichtiger Rationalisierungsschritt im Zuge der Abbauverlagerung der leistungsfähigen Marler Zeche nach Norden. Anfang 1982 ist Schacht 8 in Betrieb gegangen. 1999 gab man das Baufeld Haard und den Schacht An der Haard 1 auf. Die Förderung auf General Blumenthal 11 wurde 2001 eingestellt und zur Zentralschachtanlage Auguste Victoria 3/7 in Marl verlegt.

Im März 1997 war auf politischer Ebene im sogenannten «Kohlekompromiss» beschlossen worden, bis 2005 die Subventionen um 2 Milliarden auf 2,7 Milliarden Euro zu senken. Daraus resultierte, dass die Fördermenge im gesamten deutschen Steinkohlenbergbau bis 2005 auf jährlich 26 Millionen Tonnen und die Belegschaft von 84.000 auf 36.000 gesenkt wird (vgl. S. 9).

Am 1. Oktober 1998, knapp 30 Jahre nach Gründung der RAG, nahm die Deutsche Steinkohle AG (DSK) als Tochter der RAG ihre Arbeit auf und faßte zunächst die Bergwerke des Ruhrgebiets und des Saarlands (hier mit Ausnahme zweier kleiner Gruben) zusammen. Seit Anfang 1999 gehört auch das Bergwerk Ibbenbüren dazu. Im Aachener Steinkohlenrevier ist seit 1997 (Stillegung Sophia-Jacoba) kein Bergwerk mehr in Betrieb.

Die Vorgaben des Kohlekompromisses von 1997 sind hinsichtlich der Fördermenge (26 Millionen Jahrestonnen) bereits 2002 erreicht worden, allerdings mit einer Belegschaft von 44 000 Beschäftigten, immerhin ohne betriebsbedingte Kündigungen.

Die EU-Kommission hat, weitere Rückführung der deutschen Förderkapazität vorausgesetzt, die Kohlebeihilfen prinzipiell bis 2012 genehmigt.

Der Gesamtverband des deutschen Steinkohlenbergbaus rechnete im Sommer 2002 damit, dass nach 2005 die deutsche Förderung sich bei 20 bis 22 Millionen Tonnen je Jahr stabilisieren könnte, und daß dieser «Rest-Bergbau» dann zusammen mit seinem industriellen Umfeld 70 000 bis 80 000 Menschen Arbeit geben könne. Neue Betriebe z.B. des Dienstleistungsbereichs können, so wichtig sie sind, nicht solche Zahlen von Arbeitsplätzen bieten.

Im März 2003 war von der CDU-Opposition in NRW zu hören, sie wolle bis 2010 die Förderung auf 13 Millionen Tonnen senken. Im Juni 2003 wurde Dr. Werner Müller, ehemaliger Bundeswirtschaftsminister, Vorstandsvorsitzender der RAG. Er betonte nach seinem Amtsantritt, daß der deutsche Steinkohlenbergbau vor allem einen politisch gewollten Energiesicherungsauftrag habe (10 Prozent des in Deutschland verbrauchten Stroms aus heimischer Steinkohle erzeugen zu können) mit Zusatznutzen beim Technologie-Export, und er verwies auf zwei weitere Fakten: erstens müßten allein rund 500 Millionen Euro jährlich für Altlasten aus 150 Jahren Steinkohlenbergbau ausgegeben werden, und zweitens schmälere ein um 25 Prozent gegenüber dem Euro gefallener Dollar den Gewinn nicht nur der international erfolgreichen RAG, sondern besonders des deutschen Steinkohlenbergbaus, der seine gesamte inländische Produktion auf Dollarbasis verkaufen muß.

Im Zuge eines verstärkten Subventionsabbaus haben sich am 16. Juli 2003 Bundesregierung, Landesregierung NRW, RAG und die Gewerkschaft IG BCE auf ein jährliches Förderziel ab 2012 von nur noch 16 Millionen Jahrestonnen aus sechs Bergwerken mit rund 20.000 Beschäftigten als Sockel für den deutschen «Restbergbau» geeinigt. Auf Druck der EU-Kommission in Brüssel seit dem Jahr 2000 hat die DSK am 19. 9. 2003 beschlossen, das Bergwerk Lohberg-Osterfeld in Dinslaken (3 100 Mitarbeiter) bis 2007 und eines der beiden noch arbeitenden Saar-Bergwerke (Warndt-Luisenthal in Großrosseln) bis 2006 ohne betriebsbedingte Kündigungen stillzulegen. Bis zum Jahr 2012 müssen wohl bis zu drei weitere deutsche Zechen aufgegeben werden. Die Planung für die weiteren Stillegungen soll bis Mitte des Jahres 2004 abgeschlossen sein.

Auf dem Deutschen Steinkohletag 2003 in Essen hat Bundeskanzler Schröder am 11. November 2003 angekündigt, der Bund und die Förderländer würden von 2006 bis 2012 insgesamt Zuschüsse von 15,87 Milliarden Euro zahlen. Die Kohlesubvention, die für das Jahr 2003 insgesamt noch 3,3 Milliarden Euro betrug, solle bis 2012 auf 1,83 Milliarden Euro pro Jahr sinken. Diese Zusage solle der RAG die nötige Planungssicherheit für die nächsten Jahre bieten. Noch im Jahr 2003 soll auf deutscher Seite festgelegt werden, welchen Anteil der Bund trägt und welchen die beteiligten Förderländer NRW und das Saarland, das bisher Subventionszahlungen verweigert.

Leitlinie bei allen Entscheidungen ist die Senkung der Kosten für deutsche Kohle, um den Abstand zum niedrigen Weltmarktpreis und damit den Subventionsbedarf zu verkleinern. Auf diesem Weg sind die Bergwerke in den letzten Jahren ein gutes Stück vorangekommen: In der kurzen Zeit zwischen 1997 und 2000 stieg die Leistung je Mann und Schicht im deutschen Steinkohlenbergbau von 5,8 auf 6,7 Tonnen. Solche Fortschritte stützen die Hoffnung, dass ein kleiner Teil der einst das Ruhrgebiet prägenden Industrie erhalten bleibt. Im gleichen Sinn wirken Investitionen, die neue Anlagen entstehen lassen (Beispiel Schacht Lerche des Bergwerks Ost) oder neue Kohlenvorkommen erschließen und die es neben allen Stillegungen durchaus auch gibt.

Die DSK ist nur ein Teil des RAG-Konzerns, dessen Tätigkeit heute weit über den Abbau und Verkauf deutscher Steinkohle hinausgeht. Eine andere Konzerntochter, RAG Coal International AG betreibt Bergwerke in Australien, USA und Venezuela, aus denen 2002 mehr als doppelt soviel gefördert wurde wie aus deutschen Gruben: zwischen 70 und 75 Millionen Tonnen. Auch im internationalen Kohlenhandel hat das Unternehmen eine starke Stellung und damit gute Aussicht, vom weltweit wachsenden Kohlenverbrauch zu profitieren.

Wichtigen Anteil am Erfolg von RAG Coal International hat die Bergbautechnik. Der Maschinenbauer DBT (Deutsche Bergbautechnik) in Lünen ist in allen

Werne-Langern: Schacht 6 des Bergwerks Haus Aden. Dieser Wetterschacht (Befahrungsanlage) ist mit 1 388 m Teufe einer der tiefsten des Ruhrreviers. Die Anlage ist harmonisch in das Landschaftsbild eingebettet; alle Erfordernisse des Umweltschutzes sind hier berücksichtigt worden.

größeren Bergbauregionen der Erde vertreten und derzeit (Stand 2002) die Nummer zwei unter den Herstellern von Maschinen für Untertagebergbau.

Eine wichtige Rolle im Strukturwandel des Ruhrgebiets spielt die RAG-Tochter RAG Immobilien AG. Die Gesellschaft verwaltet u.a. die Betriebsflächen und Anlagen der deutschen Kohlenbergwerke, beteiligt sich an der Vermarktung freigewordener Flächen und Gebäude, entwickelt Projekte für die Neunutzung und bereitet diese mit vor.

Das System moderner Anschlußbergwerke hat zu Entwicklungen geführt, die noch 20 Jahre früher undenkbar waren. Das gilt beispielsweise für den Förderberg Prosper des Bergwerks Prosper-Haniel in Bottrop. Hier wurde – vereinfacht ausgedrückt – ein riesiger tonnlägiger Schacht von 3 653 Metern Länge aufgefahren, über den mit einem Förderband die gesamte Produktion der Zeche zu Tage gebracht wird. Auch die Berge-Entsorgung ist beispielhaft; im Förderberg kommt nicht nur die Produktion des Bergwerks zu Tage, sondern das Unterband verfrachtet die bei der Kohlenaufbereitung anfallenden Berge wieder zurück in die Grube.

An der Wende zum 21. Jahrhundert heißt das Stichwort für die Entwicklung der Ruhrbergwerke schon nicht mehr Anschlußbergwerk sondern Verbundbergwerk. Der starke Rückgang des Weltmarktpreises ab etwa 1985 und die 1997 beschlossene Senkung der Kohlebeihilfe erzwangen ein rasches Sinken der deut-

Recklinghausen: Bergwerk General Blumenthal, Schacht 6 mit Schachthaus und (rechts) Maschinenhalle um 1970.

Oer-Erkenschwick / Datteln: Schacht An der Haard 1 beim Abteufen (1978, vgl. S. 129). Unter dem Waldgebiet der Haard lagern in einer Tiefe von 800 bis 1200 Meter über 500 Millionen Tonnen Kohle. Hier entstanden Anschlußbergwerke, weil die Kohlenvorräte in früheren Grubenfeldern zur Neige gingen. Die Schächte dienen ausschließlich der Seilfahrt und Wetterführung. † 1999.

schen Steinkohlenförderung. Die Schachtanlagen und ihre Grubenfelder werden zu nochmals größeren Betrieben zusammengeführt. Weniger wirtschaftliche Abbaufelder werden aufgegeben und die verbleibende Fördermenge auf wenige, besonders leistungsfähige Schächte und Aufbereitungsanlagen konzentriert. Dabei können Investitionen in Schachtumbauten und unterirdische Anschlußstrecken durchaus vorkommen. Die neue Konzentrationswelle läßt allerdings die alten Zechennamen manchmal ganz verschwinden: als im April 1998 das Bergwerk Ost entstand, gingen darin die Zechen Haus Aden, Heinrich Robert und Monopol auf.

Recklinghausen: Bergwerk General Blumenthal. Eingang zu Schacht 6 um 1970.

Bergbau und Umweltschutz

Die alte Forderung, möglichst viel Bergematerial wieder nach unter Tage zu verbringen, steht heute ganz oben auf dem Programm der Ruhrzechen. Das umfassende Konzept stellt die Entsorgung der Schachtanlagen sicher. Bei gleichzeitiger Steigerung des *Blasversatzes* unter Tage sowie der Nutzung von Bergematerial für Bau- und Sanierungsmaßnahmen gehen die Anstrengungen zur Reduzierung des Bergeanfalls bei der bergbaulichen Produktion und Weiterverarbeitung der Kohle mit diesen Maßnahmen Hand in Hand.

Bei der Umwandlung von Kohle oder Koks in Energie und Wärme bleiben außer Asche auch Staub, Schwefeldioxyd und Stickoxyd zurück. Diese Rückstände fallen in besonders hohem Maße in Steinkohlenkraftwerken an. Um die Umwelt nicht zu belasten, wird der

Staub in Elektrofiltern zurückgehalten; Schwefeldioxyd und Stickoxyd werden in aufwendigen Verfahren aus dem Abgas herausgewaschen. Allein im reviernahen Raum entstehen jährlich etwa zwei Millionen Tonnen Filterasche, 1,5 Millionen Tonnen Gips und etwa 50 000 Tonnen andere Kraftwerksrückstände. Ein bestimmter Anteil davon geht in den Straßenbau oder wird sonst von der Bauindustrie verwendet; der große Rest muß gelagert werden.

Nach längeren Versuchen auf dem Bergwerk CONSOLIDATION (Gelsenkirchen) hat das Landesoberbergamt (Dortmund) 1988 den «Plan zur Errichtung und zum Betrieb einer untertägigen Deponie» in den Grubenbauen der stillgelegten Zeche ZOLLVEREIN (Essen-Katernberg) genehmigt. Es wurde festgelegt, daß nur Flugaschen und Stäube, Flugaschenkoks, Kesselschlacke, Gipsabfall und Gipsschlamm aus Kohlenkraftwerken, Kohlenfeuerungsanlagen sowie aus Rauchgasentschwefelungsanlagen abgelagert werden dürfen. Auf ZOLLVEREIN stehen in einem vierzehn km^2 großen Grubenfeld in einer Tiefe bis zu 950 Metern zwischen der sechsten und der vierzehnten Sohle Grubenbaue mit 155 000 Kubikmetern Hohlraum für die Deponie zur Verfügung (im wesentlichen Richtstrecken, Querschläge und Blindschächte im Bereich der Schächte 1, 2, 11 und 12). Das zu deponierende Material wurde in Tankzügen angeliefert, in Baustellensilos eingefüllt und von dort einem Mischer zugeführt; hier wurde unter Zusatz von Wasser eine fließfähige Trübe hergestellt. Pumpen drückten die Mischung in Rohr- oder Schlauchleitungen, durch die das Material über den Schacht ZOLLVEREIN 1 nach unter Tage ging. Die auf ZOLLVEREIN und den benachbarten Bergwerken anfallenden Grubenwässer wurden so geleitet, daß sie nicht mit den gelagerten Stoffen in Berührung kamen. Inzwischen (Stand 2002) gibt es allerdings auf keinem Ruhrbergwerk mehr eine untertägige Deponierung von Abfällen.

Hinsichtlich der «Nordwanderung» des Ruhrbergbaus werden häufig mögliche Bergsenkungen diskutiert. Man befürchtet Schäden an Bauwerken und sieht die Trinkwasserversorgung gefährdet. Tatsächlich sind aber die Kohlenvorräte in großen, weiträumigen Mulden abgelagert, so daß beim Abbau entsprechend großflächige und somit gleichmäßige Senkungen entstehen. Darüber hinaus sind die Bergwerke bemüht, den untertägigen Bergeversatz zu steigern; so wird die Grubensicherheit erhöht und Bergsenkungen werden gemildert.

Der Ruhrbergbau ist sich auch seiner Verantwortung für die Wasservorkommen bewußt. In Verbindung mit den zuständigen Behörden, Verbänden und den Wasserunternehmen sind Gutachten in Auftrag gegeben worden. Sie sollen mögliche Einwirkungen des Kohlenabbaus für die Wassergewinnungsanlagen untersuchen und Änderungen in den hydrologischen Wechselbeziehungen aufzeigen. Es ist selbstverständlich, daß die Trinkwasserversorgung jederzeit gewährleistet sein muß, und die Zechen wollen sich in ihrem Vorgehen an den Gutachten ausrichten.

Insgesamt blickt man bei der Kohle zuversichtlich auf die künftige Entwicklung des Bergbaus im Norden des Reviers mit dem klaren Ziel eines geordneten Nebeneinander (und Miteinander) von Ökonomie und Ökologie.

Allerdings kündigt sich in jüngster Zeit eine Schwierigkeit an, die für die Bergbauunternehmen und -behörden ungewohnt ist: Widerstand von Bürgern gegen die Ausdehnung des Kohlenabbaus in neue Gebiete. Als 1997 über die Senkung der Kohlebeihilfe diskutiert wurde, ließen sich noch große Teile der Ruhrgebietsbevölkerung für eine Menschenkette durch das Revier («Band der Solidarität») mobilisieren. Ganz anders 2001 die Erfahrung auf dem Bergwerk WALSUM (Duisburg) bei der öffentlichen Bekanntgabe des Rahmenbetriebsplans, der den Zugriff auf weitere Kohlenvorkommen ermöglichen soll: Eine Bürgerinitiative Bergbaubetroffener leistete starken Widerstand gegen die Vorhaben der DSK. Vor allem die Angst vor einer Überflutung der Rheindeiche durch das dem Kohlenabbau folgende Einsinken der Erdoberfläche trieb viele Anwohner auf die Barrikaden. 13 000 Unterschriften und Einwände gegen den Rahmenbetriebsplan wurden gesammelt; es gab Protest- und Informationsveranstaltungen – manchmal recht turbulent – auch in der Landeshauptstadt Düsseldorf. «Das Ausmaß des Widerstands am Niederrhein hat uns sehr überrascht», sagte Dr. Emanuel Grün, als Hauptabteilungsleiter der DSK u.a. für die Raumplanung zuständig. Das Unternehmen reagierte recht schnell auf diese «dramatisch veränderte Situation» (Wolfgang Traud, Direktor des Bergwerks WALSUM). Mit einer «Dialog- und Serviceinitiative 2001» bemühte man sich um bessere Information der Öffentlichkeit. Im Juni des Jahres gab es auf dem Bergwerk eine «Niederrhein-Konferenz» unter dem Titel «Menschen und Bergbau – Partner oder Gegner?» Zu etwa gleicher Zeit erschien die erste Ausgabe der Zeitung

«Durchblick». Man richtete eine Internetseite «Bergbau im Dialog» ein und einen kostenlosen Telefondienst, der Auskünfte zum Thema Bergschäden gibt. An dieser neuen Linie will die DSK festhalten, auch wenn im Juni 2002 die Bergbehörde die Pläne der Walsumer Bergleute bis 2019 genehmigt hat. Denn die auf WALSUM gemachten Erfahrungen wiederholten sich kurze Zeit später, als das Bergwerk West seine Abbautätigkeit ausweiten wollte. Auf LOHBERG / OSTERFELD erübrigt sich Widerstand wegen der geplanten Stillegung. Die Hochwasserkatastrophe des Sommers 2002 bestätigte und verstärkte die Ängste der Bevölkerung am Niederrhein, und auch in der nordrhein-westfälischen Landesregierung meldeten sich erstmals Gegner des Kohlenabbaus unter dem Rhein zu Wort.

Zum Umweltschutz zählen die Ruhrzechen auch die landschaftsgerechte Gestaltung der Bergehalden; auf sie kann trotz aller Anstrengungen um verstärkten Blasversatz nicht verzichtet werden. Heute ist man in der Lage, *Waschberge* schon wenige Wochen nach dem Kippen zu begrünen und zu bepflanzen. Die Bürger und Anwohner werden dabei von Lärm- und Staubbelästigungen weitgehend verschont. Früher legten die Zechen ihre Halden im wesentlichen in der Form von Spitzkegeln oder Tafelbergen an.

Seit Beginn der 1970er Jahre bezieht man bei der RAG bzw. DSK Gesichtspunkte des Umweltschutzes und der Landschaftsgestaltung in die Haldenplanung ein; es entstehen Landschaftsbauwerke wie beispielsweise die Schurenbach-Halde im Essener Norden.

Der Schurenbach, der im Gelände an der Hömannstraße in Altenessen entspringt, mündete früher in die Kleine Emscher, heute in den Schwarzbach. Die Grundfläche dieser neuzeitlichen Bergehalde umfaßt 47 Hektar. Bei Abschluß der Arbeiten waren ungefähr 30 Hektar als Wald aufgeforstet worden. Die restlichen rund 17 Hektar sind Wiesenflächen. Dem Erholungssuchenden stehen insgesamt zehn Kilometer Wanderwege mit Aussichtspunkten und Ruheplätzen zur Verfügung. Mit der Fertigstellung des Landschaftsbauwerks SCHURENBACH wurde ein entscheidender Schritt für die Begrünung des Ruhrgebiets getan. Weitere große Haldenkonzepte der geschilderten Art entstanden in Gladbeck, Buer, Scholven und Herten. Die Bergkamener Halde GROSSES HOLZ, die von den Bergwerken HAUS ADEN, MONOPOL und schließlich OST genutzt wird, ist ein besonders bemerkenswertes Landschaftsbauwerk. Das

Essen: Moderne Gestaltung von Bergehalden (vgl. Abb. S. 205). Das Landschaftsbauwerk Schurenbach hat eine Ausdehnung von fast 47 Hektar. Etwa dreißig Hektar wurden als Wald aufgeforstet, die restlichen siebzehn Hektar sind Wiesenflächen. Zehn Kilometer Wanderwege mit Aussichtspunkten und Ruheplätzen wurden angelegt sowie kleine Teiche, die von Flugwild und Kleintieren angenommen worden sind.

Gesamtplanungsgebiet dieser Gemeinschaftshalde umfaßt ca. 195 Hektar. Seit etwa 1983 übernimmt der Kommunalverband Ruhrgebiet die dauerhafte Pflege und Erhaltung renaturierter Halden und entwickelt sie als Naherholungsgebiete weiter.

Für einen neuen Impuls nicht nur zur Gestaltung und Nutzung der Halden sorgte die Internationale Bauausstellung (IBA) Emscher Park, die das Land NRW und 17 emschernahe Städte zwischen Duisburg und Kamen 1989 ins Leben riefen. Städtebauliche, soziale, kulturelle und ökologische und nicht zuletzt denkmalpflegerische Maßnahmen sollten in der zehnjährigen Laufzeit dieses Programms die Grundlage für eine wirtschaftliche Erneuerung der alten Industrieregion verbessern.

Ein Kernstück der IBA Emscher Park ist der «Wissenschaftspark RHEINELBE» in Gelsenkirchen, der z. T. auf dem Gelände der gleichnamigen Zeche errichtet und 1995 mit dem Deutschen Architekturpreis ausgezeichnet wurde.

In derselben Zeit entstand auf dem Gelände der denkmalgeschützten Schachtanlage OBERSCHUIR in Gelsenkirchen-Feldmark außer Umnutzungen einiger Zechen-Gebäude auch ein Neubau, der eine «Galerie für Architektur und Arbeit» aufnehmen sollte.

Die erhaltenen und denkmalgeschützten Gebäude der Zeche HANNOVER in Bochum-Hordel nutzt das Westfälische Industriemuseum, während das übrige Gelände als Industriepark erschlossen wurde.

Bündnis zwischen Kohle und Umwelt. Im Zuge der «Nordwanderung» der Zechen kommt vor allem dem Problem der Umwandlung von Bergehalden in Grünflächen und Naherholungsgebiete steigende Bedeutung zu. Unser Bild zeigt die umweltgerechte Gestaltung der Halde im Bereich des Bergwerks Lohberg (oben links) in Dinslaken (vor 1990).
Bild unten: Moers-Repelen. Ein Feuchtbiotop auf der Halde Pattberg (Verbundbergwerk West) vor 1990.

Jüngstes Beispiel in der langen Reihe von Projekten zur denkmalgerechten Umnutzung von Zechen, die letztlich auf die Ideen der IBA zurückgeht, ist die im April 2000 stillgelegte Zeche Ewald in Herten. Hier entsteht auf 50 Hektar unter der Regie der Projektgesellschaft Ewald (beteiligt sind die RAG-Immobilien-Tochtergesellschaft Montan-Grundstücks-Gesellschaft MGG und die Stadt Herten) ein Dienstleistungs- und Gewerbestandort, an dem im Frühjahr 2003 erste Ansiedlungen erfolgten. Geplant sind unter der architektonischen Leitung von Cino Zucchi (Mailand) und Martin Halfmann (Köln) sowie dem Landschaftsarchitekten Peter Köster (Hamburg) sieben «Funktionsbereiche», u.a. ein «Wasserstoff-Kompetenzzentrum», eine astronomische «Horizontalbeobachtungsstation» auf der Halde, Logistikunternehmen und Hotel sowie ein Marktplatz; in die ehemalige Ausbildungswerkstatt zieht die RAG BILDUNG als freier Bildungsträger ein, in die Lichthalle und Kaue ein Gastronomiebetrieb, auf der Haldenlandschaft ensteht eine Mountainbike-Strecke.

Die IBA Emscher Park zog auch Künstler ins Ruhrgebiet, die dessen künstliche Berge gestalteten oder sie mit speziell dafür geschaffenen Werken bekrönten. Die hoch über ihre Umgebung aufragenden Halden wurden so zu Landmarken, Orientierungspunkten in einer Region, aus der die Wahrzeichen der Schwerindustrie mehr und mehr verschwinden.

Auch für diese jüngste Entwicklung kann die SCHURENBACH-Halde in Altenessen als Beispiel dienen. Zunächst nahm sie die Berge der Zeche ZOLLVEREIN auf; nach deren Schließung 1986 kam Gestein aus anderen Bergwerken dazu. Nach dem Ende der Schüttung 1998 gestaltete der Bildhauer Richard Serra die Haldenkuppe und stellte eine 15 Meter hohe, weithin sichtbare Stahlbramme auf, die «Bramme für das Ruhrgebiet». Weitere Beispiele für «Kunsthalden» sind die MOTTBRUCHHALDE in Gladbeck, RUNGENBERG in Gelsenkirchen, wo Lichtkunst eine wesentliche Rolle spielt, und RHEINELBE an der Stadtgrenze Gelsenkirchen/Bochum.

Ein begehbares «Kunstwerk» krönt die Halde Beckstraße in Bottrop nahe der Zeche PROSPER HANIEL. Auf dem Haldenplateau steht ein ca. 60 Meter hoher Tetraeder aus Stahlrohren, in den Treppen und Aussichtsplattformen eingehängt sind. Eine künstlerisch gestaltete Beleuchtung macht diese Landmarke auch bei Nacht zu einem Orientierungspunkt. Seit Januar 2001 mögen sich darüber besonders die Wintersportfreunde freuen: Auf einer überdachten, gekühlten Skipiste («Alpincenter am Tetraeder») kann man ganzjährig den Haldenabhang hinabsausen. Wintersport im Sommer ... in Bottrop.

Aber die künstlichen Berge des Ruhrreviers bieten noch mehr Nutzungsmöglichkeiten als Naherholung und künstlerische Betätigung. Auf der Halde HANIEL wurde 1995 ein Kreuzweg eingeweiht, in Herten beziehen 800 Haushalte ihren Strom von einer Windkraftanlage, die auf der Halde HOPPENBRUCH steht, und in Recklinghausen hat man im Inneren einer Bergehalde ein Trainingsbergwerk aufgefahren, wo angehende Bergleute einen Teil ihrer Ausbildung absolvieren und Besucher sich ein Bild von der unterirdischen Arbeitswelt machen können.

Zechenarchitektur und Denkmalpflege

Die Ereignisse des menschlichen Lebens, des öffentlichen wie des privaten, sind so innig mit der Architektur verbunden, daß die meisten Beobachter die Gebräuche der Völker oder Individuen wahrheitsgetreu nach den Resten ihrer öffentlichen Baudenkmäler oder durch die Erforschung ihres überkommenen Hausrates rekonstruieren können. Die Archäologie ist für das gesellschaftliche Leben das, was die vergleichende Anatomie für das organische Leben ist.

Honoré de Balzac: «Die Suche nach dem Absoluten»

Als früheste bauliche Anlage der Zechen kann wohl der Schutz für die Handhaspel und Pferdegöpel angesehen werden, die im Stollenbau ab Mitte des 16. Jahrhunderts zum Heben der hereingewonnenen Kohle verwendet worden sind. Der noch bis zum 19. Jahrhundert gebräuchliche Göpel ist fast ausschließlich in der Kegelbauweise errichtet worden. Im Inneren der Stollen gab es ein Wegesystem mit Blindschächten und davon abzweigenden horizontalen oder schwachgeneigten Strecken, von denen aus der Kohlenabbau im Streb erfolgte. Vor den Stollenmundlöchern wurden vereinzelt Wohnhäuser für die Bergleute und Betriebsgebäude zur Lagerung des Arbeitsmaterials errichtet.

Am Eingang des Muttentals bei Witten hat sich eine Bautengruppe erhalten, die den Übergang vom Stollenbau zum Tiefbau dokumentiert. Es handelt sich um die Reste der ehemaligen Zeche NACHTIGALL, die ihre erste Verleihung am 7. November 1731 erhielt. Die Betriebsgebäude waren in Form und Aufbau ganz dem Bauernhaustyp angepaßt und unterschieden sich kaum vom Wohnhaus der Bergleute. Mit dem Abteufen des Schachtes Neptun wurde die Zeche ab 1833 ein Tiefbaubetrieb. Der Schachtturm war aus Holz; er stand in der Nähe der Straßenkurve vom Eisenbahnübergang zum Muttental.

Die Einführung der Dampfmaschine wandelte allmählich das Bild der Bergwerksanlagen. Über der Schachtöffnung mußte eine Seilstützkonstruktion mit einer solchen Höhe errichtet werden, daß das Fördergut auf der *Rasenhängebank* abgezogen werden konnte. Das Schachtgerüst und das umgebende Schachtgebäude bildeten fortan den Zentralpunkt jeder Anlage. Für die Nebenaggregate, die Fördermaschine, Wasserhaltung und Kessel errichtete man Einzelgebäude, die dicht aneinan-

Bochum-Hamme: Zeche Carolinenglück. Westlich des Ortsteils Hamme steht der wahrscheinlich älteste noch erhaltene Malakoffturm des Ruhrgebiets (über Schacht 2). Der Schacht 1 hatte bereits 1850 die Förderung aufgenommen. Rechts im Bild: deutsches Strebengerüst (1910/12) über Schacht 3.
Unten links: Dortmund-Lindenhorst: Zeche Fürst Hardenberg. Dieser wuchtige Malakoff, 1876 erbaut, war das beherrschende Bauelement der Schachtanlage. Die Sockelzone in expressionistischen Formen wurde um 1920 gebaut. Der Turm steht unter Denkmalschutz.

der standen, um die Wege der Dampfübertragung kurz zu halten (die Isolierung der Dampfleitungen zur Vermeidung von Druckverlusten kam erst in der zweiten Hälfte des 19. Jahrhunderts auf).

Reste frühester Zechen sind im Ruhrgebiet nicht erhalten geblieben. Auf uns gekommene Abbildungen zeigen aber deutlich, wie sehr sich die Bauten an der ländlichen Sakralarchitektur und am Wohnungsbau orientierten. Von einer eigenständigen Industriearchitektur konnte noch keine Rede sein. Der Grundriß der Zeche NACHTIGALL von 1847 zeigt noch ein gemeinsames Gebäude für die Maschinenanlage (Fördermaschine, Wasserhaltung), während bei den Zechen HELENE und AMALIE (Essen) die Anlagen (1856) getrennt untergebracht wurden. Konstruktiv waren die frühen Übertageanlagen übrigens stark überdimensioniert, da statische Berechnungen noch unbekannt gewesen sind. Das Mauerwerk war in Ruhrsandstein oder in Ziegeln, das Seilscheibengerüst sowie die Dächer und Zwischendecken wurden in Holz ausgeführt. Formal waren die Häuser immer noch dem Wohnhaustyp entlehnt und ließen sich leicht umbauen.

Bochum-Wattenscheid: Zeche Centrum. Das Bild zeigt den Malakoffturm über Schacht 2, der 1877 in Betrieb gegangen ist. Der schön gestaltete Turm fiel durch seine beiden mächtigen Stützpfeiler (links) und die zwei bis auf Zweidrittel der Turmhöhe heraufgezogenen Ecktürme auf. Die Rundbogen des Malakoffs wiederholten sich bei allen übrigen Betriebsgebäuden. † 1963.

Es gab allerdings verhältnismäßig früh auch schon erste Anzeichen funktionaler Anforderungen an die Gestaltung der Bauten. So wurden die Fensteröffnungen der Kesselhäuser nach den Maßen der Kessel bestimmt, um ein späteres Auswechseln der Kesselanlage zu ermöglichen. Hier und da fiel auch das Schachtgebäude als dominierendes Element der Gesamtanlage ins Auge.

Um die Mitte des 19. Jahrhunderts kam es zu vielen Zechengründungen vor allem in der Emscherzone. Die Stollenbetriebe im ursprünglichen Abbaugebiet wurden vielfach aufgegeben (oder aber zu Tiefbauzechen umgewandelt). Zunächst unterschieden sich jedoch die neuen Anlagen kaum von den Tiefbauzechen der 1830er Jahre. Nach wie vor waren die Betriebsgebäude eng zusammengefügt, nur der Schachtturm überragte sie. Diese Schachtgebäude heißen seit der Mitte des 19. Jahrhunderts *Malakofftürme*. Warum?

Der Krimkrieg (1853/56), besonders aber die Belagerung der als uneinnehmbar geltenden Festung von Sewastopol (19. September 1854 bis 8. September 1855), hat die Gemüter der Zeitgenossen stark bewegt. In seinem großen historischen Roman «Der Krimkrieg» schildert der Berliner Journalist H.O. Friedrich Goedsche (Trachtenberg/Schlesien 1816 - Berlin 1878) unter dem Pseudonym *Sir John Retcliffe* eindringlich die Eroberung des *Forts Malakoff* durch die Franzosen am 10. September 1855. Das Buch war wahrscheinlich auch an der Ruhr stark verbreitet. Eine Anzeige in den Essener «Allgemeinen Politischen Nachrichten (Organ für Bergbau und Hüttenbetriebe, Industrie und Verkehr)» vom 4. Mai 1856 bestätigt diese Vermutung. Hier wurde die Ausstellung eines «Cycloramas» angezeigt mit der Darstellung der «Erstürmung des Malakoff». Die Bürgermeisterei Malakoff im Süden von Paris trägt ihren Namen nach einer dort 1856 errichteten Kopie des berühmten Festungsturms auf der Krim; sie war viele Jahre eine Touristenattraktion. Der Turm wurde 1871 im Deutsch-Französischen Krieg gesprengt, weil er bei der Belagerung der Metropole für die gegnerischen Feldgeschütze eine markante Zielhilfe gewesen wäre.

Die Bezeichnung Malakoff galt damals offenbar als Synonym für Dauerhaftigkeit, Standfestigkeit oder Unüberwindlichkeit, und so verwundert es kaum, daß der Volksmund dem wuchtigen Schachtturm, der als Herzstück von Zechenanlagen dem Betrachter besonders auffiel, den Namen Malakoffturm oder einfach Malakoff gab. Im zeitgenössischen Schrifttum findet man die Bezeichnung nicht. Erst in den Sach- und Fachbüchern der 1920er Jahre werden die Malakofftürme erwähnt; da aber war das Wissen um den Ursprung des Namens schon verlorengegangen. Die Malakofftürme sind das Symbol der stürmischsten Epoche des Ruhrbergbaus, die um 1850 begann und bis zum Ausbruch des Ersten Weltkrieges dauerte. Besonders häufig sind diese Türme in der Gegend von Essen, Gelsenkirchen, Bochum und Dortmund gebaut worden. Der letzte Malakoff ging 1897 auf der Zeche ALTE HAASE in Betrieb, zu einer Zeit, als diese Schachttürme schon in den offe-

Links: Bochum-Stiepel, Zeche Brockhauser Tiefbau: Der schlichteste aller erhaltenen Malakofftürme an der Ruhr wurde 1874 als einziger in Bruchstein erbaut. – Rechts: Bochum-Wiemelhausen, Zeche Julius Philipp: Der Malakoff von 1875 über Schacht ist das letzte Relikt der Schachtanlage und hat Wahrzeichencharakter für das südliche Stadtgebiet Bochums (seit 1987 unter Denkmalschutz).

nen eisernen und stählernen Fördergerüsten ihre Nachfolger gefunden hatten. Der erhalten gebliebene Malakoffturm der Zeche CARL in Essen (1859 gebaut) ist 25 Meter hoch – eine für die damalige Zeit respektable Höhe. Der Schachtturm der Zeche FÜRST HARDENBERG (aus den 1870er Jahren) hat sogar eine Höhe von 33,5 Metern bei Mauerstärken bis zu 2,5 Metern am Sockel.

Bauten von der Größe der Malakofftürme erforderten auch eine architektonische Durchbildung, die dekorative Elemente im Äußeren mit sich brachte. So waren die Verzierungen an den Gesimsen, Aufbauten der Ecktürme und die Zinnen Ausdruck des Schönheitsempfindens der Zeit. Dagegen hatte die Anordnung der Ecktürme reale Gründe. Im Falle eines Brandes im Malakoff boten deren Treppen einen sicheren Fluchtweg.

Die schlichteste Form eines Malakoffturms hat sich in Bochum-Stiepel erhalten; die Zeche BROCKHAUSER TIEFBAU errichtete ihn 1874 in gelbem Ruhrsandstein. Der Turm steht schon seit 1956 unter Denkmalschutz. Ebenfalls unter Denkmalschutz steht der Malakoff der Zeche JULIUS PHILIPP in Bochum-Wiemelhausen; er wurde 1875 errichtet (in Backstein). Zum Fördermaschinenhaus wurden zwei mächtige Strebmassive geführt und seitlich an dem im Grundriß quadratischen Baukubus ein übergiebelter Anbau errichtet. Der Turm ist in zweieinhalb Geschosse gegliedert. Dieser Malakoff gilt als einer der schönsten und besterhaltenen. In ihm wurde ein Medizinmuseum eingerichtet. Der Umbau zum Museum ließ den Schachtturm äußerlich unberührt. Auch im Inneren wurde versucht, die ursprüngliche Funktion wenigstens in einigen baulichen Elementen noch erkennen zu lassen. So ist in der Mitte, wo früher das Fördergerüst stand, ein gläserner Lift eingebaut, der für die über vier Etagen gehende Ausstellungsfläche raumbestimmend wirkt. Medizinische Geräte, Instrumente usw. werden in ihrem ursprünglichen Umfeld dargeboten; Praxiseinrichtungen und Labors wurden aufgebaut. Aus dem Bergbau-Bereich wurde z.B. die «Stube des Heilgehilfen» so erstellt, wie sie jahrzehntelang im Bergbau üblich gewesen ist.

Der Malakoff über dem Schacht 1 der Zeche WESTHAUSEN in Dortmund-Bodelschwingh ist 1873 in konventioneller Ziegelbauweise errichtet worden mit großen Rundbogenfenstern und Strebepfeilervorlagen. Er wurde mit zwei Turmanbauten an den Kanten erweitert, in denen sich zwei massive Wendeltreppen befinden. Die Ausmaße des Schachtturmes betragen 16,55 mal 16,34 Meter bei 27 Metern Höhe. Der 1872 erbaute (und 1979 abgerissene) Malakoffturm über dem Schacht 2 von HANNIBAL in Herne-Wanne-Eickel gehörte zur Gruppe der turmartigen Schachtgebäude ohne Eckbetonung. In Ziegelmauerwerk errichtet, waren die vier unteren Geschosse durch eine abgetreppte Rechteckrahmung zusammengefaßt; das vorgekragte abschließende Geschoß saß wie eine Attika mit zinnenkranzähnlichem Abschluß auf.

Oben: Gelsenkirchen-Buer: Zeche Wilhelmine Victoria, deutsches Strebengerüst (Baujahr 1906) über Schacht 1. Dieses Gerüst wurde zur Komplettierung der Übertageanlagen Zollern 2/4 für das Westfälische Industriemuseum sichergestellt und ist in Dortmund-Bövinghausen wieder montiert worden.

Unten: Bochum-Hordel: Auf Schacht 2 der Zeche Hannover wurde 1947 die erste Vierseilförderung des Ruhrbergbaus in Betrieb genommen. Das Bild zeigt das zweigeschossige Doppelstrebengerüst von 1909 der Schachtanlage 5 im Vordergrund, dahinter den geschlossenen Förderturm über Schacht 2, der 1940 an Stelle des bis dahin hier stehenden Malakoffs errichtet worden war (Vierseilförderung). Ganz rechts die Wäsche.

Recklinghausen: Zeche Recklinghausen. Links das denkmalgeschützte Stahlkastenstreben-Fördergerüst über Schacht 4 (Konrad Ende), daneben: Tomsonbock über Schacht 1, ganz rechts: deutsches Strebengerüst (Breitflansch-Stahlstreben) über Schacht 2 (Stahl sparende Bauweise Ende der 1920er Jahre).

Die Entwicklung der Malakofftürme war um 1880 abgeschlossen. Die gemauerten Türme mit ihren teuren Wänden wurden unwirtschaftlich und daher in den 1890er Jahren von den eisernen Fördergerüsten abgelöst.

Bei den *Fördergerüsten* steht die Fördermaschine neben dem Schacht in einem Maschinenhaus (Flurfördermaschine); im *Förderturm* befindet sich die Fördermaschine über dem Schacht (Turmförderung). Nach der gewählten Abstrebung unterscheidet man Einstrebengerüste, Doppelstreben- und Turmgerüste. In der Ausführung werden Fachwerkbauweise, Vollwandbauweise und Hohlkastenform (Stahlkastenstreben) unterschieden. Nach entwicklungsgeschichtlichen Aspekten ergibt sich die Einteilung: *Schachthaus* (etwa bis 1850), *Schachtturm* und *Malakoff* (ab 1840), *Pyramidengerüst* (erstes 1869 über Schacht Julia der Zeche RECKLINGHAUSEN) *englischer Bock* (der Name verweist auf das Land der weitesten Verbreitung in der zweiten Hälfte des 19. Jahrhunderts; der Entstehungsort ist unbekannt). Die *deutschen Strebengerüste* (ab 1870) sind die konsequente Fortentwicklung des englischen Bocks und die im Ruhrgebiet am häufigsten gebaute Gerüstform. Das *Koepe-Strebengerüst* (übereinanderliegende Seilscheiben) ist vom deutschen Strebengerüst abgeleitet. Eines der ersten *Doppelstrebengerüste* wurde 1896 über Schacht 6 der Zeche ZOLLVEREIN errichtet.

Recklinghausen: Zeche Recklinghausen, Schacht Clerget. Das Kauen- und Verwaltungsgebäude (links) wurde in den 1890er Jahren in Ziegelmauerwerk errichtet. Nach dem Zweiten Weltkrieg ist der Gebäudekomplex umfassend renoviert worden und wird seitdem durch eine Textilfirma betrieblich genutzt. Die Gebäude sind ein bedeutendes Dokument der Anfänge des Ruhrbergbaus in Recklinghausen und ein registriertes Baudenkmal. Die Mannschaftskaue (rechts) zeigt ebenfalls eine lebhafte Backstein-Stuckgliederung. In konstruktiver Hinsicht bemerkenswert sind die Sheddächer (rechtes Bild).

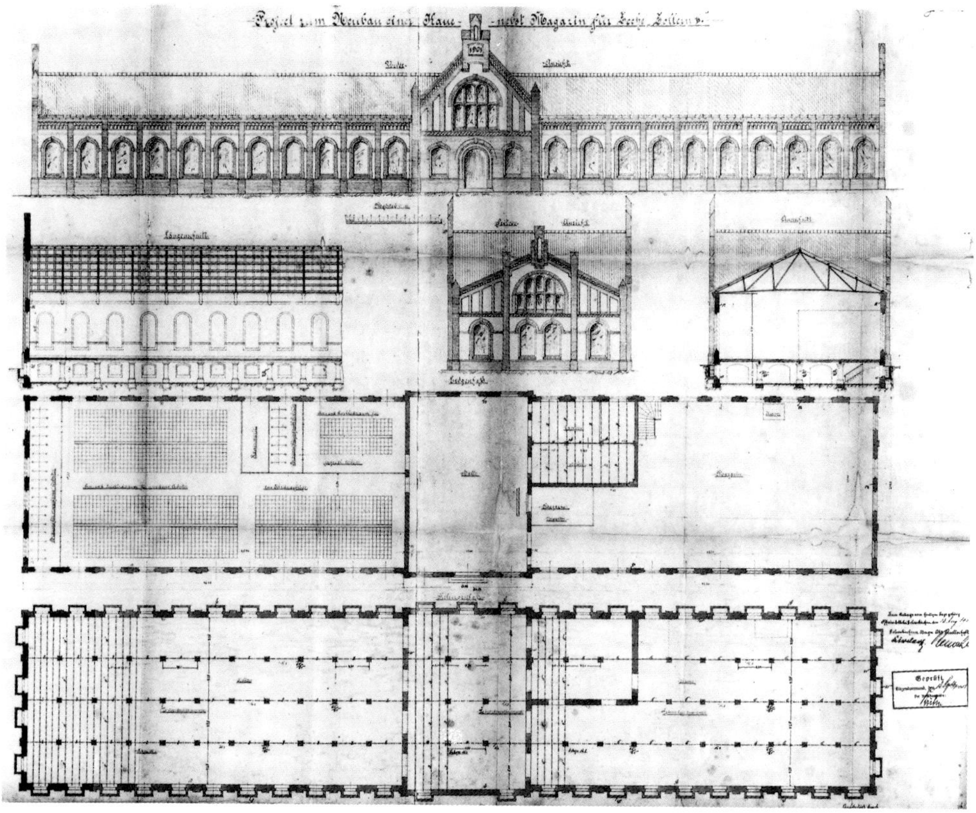

Dortmund-Bövinghausen: Architektenzeichnung (Paul Knobbe) für Kaue und Magazin der Zeche Zollern 2/4.

Der sich ab 1920 durchsetzende Förderturm ist zuerst in der *Hammerkopfform* gebaut worden. Maßgebend für die Wahl eines Turms anstelle des offenen Gerüstes waren die beengten Platzverhältnisse auf dem Grubengelände. Das 1928 auf KÖNIGSBORN errichtete Gebäude wurde zum Vorbild der meisten neuen Fördertürme. Bei den nach 1970 entstandenen tiefen Schachtanlagen am Nordrand des Reviers sind sowohl Fördertürme als auch neuzeitli-che Stahlkastenstreben-Fördergerüste gebaut worden.

War der Malakoffturm zunächst las einzige Element einer Zechenan-age, das in Anlehnung an feudale Wehrbauten gestaltet wurde, so ori-ntierten sich die Neubauten des aus-;ehenden 19. Jahrhunderts in ihrer Gesamtheit immer mehr an barocken chloßanlagen und Adelspalästen. In ler Hochblüte des Historismus fand ede Stilform Verwendung, die den eigentlichen Charakter einer Zechenanlage verschleiern konnte. Es kamen auch oft illusionistische Momente bei der Gestaltung ins Spiel.

Die Schachtanlage SCHARNHORST bei Dortmund wurde 1896/1900 bewußt so angelegt, daß sie für den Betrachter in einiger Entfernung wie ein großes Barockschloß wirkte. Entlang einer Achse von 340 Metern Länge waren die Schachthalle mit zwei Schächten und die Nebengebäude aufgereiht. Axial symmetrisch dazu

)ortmund-Bövinghausen: Zeche Zollern /4, Werkstattgebäude, Schreinerei-Teil.

Dortmund-Bövinghausen: Zeche Zollern 2/4. Oben links: Verwaltungsgebäude (Schmalseite) mit einer bis in den Giebel hineinragenden Eingangshalle. – Oben rechts: Lohnhalle nach dem historistischen Entwurf von Paul Knobbe. – Unten: die raumbeherrschende Freitreppe in der Eingangshalle des Verwaltungsgebäudes.

befanden sich vor und hinter der Schachtanlage die Personalgebäude, die Wäsche und die Maschinenhallen. Di formalen Elemente waren dem Klassizismus entlehnt Stichbögen, Balustraden und Gesimse. Die Schachtanlag PREUSSEN bei Lünen (1895/1904) war in kleinerer Dimension (250 Meter) ein Abbild der Zeche SCHARNHORST.

Bei der «Musterzeche ZOLLERN 2/4» (Dortmund-Bövinghausen) – heute Standort des Westfälischen Industriemuseums – kam es während des Baus der Tagesanlage zu einem deutlichen Stilwandel. Die ersten sechs Bauwerke wurden in den Jahren 1898 bis 1902 nach dem Entwurf des Gelsenkirchener Architekten Paul Knobb (1867-1956) um einen «Ehrenhof» oder «begrünten Stadtplatz» konzipiert und errichtet. Der im Entwurf seh einfache Backsteingiebel der Lohnhalle ist bei der Ausführung reich im Stil der Verwaltungsbauten der wilhelminischen Ära gestaltet worden. Gegenüber den bis dahin üblichen schmutzigen Zechenhöfen und den meis additiv angeordneten Tagesbauten wurde ZOLLERN 2/ besonders klar und übersichtlich durchgebildet. Die Maschinenhalle war von Knobbe ursprünglich als neugotisches Bauwerk geplant; hier vollzog sich 1902 der auffällige Übergang im Stil vom 19. zum 20. Jahrhundert. De Architekt Bruno Möhring (1863 - 1929) errichtete di

weiter auf Seite 12

Dortmund-Bövinghausen: Zeche Zollern 2/4.

«In mehrfacher Hinsicht bemerkenswert sind die Tagesanlagen. Im Gegensatz zu der alten Gepflogenheit, Betriebsanlagen ohne Rücksicht auf das äußere Ansehen zu errichten, hat man hier die Schönheitsregeln der Baukunst zur Geltung kommen lassen. Man sagte sich, daß der Bergmann, dem man in den neueren Kolonien ein behagliches Heim zu schaffen bemüht ist, es angenehm empfinden müsse, auch an der Arbeitsstelle schöne Bauten und große luftige Räume zu haben. Man wollte, ohne die Zweckmäßigkeit der Anlagen zu beeinträchtigen, auf das ästhetische Empfinden der Leute fördernd einwirken. Sodann hat man hier zum ersten Male in einer einzigen großen elektrischen Zentrale eine Kraftquelle geschaffen, aus der alle Betriebsmaschinen gespeist sind.» – So Bergassessor Randebrock (Marten) in einem 16 Quartseiten umfassenden technischen Fachbericht über die damals neue Zeche.

Die Abbildung von 1905 zeigt im Hintergrund links das Strebengerüst über Schacht 4 (Wetterschacht), rechts das über dem Förderschacht 2; dieser hatte einen Durchmesser von 5,5 m, der Durchmesser des Wetterschachtes betrug 4,5 m. Beide Schächte waren für die Förderung eingerichtet. Die Förderkörbe hatten drei Etagen (jede Etage faßte zwei hintereinanderstehende Förderwagen).

«Auf dem Zechenplatze, der durch zwei große, symmetrisch angelegte Rasenflächen ein gar freundliches Ansehen gewonnen hat, sieht man rechts ein langgestrecktes Gebäude. In seinem durch die Bauart hervortretenden mittleren Teile befindet sich eine hohe und weite Halle, die den Tagesarbeitern als Aufenthaltsort in den Ruhe- und Mahlzeitpausen dient. Auf der einen Seite dieser Halle gelangt der Bergmann in den mit 73 Brau ausgerüsteten großen Baderaum. Auf der anderen S erhält er an dem Schalterfenster der Schichtmeisterei nen Lohn, an der Lampenstube seine Lampe, an der B re (Schranke, Absperrung, Schalter) des Magazins ge den Gutschein des Steigers Gezähe und kleinere M rialien. Die große Halle ist also eine Stelle, an welcher Bergmann, geschützt vor den Unbilden der Witteru seine hauptsächlichsten Obliegenheiten über Tage e digen kann. Der Verkehr mit den Steigern und dem triebsführer soll möglichst unter Tage stattfinden.»

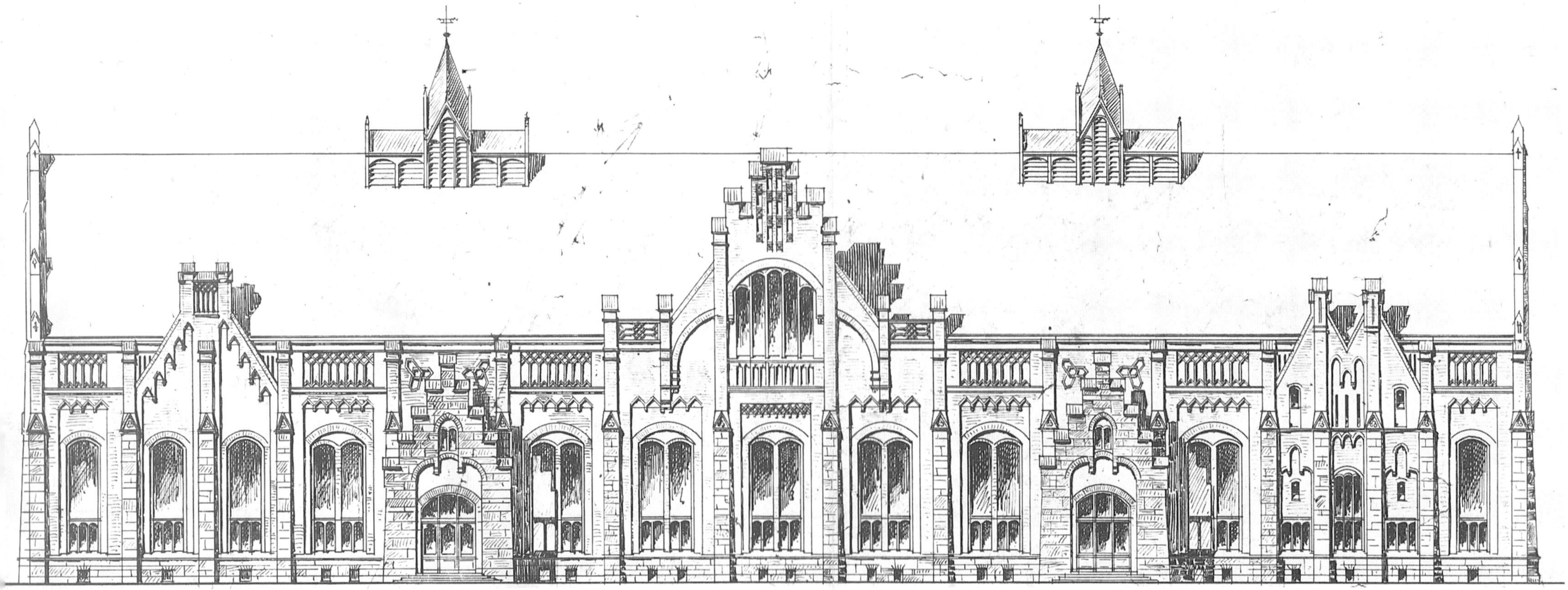

Architektenzeichnung (Paul Knobbe) der ursprünglich im historisierenden Stil geplanten Maschinenhalle (1902).

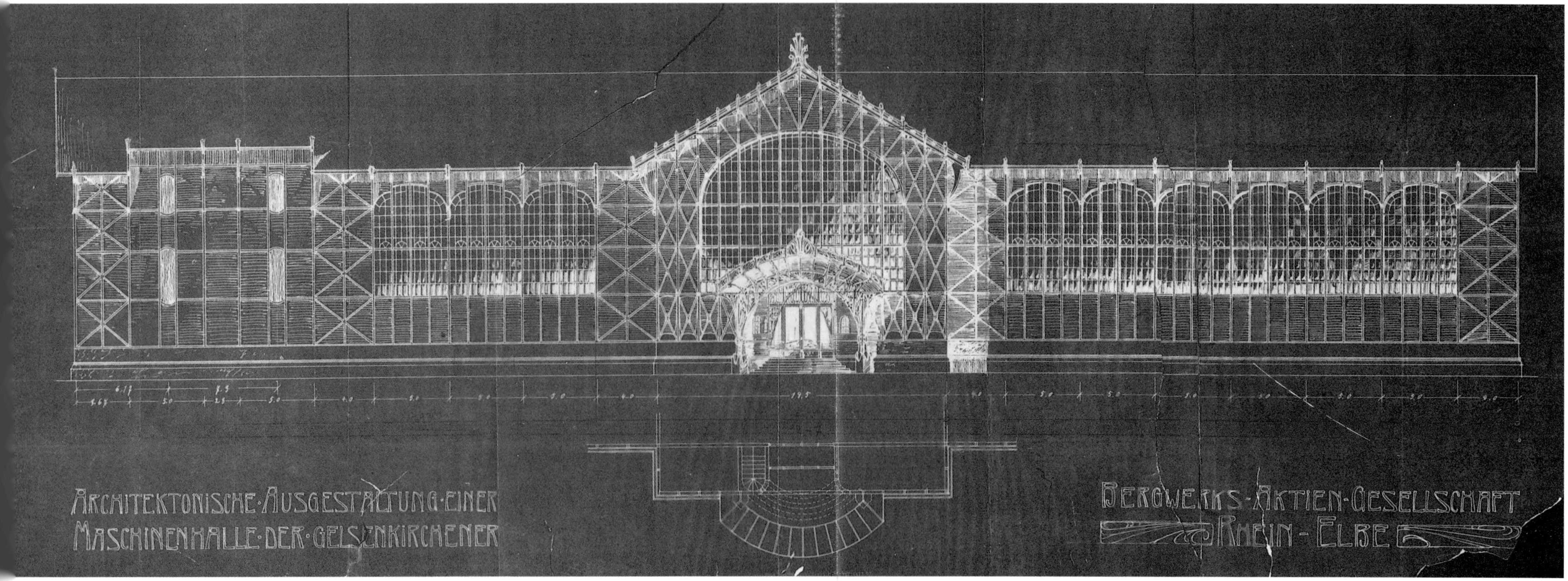

Architektenzeichnung (Bruno Möhring) von 1912: Maschinenhalle in Stahlkonstruktion.

Eingangsfront der fast hundert Meter langen Halle.

Rechts unten: Maschinenhalle mit den Aggregaten von Siemens & Halske, Marmor-Schalttafeln usw. – erste zentrale Bergwerksmaschinenhalle der Welt.

Halle nach seinem Entwurf in Stahlskelettbauweise mit Glas- und Steinausfachung, eine Konstruktion, die auf der Industrie-, Gewerbe- und Kunstausstellung in Düsseldorf (1902) und schon vorher auf der Pariser Weltausstellung (1900) Aufsehen erregt hatte.

Bei der Konzeption der Zeche durch Knobbe handelte es sich um einen einheitlichen Entwurf im Stil des Historismus, in Anlehnung an die bereits in den 1890er Jahren von ihm errichteten Verwaltungsbauten im Ruhrgebiet. Paul Knobbe hatte in Berlin-Charlottenburg studiert und war als junger Architekt nach Gelsenkirchen gekommen, wo er den Architekten C. Nordmann aus Essen kennenlernte und mit ihm eine Bürogemeinschaft eingegangen war. Sie haben wahrscheinlich 1898/99 den bedeutenden Erweiterungsbau des Rheinisch-Westfälischen Kohlen-Syndikats in Essen (Frau-Bertha-Krupp-Straße) zusammen entworfen und errichtet (im Geist des neugotischen norddeutschen Backsteinstils). In Gelsenkirchen befand sich damals (auf der Zeche RHEINELBE) die Hauptverwaltung der Gelsenkirchener Bergwerks-Aktien-Gesellschaft (GBAG); 1894 war ganz in der Nähe das Rathaus der Stadt durch den Kölner Dombaumeister Wiethase fertiggestellt worden. Die genannten bedeutenden Bauwerke sind nicht nur für den Architekten Knobbe, sondern auch für die Auftraggeber (den Vorstand der GBAG), vor allem für den Vorsitzenden Emil Kirdorf (Mettmann 1847 - Mülheim a.d. Ruhr 1938), beeindruckend gewesen. Bei dem Verwaltungsgebäude ZOLLERN 2/4 zeigt der stilgeschichtliche Vergleich eine so verblüffende Ähnlichkeit im Detail der Fialgiebel und der Ecktürmchen, daß eine Verwandtschaft mit den erwähnten Essener und Gelsenkirchener Bauten nicht geleugnet werden kann. Auch das Innere des Gebäudes, ebenso die Lohnhalle, deuten auf den gleichen Bezug, und so erscheint es naheliegend, den damals wohl bedeutendsten Wirtschaftsführer Emil Kirdorf, den maßgeblichen Gründer des Kohlensyndikats, auch als den geistigen Vater der Konzeption der Zeche anzusehen.

Emil Kirdorf konnte sich bei der Sanierung der Zeche HOLLAND profilieren und wurde bereits nach knapp drei Jahren zum kaufmännischen Direktor der neugegründeten GBAG berufen. Er galt hier zunächst in den Augen der Bankiers (Hansemann u. a.) und der «Kohlenbarone» (Thyssen, Stinnes, Grillo) durchaus als «kleiner, aber geschätzter Beamter» oder als «gescheiter und energischer Buchhalter». Fleiß, Zielstrebigkeit und Durchsetzungsvermögen ließen ihn jedoch sehr schnell zur zentralen Unternehmerpersönlichkeit des Ruhrbergbaus werden. Unter seiner Führung erfolgte am 16. Februar 1893 die Gründung des Rheinisch-Westfälischen Kohlen-Syndikats, dessen Vorsitz er bis zum 30. April 1925 innehatte.

ZOLLERN 2/4 war damals die Demonstration fortschrittlicher Ideen sowohl in bergbautechnischer als auch in architektonischer Hinsicht; die Anlage hatte die modernsten Maschinen der Welt, eine elektrische Fördermaschine und die neuzeitlichste Stahlskeletthalle Deutschlands.

Dorsten-Holsterhausen: Sachsensiedlung. Die Ruhrkohle AG verfügte über etwa 200 historische Bergarbeitersiedlungen, die über das ganze Ruhrgebiet verstreut sind. Bei der Modernisierung bzw. Anpassung an die heutigen Wohnansprüche soll der ursprüngliche Charakter der Bergarbeitersiedlung erhalten bleiben.

Dortmund-Bövinghausen: Maschinenhalle der Zeche Zollern 2/4. Sie zeigt innen und außen die tragenden Konstruktionsteile der Stahlskelettbauweise. Bildmitte rechts: Treibscheibe der Fördermaschine (6 m Durchmesser).

Auch die Konzeption der gleichzeitig gebauten Arbeitersiedlung «Landwehr», die nach den Vorstellungen Kirdorfs «villenartig» sein sollte, muß unter sozial-fortschrittlichen Aspekten gesehen werden. Zu diesen Wohnungsbauten ist zu bemerken, daß sie anfangs (1900) ganz im Zeitgeist, also im historisierenden Stil und schematisch entworfen waren. Aber schon vor 1900 hatte die Direktion der GBAG erkannt, daß sie mit genormten Bauten die Bergleute nicht an Ort und Stelle – neben ihrem Superbergwerk – würde halten können. In Anlehnung an englische und schweizerische Beispiele entwickelte Knobbe verschiedene «Systeme» von Zwei- und Vierfamilienhäusern (insgesamt 90 Wohnungseinheiten), die wechselweise in die Straßenflucht gestellt und durch Gärten verbunden wurden. So entstand eine reizvolle städtebauliche Situation, die als mustergültig und zukunftweisend angesehen wurde: Kolonie und Zeche bilden eine Einheit mit gleichen Stilmerkmalen.

Die Bedeutung von ZOLLERN 2/4 für die Denkmalpflege liegt trotz der Reduzierung von ursprünglich 43 auf heute noch 17 Gebäude darin, daß eine sichtbare Dokumentation des architektonischen Stilwandels vom Historismus des späten 19. Jahrhunderts zum Konstruktivismus mit Jugendstil des beginnenden 20. Jahrhunderts erhalten geblieben ist. Denkmalwert hat die Anlage auch, weil die stilgeschichtlichen Vorbilder in der Zwischenzeit aus unserer Kulturlandschaft eliminiert worden sind (Verwaltungsgebäude des Kohlen-

Links: Zeche Zollern 2/4, Portal der Maschinenhalle mit Jugendstilornamenten.

Rechts und unten: Kolonie Landwehr. Die villenartige Siedlung sollte den fortschrittlich sozialen Aspekt des Wohnungsbaus der Zeche Zollern 2/4 hervorheben. Unsere Bilder zeigen Wohnungen für Angestellte («Beamtenhäuser»).

syndikats in Essen und das Rathaus in Gelsenkirchen). Die städtebaulichen und sozialen Aspekte der Kolonie «Landwehr» sind keineswegs unmodern geworden und gelten immer noch als richtungweisend.

Als das «Versailles des Ruhrgebiets» ist gelegentlich die Zeche JACOBI bezeichnet worden, die 1912 bis 1914 in Oberhausen-Osterfeld nach den Plänen von Carl Weigle gebaut worden ist. Die Zufahrt zu der 200 Meter breiten schloßartigen Anlage bildete eine Baumallee. Über einen kleinen Ehrenhof zwischen zwei Verwaltungsgebäuden kam man zur eigentlichen fünfteiligen Durchfahrt. Das Torhaus, mit Uhr und bekrönendem Glockenturm, und die anschließenden Gebäude waren genau in die Symmetrieachse der weiter entfernten Schachtgerüste und Fördermaschinengebäude gesetzt. Dazwischen befand sich der Innenhof mit Rasenflächen und Platanenalleen. Die Anlage erinnerte an barocke Schloßanlagen, doch waren die gestalterischen Elemente teilweise vereinfacht.

Alfred Fischer (1881 - 1950), der 1911 die Leitung der Essener Kunstgewerbeschule (seit 1933 Folkwangschule) übernahm, hat sich auch als Industriearchitekt erfolgreich betätigt. Seine Gebäude für die Zeche WILHELM EMIL in Essen (Fischer entwarf in Essen zum Beispiel die Gebäude der ehemaligen Stadtsparkasse in der Rathenaustraße, des Mädchengymnasiums Bredeney sowie in Gelsenkirchen das Hans-Sachs-Haus) aus dem Jahre 1913 zeigen schon expressionistische Formen, an die er nach 1918 wieder anknüpfte.

Die Zeit bis 1918 war gekennzeichnet durch intensive Bemühungen der Architekten, an Bauaufgaben der Industrie teilzunehmen. Bezüglich der Materialwahl lassen sich dabei keine eindeutigen Prioritäten feststellen. Ziegel- und Natursteinbauten wurden ebenso ausgeführt wie Stahlskelett- und Stahlbetonkonstruktionen. Im Ruhrbergbau war bis zum Ausbruch des Ersten Weltkrieges noch eine lebhafte Bautätigkeit zu verzeichnen. Zwischen 1903 und 1913 sind jährlich mehr als acht Schächte abgeteuft worden. Nach dem Krieg ließ die Bautätigkeit rapide nach (von 1919 bis 1937 wurden jährlich etwa vier

Bottrop: Bergwerk Prosper-Haniel. Drei Abschnitte technikgeschichtlicher Entwicklung: Malakoffturm über Schacht 2, für den die Abteufarbeiten 1871 begannen. 1905 erhielt der Malakoff ein eingezogenes stählernes Gerüst (heute nicht mehr vorhanden). Es wurde später durch das zweigeschossige Strebengerüst in vollwandiger Ausführung ersetzt. Hier handelt es sich um das letzte erhaltene Beispiel dieser eigenartigen Kombination von Turm und Gerüst, die bis um 1900 häufig vorkam; 1917 ist in unmittelbarer Nähe des Schachtes 2 der Schacht 8 abgeteuft worden. Das ursprünglich errichtete Fördergerüst wurde in den 1960er Jahren durch den Förderturm (rechts im Bild) ersetzt. Schacht 8 wurde 1989 verfüllt, der Förderturm abgerissen. Der Malakoff und das Fördergerüst über Schacht 2 (verfüllt) stehen unter Denkmalschutz.

Essen-Katernberg: Bergwerk Zollverein. Fördermaschinenhaus des Schachtes 11, der 1927 in Betrieb ging. In ihrer frühen expressionistischen Phase betonten Schupp und Kremmer mit den Seilschlitzen die Funktion des Maschinenhauses.

Links: Bochum-Riemke: Zeche Hannibal. Kohlenturm nach Entwurf von W. H. Kreis 1921; die Plattenbalken (Bildmitte) betonen die Vertikale (Aufnahme vor 1925).

Schächte niedergebracht). Umwälzende technische Neuerungen gab es in den frühen zwanziger Jahren nicht. Der Gesamtbereich der Krafterzeugung, der inzwischen bei fast allen Anlagen auf Elektrizität umgestellt war, wurde zentral zusammengefaßt und nahm im Maschinenhaus auch die Kompressoren für den Druckluftantrieb und die Ventilatoren für die Grubenbewetterung auf.

Zur üblichen Praxis gehörte es, bekannte Architekten zur Gestaltung einzelner Anlagenteile oder Gebäude heranzuziehen und die Gesamtplanung dann im werkseigenen Baubüro vorzunehmen. Charakteristisch für dieses Vorgehen waren die vielen Kohlenbunker, die damals neu errichtet wurden. Wilhelm Heinrich Kreis (1873 - 1955), der mit dem Wilhelm-Marx-Haus in Düsseldorf ein dem Expressionismus nahestehendes Gebäude errichtete, baute 1921 auf der Zeche HANNIBAL in Bochum einen Kohlenturm, der wie viele andere Türme der Zeit die Betonung der Vertikalen durch Hervorhebung der Plattenbalken zeigte. Zu einem noch monumentaleren Gesamteindruck kam Alfred Fischer mit seinem Turm auf der Zeche SACHSEN in Hamm (1925). Erst nach 1927 verschwanden die Plattenbalken, und die Kohlentürme wurden als glatte Kuben errichtet.

Ein weiterer Anlagenteil, der oft isoliert von der Gesamtanlage geplant und gestaltet wurde, waren die Aufbereitungsanlagen. Einheitliche Gestaltungstendenz war, die Kohlenwäschen in Stahlbeton zu konstruieren. Das Fördergerüst wurde als filigrane Stahlfachwerkkonstruktion erstellt, das Schachtgebäude bestand aus einem Stahlskelett mit ausgemauerten Stahlfachwerk-Vorhangwänden; alle übrigen Gebäude wurden in Ziegelmauerwerk ausgeführt.

Gelsenkirchen-Ückendorf: Auf dem rückwärtigen Gelände von Holland 1/2 steht ein 1925 von der Architektengemeinschaft Schupp/Kremmer entworfenes Lüftergebäude, das als erhaltungswürdig registriert ist.

Oberhausen-Osterfeld: Zeche Jacobi. Die Übertagebauten von 1912/14 ließen Reminiszenzen an Schloßgebäude der Feudalzeit aufkommen. † 1974, Foto 1976. Inzwischen sind alle Hochbauten abgerissen worden.

Der Architekt H. von Stegemann und Stein, der ab 1922 Baudirektor der GBAG war, hat bis zu seinem Tode im Jahre 1928 bedeutende Großanlagen errichtet und Projekte veröffentlicht, die starken Einfluß auf später geplante Schachtanlagen ausgeübt haben. Damit hat dieser Archtitekt in der Zechenarchitektur den Übergang zum Funktionalismus eingeleitet.

Schwierigkeiten ergaben sich beim Fördergerüst. Es ließ sich nicht so leicht in die kubische Form verwandeln. In den Entwürfen von Stegemann wurde zwar die Entwicklungsrichtung aufgezeigt, aber erst der 1928 gebaute Förderturm der Zeche KÖNIGSBORN 3/4 von Alfred Fischer überzeugte durch seine klaren, glatten Formen. Es war der erste Turm, der vom bis dahin üblichen Hammerkopf abwich. Das Festhalten am eisernen Fördergerüst ist immer mit der leichteren Austauschbarkeit und Wartung der auf dem Boden stehenden Fördermaschine begründet worden. Dennoch zeichnete sich schon in den ersten 1920er Jahren eine neue Tendenz zum Funktionalismus ab. 1923 schrieb die Gutehoffnungshütte einen Wettbewerb aus, um geeignete Entwürfe für Fördergerüste ihrer Schachtanlagen zu erhalten. Die beiden besten Entwürfe trugen klangvolle Namen («Zeitempfinden» und «Schlägel und Eisen»).

Das Fördergerüst, dominierendes Element jeder Zechenanlage, ist bis in die späten 1920er Jahre ausschließlich vom Ingenieur berechnet und entworfen worden. Die filigrane Gitterkonstruktion stand aber in krassem Gegensatz zu der sich allmählich entwickelnden klaren kubischen Bauform der Schachthalle. Im Bemühen um eine sinnvolle Integration zu einer baulichen Einheit brachte die Rückbesinnung auf die Funktion erste Fortschritte bei der Neugestaltung.

Linke Seite: Gladbeck; Schachtanlage Zweckel. Links oben: Aufgang zur Maschinenhalle. Die Eingangstür ist mit Bergbausymbolen in insgesamt sechzehn quadratischen Kassettenflächen gestaltet. Diese Halle gilt als Industriebaudenkmal wegen ihrer bemerkenswerten architektonischen Details (Gitter aus Schmiedeeisen, Marmorwände innen usw.) und ist daher als erhaltungswürdig eingestuft. – Links unten: Jugendstiltreppe in der Maschinenhalle. – Rechts oben: Innenansicht der Maschinenhalle. – Rechts Mitte: Zwei Turbogeneratoren (je 1 600 kW) von 1909. – Rechts unten: Diese Fördermaschine, 1908 gebaut, ist eine der ältesten an der Ruhr. Sie steht im Maschinenhaus der Zeche Zweckel und war bis 1987 in Betrieb.

Bönen-Altenbögge: Blick auf die Zeche Königsborn 3/4. In der Bildmitte der von dem Essener Architekten Prof. Alfred Fischer 1928 gebaute Förderturm über Schacht 4. Die Zeche wurde 1981 stillgelegt, die Tagesanlagen sind abgerissen worden. Der denkmalgeschützte Turm steht heute inmitten des weithin abgeräumten Zechengeländes und ist ein Dokument für die architekturgeschichtliche Entwicklung des Industriebaus und ein prägendes Monument des Stadtbildes.

An dem Bau der Zentralschachtanlage ZOLLVEREIN 12 in Essen sind die Architekten Fritz Schupp (1886 - 1974) und Martin Kremmer (1894 - 1945) von Anfang an beteiligt gewesen. Allerdings war den berühmten Baumeistern natürlich klar, daß bei dem Fördergerüst ästhetische Forderungen bezüglich Höhe usw. nicht vom Architekten entschieden werden können, da sie in enger Relation zur Schachtteufe und der geplanten Förderkapazität stehen.

Im Vorentwurf für ZOLLVEREIN 12 war das Fördergerüst durch einen Förderturm in Stahlskelettkonstruktion ersetzt. Die Bedingungen des Betriebsingenieurs standen dieser Vorstellung jedoch entgegen. Das Grundprinzip beim Bau dieser Schachtanlage aber, die Reduktion aller Baukörper auf klare kubische Formen und die wohlproportionierte Addition derselben zu einer harmonischen Einheit, ist gleichwohl erbracht worden, und so wurde ZOLLVEREIN 12 zur Grundlage für das gesamte weitere Schaffen der beiden Architekten im Industriebau.

Für die Lageplanüberlegungen der Bauleitung waren der Schachtansatzpunkt, die Straßenführung im Stadtteil Katernberg und die geplante Gleisanlage die Festpunkte, die sich nicht verändern ließen. Da von Anfang an eine Doppelförderung in Schacht 12 vorgesehen war, konnten die darüber stehenden Fördereinrichtungen als Hauptbezugspunkt festgelegt werden. Die Architekten richteten die Eingangsachse genau auf den Schacht aus, und damit diese Blickrichtung ungestört blieb, lag zwischen Eingang und Schacht ein Innenhof. Um diesen Hof liegen Werkstatt- und Schaltgebäude auf der einen, Kesselhaus und Kompressoren auf der anderen Seite. Die gedrängte Anordnung der Nebengebäude zwischen Straße und Gleisanlage blieb losgelöst von den Anlagen der Kohlenverarbeitung.

Das aus vollwandigen Blechen genietete Fördergerüst ist in jeder Einzelheit von den Architekten gestaltet worden. Die exakte Symmetrie, die jeweils identischen Proportionen bei den aufsteigenden Streben, die Ausrundungen am Übergang von Gerüststrebe zur oberen Seilscheibenbühne, die Aufteilung der Stege am Knotenpunkt usw. – alle diese Details haben dazu geführt, daß die Silhouette von Schacht 12 für Jahrzehnte zum Markenzeichen des Steinkohlenbergbaus schlechthin wurde.

Die späteren Wiederholungen bei anderen Ruhrzechen (nicht nur von Schupp/ Kremmer, sondern auch von vielen ausführenden Firmen ohne die Betreuung eines Architekten) haben zwar nie die perfekte Harmonie bis ins einzelne gebracht, aber doch die gelungene Umsetzung eines technisch-konstruktiven Problems mit Hilfe formal ästhetischer Überlegungen bestätigt.

Die zwischen die Streben gestellte Schachthalle von Schacht 12 mit dem turmartigen Aufsatz bis knapp unter die erste Seilscheibenbühne ist so gestaffelt, daß der Betrachter den Eindruck gewinnt, das Gebäude verjünge sich und passe sich dem darüber stehenden Gerüst an. Dabei wirkt das Fördergerüst wie eine Klammer, die die aufwärts gerichtete Bewegung (zusätzlich noch betont durch die hoch-rechteckigen, übereinander gestapelten Fenster) abbremst. Überhaupt tragen diese überall gleichen Fensterelemente, als horizontale und vertikale Lichtbänder ausgeführt, wesentlich zur Gesamtwirkung der Architektur bei.

Nicht nur das architektonische Gesamtbild der Schachtanlage ZOLLVEREIN 12 hat 1932 Begeisterung bei der Fachwelt ausgelöst, auch die vom ausgemauerten Fachwerk verdeckte Konstruktion war für den damaligen Stand des Stahlhochbaus ungewöhnlich; es wurden Fertigungs- und Montageverfahren erprobt, die später allgemein übernommen worden sind.

Essen-Katernberg: Bergwerk Zollverein. Das Fördergerüst über Schacht 12 ist in jeder Einzelheit architektonisch gestaltet worden. Diese perfekte Harmonie wurde bei den zahlreichen Nachbauten nie mehr erreicht.

Die erhalten gebliebenen Zeugnisse der Anfänge des Kohlenbergbaus im Tal der Ruhr, vor allem aber die Wahrzeichen des industriellen Bergbaus, die der ganzen Region das Gepräge gaben, sind unverwechselbare Dokumente der Vergangenheit. Dazu zählen gleichgewichtig auch Wohnhäuser, Siedlungen für die Arbeiter in den Zechenbetrieben, die Verkehrs- und Versorgungseinrichtungen sowie der weite Bereich der Freizeitanlagen.

Es sind keineswegs nur die großen öffentlichen Einrichtungen, Stiftungen und Programme, die den Erhalt und die Nutzung von Industriedenkmalen möglich machen. Die Bedeutung des Engagements und der Mitarbeit von Privatpersonen und Vereinen kann man kaum hoch genug schätzen. Am Beginn der Entwicklung denkmalpflegerischer Beschäftigung mit dem industriellen Erbe des Ruhrgebiets steht gerade solches private Engagement, organisiert in einer der ersten Bürgerinitiativen im Ruhrrevier. Es ging um den Bestand seiner ältesten Arbeitersiedlung, EISENHEIM in Oberhausen-Osterfeld, schrittweise entstanden zwischen 1846 und 1903. Als die Verwirklichung schon länger bestehender Abrißpläne drohte, schlossen sich die Eisenheimer 1972 in einer Arbeiterinitiative zusammen. Unter Leitung von Roland Günter untersuchte die Fachhochschule Bielefeld die Wohn- und Lebensqualität in der Siedlung und bescheinigte ihr einen hohen Wert für die Kommunikation und das Zusammenleben ihrer Bewohner. Phantasievolle Aktionen weckten das Interesse der Medien und machten EISENHEIM über die nähere Umgebung hinaus bekannt. Man hatte Erfolg: bis zum Beginn der achtziger Jahre wurden die Häuser unter Mitwirkung ihrer Bewohner renoviert.

Von der Öffentlichkeit weniger beachtet, aber nicht weniger wichtig sind die Vereine – oft nennen sie sich Geschichtskreise – in denen sich z.B. Bergleute zusammenschließen, um die Geschichte ihres Bergwerks aufzuarbeiten, Quellenmaterial und Zeugnisse der früheren Arbeit zu sammeln, zu archivieren und so für die Zukunft zu sichern.

Internationale Beachtung fand, dass die Regierung des Landes Nordrhein-Westfalen im Dezember 1986 beschloss, nach der Stillegung von Schacht 12 des Bergwerks ZOLLVEREIN dessen Übertageanlagen mit allen Gebäuden, Freiflächen und Halden unter Denkmal-

Castrop-Rauxel: Grube Erin. Das Gerüst über dem 1953 in Betrieb genommenen Hauptförderschacht (7) – deutsches Strebengerüst der Bauart Dörnen – steht seit 1986 unter Denkmalschutz. Der 68 m hohe Förderturm ist das Wahrzeichen des Dienstleistungsparks, der nach einem Architekturwettbewerb hier entstand.

schutz zu stellen. 1989 wurde die Bauhütte Zeche Zollverein Schacht XII GmbH gegründet. Sie hat die Aufgabe, die Gebäude zu restaurieren und zu sanieren, Nutzungskonzepte zu entwickeln und neue Nutzer zu finden, sowie das Areal und die historisch bemerkenswerten Gebäude und Einrichtungen für ein breites Publikum zu öffnen.

Ungefähr zehn Jahre brauchte die Erledigung dieser Aufgaben. Ende 1998 waren die meisten Gebäude auf dem Gelände von Zollverein 12 saniert und einige auch einer neuen Nutzung zugeführt, großenteils als Projekte der IBA Emscher Park (siehe unten). Als herausragendes Datum kann vielleicht das Frühjahr 1997 gelten, als das Design-Zentrum Nordrhein-Westfalen in das ehemalige Kesselhaus einzog. Das Gebäude-Innere war zuvor nach Plänen des britischen Architekten Sir Norman Foster umgebaut worden. Die Waschkaue beherbergt ein choreographisches Zentrum, und große Teile der Übertagebauten stehen heute interessierten Besuchern offen. Bei Führungen durch die Aufbereitungsanlagen folgt man dem «Weg der Kohle». Seit Mai 1999 ist Zollverein 12 Ankerpunkt und Besucherzentrum der Route der Industriekultur. Die größte Ehre aber wurde der Anlage zuteil, als man sie im Dezember 2001 zum UNESCO-Weltkulturerbe erklärte. Die Zusage beträchtlicher finanzieller Förderung durch die Europäische Union im Jahr darauf hat neue Pläne entstehen und bestehende Pläne konkreter werden lassen. Der Rotterdamer Architekt Rem Koolhaas wurde mit der Entwicklung eines «Masterplans» betraut. Recht wahrscheinlich sind inzwischen ein Landesmuseum des Ruhrgebiets in der dafür noch zu sanierenden Kohlenwäsche und eine Design-Akademie «Design School Zollverein», für die auf dem Zollverein-Gelände ein Neubau nach Plänen des Tokyoter Architekturbüros Sanaa entstehen soll, das im Frühjahr 2003 einen diesbezüglichen Architekturwettbewerb gewonnen hat.

Solcher Ruhm stellt natürlich die anderen Schachtanlagen von Zollverein ein wenig in den Schatten. Gebäudesanierung und Neunutzung fanden aber auch hier statt. Bei den Schächten 1/2 entstand der Kunstschacht Katernberg, der Ausstellungen bietet, auf dem Gelände der Schachtanlage 3/7/10 findet man heute einen Handwerkerpark, eine deutsch-türkische Kindertagesstätte und (im Maschinenhaus mit erhaltener Fördermaschine) das «Erfahrungsfeld zur Entfaltung der Sinne» mit über 60 Selbsterfahrungsversuchen zur sinnlichen Wahrnehmung. Auch ein Fördergerüst blieb hier erhalten; es wurde saniert und begehbar gemacht.

Auch die Kokerei Zollverein, nicht weit vom Schacht 12 entfernt, ist heute ein Denkmal und gehört auf Grund ihrer Ausmaße und der Vollständigkeit der erhaltenen Gebäude und Anlagen zu den bedeutendsten Zeugnissen europäischer Industriegeschichte. Von 1961 bis 1993

Rechts: Bottrop; Schacht 10 des Bergwerks Prosper-Haniel. Dieser Seilfahrtschacht steht unmittelbar am Rand des Erholungsgebietes Kirchhellener Heide. Die Tagesbauten der Schachtanlage sind gut in die Umgebung eingeordnet. Abgesehen von dem 46,5 m hohen Stahlkastenstreben-Fördergerüst (Bildmitte) fehlen auf dieser Anlage alle bergbautypischen Attribute wie Aufbereitungs- und Verladevorrichtungen (sowie Berge- oder Kohlenhalden). Das Betriebsgelände ist bewußt unter landschaftspflegerischen Gesichtspunkten gestaltet (Gartenanlagen mit Bäumen, Sträuchern, Rasenflächen, Springbrunnen usw.).

Oben: Oer-Erkenschwick / Datteln: Bergwerk Haard, Schachtanlage An der Haard 1, mitten im Waldgebiet (vgl. S. 101). Im Hintergrund der Halterner See. Am oberen Bildrand (entlang der Baumreihe): Wesel-Datteln-Kanal. Der Schacht diente lediglich der Seilfahrt und dem Materialtransport. Bei den Übertageanlagen fehlen daher sämtliche Merkmale der Kohlenförderung. † 1999.

war die Kokerei in Betrieb; seit 1998 ist sie ein Standort der Stiftung für Industriedenkmalpflege und Geschichtskultur (s. u.). Mit der Ausstellung «Sonne, Mond und Sterne – Kultur und Natur der Energie» (1999/2000) wurden Teilbereiche öffentlich zugänglich. Zur gleichen Zeit ging ein Solarkraftwerk in Betrieb. Seine Leistung von zunächst 120 Kilowatt wächst durch den Verkauf von Anteilen z.B. an Besucher: so können weitere fotovoltaische Module installiert werden und auf den Dächern oberhalb der Löschgleishalle aus Sonnenlicht eine elektrische Leistung von 2 Megawatt entstehen.

Im September 1997 hat bundesweit die erste Stiftung für den Erhalt von Denkmälern der Industriegeschichte ihre Arbeit aufgenommen, die Stiftung Industriedenkmalpflege und Geschichtskultur in Essen. Sie wurde gemeinsam vom Ministerium für Stadtentwicklung, Kultur und Sport des Landes Nordrhein-Westfalen und der RAG Aktiengesellschaft ins Leben gerufen. Die Stiftung will die ihr übereigneten Zeugnisse der Vergangenheit bewahren, wissenschaftlich erforschen, neuer Nutzung zuführen und öffentlich zugänglich machen. Diese Arbeit betrachtet man durchaus auch als Beitrag zur wirtschaftlichen und industriellen Weiterentwicklung des Landes. Die Stiftung betreute 2001 zwölf Standorte und ist offen für weitere Industriedenkmale. Zu ihrem Bestand gehören selten gewordene Fördergerüste und -maschinen und wertvolle Zeugen der verschiedenen Stilrichtungen in der Industriearchitektur.

Ganz ähnliche Ziele wie die Stiftung Industriedenkmalpflege und Geschichtskultur verfolgt die bereits seit 1987 arbeitende Deutsche Gesellschaft für Industriekultur in Duisburg. Ihre Mitarbeiter beraten inzwischen Projekte zur Erhaltung industriegeschichtlicher Zeugnisse in zahlreichen Ländern. Dabei ist man offen für die Zusammenarbeit mit privaten Initiativen und kleineren Vereinen. Die Gesellschaft veranstaltet Vorträge und Exkursionen und widmet sich auch der touristischen Erschließung alter Industriegebiete, ein durchaus erfolgversprechender Weg, solche Regionen wirtschaftlich zu beleben; Beispiele in Österreich, Großbritannien oder USA zeigen das. So war die Deutsche Gesellschaft für Industriekultur beteiligt, als 1996 der Wirtschaftsminister von Nordrhein-Westfalen eine Kommission «Masterplan Tourismus im Ruhrgebiet» berief. Gemeinsam mit dem Kommunalverband Ruhrgebiet sorgte die Gesellschaft für ein erstes konkretes Ergebnis dieses Plans, die Route der Industriekultur. 18 sogenannte «Ankerpunkte» bilden das Gerüst für eine Entdeckungsreise zu den Sehenswürdigkeiten der Industriegeschichte. Eingebunden in die Route sind auch technik- und sozialgeschichtliche Museen, Arbeitersiedlungen und Aussichtspunkte – z.B. Halden –, die ein Panorama der Industrielandschaft zwischen Lippe und Ruhr bieten. Für die Vorbereitung und Information stehen dem Reisenden sowohl gedruckte Reiseführer als auch elektronische Medien zur Verfügung. Man kann unterschiedliche Verkehrsmittel benutzen und seiner Reise einen Themenschwerpunkt geben, indem man beispielsweise die westfälische oder rheinische Bergbauroute wählt oder sich zu Orten der Großchemie und Energiegewinnung führen läßt.

Einen wichtigen Beitrag zur Sicherung des industriellen Erbes leisteten die beiden Landschaftsverbände Rheinland und Westfalen-Lippe mit der Gründung des Westfälischen und des Rheinischen Industriemuseums 1979 bzw. 1984. Vom Bergischen Land bis nach Ostwestfalen repräsentieren insgesamt 15 Standorte verschiedene Industriezweige, auch den Steinkohlenbergbau, und unterschiedliche Zeitabschnitte der industriellen Entwicklung. Es gehört zum Konzept beider Museen, nicht nur die alten Fabriken und ihre Maschinen zu zeigen, sondern auch eine Vorstellung von den Arbeits- und Lebensbedingungen der Vergangenheit zu vermitteln. Es gibt Führungen, Vorführbetrieb und Angebote, die sich besonders an Kinder wenden.

Erhalt und Umnutzung von Industriedenkmälern gehörten auch zu den Arbeitsfeldern der IBA Emscher Park in den Städten der Emscherregion (s. S. 103f.).

Nicht alle Gebäude und Maschinen, die auf den ausgedehnten Bergwerksgeländen stehen, können nach einer Stillegung als Denkmale erhalten werden. Wo der Bergbau geht, ist meist die Ansiedlung neuer Betriebe erwünscht, aber nicht alle Neunutzer können mit den vorhandenen Bauten etwas anfangen. Der Wunsch nach wirtschaftlichem Wandel und neuen Arbeitsplätzen kann dem Wunsch nach Erhaltung denkmalwerter Bauten entgegenstehen. Bei der Kompromißfindung verschieben sich mit der Zeit die Prioritäten. In den 1980er und 90er Jahren gab es viele Unterschutzstellungen auf stillgelegten Bergwerksflächen an der Ruhr. Nach dem Ende der IBA Emscher Park 1999 stieg die Zahl der Abrißgenehmigungen wieder.

Hamm-Heessen: Schacht 7 (Außenschachtanlage) des Bergwerks Westfalen (Ahlen). Die Seilfahrtanlage ging 1983 in Betrieb. 1985 waren auch alle Hochbauarbeiten für das Anschlußbergwerk abgeschlossen (Architekt Prof. Dr.-Ing. Fritz Eller, Düsseldorf). Die Höhe aller Bauten ist auf die Lage im Landschaftsschutzgebiet abgestimmt. Höhe des Schachtturms: 26 m, der höchste Punkt des Kauen- und Belegschaftsgebäudes (links im Bild) beträgt 12 m. † 2000.

Bergwerke im Park

Die Erschließung neuer Kohlenfelder im Norden des Reviers erforderte das Niederbringen weiterer, immer tiefer reichender Schächte. Der Standort dieser Schächte ergibt sich aus den geologischen Verhältnissen der Lagerstätten in über 1 200 Metern Tiefe. Die Schächte stehen oft in unberührter Landschaft, Feldern und Wäldern. Hieraus ergaben sich zwingende Forderungen für die Gestaltung aller notwendigen Übertagebauten. Die Schönheit der Natur ist ein hoher Wert, und der Kampf zwischen dieser «zwecklosen» Schönheit und der sachlichen Notwendigkeit der Technik ist sicher nicht immer leicht zu schlichten.

Die Schachtanlage HALTERN 1/2 entstand 1980 bis 1985 in der Waldlandschaft an der Haard (südlich der Lippe) im Süden der Stadt Haltern (s. S. 96). Die Planung der Übertagebauten erfolgte durch die Hauptabteilung Bauwesen der Bergbau AG Lippe (Herne); ausführende Architekten: Fritz Winkhaus (1931 - 1989) und Günter Patschul (Essen). Durch sparsame Bemessung des Grundstücks wurde die Landschaft weitestmöglich geschont. Die Lage von HALTERN 1/2 in einer natürlichen Senke ist durch Geländeabtragung im Norden und Aufschüttung im Süden noch betont worden. Alle Bauwerke blieben im Profil der umgebenden Landschaft. Das größte Gebäude, die Waschkaue, ist an der Stelle eines abgetragenen Hanges so angeordnet, daß es dessen ursprüngliches Profil auch der Form nach in etwa ergänzt. Der Förderturm (39 m hoch) und die Schachthalle des Schachtes 1 waren in ihrer Bemessung und technischen Ausstattung durch den Turm der früher erstellten Schachtanlage AN DER HAARD 1 vorgegeben, die in der Nähe liegt. Materialwahl und Farbgebung der einzelnen Anlageteile wurden so gehalten, daß sich die Bauwerke möglichst unauffällig in die Landschaft einfügen.

Die Architekten Winkhaus und Patschul haben seit Gründung der RAG auch bei den Bergwerken CONSOLIDATION, EMSCHERMULDE, FÜRST LEOPOLD und WULFEN mitgewirkt. Sie sind Schüler von Fritz Schupp und führen seit 1973 das Architektenbüro Schupp weiter. In den über 70 Jahren seines Bestehens hat dieses Büro eine große Anzahl von Ruhrzechen gestaltet, von denen viele nicht mehr existieren, denen aber sämtlich eine mustergültige, richtungweisende Architektur eigen war und ist: AUGUSTE VICTORIA, BONIFACIUS, CAROLINENGLÜCK, CARL FUNKE, DAHLHAUSER TIEFBAU, EWALD, FRITZ-HEINRICH, GERMANIA, GNEISENAU, GUSTAV, GRIMBERG 1/2 UND 3/4, HANSA, HAUS ADEN, HARDENBERG, HEINRICH ROBERT, HOLLAND, KATHARINA, MONOPOL, NORDSTERN, PLUTO, RHEINELBE, RHEINPREUSSEN, MINISTER STEIN, THYSSEN 3/5, VICTORIA und ZOLLVEREIN.

Die bei HAUS ADEN (Schacht 7 – Romberg – in Werne-Langern) von Winkhaus/Patschul gefundene Lösung der Fördergerüstgestaltung ist nicht nur technisch interessant, sondern auch ästhetisch und könnte ebenso richtungweisend werden, wie es Schacht 12 von Zollverein gewesen ist. Das betrifft vor allem den oberen Abschluß, den «Kopf» des Gerüstes. Die schwere Kranbahn, die früher zum Auswechseln der Seilscheiben, für Reparaturen usw. benötigt wurde, gab den alten Fördergerüsten zugleich den charakteristischen oberen Abschluß; durch die Entwicklung von Kranfahrzeugen ist

Voerde: Die Tagesanlagen des Seilfahrt- und Wetterschachtes Voerde (Bergwerk Walsum) sind architektonisch von ästhetischem Reiz. Der Schacht erschließt das Nordfeld des Bergwerks, und die Tagesanlagen (Stahlkastenstreben-Fördergerüst, Kaue für 1 600 Bergleute, Lampenstube, Bürogebäude, Kantine und Parkplätze) wurden in zukunftweisender Technik umweltfreundlich auf dem schon vor der Aufnahme der Teufarbeiten großzügig begrünten Gelände errichtet.

Werne-Langern: Eingang zu Schacht 7 (Romberg) des Bergwerks Haus Aden. Die Gestaltung dieser Schachtanlage und ihre Einordnung in die Landschaft stellte die beteiligten Industriearchitekten vor besondere Aufgaben der Ausformung und Materialwahl der einzelnen Gebäude, die sich mit ihrem warmen Ziegelton harmonisch in die Umgebung einfügen. Für das Fördergerüst (Stahlkastenstreben) wurde eine Form kreiert, die richtungweisend für Jahrzehnte sein dürfte.

es möglich geworden, alle erforderlichen Montagen vom Boden aus durchzuführen. Mit dem Wegfall der Kranbahn verloren aber die modernen Fördergerüste das «Dach». Den Abschluß bilden jetzt die Seilscheiben. Die Seilscheibenbühnen im oberen Teil des Fördergerüsts müssen für die Wartung zugänglich sein (Treppe). Infolge der größeren Teufen und anderen höheren Belastungen wurde ein Personenaufzug für das Wartungspersonal erforderlich. Der Schacht dieses Aufzuges überragt mit dem Gehäuse der Aufzugmaschine die obere Seilscheibenbühne. Aufzugturm und Seilscheiben stehen daher bei einigen modernen Fördergerüsten beziehungslos nebeneinander. Bei dem Romberg-Gerüst wurde das Gehäuse für die Aufzugmaschine mit den bis zur oberen Seilscheibenbühne reichenden Stahlkastenstreben so verbunden, daß der vom Boden aufsteigende runde Aufzugschacht optisch neben den beiden Hauptstreben das «dritte Bein» des Fördergerüstes bildet. Die Schachtanlage ROMBERG wurde 1988 und 1989 mit Architekturpreisen ausgezeichnet, auch die Schachtanlage HALTERN 1/2 erhielt 1989 eine Auszeichnung.

Die Erstellung der Schachtanlage VOERDE im Nordwestfeld des Bergwerks WALSUM ist 1979 begonnen worden. Aus Gründen des Hochwasserschutzes (s. S. 102) mußte das Gelände durch Wälle und sanft geneigte Hänge um ca. vier Meter aufgehöht werden, die organisch in die umgebende Landschaft eingefügt wurden. Noch vor Aufnahme der Teufarbeiten ist das Baugelände begrünt worden, so daß die Ende 1987 fertiggestellten Tagesanlagen von Anfang an von einem stattlichen Bewuchs (Bäume und Sträucher) umsäumt waren. Die Wahl der Bepflanzung erfolgte unter dem besonderen Aspekt der Schaffung von Lebensräumen für die heimische Flora und Fauna. Sämtliche Tagesanlagen sind in Höhe, Form und Farbe der niederrheinischen Landschaft angepaßt; das Fördergerüst (Stahlkastenstreben) ist 45 m hoch. Ein Beitrag zum Landschafts- und Umweltschutz ist die flächensparende Bauweise der Schachtanlage. Von der Gesamtfläche (ca. 139 000 Quadratmeter) werden als Betriebsfläche ca. 40 500 Quadratmeter in Anspruch genommen; 9 400 Quadratmeter wurden überbaut. Die hier praktizierte Bauweise muß aber auch mit dem Blick auf die erwünschte Humanisierung der Arbeitswelt hervorgehoben werden; alle für die Belegschaft (1 600 Beschäftigte) wichtigen Funktionsbereiche sind im Kauen- und Sozialtrakt ihrer funktionsgerechten Abfolge gemäß einander zugeordnet. Der Weg vom Haupteingang zum Schacht ist kurz und ohne störende Höhenunterschiede gestaltet. Die Wärmeversorgung der Gebäude erfolgt zu 90 Prozent aus Abwärme der Druckluftkompressoren. Zum Abschluß der Bauarbeiten wurde am Haupteingang der Schachtanlage ein Findling aus einer Kirchhellener Kiesgrube aufgestellt mit einem eingemeißelten Relief: die heilige Barbara, flankiert von den Silhouetten der Gerüste über den Schächten Franz und Wilhelm der Zeche WALSUM, dem Mutterbergwerk der Anlage VOERDE.

Bei der Planung der Übertagebauten der Schachtanlage AN DER HAARD 1 in Datteln (†1999) stand im Vordergrund, die Raumfolge, die der Bergmann auf seinem Weg zum Schacht durchläuft, optimal zu organisieren. Dieser Weg zum Arbeitsplatz liegt seit Jahrhunderten traditionell fest und ist gekennzeichnet durch die Stationen Steigerstube – Weißkaue – Sanitärbereich – Schwarzkaue – Lampenstube und Brücke zum Förderkorb und Schacht. Die mit der Durchführung der Bauarbeiten beauftragten Architekten Prof. Dr.-Ing. Walter Henn und Dr.-Ing. Gunter Henn (München) ordneten Weißkaue, Sanitärbereich, Schwarzkaue und Lampenstube (mit Schachtbrücke) in Querrichtung an. Dadurch ergab sich ein kurzer Durchgang aller Stationen.

Planung und Bauaufsicht für die Hochbauarbeiten von Schacht 7 des BERGWERKS WESTFALEN (Abb. S. 131, † 2000) leitete Fritz Eller (Düsseldorf). Bauzeit: 1982 - 1984. Einzusehen war die Außenschachtanlage nur von der Landstraße Ahlen – Hamm/Heessen. In unmittelbarer Nachbarschaft zu dem Naherholungsgebiet der Stadt Hamm und zur Waldbühne Heessen schirmen künstlich angelegte bepflanzte Geländeprofile das gesamte Betriebsgelände ab. Das Betriebsgebäude enthielt Kauen für 3 350 Arbeiter und 350 Angestellte, je eine Jugend- und Versehrtenkaue sowie die Kauen für die Betriebsleitung.

Die erste Regel des Schönen in der Baukunst: Ein jedes Bauwerk muß so geschaffen sein, daß es in der seinem Zweck entsprechenden einfachsten Form konstruiert wurde. Ein Gebäude, das äußerlich eine andere Form aufweist, als der innere Raum seiner Bestimmung nach hat, verführt den Beschauer, das ganze Werk für etwas anderes zu halten, als es ist. Das heißt: Das Äußere erhält einen falschen Charakter.

Louis Catel – Berliner Baumeister um 1800

KATALOG der Bergwerke

Lexikon aller Schachtanlagen an der Ruhr, die 1958 in Förderung standen. Damals schrieb ein Kenner des Reviers, der Schriftsteller Felix Beielstein („Rauch an der Ruhr", „Die große Unruhe", „Sterne zeigen den Weg" u.a., 1886 - 1964): „So leicht wird diese Summe an Bergbau nicht wieder erreicht werden." Diese 128 Zechen förderten jährlich etwa 122 Millionen Tonnen Steinkohle. Sie sind besonders gekennzeichnet (in der geographischen Ordnung von Westen nach Osten), um den Wandel des Ruhrbergbaus seit der großen Kohlenkrise 1959/69 augenfällig zu machen („Nordwanderung").

In diesem Katalog werden sämtliche Bergwerke von technischer oder wirtschaftlicher Bedeutung erfaßt, die seit den Anfängen eines geregelten Bergbaus an der Ruhr entstanden sind. Dabei mußten die zahlreichen Miniaturbetriebe, in denen meist nur der Besitzer selbst die Kohle für seinen eigenen Bedarf schürfte und die sich im Laufe der Jahrhunderte auf mehrere Tausend summierten, unberücksichtigt bleiben. Dasselbe gilt für die hunderte Kleinzechen, die sowohl nach dem Ersten und verstärkt nach dem Zweiten Weltkrieg (oft nur für kurze Dauer) in Betrieb gewesen sind. Auf die verdienstvolle, präzise Dokumentation von Joachim Huske „Die Steinkohlenzechen im Ruhrrevier" sei verwiesen.

Auch die *Erbstollen*, die früher hauptsächlich oder ausschließlich zur Wasserlösung der Produktionsbetriebe an der Ruhr von großer Bedeutung waren werden hier registriert (um 1720 beginnend, sind bis in die Mitte des 19. Jahrhunderts an vielen Stellen des Reviers Erbstollen aufgefahren worden, die oft über hundert Jahre in Betrieb gewesen sind).

Zahlreiche technikgeschichtliche und architekturhistorische Hinweise sind, wo immer angängig, eingebaut. Zwischen den Emblemen ⚒ und ⚒ listet der Katalog Bergwerksbauten und Siedlungen auf, die noch bestehen und großenteils denkmalgeschützt sind. Allerdings war es auch bei der Neubearbeitung für die vorliegende Auflage nicht möglich, mit zumutbarem Aufwand aktuelle, zuverlässige Informationen über den Bestand bergbaulicher Denkmäler im Ruhrgebiet zu bekommen. Nur zu den Zechen im westfälischen Teil der Region (östlich von Essen) gab es beim Landschaftsverband Westfalen-Lippe eine aktuelle Liste denkmalgeschützter Gebäude und Maschinen. Für den rheinischen Teil und die Siedlungen im gesamten Ruhrgebiet mußte auf andere Quellen zurückgegriffen werden, die nicht immer Aussagen über den Denkmalschutz machen. Die Abschnitte zum Denkmalbestand sollten also weder als vollständige Auflistung mißverstanden werden noch können sie eine Gewähr dafür bieten, dass darin genannte Bauwerke dauerhaft erhalten bleiben.

Der Katalog ist nach Bergbaugemeinden (mit Kfz.-Kennzeichen zur Bezeichnung des Landkreises) alphabetisch geordnet. Bei der Einordnung bleiben Zusätze vor den Zechennamen (z.B. Am, An der, St., Ver., Vereinigte, Zum, Zur u.ä.) unberücksichtigt. Die halbfette Kennzeichnung (WO 1 bis WO 128) links über einem Zechennamen verweist auf die Liste „Von Westen nach Osten" S. 310); die Ziffern am rechten Rand sind Bildseitenzahlen.

***Ahlen (Westfalen): Bergwerk Westfalen**, die am weitesten im Osten liegende Schachtanlage des Reviers. Schon in den 1950er Jahren gehörte sie zu den tiefsten Zechen. Teufe der Hauptfördersohle: 1260 m. Jahresförderung: 2,3 Millionen Tonnen. Im Bild der 1987 stillgelegte und 1989 verfüllte Schacht 3 in einer Aufnahme vor 1982. † 2000.*

***Ahlen (Westfalen), Bergwerk Westfalen:** Die Schächte 1 und 2 (Bildmitte, Hintergrund) sind 1909 in Angriff genommen worden und erreichten 1910 das Steinkohlengebirge. Gegen Ende des Zweiten Weltkrieges erlitt die Zeche schwere Schäden, die schnell behoben wurden. Bereits 1948 förderte das Bergwerk wieder über eine Million Tonnen Kohle. Aufnahme vor 1982.*

Abkürzungen:

DSK = Deutsche Steinkohle AG
EBV = Eschweiler Bergwerks-Verein
GAV = Gewerkschaft Auguste Victoria
RAG = Ruhrkohle AG
† vor der Jahreszahl = Stilllegung

AHLEN (WESTFALEN) WAF
WO 128 76 131 134f.
Bergwerk Westfalen (EBV/RAG/DSK)
Der 133 Millionen Quadratmeter umfassende Grubenfeldbesitz wurde bereits vor dem Ersten Weltkrieg durch eine Doppelschachtanlage erschlossen. Die Schächte 1 und 2, die 1909 angesetzt wurden, erreichten 1910 bei 945 m Teufe das Steinkohlengebirge. 1911 hatten die Schächte ihre Endteufe von 1 088 m, nachdem neun abbauwürdige Flöze mit einer Gesamtmächtigkeit von über zehn Metern durchfahren waren. Seit 1913 steht die Schachtanlage in Förderung. Bei Beginn der planmäßigen Produktion wurde auch eine Kokerei (80 Regenerativöfen) in Betrieb genommen. Die Förderleistung stieg schnell an. 1917 wurden bereits 350 000 Tonnen Kohle gefördert. In diesem Jahr wurden 177 000 Tonnen Koks hergestellt. Bis 1925 stieg die Förderung auf 70 000 Tonnen und die Kokserzeugung auf 228 000 Tonnen. Nachdem die Förderung in den Jahren der Weltwirtschaftskrise vorübergehend abgesunken war, erholte sie sich nach 1934 langsam. 1935 konnte der zecheneigene Hafen am Lippe-Seitenkanal in Betrieb genommen werden. 1936 begann das Abteufen eines dritten Schachtes, der 1937 in Betrieb ging. 1938 erreichte die Förderung über eine Million Tonnen. Die Kokserzeugung lag in diesem Jahr mit 170 000 Tonnen wesentlich unter der in den zwanziger Jahren. 1940 begann das Abteufen des Schachtes 4 (Wetterschacht für die Anlage 3/4). Die Schachtanlage 1/2 erlitt gegen Ende des Zweiten Weltkrieges schwere Schäden, deren Beseitigung schnell in Angriff genommen wurde, so daß 1948 mit einer Förderung von 1,1 Millionen Tonnen der Stand des Jahres 1938 überholt war.

Der Wiederaufbau und die Modernisierung der Betriebsanlagen waren 1952 abgeschlossen, ebenso der erste Abschnitt des Kokereiausbaus. 1953 begann das Abteufen von Schacht 5 (Düsseldorf). Die Teufarbeiten wurden 1956 beendet (1 073 m). Um die Leistungsfähigkeit der Förderschächte 1 und 2 zu vergrößern, ist im gleichen Jahr eine weitere elektrische Fördermaschine aufgestellt und in Schacht 2 eine zweite Förderung eingebaut worden. Die Tagesförderung der Grube belief sich 1956 auf 6 000 Tonnen; mehr als 90 Prozent der Förderung wurden damals bereits in mechanisierten Betrieben gewonnen. Insgesamt betrug die Förderung in diesem Jahr 1,65 Millionen Tonnen (Fettkohle); die Kokerei erzeugte 340 000 Tonnen Koks.

Der Schacht 7 war 1 330 m tief und erschloß das neue Baufeld Maximiliangraben des Bergwerks. Im Schachtturm wurde eine sechsseilige Fördermaschine mit 2 100 kW Antriebsleistung installiert. Die Förderkörbe maßen 6 mal 2,30 m und hatten zwei Etagen. Auf jedem Korb konnten 110 Personen befördert werden. Die Seilfahrtanlage (auf dem Enniger Berg in Hamm-Heessen) wurde 1983 in Betrieb genommen. 1985 waren auch die Hochbauarbeiten für das Anschlußbergwerk abgeschlossen.

Hamm-Heessen (Bergwerk Westfalen, Ahlen): Eingangshalle Schacht 7 vom Haupteingang gesehen. Rechts: Statue der heiligen Barbara; links die Steigerstube mit den Sprechplätzen. Im Hintergrund: Zugang zur Mannschafts-Weißkaue (vgl. Abb. S. 131).

Die dem Schacht zugeordneten Übertageanlagen hatten alle Funktionen einer Schachtanlage mit Ausnahme der Produktenförderung und der Kohlenaufbereitung; diese verblieben weiterhin in Ahlen. Die Notwendigkeit, den Schacht in einem Landschaftsschutzgebiet abzuteufen und die wichtigen Tagesbetriebsanlagen (Kauen- und Belegschaftsgebäude) an dieser Stelle zu errichten, stellte die Planer, Ingenieure und Architekten (Professor Fritz Eller, Düsseldorf) vor schwierige Aufgaben. Im Zusammenwirken mit den beteiligten Behörden wurden dem gesamten Bauprojekt zunächst Landschaftspläne vorangestellt. Auf ihnen beruhte die schließlich gefundene Lösung einer Industriearchitektur, die sowohl in funktionaler als auch in ästhetischer Hinsicht hervorragend gelang. Zu diesem Urteil tragen die farbliche Gestaltung aller Fassaden in einem der Landschaft angepaßten Grün in Verbindung mit einem dunkelroten Ziegelmauerwerk, aber auch die Abmessungen und die gegenseitige Zuordnung der einzelnen Gebäude bei. Die Höhe der Bauten fügt sich harmonisch in die Topographie ein. So wurde mit Rücksicht auf die Lage im Landschaftsschutzgebiet die Höhe des Schachtturmes auf 26 Meter begrenzt. Der höchste Punkt des Kauen- und Belegschaftsgebäudes mißt rund 12 m, die Energiezentrale ist wenig über 13 m hoch.

1986 gab man die Schächte 4 und 5 auf (Schacht 4 1990 verfüllt). Im Jahr darauf wurde Schacht 3 stillgelegt und 1989 verfüllt. Im gleichen Jahr endete der Betrieb der Kokerei. Das Fördergerüst über Schacht 3 wurde 1993 abgebrochen. 1999 förderte das Bergwerk noch 2,45 Millionen Tonnen (2 320 Beschäftigte); im Jahr † 2000 wurde es stillgelegt. S. Schachtanlage Donar.

*Unten: **Ahlen: Bergwerk Westfalen,** Schächte 1 und 2. Aufnahme vor 1959.*

⚒ *Förderweg: Die beiden Fördergerüste der Doppelschachtanlage 1/2 wurden 1912/13 errichtet (deutsche Strebengerüste, Bauart Zschetzsche). Als konsequente Weiterentwicklung des englischen Bocks sind die deutschen Strebengerüste seit etwa 1870 im Ruhrgebiet gebaut worden (die Zschetzsche-Gerüste kamen um 1900 auf). Die Gerüste Westfalen 1 und 2 sind Dokumente der technikgeschichtlichen Entwicklung im Bergbau und landschaftsprägend. Sie sind in Ahlen darüber hinaus als Wahrzeichen und Identifikationsmerkmal des Stadtteils anzusehen. Außer den beiden Fördergerüsten sind erhalten und werden als denkmalwert erachtet, ohne bisher (Stand Juli 2002) in die Denkmalliste eingetragen zu sein: Maschinenhäuser, Kaue und Verwaltung, Pförtnerhaus, Lampenstube und Mannschaftsgang, Lüfter und Lokschuppen.* ⚒

ASCHEBERG COE

Ascheberg-Herbern/Nordick: 16
Schachtanlage Donar
Im Anschlußfeld Donar des Bergwerks *Radbod* steht ein Vorrat von ca. 270 Millionen Tonnen Kohle an. Das Abteufen des Schachtes Radbod 6 war der erste sichtbare Schritt zum Bau des Anschlußbergwerks Donar. Mit dem Schachtteufen ist 1986 begonnen worden (8,10 m Durchmesser); der Schacht wurde 1990 bis zur Endteufe fertiggestellt. Er dient neben der Seilfahrt der Zuführung von frischen Wettern, dem Materialtransport sowie dem Transport von Versatzbergen. Der Verbindungsquerschlag nach Norden zur Erschließung des Feldes Donar auf der 1 030-m-Sohle (Endlänge knapp 4 600 m) nach Radbod 6 wurde aufgefahren. Das Abteufen des Schachtes Radbod 7 (1,5 km westlich von Schacht 6) ist 1987 begonnen worden. Die Fertigstellung des Bauvorhabens wurde dann aber verhindert durch die Gesamtplanung für die Bergwerke im östlichen Teil des Reviers (heute: *Bergwerk Ost*). Bei Erreichen von 55 m Tiefe

Bergkamen: Schachtanlage Grimberg 1/2. 1972 stellte die Anlage ihre Förderung ein.

und nach Herstellung des Vorschachts wurde die Teufarbeit gestundet; † 1990 stellte dann das Bergwerk Radbod seine Förderung ein. S. Bergwerke Radbod WO 125, Heinrich Robert WO 126 und Westfalen WO 128.

BERGKAMEN UN

WO 119 136

Schachtanlage Grimberg 1/2 (RAG)

Benannt nach dem Gewerken der Gewerkschaft Monopol Heinrich Grimberg (Bochum). Mit den Abteufarbeiten der Doppelschachtanlage wurde 1890 begonnen, 1894 ist die Förderung aufgenommen worden. Die weitere Entwicklung dieser Zeche s. Bergwerk Monopol. 1944 wurden die Außenanlagen nahezu restlos zerstört; der Wiederaufbau erfolgte 1948/51. Die höchste Förderung ist 1962 mit 1,08 Millionen Tonnen erbracht worden (2 460 Beschäftigte). Förderung 1965: 880 000 Tonnen. S. Bergwerk Monopol WO 120.

WO 120 22 24 25

Bergwerk Monopol (RAG)

Dieses Bergwerk ist 1874 entstanden aus Akropolis durch Umbenennung des seit 1873 im Abteufen befindlichen Schachtes Friedrich Grillo (Monopol I). 1876 stieß dieser Schacht bei 287 m Teufe auf das Karbon, und 1879 wurde die Förderung aufgenommen. Das Teufen des Schachtes Friedrich Grillo 2 (neben Schacht 1) begann 1887. Der Schacht stieß 1888 bei 287 m auf das Steinkohlengebirge. 1890 begann das Teufen des Schachtes Grimberg 1 (Monopol II) in Bergkamen. Der Schacht Friedrich Grillo 2 war 1892 mit 775 m Teufe der tiefste Schacht an der Ruhr. Grimberg 1 stieß im gleichen Jahr auf das Karbon (bei 453 m Teufe). 1894 begann das Teufen des Schachtes Grimberg 2 (neben Grimberg 1), der aber bald zusammenbrach und neu angesetzt werden mußte. 1895 belief sich die Kohlenförderung der Zeche auf ca. 290 000 Tonnen (1 235 Beschäftigte). Der Schacht Grimberg 2 nahm 1896 die Förderung auf. 1900 hatte die Kohlenförderung des Bergwerks rund 588 000 Tonnen erreicht (2 413 Beschäftigte).

Eine Schlagwetterexplosion forderte im Herbst 1901 acht Todesopfer. 1906 begann das Abteufen des Schachtes Grillo 3 (auch Kiwitt genannt). Förderung 1910: ca. 900 000 Tonnen (3 035 Beschäftigte). Förderung 1913: 1,1 Millionen Tonnen (3 413 Beschäftigte). Die Berechtsame des Bergwerks umfaßte damals 84,7 km². Das Teufen des Schachtes Grimberg 3 (Kuckuck) begann 1925 (Monopol III, Bergkamen-Weddinghofen). Dieser Schacht wurde bereits 1927 wieder stillgelegt und soff 1930 ab. In diesem Jahr erreichte die Kohlenförderung des Bergwerks 1,4 Millionen Tonnen (4 632 Beschäftigte). Das Sümpfen von Grimberg 3 begann 1932 und wurde 1934 abgeschlossen; im gleichen Jahr begann das Abteufen des Schachtes Grimberg 4, der 1935 bei 409 m Teufe auf das Steinkohlengebirge stieß. Die Förderung auf Grimberg 3/4 begann 1936. Die höchste Förderung hat die Zeche 1943 mit 2,46 Millionen Tonnen erbracht (5 947 Beschäftigte).

1944 ist die Schachtanlage Grimberg 1/2 durch Bombenangriffe zerstört worden. Auf Grimberg 3/4 ereignete sich im gleichen Jahr eine schwere Schlagwetterexplosion, die 107 Todesopfer forderte. 1945: Trennung des Bergwerks in Grillo / Grimberg 1/2 und Grimberg 3/4. Auf Monopol liefen seit 1948 die zahlreichen entscheidenden Versuche, den schon 1942 entwickelten *Kohlenhobel* (schälende Kohlengewinnung) zum vielseitig verwendbaren Schnellhobel umzugestalten.

Die Rückbenennung (auf Monopol) erfolgte 1970. In diesem Jahr belief sich die Förderung auf 2,24 Millionen Tonnen (3 900 Beschäftigte). Die Schachtanlage Grimberg 1/2 stellte 1972 die Förderung ein; das Baufeld kam zu Grillo und wurde 1974 aufgegeben.

1975 begannen die Vorarbeiten für die Errichtung des Bergwerks Neu-Monopol. Mit dem Aufschluß des Feldes Monopol III wurde 1977 begonnen. Der Abbau in diesem Feld lief 1979 an. 1981 wurde die Schachtanlage Grillo 1/2 stillgelegt; die Schächte Grillo 2 und 3 sind 1983 verfüllt worden. Die neue Zeche liegt im Bereich von Kamen und Bergkamen; sie umfaßt die Schachtanlagen Grillo 1/4 und Grimberg 1/2 sowie Werne 3. Bis Ende 1981 sind Förder- und Aufbereitungskapazität des Bergwerks auf eine Leistung von 9 000 Tonnen täglich erweitert worden. Vorhandene Schächte wurden tiefergeteuft, und unter Tage entstand ein neues Grubengebäude. Die Aufbereitung der teilweise aus 1 350 m Teufe kommenden Kohle erfolgte umweltfreundlich unter dem Dach einer weitläufigen Halle (220 m lang, 63 m breit und 34 m hoch). Auch die alten Tagesanlagen des Bergwerks sind im Zuge des Ausbaus umgestaltet worden. Das neu errichtete Fördergerüst ist mit 73 m Höhe eines der markantesten des Ruhrgebiets. Die Neubaumaßnahmen schufen die Möglichkeit, auch komplette Ausbaueinrichtungen erheblichen Ausmaßes nach unter Tage zu transportieren. Für die Materialförderung wurde der Schacht Grimberg 2 mit einem großen Korb ausgerüstet (5,36 m lang, 1,85 m breit und 2,65 m hoch je Korbsatz). Monopol galt als eine der modernsten Bergwerksanlagen der Bundesrepublik Deutschland. 1982 erfolgte die Umbenennung des Bergwerks von Neu-Monopol in Monopol.

1983 verfüllte man die Schächte Grillo 2 und 3; Grillo 1 blieb offen, um mit seiner zentralen Kühlanlage den geplanten Abbau im Flöz Mausegatt zu bewettern. Der Abbau der Mausegatt-Kohlen begann 1991. Förderung 1992: 2,33 Millionen Tonnen (3 386 Beschäftigte). Am Beginn des Jahres 1993 erfolgte der Zusammenschluß mit Haus Aden zum Verbundbergwerk Haus Aden/Monopol. Die höchste Förderung betrug 2,46 Millionen Tonnen (1985). S. Schachtanlagen Grimberg 1/2 WO 119, Grillo WO 121, Zeche Werne WO 124 und Bergwerk Haus Aden/Monopol WO 118/120.

⚒ *Nach der Stillegung der Schachtanlage Grillo 1/2 (1981) blieben zwei Verwaltungsgebäude erhalten, das ältere im gründerzeitlichen Stil 1910 gebaut, das jüngere aus den 1950er Jahren. Die IBA Emscher Park sorgte für eine neue, gewerbliche Nutzung der Gebäude und ließ auf dem Zechengelände einen Gewerbepark und die Gartenstadt Sesekeaue entstehen. Für das Flüßchen Seseke gibt es einen Renaturierungsplan. Der Schacht Grillo 1 dient heute dem Bergwerk Ost zu Bewetterung und Materialtransport. Sein Fördergerüst (1966/67) mit Maschinenhaus und Fördermaschine wurde 2002 in die Denkmalliste eingetragen. Auch das 1980 über dem Schacht Grimberg 2 errichtete Vollwandstrebengerüst gilt als denkmalwert, steht aber bisher (Stand Juli 2002) nicht in der Liste.* ⚒

Bergkamen-Oberaden: Bergwerk Haus Aden. Der Name verweist auf die Gemarkungen Ober- und Niederaden. Das Luftbild von 1976 (oben) zeigt in der Mitte links das moderne Stahlkastenstreben-Fördergerüst über Schacht 2, daneben das Doppelbockfördergerüst über Schacht 1. – Auch das untere Bild (aus den 1980er Jahren) erfaßt das Gebiet des Bergwerks mit dem Blick nach Norden. Oben von Mitte links zur rechten Bildecke der Datteln-Hamm-Kanal mit der Hafen-Verladeanlage und dem Gleisabsatz davor. Vordergrund vor den beiden Fördergerüsten: Ortsteil Oberaden.

Bergkamen-Oberaden:
WO 118 19 39 99 132 137 138
Bergwerk Haus Aden (RAG)

Erste Aktivitäten, in diesem Gebiet eine Schachtanlage zu errichten, gehen bis in das Jahr 1875 zurück. Damals wurden die Grubenfelder Haus Aden von den Gewerken Emil Ebbinghaus (Asseln) und Heinrich Grimberg (Bochum) erworben. Der Name verweist auf die Gemarkung Ober- und Niederaden. Alte Überlieferungen berichten von Geschlechtern auf dem Rittersitz am rechten Ufer der Seseke, die die Grenze zwischen Ober- und Niederaden bildet. Von der einstigen Gutsherrlichkeit blieb nur die Adener Mühle. In Urkunden wird ein Liudolphus de Adene schon 1150 nachgewiesen, um 1410 hat ein Hermann to Adene das Gut Overvelt (Oberfelde in Niedersachsen) als Volmarsteinisches Lehen erworben. 1554 wurde Caspar von Schwansbell – bei Lünen – mit Aden belehnt; sein Sohn Balster führte den Namen von Schwansbell zu Oberfelde und Aden. Die Abteufarbeiten der Doppelschachtanlage wurden 1938 begonnen (Schacht 2). Das Teufen des Schachtes 1 begann 1939; in diesem Jahr stieß Schacht 2 bei 456 m Teufe auf das Steinkohlengebirge. 1941 hatte er bei 924 m seine Endteufe erreicht; Förderaufnahme: 1943. In diesem Jahr betrug die Produktion etwas über 60 000 Tonnen Kohle (1 080 Beschäftigte). Infolge des Zusammenbruchs nach dem Zweiten Weltkrieg mußte im Frühjahr 1945 die Förderung vorübergehend eingestellt werden. Mitte 1945 wurde sie in bescheidenem Rahmen wieder aufgenommen. 1950 belief sich die Förderung bereits auf ca. 596 000 Tonnen (2 335 Beschäftigte), und 1955 ist der Ausbau der Anlage zu einem gewissen Abschluß gekommen. Im gleichen Jahr begann das Teufen des Schachtes 3 (Bewetterung). 1956 ist erstmals eine Jahresförderung von über einer Million Tonnen erreicht worden. Förderung 1965: 1,33 Millionen Tonnen. 1970 wurde die Schachtanlage Grimberg 3/4 angeschlossen. 1975 umfaßte das Baufeld des Bergwerks 18 km²; Kohlenförderung: 2,99 Millionen Tonnen (4 260 Beschäftigte). Im August 1985 erfolgte der Anschluß der bisherigen Gneisenau-Felder Victoria / Kurl durch einen 2,3 km langen Förderberg. Damit vergrößerte sich das Grubenfeld auf 38 km². Das Bergwerk hatte zehn Schächte.

Aus den Feldern Haus Aden, Grimberg 3/4 und Victoria / Kurl sind bis Ende April 1988 etwa 120 Millionen Tonnen Kohle gefördert worden. Die Vorräte der ab 1940 erschlossenen Lagerstätte gingen jedoch zur Neige. Um die Arbeitsplätze zu sichern und die modernen Förder-, Aufbereitungs- und Verladeeinrichtungen in Bergkamen-Oberaden weiter nutzen zu können, begannen in den siebziger Jahren die Planungen für ein Anschlußbergwerk im Nordfeld. Einschließlich dieses Nordfeldes umfaßt das Grubenfeld 80 km². Der Beschluß, das Anschlußbergwerk Haus Aden Nordfeld zu bauen, erfolgte Ende 1977. Die umfangreichen markscheiderischen Untersuchungen in den folgenden Jahren zeigten, daß die Lagerstätte mit der ruhigen flachen Lagerung der Flöze immer deutlicher wird; die Kohlenflöze reichen bis in eine Tiefe von 1 300 m. Der Abbau kann großflächig erfolgen. Das bedeutet, daß auch die Senkungen an der Tagesoberfläche gleichmäßiger verlaufen und weniger Schäden verursachen als bei dem kleinflächigen, unkontrollierten Abbau, der vor Gründung der Ruhrkohle AG an vielen Stellen des Reviers betrieben worden ist.

Für das Anschlußbergwerk mußten insgesamt drei Schächte neu geteuft werden (zwei Wetterschächte und ein Seilfahrtschacht). Kohlenförderung, Material- und Bergeförderung erfolgten über die bestehenden Förderschächte Haus Aden 1 und 2; die hereingewonnene Kohle aus dem Nordfeld wurde unterirdisch über fünf Kilometer nach Bergkamen-Oberaden abtransportiert. Nach dem Abteufen des Schachtes 6 (Teufe 1 388 m) wurde das Auffahren der Verbindungsstrecken unter Tage nach Norden in Angriff genommen.

Voraussetzung für den Förderbeginn im

***Werne-Langern:** Schacht 7 (Romberg) des **Bergwerks Haus Aden**. Das Abteufen begann im Februar 1983 und endete im Mai 1985. Unser Foto läßt die gelungene Einbettung der Schachtanlage in die fast unberührte Landschaft des Münsterlandes erkennen. Die in dem Anschlußbergwerk gewonnene Kohle rollt unter Tage zu den Förderschächten Haus Aden 1 und 2 in Bergkamen, wird dort zu Tage gehoben und verarbeitet (vgl. Abb. S. 132).*

*Links: **Bergkamen-Weddinghofen: Schachtanlage Grimberg 3/4** des Bergwerks Haus Aden. Links im Bild das Stahlkastenstreben-Fördergerüst über Schacht 3, rechts Schacht 4 (Vollwandstreben). Aufnahme vor 1981.*

Nordfeld (Kohlenvorrat 150 Millionen Tonnen) war das Niederbringen des Schachtes Haus Aden 7 (Romberg) in Werne-Langern als Seilfahrtanlage. Nach dem ersten Spatenstich für das Abteufen des Schachtes im Februar 1983 ist im Mai 1986 mit dem Bau der Tagesanlagen begonnen worden (Kauen- und Betriebsgebäude, Schachthalle, Schalthaus, Gasabsaugung und Heizzentrale). Bei der Ausgestaltung der Tagesanlagen und deren harmonischer Einbettung in das Landschaftsbild sind Erfordernisse des Umweltschutzes vorbildlich berücksichtigt worden. Mitte 1988 waren die Bauten fertiggestellt. Die Fördermaschine von Schacht 7 ist eine Neukonstruktion, die hier erstmalig verwirklicht wurde (in der Treibscheibe integrierter Elektromotor). Diese Konstruktion bietet die Vorteile eines geringeren Bauvolumens in der Fundamentierung durch kompakte Bauweise sowie eine einfache Lagerung der Maschine durch Verwendung von Wälzlagern. Schacht Romberg ist 1 045 m tief und hat einen Durchmesser von 7,5 m. Neben der Förderanlage für Seilfahrt und Sondermaterialtransport sind in dem Schacht Leitungen für Druckluft, Dammbaustoffe, Frischwasser, Gasabsaugung und elektrische Energie eingebaut. Der Kohlenabbau im Nordfeld begann im Juli 1988 im Flöz Robert / Albert.

Um die Eßkohle im Flöz Mausegatt abbauen zu können, hatte man 1987 begonnen, den Schacht Grimberg 3 tiefer zu teufen; zwei Jahre später erreichte er seine Endteufe: 1 635 Meter machten ihn zum tiefsten Schacht Europas (1994 schon wieder verfüllt). Im Mausegatt-Niveau erfolgte 1991 der Durchschlag mit dem Bergwerk Monopol, Anfang 1993 kam dann der Zusammenschluß zu Haus Aden/Monopol. Am 15. April 1992 starben auf Haus Aden sieben Bergleute bei einer Schlagwetterexplosion. In diesem Jahr förderten 4 782 Beschäftigte 3,24 Millionen Tonnen Kohle. Seine höchste Förderung erreichte das Bergwerk 1986 mit 3,9 Millionen Tonnen (Fettkohle). S. Bergwerk Gneisenau WO 113, Schachtanlage Grimberg u. Bergwerk Haus Aden/Monopol WO 118/120.

Bergkamen-Oberaden:
WO 118 / 120
Bergwerk Haus Aden/Monopol

Entstanden 1993 durch den Verbund der Bergwerke Haus Aden und Monopol, deren Baufelder im gleichen Jahr mit einem 1,7 km langen Förderberg verbunden wurden. Monopol legte man 1994 still, die Monopol-Kohlen gelangten unter Tage zum Förderstandort Haus Aden 1/2. Förderung 1997: 2,24 Millionen Tonnen (3 430 Beschäftigte). 1998 gab man den Abbau im Baufeld Kurl auf und verband Haus Aden/Monopol mit Heinrich Robert zum Bergwerk Ost. S. Bergwerk Ost WO 126/118/120.

Bergkamen-Weddinghofen: 138
WO 118
Schachtanlage Grimberg 3/4 (RAG)

Diese Schachtanlage ist 1934 erbaut worden. Von Schacht 3 war aus früheren Jahren lediglich eine unter Wasser stehende Schachtröhre vorhanden (1925 begonnen, 1932 *gesümpft*). Nach Fertigstellung von Schacht 4 (begonnen 1930) nahm das Bergwerk 1936 die Förderung auf. 1946 kam der Untertagebetrieb durch Explosion (Schlagwetter/Kohlenstaub) im Grubengebäude zum Erliegen. Es wurde zerstört; 405 Bergleute kamen ums Leben. Ab 1949 begannen die *Aufwältigungsarbeiten* und der Wiederaufbau. Mitte 1952 konnte die Förderung wieder aufgenommen werden; sie betrug ca. 50 000 Tonnen (780 Beschäftigte). Bis 1960 stieg sie auf 855 000 Tonnen (2 010 Beschäftigte). 1970: Zusammenschluß mit dem Bergwerk Haus Aden. Die höchste Förderung ist 1973 mit rund 1,44 Millionen Tonnen erbracht worden. 1974 erfolgte die völlige Übernahme durch Haus Aden und die Fördereinstellung. Die gewonnene Kohle wird unter Tage nach Haus Aden transportiert und kommt dort zu Tage. Schacht 3: Seilfahrt- und Materialschacht (Gestellförderung); Schacht 4: Seilfahrt- und Wetterschacht mit Gestellförderung. Teufe der Hauptfördersohle: 1 003 m. S. Bergwerke Haus Aden WO 118 und Monopol WO 120.

BOCHUM BO

Zeche Friederica

Im Feld dieser Zeche (auch Friederica Erbstollen genannt) ist wahrscheinlich schon im 14. Jahrhundert Pingenbau betrieben worden, und 1745 erfolgte die erste namentliche Erwähnung; in drei Stollen wurde damals bereits Kohle gewonnen. 1772 wurde der Friederica-Oberstollen aufgefahren, und 1799 sind über 2 200 Tonnen Kohle gefördert worden. Um 1800 wird ein Dorotheen-Schacht erwähnt, und 1804 begann das Abteufen der Schächte Kilian und David, 1806 das der Schächte Fortuna und Rosa. 1807 begann das Abteufen des Schachtes Levy (Levi) bereits durch eine über zehn Meter mächtige Mergelschicht, bei dem sich starke Wasserzuflüsse ergaben. Während der französischen Besatzung begann das Abteufen des Schachtes Napoleon, der 1814 in Wilhelm umbenannt worden ist. Im Verlauf der Jahre sind weitere Schächte angelegt worden, nämlich Luise, Hoffnung, Zuversicht und Reserve. 1816 erfolgte das endgültige Verbot des Unterwerksbaues durch das Obergamt. 1822 ist ein tieferer Stollen aufgefahren worden (Stollenmundloch am späteren Südteil des Bochumer Hauptbahnhofs). Mit einer Belegschaft von 63 Bergleuten sind 1826 fast 7 800 Tonnen Kohle gefördert worden. Um 1830 begann das Teufen des tonnlägigen Schachtes Felix; in diesem Jahr belief sich die Förderung (96 Beschäftigte) auf rund 11 000 Tonnen. 1841 ist der Schacht Felix wegen Bergschäden abgeworfen worden; mit dem Abteufen des Schachtes Sonne (100 m von Felix entfernt) wurde begonnen. Weitere Schächte sind nach Bedarf angelegt worden (tonnlägig oder seiger), und 1848 war Schacht Clemens Hauptförderschacht; mit einer Belegschaft von 224 Bergleuten sind damals fast 22 000 Tonnen Kohle gefördert worden. 1850 kam der seigere Schacht Conrad in Förderung (etwa 35 m Teufe). Der Erbstollenvortrieb wurde 1852 eingestellt. Die Gewerkschaft Friederica begann 1867 den ersten Tiefbauschacht abzuteufen; er erhielt den Namen Alter Förderschacht. 1870 begann die Förderung. Etwa ein Kilometer westlich von dem Schacht entfernt entstand um 1873 der Schacht Friederica 2 (als Wetterschacht); aus ihm wurde 1883 bis 1891 auch Kohleneisenstein gefördert. 1889 ging die Zeche in das Eigentum der Aktiengesellschaft Zeche Dannenbaum über. Im Mai 1898 ist mit dem Abteufen eines neuen Förderschachtes auf der Anlage Friederica begonnen worden; das Abteufen wurde ein Jahr später beendet. 1899 kam die Zeche an die Aktiengesellschaft für Eisen- und Kohlenindustrie Differdingen-Dannenbaum (Société anonyme des Hauts-Fourneaux, Forges et Charbonnages Differdange-Dannenbaum) und 1901 an deren Rechtsnachfolgerin Deutsch-Luxemburgische Bergwerks- und Hütten-AG. 1902 ist der Alte Förderschacht verfüllt worden; 1903 wurde ein neuer Wetterschacht abgeteuft. 1907 ist die Zeche stillgelegt worden. Der alte Wetterschacht Friederica 2 sowie der erst 1903 abgeteufte Wetterschacht wurden verfüllt; der 1898 abgeteufte Förderschacht ist als ausziehender Wetterschacht für die Zechen Prinz Regent und Dannenbaum eingerichtet worden. S. Zechen Prinz Regent WO 69 und Dannenbaum WO 74.

Zeche Rudolph

Die Verleihung erfolgte 1848, und 1870 schloß die Gewerkschaft Rudolph mit Ver. Constantin der Große einen Vertrag über den Abbau der Kohlenvorräte. Der Abbau begann 1871. 1880 belief sich die Kohlenförderung auf rund 56 000 Tonnen, 1885 bereits auf über 115 000 Tonnen. 1895 sind rund 158 000 Tonnen Kohle gefördert worden. Die höchste Förderung aus dem Feld Rudolph wurde 1900 mit 165 500 Tonnen erbracht. 1915 erfolgte die Übernahme der Zeche durch Präsident. S. Zechen Präsident und Ver. Constantin der Große WO 71.

Bochum-Altenbochum/Grumme: Zeche Herminenglück-Liborius

Für diese Zeche war um 1845 Mutung eingelegt worden. Die Verleihung der Felder Ritterburg und Ritterburg II (die ursprünglich Herminenglück und Liborius hießen) erfolgte 1847. Das Teufen des Schachtes Auguste begann 1858; 1860 ist bei 79 m das Steinkohlengebirge angetroffen worden. Die Zeche, die zunächst Ver. Ritterburg hieß, begann 1862 mit der Förderung, und 1863 betrug diese rund 43 000 Tonnen (286 Beschäftigte). 1870 hatte die Förderung ca. 59 000 Tonnen erreicht, und die höchste Produktion war 1871 mit fast 64 000 Tonnen zu verzeichnen (340 Beschäftigte). In der Mitte der siebziger Jahre geriet die Zeche in wirtschaftliche Schwierigkeiten; es kam zu kurzfristiger Betriebseinstellung. 1877 erfolgte die Umbenennung des Bergwerks und die Wiederinbetriebnahme. 1880 betrug die Kohlenförderung über 65 000 Tonnen, und 1884 begann das Teufen eines Wetterschachtes im Süden des Grubenfeldes. Förderung 1890: 88 000 Tonnen (387 Beschäftigte). 1892 belief sich die Förderung auf fast 120 000 Tonnen (572 Beschäftigte), und am Jahresende erfolgte die Übernahme des Bergwerks durch Ver. Constantin. S. Zeche Ver. Constantin der Große WO 71.

Bochum-Bellenkamp: Zeche Lieselotte

Diese Zeche war am 1. Oktober 1948 durch die Kohlengewinnungs-GmbH (Hammerthal-Nord über Hattingen-Ruhr) gegründet worden. Berechtsame: Pachtfeld im Grubenfeld der Mansfeld AG für Bergbau- und Hüttenbetrieb (Bochum-Langendreer). Es wurde Fettkohle gefördert. Die Förderung belief sich 1949 auf insgesamt 11 700 Tonnen, 1950 auf 16 500 Tonnen. 1956 sind mit einer Belegschaft von 101 Mann 18 500 Tonnen Kohle gefördert worden. † 1958. Im Jahr vor der Stillegung förderte der Betrieb mit einer Belegschaft von 112 Mann rund 24 000 Tonnen Fettkohle. Dieses Kleinbergwerk war die erste Zeche an der Ruhr, die in der großen Kohlenkrise 1959/1969 vor Gründung der Ruhrkohle AG stillgelegt werden mußte.

Bochum-Brockhausen: Zeche Glückswinkelburg

Die Anfänge dieser Zeche reichen bis in das Ende des 18. Jahrhunderts zurück; 1834 kam es zur Konsolidation mehrerer Berechtsamen. Die Verleihung eines kleinen Grubenfeldes erfolgte 1845, und danach ist bis in die siebziger Jahre nur geringer Abbau betrieben worden. Übergang zum Tiefbau: 1889; ein tonnlägiger Förderschacht wurde abgeteuft (75 m tief). 1890 ist ein tonnlägiger Wetterschacht abgeteuft worden (73 m Teufe), und 1893 waren drei Schächte in Betrieb. Die Förderung betrug 1895 rund 18 000 Tonnen (72 Beschäftigte). 1897 begann der Aufschluß des Feldes Westermanns Leibzucht 2; ein Wetterschacht wurde abgeteuft (20 m tief). 1900 ist mit rund 70 000 Tonnen die höchste Förderung erreicht worden (280 Beschäftigte); die geförderte Kohle war jedoch von schlechter Qualität. † 1904. Der Förderschacht ist 1905 verfüllt worden; die Tagesanlagen wurden abgebrochen. Die Berechtsame kam 1920 zu Ver. Klosterbusch bzw. 1928 zu Gibraltar Erbstollen. S. Zechen Klosterbusch WO 75 und Ver. Gibraltar Erbstollen.

Bochum-Brockhausen/Stiepel: Zeche Friedrich

Auf das Grubenfeld dieser Zeche, die auch Friedrich Gericht's Stiepel, Friedrichsbank oder Friedrichsberg genannt wurde, ist bereits 1751 Mutung eingelegt worden. Die Verleihung erfolgte 1752; ein Stollen wurde aufgefahren, und der Kohlenabbau begann. Er war jedoch sehr unregelmäßig; 1757 erfolgte eine neue Mutung, aber 1777 ist der Betrieb wegen Absatzmangels stillgelegt worden, und der Stollen ging zu

Bochum-Dahlhausen: Zeche Ver. General & Erbstollen. Eine der ältesten Zechen des Ruhrgebiets. Die beiden Erbstollen wurden schon 1777 verliehen, aber erst 1828 ging man zum Kohlenabbau im Stollenbetrieb über. 1873 wurde der erste seigere Tiefbauschacht abgeteuft. 1904 begann das Abteufen des Schachtes 2. Unser Bild zeigt (rechts) einen Malakoff mit Tonnendach und eingebautem Strebengerüst mit zwei Seilscheiben. Bemerkenswert sind die sonstigen Übertagebauten, besonders ganz rechts offenbar das Verwaltungs- und Kauengebäude mit geschweifter Turmhaube. Links daneben zwei langgestreckte Hallen, beide mit Tonnendächern. † 1928.

Bruch. 1789 kam es zu einer erneuten Verleihung, und 1832 ist ein neuer Stollen aufgefahren worden. 1850 wurde der Kohlenabbau über der Stollensohle eingestellt, und 1853 ist das Bergwerk von der Zeche Preußischer Zepter erworben worden. Es wurde der Schacht Friedrichstal abgeteuft und ein etwa 400 m langer Schienenweg nach Hattingen gebaut. 1860 betrug die Kohlenförderung fast 8000 Tonnen. Die höchste Förderung ist 1865 mit über 14000 Tonnen erbracht worden (34 Beschäftigte). 1873 erfolgte die Konsolidation zu Brockhauser Tiefbau. S. Zechen Preussischer Zepter und Brockhauser Tiefbau.

Bochum-Brockhausen/Stiepel:
Zeche Ver. Treue & Amsterdam

Diese Zeche entstand 1811 durch Konsolidation. Treue war eine der ältesten Berechtsamen im Ruhrgebiet. Schon um 1700 war ein Stollen dieses Namens im Ruhrtal vorhanden (220 m lang). 1730 mußte der Betrieb eingestellt werden, und der Stollen wurde völlig zerstört.

Um 1750 ist dann ein Oberstollen aufgefahren worden; der Kohlenabbau wurde erneut aufgenommen, kam jedoch bereits 1754 infolge Absatzmangels wieder ins Stocken. In den letzten Jahren des 18. Jahrhunderts sind mehrere tonnlägige Schächte geteuft worden, und 1800 verfügte das Bergwerk über den Schacht Wohlgemuth (33 m Teufe); der Schacht Lebrecht war im Abteufen. 1806 kam der tonnlägige Schacht Friedrich in Förderung.

Nach der Konsolidation mit der Mutung Amsterdam hat zunächst nur geringer oberflächennaher Abbau stattgefunden. Der schon 1750 angelegte Schiebkarrenweg zur Ruhr hatte 1816 eine Länge von fast 1100 m erreicht. 1825 sind ca. 1900 Tonnen Kohle gefördert worden. 1835 wurde zusammen mit der Zeche Ignatius eine Pferdebahn zur Ruhr gebaut, und es begann das Teufen des Schachtes Wilhelm. Die höchste Förderung ist 1843 mit fast 2900 Tonnen erbracht worden. † 1852. Die Konsolidation zu Brockhauser Tiefbau erfolgte 1873. S. Zeche Brockhauser Tiefbau.

Bochum-Dahlhausen:
WO 62
Zeche Ver. Dahlhauser Tiefbau

Mit dem Abteufen des ersten Schachtes der Anlage wurde 1858 begonnen. Im folgenden Jahr mußte das Teufen wegen starker Wasserzuflüsse unterbrochen werden. Erst 1860 konnte die Förderung beginnen. Sie betrug 1870 etwas über 4000 Tonnen. Das Grubenfeld hatte einen Eß- und Magerkohleninhalt von über vier Millionen Kubikmetern. 1880 begann das Teufen eines Wetterschachtes (neben Schacht 1); in diesem Jahr belief sich die Kohlenförderung auf ca. 71000 Tonnen (260 Beschäftigte). Die Zeche hat bereits 1881 eine Brikettfabrik in Betrieb genommen und als erste Anlage im Oberbergamtsbezirk Dortmund Feinkohle durch Zusatz von Steinkohlenpech zu Briketts gepreßt. Die Förderung belief sich um 1900 auf 170000 Tonnen, die Brikettherstellung erreichte 80000 Tonnen. 1911 erhielt die Zeche einen zweiten Förderschacht, der 1912 in Betrieb gekommen ist. Nach der 1914 erfolgten Stillegung der Schachtanlage Altendorf wurde der Abbau des dort noch anstehenden Kohlenvorrats von Dahlhauser Tiefbau durchgeführt. 1929 ist die Brikettfabrik großzügig umgebaut worden. Förderung 1929: 480000 Tonnen; Brikettherstellung: 175000 Tonnen. Ende der fünfziger Jahre ist Schacht 2 auf Turmförderung umgerüstet worden. Gleichzeitig wurde der Schacht Altendorf 2 repariert und der Durchschlag auf der siebten Sohle zwischen den Bauen der beiden Bergwerke hergestellt. 1961 ist das Grubenfeld zur stillgelegten Zeche Friedlicher Nachbar abgedämmt und der Durchschlag zur Zeche Carl Funke hergestellt worden. 1963 wurde Schacht Altendorf 2 Wetterschacht; Dahlhausen 1 ist verfüllt worden. Förderung 1964: 287000 Tonnen (960 Beschäftigte). † 1966. Das Grubenfeld fiel an Carl Funke (Dahlhausen 2 wurde Carl Funke 6). 1972 sind die Tagesanlagen abgerissen worden. S. Zeche Altendorf (Essen-Burgaltendorf) sowie Zechen Carl Funke WO 32 und Friedlicher Nachbar WO 68.

Bochum-Dahlhausen:
Zeche Ver. General & Erbstollen

Diese Zeche war eine der ältesten des Ruhrgebiets. Die beiden Erbstollen (General Erbstollen und General Erbstollen Nr. 5) sind bereits 1777 verliehen worden. Der Name geht vermutlich auf den Generalleutnant Baron von Elverfeldt zurück, der sich nach Erlaß der Cleve-Märkischen Bergordnung an der Mutungstätigkeit in der Grafschaft Mark beteiligt hatte. 1828 ging man mittels seigerer Stollenschächte zum Abbau über; es wurden nach und nach sechs Stollenschächte abgeteuft. 1830 belief sich die Förderung auf 9500 Tonnen, und 1832 war der Schacht Amalie in Betrieb. Der Schacht Adolphine förderte 1834; im gleichen Jahr begann das Teufen eines (gebrochenen) Wetterschachtes. 1835 war ein Göpelschacht auf der Eppendorfer Heide in Förderung, und 1836 kam Schacht Wilhelm in Betrieb. In diesem Jahr belief sich die Produktion auf rund 20000 Tonnen Kohle (150 Beschäftigte). 1838 war das Bergwerk mit einer Förderung von über 38000 Tonnen die zweitgrößte Zeche des Ruhrreviers. Die Schächte Mohr und Gertrud wurden 1843 abgeteuft und in Betrieb genommen.

1848 begann das Teufen des (seigeren)

Bochum-Dahlhausen: Zeche Hasenwinkel. † *1919. Von den Tagesanlagen ist das Maschinenhaus (erbaut um 1890) erhalten geblieben (unser Bild). Im Stil des Historismus errichtet, ist es nicht nur Symbol einer der ältesten Zechen im Ruhrgebiet, sondern anschauliches Dokument für die fortschreitende Entwicklung vom Stollen- zum Tiefbau. (Eintrag in Denkmalliste 1996).*

Schachtes Elisabeth; in den Schächten Fridolin und Wilhelm wurde die Förderung eingestellt. Der Schacht Elisabeth kam 1849 in Betrieb; 1851 ist die Förderung in Schacht Gertrud eingestellt worden. 1853 ist der Tiefbau aufgenommen worden; es wurden nacheinander die drei tonnlägigen Schächte Berger (benannt nach dem Repräsentanten der Gewerkschaft, dem Kaufmann Karl Berger), Johannes und Königgrätz niedergebracht. 1855 kam Schacht Berger in Förderung; Schacht Elisabeth stellte die Förderung ein. In diesem Jahr betrug die Produktion der Zeche über 60000 Tonnen (364 Beschäftigte). Der Schacht Heinrich Albert hat 1861 den Betrieb aufgenommen; gleichzeitig stellte Schacht Mohr die Förderung ein. Förderung 1865: 96000 Tonnen (415 Beschäftigte).

1870 begann das Abteufen eines zweiten seigeren Tiefbauschachtes. Gleichzeitig wurde mit dem Teufen des tonnlägigen Schachtes Johannes begonnen, der 1872 in Förderung kam. 1873 begann das Teufen des seigeren Schachtes 2 (Harz), der 1874 die Förderung aufnahm; in den Schächten Königgrätz und Heinrich Albert wurde die Förderung eingestellt. 1875 ist Schacht Johannes stillgelegt und abgebrochen worden; auch Schacht Berger wurde stillgelegt und aufgegeben.

Die höchste Förderung ist 1876 mit ca. 169000 Tonnen erbracht worden (645 Beschäftigte). 1878 war Schacht Harz (2) der einzige Förderschacht. 1879 ist eine Kokerei gebaut worden. Förderung 1885: 145000 Tonnen. 1892 hatte die Zeche insgesamt fünf Schächte (davon vier Wetterschächte), und 1894 ist der Schacht Königgrätz abgeworfen worden.

1895 erfolgte die Umbenennung der Zeche in General. Sie verfügte über den Förderschacht Harz (2) sowie die Wetterschächte Heinrich Albert und Golgatha (3). Die Gerechtsame betrug drei km². Ende 1896 vernichtete ein Feuer fast alle Übertageanlagen auf Schacht 2 und zerstörte den Schachtausbau. In diesem Jahr belief sich die Kohlenförderung auf rund 127000 Tonnen (651 Beschäftigte). Der Neuaufbau wurde sofort in Angriff genommen, und 1898 konnte der Schacht wieder in Betrieb gehen. Ein Pumpenabsturz führte jedoch im selben Jahr zur erneuten Zerstörung des Schachtes, der erst 1899 endgültig wieder in Förderung genommen werden konnte. Auch in den folgenden Jahren kam es wiederholt zu Unglücken, die zu Fördereinstellungen des Schachtes zwangen. Kohlenförderung 1905: 92000 Tonnen (584 Beschäftigte). Die höchste Förderung ist 1913 mit 246000 Tonnen erbracht worden (904 Beschäftigte). Förderung 1925: 139000 Tonnen (658 Beschäftigte).

† 1928. 1929 wurden die Schächte verfüllt und die Tagesanlagen abgebrochen. 1931 ereignete sich ein Wasserdurchbruch nach Engelsburg (Schacht 2 wurde wieder offen); 1936 ist Schacht 2 neu verfüllt worden. Die Berechtsame kam 1937 zu Engelsburg. S. Zeche Engelsburg WO 67.

⚒ *Am Alten General 1: Hier befindet sich der Schlußbogen eines Stollens, der aus wissenschaftlichen Gründen als erhaltungswürdig angesehen wird.* ⚒

Bochum-Dahlhausen:
General & Himmelscroner Erbstollen

Der Erbstollen ist 1819 durch Konsolidierung der Berechtsamen General-Stolln Nr. 2, Himmelscrone und Pauline entstanden. 1822 wurde der Schacht Theresia abgeteuft, und 1825 sind rund 7000 Tonnen Kohle gefördert worden. 1829 belief sich die Kohlenförderung auf fast 11000 Tonnen; in diesem Jahr erfolgte die Vereinigung zum Hasenwinkel-Himmelscroner Erbstollen. S. Generals Erbstollen (BO-Weitmar) und Hasenwinkel-Himmelscroner Erbstollen.

Bochum-Dahlhausen: 141
Zeche Hasenwinkel

Auch diese Zeche gilt als eine der ältesten des Ruhrbergbaus. Sie ging nämlich auf die sieben Stollenbetriebe Sonnenscheiner und Hasenwinkeler Stollen, Sonnenscheiner Erbstollen, Generalstollen Nr. 2, Himmelscrone, Kirschbaum und Neue Marck zurück. Sonnenscheiner Stollen war die älteste Zeche, die schon 1698 bestand; sie stellte aber um 1700 ihren Betrieb ein. Der Hasenwinkeler Stollen wurde 1732 angelegt und kam 1792 außer Betrieb. In diesem Jahr wurde der Sonnenscheiner Erbstollen begonnen, der bis 1802 förderte. Der Kirschbaumer Stollen ist schon vor 1754 angelegt worden; er hat (mit Unterbrechungen) bis 1815 gefördert. Der Stollen Neue Marck bestand bereits vor 1750 und war bis 1791 in Betrieb. 1790 wurde der Generalstollen Nr. 2 östlich von Dahlhausen angesetzt und rund 3,5 km weit ins Feld vorgetrieben. 1822 sind mit Ausnahme der Zeche Neue Marck sämtliche genannten Betriebe unter der Bezeichnung Hasenwinkel-Himmelscroner Erbstollen miteinander vereinigt worden. In den folgenden Jahren wurden nach und nach sechs Stollenschächte abgeteuft: Theresia (1829), Constanz August (1829), Roeder (1848), Friedrich Wilhelm (1854), Fortuna 1 (1857) und Fortuna 2 (1858). Mit Ausnahme des 1850 stillgelegten Schachtes Theresia ist die Förderung in allen Schächten erst 1866 eingestellt worden. 1856 wurde die Berechtsame des Hasenwinkel-Himmelscroner Erbstollens mit verschiedenen weiteren Feldern unter dem Namen Hasenwinkel konsolidiert. Der erste echte Tiefbauschacht Julius Philipp (benannt nach Bergmeister Julius Philipp Heintzmann) ist 1861 angesetzt worden (nicht zu verwechseln mit der Zeche Julius Philipp, s. Bochum-Wiemelhausen). Das Abteufen war sehr zeitraubend, und erst 1866 konnte die Förderung aufgenommen werden. Für die Wetterführung war der alte Stollenschacht Constanz August wieder in Betrieb genommen worden. 1889 wurde ein neuer Wetterschacht abgeteuft; der Schacht Constanz August ist stillgelegt und verfüllt worden.

1890 kam die Zeche in den Besitz des Bochumer Vereins für Bergbau und Gußstahlfabrikation. Die Tagesanlagen wurden gründlich erneuert, um die Förderung steigern zu können. Die Hoffnungen erfüllten sich jedoch nicht, weil die Fettkohlenvorräte nur bis etwa 500 m Teufe reichten und 1904 bereits zu einem großen Teil abgebaut waren. Die Zeche wurde an die Gewerkschaft Friedlicher Nachbar in Bochum-Linden verkauft. † 1919. Die Tagesanlagen wurden fast restlos abgebrochen; die Schachtanlage ist zunächst als Nebenanlage der Zeche Friedlicher Nachbar verwendet worden. 1926 wurde das Grubengebäude gegen das von Friedlicher Nachbar abgedämmt. Die Anlage Hasenwinkel blieb sich selbst überlassen und kam unter Wasser. S. Zeche Friedlicher Nachbar WO 68.

⚒ *Hasenwinkeler Straße 110a: Hier stehen ein Schachtgebäude sowie ein Maschinenhaus bzw. ehemalige Zechenwerkstätten (Backstein), die als erhaltungswürdig gelten. Polterberg 10: Maschinenhalle (Backsteingebäude) der Zeche Hasenwinkel, um 1890 errichtet, als Wohnhaus umgebaut, die aus wissenschaftlichen Gründen ebenfalls als erhaltungswürdig gelten.* ⚒

Bochum-Dahlhausen: Zeche Hasenwinkel-Himmelscroner Erbstollen

1829 entstand durch Konsolidation von General & Himmelscroner Erbstollen mit Hasenwinkel & Sonnenschein diese Zeche. Im gleichen Jahr wurde der seigere Stollenschacht Constanz August abgeteuft und die Förderung aufgenommen. 1830 waren insgesamt drei Stollen vorhanden, und die Kohlenförderung belief sich auf über 23 000 Tonnen. 1837 ist die Kokserzeugung aufgenommen worden, und um 1837/39 war das Bergwerk die größte Zeche an der Ruhr. 1848 erfolgte der Übergang zum Tiefbau; es begann das Teufen des Schachtes Roeder. Der Schacht Theresia (General & Himmelscroner Erbstollen) wurde abgeworfen; die Kohlenförderung erreichte in diesem Jahr rund 51 000 Tonnen. 1854 begann das Teufen des Schachtes Friedrich Wilhelm, der 1855 in Förderung kam. Der Schacht Roeder wurde in diesem Jahr an Friedlicher Nachbar abgegeben. 1856 ist die Konsolidation der Zeche zu Hasenwinkel erfolgt. S. Zechen Hasenwinkel und Friedlicher Nachbar WO 68.

Bochum-Dahlhausen: Der Neue Weg Erbstollen

Die Auffahrung dieses Erbstollens erfolgte wahrscheinlich ab 1800, und das Erbstollenrecht ist 1839 verliehen worden. Bis 1856 bestand eine Betriebsgemeinschaft mit Wilhelm's Erbstollen; 1865 kam es zur Konsolidation der beiden Berechtsamen unter dem Namen Der Neue Weg / Wilhelm's Erbstollen. S. Wilhelm's Erbstollen.

Bochum-Dahlhausen: Wilhelm's Erbstollen

Die Verleihung des Erbstollenrechtes ist 1849 erfolgt, und 1855 sind aus dem Stollen ca. 3 000 Tonnen Kohle gefördert worden (41 Beschäftigte). 1856 kam es zur Betriebsgemeinschaft Der Neue Weg & Wilhelm's Erbstollen, 1865 zur Konsolidation der beiden Berechtsamen. Für 1867 wurde eine Kohlenförderung von über 4 400 Tonnen angegeben. Der Stollen ist anscheinend bis 1876 in Betrieb gewesen, wird jedoch danach nicht mehr erwähnt. S. Der Neue Weg Erbstollen.

Bochum-Dahlhausen: Zeche Wippsterz

Das Bergwerk (auch Wypestertz, Wipsterz, Wippvogel oder Wipstert genannt) war um 1755 eine der größten Zechen der Mark. Die Verleihung des Grubenfeldes erfolgte 1732, die Vermessung 1739. 1771 bestand die Zeche aus zwei Flügeln (Lauseplatte und Wipsterz), und bis Ende des 18. Jahrhunderts ist das Bergwerk – mit kürzeren Unterbrechungen – in Betrieb gewesen. 1845 wurde die Zeche wieder erwähnt; das alte Stollenmundloch ging damals zu Bruch, aber bis 1867 ist die Grube betrieben worden. In diesem Jahr wurden fast 9 000 Tonnen Kohle gefördert. † 1869.

Bochum-Gerthe: WO 72 Zentralschachtanlage Lothringen (EBV) 142 143

Die Konsolidierung der im Nordosten von Bochum gelegenen (1856 bis 1871 verliehenen) Felder Sanssouci, Sanssouci II und Sadowa unter dem Namen Lothringen erfolgte 1872. Gleichzeitig wurde zur Aufschließung der Felder die Gewerkschaft der Zeche Lothringen in Gerthe bei Bochum gegründet. Mit den Abteufarbeiten des Schachtes 1 ist 1872 begonnen worden; 1875 wurde das Steinkohlengebirge erreicht. Die Förderung ist 1880 aufgenommen worden. Sie stieg in den folgenden Jahren schnell an. Ein Wetterschacht kam 1887 in Betrieb. 1888 wurde eine Kokerei errichtet. 1895 begann das Abteufen von Schacht 2, der 1896 die Förderung aufnahm. 1900 hatte sie 430 000 Tonnen erreicht. Schacht 3, dessen Abteufen 1901 begann, nahm 1905 die Förderung auf. 1904 begann das Abteufen des Schachtes 4, der 1911 in Förderung kam. 1912 wurde die Schachtanlage Lothringen 1/2 von einer schweren Schlagwetterexplosion betroffen, bei der 112 Bergleute den Tod fanden. Kaiser Wilhelm II., der zur Jahrhundertfeier der Firma Krupp in Essen weilte, brach die Feierlichkeiten ab und besuchte die Unglückszeche. 1913 wurde Schacht 5 abgeteuft, der 1914 die Förderung aufnehmen konnte. Förderung 1913: 1,2 Millionen Tonnen; Kokserzeugung: 390 000 Tonnen. 1915 erwarb die Gewerkschaft Lothringen die Zeche Ver. Schürbank & Charlottenburg zu Aplerbeck bei Dortmund (s. dort). 1920 ist die Gewerkschaft Lothringen in die Bergbau-Aktiengesellschaft Lothringen umgewandelt worden. Die Gewerkschaft Freie Vogel & Unverhofft (s. dort) wurde 1923 mit der Bergbau-AG Lothringen verschmolzen. 1929 ist die Kokerei Lothringen 1/2 stillgelegt worden. Auf Lothringen 4 wurde eine Zentralkokerei mit einer Kapazität von 1 700 Tagestonnen Koks betrieben. Kohlenförderung 1930: 1,29 Millionen Tonnen (4 170 Beschäftigte). Im folgenden Jahr waren infolge der Weltwirtschaftskrise Massenentlassungen von Bergleuten erforderlich. Förderung 1935: 1,37 Millionen Tonnen (3 835 Beschäftigte). Die höchste Förderung ist 1937 mit 1,54 Millionen Tonnen Kohle erbracht worden (4 310 Beschäftigte). 1945 sank die Förderung auf 444 000 Tonnen ab (3 225 Beschäftigte). 1961 erfolgte der Verbund mit der Zeche Graf Schwerin zum Verbundbergwerk Lothringen / Graf Schwerin. Förderung 1965: 1,5 Millionen Tonnen. † 1967.

35 Jahre später, im November 2002, ging auf dem Lothringen-Gelände ein Kraftwerk in Betrieb, das das immer noch reichlich aus den verlassenen Grubenräumen ausströmende Methangas nutzt. 13 000 Haushalte bekommen davon nun ihren Strom. S. Zechen Graf Schwerin WO 101, Freie Vogel & Unverhofft sowie Ver. Schürbank & Charlottenburg.

***Bochum-Gerthe: Zentralschachtanlage Lothringen.** Das Abteufen des Schachtes 1 begann 1872; die Förderung wurde 1880 aufgenommen. 1913 belief sie sich bereits auf 1,2 Millionen Tonnen. Aufnahme vor 1959. † 1967.*

Bochum-Gerthe: Zeche Lothringen 1/2. Das Maschinenhaus – kurz nach 1900 errichtet – mit seinem zweifarbigen Ziegelmauerwerk, dem tonnenförmigen Dach, den geschwungenen Giebeln und dem Jugendstildekor gehört zu den architektonisch schönsten erhalten gebliebenen Bauten jener Zeit in Westfalen. Aufnahme vor 1959.

⚒ *Die beiden bedeutendsten erhaltenen Gebäude der Anlage Lothringen 1/2 sind das Maschinenhaus sowie das Verwaltungs- und Kauengebäude (beide aus der Zeit kurz nach 1900, in der Formgebung vom Jugendstil beeinflußt). Besonders das Maschinenhaus mit dem zweifarbigen flächigen Ziegelmauerwerk, dem tonnenförmigen Dach und den geschwungenen Giebeln gehört zu den architektonisch schönsten erhaltenen Bauwerken dieser Art in Westfalen aus der Zeit nach 1900 und wurde 1995 in die Denkmalliste eingetragen.* ⚒

Bochum-Grumme: 68f. 97 143
WO 71
Zeche Ver. Constantin der Große

Als Gründungstag der Gewerkschaft Ver. Constantin der Große gilt der 15. August 1849. Aufgabe der Gewerkschaft sollte die Ausbeutung der konsolidierten drei Mutungen Bochum, Apollonia und Joachim sein. Der Schreinermeister Adolf Hagedorn war die Haupttriebfeder dieses Bergwerksunternehmens. Lehensträger für die Mutungen wurde der Hüttendirektor Johann Dinnendahl aus Dülmen. Das Abteufen des Schachtes 1 (Bochum-Riemke) begann 1850; 1852 ist nach Überwindung mancher Schwierigkeiten in 63 m Teufe das Steinkohlengebirge erreicht worden. Die eigentliche Förderung wurde 1857 aufgenommen. 1858: Beginn des Abteufens von Schacht 2. 1861 wurde ein Eisenbahnanschluß gebaut, und 1864 stieß Schacht 2 auf das Karbon (bei 73 m Teufe); 1866 nahm der Schacht die Förderung auf. 1867 ist das Bleierzfeld Münster verliehen worden; 1869 kam es zur Konsolidierung der Felder Burgsteinfurt, Dülmen, Coesfeld und Münster (Bleierz). 1875 erfolgte der Durchschlag zwischen den Schächten 1 und 2; die Kohlenförderung belief sich in diesem Jahr auf 248 000 Tonnen (945 Beschäftigte). Das Teufen eines Wetterschachtes (neben Schacht 2) begann 1885; in diesem Jahr betrug die Kohlenförderung fast 368 000 Tonnen (1 342 Beschäftigte). 1887 kam der Wetterschacht in Betrieb. 1892 kam der Schacht Ritterburg hinzu (1858 durch die Gewerkschaft Ritterburg abgeteuft, 1862 in Förderung gekommen), der später als Schacht 3 bezeichnet worden ist. In den Jahren 1893 bis 1895 ist der Schacht 4 abgeteuft worden. Von diesem Schacht aus wurde ein Durchschlag mit den Grubenbauen der Schächte 1 und 2 hergestellt. 1895 begann das Abteufen eines neuen Schachtes; 1900 kam Schacht 5 in Förderung. In diesem Jahr belief sich die Förderung auf über 771 000 Tonnen (3 384 Beschäftigte). Bis zum Beginn des Ersten Weltkrieges wurden noch vier Schächte abgeteuft, und zwar 1901 Schacht 6, 1905 Schacht 7 und 1910 die Schachtanlage 8/9. Während diese Schächte noch bis zum Beginn des Krieges in Betrieb kamen, konnten die 1913 und 1914 begonnenen Schächte 10 und 11 erst später fertiggestellt werden. 1912 erwarb die Gewerkschaft die Zechen Eintracht-Tiefbau (Steele) und Deutschland (Haßlinghausen).

Förderung 1913: 1,79 Millionen Tonnen (6 430 Beschäftigte). 1914 begann das Teufen eines Wetterschachtes 11 (Herne-Sodingen), der 1917 in Betrieb kam. In diesem Jahr ereignete sich auf Schacht 3 eine Schlagwetterexplosion (fünf Todesopfer); 1918 kam es wieder zu einer Schlagwetterexplosion mit drei Todesopfern (Schacht 11). 1921 waren auf der Anlage 6/7 bei einer Schlagwetterexplosion 19 Todesopfer zu beklagen. Nach der Fertigstellung der Schächte 10 und 11 wurde 1922 in der Nähe des Schachtes 2 der Ersatzschacht 2a

Bochum-Riemke: Zeche Constantin 8/9. † 1949. – Oben: das Kauen- und Verwaltungsgebäude, um 1910 errichtet. – Unten: Kesselhaus.

abgeteuft; die Gesamtförderung betrug 1922 etwa 2,3 Millionen Tonnen; Kokserzeugung: 780000 Tonnen. Die höchste Förderung vor dem Zweiten Weltkrieg ist 1927 mit über 2,8 Millionen Tonnen erbracht worden (10670 Beschäftigte). 1929 wurden die Schachtanlagen 8/9 und 3 mit der Anlage 6/7 zusammengelegt. Die gesamte Förderung aus den Baufeldern ist fortan auf der Großförderanlage 6/7 zu Tage gezogen worden. Förderung 1929: 2,5 Millionen Tonnen. 1931 wurde die Schachtanlage 10/11, 1932 die Schachtanlage 1/2 stillgelegt, 1934 ereignete sich auf der Anlage 4/5 eine schwere Schlagwetterexplosion (neun Todesopfer). In diesem Jahr nahm die Anlage 1/2 den Betrieb wieder auf; 1936 mußte sie infolge eines Grubenbrandes wieder stillgelegt werden. Förderung 1936: 2,3 Millionen Tonnen. 1939 erfolgte die Übernahme der Zeche Mont-Cenis. Mit dem Bau einer Verbindungsbahn Constantin / Mont-Cenis wurde 1940 begonnen; 1941: Inbetriebnahme der Gefäßförderung auf Schacht 7. In den Jahren 1940 und 1941 ist mit drei Millionen Jahrestonnen (etwa 10000 Tonnen täglich) die höchste Förderung seit Bestehen der Zeche erreicht worden.

Der Luftkrieg traf die Zeche schwer. Auf Constantin 7 wurden die Fördermaschine und das Schachtgebäude beschädigt. 1949 sind die Anlagen 8/9 endgültig stillgelegt worden. Mit der zunehmenden Verlagerung des Abbaus auf die achte Sohle der Zeche war es 1950 notwendig, fünf Schächte tieferzuteufen. Im Grubenbetrieb der Schächte 4 und 5 sowie 6 und 7 wurden gleichzeitig die Voraussetzungen für die Zusammenlegung geschaffen.

Seit 1955 ist die gesamte Förderung der Zeche auf der Anlage 6/7 zu Tage gebracht worden. Förderung 1965: 1,6 Millionen Tonnen. 1966 wurde die Förderanlage 6/7 stillgelegt; die Produktion ging fortan unter Tage nach Hannover 2/5. † 1967. S. Zechen Hannover WO 63, Mont-Cenis WO 96, Eintracht-Tiefbau und Deutschland, ferner Berneck und Glückswinkelburg.

⚒ *Erhalten geblieben sind 1910 entstandene Betriebsanlagen der Schachtanlage 8/9: Kauen- und Verwaltungsgebäude, Kesselhaus, Fördermaschinenhaus sowie ein weiteres Betriebsgebäude. Alle Gebäude zeigen die zu dieser Zeit häufig verwendeten Gestaltungsmerkmale (mehrfach gebrochene Dach- und Giebelflächen, schichtweise aufgelegtes Mauerwerk, große hochrechteckige Fenster, Verwendung von Backstein mit dekorativen Putzflächen). Constantin 8/9 gehörte nicht mehr zu den noch wenige Jahre vorher gebauten Anlagen, die durch monumentale Schau- und Herrschaftsarchitekturen auf Repräsentation angelegt waren. Die Anlage zeigte sich vielmehr in einer architektonischen Einheitlichkeit, die alle Betriebsgebäude einbezog.* ⚒

Bochum-Hamme:
WO 66 14 15 106 144
Zeche Ver. Carolinenglück

Diese Schachtanlage war in den 1840er Jahren angelegt worden. Schacht 1 nahm 1850 die Förderung auf. Kurz danach begann das Abteufen von Schacht 2, der ab 1859 bei 39 m Teufe im Deckgebirge eingestellt worden ist; nicht zu bewältigende Wasserzuflüsse hatten zur Einstellung der Arbeiten geführt. Erst 1889 konnte der Schacht weitergeteuft werden. Jetzt stieg die Förderung schnell und erreichte 1896 bereits 240000 Tonnen. Im Februar 1898 ereignete sich ein schweres Grubenunglück (Schlagwetter/Kohlenstaubexplosion) mit 116 Todesopfern. 1900 hatte die Kohlenförderung rund 254000 Tonnen erreicht (970 Beschäftigte). 1905 belief sich die Förderung bereits auf über 320000 Tonnen Kohle (1340 Beschäftigte). 1910 begann das Abteufen des Schachtes 3, der 1912 die Förderung aufnahm. Sie stieg bis 1913 auf über 600000 Tonnen, eine für das kleine Grubenfeld ungewöhnlich hohe Leistung. Förderung 1925: 670000 Tonnen; Kokserzeugung: etwa 434000 Tonnen. Förderung 1929: rund 808000 Tonnen; Kokserzeugung: etwa 644000 Tonnen.

Gegen Schluß des Zweiten Weltkrieges (1945) erlitt die Zeche schwere Kriegsschäden; ein Teil der 1944 stillgelegten Grube Präsident wurde übernommen. Die Förderung sank in diesem Jahr auf rund 102000 Tonnen ab (1536 Beschäftigte). Förderung 1950: fast 420000 Tonnen. † 1964. Die Schächte 2 und 3 wurden für die Wasserhaltung offengehalten (Pumpgemeinschaft Ruhr).

⚒ *Westlich des Ortsteils Hamme, weithin sichtbar am Ruhrschnellweg gelegen, ist das Fördergerüst über Schacht 3 (deutsches Strebengerüst, Bauart Zschetzsche) ein ruhrgebietstypisches Monument. Neben seiner Bedeutung für die technikgeschichtliche Entwicklung ist sein Stellenwert als Wahrzeichen und Identifikationsmerkmal des Ortes hervorzuheben. Das Gerüst wurde 1998 in die Denkmalliste eingetragen. Über Schacht 1 steht der vermutlich älteste im Ruhrgebiet noch erhaltene Malakoff.* ⚒

Bochum-Hamme: Zeche Carolinenglück. *Aufnahme von 1955; im Hintergrund Mitte links: Fördergerüst über Schacht 3. † 1964.*

Bochum-Hamme:
Zeche Präsident

Benannt nach dem Oberpräsidenten von Westfalen, Freiherr Ludwig von Vincke (1774 - 1844). 1841 wurde mit Schacht 1 in 47 m Teufe das erste Flöz angefahren. Er zählte zu den ersten Schächten, die durch die Mergeldecke abgeteuft worden sind. Infolge starker Wasserzuflüsse konnte die Förderung erst 1844 aufgenommen werden. 1847 wurde eine Kokerei errichtet. 1858 war diese Zeche mit einer Belegschaft von 808 Mann und einer Förderung von 114000 Tonnen die größte Anlage des Reviers. 1871 begann das Abteufen des Schachtes 2, der 1873 in Förderung kam. Im gleichen Jahr ist der Schacht 3 als Wetterschacht angelegt worden. 1896 wurden die Schächte 1 und 2 zu einer Betriebseinheit verbunden; Schacht 1 übernahm die Förderung. 1913 erreichte die Zeche eine Förderung von 400000 Tonnen. Die Kokserzeugung belief sich auf 108000 Tonnen. 1914 begann das Aufbrechen des Schachtes 4 (ab Sohle drei). 1917 ereignete sich eine folgenschwere Schlagwetterexplosion, bei der 24 Tote zu beklagen waren. Der Schacht 4 nahm 1921 die Förderung auf, und 1923 wurde Schacht 1 Wetterschacht. 1925 belief sich die Kohlenförderung auf fast 704000 Tonnen (2775 Beschäftigte). 1936 waren bei einer Schlagwetterexplosion 28 Todesopfer zu beklagen. Schacht 1 ist 1940 aufgegeben und verfüllt worden. Im Zweiten Weltkrieg wurden die Tagesanlagen bei einem Luftangriff schwer beschädigt; die Zeche wurde † 1944 endgültig stillgelegt. 1948 wurde Schacht 3 verfüllt; Schacht 2 blieb für die Wasserhaltung der markscheidenden Zechen zunächst offen. 1966 sind auch die Schächte 2 und 4 verfüllt worden.

Bochum-Harpen
Zeche Caroline 9

Der Schacht 1 war 1856 von der Steinkohlen-Bergbau-AG Vollmond begonnen worden. Die Abteufarbeiten wurden gestundet, nachdem 1857 das Steinkohlengebirge erreicht war. 1873 nahm der Schacht die Förderung auf. Er war rechteckig, 7,3 mal 5,5 m und 351 m tief. Schacht 2 wurde 1901 abgeteuft (465 m tief). Diese beiden Schächte dienten der Förderung, Seilfahrt und Wetterführung.

Es war noch ein dritter Schacht (471 m Teufe) vorhanden, ausschließlich für die Wetterführung und Wasserhaltung. Die Zeche förderte Fettkohle; 1913 belief sich die Förderung auf 254 000 Tonnen (1 036 Beschäftigte) und 1920 auf 194 000 Tonnen (1 055 Beschäftigte). 1921 erfolgte die Übernahme der Zeche Prinz von Preussen. 1926 sind rund 420 000 Tonnen Kohle gefördert worden, 1928 noch 283 000 Tonnen. † 1931 wurde die Zeche stillgelegt. Die Schächte blieben für Seilfahrt, Wetterführung und Wasserhaltung in Betrieb. S. Zechen Vollmond (Langendreer), Prinz von Preußen und Robert Müser WO 73.

Bochum-Hordel:
WO 63 73ff. 109 145f.
Schachtanlage Hannover (RAG)

Diese Zeche entstand auf dem Gebiet der Bohrgesellschaft und gleichnamigen Bürgermeisterei Hordel, die erst 1926 in das 4 km südwestlich gelegene Bochum eingegliedert wurde. Zwischen Hellweg und Emscher, in leicht hügeliger Löß- und Heidelandschaft, lagen um die Mitte des vorigen Jahrhunderts nur kleine Dörfer und Einzelgehöfte.

Die 1847 bei Hordel begonnenen Schürfbohrungen erwiesen sich als schwierig und langwierig. Die Verleihung des Grubenfeldes Sechs Brüder erfolgte 1854, im gleichen Jahr ist auch die Mutung Sechs Schwestern fündig geworden. Nach dem Erwerb der Berechtsame durch die Hannoversche Bergwerksgesellschaft (1856) taucht erstmals der Zechenname Hannover auf, die offizielle Umbenennung erfolgte jedoch erst 1870 nach der Konsolidierung der Grubenfelder.

Mit dem Abteufen der Schächte 1 und 2 wurde 1857 begonnen; Schacht 1 erreichte 1859, Schacht 2 im Jahre 1860 das Steinkohlengebirge. Erst 1870 konnte schließlich die Kohlenförderung aufgenommen werden. 1872 kaufte Alfred Krupp (1812 - 1887) die Zeche. Das bis zu diesem Zeitpunkt relativ unbedeutende Bergwerk wurde nun schnell zu einem florierenden Betrieb ausgebaut. Schacht 1 ist in kurzer Zeit von 162 m auf 304 m tiefergeteuft worden, und 1873 begann das Abteufen der Schächte 3 und 4, die 1880 in Förderung kamen.

Friedrich Koepe, von 1872 bis 1889 Werksdirektor von Hannover, hat die Kohlenförderung durch ein neues Förderverfahren revolutioniert. Gegenüber der traditionellen Trommelfördermaschine arbeitete die Koepe-Förderung mit erheblich geringerem Energieaufwand bei niedrigem Seilverschleiß und damit größerer Sicherheit vor Seilbruch. Die erste Maschine der neuen Bauart übernahm 1878 die Kohlenförderung auf Schacht 1 der Zeche. Zehn Jahre später installierte Koepe über Schacht 2 die erste Turmfördermaschine der Welt mit derselben Antriebstechnik. 1880 ist auf der Anlage 3/4 eine Kokerei errichtet worden, sie wurde bis 1900 auf 84 Öfen vergrößert. 1892 wurde unter Tage die maschinelle Streckenförderung mit Hilfe von Seilbahnen in Betrieb genommen; als erste Zeche im Oberbergamtsbezirk Dortmund schaffte Hannover damals die Grubenpferde ab. Die Zeche förderte 1903 rund 860 000 Tonnen Kohle. Die Kokereien auf den Anlagen Hannover 1/2 und 3/4 erzeugten 156 000 Tonnen Koks. Bis zum Ersten Weltkrieg ist die Schachtanlage weiter ausgebaut worden, wobei besonderer Wert auf die Leistungsfähigkeit der Kokereianlagen gelegt wurde. 1905 wurde Schacht 5 abgeteuft.

Der Werkswohnungsbau hat für die Zeche Hannover schon früh eine große Rolle gespielt. Da die Bewetterungs- und Wasserhaltungsprobleme der Anlage schwierig waren, war es schwer, einen qualifizierten Arbeiterstamm anzuwerben. Bereits 1864 entstand die „Alte Kolonie“ mit zunächst 25 Doppelhäusern einfacher, aber solider Bauart. Alfred Krupp hat den Wohnungsbau dann sehr forciert. Schwerpunktmäßig in der Gründerzeit und um 1900 entstanden in der „Eickeler Kolonie“ 87 Siedlungshäuser mit insgesamt 338 Wohnungseinheiten (vgl. S. 74). Die erste Bauphase orientierte sich noch am schlichten, genormten Haus der Alten Kolonie, um 1900 baute das Kruppsche Baubüro unter der Leitung von Dr.-Ing. Robert Schmohl (1855 - 1944) einfallsreicher und aufwendiger: verschiedene Haustypen wechseln miteinander ab, Fassaden sind grundsätzlich hell verputzt, durch Sockelzonen, Friese und Fensterumrahmungen aus rotem Ziegelstein kontrastreich gegliedert usw.

Als dritte Werkskolonie entstand schließlich auf dem Gelände des ehemaligen Rittergutes Dahlhausen 1907 - 15 die Gartenstadt „Dahlhauser Heide“ nach Plänen von Schmohl. Die Kolonie erweckt in Anlage und Architektur den Eindruck eines Dorfes aus dem vorindustriellen Zeitalter.

Bochum-Hordel: Zeche Hannover.
Maschinenhalle und Malakoffturm (über Schacht 1), 1858/59 gebaut. Auch über Schacht 2 stand ursprünglich ein Malakoff; die beiden Türme flankierten das Maschinenhaus und gaben der Zeche das Aussehen einer Festung. Ganz oben: Das als erhaltungswürdig angesehene Lüftergebäude aus den 1920er Jahren.

1932 wurden die Förderschächte Hannover 3/4 stillgelegt und mit der Anlage 1/2 zusammengefaßt. 1938 ist der Schacht 2 bis zur 950-m-Sohle weitergeteuft worden. Auf diesem Schacht begann man 1940 mit dem Bau der ersten Vierseilförderung der Welt. 1942 ist auf den Schachtanlagen Hannover und Hannibal auch zum ersten Mal im Ruhrgebiet der Kohlenhobel eingesetzt worden. Die Tagesanlagen, die teilweise dem Luftkrieg zum Opfer gefallen waren, sind nach dem Zweiten Weltkrieg in moderner Gestaltung wieder aufgebaut worden. 1947 wurde auf Schacht 2 die Vierseilförderung in Betrieb genommen. In den späten fünfziger Jahren ist unter Tage eine Verbindung mit der Zeche Königsgrube hergestellt worden, um die Aufbereitungsanlagen auf Hannover für die Bearbeitung der Kohle von Königsgrube einsetzen zu können. Ab 1964 wurde die gesamte Förderung von Hannibal über-

Bochum-Hordel: Siedlung Dahlhauser Heide der Zeche Hannover, erbaut 1907-1915, 1970 unter Denkmalschutz gestellt.

nommen und zu Tage gezogen. Förderung 1965: 1,8 Millionen Tonnen Gas- und Fettkohle. † 1973 als letztes Bochumer Bergwerk. S. Zechen Königsgrube WO 56 und Hannibal WO 65.

⚒ *Hannoverstraße: Malakoffturm über Schacht 1, Maschinenhaus und Lüftergebäude. Der Malakoff und das Maschinenhaus mit Doppelkolben-Dampffördermaschine dokumentieren den Entwicklungsstand von Förderanlagen in den siebziger Jahren des 19. Jahrhunderts und bilden heute einen Standort des 1979 gegründeten Westfälischen Industriemuseums. Seit 2001 ergänzt die Zeche Knirps die geschichtsträchtigen Bergwerksgebäude. Hier können Kinder bergmännische Arbeit spielend nachahmen. Außerdem gibt es Pläne, den zweiten Malakoffturm (Schacht 2) neu zu errichten und so den ursprünglichen Gesamteindruck des Gebäudeensembles wiederherzustellen. Der neue Turm – äußerlich dem Original genau entsprechend, innerlich moderner Stahlbau – würde die Ausstellungsfläche des Museums erheblich vergrößern und könnte 2005 fertig sein.*

In Hordel ist die für das Revier typische Einheit von Bergwerk, Vorortskern und Kolonie gut sichtbar erhalten geblieben. Vor dem ehemaligen Haupteingang der Zeche liegt im Westen Alt-Hordel mit Fachwerkhäusern aus vorindustrieller Zeit, einigen Gründerzeitgebäuden mit aufwendigen Stuckfassaden, zwei Kirchen, einem Gemeindehaus und einer Schule. Die solide Bauweise der öffentlichen Bauten läßt die finanzielle Unterstützung durch die Firma Krupp noch ahnen. An die abgebrochene Direktorenvilla erinnert ein Teil des sie ehemals umgebenden Parks. Von der „Alten Kolonie" im Nordosten der Zeche stehen nur noch drei stark veränderte Siedlungshäuser. Teilweise erhalten blieb hingegen die „Eickeler Kolonie" (vgl. S. 74), ebenso die Siedlung „Dahlhauser Heide", die 1970 unter Denkmalschutz gestellt wurde. Auch das Gut Dahlhausen besteht noch. ⚒

Bochum-Laer:
Zeche Alte Steinkuhle

Diese Zeche war schon 1737 in Betrieb und somit eine der ältesten des Ruhrgebiets. 1755 hatte das Bergwerk zwölf Beschäftigte und damit die größte Belegschaft im Bergamtsbezirk Bochum. 1770 war die Kohle über der Stollensohle abgebaut, und der Betrieb wurde zunächst stillgelegt. Erst um 1830 wurde der Versuch eines neuen Abbaubeginns unternommen; ein Schacht ist abgeteuft worden. Mit kurzen Unterbrechungen in den Jahren 1889 und 1891 scheint das Bergwerk in der folgenden Zeit in Betrieb gewesen zu sein. 1910 begann das Teufen eines tonnlägigen Schachtes. 1912 ist die Förderung im Schacht aufgenommen worden. Ein Jahr später erfolgte die Stillegung der Anlage. Das Bergwerk ist dann Ende 1919 erneut in Betrieb genommen worden. 1926 belief sich die Förderung (209 Beschäftigte) auf rund 62 000 Tonnen. † 1928. Die meisten Tagesanlagen wurden abgebrochen.

Bochum-Laer:
WO 74 147
Zeche Dannenbaum

Die Zeche war ursprünglich ein Stollenbetrieb, der schon vor 1780 Kohle förderte. 1859 ging man zum Tiefbau über. Der Schacht 1 (Schiller) kam 1861 in Förderung. 1873 begann das Abteufen des Schachtes 2, der 1875 die Förderung aufnahm. 1889 begann das Abteufen eines zweiten Schachtes auf der Schachtanlage Dannenbaum 1, der den Namen Hugo erhielt; er wurde als Wetterschacht eingerichtet. Ein weiterer Wetterschacht ist 1898 im südlichen Feld der Anlage abgeteuft worden; er erhielt den Namen Eulenbaum und hat eine Zeitlang auch als Förderschacht gedient. 1899 ging die Zeche in das Eigentum der Aktiengesellschaft für Eisen- und Kohlenindustrie Differdingen-Dannenbaum über und von dieser an die Deutsch-Luxemburgische Bergwerks- und Hütten-AG (s. Zeche Friederica). 1906 ist die Schachtanlage Dannenbaum 2 als Förderanlage stillgelegt worden; nur die Kokerei blieb noch bis 1919 bestehen. Schacht Eulenbaum schied 1918 als Förderschacht aus. Auf der Anlage Dannenbaum 1 übernahm der Wetterschacht Hugo die Hauptförderung, während der bisherige Förderschacht Schiller als Wetterschacht diente. Seit 1958 wurde die Förderung dieser Zeche, die jährlich rund 240 000 Tonnen betrug, auf der Nachbaranlage Prinz Regent zu Tage gehoben. † 1960. Gleich nach der Stillegung entstand auf dem Dannenbaum-Gelände das Bochumer Opel-Werk, wo zunächst das (damals neue) Modell Kadett, später auch andere Opel-Modelle hergestellt wurden. Mit einer Neuansiedlung von Industrie in dieser Größenordnung können ehemalige Bergbaustandorte heute nicht mehr rechnen. S. Zechen Friederica und Prinz Regent WO 69.

Bochum-Laer:
Zeche Isabella Erbstollen

Die Mutung wurde 1781 eingelegt, und die Verleihung des Erbstollenrechtes erfolgte 1790. Um 1834 war der Stollen mindestens 1 000 m lang; der Kohlenabbau erfolgte jedoch nur unregelmäßig. 1837 belief sich die Förderung auf ca. 600 Tonnen. 1850 war der Schacht Louise in Betrieb; um diese Zeit hat die Zeche auch Koks produziert. Die Haspelschächte Louise I (etwa 30 m) und II (ca. 33 m tief) förderten 1855 rund 5 000 Tonnen Kohle (40 Beschäftigte). Die höchste Förderung ist 1862 mit rund 5 500 Tonnen erbracht worden. † 1868. Die Berechtsame wurde durch Dannenbaum erworben. S. Zeche Dannenbaum WO 74.

Bochum-Laer/Steinkuhl:
Christians Erbstollen

Die Mutung ist 1768 eingelegt worden, und die Verleihung der Erbstollengerechtigkeit ist 1789 erfolgt. In der ersten Hälfte des 19. Jahrhunderts ist ein Stollen, der ebenfalls Christians Erbstollen (oder Christian-Stollen) genannt wurde (Stollenmundloch 200 m ostwärts von dem späteren Schacht der Zeche Alte Steinkuhle), mindestens 100 m nach Südosten aufgefahren worden. Ein Abbau von Kohlenflözen ist jedoch nicht nachgewiesen. Der Stollen wurde später verlassen und verbrach. 1834 ist eine neue Mutung auf Christian Nr. 2 und Nr. 3 eingelegt worden, und 1846 ist der Stollen in Betrieb gewesen. 1850 wurde das Geviertfeld Christiansburg verliehen, es erfolgte die Umbenennung des Erbstollens in Christiansburg. Die gesamte Berechtsame ist 1898 an Julius Philipp verkauft worden. S. Zechen Alte Steinkuhle und Julius Philipp.

Bochum-Laer: Zeche Dannenbaum. 1889 begann das Abteufen des Schachtes Hugo (linkes Fördergerüst), und 1898 ist der Schacht Eulenbaum abgeteuft worden. Er hat eine Zeitlang auch als Förderschacht gedient (Fördergerüst rechts im Bild). Aus den Jahren um 1910 stammte die Maschinenhalle mit hellen Putzfeldern, dem großen Rundbogenfenster in der Mitte und interessantem Giebel. Foto von 1953. † 1960.

Bochum-Langendreer:
WO 77 148
Zeche Bruchstraße

Diese Zeche erhielt ihren Namen wegen ihrer Lage an der durch das Langendreer Bruch (mit Bäumen, Sträuchern usw. bewachsenes Sumpfland) führenden Straße; sie war ursprünglich Eigentum des preußischen Staates, dem das Grubenfeld 1769 reserviert worden war. Nachdem 1845 die 1840 verliehenen Längenfelder Bruchstraße I, II und III umgewandelt worden waren, gingen sie 1852 in den Besitz des Glasfabrikanten Gustav Müllensiefen in Crengeldanz bei Witten über. Er vereinigte sie 1867 unter dem Namen Bruchstraße und bildete dafür die Gewerkschaft Bruchstraße. Das Abteufen von Schacht 1 begann 1872; das Steinkohlengebirge wurde im gleichen Jahr bei 7 m Teufe erreicht. 1873 ging der Schacht bei 20 m Teufe zu Bruch (gestörtes Gebirge); er wurde aufgegeben und verfüllt.

Das Teufen eines neuen Schachtes begann, und 1874 konnte die Förderung aufgenommen werden. Der Schacht erhielt später zu Ehren des nachmaligen Betriebsführers dieser Schachtanlage Gustav Knepper (1870 - 1951) den Namen Gustav. Das Teufen eines (gebrochenen) Wetterschachtes begann 1875; er kam 1878 in Betrieb. 1885 belief sich die Kohlenförderung der Zeche auf 134 000 Tonnen (546 Beschäftigte) und 1890 auf ca. 159 000 Tonnen (768 Beschäftigte). 1895 begannen die Abteufarbeiten für Schacht 2, 1907 entstand ein dritter Schacht, und 1914 kam Schacht 4 hinzu. In diesem Jahr ereignete sich eine Schlagwetterexplosion mit vier Todesopfern, und 1915 kam es wieder zu einer Schlagwetterexplosion (acht Tote). Die Förderung belief sich in diesem Jahr auf 543 000 Tonnen (2 410 Beschäftigte). 1916 ereignete sich eine Schlagwetterexplosion, bei der drei Todesopfer zu beklagen waren; zwei Schlagwetterexplosionen in den ersten beiden Monaten des Jahres 1918 forderten insgesamt 23 Todesopfer. Bei einer Kohlenstaubexplosion waren

Bochum-Langendreer: Zeche Bruchstraße. *Oben: Das Bergwerk war mit 1 334 m Teufe von allen Anlagen des Zentralreviers am tiefsten in das Ruhrkarbon vorgedrungen. Sie förderte 1950 rund 560 000 Tonnen Fettkohle. † 1962. Aufnahme 1930.*
Unten: Das architektonisch aufwendig gestaltete Verwaltungs- und Kauengebäude fiel durch die hochrechteckigen Fenster auf, die zu je vier zwischen Lisenen die Front betonten. Die Mittelfront war durch einen geschwungenen Giebel hervorgehoben, dessen Formen sich am Gesims des Portals wiederholten.

1920 neunzehn Todesopfer zu beklagen, und 1922 forderte eine Kohlenstaubexplosion auf der Hängebank acht Todesopfer. Kohlenförderung 1925: 672 000 Tonnen (2 920 Beschäftigte). Die höchste Förderung ist 1929 mit 952 000 Tonnen erbracht worden. Förderung 1940: 654 000 Tonnen (2 190 Beschäftigte). Bei einer Schlagwetterexplosion waren 1941 insgesamt 36 Todesopfer zu beklagen. Das Abbaufeld dieser Zeche war verhältnismäßig klein, enthielt aber einen besonders großen Vorrat an Kokskohle hervorragender Qualität. Teufe der Hauptfördersohle: 655 m. Förderung 1950: 560 000 Tonnen. 1955 wurden 743 000 Tonnen Kohle gefördert (2 783 Beschäftigte). † 1962.

Bochum-Langendreer:
Zeche Constanze

Die Zeche war 1919 in Betrieb genommen worden, nachdem die Verleihung des Grubenfeldes bereits 1848 erfolgte. Sie verfügte über zwei Förderschächte (85 und 229 m Teufe) und förderte 1926 rund 209 000 Tonnen Eßkohle. Es waren vier Brikettpressen vorhanden. Briketterzeugung: 100 000 Tonnen. † 1928. Die Tagesanlagen wurden abgebrochen und die beiden Schächte verfüllt.

Bochum-Langendreer:
WO 78 149
Zeche Mansfeld

1786 ist den Gewerken Geh. Kriegs- und Domänenrat Heinrich Liebrecht sowie dem damaligen Bergmeister und späteren Bergrat Julius Philipp Heintzmann der „Urbanus-Erbstolln“ verliehen worden; es folgte 1788 der „Victor-Friedrich- Erbstolln“. Heintzmann hat sich als Mitarbeiter des Freiherrn vom Stein an zahlreichen Gruben des Ruhrreviers beteiligt. 1830 ist mit dem Abteufen des Schachtes Urbanus begonnen worden. 1839 bis 1849 wurden die Felder Erstling und Egide, Colonia und Königsau verliehen; 1856 wurde der Schacht Colonia abgeteuft. 1875 gingen die beiden Bergwerke in das Eigentum der Mansfelderschen Kupferschiefer bauenden Gewerkschaft (Eisleben) über. Die Zeche Colonia verfügte um diese Zeit bereits über dreißig alte Koksöfen, die 1900 stillgelegt wurden. 1885 wurde ein Wetterschacht (Schacht 3) abgeteuft.

1892 versuchte man auf dieser Zeche, den mit Preßluft betriebenen Abbauhammer einzuführen, der im Mansfelder Kupferschieferbergbau mit Erfolg angewendet worden war. Die Versuche verliefen nicht positiv. Erst erfolgreiche Einsätze in Frankreich und England brachten den Abbauhammer nach 1906 an die Ruhr zurück. Der Ruhrbergmann griff nur zögernd zu dem neuen Werkzeug. 1910 gab es auf 21 Schachtanlagen nur 161 Abbauhämmer, 1914 insgesamt 568, und erst nach dem Ersten Weltkrieg wurde er zum Hauptwerkzeug für die Kohlengewinnung an der Ruhr. 1925 waren fast 45 000 Abbauhämmer eingesetzt; 1930 über 74 000. Durch die Einführung des Abbauhammers ging die vor dem Ersten Weltkrieg zur Kohlengewinnung bevorzugt verwendete Schießarbeit im Ruhrbergbau stark zurück.

1897 begann das Teufen des Schachtes 4, in unmittelbarer Nähe des Schachtes Colonia gelegen; er kam 1900 in Betrieb, und im gleichen Jahr wurde auf Colonia eine neue Kokerei errichtet. 1901 begann man mit dem Abteufen des Schachtes 5, der 1903 in Betrieb genommen wurde. Im gleichen Jahr wurde der alte Schacht Urbanus stillgelegt.

Kohlenförderung 1913: 603 000 Tonnen; Kokserzeugung: 261 000 Tonnen. Die Förderung, die in der Kriegs- und Nachkriegszeit absank, stieg bis 1929 auf 677 000 Tonnen; Förderung 1938: 730 000 Tonnen; Kokserzeugung: 295 000 Tonnen. Die höchste Förderung ist 1939 mit knapp 760 000 Tonnen erbracht worden (2 250 Beschäftigte).

1945 waren bei einem Bombenangriff 61 Todesopfer (über Tage) zu beklagen. In

Bochum-Langendreer: Zeche Mansfeld. Im Grubenfeld dieser Zeche ist bereits 1830 mit dem Abteufen des Schachtes Urbanus begonnen worden. Er ist erst 1903 stillgelegt worden. Aufnahme um 1935. † 1963.

diesem Jahr kamen Kohlenförderung und Kokserzeugung zum Erliegen. Erst Anfang 1946 konnte die Förderung in geringem Umfang wieder aufgenommen wer den; die Inbetriebnahme der Kokerei erfolgte 1948. Förderung 1958: 540000 Tonnen Fett- und Eßkohle. 1960 wurden mit 2170 Beschäftigten 437000 Tonnen Kohle gefördert. Bis 1962 sank die Produktion auf knapp 357000 Tonnen ab (917 Beschäftigte). † 1963. Die Schächte 3 und 7 wurden verfüllt, 1 und 4 blieben zunächst für die Wasserhaltung offen (bis zur Stillegung von Robert Müser). S. Zeche Robert Müser WO 73.

Bochum-Langendreer: Zeche Ruhrtal

Diese Kleinzeche ist 1949 gegründet worden. Die Berechtsame bezog sich auf die Pachtfelder der Gewerkschaft Dickebaeckerbank und der Mansfeld AG. Der Betrieb der Zeche Ruhrtal I ist bereits Ende Januar 1951 eingestellt worden. Ruhrtal II förderte 1949 mit 20 Belegschaftsmitgliedern rund 750 Tonnen Eßkohle und 1950 mit 30 Bergleuten rund 5000 Tonnen. Die Zeche Ruhrtal III ist 1951 in Betrieb gegangen. Die Förderung belief sich 1964 auf 30000 Tonnen Fettkohle, die mit 96 Beschäftigten gewonnen wurden. 1965 (71 Beschäftigte) sind rund 28000 Tonnen Kohle gefördert worden. † 1966.

Bochum-Langendreer: Zeche Siebenplaneten

Der Name verweist auf die sieben Töchter des Atlas in der griechischen Mythologie, die Zeus unter die Sterne versetzte (Plejaden). Diese Zeche war 1783 als Stollenbetrieb angelegt worden. 1857 kam die Konsolidation von Siebenplaneten-Erbstollen, Siebenplaneten-Fortsetzung, Friedrich und Somborn. Die Verleihung der Felder Somborn und Siebenplaneten ist 1868 erfolgt. 1870 wurde Schacht 1 (später Schacht Eduard) abgeteuft; 1875 ist die erste Kohle gefördert worden. Kohlenförderung 1877: 53000 Tonnen (186 Beschäftigte). 1879 wurde eine Kokerei in Betrieb genommen. Förderung 1880: 70000 Tonnen (320 Beschäftigte). 1891 ist eine Brikettfabrik gebaut worden; im selben Jahr begann das Abteufen des Schachtes Mathilde, der 1893 in Betrieb kam. 1904 belief sich die Kohlenförderung auf 260000 Tonnen und die Kokserzeugung auf 46000 Tonnen; es wurden 100000 Tonnen Briketts hergestellt. 1905 waren vier Schächte vorhanden: zwei Förderschächte (Eduard und Mathilde), und zwei Wetterschächte. 1929 ist das Grubenfeld der stillgelegten Zeche Constanze übernommen worden; die Kohlenförderung belief sich in diesem Jahr auf 361 000 Tonnen (984 Beschäftigte). Förderung 1940: 195000 Tonnen (490 Beschäftigte). † 1944. Das Grubenfeld kam zu Neu-Iserlohn. Seit den fünfziger Jahren war Mathilde Wetterschachtanlage der Zeche Robert Müser. S. Zechen Constanze und Robert Müser WO 73.

Bochum-Langendreer: Zeche Vollmond

Auf dieser Zeche wurde 1801 die erste Dampf-Wasserhaltungsmaschine im Ruhrbergbau aufgestellt. Die Maschine war in Tarnowitz (Schlesien) gebaut worden und ursprünglich für die Zeche Charlotte (Überruhr) bestimmt. Die Gewerkschaft verweigerte jedoch (1792) die Annahme, und acht Jahre lagerte die Maschine dann in Ruhrort, bis sie im Januar 1801 nach Vollmond geschafft wurde. Es stellte sich heraus, daß die „Feuermaschine" nicht lief. Der junge Zimmermann Franz Dinnendahl (1775 – 1826, s. Zeche Wohlgemuth, Essen-Kupferdreh), der die Gebäude für die Maschine zu errichten hatte, erkannte als Nichtfachmann die Fehler, setzte die Maschine richtig zusammen, so daß sie (vermutlich im Herbst 1801) als Wasserhaltungsmaschine in Betrieb genommen werden konnte.

Der erste Schacht wurde 1808 abgeteuft (Victoria); er war 46 m tief. Dies war der erste seigere Schacht, der an der Ruhr niedergebracht worden ist. 1856 ist mit dem Abteufen des Schachtes *Giesbert* (auch: Gisbert) im Südfeld, sowie *Caroline* (Nordfeld) begonnen worden. Giesbert nahm 1860 die Kohlenförderung auf. Die Förderung belief sich in diesem Jahr auf ca. 2300 Tonnen (144 Beschäftigte). 1861 wurden die Schächte Giesbert und Caroline tiefergeteuft; eine Lokomotivbahn zum Bahnhof Langendreer ist gebaut worden. 1862 ereignete sich in Schacht Giesbert eine Schlagwetterexplosion (drei Todesopfer), und die Teufarbeiten auf Caroline wurden bei 94 m Tiefe eingestellt. 1864 waren Schacht Giesbert und ein Wetterschacht in Betrieb, und 1865 erreichte die Förderung rund 44000 Tonnen (303 Beschäftigte). Im Grubenfeld der Zeche stand in geringer Teufe ein reiches Kohlenvorkommen von guter Qualität an. Das Abteufen eines zweiten Wetterschachtes begann 1867; er kam 1872 in Betrieb. Förderung 1875: 116500 Tonnen (650 Beschäftigte). 1885 hatte die Produktion fast 193000 Tonnen erreicht (695 Beschäftigte). 1886 begann das Teufen eines neuen Wetterschachtes; der alte ist abgeworfen worden. Das Teufen des Wetterschachtes 2 (neben Schacht Giesbert) begann 1894; er kam 1896 in Betrieb. Förderung 1900: 285000 Tonnen (1130 Beschäftigte). Die höchste Förderung ist 1907 mit ca. 290000 Tonnen erbracht worden (1260 Beschäftigte). Förderung 1913: 283000 Tonnen (1140 Beschäftigte). Förderung 1920: 259000 Tonnen (1194 Beschäftigte). 1926 ist die Zeche mit der Zeche Heinrich Gustav vereinigt worden; die Förderung wurde eingestellt. Die Schächte von Vollmond blieben erhalten und dienten bis Ende der fünfziger Jahre der Wetterführung. S. Zeche Robert Müser WO 73.

Bochum-Linden: Zeche Anna Catharina

Im Feld dieser Zeche ist bereits vor 1750 bis etwa 1770 Stollenbau betrieben worden; es waren zwei Stollen in Betrieb. 1763 ist eine Mutung eingelegt worden, und 1765 kam es zur Verleihung des Bergwerksbesitzes. Nachdem 1771 eine neue Mutung eingelegt worden war, kam es 1775 zur Auffahrung eines querschlägigen Stollens, und in den folgenden Jahren war in dem Feld ein ausgedehnter Kohlenabbau zu verzeichnen, der bis in die achtziger Jahre anhielt und dann wiederholt unterbrochen wurde. 1803 war die Berechtsame nahezu ausgekohlt, und 1816 erfolgte die Konsolidation mit Ver. Dickebaeckerbank. S. Zeche Ver. Dickebaeckerbank & Anna Catharina.

Bochum-Linden: Zeche Baaker Mulde

Diese Zeche ging auf drei Stollenzechen zurück (Johann Friedrich, St. Mathias

Bochum-Linden: Zeche Friedlicher Nachbar. Im Grubenfeld der Zeche standen zuletzt zwei Förder- und zwei Wetterschächte. † 1961. Aufnahme ca. 1950.

Erbstollen sowie Vereinigte Dickebaeckerbank (Anna Catharina). In den Stollenzechen ging schon um die Mitte des 18. Jahrhunderts ausgedehnter Abbau um, der teilweise bis in die 1850er Jahre gedauert hat. 1855 begann das Abteufen des Schachtes Baaker Mulde, der 1860 die Förderung aufnahm. 1868/70 wurden die drei Stollenzechen unter dem Namen Baaker Mulde vereinigt. 1883 begann das Teufen eines (tonnlägigen) Wetterschachtes, und 1885 belief sich die Kohlenförderung auf ca. 153 000 Tonnen (515 Beschäftigte). Die höchste Förderung ist 1897 mit 166 000 Tonnen Kohle erbracht worden (660 Beschäftigte). 1899 erwarb die Gewerkschaft Friedlicher Nachbar das Eigentum der Gewerkschaft Baaker Mulde. Der Grubenvorstand von Friedlicher Nachbar wurde etwas später gleichzeitig Grubenvorstand von Baaker Mulde. 1902 ist der tonnlägige Wetterschacht abgeworfen worden; die Förderung aus dem Grubenfeld erfolgte fortan über Friedlicher Nachbar. S. Zeche Friedlicher Nachbar WO 68.

Bochum-Linden: Zeche Ver. Dickebaeckerbank & Anna Catharina

Die Zeche Dickebaeckerbank (auch: Dickebeckerbank, Dicke Bäcker Bank, Dick-Bäckerbank, Dicke Baaker Bank oder einfach Bäckerbank genannt) wird schon 1677 erwähnt und ist wahrscheinlich in diesem Jahr in Betrieb genommen worden. Um 1750 war das Bergwerk nach jahrzehntelangen Unterbrechungen erneut in Betrieb und förderte mittels eines Schachtes aus zwei Stollen. 1783 wird das Teufen eines gebrochenen Förderschachtes beurkundet (rund 46 m seiger, im Flöz etwas mehr als 28 m tonnlägig). 1785 war ein Förderschacht mit Pferdegöpel in Betrieb; es war noch ein zweiter Schacht vorhanden. Das Abteufen eines weiteren tonnlägigen Schachtes für Pferdegöpelförderung begann 1797, und um 1800 war der Kohlenvorrat über der Stollensohle fast verhauen. 1811 wurde der Betrieb zunächst stillgelegt. Die Konsolidation mit Anna Catharina erfolgte 1816. 1825 belief sich die Förderung auf rund 2 400 Tonnen. Die höchste Förderung ist 1829 mit ca. 7 500 Tonnen erreicht worden. † wahrscheinlich 1850. Das Grubenfeld kam zur Hälfte an St. Mathias Erbstollen, und 1870 erfolgte die Konsolidierung der zweiten Hälfte mit Baaker Mulde. S. Zechen Anna Catharina, St. Mathias Erbstollen und Baaker Mulde.

Bochum-Linden: WO 68 — 150 Zeche Friedlicher Nachbar

Diese Zeche kam als Stollenbetrieb schon lange vor 1850 in Förderung. Sie entstand aus zwei nebeneinanderliegenden, ursprünglich selbständigen Bergwerken (Friedlicher Nachbar und Baaker Mulde, s. dort). Der Übergang zum Tiefbau erfolgte 1855 durch das Abteufen eines Schachtes, der 1860 die Förderung aufnahm. Die Gewerkschaft Friedlicher Nachbar, die 1854 gebildet worden war und 1868 in eine tausendteilige Gewerkschaft neuen Rechts umgewandelt wurde, hatte 1868 damit begonnen, in ihrem nördlichen Feldesteil den Schacht 1 abzuteufen; er ist 1870 in Förderung gekommen. 1899 begann das Abteufen des Schachtes Friedlicher Nachbar 2; das Grubenfeld der Zeche Baaker Mulde wurde erworben. Die Berechtsame von Friedlicher Nachbar erreichte damit 3,6 km², und es erfolgte der Zusammenschluß beider Bergwerke zu Friedlicher Nachbar / Baaker Mulde; die Zechen hatten jedoch weiterhin getrennte Förderungen. 1902 kam der Wetterschacht Ostholz, mit dessen Abteufen 1900 begonnen worden war, in Betrieb. 1901 war Schacht 2 Hauptförderschacht.

Die völlige Übernahme von Baaker Mulde erfolgte 1904. Im gleichen Jahr ging die Schachtanlage in das Eigentum der Deutsch-Luxemburgischen Bergwerks- und Hütten-AG über. Die Tagesanlagen der Zeche wurden weiter ausgebaut und eine Kokerei errichtet, die jedoch schon 1919 infolge Kohlenmangels stillgelegt und abgerissen worden ist. 1908 wurde der Durchschlag mit den Zechen Hasenwinkel und Prinz Regent fertiggestellt. Die höchste Förderung ist 1909 mit etwas über 609 000 Tonnen erbracht worden (2377 Beschäftigte). 1913 waren die Schächte Friedlicher Nachbar 2 und Baaker Mulde Förderschächte. Förderung 1915: ca. 389 000 Tonnen. Die Förderung von Hasenwinkel ist 1919 übernommen worden, und 1923 erfolgte die Übernahme dieser Zeche. 1926 wurde das Grubenfeld Hasenwinkel abgedämmt; die dortigen Tagesanlagen sind abgebrochen, die Schächte verfüllt worden. Förderung 1930: 353 000 Tonnen (1 055 Beschäftigte). † 1932; die Förderfähigkeit der Anlage blieb erhalten, und 1933 wurde das Bergwerk wieder in Betrieb genommen. Förderung 1940: 371 000 Tonnen (1 070 Beschäftigte). 1946 waren noch die Schächte Friedlicher Nachbar 1 und 2, Baaker Mulde und der Wetterschacht Ostholz in Betrieb. Förderung 1950: 360 000 Tonnen Eßkohle. † 1961. Die Tagesanlagen wurden abgebrochen und die Schächte verfüllt. S. Zechen Hasenwinkel, Baaker Mulde und Prinz Regent WO 69.

⚒ *Lewackerstraße, neben Nr. 202: Stollenmundloch mit Abschlußstein und Inschrift „Friedlicher Nachbar", Schlägel und Eisen sowie Jahreszahl 1873. Papenloh 12: Luftschacht der Zeche, der aus wissenschaftlichen Gründen als erhaltungswürdig angesehen wird. Dasselbe gilt für den Tunnel des ehemaligen Gleisanschlusses der Zeche an die Strecke Dahlhausen - Langendreer (Baaker Mulde). Erhalten ist auch die Maschinenhalle, die einem Keramikkünstler als Werkstatt und Raum für Designausstellungen dient.*

Kolonie Friedlicher Nachbar. An der steil abfallenden Straße Am Röderschacht stehen aufgereiht 13 Häuser, aus Ziegelstein gemauert und eins wie das andere aussehend. Sie wurden in den 1880er Jahren für die Bergleute der Zeche Friedlicher Nachbar gebaut. Inzwischen behutsam saniert, hat sich an ihrem schlichten, gleichförmigen Erscheinungsbild nichts geändert. Allein Abstufungen im Mauerwerk und die Fenster gliedern die Wandflächen. Acht Wohnungen waren jeweils unter den flachen Dächern zusammengefaßt. Heute wohnen längst nicht mehr so viele Menschen hier wie in den Jahrzehnten nach dem Entstehen der Kolonie. ⚒

Bochum-Linden:
Zeche Johann Friedrich
Bereits um 1750 waren die Stollen Nr. 1 bis 3 dieser Zeche bekannt. Schon 1764 ist ein Versuchsschacht angesetzt worden, der jedoch von der Bergbehörde nicht genehmigt wurde. Seit 1775 ist regelmäßiger Betrieb des Bergwerks verbürgt. 1787 ist ein Stollenschacht abgeteuft worden, und 1798 erfolgte das Abteufen des Schachtes August (in Flöz Johann Friedrich 1 bzw. Luise). 1800 ist der Abbau über der Stollensohle wegen Erschöpfung der Kohlenvorräte eingestellt worden. 1803 war der Schacht Rudolf vorhanden. Das Teufen eines weiteren tonnlägigen Förderschachtes (Caroline) erfolgte 1805; er wurde mit einem Pferdegöpel ausgerüstet. 1811 begann das Teufen des tonnlägigen Schachtes Fortuna, und 1830 sind 9300 Tonnen Kohle gefördert worden. 1840 belief sich die Förderung auf über 10000 Tonnen, 1850 auf rund 13000 Tonnen. 1855 begann das Abteufen eines seigeren Schachtes für Tiefbau, nachdem die Kohlenvorräte über der St.-Mathias-Erbstollen-Sohle erschöpft waren. Dieser Schacht (2,67 mal 8,53 m) ist später Baaker Mulde genannt worden. 1856 wurde über diesem Schacht (70 m Teufe) ein Malakoffturm errichtet. Die Förderung im Tiefbau begann 1860. In diesem Jahr sind mit 65 Beschäftigten rund 14000 Tonnen Kohle gefördert worden. 1865 betrug die Produktion bereits mehr als 37000 Tonnen (133 Beschäftigte), und 1867 wurde auf der Zeche die Seilfahrt eingeführt. Die höchste Förderung ist 1870 mit ca. 85000 Tonnen erbracht worden (263 Beschäftigte); am Jahresende erfolgte die Konsolidation zu Baaker Mulde. S. Zeche Baaker Mulde.

Bochum-Linden:
Zeche Lucia
Der Schürfschein ist 1750 ausgestellt worden; das Auffahren eines Stollens wurde in Angriff genommen, der 1751 eine Länge von 56 m erreicht hatte. 1752 erfolgte das Teufen eines Flözschachtes, und der Kohlenabbau begann. Die Tagesförderung wird für 1774 mit rund 2,5 Tonnen angegeben. Um 1800 ist der Betrieb in dem Bergwerk zunächst eingestellt worden, wurde jedoch um 1807 wieder aufgenommen. 1836 belief sich die Förderung auf rund 3000 Tonnen, und 1838 begann das Teufen eines tonnlägigen Schachtes, der 1839 die Förderung aufnahm. 1840 betrug die Kohlenförderung rund 8000 Tonnen. Die höchste Produktion ist 1847 mit fast 10000 Tonnen erreicht worden. † 1851.

Bochum-Linden:
Zeche St. Mathias Erbstollen
Im Feld dieser Zeche ging schon um die Mitte des 18. Jahrhunderts ausgedehnter Abbau um; sie war eine Zeitlang der wahrscheinlich wichtigste Bergwerksbetrieb an der Ruhr. Die Mutung ist 1730 eingelegt worden, und 1772 wurde das Erbstollenrecht verliehen. 1781 ist ein Schiebeweg zur Ruhr gebaut worden; Kohlenförderung: 520 Tonnen. 1787 erfolgte die teilweise Konsolidation mit der Zeche Johann Friedrich (Abbau der gemeinsamen Flöze) und der Bau einer Schienenbahn (1,6 km lang) zur Kohlenniederlage Rauendahl an der Ruhr. Die Länge des Erbstollens betrug 1790 ca. 670 m. 1796 belief sich die Kohlenförderung der Zeche auf ca. 4600 Tonnen. 1811 werden die Schächte Lind und Lisette erwähnt. Um 1850 hatte der Stollen eine Gesamtlänge von etwa 3,2 km erreicht und war einer der bedeutendsten Erbstollen im Märkischen Bereich. 1853 ist das Erbstollenrecht für den St. Mathias Erbstollen Nr. 2 verliehen worden, und 1855 belief sich die Kohlenförderung auf rund 25000 Tonnen (246 Beschäftigte). Die höchste Förderung ist 1873 mit fast 61000 Tonnen erbracht worden (326 Beschäftigte). † 1888.

Teile dieses Erbstollens sind als Kleinzechen 1929 (St. Mathias Erbstollen über der Stollensohle) bzw. 1934 (St. Mathias Erbstollen Nr. 1-3) wieder für einige Jahre in Betrieb genommen worden. S. Zeche Johann Friedrich.

⚒ *Rauendahlstraße: Reste des ehemaligen Erbstollens St. Mathias II, 1984 restauriert. Als bedeutend für die Entwicklung der Arbeits- und Produktionsverhältnisse und daher aus wissenschaftlichen Gründen als erhaltungswürdig angesehen.* ⚒

Bochum-Linden:
Zeche Verlohrner Sohn
Der Bergwerksbesitz war bereits 1779 verliehen worden, und der Betriebsbeginn wird mit 1839 angegeben. 1841 wurden etwa 400 Tonnen Kohle gefördert. Das kleine Bergwerk hat dann Jahrzehnte hindurch stillgelegen, wurde jedoch 1865 urkundlich erwähnt. 1906 erfolgte der Erwerb durch die Gewerkschaft Glückauf, und im gleichen Jahr sind mit 28 Beschäftigten fast 3000 Tonnen Kohle gefördert worden. 1907 erhielt die Zeche Eisenbahnanschluß. Förderung 1910: ca. 16000 Tonnen (57 Beschäftigte). 1915 belief sich die Förderung auf fast 19000 Tonnen (135 Beschäftigte), und 1919 waren zwei Schächte in Betrieb. Die höchste Förderung ist 1921 mit fast 92000 Tonnen erbracht worden (729 Beschäftigte). Die von der Zeche geförderte Eßkohle wurde vor allem zu Briketts verarbeitet. Zuletzt waren drei Brikettpressen vorhanden. † 1925. 1934 kam die Berechtsame zu Ver. Dahlhauser Tiefbau. S. Zeche Ver. Dahlhauser Tiefbau WO 32.

Bochum-Oberdahlhausen:
Zeche Neuruhrort
Das Bergwerk war 1940 aus der 1921 stillgelegten Zeche Neu-Ruhrort entstanden, die bereits um 1750 in Betrieb gewesen ist. Die Mutung auf das Bergwerk ist 1769 eingelegt worden, und die Vermessung des Grubenfeldes erfolgte 1788. Beschäftigten- oder Produktionszahlen aus dieser frühen Zeit sind nicht bekannt; um 1815 ist der Betrieb des Bergwerks jedoch verbürgt. 1836 hat eine Verleihung stattgefunden, aber erst im 20. Jahrhundert kam es (1920) zum Teufen eines tonnlägigen Schachtes. 1921 wurden mit 27 Beschäftigten etwas über 3000 Tonnen Kohle gefördert. Nach der Stillegung kam die Berechtsame zu Robert. Nach der Wiederinbetriebnahme (1940) mußten 1941/42 alle Arbeiten zunächst wegen des Krieges eingestellt werden. 1943 erfolgte die Neugründung der Zeche (zum eigenen Grubenfeld kamen Pachtfelder der Heinrich Bergbau AG und der Essener Steinkohlenbergwerke AG). Der tonnlägige Schacht wurde weitergeteuft. 1945 begann die Förderung (rund 8000 Tonnen). 1950 betrug die Kohlenförderung über 49000 Tonnen (205 Beschäftigte); die höchste Förderung ist 1952 mit fast 61000 Tonnen erbracht worden (230 Beschäftigte). † 1960. S. Zeche Robert.

Bochum-Oberdahlhausen:
Sonnenscheiner Erbstollen
Dieser Erbstollen, in dem auch Kohle gefördert wurde, ist 1772 von Hasenwinkeler Gewerken angesetzt worden, nachdem der Hasenwinkeler Stollen das Flöz verloren hatte. Das Stollenmundloch lag 550 m westlich des Hasenwinkeler Stollens im Lindener Tal. Im gleichen Jahr ist mit dem Kohlenabbau begonnen worden. 1781 wurde ein neuer Förderschacht geteuft und der alte abgeworfen. 1801 ist der Kohlenabbau eingestellt worden; es waren insgesamt sieben Schächte vorhanden. 1809 erfolgte die Konsolidation zu Hasenwinkel. S. Zeche Hasenwinkel.

Bochum-Oberdahlhausen:
Sonnenscheiner Stollen
Das Bergwerk, das später auch ältester Sonnenscheiner Stollen genannt wurde, ist 1698 erstmalig in Betrieb gegangen; bereits 1700 wurde die Zeche stillgelegt. 1732 ist der tiefere Hasenwinkeler Stollen angelegt worden (auch Tieferer Sonnenscheiner Stollen genannt). Das Stollenmundloch lag etwa 300 m südöstlich des ältesten Sonnenscheiner Stollens. 1809 kam es zur Konsolidation zu Hasenwinkel. S. Zechen Hasenwinkel und Sonnenscheiner Erbstollen.

Bochum-Querenburg:
Egmont-Erbstollen
Dieser Stollen war die Fortsetzung eines Flügelortes des St. Mathias Erbstollens und ist in den 1840er Jahren aufgefahren worden. 1863/64 wurde der Erbstollen Eigentum von Julius Philipp durch die Konsolidation dieses Bergwerks mit Glücksburg. S. Zechen Julius Philipp und Glücksburg.

Bochum-Querenburg:
WO 75
Zeche Klosterbusch
Die Gewerkschaft Ver. Klosterbusch ist aus der Eisensteinzeche Vereinigte Klo-

*Bochum-Querenburg: Der Förderschacht der **Zeche Klosterbusch** (unser Bild) ist 1924 in Betrieb gegangen. Auch die Tagesbauten im Vordergrund sind in den 1920er Jahren entstanden. In den 1950er Jahren wurde ein zweiter Schacht abgeteuft (Wetterschacht). † 1961. Aufnahme 1955.*

sterbusch im Bergrevier Essen-Werden hervorgegangen, die bis 1878 förderte. Das Eisensteinbergwerk war 1857 aus der Konsolidierung der Eisensteinbergwerke Marcus und Klosterbusch in der Gemeinde Bredeney bei Essen entstanden. Die Tiefbauanlage, die über eines der wenigen bauwürdigen Eisensteinflöze im Ruhrtal verfügte, lag in Werden (unmittelbar an der Ruhr). 1918 sind in Querenburg zunächst zwei tonnlägige Schächte in Betrieb genommen worden, die bis 1922 eine jährliche Kohlenförderung von 126 000 Tonnen erreichten. 1923 begann das Abteufen eines seigeren Förderschachtes, der 1924 in Betrieb ging. Die Tagesanlagen sind in den folgenden Jahren entsprechend der steigenden Förderung ausgebaut worden. 1926 wurden 350 000 Tonnen Kohle gefördert. 1935 begann das Abteufen des Schachtes 2, der 1937 als Wetterschacht in Betrieb genommen wurde. In diesem Jahr belief sich die Förderung auf 454 000 Tonnen. Während des Zweiten Weltkrieges wurden die Tagesanlagen durch Luftangriffe schwer beschädigt. Nachdem die Förderung 1945 vorübergehend ausfiel, erholte sie sich schnell und erreichte 1949 wieder über 300 000 Tonnen. 1955 ist ein zweiter Wetterschacht in Betrieb gekommen. Teufe der Hauptfördersohle: 368 m. Förderung 1960: 300 000 Tonnen Eßkohle. † 1961.

Bochum-Querenburg/Brenschede: Zeche Glücksburg

Schon in der ersten Hälfte des 18. Jahrhunderts ist diese Zeche in Betrieb gewesen. 1767 ist das Ansetzen eines Stollens verbürgt (vermutlich „Neuer Glücksburger Stollen" im Tal des Stiepeler Baches an dessen Einmündung in den Lottenbach). 1793 sind zwei tonnlägige Schächte abgeteuft worden (12 und 32 m Teufe); außerdem war noch ein dritter Schacht vorhanden. Der (tonnlägige) Schacht Hiob wurde 1799 abgeteuft. 1801 ist der Betrieb wegen unreiner Kohle und Absatzmangels eingestellt worden. Die Konsolidation mit der Zeche Gute & Neue Hoffnung erfolgte 1808. 1815 ist das Bergwerk wieder in Betrieb genommen worden. Mehrere Schächte wurden geteuft (Hoffnung, Friedrich und andere). 1825 belief sich die Förderung auf fast 2 000 Tonnen Kohle; in diesem Jahr ist ein über 4 000 m langer Weg mit Holzschienen durch das Lottental zum Kohlenmagazin an der Ruhr angelegt worden. Das Teufen des seigeren Schachtes Carl (34 m tief) erfolgte 1830. Der Schiebeweg zur Ruhr wurde 1848 mit eisernen Schienen ausgerüstet; in diesem Jahr sind mit 36 Beschäftigten ca. 4600 Tonnen Kohle gefördert worden. Das Teufen des (seigeren) Schachtes Anna begann 1854; er kam 1856 in Förerung (Dampffördermaschine). 1857 betrug sie über 20 000 Tonnen Kohle (115 Beschäftigte). Das Teufen des seigeren Schachtes Heintzmann begann 1860; der Schacht nahm 1861 die Förderung auf. Johann Heinrich Heintzmann, nach dem der Schacht benannt wurde, war einer der Pioniere des maschinellen Bergbaus. Er wurde 1778 in Hattingen geboren und nahm nach Besuch des Gymnasiums in Hamm 1799 seine Tätigkeit im Bergbau auf. 1800 ging er nach Schlesien und wurde 1804 als Obergeschworener mit der Leitung der staatlichen Gruben beauftragt. 1821 kam er ins Ruhrgebiet zurück und wurde Leiter des Bergamts Werden (bis 31. Dezember 1857). 36 Jahre lang hat er mit seltener Tatkraft und Weitsicht zum Wohle der aufblühenden Ruhrzechen gewirkt. Heintzmann hat auch im gesellschaftlichen Leben der Stadt Essen eine bedeutende Rolle gespielt. Er starb am 17. Februar 1858 und liegt auf dem Essener Ostfriedhof begraben. An ihn erinnert die Heintzmannstraße im Stadtteil Altendorf.

1863 belief sich die Förderung der Zeche (114 Beschäftigte) auf ca. 18 000 Tonnen. 1863/64 ist das Grubenfeld Glücksburg mit dem östlich anschließenden Grubenfeld Julius Philipp konsolidiert worden. S. Zechen Julius Philipp und Prinz Regent WO 69.

Bochum-Querenburg/Brenschede: Zeche Glücksburger Erbstollen

Das Bergwerk entstand 1842 aus Ver. Glücksburg durch Umbenennung. 1843 wurde zusammen mit Ver. Neue Mißgunst Mutung eingelegt auf Weiterauffahrung des St. Mathias Erbstollens zur Lösung beider Grubenfelder, und 1844 ist das Egmont-Erbstollenrecht verliehen worden. 1845 wurde mit der Auffahrung des Erbstollens begonnen. Die Kohlenförderung betrug in diesem Jahr ca. 5 000 Tonnen. 1847/48 erfolgte die Konsolidation zu Glücksburg. S. Zechen Glücksburg, Neue Ver. Mißgunst, St. Mathias Erbstollen und Egmont-Erbstollen.

Bochum-Querenburg/Brenschede: Zeche Ver. Neue Mißgunst

Diese Zeche entstand 1812 durch Konsolidation von Neue Mißgunst & Unvermuthetglück, Prinz Kater und Patriarch. Der Abbau im Stollen Neue Mißgunst wurde 1813 eingestellt, und 1816 ist ein neuer Stollen angesetzt worden. Der Kohlenabbau begann 1821. Das Abteufen des Schachtes Cremer ist 1829 begonnen worden; er kam 1834 in Förderung. Im gleichen Jahr begann das Abteufen des seigeren Schachtes Beharrlichkeit (48 m Teufe). Die höchste Förderung der Zeche ist 1838 mit knapp 11 000 Tonnen erreicht worden. In den folgenden Jahrzehnten ging die Förderung – trotz verschiedener Neuaufschlüsse – ständig zurück. Der Plan, zum Tiefbau überzugehen, konnte nicht verwirklicht werden. 1872 wurde die Berechtsame an Julius Philipp verkauft. S. Zeche Julius Philipp.

Bochum-Riemke/Hofstede:
WO 65 32 84 123
Schachtanlage Hannibal (RAG)

Diese Zeche ist 1854 in Förderung gekommen; sie gehörte mit den Zechen Präsident und Carolinenglück zu den ersten nördlich von Bochum durch den Kreidemergel abgeteuften Schachtanlagen. 1860 belief sich die Förderung auf ca. 42 000 Tonnen (230 Beschäftigte), und 1863 begann das Teufen eines Wetterschachtes (300 m nördlich von Schacht 1). Förderung 1865 fast 89 000 Tonnen (460 Beschäftigte). 1869 wurden die Felder Nosthausen 1 und 2 erworben, die 1870 zu Ver. Hannibal konsolidiert worden sind; die Berechtsame belief sich auf 4,1 km². Förderung 1870 101 000 Tonnen (458 Beschäftigte). 1872 begann das Abteufen des Schachtes 2, der 1874 bei 134 m auf das Karbon stieß und 1876 in Förderung kam. Schon 1880 waren 240 000 Tonnen, 1890 mehr als 300 000 Tonnen erreicht; 1901 begann das Teufen des Förderschachtes 3 (neben Schacht 1)

Bochum-Stiepel: Zeche Ver. Gibraltar Erbstollen. 1855 förderte die Zeche rund 21 400 Tonnen Kohle. 1921 ist ein Tiefbauschacht abgeteuft worden. † 1925. Zwei Werkshallen in Ruhrsandstein (unser Bild) sind erhalten geblieben.

und 1903 belief sich die Förderung auf 450000 Tonnen. 1904 ist eine Kokerei in Betrieb gekommen, die in den folgenden Jahren erweitert worden ist. Kohlenförderung 1913: ca. 983000 Tonnen (3570 Beschäftigte). 1914 ist der Schacht Hannibal 4 abgeteuft worden, der 1916 in Betrieb kam. 1924 wurde die Kokerei mit hundert neuen Öfen ausgerüstet; in diesem Jahr wurde die Förderung in Schacht 3 eingestellt. 1925 waren bei einer Schlagwetterexplosion sieben Todesopfer zu beklagen. 1926 ist die Förderschachtanlage Hannibal 2 stillgelegt und mit Hannibal 1/3 vereinigt worden; Schacht 2 diente weiterhin als Wetterschacht. Gleichzeitig wurden Schacht 1 mit einer Turmförderanlage ausgerüstet und die Tagesanlagen ausgebaut. 1928 wurde ein neuer Förderturm errichtet (sog. Hammerkopfform, die in der Zeit zwischen 1911 und 1945 typisch war für die Fördertürme mit Doppelförderung). Es handelte sich um eine Weiterentwicklung des Turms von Minister Stein (Schacht Emil Kirdorf), bei dem sich jedoch im Betrieb geringe Schwankungen des Bauwerkes einstellten. Das war Veranlassung, bei Hannibal die Aussteifung des Schachtbereiches durch eine außen angeordnete Fachwerkhüfte von großer Konstruktionshöhe vorzunehmen. Später konnte man sich zu dieser wenig eleganten Lösung nicht wieder entschließen. Statt dessen wurden sehr steife (und deshalb außerordentlich schwere) Rahmen verwendet. 1930 ist die Kokerei stillgelegt worden; 1934 wurde sie wieder in Betrieb genommen. 1937 belief sich die Förderung auf über eine Million Tonnen (2200 Beschäftigte). 1942 sind auf dieser Schachtanlage die ersten Hobelstreben an der Ruhr eingerichtet worden. Während des Zweiten Weltkrieges wurden fast die gesamten Übertageanlagen der Zeche zerstört; die völlige Betriebseinstellung wurde notwendig. Bereits im Juli 1945 begann der Wiederaufbau nach neuzeitlichen Gesichtspunkten. 1959 erfolgte der Verbund mit der Zeche Hannover. Förderung 1950: 600000 Tonnen Gas- und Fettkohle. Förderung 1963: 663000 Tonnen (1631 Beschäftigte). 1964 wurde die Förderung auf Hannibal eingestellt; die Kohle ging fortan unter Tage nach Hannover 1/2/5 und wurde dort zu Tage gehoben. † 1973. S. Schachtanlage Hannover WO 63.

Bochum-Stiepel: Zeche Brockhauser Tiefbau 108

Im Feld dieser Zeche förderten früher fünf Stollenbetriebe. Der Stollen *Friedrich* bestand mindestens seit 1732. Es wurde mit Unterbrechungen bis 1850 Kohle gefördert. Noch älter ist der ehemals landesherrliche Stollen *Preußischer Zepter*, der nachweislich seit spätestens 1700 in Förderung stand. 1808 kam der Betrieb in der damaligen unruhigen Zeit zum Erliegen; er wurde erst 1852 wieder aufgenommen. Es wurde ein Förderschacht abgeteuft. Die Zeche hat bis 1877 gefördert. Der Stollen *Treue* bestand ebenfalls schon um 1700, hat bis 1810 gefördert und nach zwanzigjährigem Stilliegen wieder von 1830 bis 1851. *Ignatius* förderte seit 1763. Der Betrieb wurde 1781 stillgelegt und 1831 wieder aufgenommen. 1841 kam er endgültig außer Betrieb. Der Stollen *Dibitsch* kam 1854 in Förderung und schon 1859 zum Erliegen. 1873 wurden die Felder dieser fünf Zechen konsolidiert und erhielten den Namen Brockhauser Tiefbau. Es ist ein Tiefbauschacht abgeteuft worden, der 1875 die Förderung aufnahm. Über dem Schacht wurde ein Malakoffturm in Bruchsteinmauerwerk errichtet (etwa quadratischer Grundriß, Ecken durch Sandsteinquadern betont, Rundbogenfenster, Fensterrahmungen aus Sandsteinquadern). Die Zeche hatte stets mit Absatzschwierigkeiten zu kämpfen, weil der Kohlenversand nur über die Ruhr erfolgte. 1886 entschloß man sich, die Zeche zu verkaufen; 1887 ging sie in das Eigentum der Union Aktiengesellschaft für Bergbau, Eisen- und Stahlindustrie (Dortmund) über, die den Betrieb im Schacht einstellte. 1898 ist er vorübergehend noch einmal als Wetterschacht in Betrieb genommen worden. 1912 wurde er endgültig abgeworfen. S. Zeche Prinz Regent WO 69.

⚒ *Am Bliestollen: Malakoffturm (Sandstein, ohne Dach und Innenausbau) steht in der Denkmalliste. Die Reste der hier verlaufenden sogenannten Kohlenbahnstraße gelten als erhaltenswürdig.* ⚒

Bochum-Stiepel: Zeche Carl Wilhelm

Diese Zeche entstand 1844 durch Umbenennung des Stollenbetriebes Altemann (auch Alte Mann oder Alter Mann), der schon in den fünfziger Jahren des 18. Jahrhunderts verliehen worden war. Es war ein tonnlägiger Schacht (Wilhelm) vorhanden, und 1845 wurden insgesamt rund 4700 Tonnen Kohle gefördert. 1855 belief sich die Förderung (29 Beschäftigte) auf etwa 4500 Tonnen. Von 1859 bis 1868 lag der Betrieb, der schon vorher ständig Zubußen erfordert hatte, still. Die Förderung ist 1869 wieder aufgenommen worden und betrug 1870 (22 Beschäftigte) rund 5000 Tonnen. † 1875.

Bochum-Stiepel: St. Georgen-Erbstollen

Die Mutung ist 1766 eingelegt worden, und 1773 erfolgte die Verleihung des Erbstollenrechtes. Das Ansetzen des Stollens begann 1774; in diesem Stollen ist in geringem Umfang auch Kohle gefördert worden. 1789/90 wurde der Kohlenabbau eingestellt. † 1820. Die Berechtsame kam 1825 zu Carl Friedrichs Erbstollen. S. Zeche Carl Friedrichs Erbstollen.

Bochum-Stiepel: Zeche Ver. Gibraltar Erbstollen 153

Die Geschichte des Erbstollens beginnt mit der 1786 beantragten Genehmigung zum Kohlenabbau durch das ehemalige Königliche Oberbergamt Dortmund. 1830 wurde mit der Auffahrung des insgesamt 2000 m langen Stollens begonnen. Die Zeche Gibraltar transportierte die geförderte Kohle durch den Erbstollen zu einem Lagerplatz an der Ruhr. 1855 förderten 123 Bergleute rund 21400 Tonnen Kohle. Die Erbstollen dienten in erster Linie der Entwässerung und nicht der Förderung. Nach dem Ersten Weltkrieg wurde das Bergwerk 1919 erneut in Betrieb genommen. 1921 ist ein Tiefbauschacht abgeteuft worden; er nahm 1922 die Förderung auf (Teufe 220 m). Die Zeche förderte mit einer Belegschaft von 480 Mann in den 1920er Jahren 120000 Tonnen Eßkohle jährlich. † 1925. 1928 kam die Konsolidation mit Glückswinkelburg, und 1971 wurde die Berechtsame von Herbede übernommen. S. Zechen Glückswinkelburg und Herbede WO 82.

⚒ *Oveneystraße: Das Mundloch des Erbstollens und zwei Werkshallen in Ruhrsandstein sind Teil des am Kemnader See gelegenen Freizeit- und Erholungsgebietes. Die beiden Hallen werden zur Zeit von der Freizeitgesellschaft Kemnade als Versammlungs- bzw. Schulungsräume, Bootslager usw. genutzt.* ⚒

Bochum-Stiepel: Zeche Pfingstblume

Ein Kohlefund unter dem Wurzelstock einer gerodeten Buche (heutiges Stollenmundloch) veranlaßte den Bochumer Kaufmann Georg Cramer 1834, auf das hier zu Tage tretende Steinkohlenflöz Mutung beim Königlich Preußisch-Märkischen Bergamt (Dortmund) einzulegen. Der Name weist auf einen in der Nähe des Fundpunktes gerade blühenden Ginsterstrauch (der in Westfalen auch Pfingstblume genannt wird). Da etwa zeitgleich noch vier weitere Mutungen in der Nähe von Pfingstblume erfolgten, veranlaßte die Bergbehörde die Einigung der Muter und erteilte mit der Verleihungsurkunde vom 22. Oktober 1850 der Steinkohlenzeche Vereinigte Pfingstblume die Abbaugenehmigung. 1864 förderten 18 Bergleute ca. 900 Tonnen, 1874 ca. 150 Beschäftigte fast 18000 Tonnen Kohle. Der Abtransport des Fördergutes erfolgte mit Ruhrschiffen. Die Stollenzeche baute vier Flöze mit einer Mächtigkeit zwischen 45 cm und 1,45 m. Die Gesamtauffahrung der Querschläge und Flözstrecken betrug etwa 900 m. † 1893.

⚒ *Brockhauser Straße 126: Das Stollenmundloch, nach historischen Unterlagen von der Unteren Bergbehörde der Stadt Bochum 1986 restauriert, ist aus wissenschaftlichen Gründen als bedeutsam für die Entwicklung der Arbeits- und Produktionsverhältnisse im frühen Ruhrbergbau anzusehen.* ⚒

Bochum-Stiepel: Zeche Preußischer Zepter

Diese Zeche war bereits seit 1695 in Betrieb und somit eines der ältesten Bergwerke im Raum Bochum. Der von hier aufgefahrene Stollen nach Osten und Westen war zuletzt mindestens 586 m lang. Im 18. Jahrhundert war die Zeche mit kurzen Unterbrechungen praktisch ständig in Betrieb, und 1762 begann das Abteufen eines Förderschachtes. 1772 ist ein weiterer (tonnlägiger) Schacht abgeteuft worden (78 m flache Teufe). 1774 waren ein Stollen und drei Förderschächte in Betrieb, und 1780 gab es einen Schiebkarrenweg zur Ruhr; 1794 ist ein neuer Förderstollen angesetzt worden. Um 1800 ging die Kohlenförderung stark zurück; † 1808.

Die Schächte wurden verfüllt. Die Zeche, die sich im Besitz des preußischen Staates befand, wurde 1852 an private Gewerken verkauft. 1853 kam es zum Erwerb der Zeche Friedrich; ein gemeinsamer Förderschacht wurde geteuft (Friedrichstal); über dem Schacht ist einer der ersten Malakofftürme an der Ruhr errichtet worden. 1855 begann die Förderung in diesem Schacht; sie belief sich in diesem Jahr auf rund 3500 Tonnen (38 Beschäftigte). 1860 ist mit Zeche Friedrich ein gemeinsamer Wetterschacht abgeteuft worden. 1870 betrug die Kohlenförderung über 13000 Tonnen (175 Beschäftigte); die höchste Förderung wurde 1871 mit fast 26000 Tonnen erbracht. Die Konsolidation zu Brockhauser Tiefbau erfolgte 1873. S. Zechen Friedrich und Brockhauser Tiefbau.

Bochum-Stiepel/Weitmar: Zeche Carl Friedrichs Erbstollen

Im Feld dieser Zeche bestanden ursprünglich drei Stollenbetriebe (St. Georgen-Erbstollen, Sternberger Stollen und Harmannsbäncker Stollen). Seit 1773 wurde aus ihnen Kohle gefördert, allerdings jeweils mit längeren oder kürzeren Unterbrechungen. 1825 sind die Betriebe unter dem Namen Carl Friedrichs Erbstollen konsolidiert worden. 1852 war der Kohlenvorrat über der Erbstollensohle abgebaut. Für den Abbau der tiefer liegenden Vorräte wurde daher ein Förderschacht (Maschinenschacht) abgeteuft, der 1855 in Betrieb kam. Die auf der Zeche geförderte Kohle mußte über die Ruhr verschickt werden, weil auch die 1846 in Betrieb genommene Köln-Mindener Bahn zu weit entfernt verlief. Nach dem Übergang der Zeche an die Henrichshütte in Hattingen wurde zwischen beiden Werken eine Eisenbahnverbindung hergestellt. 1862 ging das Bergwerk zum Tiefbau über; der Tiefbauschacht (Carl Friedrichs Erbstollen 1) nahm 1865 die Förderung auf. Der alte Maschinenschacht blieb weiter in Betrieb; er wurde erst 1873 stillgelegt. 1882/83 ist eine Kokerei errichtet worden. Das Abteufen eines Wetterschachtes (Carl Friedrichs Erbstollen 2) an der westlichen Seite der Landstraße von Bochum nach Stiepel begann 1884; 1887 wurde das Grubenfeld Brockhauser Tiefbau dem Bereich der Zeche zugeschlagen. 1905 waren drei Schächte in Betrieb, und die Kohlenförderung belief sich auf über 234000 Tonnen (1190 Beschäftigte).

1910 kam das Bergwerk in den Besitz der Deutsch-Luxemburgischen Bergwerks- und Hütten-AG. In der Folgezeit wurde die Zeche über und unter Tage stärker ausgebaut. Förderung 1910: 312000 Tonnen (1510 Beschäftigte); das war die höchste Produktion, die je erreicht worden ist. Ende 1914 ist jedoch die Kokerei stillgelegt worden, weil die geförderte Kokskohle nicht den Ansprüchen entsprach. Außerdem war der Kohlenvorrat des Feldes Carl Friedrichs Erbstollen zu gering, um eine nachhaltige Förderung aufrechtzuerhalten. Die Kohlenvorräte ließen sich leicht von der Zeche Prinz Regent aus mitgewinnen. 1917 wurde die Zeche von einem schweren Grubenunglück betroffen; ein Seilriß (Absturz des Förderkorbes) forderte 42 Todesopfer. † 1924. Die Schachtanlage diente fortan nur noch als Außenanlage (in der Hauptsache Wetterschachtanlage) für die Zeche Prinz Regent. 1930 erfolgte der Abbruch der Tagesanlagen. S. Zechen Brockhauser Tiefbau und Prinz Regent WO 69.

Bochum-Wattenscheid: WO 58 107 155
Zeche Centrum / Morgensonne

Die Zeche Centrum ging bis auf die Mitte des 19. Jahrhunderts zurück. 1859 wurde beschlossen, die Schachtanlage nach dem Senkschachtverfahren abzuteufen. 1861 sind die Grubenfelder Ver. Emma und Blankenstein zu dem Feld Centrum (= Mittelpunkt eines neuen Wirtschaftslebens für die Stadt Wattenscheid) konsolidiert worden. 1863 wurde die Kohlenförderung aufgenommen, und die Zeche förderte 1865 bereits 117000 Tonnen. 1873 wurde der zweite Schacht abgeteuft, der 1877 in Betrieb ging. Die Förderung der Anlage erreichte in diesem Jahr 253000 Tonnen. 1889 begann das Abteufen des Schachtes 3, der 1893 fertiggestellt wurde. 1896 sind auf der Anlage 1 neun Koksöfen in Betrieb genommen worden. 1898 begann das Abteufen von Schacht 4; er kam 1900 in Betrieb. 1902 begann die Förderung auf der Schachtanlage 4/6, nachdem vorher der Wetterschacht 5 für die Anlage Centrum 2 abgeteuft worden war. 1904 erreichte die Zeche (Doppelschachtanlagen 1/3, 2/5 und 4/6) eine Förderung von einer Million Tonnen Kohle.

Der erste Schacht der Zeche Fröhliche Morgensonne wurde 1874 niedergebracht und nahm 1878 die Förderung auf. 1882 wurde die erste Koksofenbatterie errichtet. Das Abteufen eines zweiten Doppelschachtes begann 1899; er kam 1903 in Betrieb. 1924 sind die Grubenfelder beider Zechen zu einem einheitlichen Grubenfeld konsolidiert worden. Der 1926 begonnene Durchschlag zwischen den Anlagen Centrum 2/5 und Fröhliche Morgensonne ist

Bochum-Wattenscheid: Zeche Centrum. *In der Mitte unseres Bildes ein außerordentlich leicht wirkendes Doppelbockgerüst in Vollwandbauweise. Bereits 1904 förderte die Zeche (mit den Doppelschachtanlagen 1/3, 2/5 und 4/6) eine Million Tonnen Kohle. † 1963.*

Unten: ***Bochum-Wattenscheid: Zeche Fröhliche Morgensonne.*** *Das ist sicher der schönste Name, den je ein Ruhrbergwerk getragen hat. Auf unserem Bild in der Mitte (hinter dem Schornstein) ein Malakoff mit vier Ecktürmen, der in den 1870er Jahren über Schacht 1 errichtet worden ist. Links daneben das Strebengerüst über Schacht 2, der 1903 die Förderung aufnahm. Beide Schächte dienten der Seilfahrt und der Förderung. † 1963.*

1928 fertiggestellt worden. Gleichzeitig wurde Schacht 5 stillgelegt. Durch die Stilllegung der Anlage Centrum 4/6 ergab sich 1929 die Gefahr des Ersaufens der Zeche Centrum / Morgensonne. Die betroffenen Nachbarzechen gründeten eine Pumpgemeinschaft; der Schacht 2 wurde stillgelegt. Zugleich begann man mit dem Niederbringen eines neuen Förderschachtes 7 auf der alten Anlage 1/3, da der Schacht 3 wegen seiner durch Abbauwirkungen verursachten Schieflage abgeworfen werden mußte. Förderung 1950: 800 000 Tonnen. Diese beiden Zechen haben die Entwicklung Wattenscheids vom kleinen Ackerstädtchen zur Industriestadt entscheidend beeinflußt. † 1963. Die Tagesanlagen wurden abgerissen, die Schächte verfüllt.

Bochum-Wattenscheid:
WO 57 43 123 155f.
Zeche Holland (RAG)

1855 erfolgte die Gründung der Bergbau-AG Holland durch einen Personenkreis überwiegend niederländischer Herkunft. Mit dem Abteufen der Schächte 1 und 2 wurde 1856 begonnen; die erste Kohle wurde 1860 gefördert. Das Teufen des Schachtes 3 begann 1872; er stieß 1875 bei 68 m Teufe auf das Karbon, und 1877 ist im Süden des Grubenfeldes mit dieser Schachtanlage die Förderung aufgenommen worden. 1898 begann das Teufen des Schachtes 4 (neben Schacht 3); in diesem Jahr ereignete sich eine Schlagwetterexplosion (sieben Tote). Ein großzügiger technischer Ausbau, der durch die Fusion mit dem Bergwerk Nordstern (s. WO 48) möglich wurde, ließ die Förderung 1906 auf über 860 000 Tonnen steigen. Mit dem Abteufen des Schachtes 5 (Wetterschacht) ist 1907 begonnen worden. 1910 belief sich die Kohlenförderung der Zeche auf fast 950 000 Tonnen (4 364 Beschäftigte). Im Dezember dieses Jahres ereignete sich eine Schlagwetterexplosion, die zehn Todesopfer forderte. Förderung 1913: über eine Million Tonnen (4 315 Beschäftigte). Bei einer Schlagwetter/Kohlenstaubexplosion im September 1915 waren auf der Anlage 3/4 vierzehn Todesopfer zu beklagen. 1921 begann das Teufen des Haupt-

Bochum-Wattenscheid: Zeche Holland. *Als weithin sichtbares Symbol ist eines von ehemals drei Fördergerüsten (Schächte 3, 4 und 6) erhalten geblieben. Es handelt sich um das deutsche Strebengerüst über Schacht 4 der Essener Zeche Zollverein; dieses wurde Anfang der 1960er Jahre an seinem heutigen Standort errichtet. Die Tafel mit Schriftzug Holland (unser Bild) war früher auf dem 1976 abgebrochenen Gerüst über Schacht 6 angebracht.*

Links: ***Gelsenkirchen-Ückendorf: Schachtanlage Holland 1/2.*** *Diese beiden Malakofftürme mit dazwischenliegendem Maschinenhaus sind erhalten geblieben. Mit dem Abteufen der Schächte 1 und 2 war 1856 begonnen worden; 1860 wurde die erste Kohle gefördert.*

Bochum-Wattenscheid: Zeche Holland *3/4/6. Das Abteufen des Hauptförderschachtes 6 begann 1921. – Oben: Die Benzolfabrik auf dem rückwärtigen Gelände der Schachtanlage ist kurz vor dem Ersten Weltkrieg in moderner Architektur errichtet worden. Sie wird als erhaltungswürdig angesehen.*

Unten: Hochspannungshäuschen, erbaut kurz vor 1914. Auch dieses Gebäude repräsentiert die moderne Architektur vor dem Ersten Weltkrieg (Abkehr vom Historismus).

Ganz unten: Die umfangreiche Erweiterung und Erneuerung der Tagesanlagen von 1921 (unser Bild) war eine der ersten Bauaufgaben der Architekten Fritz Schupp und Martin Kremmer (Essen).

förderschachtes 6 (Anlage 3/4); auf der Schachtanlage 1/2 fanden Ende 1925 bei einer Schlagwetterexplosion achtzehn Bergleute den Tod. 1927 wurde die Förderung der Zeche Holland 1/2 eingestellt und auf Holland 3/4/6 konzentriert. 1928 ist auf der Zeche Rheinelbe (Gelsenkirchen) die Förderung stillgelegt worden; das Grubenfeld kam an die Anlagen Holland und Alma (Gelsenkirchen). Kohlenförderung 1930: 980 000 Tonnen (3 036 Beschäftigte). 1931 wurde die Zeche Alma mit Holland zusammengelegt. Förderung 1940: 1,17 Millionen Tonnen (3 228 Beschäftigte). 1941 erfolgte die Übernahme des Teilfeldes der stilliegenden Zeche Hibernia mit zwei Schächten. Förderung 1945: 292 000 Tonnen (2 155 Beschäftigte). Förderung 1950: 962 000 Tonnen (3 745 Beschäftigte). Bis 1961 ist die Kohle von mehreren Sohlen mit den Gestellförderungen der Schächte Holland 3/4/6 zu Tage gezogen worden. 1962 wurde die Förderung auf der zehnten Sohle als Hauptfördersohle konzentriert; der Schacht 4 wurde umgebaut und mit einer vollautomatischen Skipförderung ausgerüstet. 1966 sind die Anlagen Bonifacius und Holland vereinigt worden. Im Zuge dieser Zusammenlegung wurde die Förderung auf der Anlage Holland 4/6 zusammengefaßt. 1972 betrug die Förderung 1,4 Millionen Tonnen. † 1974. Die Schächte blieben zunächst offen; das Baufeld kam zu Zollverein. S. Zechen Rheinelbe, Alma (Gelsenkirchen), Bonifacius WO 37 und Bergwerk Zollverein WO 29.

⚒ *Lyrenstraße: Hier besteht noch ein Komplex aus Kauen- und Verwaltungsgebäude mit Magazin, von drei Seiten um einen Hof gruppiert und 1921 erbaut. Es handelt sich um eines der ersten Bauvorhaben der damals noch jungen Architektengemeinschaft Fritz Schupp und Martin Kremmer. Als Material wählten die Architekten roten Backstein, der sich seit langem besonderer Beliebtheit im Ruhrgebiet erfreute und als außerordentlich widerstandsfähig gegen Industrieabgase galt. Das deutsche Strebengerüst über Schacht 4 aus der Mitte der 1930er Jahre stand ursprünglich auf Zollverein 4 in Essen und wurde Ende der 1950er / Anfang der 1960er Jahre an seinem heutigen Standort errichtet. Der Namenszug „Holland" stammt von dem 1976 abgebrochenen Gerüst über Schacht 6. – In unmittelbarem Zusammenhang mit der Zeche Holland sind die 1922 auf der gegenüberliegenden Seite der Lyrenstraße von dem Architekten Josef Franke (Gelsenkirchen) gebauten Beamtenhäuser zu sehen. Gebäude und Fördergerüst stehen seit 1989 in der Denkmalliste des Landes und sind inzwischen restauriert. In das Verwaltungs- und Kauengebäude zog das Gründer- und Technologiezentrum Ecotextil ein. Auf dem restlichen ehemaligen Zechengelände entstand im Rahmen der IBA Emscher Park ein Wohn- und Gewerbepark.*

Gelsenkirchen-Ückendorf: Von der Schachtanlage Holland 1/2 sind zwei Malakofftürme mit dazwischenliegendem Maschinenhaus erhalten geblieben. Es handelt sich um die letzte vollständig auf uns gekommene Anlage dieser Art im Ruhrgebiet. Mit ihren relativ niedrigen Türmen nimmt sie sich bescheiden aus. In der Blütezeit der Doppelschachtanlage waren jedoch in beiden Türmen große Fördergerüste eingezogen, die bei zunehmender Teufe die Förderung übernahmen. Das Gerüst über Schacht 2 stammte von 1891, das über Schacht 1 von 1903. Beide Gerüste sind heute nicht mehr vorhanden. Auf dem rückwärtigen Gelände dieser Schachtanlage befindet sich ein 1925 von Schupp und Kremmer entworfenes Lüftergebäude. Zusammen mit den bereits erwähnten Bauten wurde es 1986 in die Denkmalliste eingetragen. ⚒

Bochum-Wattenscheid:
WO 60
Kleinzeche Zollstraße

Das Bergwerksunternehmen ist 1949 gegründet worden und hat in Wattenscheid-Höntrop den Schacht Zollstraße abgeteuft. In den fünfziger Jahren kam ein neuer Schacht hinzu (Lucia). Förderung 1956: 37 000 Tonnen. † 1963. Die Schächte sind 1964 verfüllt worden; die Tagesanlagen wurden 1965 abgebrochen.

Bochum-Wattenscheid/Eppendorf:
WO 67 157
Zeche Ver. Engelsburg

Die Anlage hat seit 1738 zunächst ein Jahrhundert lang als Stollenbetrieb Storksbank bestanden. 1830 erfolgte die Umbenennung in Ver. Engelsburg. Um 1833/34 ging man zum Tiefbau über. Der erste seigere Tiefbauschacht nahm 1835 die Förderung auf. Es waren Dampfmaschinen für Förderung und Wasserhaltung vorhanden. 1836 betrug die Kohlenproduktion ca. 3 000 Tonnen, bis 1840 stieg sie auf über 11 000 Tonnen. 1842 hatte die Förderung fast 20 000 Tonnen erreicht. 1846/47 entstand ein weiterer Schacht (Hector); er nahm 1848 die Förderung auf; Schacht 1 wurde im gleichen Jahr aufgegeben (jedoch nicht verfüllt). Kohlenförderung 1853: über 40 000 Tonnen (335 Beschäftigte). Die Berechtsame der Zeche, zu der auch *Antonio* und *Berta* gehörten, umfaßte 1858 fünf km². Kohlenförderung 1865: 63 000 Tonnen (330 Beschäftigte). 1867 mußte Schacht Hector wegen zu großer Wasserzuflüsse aufgegeben werden. Die Zeche hat dann längere Zeit mit Hilfe eines tonnlägigen

Bochum-Wattenscheid/Eppendorf: Die Zeche Engelsburg förderte (seit etwa 1738) fast ein Jahrhundert lang als Stollenbetrieb. Der erste seigere Schacht nahm 1835 die Förderung auf. † 1961. Aufnahme vor 1959.

Schachtes (Wilhelmsbank) gefördert. 1868 erhielt das Bergwerk einen Pferdebahnanschluß, und 1873 begann das Abteufen eines neuen seigeren Schachtes (Engelsburg 1), der 1875 in Förderung kam. Die Produktion belief sich in der ersten Zeit auf 60 000 bis 90 000 Tonnen jährlich. 1895 erreichte sie fast 96 000 Tonnen (375 Beschäftigte), und ab 1900, nachdem ein großzügiger Ausbau des Bergwerks erfolgt war, stieg sie schnell weiter an.

1904 wurden auf Engelsburg unter Tage die ersten Fahrdrahtlokomotiven des Ruhrbergbaus eingesetzt. Förderung 1905: ca. 333 000 Tonnen (1 285 Beschäftigte). 1907 wurde ein zweiter Schacht (neben Schacht 1) abgeteuft, der 1909 in Betrieb genommen worden ist; er übernahm die Rolle des Hauptförderschachtes, während Schacht 1 Wetterschacht wurde. Schon seit der Jahrhundertwende verfügte die Zeche über eine Brikettfabrik, und 1913 belief sich die Kohlenförderung des Bergwerks auf ca. 631 000 Tonnen (2 120 Beschäftigte). Kohlenproduktion 1920: 595 000 Tonnen (2 300 Beschäftigte). Die höchste Förderung ist 1929 mit 869 000 Tonnen erbracht worden (2 640 Beschäftigte). Am 13.3.1931 erlitt die Zeche einen starken Wassereinbruch, der den Förderausfall der gesamten Schachtanlage für rund sieben Monate verursachte. 1937 ist das Grubenfeld der Zeche Ver. General & Erbstollen zugeschlagen worden, da die Eßkohlenvorräte dieses Feldes von Engelsburg aus leicht gewonnen werden konnten. Die Berechtsame der Schachtanlage umfaßte damit 8,8 km². Kohlenförderung 1940: ca. 728 000 Tonnen (2 105 Beschäftigte). 1945 sank die Produktion auf 195 000 Tonnen ab (1 460 Beschäftigte). Förderung 1950: 370 000 Tonnen. Ab 1954 wurde die Zeche Engelsburg genannt. 1956 ist der Wetterschacht 3 weitergeteuft worden, um als Seilfahrtschacht für das Westfeld dienen zu können. Förderung 1960: 423 000 Tonnen; Brikettherstellung: 100 000 Tonnen. † 1961. Die Schächte sind 1962/63 verfüllt worden. S. Zechen Storksbank und Ver. General & Erbstollen.

Bochum-Wattenscheid/Eppendorf:
Zeche Storksbank

Die Gründung erfolgte 1738; es wurde ein Stollen aufgefahren. Das Stollenmundloch lag im Ahbachtal, und 1739 sind weitere Feldesteile verliehen worden. 1740 wurde ein Stollenschacht angelegt (13 m Teufe), und 1747 sowie 1765 erfolgten neue Verleihungen. Der Stollenschacht Paul ist 1782 geteuft worden (15 m tief). Weitere Förderschächte (seiger und tonnlägig) kamen um 1785 in Betrieb, so *Hoffnung* (17 m Teufe), *Zuversicht* (19 m), *Louise* (12,5 m) und *Wilhelm* (8 m). 1796 belief sich die Förderung auf fast 4 000 Tonnen. 1829 erfolgte die Konsolidierung zu Ver. Engelsburg. † 1833/34. S. Zeche Ver. Engelsburg WO 67.

Bochum-Wattenscheid/Höntrop:
Zeche Ver. Maria Anna Steinbank

Die erste Verleihung eines (sehr kleinen) Grubenfeldes erfolgte bereits 1732. Weitere Verleihungen kamen 1775 und 1783 sowie 1836/37. 1841 sind die Felder Maria, Anna und Steinbank sowie Gute Hoffnung I und II konsolidiert worden. Die Verleihung der Geviertfelder Maria Anna & Steinbank erfolgte 1842, und 1845 wurde das Feld Ver. Maria Anna & Steinbank verliehen. Der Anschluß an die Prinz-Wilhelm-Bahn (Schienenweg ca. 6 000 m) ist 1848 gebaut worden. 1850 waren zwei tonnlägige Schächte in Betrieb, und es sind über 28 000 Tonnen Kohle gefördert worden. 1853 begann das Teufen eines weiteren tonnlägigen Schachtes (Schacht 1). Im östlichen Grubenfeld (0,8 km südlich Bahnhof Höntrop) wurde 1854 mit dem Abteufen des (tonnlägigen) Schachtes 2 begonnen, und 1855 belief sich die Kohlenförderung auf rund 85 000 Tonnen (590 Beschäftigte). Die Zeche, die in den 1860er Jahren in Zahlungsschwierigkeiten gekommen war, wurde 1868 vom Bochumer Verein zur Versorgung seiner Werke mit Kohle und Koks erworben. Sie ist in den folgenden Jahren unter und über Tage erheblich ausgebaut worden. Die Förderung belief sich in den 1870er Jahren auf durchschnittlich 290 000 Tonnen. 1903 betrug sie 300 000 Tonnen; Kokserzeugung: 52 000 Tonnen. Die Fettkohlenvorräte des Grubenfeldes waren um diese Zeit aber bereits erschöpft, und aus diesem Grunde verkaufte der Bochumer Verein die Zeche an die Gewerkschaft Mathias Stinnes. Damals verfügte die Grube über insgesamt vier Schächte. † 1904. S. Zeche Mathias Stinnes WO 23.

In den ersten Tagen des Jahres 2000 sorgte Schacht 4 der Zeche für einen spektakulären Tagesbruch, der bald in ganz Deutschland berühmt wurde. Zwischen zwei Häusern der Emilstraße (Wattenscheid-Höntrop) tat sich am Morgen des zweiten Januar ein Loch auf, das sich rasch vergrößerte. In der Nacht zum 3. Januar öffnete sich in unmittelbarer Nähe ein weiteres Loch. Zwei Garagen, eine große Zahl von Bäumen und ein Auto verschwanden in den etwa 15 m tiefen Kratern. Zeitweise waren bis zu 70 Menschen evakuiert; direkter Personenschaden entstand glücklicherweise nicht. Mit ungefähr 2000 mΔ Beton konnte man die Trichter schließlich füllen. Sie hatten sich seitlich des Schachtes 4 der Zeche Maria Anna Steinbank geöffnet, der 1904 stillgelegt worden war. Erst 1991 hatte man den Schacht mit einem 40 m tiefen Betonstopfen verschlossen; der Zustand der weiteren über 400 Schachtmeter blieb jedoch unbekannt. Anhaltender Regen in den Wochen vor dem Tagesbruch könnte Erdreich und Steine aus dem Bereich um den Schacht in vorhandene Hohlräume gespült und das Abrutschen großer Erdmassen eingeleitet haben. Mit Landesmitteln finanziert begann bald nach dem Unglück ein Erkundungsprogramm zum Auffinden weiterer bruchgefährdeter Zonen in den Bergbaugebieten Nordrhein-Westfalens, beispielsweise auch im Aachener Revier und Siegerland. Allein im Ruhrgebiet wurden im Jahr des Höntroper Tagesbruchs Hunderte Erkundungslöcher gebohrt und mehrere tausend Kubikmeter Verfüllmaterial verarbeitet. Die Suche, geleitet vor allem von Fachleuten der Deutschen Montantechnologie-Gesellschaft (DMT), blieb also nicht vergeblich. Ende Juli 2000 mußte sogar die S-Bahn-Linie Bochum – Essen für eine Woche geschlossen werden, weil unter den Gleisen Hohlräume entdeckt worden waren. Die Suche nach weiteren Gefahrenstellen wird noch Jahren dauern.

Bochum-Wattenscheid: Kleinzeche Neu Mecklingsbank. † 1963.

Bochum-Wattenscheid / Sevinghausen:
WO 59 **158**
Zeche Neu Mecklingsbank
Diese Kleinzeche hieß ursprünglich Mecklingsbank und wurde 1948 gegründet. Sie förderte zunächst in einem Pachtfeld der Zeche Langenbrahm (s. WO 31). Später entstand durch Teilung das Feld Neu Mecklingsbank. 1958 wurde die Kleinzeche Trapperfeld II mit den angepachteten Grubenfeldern Malakoff und Sebastopol erworben. Förderung 1962: 50 000 Tonnen Fettkohle. † 1963. S. Zeche Markana.

Bochum Weitmar: Die Tagesanlagen der Kleinzeche ***Flora*** *sind 1944 durch einen Luftangriff völlig zerstört worden und wurden nach dem Krieg wieder aufgebaut. † 1967.*

Bochum-Weitmar:
WO 70 **158**
Zeche Flora
Die Mutung auf dieses Bergwerk ist 1832 eingelegt worden, und bis in die 1850er Jahre ist ein Abbaubetrieb einfacher Art verbürgt. 1854 begann das Teufen eines tonnlägigen Schachtes, und 1855 wurden mit 67 Beschäftigten rund 10 000 Tonnen Kohle gefördert. 1860 belief sich die Förderung auf 13 000 Tonnen (43 Beschäftigte). 1862 begann das Teufen eines zweiten tonnlägigen Förderschachtes sowie eines (tonnlägigen) Fahrschachtes. Der alte Förderschacht ist 1864 durch einen Grubenbrand stark beschädigt worden, so daß er später aufgegeben werden mußte. 1865 belief sich die Förderung auf rund 21 000 Tonnen; 1870 sind mit 115 Beschäftigten rund 29 000 Tonnen Kohle gefördert worden. † 1890 wegen Bergschädengefahr.

Die Tagesanlagen wurden abgerissen. 1922 erfolgte die Wiederanmeldung des Betriebes bei der Knappschaft, und 1923 ist in der Berechtsame angeblich durch Franzosen während der Ruhrbesetzung lebhafter Bergbau betrieben worden. 1925 wurde das Bergwerk offiziell wieder in Betrieb genommen (unter dem Namen Emil I). 1926 hat nach Konkurs von Emil I ein Besitzerwechsel stattgefunden; es folgte die Rückbenennung des Bergwerks in Zeche Flora. In diesem Jahr sind mit 87 Beschäftigten ca. 30 000 Tonnen Kohle gefördert worden. 1928 begann das Abteufen eines seigeren Förderschachtes; ein tonnlägiger Schacht wurde aufgegeben. 1930 betrug die Förderung ca. 46 000 Tonnen (105 Beschäftigte). Die höchste Förderung ist 1937 mit fast 70 000 Tonnen erbracht worden (142 Beschäftigte). Die Übertageanlagen sind während des Zweiten Weltkrieges (1944) völlig zerstört worden. Der Wiederaufbau begann schon 1945. 1950 wurden in drei Abbauabteilungen mit 153 Beschäftigten etwa 41 000 Tonnen Kohle gefördert. 1955 verfügte das Bergwerk über einen seigeren Förderschacht und einen Wetterschacht; die Förderung betrug in diesem Jahr fast 47 000 Tonnen (257 Beschäftigte). † 1967.

Bochum-Weitmar:
Generals Erbstollen
Die Feldesverleihung erfolgte 1715, und 1777 ist die Erbstollengerechtigkeit verliehen worden. In dem Stollen wurde auch Kohle gefördert, und 1795 ist ein ca. 800 m langer Schiebeweg zum Kohlenmagazin an der Ruhr angelegt worden. 1813 wurde das Erbstollenrecht für die General-Erbstollen Nr. 2 und Nr. 5 beantragt. 1825 kam es zur Konsolidation Ver. General & Erbstollen. S. Zeche Ver. General & Erbstollen.

Bochum-Weitmar
Zeche Iduna
Der Name deutet wahrscheinlich auf die nordische Göttin Iduna, die Hüterin der goldenen Äpfel, die ewige Jugend verleihen. In dem Grubenfeld ist angeblich schon vor 1831 Bergbau umgegangen (Stollenbetrieb). 1841 wurde ein Oberstollen angelegt (2,5 km südwestlich Stadtmitte) mit einem tonnlägigen Schacht (etwa 18 m Teufe). 1842 begann der Kohlenabbau, der 1843 rund 850 Tonnen erreichte. 1855 belief sich die Förderung (23 Beschäftigte) noch auf ca. 300 Tonnen, und 1857 wurde die Förderung über der Stollensohle eingestellt und der Schacht verfüllt. Die Wiederinbetriebnahme erfolgte 1863 mit dem Übergang zum Tiefbau; es wurden zwei tonnlägige Schächte angelegt (Förderschacht und 20 m daneben Fahrschacht), Teufe etwa 27 m. 1864 sind mit einer Belegschaft von 24 Mann rund 1 700 Tonnen Kohle gefördert worden. 1869 belief sich die Förderung bereits auf rund 21 000 Tonnen (120 Beschäftigte). Mit dem Teufen eines seigeren Schachtes ist 1873 begonnen worden (126 m Teufe), der 1876 in Förde-

rung ging. Der tonnlägige Förderschacht wurde abgeworfen und verfüllt. Nach dem Konkurs der Zeche (1882) erfolgte der Erwerb durch die Zeche Friederica. 1883 gab es noch einmal einen Förderaufschwung, und 1884 sind mit 79 Beschäftigten über 20000 Tonnen Kohle gefördert worden. † 1885; die Tagesanlagen sind weitgehend abgebrochen worden, und die Schächte wurden verfüllt. Das Grubenfeld kam zu Friederica. In den 1920er gehörte das Grubenfeld Iduna zur Gerechtsame Dannenbaum der Deutsch-Luxemburgischen Bergwerks- und Hütten-AG. S. Zechen Friederica und Dannenbaum WO 74.

Bochum-Weitmar: Zeche Prinz Regent. Schachtes 1 kam 1873 in Betrieb. 1930 standen im Grubenfeld der Zeche sieben Schächte. † 1960. Aufnahme 1955.

Bochum-Weitmar:
Zeche Papenbank

Das Bergwerk war schon 1770 in Betrieb gekommen und hat mit einer kurzen Unterbrechung (zu Beginn des 19. Jahrhunderts) nahezu hundert Jahre hindurch aus einem Stollen Kohle gefördert. 1855 wurden zusammen mit St. Mathias Erbstollen und Johann Friedrich rund 23000 Tonnen Kohle gefördert (246 Beschäftigte). † 1869. S. Zechen Johann Friedrich und St. Mathias Erbstollen.

Bochum-Weitmar:
WO 69 90 159
Zeche Prinz Regent

Im Baufeld dieser Zeche bestanden mindestens seit 1750 drei Stollenbetriebe, nämlich Alte Mann, Bonifacius und Backwinkeler Erbstollen. Diese Anlagen stellten 1785, 1806 und 1845 den Betrieb ein. Bis 1861 wurden auf Grund der drei Stollenbetriebe die das spätere Baufeld Prinz Regent bildenden Felder verliehen, für die bis 1869 eine altrechtliche Gewerkschaft Prinz Regent bestand, die im folgenden Jahr in eine Gewerkschaft neuen Rechts umgewandelt worden ist. Mit dem Abteufen des Schachtes 1 (Schacht Karl) wurde 1870 begonnen; Förderaufnahme: 1873. 1891 wurde ein zweiter Schacht niedergebracht (Prinz Regent 2, später Albert); es handelte sich um einen Wetterschacht, der auch für die Förderung eingerichtet war.

1901 kam die Zeche an die Deutsch-Luxemburgische Bergwerks- und Hütten-AG. Unter dieser ist der Schacht 2 dann 1907 als Hauptförderschacht ausgebaut worden, während der bisherige Schacht Prinz Regent 1 von da an als ausziehender Wetterschacht diente. Die Tagesanlagen wurden großzügig ausgebaut, und die Zeche erhielt eine moderne Kokerei. Zum Baufeld der Zeche gehörten auch die Felder der ehemaligen Schachtanlagen Julius Philipp und Carl Friedrichs Erbstollen sowie die Zeche Friederica. Die Zeche Julius Philipp ging auf die alten Stollenzechen Glücksburg (1767 verliehen) und Julius Philipp (1838 verliehen) zurück. 1863/64 wurden beide Bergwerke konsolidiert. 1913 belief sich die Kohlenförderung von Prinz Regent auf 653000 Tonnen (2944 Beschäftigte). 1920 ereignete sich eine Schlagwetterexplosion (drei Todesopfer). Förderung 1925: 788000 Tonnen (3700 Beschäftigte).

1930 standen im Grubenfeld der Zeche sieben Schächte: Albert mit 811 m Teufe (größte Teufe des Bergwerks), Karl (Teufe 662 m), Friederica (510 m), Julius Philipp 1 (535 m), Julius Philipp 2 (376 m), Carl Friedrichs Erbstollen 1 (678 m), Carl Friedrichs Erbstollen 2 (558 m); fünf Schächte dienten zur Förderung und Seilfahrt, drei zur Wasserhaltung. Gebaut wurden im Feld Prinz Regent vierzehn Flöze auf drei Sohlen, im Feld Friederica drei Flöze auf einer Sohle, im Feld Julius Philipp sieben Flöze auf zwei Sohlen und im Feld Carl Friedrichs Erbstollen sechs Flöze auf einer Sohle. Förderung 1930: 765000 Tonnen (3665 Beschäftigte). 1936 ist in Schacht Friederica die Eisensteinförderung aufgenommen worden; sie belief sich in diesem Jahr auf ca. 13000 Tonnen. 1938 wurden fast 90000 Tonnen Erz gefördert (174 Beschäftigte). Kohlenförderung 1940: 765000 Tonnen; Erzförderung: ca. 2600 Tonnen. 1945 wurde die Eisensteinförderung eingestellt; die Kohlenförderung belief sich im letzten Kriegsjahr auf 215000 Tonnen (2215 Beschäftigte).

1950 hatte das Bergwerk fünf Schächte (Albert, Karl, Julius Philipp, Carl Friedrichs Erbstollen und Friederica). Teufe der Hauptfördersohle: 633 m. Förderung 1950: 560000 Tonnen Fett- und Eßkohle. 1956 wurde damit begonnen, die Schachtanlagen Prinz Regent und Dannenbaum zur Zentralschachtanlage zusammenzulegen. Der Schacht Albert ist zum Zentralförderschacht ausgebaut worden. Die Zusammenlegung erfolgte Mitte 1958. Außer dem Hauptförderschacht Albert verfügte die Anlage über die Schächte: Friederica 2, Julius Philipp 2, Carl Friedrichs Erbstollen 1, Dannenbaum 1 und 2 sowie Eulenbaum. Die Berechtsame Prinz Regent / Dannenbaum betrug 24,4 km². Förderung 1959: 858000 Tonnen (3350 Beschäftigte). † 1960. S. Zechen Julius Philipp (Wiemelhausen), Brockhauser Tiefbau (Stiepel), Carl Friedrichs Erbstollen, Friederica und Dannenbaum (Laer) WO 74.

⚒ *Prinz-Regent-Straße 68: Hier stehen ehemalige Zechenwerkstätten, die für die Entwicklung der Arbeits- und Produktionsverhältnisse als bedeutend angesehen werden; sie sind daher aus wissenschaftlichen Gründen erhaltungswürdig und beherbergen heute das über Bochum hinaus bekannte Veranstaltungszentrum „Zeche" (u.a. Konzerte).* ⚒

Bochum-Werne:
Zeche Amalia

Die Abteufarbeiten für diese Schachtanlage sind 1873 in Angriff genommen worden. Aufnahme der Förderung: 1885. Im gleichen Jahr wurde eine moderne Kokserzeugungsanlage errichtet. 1886 erfolgte der Bau einer Brikettfabrik. Sie erreichte im ersten Jahr bereits eine Produktion von 2250 Tonnen. 1887 belief sich die Kohlenförderung der Zeche auf ca. 149000 Tonnen, 1890 auf fast 180000 Tonnen (425 Beschäftigte). Das Teufen eines Wetterschachtes begann 1892; er kam 1893 in Betrieb. In diesem Jahr ereignete sich eine schwere Schlagwetterexplosion (sieben Todesopfer). Förderung 1895: 226000 Tonnen (970 Beschäftigte). 1898 begann das Teufen eines zweiten Wetterschachtes, der 1899 in Betrieb kam. Kohlenförderung 1900: 298000 Tonnen (1300 Beschäftigte). 1902 erfolgte der Durchschlag mit Neu-Iserlohn. Die höchste Förderung ist 1913 mit fast 299000 Tonnen erbracht worden (1123 Beschäftigte). Förderung 1920: ca. 239000 Tonnen (1270 Beschäftigte). 1928 ging die Zeche in Heinrich Gustav auf. S. Zechen Neu-Iserlohn WO 76 und Heinrich Gustav.

Bochum-Werne:
Zeche Heinrich Gustav

Die Verleihung des Grubenfeldes erfolgte 1854/55 (auch Eisensteinberechtsame). Das Teufen des Schachtes Jacob (benannt nach dem Berghauptmann Theodor Jacob) begann 1855; der Schacht erreichte 1856 bei 58 m das Steinkohlengebirge und nahm 1859 die Förderung auf. Der Teufbeginn des Schachtes Arnold (nach dem damaligen Bergmeister Arnold von der Becke) war 1858; dieser Schacht kam 1862 in Förderung. 1865 belief sich die Kohlenförderung der Zeche auf rund 143 000 Tonnen (595 Beschäftigte). 1880 begann das Teufen des Wetterschachtes Gustav; er ging 1882 in Betrieb. Die Förderung belief sich in diesem Jahr auf ca. 234 000 Tonnen (863 Beschäftigte). 1895 hatte die Förderung rund 284 000 Tonnen erreicht (1 300 Beschäftigte), und 1896 wurde Schacht Arnold Hauptförderschacht; auf Jacob wurde die Förderung eingestellt (weiter Wasserhaltung).

1905 ging Schacht Jacob zwischen der vierten und fünften Sohle zu Bruch; er wurde 1906 aufgewältigt bzw. repariert und konnte 1907 wieder in Betrieb genommen werden. 1910 betrug die Kohlenförderung der Zeche rund 298 000 Tonnen (1 300 Beschäftigte). 1915 sind mit 1 327 Beschäftigten ca. 374 000 Tonnen Kohle gefördert worden. Der Schacht Jacob wurde 1919 Förderschacht. Förderung 1925: 429 000 Tonnen (1 880 Beschäftigte). 1927 ist die Förderung in Schacht Arnold eingestellt worden; Schacht Jacob übernahm die gesamte Förderung der Zeche, die 1928 fast 800 000 Tonnen erreichte (3 080 Beschäftigte). 1929 erfolgte der Zusammenschluß zur Zeche Robert Müser mit dem erweiterten und umgebauten Schacht Arnold als Zentralförderschacht. S. Zeche Robert Müser WO 73.

Bochum-Werne:
WO 76 70
Zeche Neu-Iserlohn

Die Gewerkschaft Neu-Iserlohn führte ursprünglich die Bezeichnung Münsterland. Iserlohner Geldgeber wurden 1863 der Anlaß, den Namen zu ändern. Mit dem Abteufen des Schachtes 1 war 1856 begonnen worden. Die Förderaufnahme erfolgte 1859. 1866 begann das Abteufen des Schachtes 2, der 1870 vollendet wurde. Die Schachtscheibe war elliptisch (5,5 mal 6,7 m). 1868 war ein Wetterschacht bis zum Steinkohlengebirge niedergebracht worden, der später wieder abgeworfen und verfüllt wurde. Im Januar dieses Jahres ereignete sich eine Schlagwetterexplosion, die mit 82 Todesopfern das bis dahin schwerste Grubenunglück an der Ruhr war.

1869 wurde auf dieser Zeche die erste untertägige Wasserhaltung im Revier eingerichtet. Bei einer Schlagwetterexplosion im Dezember 1870 waren 35 Todesopfer zu beklagen. In diesem Jahr belief sich die Kohlenförderung auf ca. 74 000 Tonnen (470 Beschäftigte). 1871 begannen die Arbeiten an einem Wetterschacht für Neu-Iserlohn 2.

1876 wurde die Schachtanlage Neu-Iserlohn 2 durch Abtrennung von Neu-Iserlohn 1 eine selbständige Zeche. Ein weiterer Wetterschacht wurde 1908 abgeteuft (später als Schacht 3 bezeichnet). Der Schacht war 578 m tief und hatte einen Durchmesser von 5 m. Seit 1913 (bis 1956) war er als Förderschacht in Betrieb; ab 1956 Wetter- und Materialschacht. Das 1913 errichtete Fördergerüst (Höhe bis Radachse 35,3 m) ist 1969 abgebrochen worden.

Die Förderung von Neu-Iserlohn 1 betrug 1910 fast 618 000 Tonnen (2 316 Beschäftigte). 1913 förderte diese Anlage über 694 000 Tonnen Kohle (2 640 Beschäftigte); Neu-Iserlohn 2 erreichte 1915 eine Förderung von ca. 522 000 Tonnen (2 105 Beschäftigte). Die höchste Förderung hat diese Zeche 1927 mit über 846 000 Tonnen erbracht; 1929 ist die Förderung auf Neu-Iserlohn 2 eingestellt worden; das Grubenfeld kam zu Neu- Iserlohn 1.

1931 wurden die Schachtanlagen Neu-Iserlohn 1 und 2 zusammengefaßt und Schacht 3 zum Hauptförderschacht ausgebaut; die beiden Schächte auf Neu-Iserlohn 2 blieben befahrbar. Gegen Ende der vierziger Jahre wurde die Schachtanlage Siebenplaneten angeschlossen. Die Grubenabteilung bestand seitdem aus den Schächten 1, 2, 3, Mathilde und Eduard (s. Zeche Siebenplaneten), Wetterschacht 2 und Bunkerschacht (drei Förder- und Seilfahrtschächte, ein Seilfahrt- und Wetterschacht, zwei Wetterschächte, ein Bunkerschacht). Teufe der Hauptfördersohlen: Neu-Iserlohn 583 m; Siebenplaneten 373 m. Es waren vier Dampffördermaschinen (je eine Koepe-, Bobinen-, zwei Trommelmaschinen) sowie zwei elektrische Fördermaschinen vorhanden. Förderung 1950: 460 000 Tonnen.

1955 ist die Zeche mit der Großschachtanlage Robert Müser zu einer betrieblichen Einheit zusammengeschlossen worden. S. Zechen Siebenplaneten und Robert Müser WO 73.

⚒ *Bald nach dem Zusammenschluß mit Robert Müser verschwanden die Tagesanlagen der Zeche Neu-Iserlohn und das Gelände verfiel in einen Dornröschenschlaf. 1989 entdeckte man im inzwischen üppig wuchernden Gehölz gemauerte Gewölbebogen – das Fundament einer 1895 hier errichteten Koksofenbatterie. Es gilt heute als ältestes Zeugnis der Koksherstellung im Ruhrgebiet und wurde 1990 unter Denkmalschutz gestellt.* ⚒

Bochum-Werne:
WO 73 83 160f.
Zeche Robert Müser

Die Großschachtanlage ist 1929 durch Zusammenlegung der Einzelzechen Heinrich Gustav, Amalia, Caroline und Prinz von Preußen entstanden. Sie erhielt ihren Namen zu Ehren des Generaldirektors der Harpener Bergbau-AG, Robert Müser (1849 - 1927). Die Förderung der Anlage wurde seit 1930 auf dem zum Zentralschacht ausgebauten Schacht Arnold der früheren Zeche Heinrich Gustav zu Tage gehoben.

Das Fördergerüst dieses Schachtes (deutsches Strebengerüst) war 1928 als vollwandige Konstruktion errichtet worden. Um eine ästhetisch befriedigende

Bochum-Werne: Zeche Robert Müser. *An der Von-Waldthausen-Straße (hinter Nr. 79) steht dieses denkmalgeschützte Fördergerüst dem Zentralschacht (Arnold) errichtet 1928. Der Schacht dient heute der zentralen Wasserhaltung.*

Lösung zu schaffen, wählte man ein statisches System, das dem der Bauart Klönne sehr nahekam. Im praktischen Betrieb bewährte sich das 57,2 m hohe Gerüst sehr gut; es kam zu häufigeren Nachahmungen.

1930 belief sich die Kohlenförderung der Zeche auf 1,1 Millionen Tonnen (3 800 Beschäftigte). Der Wetterschacht Prinz von Preußen ist 1932 verfüllt worden. Förderung 1935: 925 000 Tonnen (2 488 Beschäftigte). Das Teufen des Wetterschachtes Amalia 3 (Bövinghausen) begann 1936; er kam 1939 in Betrieb. Die höchste Förderung ist 1940 mit 1,67 Millionen Tonnen erbracht worden (4 435 Beschäftigte). Im Januar 1945 wurde nach starken Kriegszerstörungen (über Tage) die Förderenstellung des Bergwerks erforderlich; die Wiederaufnahme des Betriebes konnte erst im Sommer erfolgen.

1948 waren bei einem Wassereinbruch auf Schacht Caroline elf Todesopfer zu beklagen. Förderung 1950: 1,07 Millionen Tonnen (5 145 Beschäftigte). 1955 umfaßte die Großschachtanlage die Förder- und Seilfahrtschachtanlage Arnold-Jacob, die Seilfahrt- und Wetterschachtanlagen Amalia und Caroline, den Seilfahrtschacht Prinz von Preußen, die Wetterschachtanlagen Vollmond II und Bövinghausen, die Seilfahrt- und Wetterschachtanlagen Siebenplaneten sowie eine Kokerei und die Chemischen Betriebe Amalia. In diesem Jahr erfolgte auch die Übernahme der Zeche Neu-Iserlohn (Schächte 1/3 und 2/4

Bochum-Werne: Die Zeche Robert Müser entstand Ende der 1920er Jahre durch Zusammenlegung mehrerer Einzelzechen. † 1968.

sowie Eduard und Mathilde von Siebenplaneten). Die Förderung der Großschachtanlage betrug 1955 rund 1,54 Millionen Tonnen (7035 Beschäftigte). Förderung 1964: 1,6 Millionen Tonnen; Kokserzeugung: 970 000 Tonnen. Förderung 1965: 1,44 Millionen Tonnen; Kokserzeugung: eine Million Tonnen. Förderung 1966: 1,37 Millionen Tonnen Fett- und Eßkohle; Kokserzeugung: 874 000 Tonnen. † 1968. ⚒ *Von-Waldthausen-Straße (hinter Nr. 79): Bockfördergerüst in Stahlskelettbauweise, das seit 1990 unter Denkmalschutz steht. Es handelt sich um das Gerüst, das von der Firma Dörnen in vollwandiger Konstruktion 1928 über dem späteren Zentralschacht errichtet wurde. Dieses Gerüst unterscheidet sich von den Fördergerüsten der Bauart Klönne durch die Strebe, deren Beine durch ein K-Fachwerk ausgesteift wurden sowie durch eine feste Verbindung von Schachtträgern und Führungsgerüst.(Abb. S. 83 und 160).* ⚒

Bochum-Werne/Kornharpen: Zeche Prinz von Preußen

Die Abteufarbeiten für Schacht 1 (Schacht Oeynhausen, benannt nach dem Berghauptmann Karl von Oeynhausen) begannen 1856; 1861 konnte die Förderung aufgenommen werden. Der Schacht war elliptisch, Durchmesser 4,5 mal 5,8 m (Teufe 462 m). Am 25. Juli 1895 ereignete sich ein großes Grubenunglück durch schlagende Wetter; 37 Bergleute wurden getötet. Die Kohlenförderung belief sich in diesem Jahr auf ca. 161 000 Tonnen (644 Beschäftigte); 1900 wurden fast 179 000 Tonnen Kohle gefördert (832 Beschäftigte). 1902 erfolgte der Durchschlag mit Caroline. Die höchste Förderung ist 1906 mit fast 201 000 Tonnen erbracht worden (952 Beschäftigte). Förderung 1913: 165 000 Tonnen (597 Beschäftigte). 1921 wurde diese Zeche mit der Zeche Caroline vereinigt, um dann 1929 mit dieser und den Zechen Heinrich Gustav und Amalia zur Großschachtanlage Robert Müser zusammengeschlossen zu werden. S. Zechen Caroline und Robert Müser WO 73.

Bochum-Wiemelhausen: Backwinkler Erbstollen

In diesem Erbstollen ist angeblich bereits 1750 Kohlenabbau betrieben worden. Das Stollenmundloch lag westlich des Dorfes Wiemelhausen, und 1783 bestanden drei Förderschächte auf dem Stollen. 1805 hatte der Erbstollen eine Länge von ca. 540 m erreicht; er befand sich jedoch bereits in schlechtem Zustand. 1867 gab es den Plan zur Anlegung eines Tiefbaus, der jedoch nicht realisiert wurde. 1869 erfolgte die Konsolidation zu Prinz Regent. S. Zeche Prinz Regent WO 69.

Bochum-Wiemelhausen: Zeche Berneck

Für das Grubenfeld ist 1835 Mutung eingelegt worden, und zwar unter dem Namen Ernst. 1837 erfolgte die Umbenennung in Berneck. Der Teufbeginn eines seigeren (rechteckigen) Schachtes (4,19 mal 2,36 m) war 1889, und 1890 begann das Teufen eines tonnlägigen Wetterschachtes; in diesem Jahr belief sich die Förderung auf etwas über 8 000 Tonnen (78 Beschäftigte). 1895 sind bereits fast 92 000 Tonnen Kohle gefördert worden (462 Beschäftigte). In der Zwischenzeit hatten die Bergwerksbesitzer weitere Grubenfelder erworben bzw. gemutet, und 1900 kam es zum Erwerb der Zeche Glückswinkelburg. Förderung 1900: 110 000 Tonnen (537 Beschäftigte). Das Bergwerk ging 1903 in den Besitz der Aktiengesellschaft Bochumer Koks- und Kohlenwerke über. Diese hatte bereits 1896 zunächst die Kokerei und Kohlendestillation Hinselmann & Co. in Wiemelhausen (Kokerei und Kohlenwertstoffgewinnungsanlage) sowie die Mehrheit der Kuxe der Gewerkschaft Berneck gekauft. 1904 erwarb die Gewerkschaft Ver. Constantin der Große die Zeche, die sie 1905 stillegte. Der Förderschacht wurde verfüllt, und die Tagesanlagen sind abgerissen worden. S. Zechen Glückswinkelburg und Constantin der Große WO 71.

Bochum-Wiemelhausen: Zeche Julius Philipp 108

Diese Zeche geht auf die beiden alten Stollenbetriebe *Glücksburg* und *Julius Philipp* zurück. Der Bergmeister Julius Philipp Heintzmann, der sich auf Geheiß des Freiherrn vom Stein an dieser Zechengründung beteiligte, hatte 1783 einen Erbstollen gemutet. Das Stollenmundloch lag im Lottenbachtal in Bochum-Stiepel. 1839 begann die Auffahrung des Erbstollens nach Norden. Die Kohlenförderung belief sich 1842 auf rund 1 300 Tonnen; die Erbstollenlänge wurde 1843 mit ca. 600 m angegeben, 1850 mit 740 m. In diesem Jahr wurden über 13 000 Tonnen Kohle gefördert. 1855 war der Erbstollen fast tausend Meter lang; die Kohlenförderung betrug nahezu 18 000 Tonnen (116 Beschäftigte). 1863 erfolgte die Konsolidation mit der Zeche Glücksburg. Die höchste Förderung im Stollenbetrieb ist 1873 mit knapp 78 000 Tonnen erbracht worden (260 Beschäftigte). 1875 kam der Übergang zum Tiefbau, und 1876 ist das Abteufen des Schachtes 1 begonnen worden, der 1878 die Förderung aufnahm. Der Schacht war 271 m tief; Schachtdurchmesser: 5,4 m. Über dem Schacht wurde 1877 ein Malakoffturm errichtet. 1885 ist Schacht 2 abgeteuft worden; er wurde 1901 als Hauptförderschacht eingerichtet. 1905 entschloß man sich zur Stillegung. Die Schächte blieben erhalten und die Schachtanlage wurde eine Außenanlage der Zeche Prinz Regent. Im Jahr der Stillegung hatte die Zeche rund 52 000 Tonnen Kohle gefördert (207 Beschäftigte). Mit dem Abbruch der Tagesanlagen wurde begonnen. 1908 ist der Durchschlag mit Prinz Regent hergestellt worden. Die Schächte 1 und 2 blieben für Seilfahrt, Wasserhaltung und Bewetterung offen. 1927 erfolgte der Abbruch aller restlichen Tagesanlagen. 1929 wurde Schacht 1 verfüllt. Der Malakoff blieb erhalten. S. Zeche Prinz Regent WO 69.

⚒ *Glücksburger Straße: Der 1875 gebaute Malakoffturm aus Backstein steht seit 1987 unter Denkmalschutz und wurde zur Heimat des Medizinhistorischen Instituts der Ruhr-Universität Bochum, das dort auch seine Sammlung in einer sehenswerten Ausstellung präsentiert.* ⚒

BÖNEN UN

Bönen-Altenbögge 126 162 297

Der „Lichtmarker" (gelbes Lichtrohr), eine Installation des Lichtkünstlers Mischa Kuball aus den 1990er Jahren, antwortet der analogen Installation auf der Zeche Rossenray in Kamp-Lintfort.

Bönen-Altenbögge, Zeche Königsborn *(Firmensitz: Unna-Königsborn, weitere Angaben s. dort): Förderturm über Schacht 4, 1924, mit Licht-Installation von Mischa Kuball aus den 1990er Jahren.*

BORK (Selm-Bork) UN

Zeche Hermann

Die Zeche war 1907 in Betrieb gekommen (Teufbeginn der Schächte 1 und 2). Schacht 1 erreichte 1908 das Steinkohlengebirge (bei 799 m), Schacht 2 stieß 1909 bei 798 m Teufe auf das Karbon. Dieser Schacht war 1910 mit 975 m Teufe der tiefste an der Ruhr; Kohlenförderung 1910: 79 000 Tonnen (755 Beschäftigte). Das 1912 schon geplante Abteufen der Schächte 3 und 4 (Bork-Netteberge) ist wegen Ausbruchs des Ersten Weltkrieges nicht realisiert worden. Förderung 1913: 455 000 Tonnen (2 194 Beschäftigte). Schon 1924 wurde in diesem Bergwerk Kohlenabbau bis zu einer Teufe von 1 100 m betrieben. Die Kohlenförderung belief sich 1925 auf rund 530 000 Tonnen Fettkohle. Es bestand eine Kokerei mit 91 Öfen. Kokserzeugung: 117 000 Tonnen. † 1926. 1927 wurden die beiden Schächte abgedeckt.

⚒ *Lohnhalle, Waschkaue, Verwaltung, Gießerei, Markenkontrolle und Pförtnerhaus der Zeche Hermann stehen seit 1911 in der Denkmalliste.* ⚒

BOTTROP BOT

Zeche Arenberg-Fortsetzung 49 162f.

Das Bergwerk ist 1902 durch Teilung des Feldes Ver. Welheim entstanden (s. Zechen Ver. Welheim und Prosper). Mit dem Abteufen der Doppelschachtanlage ist 1910 begonnen worden. Schacht 1 stieß 1911 bei 281 m Teufe auf das Steinkohlengebirge, und im gleichen Jahr begann das Teufen des Schachtes 2. 1912 erfolgte der Durchschlag der beiden Schächte, und in diesem Jahr konnten bereits 385 000 Tonnen Kohle gefördert werden. Die im selben Jahr errichtete Kokerei stellte 120 000 Tonnen Koks her. Förderung 1913: rund 501 000 Tonnen (1 786 Beschäftigte). Förderung 1925: 675 000 Tonnen (3 062 Beschäftigte). Die höchste Förderung ist 1927 mit knapp 790 000 Tonnen erbracht worden (2 760 Beschäftigte). 1930 wurden die Kokerei und ein Teil des Untertagebetriebes stillgelegt. Die Kohle aus dem Grubenfeld ist fortan auf der Zeche Prosper gefördert worden. S. Zeche Prosper WO 19.

⚒ *Die noch erhaltenen Tagesbauten sind denkmalgeschützt: Lohnhalle, Waschkaue, Schlosserei und Schmiede, Pförtnerhaus, eine Einfriedungsmauer u. a. Der historisierende Stil der Wilhelminischen Epoche hat die Gestaltung der 1910/12 errichteten Bauten wesentlich beeinflußt, aber auch Jugendstilelemente lassen sich finden. Sanierung und Neunutzung der Gebäude und des Zechengeländes gehörten zu den Projekten der IBA Emscher Park.* ⚒

WO 16

Zeche Franz Haniel (RAG)

Benannt nach dem langjährigen Aufsichtsratsvorsitzenden der Gutehoffnungshütte (Oberhausen), Franz Haniel (1842 - 1916). Bis 1937 ist diese Zeche auch *Neu-Oberhausen* genannt worden. Die Abteufarbeiten für die Schächte 1 und 2 begannen 1921. Infolge eines Schwimmsandeinbruchs in Schacht 2 mußten die Arbeiten bei 75 m Teufe eingestellt werden. Sie wur-

Bottrop-Batenbrock: Zeche Arenberg-Fortsetzung. *Die Tagesbauten dieser Zeche vermitteln ein Stück Bergbauarchitektur und verdeutlichen die Geisteshaltung der Zeit, in der sie entstanden; sie zeigen die historisierenden Formen mit neubarocken Anklängen besonders an den Schaugiebeln. Oben: Waschkaue und Lampenstube. Unten: Maschinenhalle. Alle um 1910/12 errichtet.*

*Bottrop-Batenbrock: **Zeche Arenberg-Fortsetzung**. Oben: Das Bild zeigt einen Lokschuppen (mit Kran), der um 1912 gebaut wurde. Für die Zeit kurz vor dem Ersten Weltkrieg handelt es sich um eine konservative Bauweise mit historisierenden Formen.*

*Rechts: **Bottrop: Zeche Arenberg-Fortsetzung.***

Links im Bild: Deutsches Strebengerüst über Schacht 2, rechts daneben das Stahlkastenstreben-Fördergerüst über Schacht 1, das Ende der 1960er Jahre errichtet worden ist (vgl. Abb. S. 49).

den erst nach dem Zweiten Weltkrieg wieder aufgenommen. 1952 nahm die Zeche die Förderung auf. Der Ausbau des Bergwerks ist in den folgenden Jahren schnell vorangetrieben worden. 1954 wurde das neue Kraftwerk in Betrieb genommen. Förderung 1955: 706000 Tonnen (2200 Beschäftigte). Neben bis dahin abgebauter Fettkohle sind auch Flamm- und Gaskohlenvorkommen aufgeschlossen worden. 1956 belief sich die Förderung auf täglich 3000 Tonnen. Die höchste Förderung ist 1959 mit 1,42 Millionen Tonnen erbracht worden (3212 Beschäftigte). 1965 kam es zum Verbund *Jacobi / Franz Haniel*. S. Zeche Jacobi WO 17 und Bergwerk Prosper-Haniel WO 19.

WO 19
Zeche Prosper (RAG) 122 163

Der Name geht auf den Herzog Prosper Ludwig von Arenberg zurück, der im Vest Recklinghausen das Bergregal besaß. Hier hatte die 1856 gegründete Arenbergsche Actiengesellschaft für Bergbau und Hüttenbetrieb ihren größten Felderbesitz. Die Bezeichnung Prosper ist aber auch von Anfang an gemäß dem lateinischen Adjektiv (prosper = glücklich, günstig, erwünscht) im Sinne von Prosperität verstanden worden. Schon 1856 wurde mit dem Abteufen des Schachtes 1 begonnen; dieser Schacht, der später zur Anlage Prosper I gehörte, nahm 1863 die Förderung auf. 1866 wurde eine Kokerei in Betrieb genommen. 1867 folgte der Bau einer Kohlenwäsche. Die Förderung belief sich in diesem Jahr auf 160000 Tonnen. 1871 begann das Abteufen des Schachtes 2; Förderaufnahme: 1875. Die Anlage erhielt später den Namen Prosper II. Über dem Schacht wurde ein Malakoffturm errichtet. Diese gemauerten Schachttürme, die damals überall im Ruhrgebiet gebaut worden sind, wurden ab 1880 allmählich von den eisernen Fördergerüsten verdrängt. Auf Prosper II ist in den Malakoffturm schon vor 1905 ein stählernes Fördergerüst eingezogen worden. Die Wetterschächte 3 und 4 auf den Schachtanlagen Prosper I und II sind 1893 abgeteuft worden; Schacht 3 wurde 1895 zum Förderschacht ausgebaut. Die Abteufarbeiten für Schacht 5 (Doppelförderschacht für die Schachtanlage Prosper I) begannen 1902; Förderaufnahme: 1903. Mit dem Abteufen des Schachtes 6 (Schachtanlage Prosper III) ist 1906 begonnen worden; er wurde 1907 in Betrieb genommen. 1908 begann das Abteufen des Schachtes 7, der 1911 die Förderung aufnahm. 1908 wurde auf der Anlage Prosper III eine Kokerei in Betrieb genommen. Die Abteufarbeiten für Schacht 8 (Prosper II) begannen 1917; er ist 1921 in Betrieb gegangen. Über dem Schacht wurde zunächst ein stählernes Fördergerüst errrichtet, das in den 1960er Jahren durch einen Förderturm ersetzt wurde.

1925 ist die Förderung in Schacht 5 (Prosper I) eingestellt worden. In diesem Jahr belief sich die Förderung der Zeche auf 2,26 Millionen Tonnen Kohle (10300 Beschäftigte). 1928 wurde Schacht 8 Zentralförderschacht.

Das Grubenfeld der Zeche Arenberg-Fortsetzung ist 1930 übernommen worden. Damit betrug die Berechtsame des Bergwerks 18,9 km^2 (Anlagen Prosper I/II mit den Schächten 1/4/5 und 2/3/8 sowie III mit den Schächten 6/7). Förderung 1930: 2,32 Millionen Tonnen (7380 Beschäftigte). 1933 war Prosper mit einer Kohlenförderung von über 2,21 Millionen Tonnen die größte Zeche an der Ruhr (und blieb es auch 1939/40 und von 1946 bis 1955). Förderung 1940: 3,7 Millionen Tonnen (10312 Beschäftigte).

Die völlige Betriebseinstellung wegen Kriegsschäden kam am 24.3.1945; in diesem Jahr sind nur ca. 742000 Tonnen Kohle gefördert worden. 1946 waren sämtliche Schächte wieder in Betrieb. Förderung 1950: 2,89 Millionen Tonnen (12093 Beschäftigte). 1955 förderten die Prosperschächte insgesamt 3,2 Millionen Tonnen Kohle (9130 Beschäftigte). Die Übernahme des Feldes Nordlicht (West) erfolgte 1957; damit stieg die Berechtsame der Prosperzechen auf 39,2 km^2. Mit dem Abteufen des Schachtes 9 (Feld Nordlicht) ist 1958 begonnen worden; der Schacht kam 1962 in Betrieb. Förderung 1965: 3,54 Millionen Tonnen (6983 Beschäftigte). 1970 standen im Prosperfeld die Anlage II mit den Schächten 2/3/8 sowie die Außenanlage 1/4/5 und Arenberg-Fortsetzung 1/2; Anlage III: Schächte 6/7; Anlage IV: Schacht 9. Die höchste Förderung ist 1971 mit 3,88 Millionen Tonnen erbracht worden (5574 Beschäftigte). 1974 erfolgte der Verbund zu Prosper-Haniel. S. Bergwerk Prosper-Haniel WO 19.

⚒ *Der reichgestaltete Malakoffturm über Schacht 2, in den ersten 1870er Jahren errichtet, erhielt in den 1880er Jahren ein*

*Bottrop: **Zeche Prosper** I. Die Architektur der Übertagebauten (unser Bild) war von Jugendstilformen geprägt.*

Bottrop: Bergwerk Prosper-Haniel. Das Luftbild von 1973 zeigt den Bereich der Schächte Prosper 2 (Bildmitte links), 3 (unterer Bildrand links) und 8 (geschlossener Förderturm neben den beiden Schornsteinen). Alle diese Schächte sind inzwischen verfüllt, der Turm über Schacht 8 wurde 1989 abgerissen. Der Malakoff über Schacht 2 (mit eingezogenem Fördergerüst) steht unter Denkmalschutz (vgl. Abb. S. 122); der Malakoff über Schacht 3 ist bereits 1983 abgerissen worden.

eingezogenes stählernes Gerüst, das später durch ein zweigeschossiges Koepe-Strebengerüst in vollwandiger Ausführung ersetzt worden ist. Über Schacht 8 wurde in den 1960er Jahren unmittelbar neben den Malakoffturm ein 84 m hoher Förderturm gebaut, der durch seine Schlankheit und Eleganz eine neue Richtung in der architektonischen Ausbildung der Fördertürme aufzeigte. Alle Fördereinrichtungen waren gut erhalten und dokumentierten auf engstem Raum drei Abschnitte technikgeschichtlicher Entwicklung im Ruhrbergbau. Der Turm über Schacht 8 wurde 1989 abgerissen. ⚒

WO 19 — 22 53 122 129

Bergwerk Prosper-Haniel (RAG/DSK)

Das Bergwerk ist 1974 aus den Schachtanlagen Prosper, Jacobi und Franz Haniel entstanden. In dem Grubenfeld (92 km²) stehen die Schächte: Haniel 1 (Wetterschacht); Haniel 2 (Seilfahrt- und Materialschacht, Gestellförderung, Gefäßförderanlage zur Bergeförderung); Prosper 9 (Seilfahrt- und Wetterschacht, Gestellförderung); Prosper 10 (Seilfahrt- und Materialschacht, Gestellförderung). Dieser Seilfahrtschacht steht unmittelbar am Rande des Erholungsgebietes Kirchhellener Heide. Die Übertagebauten der Schachtanlage sind harmonisch in die Umgebung eingeordnet. Abgesehen von dem 46,5 m hohen modernen Fördergerüst fehlen auf dieser Anlage alle sonstigen bergbautypischen Attribute wie Lüfterdiffusoren, Aufbereitungs- und Verladeanlage, aber auch Berge- und Kohlenhalden. Das Betriebsgelände ist reich mit Gartenanlagen (Bäume, Sträucher, Rasenflächen, Springbrunnen usw.) ausgestattet und so bewußt unter landschaftspflegerischen Gesichtspunkten gestaltet. Der Schacht wurde in den Jahren 1976 bis 1980 abgeteuft und eingerichtet.

Die Kohlengewinnung in den Südfeldern des Bergwerks (Prosper II, Prosper III, Jacobi und Teilfeld Haniel) ist 1984 planmäßig abgeschlossen worden. Der Abbau verlagerte sich völlig in die Nordfelder (westlich von Kirchhellen), in denen über 400 Millionen Tonnen bauwürdiger Kohlenvorräte anstehen. Für die Förderung der Kohle aus den Nordfeldern wurde ein Förderkonzept entwickelt, das ein Novum im Ruhrbergbau darstellt. Von den Abbauschwerpunkten führt eine Bandanlage zur 786-m-Sohle Prosper III (s. Zeche Prosper). Diese Bandanlage endet 780 m unter dem Christophorus-Denkmal am Bahnhof Bottrop-Nord. Von dieser Stelle aus wurde ein Förderberg zum Tagesbetrieb der Schachtanlage Prosper II aufgefahren; er ist 3 653 m lang und hat eine Steigung von 21 Prozent. Ausgerüstet wurde der Berg mit einem 140 cm breiten Förderband, das nicht nur die gesamte Kohle des Bergwerks nach über Tage transportiert, sondern gleichzeitig (auf dem Unterband) die bei der Aufbereitung anfallenden Berge zurück in die Grube. Das Bergematerial wird dann auf der Schacht-

Bottrop: Bergwerk Prosper-Haniel. Schacht 10 wird abgeteuft.

Bottrop: ***Halde Haniel*** *der Zeche Prosper-Haniel mit Kreuzweg aus Spurlatten.*

anlage Franz Haniel wieder zu Tage gehoben und direkt der Halde zugeführt. Teufe der Hauptfördersohle: 1 000 m. Ende 1986 ging der Förderberg in Betrieb. 1987 verfüllte man die Schächte 2 und 8, im Jahr darauf 6 und 7. Die Auffahrung einer Wetterstrecke zwischen dem Prosper-Schacht 10 und dem Schacht Hünxe des Bergwerks Lohberg/Osterfeld begann 1995, wurde 1997 bei 6,7 km gestundet, aber im Jahr 2000 wieder aufgenommen. Seit 2001 arbeitet auch vom Schacht Hünxe aus eine Vortriebsmannschaft an der Wetterstrecke. Der Durchschlag ist für April 2003 geplant. Förderung 2002: 3,9 Millionen Tonnen (4435 Beschäftigte); Grubenfeld: 165 km². Da die Kohlenvorräte oberhalb 1 000 m zur Neige gehen, begann im Jahr 2002 die Planung einer 7. Sohle. Sie soll am Schacht 10 aufgefahren und durch einen Gesteinsberg mit der 6. Sohle verbunden werden. Den Schacht 10 wird man auf gut 1 300 m tiefer teufen. 2008 soll dieser Schritt in die Tiefe vollzogen sein und etwa 53 Millionen Tonnen Kohle erschließen, eine „geologische Absicherung" des Bergwerks für 15 Jahre. Bereits 2002 stellte man am Schacht 10 in Bottrop-Kirchhellen einen Kauenanbau fertig, durch den 2 400 Bergleute in der Kaue Platz haben. Die 1985 in Betrieb gegangene Großkokerei des Bergwerks Prosper-Haniel ist inzwischen die einzige im Ruhrgebiet noch arbeitende Kokerei. S. Zeche Franz Haniel WO 16 und Zeche Prosper WO 19.

⚒ *Halde Haniel: Die überwiegend begrünte Halde ragt etwa 100 m über das umgebende Zechengelände auf und eröffnet einen Ausblick über das Bergwerk und das nordwestliche Ruhrgebiet. Neben vielfältigen Möglichkeiten der Freizeitgestaltung bietet sie einen Kreuzweg, der hier 1995 eingeweiht wurde. Die Künstlerin und Ordensfrau Tisa von der Schulenburg, der Künstler Adolf Radecki und Auszubildende des Bergwerks haben den Kreuzweg geschaffen, der am Karfreitag tausende von Gläubigen zur Halde Haniel zieht. Ein aus Spurlatten gefertigtes Holzkreuz erinnert oben auf der Halde an den Papstbesuch auf Prosper-Haniel im Mai 1987.* ⚒

Bottrop: Der Seilfahrtschacht ***Prosper*** *10 des Bergwerks Prosper-Haniel steht unmittelbar am Rand des Erholungsgebietes Kirchhellener Heide (vgl. Abb. S. 129). Das moderne Stahlkastenstreben-Fördergerüst ist 46,5 m hoch. Im Vordergrund das Fördermaschinengebäude.*

Bottrop-Batenbrock: Gartensiedlung Batenbrock

Diese Siedlung dokumentiert die Tradition eines vorbildlichen Wohnungsbaus, dem sich die Ruhrzechen schon früh verpflichtet haben. Nahezu 40 Prozent aller heutigen Wohnungen in Bottrop wurden von Bergbauunternehmen gebaut oder in Auftrag gegeben.

Bottrop-Boy: Zeche Ver. Welheim

Die Verleihung der Felder Welheim I und II sowie Essendia I erfolgte 1862, und 1864 kam es zur Konsolidierung der Berechtsame zu Ver. Welheim. Mit dem Teufen des Schachtes 1 wurde 1910 begonnen; das Teufen des Schachtes 2 (Wetterschacht) begann 1911, und 1914 kam die Zeche in Förderung. Sie belief sich in diesem Jahr auf 133 000 Tonnen (939 Beschäftigte). 1915 lag die Produktion bereits bei über 500 000 Tonnen (1 576 Beschäftigte). 1921 waren bei einem Grubenbrand sieben Todesopfer zu beklagen; 1927 ereignete sich ein Seilfahrtunglück, das sechs Todesopfer forderte. Die höchste Förderung ist 1929 mit nahezu 936 000 Tonnen erbracht worden (2 680 Beschäftigte). † 1931. Das Bergwerk einschließlich der Schächte wurde durch Mathias Stinnes übernommen. S. Zeche Mathias Stinnes WO 23.

⚒ *Gartenstadt Welheim. Im Rahmen der IBA Emscher Park erfuhr diese ehemalige*

Bottrop-Batenbrock, Gartensiedlung *Waldthausenstraße: Der Bergarbeiterwohnungsbau in Bottrop hat Tradition. Nahezu vierzig Prozent des Wohnungsbestandes der Stadt sind von Bergbauunternehmen gebaut oder in Auftrag gegeben worden.*

Bergarbeiterkolonie eine Modernisierung. Wohnungen wurden zusammengelegt und besser ausgestattet. Die großflächige Fassadengliederung läßt nicht erkennen, daß ursprünglich die kleinsten Wohnungen nur 35 qm maßen. 580 Häuser machen die Siedlung zu einer der größten in der Region und über 40 verschiedene Haustypen zu einer der vielfältigsten. Geschwungene Straßen, in sich geschlossene Straßenräume und Häusergruppen vermitteln Geborgenheit. In Welheim (gebaut zwischen 1914 und 1923) wohnten die Arbeiter; für die Angestellten gab es jenseits der Grubenbahn eine „Beamtensiedlung“ mit besser ausgestatteten Häusern. ⚒

Bottrop-Eigen:
WO 18
Zeche Rheinbaben

Benannt nach Georg Freiherr von Rheinbaben, 1896 Regierungspräsident in Düsseldorf, 1899 Minister des Innern, 1901 Finanzminister in Preußen. Das Abteufen der Anlage begann 1898; die Förderung wurde 1901 aufgenommen (s. Zeche Ver. Gladbeck). Rheinbaben entstand 1935 aus den Schächten 3/4 des Bergwerks Ver. Gladbeck und förderte in diesem Jahr 678 000 Tonnen Kohle (1 676 Beschäftigte). Ab 1940 erfolgte unter Tage die Übernahme der Förderung von Möller (Schächte 1 und 2). Die höchste Förderung ist 1943 mit 1,08 Millionen Tonnen erbracht worden (3 970 Beschäftigte). Förderung 1950: 622 000 Tonnen (3 066 Beschäftigte). In den 1960er Jahren ist die Zeche mit der Schachtanlage Möller zu einem Verbundbergwerk vereinigt worden. Die Förderung von Möller wurde auf Rheinbaben zu Tage gehoben. Teufe der Hauptfördersohle: 790 m. Förderung 1965: 890 000 Tonnen Gas- und Fettkohle. † 1967. S. Zechen Ver. Gladbeck und Möller WO 42.

CASTROP-RAUXEL RE

WO 100 128 166f.
Grube Erin (EBV)

Die Anfänge dieses Bergwerks reichen bis in die Mitte des 19. Jahrhunderts zurück. 1858 wurden im Raum Castrop- Rauxel Mutungsbohrungen durch die Dortmunder Bergbau- und Hüttengesellschaft und die Steinkohlenbergbaugesellschaft Zollern durchgeführt. Ein Jahr später gingen beide Gesellschaften in Konkurs. Ihr Besitz wurde 1866 von der Preussischen Bergwerks- und Hütten-AG (Düsseldorf) erworben. Gründer dieser Gesellschaft war der aus Irland stammende Landmesser und Ingenieur William Thomas Mulvany (er kam 1855 nach Deutschland und starb 1885 in Düsseldorf). Als erster hatte er an der Ruhr (bei der Zeche Hibernia in Gelsenkirchen) gußeiserne Tübbings für den Schachtausbau zum Absperren der Wasserzuflüsse verwendet, und unter seiner Leitung wurde im April 1866 mit den Arbeiten zur Errichtung einer neuen Schachtanlage in Castrop durch das Teufen von zwei Schächten begonnen. Am 10. April 1867 sind die verschiedenen Berechtsamen der Gesellschaft zu einem einheitlichen Bergwerk unter dem Namen Erin konsolidiert worden. Der Name erinnert an die Herkunft des Gründers (Erin ist die keltische Bezeichnung für Irland).

Das Abteufen der beiden Schächte dauerte bis 1869, und die erste Kohle ist 1870 zu Tage gefördert worden. 1872 bis 1876 kam es zu Wasserdurchbrüchen. 1877 ersoff die Zeche und lag bis 1883 still. Erst 1885 konnte wieder Kohle in größerem Umfang gefördert werden. Bis 1887 stieg die Förderung auf 360 000 Tonnen. 1889 begann das Teufen des Schachtes 3 (Bewetterung); in diesem Jahr ereignete sich eine Schlagwetterexplosion mit zwölf Todesopfern. Das Teufen des Wetterschachtes 4 (neben 1/2) begann 1890. 1891 stieß Schacht 3 auf das Steinkohlengebirge, und 1892 begann das Teufen des Schachtes 5; Wetterschacht 4 ging in Betrieb. Der Schacht 5 erreichte 1894 bei 249 m das Karbon und kam 1895 in Betrieb. In diesem Jahr belief sich die Kohlenförderung des Bergwerks auf 433 000 Tonnen (1 458 Beschäftigte). Förderung 1900: ca. 569 000 Tonnen (1 918 Beschäftigte). Förderung

Castrop-Rauxel: Grube Erin, links im Bild Schacht 7 von 1953. Aufnahme vor 1959 (vgl. Abb. S. 128).

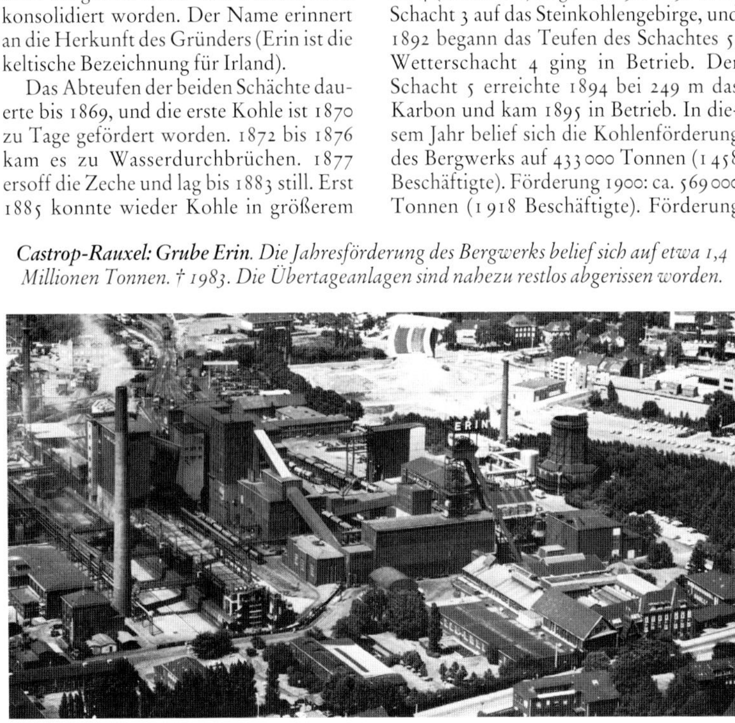

Castrop-Rauxel: Grube Erin. Die Jahresförderung des Bergwerks belief sich auf etwa 1,4 Millionen Tonnen. † 1983. Die Übertageanlagen sind nahezu restlos abgerissen worden.

Castrop-Rauxel: Grube Erin. † 1983. Hammerkopf-Förderturm über Schacht 3, Denkmal des Ruhrbergbaus.

1913: 626 000 Tonnen (2 475 Beschäftigte). Kurz nach Beendigung des Ersten Weltkrieges ist Schacht 3 in Betrieb gekommen. Über dem Schacht wurde ein Förderturm in Hammerkopfform errichtet (zwischen 1918 und 1921). Es handelt sich hier um den ältesten erhaltenen Schachtturm dieser Art in Westfalen. Das Neuartige dieser Anlagen war, daß die Fördermaschine neben der Treibscheibe im Turm angeordnet wurde (und nicht gesondert in einem Maschinenhaus). Die Auskragung des Maschinenhauses entstand aus der Notwendigkeit, Fördermaschine und Führerstände zu plazieren und weniger aus gestalterischen Überlegungen.

1929 wurde die Zeche Teutoburgia übernommen, die 1925 stillgelegt worden war. Förderung 1930: 718 000 Tonnen (2 106 Beschäftigte). 1937 wurde Schacht 3 Seilfahrtschacht. Förderung 1940: 1,2 Millionen Tonnen (3 100 Beschäftigte). 1948 begann das Teufen des Wetterschachtes 6. 1953 wurde ein neuer Hauptförderschacht (Schacht 7) in Betrieb genommen. Das weithin sichtbare Fördergerüst (ein für Doppelförderung eingerichtetes deutsches Strebengerüst der Bauart Dörnen) und die große Schachthalle setzten im Erscheinungsbild der Anlage völlig neue Akzente. Förderung 1955: 1,17 Millionen Tonnen (4 530 Beschäftigte). 1963 hat der Hauptförderschacht 7 die Gesamtförderung des Bergwerks übernommen; Schacht 2 wurde stillgelegt. Der erste mannlose Steilstreb im Ruhrbergbau wurde 1964 eingerichtet. Förderung 1970: 1,45 Millionen Tonnen (3 038 Beschäftigte). Die Zeche verfügte zuletzt insgesamt über neun Schächte (Erin 1 bis 7 sowie Teutoburgia 1 und 2; ein Förder-, Seilfahrt- und Einziehschacht, ein Seilfahrt- und Wetterschacht, fünf Wetterschächte und zwei einziehende Schächte; Gefäßförderung und Gestellförderung). Teufe der Hauptfördersohle: 900 m. Seine höchste Förderung hat das Bergwerk 1973 mit über 1,48 Millionen Tonnen Eß- und Fettkohle erbracht. † 1983. Die Anlagen sind zum größten Teil abgebrochen worden, die Schächte wurden verfüllt. S. Zeche Teutoburgia.

⚒ *Castrop-Rauxel besitzt zwei wichtige Zeugen bergbaugeschichtlicher Vergangenheit: Der Hammerkopfturm über Schacht 3 der Zeche Erin (Ortsteil Schwerin) hat in erster Linie technikgeschichtliche Bedeutung und ist zudem von landschaftsprägender Wirkung. Er wurde 1988 in die Dankmalliste eingetragen und 1993 restauriert. Insgesamt sind nur wenige Türme dieser Art erhalten geblieben, so in Dortmund-Eving (Bergwerk Minister Stein) und in Hamm (Zeche Heinrich Robert). Das moderne Fördergerüst über Schacht 7 der Grube Erin (im Zentrum der Stadt) hat vorrangig stadtbildprägende Bedeutung. Die beiden Fördertürme sind jedoch Ausdruck der wirtschafts- und sozialgeschichtlichen sowie stätdebaulichen Entwicklung der Stadt. Das Fördergerüst über Schacht 7 wurde 1987 als erstes in Westfalen durch den nordrhein-westfälischen Minister für Stadtentwicklung, Wohnen und Verkehr unter Denkmalschutz gestellt und ist heute Wahrzeichen des auf dem Zechengelände neu entstandenen Dienstleistungs- und Gewerbeparks (Projekt der IBA Emscher Park).* ⚒

WO 101
Zeche Graf Schwerin 167

Die Gewerkschaft Graf Schwerin wurde 1872 als Gewerkschaft der Steinkohlenbergwerke Novesium I bis V in Castrop gegründet. Die Grubenfelder (über fünf Millionen m²) waren bereits in den Jahren 1857 und 1858 verliehen worden. Am 13. Dezember 1872 erfolgte die Konsolidierung unter dem Namen Graf Schwerin. Repräsentant der Gewerkschaft war der Essener Bauunternehmer Johann Wilhelm Schürenberg (1831 - 1894). Mit dem Schachtabteufen ist in den ersten 1870er Jahren begonnen worden. Der Schacht 1 hat 1875 die Förderung aufgenommen; 1880 mußte der Grubenbetrieb wegen zu starker Wasserzuflüsse teilweise eingestellt werden. Erst als 1884 das Grubengebäude gesümpft worden war, stieg die Förderung allmählich wieder an und erreichte bald jährlich 150 000 Tonnen. 1886 wurde auf Schacht 1 die erste Kokerei gebaut (60 Öfen). 1892 begannen die Abteufarbeiten für Schacht 2, der 1894 in Förderung kam. Mit dem Abteufen des Schachtes 3 wurde 1904 begonnen. Er ist seit 1906 als Seilfahrtschacht und seit 1910 auch zur Kohlenförderung benutzt worden. Förderung 1913: 600 000 Tonnen (Teufe 865 m). 1916 erwarb die Gewerkschaft eine maßgebliche Beteiligung an der 1908 gegründeten Bergwerksgesellschaft Glückaufsegen (s. Zeche Glückaufsegen). Förderung 1925: 637 000 Tonnen (2 295 Beschäftigte). 1926 ereignete sich ein Strebbruch (drei Todesopfer). Förderung 1930: 801 000 Tonnen (2 570 Beschäftigte). Im gleichen Jahr erfolgte die Fusion der Bergwerksgesellschaft Glückaufsegen mit der Gewerkschaft Graf Schwerin. Kohlenförderung 1935: 656 000 Tonnen (1 750 Beschäftigte). 1937: Verbund mit der Zentralschachtanlage Lothringen. Die höchste Förderung ist 1938 mit fast 984 000 Tonnen erbracht worden (2 510 Beschäftigte). In diesem Jahr begann das Abteufen des Wetterschachtes 4, der 1940 in Betrieb kam. 1945 sank die Förderung auf ca. 258 000 Tonnen ab. Förderung 1955: 892 000 Tonnen (2 907 Beschäftigte). 1961 kam es zum Verbund Lothringen / Graf Schwerin. Förderung 1965: 1,5 Millionen Tonnen Fett- und Eßkohle. † 1967. S. Zeche Glückaufsegen und Zentralschachtanlage Lothringen WO 72.

WO 98/99
Steinkohlenbergwerk Victor / Ickern (RAG) 168

Die Gewerkschaft *Victor* ist 1871 von Gustav Ernst Waldthausen (1811 - 1883) und Henrich Friedrich Grillo (1825 - 1888)

Castrop-Rauxel: Zeche Graf Schwerin 3/4. Aufnahme vor 1959.

Castrop-Rauxel: Steinkohlenbergwerk Victor / Ickern, Förderanlage Ickern 1/2. Rechts im Bild die 1955 erbaute Wäsche. Aufnahme vor 1959. † 1973.

gegründet worden. Dem ersten Grubenvorstand gehörten G. E. Waldthausen, H. F. Grillo und Johann Wilhelm Schürenberg (1831 - 1894) an. Mit dem Abteufen des Schachtes Victor 1 in Rauxel wurde schon 1871 begonnen; nach Überwindung der sich durch starke Wasserzuflüsse ergebenden Schwierigkeiten konnte 1877 die Förderung aufgenommen werden. 1883 belief sie sich auf 240000 Tonnen. Im gleichen Jahr wurde die erste Koksofenbatterie gebaut. 1885 sind die Felder Teutoburgia II, III und IV hinzugekauft worden. 1887 wurde Schacht Victor 2 abgeteuft, der 1890 zum Förderschacht ausgebaut worden ist. Mit dem Bau des Schachtes Victor 3 wurde 1893 begonnen; er kam infolge der schwer zu beherrschenden Wasserzuflüsse erst 1905 in Förderung. Zu dem noch im Abteufen befindlichen Schacht 3 begann man 1901 den Schacht Victor 4 abzuteufen; er nahm 1907 die Förderung auf. Der alte Schacht Victor 1 wurde als Förderschacht der Anlage 1/2 stillgelegt.

Die 1873 gegründete Gewerkschaft *Ickern* ist aus der Bohrgesellschaft Gewerkschaft General Moltke hervorgegangen; auch hier war die Essener Familie Waldthausen maßgeblich beteiligt. Es war ursprünglich beabsichtigt, im Feld Ickern einen Schacht abzuteufen, aber 1874 wurden alle Arbeiten auf dem Schachtgelände eingestellt. Zwar ist 1877 ein Zechengebäude errichtet worden, doch konnten sich die Gewerken zunächst nicht zum Abteufen des Schachtes entschließen. Auf Grund der bestehenden engen betrieblichen Zusammenarbeit der Gewerkschaften Victor und Ickern übernahm der Grubenvorstand von Victor, dessen Vorsitz 1906 Bergassessor Dr.-Ing. E. h. Otto Krawehl (1875 - 1936) übernommen hatte, auch die Geschäfte des Grubenvorstandes von Ickern. 1908 begann das Abteufen des Schachtes Ickern 1, der 1912 die Förderung aufnahm. Der Schacht Ickern 2 kam 1914 in Betrieb. Zwischen sämtlichen Schachtanlagen der Zechen Victor und Ickern war bis dahin eine gradlinige Verbindung unter Tage hergestellt worden. Die Schachtanlage Ickern erlitt 1916 einen starken Wassereinbruch, durch den die Anlage zeitweise außer Betrieb gesetzt wurde. Das Ostfeld war zunächst für den Abbau verloren. Erst 1918 und 1919 konnten Versuche gemacht werden, das Feld zu sümpfen; bis 1921 war die Aufwältigung beendet. 1922 entstand durch Verbund von Victor und Ickern das Steinkohlenbergwerk Victor / Ickern (Berechtsame 37,8 km²) mit den Förderanlagen Victor 1/2 und 3/4, dem Schacht Victor 5 sowie der Förderanlage Ickern 1/2. In diesem Jahr sind 1,6 Millionen Tonnen Kohle gefördert worden (8065 Beschäftigte). 1923 wurden im Zuge des Einmarsches französischer Truppen in das Ruhrgebiet die Schachtanlagen Victor und Ickern besetzt. Die Bergbauverwaltung verlegte ihren Sitz von Rauxel nach Königsborn. Förderung 1930: 1,68 Millionen Tonnen (5690 Beschäftigte). 1932 wurde die Zeche Victor 1/2 als fördernde Schachtanlage stillgelegt.

Als in den dreißiger Jahren der Ruhrbergbau dazu überging, Benzingewinnungsanlagen auf Steinkohlengrundlage zu errichten, begann die 1926 gegründete Gewerkschaft Victor (Stickstoffwerk Rauxel) 1934, synthetische Treibstoffe nach dem Fischer-Tropsch-Verfahren herzustellen. Die Benzingewinnungsanlage kam 1936 voll in Betrieb. Das Abteufen des Schachtes Ickern 3 begann 1937; er erreichte 1939 das Steinkohlengebirge. 1941 kam der Schacht in Betrieb. Ihre höchste Förderung hat die Zeche 1943 mit 2,64 Millionen Tonnen (8990 Beschäftigte) erbracht. Während des Krieges wurden die Tagesanlagen der Zeche Victor schwer beschädigt. Die Wiederaufbauarbeiten sind zügig durchgeführt worden; 1949 konnte mit dem Abteufen des Schachtes Ickern 4 begonnen werden. Er kam 1951 in Betrieb. Förderung 1965: 1,96 Millionen Tonnen; Kokserzeugung: 960000 Tonnen. 1967 wurden die Schächte Victor 1 und 2 stillgelegt. 1972 belief sich die Förderung des Steinkohlenbergwerks auf 1,75 Millionen Tonnen. † 1973. Die Schächte Ickern 3 und 4 kamen zu Minister Achenbach. 1974 wurden die Tagesanlagen abgebrochen. S. Bergwerk Minister Achenbach (Lünen) WO 116.

DATTELN (Westfalen) RE

s. a. Bergwerk Haard 289
WO 114

Zeche Emscher-Lippe (RAG) 168

1878 begann die Bohrgesellschaft Emscher-Lippe mit Mutungsbohrungen in den späteren Feldern Emscher-Lippe I bis V in der Gemeinde Datteln. Diese Felder gingen 1901 in den Besitz der Firma Fried. Krupp (Essen) über. Noch im selben Jahr erwarb Krupp sechs weitere markscheidende Felder (die sogenannten Hohenzollernfelder) in den Gemeinden Datteln und Waltrop hinzu und vergrößerte die Gesamtberechtsame auf 24 km².

1902 ist mit dem Sitz in Essen die Gewerkschaft der Steinkohlenzeche Emscher-Lippe gegründet worden, und im selben Jahr wurde mit dem Abteufen der Schächte 1 und 2 in unmittelbarer Nähe des Dortmund-Ems-Kanals begonnen. Nachdem 1904 das Steinkohlengebirge erreicht worden war, erfolgte ein Wassereinbruch; der Schacht konnte noch im selben Jahr gesümpft werden. 1906 ist die erste Kohle gefördert worden. 1907 begannen die Abteufarbeiten für Schacht 3. Sie wurden ebenfalls durch einen Wassereinbruch für längere Zeit unterbrochen; der Schacht konnte erst 1911 fertiggestellt werden. Die erste Koksofenbatterie wurde 1908 in Betrieb genommen. Förderung: 220000 Tonnen; Kokserzeugung: 58000 Tonnen. Schon 1909 hatte sich die Kohlenförderung verdoppelt. Förderung 1910: 638000 Tonnen (2595 Beschäftigte). 1912 begann das Abteufen des Schachtes 4. Förderung 1913: 918000 Tonnen (3575 Beschäftigte). Noch während des Ersten Weltkrieges wurden die Schachtanlage 3/4 und der Hafen am Dortmund-Ems-Kanal ausgebaut. Die Zeche erhielt eine neuzeitliche Wäsche und eine Kraftanlage. Gleichzeitig wurde mit dem Neubau einer Kokerei begonnen, die 1922 in Betrieb ging. 1925 begann das Abteufen des Wetterschachtes 5. Von 1930 bis 1932 wurde auf der Schachtanlage 1/2 eine neue Zentralkokerei gebaut. Von 1933 bis 1935 sind die Tagesanlagen des Bergwerks gründlich überholt und ausgebaut worden. 193

Datteln: Zeche Emscher-Lippe. Mit dem Abteufen der Schächte 1 und 2 (unser Bild) ist 1902 in unmittelbarer Nähe des Dortmund-Ems-Kanals begonnen worden. 1906 begann die Förderung. † 1972. Die Kokerei blieb noch weitere 10 Jahre in Betrieb. 1983/85 sind sämtliche Übertageanlagen des Berwerks (einschließlich der Kokerei) abgerissen worden. Das Zechengelände wurde planiert.

belief sich die Kohlenförderung auf fast 1,5 Millionen Tonnen (2850 Beschäftigte), und 1938 wurden die Energieanlagen großzügig erweitert. 1943 ist eine Förderung von 1,84 Millionen Tonnen erreicht worden.

In der zweiten Hälfte und gegen Ende des Zweiten Weltkrieges erlitt die Zeche schwere Zerstörungen durch Luftangriffe. 1946 begann der Wiederaufbau der zerstörten Anlagen und Siedlungen. 1953 wurde die gesamte Verkokung auf der Schachtanlage 1/2 zusammengefaßt und die Kokerei auf der Anlage 3/4 (1948 neu in Betrieb gekommen) zunächst stillgelegt. Diese Kokerei nahm ab 1954 den Betrieb zur Erzeugung von Spezialkoks wieder auf. Förderung 1956: 1,3 Millionen Tonnen; Kokserzeugung: 700000 Tonnen (auf der Kokerei 3/4 wurden 118000 Tonnen Spezialkoks erzeugt). Das Teufen des Schachtes 6 (Bewetterung) begann 1960; in diesem Jahr belief sich die Kohlenförderung auf 1,28 Millionen Tonnen. Förderung 1965: 1,28 Millionen Tonnen; Kokserzeugung: 900000 Tonnen. Förderung 1970: 1,18 Millionen Tonnen; Kokserzeugung: 726 000 Tonnen. † 1972.

Der Wetterschacht 6 kam zu Ewald Fortsetzung. Die Kokerei blieb zunächst erhalten. Kokserzeugung 1980: 520000 Tonnen. 1983 ist die Kokerei stillgelegt worden; sämtliche Gebäude wurden abgebrochen.

⚒ *In den 1970er Jahren war erwogen worden, die architektonisch bemerkenswerte Arbeitersiedlung Beisenkamp (1909 gebaut) und den 135 m hohen Kamin unter Denkmalschutz zu stellen. Inzwischen wurde der Kamin gesprengt. Die meisten Häuser der Siedlung sind durch Um- und Zubauten (Ersatz der ursprünglichen Sprossenfenster usw.) so verändert worden, daß der frühere Siedlungszustand nicht mehr erkennbar ist. Für eine Unterschutzstellung kommen lediglich zwei oder drei Einzelhäuser in Betracht. Irgendwelche denkmalpflegerischen Initiativen hierzu sind jedoch bisher nicht eingeleitet worden.* ⚒

DINSLAKEN WES

Dinslaken-Lohberg:
WO 7 61 104 169
Bergwerk Lohberg (RAG)

Die Geschichte dieses Bergwerks läßt sich in den Anfängen bis in das 19. Jahrhundert zurückverfolgen. Denn schon um 1900 ließen August und Fritz Thyssen (1842 - 1926 und 1873 - 1951) zahlreiche Bohrungen niederbringen, die zu Mutungen und Feldesverleihungen an die Gewerkschaft Deutscher Kaiser und die genannten Industriellen führten. So wurde auch bereits damals der Bau einer Doppelschachtanlage im Raum Dinslaken geplant. Erste konkrete Gespräche darüber fanden 1901 statt, und es wurden sogar schon die Ansatzpunkte der beiden Schächte festgelegt. 1902 begann der erforderliche Grundstückserwerb, um die notwendige Infrastruktur für die in einem rein landwirtschaftlich genutzten Gebiet geplante Zeche schaffen zu können. Mit dem Bau einer Werksbahn zum Abtransport der geförderten Kohle ist die Verbindung zum industrialisierten Hamborner Raum und zu den Duisburger Rheinhäfen hergestellt worden. 1906 war die Bahn fertiggestellt.

In einer Gewerkenversammlung am 30. Januar 1905 ist auf dem Grubenfeld Hiesfeld XXXII die Gewerkschaft Lohberg konstituiert worden, die 1906 beschloß, die Schächte 1 und 2 abzuteufen. Wenig ermutigend waren die Ergebnisse der niedergebrachten Kernbohrungen zum Aufschluß des Deckgebirges. Ausgedehnte Schwimmsandschichten waren zu durchteufen (bis zu einer Tiefe von mehr als 400 m); die Schächte konnten nur im Gefrierverfahren abgeteuft werden. Bisher waren so große Gefrierteufen noch bei keinem Schacht notwendig. Die Lohbergschächte galten denn auch über Jahrzehnte als die tiefsten Gefrierschächte der Welt.

Nach Beendigung der Gefrierarbeiten kam im Februar 1909 aus dem Schacht 2 der erste Kübel zu Tage. Knapp fünf Monate später begann das Abteufen des Schachtes 1. Beide Schächte erreichten im Herbst 1910 bei 481 m Teufe das Steinkohlengebirge. Wasserzuflüsse erschwerten auch weiterhin die Arbeiten in den Schächten, die bis zu 500 m Teufe mit Tübbings ausgebaut wurden. 1911 ist bei 554 m Teufe die erste Sohle ausgesetzt worden; die erste untertägige Verbindung zwischen den beiden Schächten wurde hergestellt. Die zweite Sohle setzten die Schachtbauer bei 634 m Teufe aus. Schacht 1 erreichte bei 733 m die dritte Sohle und 1913 mit 771 m die Endteufe. Während der Teufarbeiten entstanden nach und nach die Anlagen des Tagesbetriebes.

1910 wurde das Fördergerüst über Schacht 1 errichtet, 1913 über Schacht 2. Die planmäßige Förderung der Zeche begann 1914. Das Bergwerk war zunächst für eine Tagesförderung von 4000 Tonnen ausgelegt (dieses Förderziel ist erst 1936 erreicht worden). 1921 begann das Abteu-

*Hünxe: Stahlkastenstreben-Fördergerüst über Schacht 4 des **Bergwerks Lohberg**, Sitz Dinslaken-Lohberg. Teufbeginn 1982 (1364 m Tiefe); Inbetriebnahme: Mitte 1987.*

fen des Schachtes 3 (Hiesfeld), das jedoch im folgenden Jahr eingestellt wurde. Aber bereits 1926 mußten die Schächte 1 und 2 tiefergeteuft werden; Schacht 2 wurde bis zur dritten Sohle niedergebracht und Schacht 1 erreichte bei 852 m Teufe die vierte Sohle. 1930 belief sich die Kohlenförderung des Bergwerks auf 730000 Tonnen (1925 Beschäftigte), 1940 bereits auf 1,29 Millionen Tonnen.

In den fünfziger Jahren ist Schacht 2 über die vierte Sohle hinaus bis zu 943 m Teufe niedergebracht worden. Die Förderkapazität der Schachtanlage stieg auf 8500 Tonnen täglich. 1960 begann das Teufen des Wetterschachtes 3. Die Kohlenförderung belief sich in diesem Jahr auf 1,76 Millionen Tonnen (4925 Beschäftigte). Der Schacht 3 kam 1966 in Betrieb. 1969 ist erstmalig eine Jahresförderung von 2,5 Millionen Tonnen möglich geworden. Eine weitere Kapazitätserhöhung auf 13000 Tonnen täglich ist 1975/76 durch besondere Maßnahmen erreicht worden. 1987 – fünf Jahre nach Beginn der Vorbereitungsarbeiten – erreichte Schacht 4 (Hünxe, Wetterschacht) seine Endteufe von 1364 m. Im gleichen Jahr ging die 5. Sohle des Bergwerks in Betrieb. 1989 kam dann der Verbund mit der Oberhausener Zeche Osterfeld. Förderung 1989: 2,94 Millionen Tonnen (3795 Beschäftigte). Höchste Förderung 1979: 3,14 Millionen Tonnen Gasflamm- und Gaskohle. S. Bergwerk Lohberg/Osterfeld WO 7/13.

⚒ *Als erhaltungswürdig im Sinne des Denkmalschutzes werden angesehen: das zweigeschossige Doppelstrebenfördergerüst in Vollwandbauweise über Schacht 2 von 1953 (Entwurf Fritz Schupp) sowie ein deutsches Strebengerüst (über Schacht 1); Maschinenhäuser mit Schachthalle von 1953 (Schupp) und zwei Maschinenhäuser (um 1910 errichtet). Die Zwillings-Tandem-Dampffördermaschinen am Schacht 1 – Baujahre 1911 und 1921 – wurden 1993 durch elektrische Maschinen ersetzt und verschrottet. Denkmalwert sind auch das Verwaltungs- und Kauengebäude sowie ein Werkstättenbau (alle Gebäude um 1910 errichtet), die Wäsche mit Sieberei (über Transportbänder mit Schacht 2 verbunden), um 1950 erbaut.*

Siedlung Lohberg. Etwa zeitgleich mit dem Bergwerk (ab 1907) entstand in rein ländlicher Gegend die Siedlung Lohberg. 1920 waren nicht nur über 900 Wohnhäuser fertiggestellt, sondern auch Geschäfte, Schulen, Kindergarten, Poststelle, Polizeistation, Arztpraxis u.v.a. Wie üblich zu dieser Zeit sind die Häuser für Angestellte („Beamte“) und Arbeiter räumlich voneinander getrennt. Die ersteren ließ August Thyssen unweit des Zechentors bauen, damit seine Beamten ihren Arbeitsplatz jederzeit schnell erreichen konnten. Der Einfluß der Gartenstadtbewegung ist sowohl an der Gliederung der ganzen Siedlung als auch an der Gestaltung ihrer Häuser erkennbar. Um einen zentralen Marktplatz verläuft bogenförmig die Schlepperstraße, von der drei Straßen radial zu dem Platz führen. Unterschiedliche Hausformen mit Landhauselementen geben der Siedlung ein abwechslungsreiches Bild. ⚒

Dinslaken/Oberhausen:
WO 7 / 13
Bergwerk Lohberg/Osterfeld (DSK)

Das Bergwerk entstand am 1.7.1989 durch den Verbund der Zechen Lohberg (Dinslaken) und Osterfeld (Oberhausen). Zum Verbundbergwerk gehörten zu dieser Zeit folgende Anlagen: in Lohberg die Schächte 1/2 zur Förderung, Schächte 3 und 4 (Hünxe, Inbetriebnahme 1990) zur Bewetterung; in Osterfeld die Förderschächte 1/3, der Wetterschacht 4, Schächte 5/6 (Sterkrade 1/2), Schacht 7 (Hugo Haniel) und 8 (Nordschacht). 1991 wurden die 7. Sohle des Bergwerks Osterfeld und die 5. Lohberg-Sohle durchschlägig. Im Jahr darauf stellte man auf Osterfeld die Förderung ein und brachte die Kohle unter Tage nach Lohberg. 1993 wurde dann die Zeche Osterfeld stillgelegt und in den folgenden Jahren alle Schächte außer Nr. 8 (Nordschacht) verfüllt. Seit 1998 gibt es auch im Baufeld Nord und damit unter Oberhausener Stadtgebiet keinen Abbau mehr. Seit 2001 arbeitet sich vom Schacht Hünxe aus eine Vortriebsmannschaft auf die Zeche Prosper-Haniel zu, mit der es (nach Plan) ab 2003 eine Wetterverbindung geben wird. Im Jahr 2002 förderte das Bergwerk 2,1 Millionen Tonnen mit 3275 Beschäftigten, sein Grubenfeld umfasst 144 km², größte Teufe: 1270 m. Aus Grubengas, das man auf dem Bergwerk Lohberg absaugt, werden 4000 Wohnungen mit Strom und Fernwärme versorgt. – (†) Am 19. 9. 2003 wurde von der DSK gegen den Wunsch eines Teils der Bevölkerung von Duisburg-Walsum beschlossen, das Bergwerk Lohberg/Osterfeld bis zum Jahr 2007 ohne betriebsbedingte Kündigungen stillzulegen.

DORSTEN RE

WO 41 / 47
Bergwerk Lippe (DSK)

Das Bergwerk Lippe entstand im April 1998 durch den Verbund von Fürst Leopold/Wulfen und Westerholt. Direktion und Verwaltung haben ihren Sitz auf Fürst Leopold in Dorsten. Anlagen des Bergwerks (1998) im Baufeld Fürst Leopold / Wulfen: Fürst Leopold 1/2 (Förderanlage), Baldur 1, Wulfen 1/2; im Baufeld Westerholt: Westerholt 1 bis 3 (Förderanlage), Polsum 1 und 2 (Bewetterung), Altendorf (Bewetterung). Im Jahr 2001 verlor Fürst Leopold seine Funktion als Förderanlage; die Kohlen aus dem Baufeld gehen seitdem unter Tage nach Westerholt. Förderung 2002: 2,0 Millionen Tonnen (3186 Beschäftigte); größte Teufe: 1250 m; Grubenfeld: 148 km². S. Bergwerk Fürst Leopold / Wulfen WO 41 und Bergwerk Westerholt WO 47.

Dorsten-Hervest:
Schachtanlage Baldur

Schon 1900 ist durch die Bohrgesellschaft und spätere Bergwerksgesellschaft Trier ein Teufversuch für zwei Schächte unternommen worden (Trier 1 und 2). Die Bergwerksgerechtsame betrug 48 km². Das Teufen mußte bei 11 m (Schacht 1) bzw. 23 m (Schacht 2) infolge von Schwimmsandeinbrüchen aufgegeben werden. 1905 erfolgte die Umbenennung der Zeche in Baldur, und mit dem Abteufen der Schächte 1 und 2 ist Mitte 1905 bei Dorsten neu begonnen worden (Gefrierverfahren). Beide Schächte nahmen 1911 die Förderung auf. 1913 sind (1307 Beschäftigte) rund 223000 Tonnen Kohle gefördert worden. 1920 belief sich die Förderung auf 321000 Tonnen (1812 Beschäftigte). Die höchste Förderung wurde 1927 mit fast 537000 Tonnen erreicht (1611 Beschäftigte). Bereits in den zwanziger Jahren wurde die Schachtanlage als Förderanlage außer Betrieb gesetzt und die Förderung von der Schachtanlage Fürst Leopold übernommen. 1931 sind die Baldurschächte stillgelegt worden. S. Bergwerk Fürst Leopold / Wulfen WO 41.

Dorsten-Hervest:
WO 41
Bergwerk Fürst Leopold / Wulfen (RAG)

1931 schloß man die in diesem Jahr stillgelegte Zeche Baldur an das Bergwerk Fürst Leopold an, das fortan Fürst Leopold-Baldur hieß. Dieser Name bestand bis 1970, als mit der Zeche Wulfen eine gemeinsame Werksdirektion gebildet wurde; der Zusatz „Baldur“ verschwand wieder. Fürst Leopold und Wulfen blieben zunächst selbständig fördernde Betriebe. 1982 kam dann der endgültige Verbund zum Bergwerk Fürst Leopold/Wulfen.

Die Zeche Fürst Leopold trug ihren Namen von Nikolaus Leopold Fürst zu Salm-Salm; er war Kaufmann und erbliches Mitglied des Preußischen Herrenhauses sowie zuständiger Regalherr, als kurz nach 1900 mehrere Grubenfelder bei Dorsten gemutet und später verliehen wurden. Die Schachtanlage Wulfen entstand im gleich-

***Dorsten: Bergwerk Fürst Leopold / Wulfen**, die Außenanlagen Wulfen (Schächte 1 und 2) des Bergwerks im Jahre 1964/65.*

Dorsten: Bergwerk Fürst Leopold / Wulfen. Rechts Schacht Fürst Leopold 1, über dem in der zweiten Hälfte der 1970er Jahre ein modernes Fördergerüst (Stahlkastenstreben) errichtet worden ist. Der Schacht wurde von Gestellförderung auf Skipförderung umgerüstet. Links im Bild: Tomsonbock über Schacht Leopold 2.

namigen Grubenfeld, das nach der Gemeinde Wulfen benannt ist. Die Abteufarbeiten für Schacht 1 Fürst Leopold begannen 1910; Schacht 2 wurde 1912 abgeteuft. 1913 ist die erste Kohle gefördert worden. In diesem Jahr belief sich die Förderung auf knapp 40000 Tonnen (625 Beschäftigte). 1920 betrug die Gerechtsame des Bergwerks 21,5 km^2, und die Förderung hatte 334000 Tonnen erreicht (1795 Beschäftigte). Förderung 1925: 510000 Tonnen (2068 Beschäftigte). Nach Anschluß der stilliegenden Zeche Baldur (1931) erreichte 1935 die Förderung 567000 Tonnen (1200 Beschäftigte). Bis 1940 stieg die Kohlenpro-

Dorsten: Bergwerk Fürst Leopold / Wulfen. Das Luftbild von 1972 zeigt die Schachtanlage Fürst Leopold. Hauptförderschacht des Bergwerks ist Fürst Leopold 1, der in der zweiten Hälfte der 1970er Jahre völlig neu ausgerüstet worden ist. Obere Bildecke rechts: Stadtteil Hervest-Dorsten mit der Siedlung Fürst Leopold.

duktion auf über eine Million Tonnen (2230 Beschäftigte). 1945 erlitt die Zeche schwere Kriegsschäden und kam teilweise unter Wasser. In diesem Jahr sank die Förderung auf ca. 280000 Tonnen ab (1800 Beschäftigte). Förderung 1950: 1,06 Millionen Tonnen (3435 Beschäftigte). Die höchste Förderung ist 1956, mit 1,5 Millionen Tonnen erbracht worden (4475 Beschäftigte).

Schon in den 1950er Jahren war geplant, in den Feldern Wulfen des früheren Mülheimer Bergwerks-Vereins eine neue Schachtanlage zu bauen, die auf eine Förderung von 12000 Tonnen täglich ausgerichtet werden sollte. Die Schächte Wulfen 1 und 2 wurden 1963 fertiggestellt. Da die Deckgebirgsschichten bis zu einer Teufe von etwa 250 m sehr locker und stark wasserführend sind, mußten die Schächte bis zu dieser Teufe im Gefrierverfahren niedergebracht werden. Für den Gefrierschachtteil wurde ein doppelter Stahlausbau aus verschweißten Stahlblechen mit Zwischenbeton und Asphalthinterfüllung eingebracht. Dieser nicht mit dem Gebirge verbundene Ausbau ermöglicht den Kohlenabbau im schachtnahen Bereich unter wasserführendem Deckgebirge. Unterhalb der Gefrierschachtabschnitte sind die Schächte in Mauerwerk ausgebaut. Der Kohlenvorrat des Baufeldes Fürst Leopold beläuft sich auf etwa 30 Millionen Tonnen, der des Baufeldes Wulfen auf etwa 60 Millionen Tonnen.

Das Grubenfeld Fürst Leopold ist durch die Schächte Fürst Leopold 1 und 2 sowie Baldur 1 aufgeschlossen. Fürst Leopold 1 ist Hauptförderschacht. Im Grubenfeld Wulfen stehen die Schächte Wulfen 1 und 2 (Material- und Seilfahrtschacht, Gestellförderung). Über Wulfen 1 ist 1988 ein neues Fördergerüst (Stahlkastenstreben) errichtet worden (47 m hoch, 478 Tonnen schwer). 1989 ging die moderne Großkorbförderanlage in Betrieb. Der Förderkorb ist 6,4 m lang, 2,7 m breit und 13,4 m hoch; er kann 120 Personen oder 20 Tonnen Material aufnehmen. Die Fahrgeschwindigkeit beträgt 12 m pro Sekunde. Mit den Umbauarbeiten war 1986 begonnen worden.

Fürst Leopold 1 hatte eine Kapazität von 20000 Tonnen Rohkohle pro Tag. Der Schacht wurde 1976 von den vorhandenen zwei Gestellförderungen auf eine Skipförderung von 30 Tonnen Nutzlast umgerüstet. Dazu war es notwendig, den Schacht mit einem neuen Fördergerüst zu versehen. Da der Ausbau der vorhandenen hölzernen und der Einbau stählerner Einstriche und Spurlatten mit längerer Stilllegung des Schachtes verbunden gewesen wäre, wurden die Gefäße mit Seilführung ausgestattet (ein Vorhaben, das in dieser Größenordnung im Ruhrgebiet einmalig ist). Die Umbauzeit betrug nur sieben Wochen. Das alte Schachtgerüst war vorher mit dem neuen überbaut worden.

Der Transport der Rohkohle in der untertägigen Verbindungsstrecke zwischen Fürst Leopold und Wulfen erfolgte auf einer Großbandanlage, bestehend aus einem söhligen Band von 4700 m Länge sowie aus einem Bergband von 1200 m, Bandbreite 1,20 m. Eine Planungsvariante mit einem Pendelzug war wegen der schwierigen geologischen Verhältnisse undurchführbar [freundliche Mitteilung v. Siegfried Frigge, Dorsten, v. 2.9.1997, u.a. 1962-1987 Leiter d. Maschinenbetriebs des Bergwerks].

Seit 1981 wird die gesamte Förderung des Bergwerks (8000 Tonnen täglich) in Schacht Fürst Leopold 1 gehoben und dort verarbeitet. 1997 förderten 2940 Beschäftigte 2,4 Millionen Tonnen. Im folgenden Jahr ging das Bergwerk mit Westerholt zusammen im Bergwerk Lippe auf. S. Schachtanlage Baldur und Bergwerk Lippe WO 41/47.

⚒ *Siedlung Fürst Leopold (Dorsten-Hervest): Gleich südlich an das Bergwerk Fürst Leopold angrenzend steht eine der schönsten Gartenstadtkolonien des Ruhrgebiets. Als 1910 die Abteufarbeit begann, mangelte es auch im ländlichen Dorsten an Arbeitskräften. Mit einer besonders schönen Zechensiedlung sollten diese angeworben werden. Die Bergwerkseigentümer schrieben sogar einen Architektenwettbewerb aus, was in dieser Zeit für eine solche Bauaufgabe ungewöhnlich war. 1912 begann die Bauarbeit und 1920 waren 720 Wohnungen fertig. Die Baudichte ist gering, öffentliche Plätze und Hausgärten sind groß. Um einen Marktplatz mit Laubengängen gab es Geschäfte; ein Torhaus mit Uhr setzt hier einen markanten Akzent. 1984 erfolgte eine Sanierung der Siedlung unter Wahrung ihres ursprünglichen Erscheinungsbilds.* ⚒

Dorsten-Holsterhausen: Sachsensiedlung 120 172

1914 im Stadtteil Holsterhausen errichtete Bergarbeitersiedlung, die in den 1980er Jahren renoviert worden ist, um die Häuser den modernen Wohnansprüchen anzupassen. Dabei ist besonderer Wert darauf gelegt worden, den ursprünglichen Charakter der Bergarbeitersiedlung zu erhalten. Die RAG Immobilien AG verfügt über etwa zweihundert historische Bergarbeitersiedlungen, die über das ganze Ruhrgebiet verstreut sind.

Dorsten: Die 1914 erbaute Sachsensiedlung im Stadtteil Holsterhausen gilt (insbesondere nach ihrer Renovierung in den 1980er Jahren) als ein Musterbeispiel vorbildlicher Bergarbeiterwohnungen.

DORTMUND DO

Zeche Brautkammer

Dieses älteste namentlich bekannte Dortmunder Bergwerk wurde urkundlich erstmals 1647 erwähnt. Die Stollenmundlöcher lagen auf der Nordseite des Emschertales (Stadtmitte). 1726 /29 zahlte nach den Urkunden ein Wilhelm Schmieding dem Lütticher Kohlenmeister Lambert erhebliche Summen für die Durchführung bergmännischer Arbeiten (offenbar zur Wiederinbetriebnahme der Zeche), nachdem wahrscheinlich die oberste Kohle verhauen war und man tiefer gehen mußte. Es begann der Abbau mittels Stollenschächten. Der östliche Teil hieß Alte Brautkammer (Stollenmundloch direkt an der Emscher), der westliche (vermutlich ab zweite Hälfte des 18. Jahrhunderts in Betrieb) Neue Brautkammer; er hatte mindestens drei Stollen. 1757 ist ein Gewerkenvertrag zum gemeinsamen Abbau der Brautkammer-Vorkommen geschlossen worden. Ab 1770 lag der Betrieb weitgehend still. Die Aufwältigung der Stollen und die Wiederinbetriebnahme erfolgte 1786, und 1803 war die Zeche die größte im Dortmunder Stadtgebiet. 1806 erwarb die Gewerkschaft Alte Brautkammer die stilliegende Zeche Sümpfgen. 1813 wurde eine Dampfmaschine (Wasserhaltung) aufgestellt, und 1814 begann das Abteufen eines Versuchsschachtes durch die fast 15 m mächtige Mergelschicht bis ins Kohlengebirge. 1815 kam es zur Konsolidation mit der Zeche Friedrich Wilhelm. S. Zeche Tremonia.

WO 111

Zeche Kaiserstuhl

1873 beschloß die Actien-Gesellschaft Ver. Westphalia den Bau des Schachtes Kaiserstuhl 1. Er nahm 1877 die Förderung auf. Mit dem Abteufen des Schachtes 2 ist 1891 begonnen worden. Der Schacht erhielt eine Zwillingsfördermaschine, deren Leistungsfähigkeit doppelt so groß war wie die der Schachtanlage 1. 1894 wurde die Förderung aufgenommen. Am 19. August 1893 hat sich auf Schacht 1 eine schwere Schlagwetterexplosion ereignet, bei der 6[illegible] Todesopfer zu beklagen waren. Mit dem Abteufen eines Wetterschachtes ist 189[illegible] begonnen worden, der auch einen Teil der Förderung übernehmen sollte. Dieser Schacht ging 1898 in Betrieb. 1899 wurde auf der Anlage 1 ein neuer Schacht niedergebracht, so daß Kaiserstuhl 1 ebenso wie Kaiserstuhl 2 über zwei fördernde Schächte verfügte.

Die Förderung erreichte 1913 rund 1,[illegible] Millionen Tonnen. 1920 begann das Teu fen des Schachtes 3 auf Kaiserstuhl 2; in diesem Jahr ereignete sich ein schweres Seilfahrtunglück, das 30 Todesopfer forderte. Der Schacht 3 (Kaiserstuhl 2) kam 1924 als Zentralförderschacht in Betrieb. Förderung 1925: 1,27 Millionen Tonnen. 1934 waren sowohl auf Kaiserstuhl 1 wie auf der Anlage 2 je drei Schächte in Betrieb. Die höchste Förderung ist 1940 mit 1,69 Millionen Tonnen erbracht worden. 1944 mußte der gesamte Betrieb auf der Zeche wegen Bombenschäden eingestellt werden; die Wiederinbetriebnahme erfolgte im Sommer 1945. Gleichzeitig kam es zur Umbenennung von Kaiserstuhl 1 in *West* und Kaiserstuhl 2 in *Ost* (je drei Schächte). Die Gesamtförderung sank in diesem Jahr auf 228 000 Tonnen (3 885 Beschäftigte). Bereits in den fünfziger Jahren wurde aber die Förderung des Jahres 1938 wieder überschritten. Förderung 1950: 1,1 Millionen Tonnen. 1955 sind insgesamt 1,52 Millionen Tonnen Kohle gefördert worden (6 664 Beschäftigte). In den folgenden Jahren ging die Förderung laufend zurück. Im letzten Jahr vor der Stillegung betrug sie rund 931 000 Tonnen (2 640 Beschäftigte). † 1966. S. Zeche Ver. Westphalia.

Zeche Am Schwaben
Die Zeche wird urkundlich erstmals 1782 erwähnt; in diesem Jahr sei sie „durch Bürgermeister D. Küpfer & Consorten" in Besitz genommen worden. 1803 heißt es in einer Urkunde: „Das Feld Schwaben scheint am wenigsten verritzt zu sein", gleichzeitig wird mitgeteilt, daß „einige ganz alte Schächte und auch ein Stollen, der aber nicht fortgesetzt und bis ins Flöz gebracht, sondern nur zehn Lachter (etwa 21 m) zu Felde getrieben worden war" vorhanden gewesen sind. Erst um 1842 begann das Teufen des Schachtes Wilhelm (westlich Märkische Straße und nördlich der Eisenbahnlinie Westfalenstadion / Hörde). 1855 wurde eine Dampfmaschine (Wasserhaltung) eingebaut. Die Kohlenförderung betrug in diesem Jahr (124 Beschäftigte) rund 12 000 Tonnen.

Die höchste Förderung wurde 1868 erreicht (knapp 102 000 Tonnen). 1869 wurde der Betrieb eingestellt und die Berechtsame durch die Gewerkschaft Hohenzollern erworben; die Zeche ist später Hohenzollern genannt worden. † 1873. Die Berechtsame ging 1905 an die Gewerkschaft Freie Vogel & Unverhofft. S. Zeche Freie Vogel & Unverhofft.

Zeche Tremonia 173
In diesem Grubenfeld haben ursprünglich zwei selbständige Schachtanlagen gebaut, die Zeche Friedrich Wilhelm und die Zeche Tremonia (lat. Dortmund). Nach alten Urkunden bestand im Bereich von Friedrich Wilhelm schon lange vor 1815 Stollenbau vom Tal der Emscher her. Kurz nach 1815 ging man auch zu bescheidenem Tiefbau über, und nacheinander wurden die Schächte *Ambusch*, *Friedrich*, *Theodor*,

Dortmund: Zeche Tremonia. Im Grubenfeld dieser Zeche wurde schon Jahrzehnte vor 1800 Stollenbau betrieben. 1941 Verpachtung an die Versuchsgrubengesellschaft mbH.

Veltheim und *August* angelegt. Der eigentliche Tiefbau im modernen Sinne begann erst durch das 1869 erfolgte Abteufen des Schachtes *Wilhelm*. Bis 1893 war das Bergwerk von der Gewerkschaft Friedrich Wilhelm geführt worden; sie geriet 1892 in Konkurs. 1894 wurde die Zeche versteigert und kam in den Besitz des Dortmunder Bankhauses Wiskot & Co. Durch das Bankhaus ist 1896 die Gewerkschaft Vorwärts für den Betrieb des Bergwerks gegründet worden. Diese Gewerkschaft ging 1903 (nach dem Zusammenbruch des Schachtes Wilhelm) ebenfalls in Konkurs. Das Bergwerk ging an die Aktiengesellschaft für Montanindustrie (Berlin) über, die im August 1903 den Zechenbetrieb endgültig einstellte.

1918 kaufte die Deutsch-Luxemburgische Bergwerks- und Hütten-AG die Gewerkschaft Vorwärts auf. Das Grubenfeld ist der Zeche Tremonia zugeteilt worden. Hier wurde schon Jahrzehnte vor 1800 Stollenbau betrieben, und zwar durch die Gewerkschaft Teichmühlenbaum. In der Zeit nach den Freiheitskriegen (1813/15) lag der Betrieb noch lange danieder. Er wurde erst 1856 durch die 1854 gegründete Bergbau-Aktien-Gesellschaft Tremonia, die die Kuxe der Gewerkschaft Teichmühlenbaum kaufte, wieder aufgenommen. Schacht 1 kam 1861 in Förderung. 1864 wurde die Bergbau-Aktiengesellschaft Tremonia aufgelöst, und 1865 ist die Gewerkschaft Tremonia gegründet worden. 1872 begann das Abteufen eines Wetterschachtes, der jedoch 1891 wieder verfüllt wurde, weil er zu Bruch zu gehen drohte. 1888 wurde mit dem Abteufen des Schachtes 2 begonnen, der 1891 in Förderung kam; Schacht 1 diente fortan als Wetterschacht. 1910 ist das Vermögen der Gewerkschaft Tremonia an die Deutsch-Luxemburgische Bergwerks- und Hütten-AG verkauft worden, die 1915 noch den schon 1895 von der Gewerkschaft Tremonia angepachteten südlichen Teil des nördlich angrenzenden Feldes Westphalia mit der Schachtanlage Westphalia 1/2 erwarb. 1915 verfügte die Zeche über drei Schächte; ein Wetterschacht kam 1926 hinzu. 1931 ist die Zeche stillgelegt worden.

1941 erfolgte die Verpachtung an die Versuchsgrubengesellschaft mbH, die 1927 gegründet worden war. Aufgabe des Unternehmens war es, zur Erforschung und Bekämpfung der Unfallgefahren und Berufskrankheiten im Bergbau auf wissenschaftlicher Grundlage Untersuchungen und praktische Versuche auf der von ihm betriebenen Steinkohlengrube oder auf anderen Gruben vorzunehmen. Die Versuchsgrube Tremonia hatte zwei Schächte, drei Sohlen und rund 6 km Strecken. Für die Durchführung von wissenschaftlichen Untersuchungen und praktischen Erprobungen waren Prüfstände und Versuchsbetriebe über und unter Tage vorhanden. Von der Bergbau-Versuchsstrecke der Westfälischen Berggewerkschaftskasse (Dortmund-Derne) wurden auf der zweiten Sohle Lehrbetriebe zum Sprengunterricht für Sprengsteiger sowie für Studenten der Fachhochschule Bergbau und für Bergfachschüler eingerichtet. 1986 ging eine neue, 250 m lange Strecke für Explosionsversuche in Betrieb. † 1996 legte man die Versuchsgrube still; im Jahr darauf wurden die Schächte verfüllt und das Fördergerüst abgerissen. S. Zeche Hibernia (Gelsenkirchen).

Zeche Ver. Westphalia
Die Actien-Gesellschaft Ver. Westphalia wurde 1858 gegründet. Ihre Gründer hatten 1853 die bergamtliche Genehmigung eingeholt, in den Mutungsfeldern Kaiserstuhl I, II und III zwei Schächte niederzubringen. Nachdem 1856 mit dem Abteufen der Schächte Westphalia 1 und 2 begonnen worden war, folgte (1858) die offizielle Gründung der Gesellschaft, die über einen Felderbesitz von etwa 17 Millionen m^2 verfügte. Beide Schächte kamen 1864 in Förderung. Da die Schachtanlage gute Fettkohle förderte, errichtete die Gesellschaft bereits 1867 eine Kokerei (16 Öfen); diese Kokerei wurde 1876 abgerissen und durch eine neue Batterie von 18 Öfen ersetzt; 1878 sind weitere zwölf Öfen gebaut worden. Die Kohlenförderung der Zeche, die 1876 (Belegschaft 860 Mann) rund 150 000 Tonnen betragen hatte, stieg bis 1879 auf rund 200 000 Tonnen an. 1885 wurde die Kokerei stillgelegt, weil in der Nähe der Zeche Kaiserstuhl auf einem von Westphalia zur Verfügung gestellten Grundstück eine neue Kokerei (62 Öfen) errichtet worden war. † 1894. S. Zeche Kaiserstuhl WO III und Versuchsgrube Tremonia.

Dortmund-Aplerbeck:
Zeche Ver. Bickefeld Tiefbau

Diese Zeche ist 1837 durch Konsolidation der Kleinzechen Bickefeld, Bickefeld & Verlohrne Holz, St. Martin, Himmelfahrt, Ver. Himmelfahrt und St. Moritz entstanden. Sie verfügte über einen Schacht (zunächst 52 m Teufe), der 1839 tiefergeteuft wurde und 1840 rund 110 m Teufe erreichte. 1842 sind die Anlagen modernisiert worden. 1845 wurde Schacht 2 abgeteuft, der 1849 in Förderung ging; Schacht 1 wurde Wetterschacht. 1860 belief sich die Förderung (310 Beschäftigte) auf rund 46 000 Tonnen. Das Abteufen des Schachtes Martin im Ostfeld der Zeche (Aplerbeck) begann 1867; er wurde auch Neu-Bickefeld genannt. 1868: Teufbeginn eines Wetterschachtes südlich von Schacht Martin. 1870 erfolgte die Stilllegung des westlichen Grubenfeldes in Hörde; die Schächte im Westfeld wurden 1873 aufgegeben und soffen ab. 1885 erreichte die Förderung rund 109 000 Tonnen (419 Beschäftigte). 1890 waren insgesamt drei Schächte in Betrieb (1 Förder- und 2 Wetterschächte). Die Kohlenförderung belief sich auf fast 116 000 Tonnen. 1893 erfolgte der Wiederaufschluß des Westfeldes; die Förderung erreichte 1895 rund 128 000 Tonnen. 1897 begann die Sümpfung des Schachtes 2 und der alten Grubenbaue im Westfeld, und 1903 konnte die Förderung wieder aufgenommen werden. In diesem Jahr betrug sie 175 000 Tonnen (959 Beschäftigte). Liquidationsprobleme durch den teuren und unrentablen Wiederaufschluß des Westfeldes usw. zwangen Mitte 1904 zur Stilllegung des Bergwerks. Die meisten Tagesanlagen wurden abgerissen, die Schächte verfüllt. 1920 kam das Grubenfeld zur Zeche Admiral (s. dort).

⚒ *Das Stollenhaus Wittbräucker Straße 220 (Dortmund-Berghofen) ist durch den Kultusminister von Nordrhein-Westfalen, weil erhaltungswürdig, unter Denkmalschutz gestellt worden.* ⚒

Dortmund-Aplerbeck:
Zeche Ver. Schürbank & Charlottenburg

Diese Zeche ist in den 1840er Jahren des angelegt worden. Das Abteufen des Schachtes 1 begann 1840; 1844 kam der Schacht in Förderung. 1848 begann das Abteufen des Schachtes 2 (Bewetterung), und 1855 belief sich die Kohlenförderung auf über 40 000 Tonnen (364 Beschäftigte). Der großzügige Umbau der Anlage erfolgte 1870. Im folgenden Jahr ereignete sich eine Schlagwetterexplosion, die dreizehn Todesopfer forderte. 1875 belief sich die Förderung bereits auf über 100 000 Tonnen (Kohle und Erz). 1894 verfügte die Zeche über drei Schächte: Schacht 1 (Förderung und Wasserhaltung); ein Wetterschacht; der dritte Schacht war ungenutzt. Die Förderung belief sich 1900 auf rund 176 000 Tonnen (676 Beschäftigte). In diesem Jahr ist eine Brikettfabrik errichtet worden. 1902 begann das Abteufen eines neuen Wetterschachtes (2), der 1904 in Betrieb ging; der alte Wetterschacht und der ungenutzte Schacht wurden aufgegeben. Kohlenförderung 1913: 233 000 Tonnen (1 030 Beschäftigte). 1915 belief sich die Förderung auf 211 000 Tonnen. In diesem Jahr ist die Zeche von der Gewerkschaft Lothringen erworben worden. Die höchste Förderung ist 1922 mit 246 000 Tonnen Kohle erbracht worden (1 450 Beschäftigte). – Von 1887 bis 1899 hat die Zeche auch Eisenstein gefördert. † 1925. S. Zentralschachtanlage Lothringen WO 72.

Dortmund-Asseln:
Zeche Holstein

Mit der Aufschließung des Feldes Vereinigtes Hörder Kohlenwerk ist 1855 in der westlichen Feldeshälfte begonnen worden (s. Zeche Schleswig). In den 1870er Jahren wurde dann beschlossen, im östlichen Teil des Feldes die Schachtanlage Holstein abzuteufen. Mit dem Abteufen des Schachtes 1 ist 1874 begonnen worden. 1904 wurde die Zeche mit dem Niederbringen des Schachtes 2 (505 m Teufe) zu einer Doppelschachtanlage ausgebaut. Förderung 1927: 364 000 Tonnen Fettkohle. † 1928. Die Tagesanlagen wurden abgebrochen. S. Zechen Hörder Kohlenwerk und Schleswig.

Dortmund-Barop:
Zeche Louise Tiefbau

Ursprünglich förderte diese Zeche aus Stollen im Tal der Emscher südlich von Dortmund (Louise Erbstollen). In den 1850er Jahren wurden die Schächte Schulte und Clausthal angelegt. 1860 belief sich die Kohlenförderung auf rund 70 000 Tonnen (454 Beschfätigte). 1865 erfolgte der Bau einer Seilbahn von Schacht Clausthal zur Eisenbahn, und 1873 ist die Aktiengesellschaft Dortmunder Steinkohlenbergwerk Louise Tiefbau gegründet worden. Die Zeche baute in guten Fettkohlenflözen, errichtete schon früh eine Kokerei und entwickelte sich vorübergehend zu einem der bedeutendsten Kokserzeuger des Bezirks. 1895 belief sich die Kohlenförderung auf über 220 000 Tonnen (830 Beschäftigte). 1908 brach der Schacht Clausthal zusammen, und der Betrieb kam zum Erliegen; der Schacht wurde verfüllt. 1909 ist der Schacht Schulte ausgemauert und der Zeche Wiendahlsbank als Wetterschacht zugeteilt worden. † um 1910. Sämtliche Tagesanlagen wurden abgebrochen. S. Zechen Ver. Wittwe & Barop sowie Ver. Wiendahlsbank (Witten-Annen).

Dortmund-Barop:
Zeche Ver. Wittwe & Barop

Die Zeche Wittwe (auch: Witwe) war schon 1750 in Betrieb gekommen, und um 1831 bestand noch ein Stollenbetrieb gleichen Namens am Hombrucher Bach. 1836 wurde das Feld Junge Wittwe verliehen, und 1846/47 folgte die Verleihung von Wittwe I und II sowie Barop I bis III. 1855 begann das Teufen des Schachtes Wittwe, und 1857 ist das Feld Barop IV verliehen worden. Die Konsolidation zu Ver. Wittwe & Barop erfolgte 1859. Die Förderung aus Schacht Wittwe begann 1861; sie belief sich 1864 auf ca. 46 000 Tonnen (247 Beschäftigte) und 1870 bereits auf über 82 000 Tonnen (370 Beschäftigte). 1872 ereignete sich eine Schlagwetterexplosion, die sechs Todesopfer forderte. 1873 ist das Bergwerk durch Louise Tiefbau erworben worden, blieb jedoch weiterhin selbständig in Förderung. Die höchste Förderung ist 1874 mit über 124 000 Tonnen erbracht worden (704 Beschäftigte). † 1877. Das Baufeld kam zu Louise Tiefbau; der Schacht blieb weiter in Betrieb. 1885 wurde er aufgegeben und verfüllt. S. Zeche Louise Tiefbau.

Dortmund-Bodelschwingh:
WO 104 35 174
Zeche Westhausen

Die fünf Einzelfelder Westhausen I bis V sind von der Bohrgesellschaft Westhausen (der Muterin dieser Felder) wahrscheinlich 1871 an das Handlungshaus Funcke & Elbers in Wehringhausen bei Hagen verkauft worden. Die neuen Eigentümer vereinigten die Felder am 9. November 1871 zu einem Feld und bildeten dafür die Gewerkschaft Westhausen. Mit der Errichtung der Schachtanlage ist 1872 begonnen worden. Die Förderung wurde bereits 1873 aufgenommen. Bis 1876 lag sie immer unter 10 000 Tonnen; erst von 1877 an, als ein Eisenbahnanschluß angelegt worden war, stieg die Förderung stärker. 1892 belief sie sich auf 115 000 Tonnen und stieg dann nicht mehr wesentlich. In diesem Jahr

Dortmund-Bodelschwingh: Zeche Westhausen. *Malakoff von 1872 über Schacht 1, der als erhaltungswürdig unter Denkmalschutz steht.*

konnte Schacht 2, mit dessen Abteufen 1889 begonnen wurde, mit der zweiten Sohle zum Durchschlag gebracht werden (Teufe 592 m).

Die Lage der Gewerkschaft war stets schlecht. 1897 hatte der Vorstand von den Gewerken schon rund 3,5 Millionen Mark Zubuße eingezogen. Weitere Zubußen drohten. 1898 förderte die Zeche mit 615 Mann Belegschaft rund 198000 Tonnen Kohle. Kohlenförderung 1900: 244000 Tonnen (834 Beschäftigte). Das Teufen des Wetterschachtes 3 begann 1908; er stieß 1909 bei 208 m auf das Karbon und kam 1911 in Betrieb. Förderung 1913: 409000 Tonnen (1380 Beschäftigte). Förderung 1930: 611000 Tonnen (1973 Beschäftigte). Die höchste Förderung wurde 1939 mit 998000 Tonnen erbracht (2373 Beschäftigte). 1940 verfügte das Bergwerk über drei Schächte; die größte Teufe betrug 598 m. Der Wetterschacht hatte einen Querschnitt von 14 m² und war bis zur Wettersohle 413 m tief. Die Förderung belief sich 1940 auf rund 953000 Tonnen (2469 Beschäftigte); sie sank 1945 auf 247000 Tonnen ab (1968 Beschäftigte). 1949 begann das Abteufen eines Gemeinschaftswetterschachtes im Ostfeld für die Zechen Hansa, Adolf von Hansemann und Fürst Hardenberg. Förderung 1950: 560000 Tonnen Fettkohle. Teufe der Hauptfördersohle: 592 m, Teufen der Wettersohlen: 411 und 262 m. Schacht 1: Wetterschacht mit Gestellförderung und Dampffördermaschine (Koepe); Schacht 2: Wetterschacht mit Schachtbefahrungseinrichtung, elektrischer Trommelfördermaschine; Schacht 3: Förderschacht mit zwei Gestellförderungen und zwei Dampffördermaschinen (Koepe). 1955 erfolgte die Zusammenlegung mit der Schachtanlage Hansa, die zu einer Zentralförderanlage mit einer Förderleistung von rund siebentausend Tonnen täglich entwickelt wurde. Westhausen ist als Förderanlage stillgelegt worden. – Über Schacht 1 war 1872 ein Malakoffturm errichtet worden (Höhe 27 m). Architektonisch bemerkenswert waren die Verwaltungsgebäude, Lohnhalle und Waschkaue von 1910 (basilikale Bauten mit Details in Wetzstein und Backstein).

⚒ *Bodelschwingher Straße / Wenemarstraße: Malakoffturm (1873) und Lohnhalle (1905/06) der Zeche Westhausen wurden 1990 in die Denkmalliste eingetragen. Erhalten ist auch das Maschinenhaus am Schacht 3, in dem noch die dampfbetriebene Fördermaschine von 1926 steht. Hier richtete der Geschichtsarbeitskreis Weterfilde/Bodelschwingh ein kleines Bergbaumuseum ein.* ⚒

Dortmund-Bövinghausen: Zeche Zollern 2/4 111-119 121 176

1883 stieß man beim Abteufen eines neuen Wetterschachtes für die Schachtanlage Zollern 1/3 auf bauwürdige Fettkohlevorkommen. Es wurde daher beschlossen, die Schachtanlage Zollern 2/4 abzuteufen, die 1903 in Förderung kam. Förderung 1950: 600000 Tonnen. † 1955 (weitere Angaben s. Dortmund-Kirchlinde, Zeche Zollern 1/3).

Diese Zeche war mit ihren weitläufig angeordneten Tagesanlagen und der zentralen Maschinenhalle das Musterbeispiel eines aufwendig und technisch vorbildlich gestalteten Bergwerks der damaligen Zeit. Am Ende einer baumbestandenen Zufahrt öffnete sich zwischen zwei Torhäusern der repräsentative Zechenhof, der wie eine echte Cour d'Honneur (Ehrenhof) wirkt. Er wird an drei Seiten von Bauwerken im Stil norddeutscher Backsteingotik umschlossen. An der linken nördlichen Front ein langgestreckter, mit zwei Treppengiebeln verzierter Bau: die Werkstätten. Nach Osten schließt sich ein Stall- und Remisengebäude mit Walmdächern an. Das Gebäude der Südseite dieses „Ehrenhofes" war besonders prächtig gestaltet: In der Mitte die Lohnhalle (mit den charakteristischen Zwiebeltürmen), links die Waschkaue, rechts das Magazin – alles in einem Gebäudekörper. Über einer vorgelagerten Eingangshalle mit gotischem Hauptportal befindet sich ein riesiges fünfbahniges Fassadenfenster. Die oben angrenzende Fläche ist mit einem diagonal strukturierten Ziegelmosaik ausgefüllt. Den Abschluß bildet ein zinnenbekrönter Treppengiebel. Das Verwaltungsgebäude hat eine bis in den Giebel hineinragende Eingangshalle mit ornamentaler Jugendstilmalerei und eine raumbeherrschende Freitreppe. Baumeister all dieser Gebäude: Architekt Paul Knobbe (Gelsenkirchen).

Die Maschinenhalle (1902/03 errichtet) entstand nach einem Entwurf des Berliner Architekten Bruno Möhring. Die fast hundert Meter lange Halle in Stahlskelettbauweise zeigt außen und innen die tragenden Konstruktionsteile; Jugendstilelemente bei der Gestaltung vieler Details, der Stahlbänder, Fenster und vor allem des verglasten Haupteingangs. In dieser Halle steht die erste elektrische Fördermaschine der Welt.

Wesentliche Teile der Bergwerksanlage wurden nach der Stillegung (1955) abgerissen, darunter auch die beiden Fördergerüste, die früher der Silhouette dieser Musterzeche wichtige Akzente gaben. Das Westfälische Industriemuseum, zu dem Zollern 2/4 heute gehört, sicherte ähnliche Gerüste der stillgelegten Zechen Friedrich der Große (Herne) und Wilhelmine Victoria (Gelsenkirchen) und komplettierte damit die alte Schachtanlage.

Die Bedeutung der ehemaligen Zechenanlage liegt in dem Faktum, daß trotz der Reduzierung von 43 auf 17 Gebäude eine gegenwärtig noch sichtbare Dokumentation des architektonischen Stilwandels vom Historismus des späten neunzehnten Jahrhunderts zum Konstruktivismus mit Jugendstil des beginnenden zwanzigsten Jahrhunderts auf uns gekommen ist. S. Zechen Zollern 1/3, Wilhelmine Victoria WO 49 und Friedrich der Große WO 95.

⚒ *Die Tagesbauten stehen seit 1990 unter Denkmalschutz.*

Kolonie Landwehr. Paul Knobbe, der die Tagesbauten der Zeche Zollern 2/4 (außer Maschinenhalle) plante, lieferte auch für die nahe am Zechengelände gebaute Kolonie Landwehr die Entwürfe. Zuerst wurden einige „Beamtenhäuser" gebaut, in den Jahren 1903/04 dann die Arbeitersiedlung. Ihre ganze Anlage ebenso wie Giebel, Dächer, Fenster und Eingänge der Häuser lassen Sorgfalt und Einfallsreichtum des Architekten erkennen. Besonders fällt dies auf, wenn man die 1907 gebaute Erweiterung der Kolonie vergleicht. Hier wurden gleichförmige Mehrfamilienhäuser aufgereiht, um für die stark gewachsene Zechenbelegschaft Wohnraum zu schaffen. Diese hatte sich von 1903 bis 1907 um immerhin 650 Personen vergrößert. Die Gelsenkirchener Bergwerks AG (GBAG), Eigentümerin der Zeche Zollern, legte fest, daß in ihren Werkswohnungen nur „wirkliche Arbeiter, vorzugsweise Hauer" wohnen sollten. Invaliden und Witwen durften nur dann wohnen bleiben, wenn erwachsene Söhne als Hauer auf einer GBAG-Zeche arbeiteten. ⚒

Dortmund-Brackel: Zeche Schleswig

1839 war die Hermannshütte in Hörde bei Dortmund als Puddel- und Walzwerk gegründet worden. Sie kam 1841 in Betrieb. Diese Hütte wurde die Keimzelle des späteren Hörder Bergwerks- und Hüttenvereins. Der Hörder Verein erwarb bei Brackel und Asseln eine Anzahl von Grubenfeldern (Vereinigtes Hörder Kohlenwerk). In diesen Feldern begann man mit der Errichtung der Zeche Schleswig, die durch eine Schmalspurbahn mit der Hermannshütte verbunden wurde. Das Abteufen der Schächte 1 und 2 begann 1855. Die Förderung wurde 1859 aufgenommen. Der hohe Aschengehalt und die geringe Backfähigkeit machten die Kohle für die Verkokung ungeeignet. Um die Kohlenqualität zu verbessern, ist 1864 eine Wäsche gebaut worden. Die Kokerei, die 1873 in Betrieb kam, wurde 1874 wieder stillgelegt, weil der aus der geförderten Kohle hergestellte Koks zu schlecht war. Die Kokerei ist von 1880 bis 1886 noch einmal in Betrieb gewesen (Verwendung fremder Kokskohle), wurde dann aber endgültig stillgelegt. Als Zumischkohle in den Koksöfen des Hochofenwerks der Hörder Hütte bewährte sich die Kohle der Zeche jedoch gut. Förderung 1924: 197000 Tonnen Fettkohle. † 1925. Die Tagesanlagen wurden abgebrochen. S. Zechen Hörder Kohlenwerk und Holstein.

⚒ *Die salzhaltigen Grubenwasser des Bergwerks wurden von 1860 bis zur Stillegung in einer kleinen Badeanstalt therapeutisch genutzt. Diese erinnert heute noch, inzwischen zum Wohnhaus umgebaut, an die Zeche Schleswig. Auch die Markenkontrolle besteht noch.*

Dortmund-Bövinghausen: *Blick in die Maschinenhalle der* **Zeche Zollern** *2/4. Rechts die elektrische Fördermaschine.*

Bergbaubeamtensiedlung Neuasseln. Fritz Schupp, sonst für seine Industriebauten berühmt, lieferte die Pläne für eine Angestelltensiedlung der Zeche Schleswig. 1922 konnten die „Beamten" der Phoenix Aktiengesellschaft für Bergbau und Hüttenbetrieb in die neuen Häuser einziehen. Eine leicht geschwungene Straße führt auf einen rechteckigen Platz, der den Mittelpunkt der Siedlung bildet. Die Bauten sind symmetrisch angeordnet und durch Mauern und Wirtschaftsgebäude zu einer Einheit zusammengefaßt. Gliederungselemente in den Fassaden sind Ziegelflächen und -bänder und die Sprossenfenster, die bei der jüngsten Sanierung wiederhergestellt wurden. ⚒

Dortmund-Brackel/Asseln: Ver. Hörder Kohlenwerk

Die Zeche entstand 1859 durch Konsolidation der Bergwerke Schleswig und Holstein. 1862 belief sich die Kohlenförderung auf ca. 85 000 Tonnen (380 Beschäftigte). 1864 brannten die Tagesanlagen ab, wodurch eine Betriebseinstellung für zwei Wochen notwendig wurde. Mit 537 Beschäftigten sind 1865 rund 139 000 Tonnen Kohle gefördert worden. 1867 ereignete sich eine Schlagwetterexplosion, der sechs Bergleute zum Opfer fielen. 1870 hatte die Kohlenförderung rund 160 000 Tonnen erreicht (873 Beschäftigte). Das Abteufen des Schachtes 3 (Wasserhaltung) in Asseln begann 1872. Das Abteufen des Schachtes Holstein 1 (Ostfeld, 1,8 km östlich von Schacht Schleswig 1) begann 1874. Er erreichte 1876 bei 65 m Teufe das Steinkohlengebirge. 1880 belief sich die Kohlenförderung der Zeche auf rund 247 000 Tonnen (950 Beschäftigte). Der Eisensteinabbau des Bergwerks ist 1884 aufgenommen worden. Die höchste Erzförderung war 1887 mit 136 000 Tonnen zu verzeichnen. 1890 sind rund 283 000 Tonnen Kohle und ca. 63 000 Tonnen Erz gefördert worden (1 290 Beschäftigte). Schacht Holstein 1 erhielt 1892 ein eisernes Fördergerüst. 1895 brannte der hölzerne Förderturm Schleswig 1 ab; in diesem Jahr betrug die Kohlenförderung rund 337 000 Tonnen (Erzförderung ca. 38 000 Tonnen). 1897 wurde der Erzabbau eingestellt. Auf der Anlage Schleswig ist 1903 die Fahrdraht-Lokomotivförderung unter Tage eingerichtet worden. 1907 wurde eine Seilbahn für den Bergetransport von der Halde Schleswig zur Zeche Scharnhorst gebaut. Von 1910 bis 1912 hat die Zeche wieder Eisenstein gefördert, allerdings nur in geringem Umfang. Der Durchschlag zwischen Schleswig und Holstein erfolgte 1911. Kohlenförderung 1915: 508 000 Tonnen (1 620 Beschäftigte). Nach der Stillegung (1925 bzw. 1928) kam das westliche Grubenfeld an Freie Vogel & Unverhofft. S. Zechen Schleswig, Holstein, Freie Vogel & Unverhofft sowie Scharnhorst WO 103.

Dortmund-Brünninghausen: Zeche Glückauf Tiefbau

Die Zeche, die östlich an die Zeche Louise Erbstollen angrenzte, war ursprünglich ein Stollenbetrieb, der 1725 gegründet wurde. Der Erbstollen zählte zu den bedeutendsten des Ruhrgebiets und wurde mehr als 5 km weit nach Süden bis in das Ardeygebirge vorgetrieben; das Stollenmundloch lag am südlichen Emscherufer (350 m westlich der Ardeystraße). Die Erbstollengerechtigkeit ist 1769 verliehen worden. 1828 war diese Stollenzeche die größte im Raum Dortmund. Der Schacht Clemens ist schon 1830 in Betrieb gewesen (rund 40 m Teufe). 1836 sind rund 20 000 Tonnen Kohle gefördert worden.

Im folgenden Jahr wurde Schacht Clemens mit einer Dampfmaschine (Wasserhaltung) ausgerüstet. In den 1850er Jahren ging man zum Tiefbau über und legte die Schächte Giesbert, Gotthelf und Traugott an. Die ersten beiden Schächte dienten der Förderung, Traugott der Wasserhaltung. Die Kohlenförderung erreichte in dieser Zeit jährlich rund 25 000 Tonnen (etwa 180 Beschäftigte). 1860 hatte die Förderung ca. 78 000 Tonnen erreicht (384 Beschäftigte). Die in den 1860er Jahren erbaute Kokerei lieferte über Jahrzehnte einen ausgezeichneten Koks. 1870 belief sich die Förderung auf ca. 150 000 Tonnen (890 Beschäftigte). Die höchste Förderung ist 1874 mit über 324 000 Tonnen erbracht worden (1 430 Beschäftigte). 1891 erfolgte die Konsolidation zu Glückauf Tiefbau und die offizielle Umbenennung; das Bergwerk (Glückauf Erbstollen bzw. Glückauf & Erbstollen) war aber mindestens seit 1870 meist Glückauf Tiefbau genannt worden. 1910 kam die Zeche an die Deutsch-Luxemburgische Bergwerks- und Hütten-AG. Nach dem Weltkrieg 1914/18 waren die Anlagen so verschlissen, daß der Ausbau auf einen technisch neuen Stand erhebliche Mittel erfordert hätte, die nicht vorhanden waren. † 1924. Die Tagesanlagen mit Ausnahme der Kokerei wurden abgebrochen; die Kokerei blieb noch bis 1930 in Betrieb. 1943 wurde die Berechtsame durch das stillgelegte Feld der Zeche Glückaufsegen vergrößert. S. Zechen Glückaufsegen und Louise Tiefbau.

Dortmund-Brünninghausen/ Hacheney: Zeche Glückaufsegen

Im Feld dieser Zeche ist bereits 1756 Kohlenbergbau umgegangen; bis etwa 1786 ist gelegentlicher Betrieb verbürgt. Um 1830 kam es zum Stollenbau, und 1833 wurde Mutung eingelegt; es erfolgte das Teufen eines Schürfschachtes (etwa 18 m tief). 1837 wurde der Schacht *Ephorus* abgeteuft (nahe Haus Brünninghausen), und 1838 belief sich die Kohlenförderung auf ca. 14 000 Tonnen. 1840/41 ging man zum Tiefbau über; Schacht Ephorus wurde tiefergeteuft (ca. 70 m). 1850 ist der Bergwerksbesitz neu verliehen worden; die Förderung erreichte in diesem Jahr ca. 26 000 Tonnen (173 Beschäftigte). Bis 1857 stieg die Produktion auf etwa 42 000 Tonnen (318 Beschäftigte). 1908 kam es zur Gründung der Bergwerksgesellschaft mbH Glückaufsegen in Hacheney (bei Hörde). Sie umfaßte die Einzelgewerkschaften Glückaufsegen, Ver. Felicitas, Crone, Franz, Marianne; die Berechtsame betrug 6,2 km². Es bestanden die Schächte Glückaufsegen 1 und 2 (145 m Teufe) sowie Elisabeth und Christine (530 m Teufe). Die Gesellschaft erneuerte die betrieblichen Anlagen von Grund auf und faßte sie zusammen. Vor dem Ersten Weltkrieg wurden jährlich 300 000 Tonnen Kohle gefördert und 200 000 Tonnen Koks erzeugt. 1920 ist ein neuer Wetterschacht abgeteuft worden. Förderung 1925: 307 000 Tonnen (1 330 Beschäftigte). † 1926. Die Übertageanlagen wurden 1927/29 abgebrochen bzw. verkauft; die Schächte verfüllt. S. Zechen Crone und Ver. Felicitas.

⚒ *Das Maschinenhaus des Schachtes Glückaufsegen 3, Dortmund-Brünninghausen, Am Rombergpark 31, gilt als erhaltungswürdig und wurde unter Denkmalschutz gestellt.* ⚒

Dortmund-Derne: WO 113 **88 178f.**
Bergwerk Gneisenau (RAG)

Benannt nach dem preußischen Heerführer August Graf Neidhardt von Gneisenau (1760 - 1831), der den Sieg bei Waterloo über Napoleon I. (1815) entschied. Mit dem Abteufen des Schachtes 1 ist 1873 begonnen worden; die Förderaufnahme erfolgte 1886. Mit dem Abteufen des Schachtes 2 wurde 1883 begonnen; auch er kam 1886 in Förderung. Schacht 3 wurde 1901 abgeteuft und 1904 vollendet. 1910 belief sich die Förderung auf ca. 400 000 Tonnen (1 690 Beschäftigte), 1913 auf rund 576 000 Tonnen (2 233 Beschäftigte). Die Auffahrung eines Querschlages nach *Scharnhorst* begann 1927, und 1930 erfolgte der Zusammenschluß mit diesem Bergwerk. 1933 ist der Schacht 4 als Zentralförderschacht der Anlagen Gneisenau und Scharnhorst in Betrieb gekommen mit zwei doppelten vieretagigen Gestellförderungen. 1935 wurden über eine Million Tonnen Kohle gefördert (2 500 Beschäftigte). Die Übernahme des Grubenfeldes der stillgelegten Zeche *Kurl* erfolgte 1938. Es begann das Aufwältigen der Schächte Kurl 1 und 2 für die Wetterführung, Wasserhaltung usw.; Schacht Gneisenau 1 wurde stillgelegt. Die Schächte Kurl 1 und 2 gingen 1939 in Betrieb. Förderung 1940: 1,8 Millionen Tonnen (4 100 Beschäftigte). 1946 waren die Schächte Gneisenau 2, 3, 4, Scharnhorst 1 und 2 sowie Kurl 1 und 2 und der Wetterschacht Grevel in Betrieb. Förderung 1950: 1,46 Millionen Tonnen (5 330 Beschäftigte). 1960 hatte die Förderung fast 1,95 Millionen Tonnen erreicht (5 645 Beschäftigte), und 1961 begann das

Dortmund-Derne: Bergwerk Gneisenau. † 1985. Die Luftaufnahme von 1971 zeigt bildbeherrschend (links der Mitte) den Förderturm über Schacht 3; dieser Schacht wurde 1963 mit einer vollautomatischen Gefäßförderanlage ausgerüstet. Rechts daneben der Tomsonbock über Schacht 2 von 1885/86. Am rechten Bildrand das Doppelbockfördergerüst in Fachwerkbauweise über Schacht 4 (vgl. Abb. S. 88 u. 179).

Abteufen des Schachtes Kurl 3. 1963 wurde die Zeche *Victoria* angeschlossen (Verbundbergwerk Gneisenau).

Im selben Jahr ist Schacht 3 mit einer vollautomatischen Gefäßförderanlage ausgerüstet worden (Leistung 800 Tonnen pro Stunde). Nach dem Ausbau des Schachtes hatte das Bergwerk eine Förderkapazität von 15 000 Tonnen täglich. Die Kohlenvorräte beliefen sich auf 388 Millionen Tonnen. Das Bergwerk hatte zuletzt insgesamt 11 Schächte: Gneisenau 2 (Befahrungsanlage); Gneisenau 3 (Zentralförderschacht); Gneisenau 4 (Seilfahrt- und Materialschacht); Victoria 1 (Seilfahrt-, Material- und Bergeschacht); Victoria 2 (Wetterschacht, Befahrungsanlage); Victoria 3 (Wetterschacht, Befahrungsanlage); Victoria 4 (Seilfahrt- und Materialschacht); Grevel 1 (Wetterschacht, Befahrungsanlage); Kurl 1 (Befahrungsanlage); Kurl 3 (Seilfahrt und Materialschacht); Kurl 4 (Seilfahrt- und Wetterschacht). Teufe der Hauptfördersohlen: 860 und 1 120 m. Höchste erreichte Förderung (1979): 4,2 Millionen Tonnen. † 1985. Die Baufelder Victoria 1/2 und Kurl 3 wurden unter der Bezeichnung Baufeld Victoria / Kurl an das Bergwerk Haus Aden angebunden. S. Zechen Scharnhorst WO 103, Kurl und Victoria WO 117 sowie Bergwerk Haus Aden WO 118.

⚒ *Derner Straße: „Englischer Bock"-Fördergerüst über Schacht 2 und Doppelbock in Fachwerkbauweise über Schacht 4. Englische Böcke wurden ab 1864 in Großbritannien, Frankreich, Belgien und an der Saar gebaut. Der Name verweist übrigens nicht auf das Land der Entwicklung, sondern auf das der weitesten Verbreitung dieser Fördergerüste in der zweiten Hälfte des 19. Jahrhunderts. Der Entstehungsort ist völlig unbekannt. 1868 baute C. Erdmann eine Sonderform dieses Fördergerüstes. Sie unterschied sich vom englischen Bock im wesentlichen in der Art der Seilscheibenauflagerung. Auf Betreiben des Bergwerksdirektors E. Tomson fand dieses Gerüst besonders im Ruhrgebiet häufig Anwendung. Daher stammt die Bezeichnung Tomsonbock, die sich im deutschen Sprachgebrauch eingebürgert hat. Da sich der Tomsonbock in wirtschaftlicher Hinsicht dem englischen Bock und dem deutschen Strebengerüst jedoch unterlegen zeigte, ist er nach dem Ersten Weltkrieg nicht mehr gebaut worden. Bei dem Tomsonbock der Zeche Gneisenau handelt es sich um das letzte erhaltene Fördergerüst dieser Art und vermutlich*

Dortmund-Derne: Bergwerk Gneisenau. Der Schacht 4 trug ein Doppelbockfördergerüst in Fachwerkbauweise (unser Bild), das 1934 erbaut worden ist. Aus Platzgründen wurde eine Konstruktion gewählt, die es ermöglichte, Fördermaschinen nahe an das Gerüst zu stellen. Die das Ortsbild von Derne prägende Lage dieses Doppelbockes ist hervorzuheben.

auch um das älteste auf uns gekommene Fördergerüst überhaupt im Ruhrgebiet.

Der Doppelbock über Schacht 4 entstand 1934. Infolge Platzmangels wurde eine Konstruktion gewählt, die es ermöglichte, die Fördermaschinen nahe an das Gerüst zu stellen. Die Dampffördermaschinen sind erhalten. Die denkmalgeschützten Fördergerüste (Schächte 2 und 4), Maschinenhäuser und Maschinen befinden sich in der Obhut der Stiftung Industriedenkmalpflege und Geschichtskultur.

Rote Fuhr 70: Wetterschacht Grevel, mit Förderturm, Maschinenhalle und Verwaltung eine vollständige Anlage aus den späten 1920er Jahren, wie sie an der Ruhr kaum noch anzutreffen ist. Der Förderturm in Ziegelbauweise ist eher mit den bis zur letzten Jahrhundertwende gebauten Malakoffs vergleichbar als mit den um 1920 üblichen Fördertürmen. In der Maschinenhalle steht eine der letzten Fördermaschinen mit einer Bobine als Seilträger (Denkmalschutz seit 1990).

Dortmund-Derne: Bergwerk Gneisenau. Rechts im Bild das Doppelfördergerüst über Schacht 4. Aufnahme vor 1959.

Dortmund-Grevel: Luftschacht Rote Fuhr des Bergwerks Gneisenau. Mit Förderturm, Maschinenhalle und Verwaltungsgebäude eine Anlage aus den späten 1920er Jahren, wie sie im Ruhrgebiet sonst nicht mehr anzutreffen ist. Der Förderturm in Ziegelbauweise ist vergleichbar mit den bis zur Jahrhundertwende gebauten Malakofftürmen und weniger mit den in den 1920er Jahren bereits üblichen Fördertürmen. In der Maschinenhalle befindet sich eine der letzten Fördermaschinen mit einer Bobine als Seilträger.

Müsersiedlung. Die Arbeiterkolonie für die Beschäftigten des Bergwerks Gneisenau bekam ihren Namen nach Geheimrat Müser von der Harpener Bergbau AG und entstand in einem Zeitraum von fast 30 Jahren. Noch heute lassen sich hier gut die mit den Zeitumständen wechselnden Konzepte des Arbeiterwohnungsbaus erkennen. Während für den ersten Bauabschnitt (Fertigstellung 1910) die Gartenstadt das Vorbild gab, ist im folgenden Abschnitt, der im Ersten Weltkrieg entstand, die Bebauungsdichte größer, Wohnungen und Gärten sind kleiner, und die Häuser schlichter gestaltet. Auch der Müsersiedlung drohte die Einzelprivatisierung, konnte hier aber abgewendet werden. ⚒

Dortmund-Dorstfeld: Zeche Carlsglück

Die Verleihung erfolgte 1849; in diesem Jahr begann das Abteufen eines Schachtes, der 1851 das Steinkohlengebirge erreichte (bei 55 m Teufe). 1855 begann die Förderung. Mit 220 Beschäftigten sind in diesem Jahr rund 9000 Tonnen Kohle gefördert worden. 1857 begann das Teufen eines Wetterschachtes. Nach einem Grubenbrand 1861 wurde der Betrieb eingestellt; die Grube soff ab. 1862 erfolgte die Konsolidation zu Ver. Carlsglück. S. Zeche Ver. Carlsglück.

Dortmund-Dorstfeld: Zeche Ver. Carlsglück

1862 begann das Sümpfen der Grube und die Wiederinbetriebnahme (s. Zeche Carlsglück); in diesem Jahr sind rund

25 000 Tonnen Kohle gefördert worden (340 Beschäftigte). Ab 1866 war ein ständiger Rückgang der Förderung zu verzeichnen, und 1869 erfolgte nur noch der Restabbau der vorgerichteten Kohlenvorräte. 1870 geriet das Bergwerk in Konkurs, wurde aber weiter betrieben.

Im folgenden Jahr traten erhebliche Gebirgsstörungen auf, und 1872 kam es zur Betriebsgemeinschaft mit der Zeche Planetenfeld. 1880 belief sich die Kohlenförderung auf rund 28 000 Tonnen (148 Beschäftigte), 1883 brannte die Wäsche ab. 1886 erfolgte die Konsolidation zu Ver. Carlsglück & Planetenfeld (bereits 1885 Durchschlag mit Planetenfeld). S. Zechen Planetenfeld und Ver. Carlsglück & Planetenfeld.

Dortmund-Dorstfeld:
Zeche Ver. Carlsglück & Planetenfeld

Die Zeche war 1886 aus der Konsolidation der Bergwerke Ver. Carlsglück und Planetenfeld hervorgegangen, nachdem bereits seit 1872 Betriebsgemeinschaft bestanden hatte. Der Schacht Carlsglück war 470 m tief; Schacht Adolph (Teufe 147 m) von Planetenfeld wurde 1886 Wetterschacht. Die Zeche hat kurze Zeit hindurch auch Schwefelkies abgebaut. 1889 erfolgte die Übernahme durch die Zeche Dorstfeld. S. Zechen Carlsglück, Ver. Carlsglück, Planetenfeld und Dorstfeld WO 107.

Dortmund-Dorstfeld:
WO 107
Zeche Dorstfeld 180

Die Zeche entstand 1889 durch Konsolidation der Anlagen Carlsglück & Planetenfeld und Ver. Dorstfeld. Der Schacht 1, mit dessen Abteufen bereits 1849 begonnen worden war, kam 1850 in Förderung, und 1858 waren mit 450 Beschäftigten ca. 53 000 Tonnen Kohle gefördert worden. 1891 wurde der (gebrochene) Wetterschacht 2 abgeteuft, der aber nur kurze Zeit in Betrieb war. 1896 ist Schacht Adolph (s. Planetenfeld) verfüllt worden, und im folgenden Jahr begann das Teufen eines neuen (seigeren) Wetterschachtes 2. Das Teufen des Schachtes 3 begann 1902 (neben Schacht 2). 1909 ging Schacht 2 zu Bruch, wurde verfüllt und neu abgeteuft; gleichzeitig begann das Teufen des Schachtes 4 (neben Schacht 1). Dieser Schacht kam 1911 in Betrieb. 1913 belief sich die Förderung auf 860 000 Tonnen Fett-, Gas- und Eßkohle. Seit 1911 wurde auf Schacht 1 eine Kokerei betrieben, die an die Gemeinde Dorstfeld Gas lieferte. Außer der Steinkohlenberechtsame verfügte die Zeche auch über auf Eisenerz und Schwefelerz verliehene Felder. Das Schwefelerz wurde als Nebenprodukt der Kohlenwäsche auf der Schachtanlage 2/3 gewonnen. 1920 ist der Schacht 5 (Förderung und Seilfahrt) und wenige Jahre später der Schacht 6 (Wetterführung) abgeteuft worden. Auf der Schachtanlage 2/3 bestand seit Anfang der 1920er Jahre eine Kokerei, die 1928 rund 290 000 Tonnen Koks erzeugte. Kohlenförderung 1928: 1,1 Millionen Tonnen. In diesem Jahr ging der Schacht 6 (Bewetterung), mit dessen Abteufen 1926 begonnen worden war, in Betrieb. 1930 erreichte die Zeche eine Kohlenförderung von 1,2 Millionen Tonnen, und 1935 war die Produktion auf knapp 909 000 Tonnen zurückgegangen. Ihre höchste Förderung hat die Zeche 1939 mit 1,33 Millionen Tonnen erbracht. Förderung 1950: 840 000 Tonnen; Kokserzeugung: 420 000 Tonnen. Im Verlauf der folgenden Jahre ging die Produktion laufend zurück. Die drei Doppelschachtanlagen (1/4, 2/3 und 5/6) waren auf der siebten Sohle (823 m) untereinander verbunden. Förderung 1958: 800 000 Tonnen. Die Gesamtförderung ist Anfang der sechziger Jahre auf der Anlage 2/3 zusammengefaßt worden. † 1964. Die Tagesanlagen wurden weitgehend abgerissen, die Schächte verfüllt. S. Zechen Carlsglück, Ver. Carlsglück und Ver. Carlsglück & Planetenfeld.

⚒ *Zwei Kohleneindicker; Eintragung in die Denkmalliste 1988.*

Siedlung Oberdorstfeld: Auch für die Arbeiter und Angestellten auf Dorstfeld wurde eine Siedlung gebaut; zwischen 1913 und 1919. Der Architekt Oskar Schwer orientierte sich an Vorstellungen des Städtebautheoretikers Karl Henrici, der ortsfremde Motive und historische Formen ebenso ablehnte wie einförmige Schemata und stattdessen ein vielgestaltiges, „überraschendes" Bauen forderte. Mit wechselnden Firstrichtungen, Straßenerweiterungen, Plätzen und Sichtbezügen setzte Schwer diese Forderung in Dortmund-Dorstfeld sichtbar um. Stellenweise löste er die enge Entsprechung von Straßen- und Bauflucht auf und schuf so Spannungsbeziehungen. In den 1920er Jahren wurde die Siedlung erweitert. Zunächst war dabei noch die Gartenstadtidee leitend, die 1927 errichteten Häuser zeigen dann einen anderen Stil: zweigeschossig, zu Reihen und Blöcken zusammengefaßt, mit sparsamem Ziegelsteinschmuck, der Anklänge an die expressionistische Architektur der Zeit zeigt. ⚒

Dortmund-Dorstfeld: Zeche Dorstfeld, Schachtanlage 5/6. Aufnahme vor 1959.

Dortmund-Dorstfeld/Oespel:
Zeche Planetenfeld

Das Bergwerk ist 1848 verliehen worden. Der Schacht Adolph (etwa 70 m Teufe) ging 1873 in Betrieb. 1878 belief sich die Förderung auf rund 28 000 Tonnen (122 Beschäftigte). 1885 erfolgte der Durchschlag mit Ver. Carlsglück, und 1886 kam es zur Konsolidation Ver. Carlsglück & Planetenfeld. S. Zechen Ver. Carlsglück sowie Ver. Carlsglück & Planetenfeld.

Dortmund-Eichlinghofen:
Zeche Ver. Henriette

Diese Zeche war 1856 durch Konsolidation der Berechtsame Henriette (unter gleichzeitiger Gründung der Bergwerksgesellschaft Potsdam) entstanden und ging mit dem Teufen des Schachtes Sanssouci zum Tiefbau über. 1866 hatte der Schacht rund 110 m Teufe erreicht und die Förderung ca. 35 000 Tonnen (290 Beschäftigte). 1870 belief sich die Kohlenförderung auf rund 33 000 Tonnen (247 Beschäftigte) und 1874 bei 306 Beschäftigten auf ca. 50 000 Tonnen. Starke Regenfälle im Frühjahr 1876 verursachten das Absaufen der Grube, die anschließend gesümpft werden mußte. 1877 ergaben sich erhebliche Tagesbrüche im Grubenfeld; das Nordfeld mußte gegen Tageswässer abgedämmt werden. 1880 belief sich die Kohlenförderung auf rund 74000 Tonnen (347 Beschäftigte). 1881 wurde wegen starker Wasserzuflüsse die Stollenförderung im Nordfeld eingestellt. Die Förderung belief sich in diesem Jahr auf fast 89000 Tonnen (355 Beschäftigte). Das Bergwerk ist 1883 in Baroper Steinkohlenbergwerke umbenannt worden. 1885 belief sich die Förderung auf nahezu 160000 Tonnen (695 Beschäftigte). Die Konsolidation zu Kaiser Friedrich erfolgte 1888. S. Zeche Kaiser Friedrich.

Dortmund-Eving:
WO 110 **84 181**
Bergwerk Minister Stein (RAG)
Benannt nach Karl Reichsfreiherr vom und zum Stein (1757 - 1831), der als leitender Minister in Preußen durch innere Reformen (Städteordnung, Aufhebung der bäuerlichen Leibeigenschaft) die Erneuerung begann. – Die Gewerkschaft Minister Stein ist am 4. April 1871 von den Essenern Kaufmann Friedrich Grillo (1825 - 1888) und Bankier Ludwig von Born (1832 - 1899) gegründet worden. Noch im gleichen Jahr begann das Abteufen von Schacht 1. Starke Wasserzuflüsse verzögerten die Fertigstellung; zeitweise mußte das Abteufen unterbrochen werden. Erst 1874 wurde bei 156 m Teufe das Steinkohlengebirge erreicht; 1875 begann die Förderung. Der damalige wirtschaftliche Niedergang im Bergbau traf die Zeche besonders hart, weil die Einrichtungen unter und über Tage noch bei weitem nicht fertig waren. 1881 kam es zur Konsolidation Ver. Stein und Hardenberg. 1894 ging ein zweiter Förderschacht in Betrieb. 1898 wurde Schacht 2 Förderschacht (Schacht 1 Wetterschacht). 1900 belief sich die Kohlenförderung der Anlage (Ver. Stein & Hardenberg) auf ca. 861000 Tonnen (2730 Beschäftigte). Das Teufen des Wetterschachtes 3 (im Südostfeld) begann 1901. Er stieß 1902 bei 233 m auf das Steinkohlengebirge, und 1904 umfaßte die Berechtsame des Bergwerks 24,5 km². Kohlenförderung 1905: 713000 Tonnen (2680 Beschäftigte). Bis 1910 stieg die Produktion auf knapp 878000 Tonnen Kohle (3065 Beschäftigte). Förderung 1913: über 990000 Tonnen (3185 Beschäftigte). 1923 begann das Teufen des Förderschachtes 4 (Emil Kirdorf) neben der Anlage 1/2. Eine schwere Schlagwetterexplosion (Schacht 3) forderte 1925 (11. Februar) 136 Todesopfer. Die Kohlenförderung erreichte in diesem Jahr 1,18 Millionen Tonnen (4520 Beschäftigte).

In den 1920er Jahren bis etwa 1930 ist die Schachtanlage zu einer Großförderanlage entwickelt worden. Aus dieser Zeit stammten die beiden stählernen Fördertürme des Bergwerks. Es handelt sich um Doppelfördertürme der sogenannten Hammerkopfform, wie sie in der Zeit zwischen 1911 bis 1945 für derartige Förderanlagen typisch war. Der ältere der beiden Türme wurde in den Jahren 1925/26 auf der Schachtanlage Emil Kirdorf errichtet; der zweite Turm entstand Ende der zwanziger Jahre. 1927 wurde die Förderung in den Schächten 1 und 2 eingestellt; Wetterschacht 1 ist teilweise verfüllt worden. Das Teufen des Wetterschachtes 5 (Ostfeld) begann 1929; er stieß 1930 bei 272 m auf das Karbon. Die Kohlenförderung belief sich in diesem Jahr auf 2,14 Millionen Tonnen (4995 Beschäftigte). Förderung 1935: 2,3 Millionen Tonnen (4500 Beschäftigte). Mit dem Teufen des Wetterschachtes 6 (Nordfeld) ist 1938 begonnen worden; er kam 1939 in Betrieb (Schacht Ernst Brandi – benannt nach Dr.-Ing. E. h. Ernst Brandi, Vorsitzender des Vereins für die bergbaulichen Interessen von Oktober 1927 bis Oktober 1937). Förderung 1940: 3,64 Millionen Tonnen (6400 Beschäftigte). Die höchste Förderung ist 1941 mit ca. 3,67 Millionen Tonnen erbracht worden (6820 Beschäftigte).

Minister Stein war damals (bis 1944) die größte Zeche im Ruhrrevier. 1945 erlitten die Tagesanlagen des Bergwerks schwere Kriegszerstörungen; die Produktion sank auf knapp 148000 Tonnen ab (2345 Beschäftigte). In diesem Jahr erfolgte die Trennung der Anlagen Minister Stein und Fürst Hardenberg. Förderung 1950: 1,72 Millionen Tonnen (4635 Beschäftigte). 1957 begann das Teufen des Förderschachtes 7 (neben 1/2/4); der Schacht erreichte 1958 mit 730 m seine Endteufe. 1959 wurde die Zeche Fürst Hardenberg angeschlossen, und Minister Stein ist in der Folge zu einer Zentralschachtanlage ausgebaut worden. Kohlenförderung 1960: 2,4 Millionen Tonnen (7423 Beschäftigte). 1965 wurde auf Schacht 3 die Seilfahrt eingestellt (fortan nur noch Wetterführung); auf Fürst Hardenberg ist die Aufbereitung abgerissen worden. Kohlenförderung 1970: 2,15 Millionen Tonnen (4220 Beschäftigte). Förderung 1980: 2,02 Millionen Tonnen (4285 Beschäftigte). 1982

***Dortmund-Eving: Zeche Minister Stein.** Die beiden stählernen Fördertürme (Doppelförderturm der sogenannten Hammerkopfform) aus den 1920er Jahren (über den Schächten 2 und 4) waren bedeutende Zeugnisse der technikgeschichtlichen Entwicklung des Ortsteils. Sie boten als bergbaugeschichtliche Monumente einen interessanten Gegensatz zur angrenzenden innerstädtischen Bebauung. Bildmitte: Strebengerüst über Schacht 7 (inzwischen abgerissen), daneben: Förderturm über Schacht 4 (Emil Kirdorf).*

***Dortmund-Eving: Bergwerk Minister Stein.** Von 1920 bis 1930 ist die Zeche zu einer Großförderanlage entwickelt worden. Unser Bild: Links Fördergerüst mit untereinanderliegenden Seilscheiben aus den 1960er Jahren (in den 1980er Jahren abgerissen), rechts Hammerkopf-Förderturm über Schacht 4 (Emil Kirdorf).*

wurde der Schacht Königsmühle von der stillgelegten Zeche Hansa übernommen.

Im Bereich Fürst Hardenberg begann der Aufschluß des West- und Südwestfeldes (teilweise unter dem Dortmunder Hafen), und 1983 wurde der Schacht Fürst Hardenberg 1 verfüllt. Das Baufeld des Bergwerks umfaßte 25 km². Kohlenförderung 1986: 2,13 Millionen Tonnen (3 085 Beschäftigte).

Im Grubenfeld des Bergwerks standen zuletzt die Schächte: Minister Stein 1 (Wetterschacht, Befahrungsanlage); Schacht 2 (Förder- und Seilfahrtschacht, Gefäßförderung); Schacht 3 (Befahrungsanlage, Wetterschacht, Gestellförderung); Schacht 4 (nördliche und südliche Förderung: Seilfahrt-, Material- und Bergeschacht, Gestellförderung); Schacht 5 (Einziehschacht, Befahrungsanlage); Schacht 6 (Seilfahrt-, Material- und Wetterschacht, Gestellförderung); Schacht 7 (Förderschacht, Gefäßförderung); Schacht Fürst Hardenberg 2 (Seilfahrt- und Materialschacht, Gestellförderung); Schacht Königsmühle (Befahrungsanlage). Teufe der Hauptfördersohle: 910 m.

Die höchste Förderung nach dem Zweiten Weltkrieg ist 1964 mit 2,74 Millionen Tonnen erbracht worden (Fett- und Eßkohle). † 1987. Nach der Stillegung gab es den Plan, das untertägige Grubengebäude als Abfalldeponie zu nutzen. Diesen Plan ließ man zwei Jahre später wieder fallen. Zur Zeche Hansa bestand ein 1,9 km langer Querschlag zur Wasserlösung. S. Hydrogrube Hansa WO 106 und Zeche Fürst Hardenberg WO 109.

⚒ *Die beiden Doppelfördertürme in Hammerkopfform waren bedeutende Zeugen der technikgeschichtlichen Entwicklung im Bergbau und dokumentierten auch die wirtschafts- und sozialgeschichtlichen Abläufe im Ortsteil Eving. Als bergbauliche Monumente boten sie einen interessanten Gegensatz zur angrenzenden innerstädtischen Bebauung. Der Förderturm über Schacht 2 ist im Sommer 1988 abgerissen worden. Der Turm über Schacht 4 (Emil Kirdorf) steht mit seinen beiden Fördermaschinen unter Denkmalschutz. Nach einer Restaurierung hat man Büros für das Institut für Landes- und Stadtentwicklung darin untergebracht. Der charakteristische Hammerkopfturm ist heute bauliches Zeichen für den Servicepark Minister Stein und das neugestaltete Stadtteilzentrum von Dortmund-Eving. Auch andere noch erhaltene Zechengebäude (Lohnhalle, Verwaltung, Kaue, Lampenstube) wurden im Rahmen des IBA Emscher Park-Projekts Neue Evinger Mitte hergerichtet und einer neuen Nutzung zugeführt. Die Kaue dient als Veranstaltungszentrum, andere Gebäude nutzt das Sozialwissenschaftliche Zentrum.*

Kolonie Exterberg (auch Alte Kolonie Eving). In der Hochkonjunkturphase Ende des 19. Jahrhunderts warb auch die Zeche Ver. Stein und Hardenberg Arbeitskräfte in den preußischen Ostprovinzen an. Für sie entstand in zwei Abschnitten (1898 und 1900) die Kolonie Exterberg in Dortmund-Eving. Die vordem übliche Reihung gleichförmiger Häuser wurde in dieser Zeit schon abgelöst durch eine abwechslungsreichere Gestaltung. Verschiedene Grundrisse, unterschiedliche Fassaden mit Backstein, Putz und Fachwerk, auch Ecktürme ergeben ein ansprechendes Bild. Größe der Wohnungen: 47 qm mit drei Zimmern bis 75 qm mit fünf Zimmern. Mittelpunkt des älteren Siedlungsteils ist das Wohlfahrtsgebäude (erst 1903 errichtet). Außer einem Geschäft gab es hier einen Kindergarten, Wäscherei, Bibliothek und eine Schule, die besonders für die Töchter der Bergleute gedacht war. Die Mädchen konnten hier u.a. Kenntnisse im Handarbeiten und Kochen erwerben und sich auf ihre hausfraulichen Aufgaben oder auf eine Tätigkeit als Hausgehilfin vorbereiten. Im Rahmen des IBA-Projekts Neue Evinger Mitte restaurierte man das Wohlfahrtsgebäude, heute ist es Kulturzentrum des Stadtteils. ⚒

Dortmund-Hacheney/Wellinghofen: Zeche Crone

Bereits in den fünfziger Jahren des 18. Jahrhunderts ist im Feld dieser Zeche Stollenbau betrieben worden. Die Verleihung der verschiedenen Grubenfelder erfolgte 1756 bis 1795. 1841 kam es zur Konsolidierung und zum Übergang auf Tiefbau; der Alte Schacht wurde abgeteuft, der wenig später aber wieder aufgegeben worden ist. 1846 wurde der Schacht Elisabeth (Schacht 1) abgeteuft, der 1848 in Förderung kam. Das Teufen eines Wetterschachtes begann 1852. 1854 sind rund 40 000 Tonnen Kohle gefördert worden (328 Beschäftigte). Bis 1870 hatte die Förderung ca. 77 000 Tonnen erreicht und die Zahl der Beschäftigten 446. Das Teufen des Schachtes 2 (Christine, anfänglich auch Christian genannt) begann 1880. 1885 belief sich die Förderung auf rund 120 000 Tonnen. Ende 1887 ereignete sich ein starker Wassereinbruch, der im folgenden Jahr zur Fördereinstellung in Schacht 1 führte (die Aufwältigung erfolgte erst 1897). Das Abteufen eines zweiten Wetterschachtes begann 1895. Beide Wetterschächte sind 1900 stillgelegt worden. In diesem Jahr förderte die Zeche (825 Beschäftigte) rund 140 000 Tonnen Kohle. 1904 verfügte das Bergwerk über fünf in Betrieb befindliche Schächte. 1908 erfolgte die Konsolidation zu der Zeche Glückaufsegen. S. Zeche Glückaufsegen.

Dortmund-Hörde: Zeche Clarenberg

Die Zeche hatte um 1750 den Betrieb aufgenommen. 1757 wurde die Erbstollengerechtigkeit verliehen. Das Stollenmundloch befand sich an der Emscher (500 m westlich von Hörde), und der Stollen wurde 1 500 m nach Süden bis Benninghofen aufgefahren. 1831 begann das Abteufen des seigeren Schachtes Meyer. 1837 wurde je eine Dampfmaschine für Förderung und Wasserhaltung aufgestellt. Die Kohlenförderung belief sich 1840 auf rund 8 000 Tonnen. 1845 sind mit 144 Beschäftigten ca. 13 000 Tonnen Kohle gefördert worden. † nach 1859, da durch das Hörder Hüttenwerk mit Inbetriebnahme der Zeche Schleswig keine Abnahme von Kohle mehr erfolgte. Die Berechtsame kam zu Ver. Bickefeld Tiefbau. S. Zechen Schleswig und Ver. Bickefeld Tiefbau.

Dortmund-Hörde/Hacheney: Zeche Ver. Felicitas

Schon 1774 ist ein Stollen aufgefahren worden (das Stollenmundloch lag am Steinklippenweg, südlich der Emscher-Eisenbahnbrücke). Bis 1786 ist das Bergwerk in Betrieb gewesen, und für 1796/99 sind die Verleihung des Erbstollenrechtes und eines Längenfeldes beurkundet. Der Betrieb ist in späteren Jahren häufig gestundet gewesen, und für 1837 wird eine Kohlenförderung von etwa 250 Tonnen genannt. Neue Verleihungen erfolgten dann gegen Mitte des 19. Jahrhunderts, und zu Beginn des 20. Jahrhunderts kam es zur Konsolidation Ver. Felicitas. 1902/03 wurden ein Förder- und ein Wetterschacht abgeteuft; 1905 sind mit 536 Beschäftigten ca. 95 000 Tonnen Kohle gefördert worden. 1906 hatte die Förderung bereits 124 000 Tonnen erreicht (504 Beschäftigte). 1908 geriet die Gewerkschaft in Konkurs, und es erfolgte die Konsolidierung zu Glückaufsegen. S. Zeche Glückaufsegen.

Dortmund-Hörde/Schüren: Zeche Hellenbank

Die Zeche ist 1736 verliehen worden und hat bis 1786 Stollenbau betrieben. Bereits 1816 ging man zum Tiefbau über (ältester Tiefbau im Revier Hörde), „weil die höhergelegenen Vorräte bald abgebaut sein werden". 1822 drang der Stollen bis unter die Mergelschicht vor. 1827 wird die Entwässerung einer Mergelkuhle neben dem Schacht Helene erwähnt, der mindestens 12 m Deckgebirge (einschließlich Mergel) durchstoßen hatte. 1836 sind rund 3 000 Tonnen Kohle gefördert worden. 1842 stand der Schacht Hoffnung in Förderung, die sich auf fast 4 000 Tonnen belief. † wahrscheinlich um 1850.

Dortmund-Huckarde: WO 106

Hydrogrube Hansa (RAG) 183

Die ersten Schürfversuche sind 1840 vorgenommen worden, und 1853 wurden mehrere Mutungen eingelegt (Friedrich der Große, Georg, Rahm II, Wilhelm). 1854 folgten die Mutungen Wischelingen I und III sowie Huckarde IV; es erfolgte ferner die Änderung der Mutungen Friedrich der Große, Georg und Wilhelm in Huckarde I bis III sowie die Verleihung dieser Felder. 1855 kam die Mutung Wischelingen II sowie die Verleihung der Felder Rahm II und Wischelingen II/III; die Gesellschaft wurde gegründet. 1856 erfolgte die Verleihung der Felder Wischelingen I und Huckarde IV sowie die Konsolidation der acht Felder zu Hansa; die Berechtsame belief sich auf 8,3 km².

Das Abteufen des ersten Schachtes begann ebenfalls 1856. Ein zweiter Schacht, der 1857 abgeteuft wurde, ist nach der Aufgabe des zuerst begonnenen Schachtes (1859) später als Schacht 1 bezeichnet worden. 1869 konnte die Förderung aufgenommen werden. 1870 begann das Abteufen eines neuen Schachtes; das Teufen wurde aber 1874 bei 105 m Teufe eingestellt, ohne daß das Steinkohlengebirge erreicht worden ist. Erst 1885 ist das Abteufen fortgesetzt worden. Bis 1889 war der Schacht bis zur siebten Sohle abgeteuft. 1890 belief sich die Kohlenförderung auf ca. 147000 Tonnen (733 Beschäftigte) und 1895 auf 260000 Tonnen (790 Beschäftigte). 1905 hatte die Förderung 317000 Tonnen erreicht (1350 Beschäftigte). Das Teufen des Schachtes 3 (Bewetterung) begann 1908 (nördlich von Schacht 2); er stieß bei 145 m auf das Steinkohlengebirge. 1913 belief sich die Kohlenförderung der Zeche auf 424000 Tonnen (1578 Beschäftigte). Förderung 1930: 604000 Tonnen (2473 Beschäftigte). 1940 ereignete sich eine Schlagwetterexplosion mit 52 Todesopfern. Die Kohlenförderung belief sich in diesem Jahr auf ca. 948000 Tonnen (2630 Beschäftigte).

Auf Hansa sind 1942 zum ersten Mal im Ruhrbergbau Kohlenhobel eingesetzt worden. 1944 forderte eine schwere Schlagwetterexplosion 95 Todesopfer. Durch starke Zerstörungen der Tagesanlagen gegen Ende des Zweiten Weltkrieges kam die Förderung zum Erliegen und konnte erst 1945/46 schrittweise wieder aufgenommen werden.

1948 begann das Teufen von Schacht 4 (Wetterschacht) und 1949 das des Wetterschachtes *Königsmühle*. Die Kohlenförderung belief sich 1950 auf rund 780000 Tonnen Fettkohle. Schacht 1 sowie 2 waren Wetterschächte mit Gestellförderung und Dampffördermaschine, Schacht 3 Förderschacht mit je einer Gestell- und Gefäßförderung (elektrische Fördermaschinen). Teufe der Hauptfördersohle: 820 m. 1955 erfolgte die Zusammenlegung mit der Zeche Westhausen und die Zentralisierung der Förderung auf Hansa. Die 1950 neu erbaute Aufbereitungsanlage wurde 1963 modernisiert. 1965 kam der Verbund mit Adolf von Hansemann; die Berechtsame belief sich damit auf 28,4 km². 1966 sind die Tagesbetriebe und Teile des Baufeldes Westhausen stillgelegt worden, 1967 erfolgte die Stillegung von Adolf von Hansemann. 1970 belief sich die Förderkapazität des Bergwerks (zwei flache und eine steile Bauabteilung) auf 5600 Tonnen pro Tag. Die vier Abbaubetriebe der flachen Lagerung waren mit hydraulisch

Dortmund-Huckarde: Hydrogrube Hansa. *† 1980. Die Silhouette der drei Vollwandstrebengerüste über den Schächten 1 (rechts), 2 und 3 waren Jahrzehnte hindurch das Wahrzeichen von Huckarde. Die Gerüste der Schächte 1 und 2 sind 1983 abgetragen worden. Auf das Gerüst 3 (links) wurde eine Bobine gesetzt. Die Montanmetropole Dortmund hat damit bemerkenswerte Baudenkmäler ihrer Geschichte verloren.*

schreitendem Rahmenausbau ausgerüstet. Förderung 1971: 1,7 Millionen Tonnen. Förderung 1975: 1,5 Millionen Tonnen. Schächte: Schacht 3 mit zwei Gefäßförderanlagen, später Rohrförderung (Hauptförderschacht), Schacht 1 und 2 (Seilfahrt- und Materialschächte mit Gestellförderung), Schacht 4 und 5 (Wetterschächte und Befahrungsanlagen), Westhausen 1 (Wetterschacht und Befahrungsanlage), Westhausen 3 (Seilfahrt- und Materialschacht).

1977 wurde der konventionelle Abbau im Altfeld eingestellt und zur *Hydroförderung* übergegangen, d. h. die Kohle mit einem harten Wasserstrahl aus dem Flöz gebrochen. Seit 1978 lief das Forschungs- und Entwicklungsvorhaben „Optimierung Hydrobergbau". In diesem Jahr belief sich die Förderung auf 315000 Tonnen. Nach zweijähriger Betriebszeit mußte festgestellt werden, daß die Ergebnisse der Hydromethode nicht den Erwartungen entsprachen. Ein Gutachten über die Möglichkeiten der Wiederaufnahme des konventionellen Abbaus ergab, daß die Kosten sehr hoch sein würden; zudem hätte die Lebensdauer der Anlage nur unwesentlich verlängert werden können. Es wurde daher beschlossen, die mehr als 110 Jahre alte Zeche † Ende 1980 stillzulegen.

Die Kokerei Hansa erzeugte 1986 fast 1,5 Millionen Tonnen Koks und 1987 über 956000 Tonnen. S. Zechen Adolf von Hansemann WO 102 und Westhausen WO 104.

⚒ *Schacht 3 der Zeche Hansa dient noch der zentralen Wasserhaltung; sein Fördergerüst ist erhalten. Die „Alte Schmiede", 1903 im Stil der Backsteingotik errichtet, entwarf Paul Knobbe, der auch für die Übertagebauten der Zeche Zollern 2/4 verantwortlich zeichnete. Sorgfältig restauriert dient die „Alte Schmiede" heute den Huckarder Vereinen für Veranstaltungen (Denkmalschutz seit 1991).*

Ein ungewöhnlich komplett erhaltenes Industriedenkmal ist die Kokerei Hansa. Sie wurde 1998 zu großen Teilen in die Denkmalliste eingetragen, ist ein Standort der Stiftung Industriedenkmalpflege und Geschichtskultur und beherbergt auch deren Geschäftsstelle. Ein Fußweg erschließt heute das Kokereigelände, seine vielfältigen Anlagen, aber auch die seit der Stillegung 1992 entstandene Vegetation („Industrienatur"). An Wochenendtagen gibt es Führungen, eine gute Gelegenheit, die Geschichte der Kokerei Hansa und die Technik der Kokserzeugung kennenzulernen. Ein Höhepunkt mag ein Blick in die Kompressorenhalle sein, wo fünf imposante Gaskompressoren mit Dampfmaschinen stehen (Baujahre 1928 und 1938). Sie verdichteten bis zur Stillegung das Kokereigas für die Einspeisung ins Ferngasnetz. Den höchsten Punkt auf dem „Erlebnispfad Natur und Technik" erreicht man beim Aufstieg auf den Sortenturm. 30 m über dem Erdboden ermöglichen einen Ausblick auf das Kokereigelände und seine Umgebung. ⚒

Dortmund-Kirchlinde: Zeche Zollern 1/3 183

Erster Eigentümer des Grubenfeldes Zollern war eine Steinkohlenbergbau-Gesellschaft Hohenzollern, die anscheinend Mitte 1856 gegründet worden ist. Diese Gesellschaft wurde 1857 in eine Aktien-

Dortmund-Kirchlinde: Zeche Zollern 1/3. Die Maschinenhalle (unser Bild) ist vor dem Ersten Weltkrieg errichtet worden. Die Fassaden des Backsteinbaus zeichnen sich durch eine klare, großzügige Vertikalgliederung aus. Durch Lisenen und gestufte Gesimse wird Tiefenwirkung hervorgerufen. Gestaltungselemente dieser Art fanden auch noch bei Industriebauten der frühen zwanziger Jahre Verwendung.

gesellschaft unter dem Namen Steinkohlenbergbau-Aktien-Gesellschaft Zollern umgewandelt. Der Name Zollern war als ein Loyalitätsbekenntnis zur preußischen Königs- und deutschen Kaiserfamilie Hohenzollern gewählt worden.

Mit dem Abteufen der Schächte 1 und 2 wurde 1857 begonnen; 1859 sind die Abteufarbeiten eingestellt worden, weil die starken Wasserzuflüsse nicht zu beherrschen waren. Durch die mühevollen und kostspieligen Abteufarbeiten hatten sich die Betriebsmittel der Gesellschaft restlos erschöpft. Die Arbeiten haben daher bis 1866 völlig geruht; die Zeche ging durch Kauf in das Eigentum der Preußischen Bergwerks- und Hütten-AG über. Erst 1867 konnten die Sümpfarbeiten in den Schächten aufgenommen werden. 1868 wurde das Teufen des Schachtes 2 eingestellt; auch auf Zollern 1 kam es bei 60 m zur Teufeinstellung. Das Teufen von Zollern 2 begann 1871 nach dem Sümpfen neu, und 1872 stieß der Schacht bei 112 m auf das Karbon; er ist in Zollern 1 umbenannt worden. Anfang der 1870er Jahre wurden zwei Malakofftürme errichtet, dazwischen eine Schachthalle und dahinter die Kesselhäuser mit dem Kamin. Die gesamte Zechenanlage war im regelmäßigen Gruppenbau additiv auf zwei Achsen geordnet. Ende 1873 begann die Förderung; sie betrug 1875 ca. 17000 Tonnen (115 Beschäftigte). Förderung 1880: 216000 Tonnen (755 Beschäftigte). Im Herbst 1881 forderte eine Schlagwetterexplosion zehn Todesopfer. Das Teufen eines Wetterschachtes im Westfeld begann 1882. Im folgenden Jahr wurde der Aufschluß bauwürdiger Fettkohlenflöze in Angriff genommen; er führte später zur Errichtung der Anlage Zollern 2/4. Förderung 1885: 198000 Tonnen (655 Beschäftigte). 1894 wurde Schacht 1 tiefergeteuft, und im folgenden Jahr hatte die Kohlenförderung 285000 Tonnen erreicht (1077 Beschäftigte); 1898 begann das Teufen des Schachtes 2 in Bövinghausen.

Im Mai brach unter Tage ein Brand aus, dem eine schwere Schlagwetterexplosion folgte (44 Todesopfer); Schacht 2 ging zu Bruch. Das Neuteufen begann an gleicher Stelle, und 1899 wurde bei 139 m das Steinkohlengebirge angetroffen. 1900 ist mit dem Teufen des Schachtes 4 begonnen worden (neben Schacht 2), und 1901 begann das Sümpfen des 1868 ersoffenen Schachtes Zollern 1 (der jetzt Schacht 3 genannt wurde). Er wurde weitergeteuft und stieß 1902 bei 112 m Teufe auf das Karbon; in diesem Jahr kam die Anlage 2/4 in Förderung, und bis 1905 stieg sie auf fast 540000 Tonnen (2443 Beschäftigte). 1910 hatte die Produktion ca. 641000 Tonnen erreicht (3020 Beschäftigte). Förderung 1913: über 821000 Tonnen (3550 Beschäftigte). 1919 wurde Schacht 3 Förderschacht und Schacht 1 Wetterschacht. Förderung 1920: 637000 Tonnen (3717 Beschäftigte). 1929 betrug die Gerechtsame von Zollern 1/3 und 2/4 über 11,1 km²; 1934 erfolgte die Übernahme des Grubenfeldes der stillgelegten Zeche Ver. Germania; damit stieg die Berechtsame auf 20,5 km². Förderung 1940: 1,27 Millionen Tonnen (3516 Beschäftigte). Hauptfördersohlen 1947: Zollern 1/3 = 448 m, Zollern 2/4 = 462 m. 1949 begann das Teufen des Wetterschachtes Zollern Ost, und 1950 belief sich die Förderung der beiden unter Tage miteinander durchschlägigen Anlagen auf 1,1 Millionen Tonnen. Nach der Fertigstellung und Inbetriebnahme des Zentralschachtes Germania übernahm dieser die gesamte Förderung aus dem Grubenfeld Zollern-Germania. Mit ihren beiden Malakofftürmen ähnelte die Anlage Zollern 1/3 entfernt der Zeche Hannover. † 1955. S. Zechen Zollern 2/4 und Germania WO 105.

⚒ *Im Äußeren kaum verändert ist die große Maschinenhalle, in der früher die beiden Fördermaschinen (Zwillingsdampfmaschinen) für den Hauptförderschacht 3 standen. Die Maschinenhalle von 1914 ist ein Backsteinbau mit einer durch einen Giebel betonten Mittelachse. Die Fassaden zeichnen sich durch eine klare, großzügige Vertikalgliederung aus (Denkmalschutz seit 1990).* ⚒

Dortmund-Kley: Siebenplaneten-Erbstollen

Der Erbstollen ist 1733 angelegt worden. Das Stollenmundloch lag nördlich von Stockum zwischen Somborn und Kley; die gesamte Länge betrug ca. 1500 m. In geringem Umfang ist in diesem Stollen auch Kohle gefördert worden. Eine neue Mutung wurde 1767 eingelegt, und 1783 wurde das Bergwerk als Stollenzeche in Betrieb genommen. Die Erbstollengerechtigkeit ist 1827 verliehen worden, und 1840 existierten zahlreiche Stollenschächte (Maria 5 und 6, Hoffnung, Georg, Emanuel, Carl, Siegfried sowie mehrere Luftschächte). Der Erbstollenvortrieb wurde 1842 eingestellt, und 1857 erfolgte die Konsolidierung zu Siebenplaneten. S. Zeche Siebenplaneten.

Dortmund-Kley/Oespel: Zeche Ver. Borussia

Name: neulateinische Bezeichnung für Preußen. Das Abteufen der Schächte 1 und 2 begann 1856 (Schacht 1: Förderung, Schacht 2: Wasserhaltung); bei 17 m wurde das Steinkohlengebirge erreicht. 1860 sind rund 35000 Tonnen Kohle gefördert worden (350 Beschäftigte). Das Abteufen eines Wetterschachtes begann 1873; er ging 1874 in Betrieb. 1877 ist im Osten des Grubenfeldes ein weiterer Wetterschacht abgeteuft worden; die Kohlenförderung erreichte 1880 (498 Beschäftigte) rund 150000 Tonnen. Mit dem Abteufen des (tonnlägigen) Wetterschachtes 3 im Südfeld der Zeche wurde 1892 begonnen. 1900 hatte die Kohlenförderung rund 173000 Tonnen erreicht (778 Beschäftigte). 1903 begann das Abteufen des Schachtes 4 (der Oespel 1 genannt wurde). 1905 ereignete sich ein folgenschwerer Grubenbrand, der 39 Todesopfer forderte; Schacht 1 brannte völlig aus. Nach Zubruchgehen des Schachtes mußte der Betrieb stillgelegt werden. 1906 erfolgten das Sümpfen und Wiederaufwältigen der Grubenbaue durch Schacht 2 und Oespel 1; der Schacht Borussia 1 ist nicht mehr aufgewältigt bzw. neugeteuft worden. Er wurde 1908 verfüllt. 1909 ist die höchste Förderung der Zeche mit 210000 Tonnen (690 Beschäftigte) erreicht worden. 1911 erfolgte die Übernahme durch die Zeche Oespel. S. Zeche Oespel WO 108.

Dortmund-Kley/Oespel: WO 108 Zeche Oespel

Mit dem Abteufen des Schachtes 1 ist 1903 begonnen worden; er ging 1906 in Förderung. Im gleichen Jahr begann das Teufen des Wetterschachtes 2, der 1907 in Betrieb kam. 1911 ist die Zeche Borussia übernommen worden. Schacht Borussia 2 wurde Schacht Oespel 2 (Förderung und Wetterführung), Schacht 2 hieß fortan Schacht 3 (Seilfahrt, Materialförderung und Wetterführung). 1920 belief sich die Förderung auf rund 365 000 Tonnen Kohle (1 556 Beschäftigte). Förderung 1930: 523 000 Tonnen. Die höchste Förderung hat die Zeche 1938 mit über 630 000 Tonnen erreicht (1 495 Beschäftigte). 1945 sank die Förderleistung auf rund 225 000 Tonnen; sie stieg bis 1950 wieder auf fast 465 000 Tonnen (1 921 Beschäftigte). 1955 waren drei Schächte in Betrieb; die Förderung ging bis 1960 auf rund 400 000 Tonnen zurück (1 336 Beschäftigte). † 1962. S. Zeche Borussia.

Dortmund-Körne/Wambel: Zeche Lucas

In den 1850er Jahren war das Grubenfeld verliehen worden, und die Vorbereitungen zur Errichtung einer Tiefbauanlage wurden in Angriff genommen. Ein Besitzerwechsel erzwang die Einstellung dieser Arbeiten, die erst 1882 wieder aufgenommen werden konnten. Das Teufen des Schachtes Stolberg begann 1904; er stieß bei 82 m Teufe auf das Steinkohlengebirge. Der Wetterschacht (Stolberg 2) wurde 1905 abgeteuft, und 1906 förderte die Zeche mit 176 Beschäftigten rund 12 000 Tonnen Kohle. 1908 ereignete sich eine Schlagwetter/Kohlenstaubexplosion, bei der fünf Todesopfer zu beklagen waren. Die höchste Förderung hat die Zeche 1910 mit etwas über 94 000 Tonnen erbracht (468 Beschäftigte). 1911 verursachte ein Grubenbrand (Kohlenselbstentzündung) das Absaufen der Grubenbaue. † 1911.

Dortmund-Kruckel: Zeche Johannes Erbstollen

Das Datum der Anlegung dieser Zeche (auch: Johannis Erbstolln) ist unbekannt; die erste Feldesverleihung war 1757, die Verleihung der Erbstollengerechtigkeit erfolgte 1758. In den ersten Jahrzehnten des 19. Jahrhunderts ist in geringem Umfang Kohle gefördert worden; 1837 betrug die Förderung etwas über 300 Tonnen. In den fünfziger Jahren ging man zum Tiefbau über; 1853 war der tonnlägige Schacht Carl in Betrieb. 1855 begann der eigentliche Abbau im Tiefbau (Förderschacht Huyssen); die Kohlenförderung erreichte in diesem Jahr ca. 8 000 Tonnen (166 Beschäftigte). Sie stieg bis 1860 auf rund 36 000 Tonnen (230 Beschäftigte). 1862 waren Schacht Carl für die Förderung und zwei weitere Schächte (Fahrung usw.) vorhanden. Die höchste Förderung ist 1868 mit fast 50 000 Tonnen erbracht worden (243 Beschäftigte). 1875 wurde die Zeche durch Ver. Wiendahlsbank erworben (Betrieb jedoch weiter selbständig). 1882. Das Baufeld kam an Wiendahlsbank. S. Zeche Ver. Wiendahlsbank.

⚒ *Darbovenstr. 11, heute Hof Bovermann: Hier befinden sich Mauerreste usw. der ehemaligen Zeche, die als Baudenkmal des Ruhrbergbaus von der Unteren Denkmalbehörde der Stadt Dortmund katalogisiert worden sind.* ⚒

Dortmund-Kruckel/Kirchhörde: Zeche Wiendahlsnebenbank

Das kleine Bergwerk ist um 1750 in Betrieb gekommen. Die Vermessung erfolgte 1783. Bis in die Mitte des 19. Jahrhunderts wurde der Stollenbau betrieben. 1852 standen zwei Stollenschächte in Förderung (auch Eisensteinabbau). Bis 1855 war das Bergwerk weiterhin Stollenzeche (Förderschacht mit Pferdegöpel). Teufe: 50 m. † 1858. Die Berechtsame kam 1903 zu Gottessegen. S. Zechen Ver. Wiendahlsbank und Gottessegen WO 12.

Dortmund-Kurl: Zeche Kurl

Diese Zeche ist 1863 entstanden durch Umbenennung von Asseln 1/2 der Zeche Massener Tiefbau (rund 3 km südlich von Courl). Die Schächte 1 und 2 sind Ende der 1850er Jahre abgeteuft worden und 1861 in Förderung gekommen. 1864 betrug die Kohlenförderung fast 56 000 Tonnen (165 Beschäftigte); 1869 wurde Schacht 2 Förder- und Schacht 1 Wasserhaltungsschacht. Förderung 1870: 70 000 Tonnen (483 Beschäftigte). 1873 begann das Teufen des Schachtes 3, und 1875 belief sich die Produktion auf ca. 162 000 Tonnen Kohle (712 Beschäftigte). 1878 ersoff die Zeche. Das Bergwerk wurde unter großen Kosten gesümpft, und 1885 belief sich die Förderung bereits auf über 200 000 Tonnen.

Bemerkenswert ist, daß die Zeche, die verhältnismäßig weit von größeren Ortschaften entfernt lag, damals schon unter Arbeitermangel zu leiden hatte und daher gezwungen war, sich einen Wohnungsbesitz zu verschaffen, wie ihn in ähnlichem Umfang in dieser Zeit keine Zeche an der Ruhr im Verhältnis zur Zahl der Belegschaft aufwies. Förderung 1900: 373 000 Tonnen (1 374 Beschäftigte). 1904 wurde über Tage eine Seilbahn von der Schachtanlage Schleswig für die Bergezufuhr herangeführt, und 1910 belief sich die Kohlenförderung auf ca. 398 000 Tonnen (1 388 Beschäftigte). 1919 erfolgte die Umbenennung in Kurl. Die höchste Förderung wurde 1929 mit ca. 543 000 Tonnen erbracht (1 508 Beschäftigte). † 1931. Der Schacht 1 wurde verfüllt und der Schacht 2 abgedeckt. 1938 kam das Grubenfeld zu Gneisenau. S. Bergwerk Gneisenau WO 113.

Dortmund-Lindenhorst: WO 109 106
Zeche Fürst Hardenberg

Benannt nach dem preußischen Staatsmann Karl August Fürst von Hardenberg (1750 - 1822), der die Erhebung von 1813 vorbereitete, Preußen auf dem Wiener Kongreß vertrat und 1815 eine vorbildliche Verwaltungsreform durchführte. In den Jahren 1855/58 sind Mutungen auf die Felder *Deusen* (I bis V) und *Nette* (I bis IV) eingelegt worden; die Verleihung erfolgte 1858, und 1867 umfaßte die Berechtsame 13,2 km². Mit dem Abteufen des Schachtes 1 war 1872 begonnen worden. 1873 ereignete sich bei den Teufarbeiten ein Unglück (Absturz der Teufbühne), bei dem acht Todesopfer zu beklagen waren. Der Schacht stieß 1874 bei 170 m auf das Karbon. Über dem Schacht wurde ein Malakoffturm in Ziegelsteinbauweise errichtet. 1875 wurde die Berechtsame (einschließlich Erzgewinnung) zu Ver. Fürst Hardenberg konsolidiert, und 1876 ist die Förderung aufgenommen worden; sie stieg bis 1881 auf 130 000 Tonnen. Am 20. April 1881 sind die beiden Grubenfelder Fürst Hardenberg und Minister Stein unter dem Namen Vereinigte Stein & Hardenberg zusammengeschlossen worden. Das Feld umfaßte insgesamt 23 Millionen m². Die beiden (getrennten) Förderanlagen erbrachten 1882 mit 857 Beschäftigten eine Produktion von etwas über 261 000 Tonnen Kohle. In diesem Jahr waren auf Hardenberg bei einem Seilfahrtunglück 25 Todesopfer zu beklagen. 1885 wurde der Durchschlag zwischen Stein und Hardenberg hergestellt, und die Förderung stieg auf über 378 000 Tonnen (1 270 Beschäftigte). Das Teufen des Schachtes 2 (neben Schacht 1) begann 1897; er erreichte 1898 bei 173 m das Steinkohlengebirge und kam 1900 als Förderschacht in Betrieb (Schacht 1 wurde Wetterschacht). 1940 standen im Feld Hardenberg zwei Schächte, je 452 m tief. 1950 verfügte das Bergwerk über drei Schächte (ein Förder- und Seilfahrtschacht, ein Seilfahrt- und Wetterschacht sowie ein Wetterschacht). Teufe der Hauptfördersohle: 452 m. Gebaut wurden zehn Flöze. Förderung 1950: 970 000 Tonnen Fett- und Gaskohle. Das war die höchste Förderung, die das Bergwerk seit seiner Gründung erbracht hat (3 245 Beschäftigte). 1959 wurde die Zeche, die damals jährlich 800 000 Tonnen Gas- und Fettkohle förderte, mit dem Bergwerk Minister Stein zur Zentralschachtanlage zusammengelegt. S. Bergwerk Minister Stein WO 110.

⚒ *Lindnerstraße 23: Der Malakoffturm mit dazugehöriger Maschinenhalle wurde zwischen 1872 und 1876 erbaut. Dieser wuchtige Ziegelsteinturm ist das beherrschende Element der Schachtanlage. Auffällig sind die vorspringenden Strebepfeiler, die den Turm vertikal gliedern. 1932 erhielt der Malakoffturm in der Sockelzone einen Anbau in expressionistischen Formen. Turm und Maschinenhalle sind denkmalgeschützt und ein Standort der Stiftung Industriedenkmalpflege und Geschichtskultur. Das Maschinenhaus ist ein schlichter Backsteinbau, der sparsam durch Lisenen und Gesimse gegliedert ist. 1921/22 ist die ehemalige Waschkaue erweitert worden. Das breit angelegte zweigeschossige Backsteingebäude in historistischer Formgebung liegt an einem ehemals*

*Dortmund-Lindenhorst: Kauen- und Verwaltungsgebäude **Fürst Hardenberg** des Bergwerks Minister Stein. Der Schacht Hardenberg hatte 1876 die Förderung aufgenommen. 1959 wurde die Zeche mit Minister Stein konsolidiert.*

symmetrisch gestalteten Vorplatz. Seine Schauseite wird besonders betont durch die mittlere Eingangszone und zwei runde Treppentürme an den Ecken des Gebäudes. Den oberen Fassadenabschluß bildet ein ausgeprägtes Kranzgesims. Bemerkenswert sind auch die Rundbogenfenster im Obergeschoß mit einer rosettenförmigen Teilung im Oberlicht. Noch in den 1920er Jahren haben also – ebenso wie besonders häufig vor und kurz nach der Jahrhundertwende – bei der Gestaltung von Zechenanlagen bzw. -gebäuden Motive der Burgen- und Schlösserarchitektur Verwendung gefunden.

Nahe der Zeche entstand in den 1920er Jahren die Siedlung Fürst Hardenberg, die bis heute weitgehend erhalten blieb und zu den bedeutenden Arbeitersiedlungen im Dortmunder Norden gehört. Die Modernisierung der Häuser unter weitreichender Beteiligung der Bewohner und eine Erweiterung durch Neubauten waren ein Projekt der IBA Emscher Park. ⚒

Dortmund-Löttringhausen:
Zeche Glücksanfang

Das Bergwerk war schon 1750 in Betrieb (mindestens zwei Flöze in Verhieb). 1787 sind die Grubenfelder Glücksanfang 1 bis 3 verliehen worden. 1796 belief sich die Förderung auf rund 2600 Tonnen. 1800 kam der Schacht Eckart in Betrieb. In den ersten vierzig Jahren des 19. Jahrhunderts war der Betrieb des Bergwerks längere Zeit unterbrochen, die Wiederingangsetzung von Glücksanfang 2 und 3 erfolgte 1843. 1855 belief sich die Förderung auf ca. tausend Tonnen (20 Beschäftigte). 1866 hat das Bergwerk rund 6000 Tonnen Kohle gefördert und 1870 mit 36 Beschäftigten rund 7000 Tonnen. Die höchste Förderung ist 1872 mit rund 10000 Tonnen erbracht worden (57 Beschäftigte). † 1880 wurde der Kohlenabbau eingestellt, und 1903 ist das Grubenfeld zu Gottessegen gekommen. S. Zeche Gottessegen.

Dortmund-Löttringhausen:
WO 112
Zeche Gottessegen

Das Bergwerk war auch auf Eisenerz verliehen. Die Entwicklungsgeschichte der Zeche hängt eng zusammen mit dem in der Dortmunder Gegend geförderten Eisenstein, der im 19. Jahrhundert mit der Kohle zusammen abgebaut und in der Dortmunder Hütte verarbeitet wurde. Die Vermessung des Grubenfeldes (Gottes Segen) erfolgte 1744, aber bereits lange vorher wurde an dieser Stelle Stollenbau betrieben. Um 1754/55 war das Bergwerk in Betrieb, wurde dann jedoch wegen Absatzmangels aufgegeben. Erst hundert Jahre später wird es wieder genannt. Der erste (tonnlägige) Schacht (Reinbach) ist 1855 abgeteuft worden. 1876 wurden etwas über 4000 Tonnen Kohle und 17300 Tonnen Erz gefördert. Die Zeche *Argus* ist 1877 übernommen worden, und 1878 erfolgte die Konsolidation mit *Carlsbank*. In diesem Jahr betrug die Kohlen- und Erzproduktion je ca. 9700 Tonnen (132 Beschäftigte). 1880 sind sogar über 58000 Tonnen Erz gefördert worden (228 Beschäftigte). 1882 zerstörte ein Brand den mit Holz ausgebauten Schacht Reinbach; er konnte erst im folgenden Jahr wieder in Förderung gehen. 1884 wurde der Eisensteinabbau zunächst eingestellt (Wiederaufnahme 1886). 1891 wurde eine neue Förderschachtanlage abgeteuft, die 1893 in Betrieb kam.

Nachdem der tonnlägige Schacht 1894 durch einen zweiten Brand schwer beschädigt worden war, wurde er zugeschüttet. Kohlenförderung 1895: ca. 90000 Tonnen (416 Beschäftigte). Die Berechtsame der Zeche belief sich 1896 nach Erwerb weiterer Grubenfelder auf insgesamt 10 km². 1903 sind die Zechen *Wiendahlsnebenbank*, *Güldene Sonne* und *Glücksanfang* erworben worden. Kohlenförderung 1905: 150000 Tonnen (672 Beschäftigte). 1913 wurden über 200000 Tonnen Eß- und Magerkohle gefördert. 1920 war die Kohlenförderung auf knapp 113000 Tonnen abgesunken (730 Beschäftigte), und 1923 kam es zur Betriebseinstellung infolge der Ruhrbesetzung. 1924 wurde der Betrieb wieder aufgenommen (1 Förder- und 1 Wetterschacht). Förderung 1925: 162000 Tonnen (ca. 800 Beschäftigte). 1926 ist die Zeche *Admiral* übernommen worden. 1929 wurde ein neuer Hauptförderschacht abgeteuft. 1934 belief sich die Kohlenförderung auf 325000 Tonnen, die später nie mehr erreicht wurden.

Die Wiederaufnahme des Erzabbaus begann 1935. Die Erzförderung betrug 1938 rund 121000 Tonnen; der Erzabbau wurde 1940 aufgegeben. 1946 waren die Schächte 1 und 2 in Betrieb (der Wetterschacht wurde aufgegeben). 1951 begann das Teufen des Schachtes 3, der 1954 in Betrieb kam. Förderung 1962: 234000 Tonnen. † 1963. S. Zechen Wiendahlsnebenbank, Glücksanfang und Admiral.

Dortmund-Marten:
WO 105 85 186
Zeche Germania (RAG)

Die Anfänge dieser Zeche reichen bis in die Mitte des 19. Jahrhunderts. 1842 wurde Mutung auf die Felder Oespel (zunächst Oespel Nr. I genannt) und Anna (Oespel Nr. II) eingelegt; 1844 ist das Feld Oberpräsident gemutet worden. Es folgte 1846 die Mutung auf die Felder Gewalt und Theodor, im folgenden Jahr auf Siebenstern. Die Grubenfelder sind 1850 zu Ver. Germania konsolidiert worden.

Das Abteufen des Schachtes 1 begann 1855. Obwohl das Deckgebirge nur 38 m mächtig war, konnte wegen großer Wasserzuflüsse das Steinkohlengebirge erst Ende August 1856 erreicht werden. Ende 1858 kam die Zeche in Förderung. 1862 begann das Teufen eines Wetterschachtes, der aber bei 10,5 m Teufe wieder aufgegeben werden mußte (Wasser). Das Abteufen eines neuen Wetterschachtes (1 km südlich des Schachtes 1) begann 1863. Der Wetterschacht stieß 1865 bei 27 m auf das Steinkohlengebirge; in diesem Jahr förderte die Zeche mit 400 Beschäftigten ca. 70000 Tonnen Kohle. Förderung 1870: 163000 Tonnen (635 Beschäftigte). 1873 kam es zur Konsolidation mit *David* (Ver. Germania), und 1875 ereignete sich eine Schlagwetterexplosion, die sechs Todesopfer forderte. Kohlenförderung 1875: knapp 158000 Tonnen (812 Beschäftigte). 1877 waren bei einer Schlagwetterexplosion erneut neun Todesopfer zu beklagen. 1883 ging Schacht 2 als Förderschacht in Betrieb. Das Teufen eines weiteren Wet-

Dortmund-Marten: Zeche Germania. † 1971. Das Fördergerüst des Zentralschachtes steht heute beim Deutschen Bergbau-Museum in Bochum.

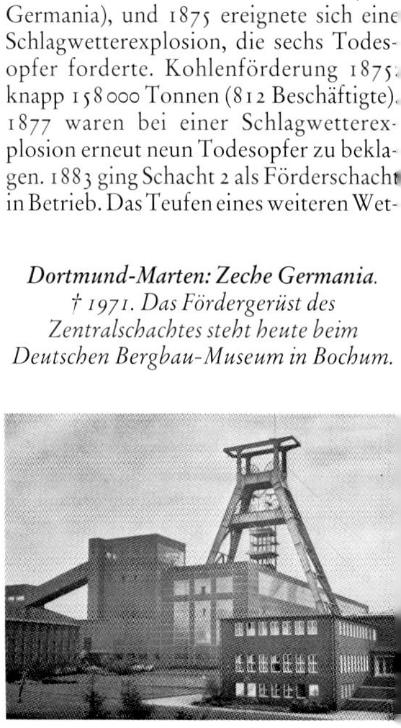

terschachtes begann 1884. Förderung 1885: 420000 Tonnen (1580 Beschäftigte). Förderung 1890: 547000 Tonnen (2062 Beschäftigte). 1892 begann das Abteufen des Wetterschachtes 3 (neben Schacht 2), der 1893 in Betrieb ging. Germania 2/3 wurde Hauptförderanlage. Förderung 1905: fast 621000 Tonnen (2730 Beschäftigte). Das Teufen des Schachtes 4 begann 1910; er ging 1913 in Betrieb. Die Förderung betrug in diesem Jahr knapp 844000 Tonnen (3567 Beschäftigte). Förderung 1925: 881000 Tonnen (3830 Beschäftigte). 1929 standen im Grubenfeld die Förderschächte 1/4 und 2/3. Germania 1/4 wurde im Oktober 1930 stillgelegt.

Mit den Arbeiten für die Großschachtanlage Germania ist 1939 (kurz nach dem Ausbruch des Zweiten Weltkrieges) begonnen worden. Durch Krieg und Nachkriegszeit verzögerte sich die Fertigstellung bis 1954. Mit der Gesamtplanung wurden die Architekten Fritz Schupp und Martin Kremmer betraut. Das Fördergerüst über dem Zentralschacht 5 (neben 2/3) wurde 1944 errichtet; der Aufbau der übrigen Tagesanlagen erfolgte 1953 bis 1956. Die Förderkapazität der Anlage wurde auf 8000 Tonnen täglich gesteigert. 1955 sind die Zollernschächte übernommen worden; die Förderung auf den Anlagen 1/3 und 2/4 wurde eingestellt. Die höchste Förderung hat die Zentralschachtanlage Germania 1964 mit 1,8 Millionen Tonnen erbracht (4427 Beschäftigte). Förderung 1970: 1,5 Millionen Tonnen.

† 1971. Die Schächte wurden verfüllt, die meisten Tagesanlagen abgebrochen. Das Fördergerüst des Zentralschachtes dieser Zeche steht heute beim Deutschen Bergbau-Museum in Bochum und ist zu einem weithin sichtbaren Wahrzeichen der alten Bergbaustadt geworden.

Dortmund-Mengede: WO 102 — 60 186
Zeche Adolf von Hansemann

Auch die Anfänge dieser Zeche (benannt nach dem Inhaber der Berliner Disconto-Gesellschaft, 1827 - 1903) gehen bis in die fünfziger Jahre des 19. Jahrhunderts zurück. 1857 wurde für die Errichtung der Schachtanlage die A. Boucard et Compagnie, Gesellschaft der Kohlenbergwerke in Mengede gegründet. Es handelte sich um eine rein französische Gesellschaft mit dem Sitz in Paris. Die kurz nach der Gründung der Gesellschaft einsetzende Krise im Ruhrkohlenbergbau verhinderte den Beginn des Abteufens. Nach dem Deutsch-Französischen Krieg verkaufte die französische Gesellschaft 1873 ihr Bergwerkseigentum an die Disconto-Gesellschaft in Berlin.

Das Abteufen des ersten Schachtes begann 1873. Ungewöhnlich große Wasserzuflüsse machten die Arbeiten besonders schwierig. Mit dem Abteufen des Schachtes 2 wurde 1888 begonnen, da man nicht wußte, ob Schacht 1 das Steinkohlengebirge erreichen würde. 1896 konnte hier die Förderung (allerdings nur in geringem Umfang) aufgenommen werden. 1894 ersoff Schacht 1 und wurde gestundet. Im gleichen Jahr begann das Abteufen eines dritten Schachtes, der 1898 bis zur zweiten Sohle niedergebracht war. 1899 begann die Förderung im Großen. 1911 wurde Schacht 1 gesümpft und weitergeteuft. 1912 erreichte er die erste und zweite Sohle. Damit verfügte die Zeche über die Schächte 1, 2 und 3.

Durch planmäßige Weiterentwicklung der Betriebseinrichtungen unter und über Tage konnte die Förderung bis 1914 auf 762000 Tonnen gesteigert werden. Förderung 1925: 718000 Tonnen (2973 Beschäftigte). 1930 begann das Teufen des Schachtes 4 (1,5 km westlich von 1-3), der jedoch bei 15 m Teufe wegen der Weltwirtschaftskrise gestundet werden mußte. Am 1. August 1934 begann das Abteufen des neuen Schachtes Gustav (benannt nach Dr.-Ing. E. h. Gustav Knepper, dem damaligen Generaldirektor der Gelsenkirchener Bergwerks-AG). Anfang 1938 übernahm die neue Schachtanlage die gesamte Förderung aus dem Feld Adolf von Hansemann. Zum gleichen Zeitpunkt wurde die alte Anlage 1/2/3 stillgesetzt. Sie war von da an nur noch Aussenschachtanlage des weiträumigen Grubenfeldes. Die höchste Förderung ist 1939 mit 1,36 Millionen Tonnen erreicht worden (3110 Beschäftigte). Förderung 1940: 1,27 Millionen Tonnen. Auf der Anlage Gustav 1/2 ereignete sich 1942 ein schwerer Grubenunfall, bei dem neun Todesopfer zu beklagen waren (Lokabsturz auf den Förderkorb).

Dortmund-Mengede: Zeche Adolf von Hansemann, *Schacht Gustav (oben – erstes Stahlkastenstreben-Fördergerüst an der Ruhr); unten: Maschinenhalle des Schachtes 1 von 1912/13. † 1967.*

Siedlung Hansemann. *Denkmalwürdige „Beamtenhäuser" an der Hansemannstraße, um 1900 gebaut.*

1945 sank die Kohlenförderung auf knapp 402000 Tonnen ab (2928 Beschäftigte). 1949 begann das Teufen des Wetterschachtes Königsmühle (Gemeinschaftsschacht für Hansemann, Hansa und Hardenberg). Förderung 1950: eine Million Tonnen Gas- und Fettkohle. 1952 waren bei einer Schlagwetterexplosion fünf Todesopfer zu beklagen. Das Teufen eines Wetterschachtes im Ostfeld (Ostschacht) begann 1954. Der Schacht Königsmühle wurde 1955 in Betrieb genommen. Der Ostschacht stieß 1956 auf das Steinkohlengebirge (bei 296 m) und kam 1958 in Betrieb. Die Tagesanlagen 1/2/3 wurden 1963 stillgelegt. Die Förderung ging ab 1964 unter Tage nach Hansa; 1965 erfolgte die völlige Übernahme durch dieses Bergwerk. † 1967. S. Hydrogrube Hansa WO 106.

⚒ *Barbarastraße: Architektonisch besonders bemerkenswert ist die 1898/99 in deutscher Backsteingotik errichtete repräsentativ wirkende Lohnhalle (Abb. S. 60). Als Vorbild hat wahrscheinlich das Ünglinger Stadttor in Stendal (Altmark) aus der zweiten Hälfte des 15. Jahrhunderts gedient. Der Anlaß für die Nachahmung eines so bedeutenden Bauwerkes dürfte der Besuch von Kaiser Wilhelm II. gewesen sein, der am 11. August 1899 mit der Eisenbahn zur Einweihung des Schiffshebewerkes Henrichenburg (Dortmund-Ems-Kanal) fuhr und dabei das Zechengelände mit der soeben fertiggestellten Lohnhalle passierte. Die Lohnhalle gehört zu den sehr seltenen Beispielen im Industriebau, bei deren Gestaltung unmittelbar auf historische Vorbilder zurückgegriffen wurde. Auf dem Gelände der Zeche stehen ferner die Maschinenhallen zu den Schächten 1 (1912/13 neu errichtet) und 2 (von 1902). Die genannten Bauwerke stehen seit 1989 in der Denkmalliste. Im Mai 2000 wurde hier ein Ausbildungszentrum eröffnet. Gelände und Gebäude dienen seitdem der überbetrieblichen Schulung von Gerüstbauern.*

Adolf von Hansemann gehörte zu den architektonisch bedeutendsten Zechen Dortmunds. Sie hat die Sozial- und Wirtschaftsgeschichte der Stadt entscheidend geprägt und durch einen ausgedehnten Bau von Bergarbeitersiedlungen zur städtebaulichen Entwicklung Mengedes beigetragen. ⚒

Dortmund-Menglinghausen: Zeche Kaiser Friedrich

Ursprünglich wurde diese Zeche von dem Bergisch-Märkischen Bergwerksverein, der 1871 als Aktiengesellschaft gegründet worden war, angelegt und entwickelt. In den 1880er Jahren sind im Feld der Zeche die Schächte Henriette, Hummelbank und Holthausen abgeteuft worden; die beiden ersten Schächte wurden schon bald wieder außer Betrieb gesetzt. Neben dem Schacht Holthausen ist 1891 noch ein Wetterschacht niedergebracht worden. 1883 ist die Aktiengesellschaft Bergisch-Märkischer Bergwerks-Verein in die Gewerkschaft Baroper Steinkohlenbergwerke umgewandelt worden. Die wirtschaftliche Entwicklung der Zeche verlief nicht zufriedenstellend, und 1887 mußte die Gewerkschaft Baroper Steinkohlenbergwerke liquidieren. 1888 wurde die Gewerkschaft Kaiser Friedrich gegründet. Weil die in Holzausbau stehenden Schächte nicht mehr betriebssicher genug waren, wurde ein neuer Hauptförderschacht abgeteuft (Kaiser Friedrich 1), der 1896 die Förderung aufnahm. 1901 ist der Schacht Kaiser Friedrich 2 (Wetterschacht) abgeteuft worden. Nach seiner Fertigstellung wurden die ältesten beiden Schächte abgeworfen. 1905 begann das Teufen eines neuen Schachtes (neben 1/2). In diesem Jahr wurden 172000 Tonnen Kohle gefördert (1014 Beschäftigte). 1906 ging der neue Schacht in Betrieb. Förderung 1910: 233000 Tonnen (960 Beschäftigte). 1913 belief sich die Kohlenförderung auf fast 335000 Tonnen (1546 Beschäftigte). 1918 waren drei Schächte in Betrieb. † 1925. Das Grubenfeld kam unter Wasser. Die Tagesanlagen wurden bis auf die Kokerei abgebrochen; diese blieb vorerst noch in Betrieb und wurde von der Zeche Minister Stein mit Kokskohle versorgt. 1930 ist auch die Kokerei stillgelegt worden.

⚒ *Am Sturmwald: Das ehemalige Schalthaus wird als erhaltungswürdig angesehen und ist unter Denkmalschutz gestellt worden.* ⚒

Dortmund-Scharnhorst: WO 103 28 29

Zeche Scharnhorst

Benannt nach dem General Gerhard von Scharnhorst (1755 - 1813), der in Zusammenarbeit mit Gneisenau der Schöpfer des preußischen Volksheeres auf der Grundlage der allgemeinen Wehrpflicht wurde. Mit dem Abteufen des Schachtes 1 ist 1872 begonnen worden. Er mußte im gleichen Jahr wegen großer Wassereinbrüche für mehrere Jahre aufgegeben werden. Das Weiterteufen begann 1898; gleichzeitig begannen die Abteufarbeiten für den Schacht 2, der 1900 in Betrieb kam. Schacht 1 wurde 1902 fertiggestellt. Förderung 1905: 285000 Tonnen (1445 Beschäftigte). 1907 ereignete sich eine Schlagwetterexplosion mit vier Todesopfern. Die höchste Förderung ist 1908 mit 517000 Tonnen erbracht worden (1820 Beschäftigte). 1928 begann die Auffahrung eines Querschlages nach Gneisenau (3360 m lang). 1930 erfolgte der Zusammenschluß mit dem Bergwerk Gneisenau. 1931 ist die Förderung auf Scharnhorst eingestellt worden. Die Schächte wurden zur Seilfahrt und Materialförderung befahrbar gehalten und dienten später als Wetterschachtanlagen. Die geförderte Kohle wurde auf der Zeche Gneisenau gehoben. S. Bergwerk Gneisenau WO 113.

⚒ *Die Fördergerüste der Schächte 1 und 2 wurden 1896 bis 1900 im Abstand von 60 m aufgestellt und die Schachtgebäude auf einer Achse von 180 m dazugebaut. Auf der gleichen Achse wurden auch das Kesselhaus und das Magazin mit Werkstatt errichtet, so daß eine Baukörperfolge von insgesamt 350 m entstand. Dazu waren senkrecht die Büros, die Kaue und die Kohlenwäsche angeordnet. Die Gebäudegruppe stellte noch 1975, auch nach dem Abbruch der repräsentativen Bauten, eine monumentale, schloßähnliche Anlage dar. Die repräsentativen Aspekte zielten bewußt auf Fernwirkung, berechnet von der südlich der Zeche verlaufenden Eisenbahnlinie Dortmund - Hamm.* ⚒

Dortmund-Schüren: Zeche Freie Vogel & Unverhofft

Die Zeche, auch Freier Vogel & Unverhofft oder Zeche Schüren genannt und auf Kohle und Eisenstein verliehen, ist 1843 angelegt worden. 1844 begann das Abteufen des Alten Schachtes, der bei 24 m das Steinkohlengebirge erreichte und 1845 die Förderung aufnahm. 1848 war der Teufbeginn eines zweiten Schachtes (Conrad) und der Anfang der Eisensteinförderung (zeitweise mehr als 20000 Jahrestonnen) im Alten Schacht. 1854 ging Schacht Conrad in Förderung; Alter Schacht wurde Wetterschacht. 1858 ist mit der westlich markscheidenden Zeche Ver. Landwehr & Mühlenberg ein Abbauvertrag abgeschlossen worden. Der Schacht 1 (Conrad) ist 1874 tiefergeteuft worden und erreichte eine Teufe von 497 m, womit er damals der tiefste Schacht an der Ruhr war. 1878 begann der Abbau im Feld Ver. Landwehr & Mühlenberg. 1885 verfügte die Zeche über einen Förderschacht und zwei Wetterschächte; die Kohlenförderung belief sich in diesem Jahr auf rund 79000 Tonnen (285 Beschäftigte). 1891 wurde eine Brikettfabrik in Betrieb genommen und 1897 über Schacht 1 ein eisernes Fördergerüst errichtet. Das Eisensteinvorkommen war bis 1899 abgebaut. 1900 wurde der Kohlenabbau in das Grubenfeld Ver. Landwehr & Mühlenberg verlagert. Das Abteufen des Schachtes 2 (neben Schacht 1) begann 1905; das Grubenfeld der Zeche Am Schwaben wurde erworben. Schacht 2 nahm 1907 die Förderung auf. Schacht 1 diente fortan der Seilfahrt und Materialförderung. 1913 kam eine Kokerei in Betrieb. 1914 belief sich die Förderung auf 400000 Tonnen. Die Gewerkschaft wurde 1923 mit der Bergbau-AG Lothringen verschmolzen. † 1925 wurde die Zeche stillgelegt. S. Zechen Am Schwaben und Zentralschachtanlage Lothringen WO 72.

Dortmund-Sölde: Zeche Freiberg

Die Mutung auf dieses Bergwerk ist 1758 eingelegt worden, und die Verleihung des Grubenfeldes erfolgte 1852. Die Zeche bildete mit der Anlage Augustenshoffnung eine betriebliche Einheit, bestehend aus einer Tiefbauanlage mit zwei Schächten. Die endgültige Konsolidation zu Freiberg & Augustenshoffnung war 1875 erfolgt. 1894 kam es jedoch zur Rückbenennung auf den alten Namen Freiberg (die Berechtsame betrug 3,6 km²). Zum Baufeld gehörte ein Feldesteil des Hörder Kohlenwerkes mit dem Förderschacht Clemens und einem gebrochenen Wetterschacht (neben Schacht Clemens). Förderung 1895: 85000 Tonnen (395 Beschäftigte). 1900 erreichte die Förderung fast 111000 Tonnen (487 Beschäftigte). Förderung 1905: 124000 Tonnen. Die höchste Förderung ist 1910 mit über 132000 Tonnen erbracht worden (540 Beschäftigte). † 1912 wurde die Zeche stillgelegt. Die Anlagen sind abgebrochen und die Schächte verfüllt worden. S. Zechen Freiberg & Augustenshoffnung und Hörder Kohlenwerk.

Dortmund-Sölde: Zeche Freiberg & Augustenshoffnung

Die Zeche ist 1850 verliehen worden, war aber wahrscheinlich schon vorher in Betrieb. 1856 kam es zur Bildung einer Betriebsgemeinschaft mit der Zeche Freiberg; diese Betriebsgemeinschaft nannte sich auch *Augustenshoffnung*. Das Teufen des Schachtes Clemens begann 1856; er stieß 1857 bei 20 m auf das Karbon. 1861 hatte die Förderung ca. 6500 Tonnen erreicht. Das Teufen eines Wetterschachtes begann 1868; die Teufarbeiten wurden jedoch 1869 bei etwa 30 m eingestellt. Förderung 1870: 43000 Tonnen (305 Beschäftigte). Förderung 1880: 59000 Tonnen (275 Beschäftigte). Die höchste Förderung ist 1891 mit 91000 Tonnen erreicht worden. Ab 1894 führte die Zeche nur noch den Namen Freiberg. S. Zeche Freiberg.

Dortmund-Sölde/Sölderholz: Zeche Ver. Margarethe

Im Feld dieser Zeche ist schon in der ersten Hälfte des 18. Jahrhunderts Bergbau umgegangen. In der Mitte der fünfziger Jahre des 19. Jahrhunderts kam es zur Konsolidierung verschiedener Berechtsamen, und das Abteufen der Schächte 1 und 2 hatte 1856 begonnen; später wurden noch zwei Wetterschächte niedergebracht. 1859 nahm das Bergwerk die Förderung auf, und 1870 sind zum ersten Mal mehr als 100000 Tonnen Kohle gefördert worden. 1887 wurde eine Brikettfabrik gebaut. 1900 belief sich die Förderung auf über 230000 Tonnen (990 Beschäftigte), und 1905 ist die Akkulok-Förderung unter Tage eingerichtet worden; die Produktion erreichte in diesem Jahr fast 240000 Tonnen (1055 Beschäftigte). 1912 begann das Abteufen des Schachtes 3, der 1913 in Förderung kam. In diesem Jahr war die Förderung auf über 300000 Tonnen Magerkohle angestiegen. Förderung 1925: 217000 Tonnen. † 1926. Die Schächte wurden verfüllt; die Tagesanlagen sind abgebrochen worden.

Dortmund-Wellinghofen/ Wichlinghofen: Zeche Admiral

1910 erfolgte die Konsolidation der Grubenfelder Niederhofen I bis IV und Nikolaus I zur Zeche Admiral; die Berechtsame betrug 6,5 km² (das Bergwerk war auch auf Eisenstein verliehen). Im selben Jahr begann die Gewerkschaft Admiral zwei Schächte abzuteufen, die 1912 in Förderung kamen. Im gleichen Jahr erhielt die Zeche Bahnanschluß, und 1913 wurde der Bau einer Kokerei begonnen; sie kam 1914 in Betrieb, wurde aber bereits 1915 wieder stillgelegt (1920 ist die Kokserzeugung erneut aufgenommen worden). 1920 erfolgte auch der Erwerb der Felder Clarenberg, Bickefeld und Elisabeth; die Berechtsame erreichte damit 17,4 km². Die Kohlenförderung der Zeche belief sich 1914 auf 112000 Tonnen und stieg bis 1924 auf 130 000 Tonnen (1060 Beschäftigte).

† 1925. Die Grube soff ab; die Tagesanlagen wurden abgebrochen. S. Zeche Ver. Bickefeld Tiefbau.

Dortmund-Westfalenpark: Zeche Am Busch

In diesem Gebiet soll die erste Kohle bereits im 14. Jahrhundert geschürft worden sein. Für das 15. Jahrhundert ist der Abbau in Pingen verbürgt. Zu Ende der sechziger Jahre des 17. Jahrhunderts gab es einfache Abbaubetriebe, und ab 1770 erfolgte der Abbau nach Norden (bis zur Mergelgrenze) mittels Stollenschächten. Es waren wahrscheinlich mehrere Stollen vorhanden; ein Stollenmundloch befand sich nördlich der Emscher, westlich von Hörde. 1797 wurde der Besitz der Zeche Am Busch notariell protokolliert. Da die anstehenden Kohlenvorräte abgebaut waren, ist das Bergwerk Anfang des 19. Jahrhunderts für kurze Zeit stillgelegt worden. Die Wiederinbetriebnahme erfolgte 1811, und 1812 ist ein Schacht durch den Mergel abgeteuft worden, der zunächst 10,5 m Teufe erreichte. 1813 wurde ein weiterer Schacht abgeteuft; eine Dampfmaschine (Wasserhaltung) ist aufgestellt worden. 1815 erfolgte die Konsolidation mit der Zeche Friedrich Wilhelm. S. Zeche Tremonia.

Dortmund-Wickede: Zeche Ver. Norm 27

Die Steinkohlen- und Eisensteinfelder Clemens und Gute Hoffnung „in den Gemeinden Holzwickede und Sölde im Kreise Dortmund, Regierungsbezirk Arnsberg und Distrikt Dortmund" gelegen, sind am 21. Juli / 21. August 1847 als Bergwerk Vereinigte Norm verliehen worden. Am 3. April 1858 wurde beim Ministerium für Handelsangelegenheiten und öffentliche Arbeiten in Berlin dem Rittergutsbesitzer Clemens Freiherr von Romberg aus dem Hause Buldern bei Coesfeld und dem Königlichen Kammerherrn Freiherr Giesbert von Romberg zu Brüninghausen eine Urkunde über die Bergeigentumsverleihung der „im dritten Lichtloch des Tiefen Rombergs Erbstollen" erbohrten Kohle- und Eisenerzflöze ausgestellt. Laut Vertrag vom 5. September 1867 ist der südliche Teil des Grubenfeldes an die Bergbau-Aktiengesellschaft Caroline zu Essen „als Alleineigentümerin des in der Gemeinde Holzwickede gelegenen Caroliner Erbstollens" verkauft worden. Diese Teilung wurde am 14. März 1868 beurkundet. Der Rest der Zeche Ver. Norm mußte wegen fehlender Investitionsmittel der Gewerken Ende der 1870er Jahre liquidiert werden und kam in die Hände der Gewerkschaft Caroline in Holzwickede. Diese veranlaßte 1879/80 den Ausbau der Schachtanlage Norm auf eine Teufe von 126 m. 1895 wurden zwei Zechengebäude (Wohnhäuser) errichtet. Die Kohlenförderung ist 1896/97 eingestellt worden; der Schacht wurde zum Wetterschacht für die Zeche Caroline umgebaut. In dieser Funktion blieb er über zehn Jahre erhalten. † 1909. Der Schacht ist anschließend verfüllt worden. S. Zeche Caroline (Holzwickede).

DUISBURG DU

Siedlung Hüttenheim

⚒ *Die im Süden Duisburgs gelegene Arbeitersiedlung Hüttenheim ist um 1906 für die Betriebsangehörigen der Mannesmann-Werke errichtet worden. Es handelt sich um insgesamt 516 Wohnungen an der Mannesmann- und Mündelheimer Straße in Duisburg-Hüttenheim (nordwestlich liegen die Mannesmann-Werke). Die Häuser der großzügig und planmäßig angelegten Siedlung in Ziegelbauweise (verputzt) teilweise mit Klinkerflächen sind so erhalten, daß sie mit verhältnismäßig geringem Kostenaufwand renoviert werden können. Südlich der mit Innenhöfen, interessanten Torbogen und hochgewachsenem Baumbestand ausgestatteten Siedlung dehnen sich Grünflächen mit Schrebergärten usw. Hüttenheim wird vom Landschaftsverband Rheinland als erhaltungswürdig angesehen; die Denkmalwürdigkeit ist durch drei Fachgutachten bestätigt worden.* ⚒

Duisburg-Beeck: WO 11 Zeche Beeckerwerth

Die Mutung auf das Grubenfeld Beeckerwerth erfolgte 1910, die Verleihung (1,1 km²) 1912. Schacht 1 (Hauptförderschacht), mit dessen Abteufen 1916 begonnen worden war, kam 1923 in Förderung; 1925 wurde mit dem Abteufen von Schacht 2 begonnen (neben Schacht 1). Er kam 1927 in Betrieb. 1930 belief sich die Kohlenförderung der Zeche auf 751000 Tonnen (2230 Beschäftigte). 1932 erfolgte die Übernahme von Friedrich Thyssen 3/7, womit das Baufeld des Bergwerks 13,5 km² erreichte. Förderung 1935: 1,05 Millionen Tonnen (2116 Beschäftigte). Die höchste Förderung ist 1937 mit über 1,26 Millionen Tonnen erbracht worden. Nachdem die Zeche 1939 den Abbau unter der August-Thyssen-Hütte wegen der dadurch eintretenden Bergschäden hatte einstellen müssen, ging sie zum Abbau unter dem Rhein über, so daß in diesem Bereich Deichaufhöhungen erforderlich wurden. 1946 nahm die Zeche den Abbau unter der August-Thyssen-Hütte wieder auf. Zu der Anlage gehörten vier Schächte (Beeckerwerth 1 und 2 sowie Friedrich Thyssen 3 und 7). Förderung 1950:

Duisburg-Beeck: Zeche Beeckerwerth 1/2. Aufnahme vor 1959.

900000 Tonnen Gasflamm-, Gas- und Fettkohle. † 1963. S. Zechen Friedrich Thyssen 3/7 und Westende WO 12.

Duisburg-Beeck: Zeche Rönsbergshof

Mit dem Abteufen ist 1909 begonnen worden; der Schacht diente zunächst als ausziehender Wetterschacht für die Zechen Friedrich Thyssen 3/7 und 4/8. Von vornherein war aber vorgesehen, Rönsbergshof zum Förderschacht auszubauen; die Förderung ist 1915 aufgenommen worden und erreichte in diesem Jahr mit 660 Beschäftigten über 250000 Tonnen. Die höchste Förderung ist 1925 mit ca. 326000 Tonnen erbracht worden (1470 Beschäftigte). 1926 wurde der Schacht der Zeche Westende zugeteilt. Förderung und Seilfahrt der Schachtanlage sind † 1930 eingestellt worden. S. Zechen Friedrich Thyssen 3/7, 4/8 (Hamborn) und Westende WO 12.

Duisburg-Hamborn:
Zeche Deutscher Kaiser

1867 war nach der Konsolidierung der in den Jahren 1859 bis 1861 verliehenen Einzelfelder Hamborn I bis VIII die Gewerkschaft Hamborn gegründet worden, die 1871 in die Gewerkschaft Deutscher Kaiser umgewandelt wurde. Noch im selben Jahr begann das Abteufen des Schachtes 1 nordwestlich der Eisenbahnstation Neumühl. 1885, als August Thyssen (1842 in Eschweiler geboren, 1926 auf Schloß Landsberg bei Kettwig gestorben; Sohn von Johann Friedrich Thyssen) damit begann, die Kuxe der Gewerkschaft aufzukaufen, betrug die Förderung rund 183000 Tonnen.

Gleichzeitig mit seiner Beteiligung an der Gewerkschaft hatte August Thyssen auch die Kuxe der Gewerkschaft Rheinland erworben, deren Grubenfeld 1859 aus der Konsolidierung der Einzelfelder Holland I bis VI und Sanssouci I bis VI hervorgegangen war. Als 1888 der zweite Schacht Deutscher Kaiser (Gemeinde Aldenrade) in Angriff genommen wurde, verfügte Thyssen bereits über die Kuxenmehrheit der Gewerkschaft. Schacht 2 nahm 1896 die Förderung auf.

1889 sind die Grubenfelder Deutscher Kaiser, Rheinland, Walsum I bis IV und Neu-Düppel unter dem Namen Deutscher Kaiser konsolidiert worden. Die gesamte Steinkohlenberechtsame der Gewerkschaft betrug damit rund 34 Millionen Quadratmeter. Zu Beginn des Ersten Weltkrieges verfügte die Gewerkschaft Deutscher Kaiser über sieben Förderschächte und daneben über fünf Spülschächte, die in erster Linie dem Einbringen des Spülversatzes dienten. S. Zechen Friedrich Thyssen 1/6, Friedrich Thyssen 2/5 WO 9, Friedrich Thyssen 3/7 und Friedrich Thyssen 4/8 WO 10. Als Zeche Deutscher Kaiser förderten die Thyssenschächte 1900 insgesamt fast 2 Millionen Tonnen Kohle (4304 Beschäftigte). 1913 war mit insgesamt 4,46 Millionen Tonnen die höchste Förderung zu verzeichnen (13710 Beschäftigte). Von 1902 bis 1918 war Deutscher Kaiser die größte Zeche an der Ruhr.

1919 erfolgte die Konsolidation der Felder Deutscher Kaiser und Beeckerwerth zu Friedrich Thyssen.

Duisburg-Hamborn: Zeche Friedrich Thyssen 1/6. Der Schacht 1 hatte 1875 die Förderung aufgenommen; 1907 kam der Schacht 6 (unser Bild) in Förderung. Das Grubenfeld wurde mit der Zeche Friedrich Thyssen 2/5 vereinigt. Schacht 6 gehörte bis zur Stillegung 1976 zu diesem Bergwerk. Er steht seit 1977 unter Denkmalschutz. Der Denkmalwert liegt in der technischen Konstruktion des Gerüstes und seiner landschaftsprägenden Eigenart.

Duisburg-Hamborn:
Zeche Friedrich Thyssen 1/6 190

Mit dem Abteufen des Schachtes 1 ist 1871 begonnen worden; er nahm 1875 die Förderung auf. 1885 belief sie sich auf 183000 Tonnen Kohle. Neben dem Schacht 1 ist 1903 der Schacht 6 niedergebracht worden, der 1907 in Förderung kam. Die Tagesanlagen wurden 1928 stillgelegt; das Grubenfeld ist mit den Zechen Friedrich Thyssen 2/5 und Friedrich Thyssen 4/8 vereinigt worden. Die geförderte Kohle kam fortan auf diesen Schachtanlagen zu Tage. S. Zechen Deutscher Kaiser, Bergwerk Friedrich Thyssen 2/5 WO 9 und Friedrich Thyssen 4/8 WO 10.

⚒ *Fördergerüst über Schacht 6. Das Gelände der Schachtanlage soll als Wohnbaufläche und Parkanlage (Grünflächen) genutzt werden. Das Fördergerüst (deutsches Strebengerüst von 1907) bleibt als industrielles Baudenkmal in der Parkanlage erhalten.*

Dichterviertel: Für die Bergleute, die auf der Zeche arbeiteten, entstand zwischen 1905 und 1918 das Dichterviertel, so benannt, weil die meisten Straßennamen Dichter ehren. Rechtwinklig verlaufende Straßen sind überwiegend mit zwei- und dreigeschossigen Mehrfamilienhäusern bebaut. Bessere Flächennutzung und leichteres Heizen waren die Gründe für diese Bauweise. Betonung der Straßeneinmündungen durch Eckbauten, Wechsel zwischen Putz- und Klinkerflächen und verschiedene Fenster- und Dachformen lassen aber auch diese Siedlung keineswegs eintönig erscheinen. Die Innenhöfe bieten großzügig bemessene Freiflächen, auf denen früher Ställe und Schuppen standen. ⚒

Duisburg-Hamborn:
WO 9
Bergwerk Friedrich Thyssen 2/5 (RAG

Die Anlage hat 1896 die Förderung aufgenommen (Schacht 2). Mit dem Abteufen des Schachtes 5 (neben Schacht 2) ist 190 begonnen worden. Schacht 2 hatte 1903 eine Teufe von 552 m erreicht, und 1908 stieß Schacht 5 bei 239 m Teufe auf das Steinkohlengebirge. 1909 ereignete sich auf der Anlage 2/5 eine Schlagwetterexplosion (fünf Todesopfer). Schacht 5 kam 1910 in Förderung (Schacht 2 wurde Wetterschacht). 1914 begann das Teufen des Spülschachtes Nr. 5 (Lohhof). 1919 erfolgte die Konsolidation der Felder Deutscher Kaiser und Beeckerwerth zu Friedrich Thyssen und die Umbenennung (Berechtsame 28,9 km²). Schacht 2 war 552 m tief, die Teufe von Schacht 5 betrug 657 m. Es waren die Spülschächte Ottostraße, Pollmannshof und Lohhof in Betrieb. 1922 kam der Durchschlag mit Wehofen und Beeckerwerth. 1926 ist ein Feldesteil von Rönsbergshof übernommen worden (1,6 km²). Die Zeche Wehofen wurde 1928 eingegliedert. In den Jahren 1930 bis 1932 wurde das Bergwerk zur Großschachtanlage ausgebaut. Sie verfügte über fünf Schächte (Friedrich Thyssen 2, Friedrich Thyssen 5, Friedrich Thyssen 6, Wehofen 1 und Wehofen 2). Größte Teufe: 1 023 m. Förderung 1975: 1,5 Millionen Tonnen.

† 1976. Die Schächte sind 1977 verfüllt worden; die Tagesanlagen wurden abgerissen. S. Zechen Deutscher Kaiser, Friedrich Thyssen 1/6 und Wehofen.

Duisburg-Hamborn:
Zeche Friedrich Thyssen 3/7
Das Abteufen des Schachtes 3 begann 1889; die Förderung wurde 1895 aufgenommen. 1897 kamen die ersten sechzig Koksöfen in Betrieb; die Kokerei ist später zur Zentralkokerei ausgebaut und erweitert worden; sie wurde 1953 Eigentum der August-Thyssen-Hütte AG. Mit dem Abteufen des Schachtes 7 wurde 1905 begonnen; er kam 1908 in Betrieb. 1919 hatte Schacht 3 (Bewetterung) eine Teufe von 455 m; Schacht 7 war 556 m tief. Der Spülschacht Beeckerwerth-Nordost stieß 1922 bei 155 m auf das Karbon. Die Schachtanlage ist † 1932 stillgelegt und mit der Zeche Beeckerwerth zusammengefaßt worden. Die Schächte wurden nur noch als Wetterschächte und zur Seilfahrt bzw. Materialförderung benutzt. S. Zeche Beeckerwerth WO 11.

Duisburg-Hamborn:
WO 10
Zeche Friedrich Thyssen 4/8
Das Abteufen des ersten Schachtes (Schacht 4) hatte 1899 begonnen. Er stieß 1902 bei 122 m Teufe auf das Steinkohlengebirge und ist 1903 in Förderung gekommen. 1905 wurde eine Kokerei mit 240 Öfen in Betrieb genommen (später zur Zentralkokerei Friedrich-August-Thyssen 4/8 ausgebaut und erweitert). 1919 hatte der Schacht eine Teufe von 560 m. Mit dem Abteufen des Schachtes 8 ist 1922 begonnen worden; er kam 1925 als Förderschacht und einziehender Wetterschacht in Betrieb. Der Schacht Wittfeld ist von 1908 bis 1910 von der Gewerkschaft Neumühl abgeteuft worden und wurde 1928 nach Herstellung der Verbindung unter Tage zweiter Ausziehschacht für Thyssen 4/8. 1929 wurde Schacht 8 auf 659 m tiefergeteuft, und 1930 erfolgte das Tieferteufen des Schachtes Wittfeld. 1944 ist Schacht 4 durch einen Bombenangriff zerstört worden; die achte Sohle soff ab. Das Sümpfen erfolgte 1946, und 1947 nahm die Anlage 4/8 die Kohlenförderung wieder auf. Die Berechtsame der Thyssenschächte belief sich 1952 auf 19,1 km². Förderung 1958: 570 000 Tonnen Fettkohle. † 1959. Die Kokerei blieb zunächst erhalten und erzeugte 1974 über eine Million Tonnen Koks. † 1977. S. Zechen Deutscher Kaiser und Neumühl.

Duisburg-Homberg:
WO 4
Zeche Rheinpreussen (RAG) 191 192
Dieses ist die erste Zeche, deren Schächte auf dem linken Ufer des Rheins niedergebracht worden sind. Es war Franz Haniel (1779 - 1868), der das Wagnis unternahm, dort nach Kohle zu suchen. Seine Gründung, die Zeche Rheinpreussen, hat sich charakteristische Besonderheiten ein ganzes Jahrhundert hindurch erhalten, auch nachdem andere Bergwerksunternehmen in der Nachbarschaft emporwuchsen. – Bereits 1851 hatte Haniel die Konzession beantragt, in dem Grubenfeld Rheinpreussen Kohle zu schürfen und zu fördern. Aber erst im Mai 1854 konnte er in rund 175 m Teufe ein Kohlenflöz nachweisen, womit die Voraussetzungen für die Ausstellung der Konzessionsurkunde erfüllt waren. Bestätigt hatte sich aber durch die vorgenommenen Bohrungen die Vermutung Haniels, daß die Kohlenflöze, die rechtsrheinisch abgebaut wurden, sich am linken Niederrhein fortsetzten. Mit einer Ausdehnung von fast 94 Millionen m² hatte das ihm verliehene Grubenfeld im Vergleich zu den damaligen rechtsrheinischen Verhältnissen eine geradezu unvorstellbare Ausdehnung. Als Standort des ersten Schachtes wählte Haniel einen ihm gehörenden Gutshof, unmittelbar in der Nähe des Rheins.

Mit dem Abteufen des Schachtes 1 ist 1857 begonnen worden. Den Arbeiten im Schwimmsandgebirge mit wechselnden Sand-, Kies- und Tonschichten stellten sich bei starken Wasserzuflüssen ungewöhnliche Schwierigkeiten entgegen. 1861 erfolgte ein Durchbruch der Schachtsohle, bei dem der Schwimmsand um mehr als 17 m im Schacht aufstieg. 1865 begann das Abteufen des Schachtes 2 (neben Schacht 1); er stieß 1873 auf das Karbon (bei 126 m Teufe) und kam 1875 in Förderung. 1877 erreichte Schacht 1 das Steinkohlengebirge, und 1879 wurde eine Kokerei errichtet; Kohlenförderung: 90 000 Tonnen. Erst 1884 kam der Schacht 1 voll in Betrieb. Förderung 1890: 300 000 Tonnen. 1891 wurde mit dem Abteufen des Schachtes 3 in Homberg-Hochheide begonnen, der 1898 in Förderung kam. Das Teufen des Schachtes 4 begann 1900 (Moers-Hochstraß); im gleichen Jahr ist mit dem Abteufen des Schachtes 5 (in Moers-Utfort) begonnen worden. Er erreichte 1904 bei 155 m das Steinkohlengebirge. 1905 ist auf dieser Zeche erstmals eine Schüttelrutsche im Ruhrbergbau eingesetzt worden. Die Kohlenförderung belief sich im genannten Jahr auf insgesamt 1,54 Millionen Tonnen (6 370 Beschäftigte). Damals ist der Bau einer eigenen Hafenanlage in Angriff genommen worden. 1910 betrug die Berechtsame der Zeche insgesamt 42 km². Kohlenförderung: 2,5 Millionen Tonnen (9 067 Beschäftigte). 1912 ist die Förderung auf Schacht 1 eingestellt worden. Kohlenförderung 1913: 2,76 Millionen Tonnen (9 904 Beschäftigte). Schacht 3 wurde 1914 stillgelegt; er diente fortan als Wetterschacht für die Schachtanlage Rheinpreussen 4. Das Abteufen des Schachtes 6 (Repelen-Rheinkamp) begann 1922; die Teufarbeiten sind jedoch im folgenden Jahr vorläufig eingestellt worden.

1924 ist die Schachtanlage 1/2 als Förderanlage stillgelegt worden. Die Teufarbeiten für Schacht 6 wurden wieder aufgenommen. Förderung 1925: rund zwei Millionen Tonnen (8 816 Beschäftigte). 1936 ist mit dem Bau einer Kohlenverflüssigungsanlage nach dem Fischer-Tropsch-Verfahren begonnen worden, und 1939 wurde auf dieser Zeche zum

Duisburg-Homberg: Zeche Rheinpreussen*, Stichkanal des zecheneigenen Hafens mit Hubbrücke von 1906-1908. Unten: Hubbrücke.*

Moers-Repelen/Rheim: *Die Luftaufnahme von 1969 zeigt die* **Pattbergschächte** *(ehem. zu Rheinpreussen, Sitz Duisburg-Homberg gehörig, später zum Verbundbergwerk Rheinland). Bildmitte links: Strebengerüst über Schacht 2 (später Rheinland 6, Seilfahrt-, Material- und Wetterschacht); rechts: Stahlkastenstreben-Doppelbock über Schacht 1 (später Rheinland 7, Förderschacht, Gefäßförderung), † 1993, Fördergerüste abgebrochen 1995 (vgl. Abb. S. 278).*

ersten Mal eine Walzenschrämmaschine für den Kohlenabbau eingesetzt. Förderung 1940: 2,45 Millionen Tonnen (5 550 Beschäftigte). Das Teufen des Wetterschachtes 8 (Gerdt) in Baerl begann 1941. 1943/44 erfolgten auf Rheinpreussen die erstmaligen Einsätze eines Kohlenhobels in der Kohlengewinnung sowie eines Kettenkratzerförderers in der Strebförderung. 1945 kam Schacht 8 in Betrieb. Kohlenförderung 1950: 1,97 Millionen Tonnen (8 171 Beschäftigte). Der Schacht 2 ist 1953 aufgegeben und im folgenden Jahr verfüllt worden. 1957 wurde Schacht 8 für die Seilfahrt und Materialförderung eingesetzt. Das Teufen des Zentralförderschachtes 9 (neben Schacht 5) begann 1958. Schacht 1 wurde 1960 aufgegeben und verfüllt. 1962 ging der Zentralschacht 9 in Betrieb. 1964 wurde Schacht 3 abgeworfen und verfüllt. Förderung 1965: 4,1 Millionen Tonnen (9 796 Beschäftigte); 1970: 1,53 Millionen Tonnen (3 085 Beschäftigte). 1971 erfolgte der Verbund zum Bergwerk Rheinland. † 1990. S. Zechen Rheinpreussen 4, Pattbergschächte WO 3, Rheinpreussen 5/9 und Verbundbergwerk Rheinland WO 4.

⚒ *Malakoffturm über Schacht 1, 1879 gebaut, bis 1925 in Betrieb mit Maschinenhäusern (am Turm), Verwaltungsgebäude mit Uhrturm (um 1903/04), Waschkaue mit Lohnhalle usw. (1901), Werkstättenbau (um 1870 errichtet). Das Gebäudeensemble ist auch für heutige Betrachter noch beeindruckend.*

Siedlung Rheinpreussen: Zwischen den Schächten 1/2 und 3 ließ das Unternehmen ab 1903 eine Wohnsiedlung bauen, um die z.T. weit entfernt angeworbenen Arbeiter und ihre Familien unterzubringen. Die Ausdehnung der Kohlenförderung gegen Ende des 19. Jahrhunderts vergrößerte den Bedarf an Arbeitskräften. Ein großer Teil der Siedlung fiel in den 1960er Jahren dem Abriß zum Opfer, nachdem sie an einen Bauunternehmer verkauft worden war. Der wollte die Bergarbeiterhäuser durch Hochhäuser ersetzen und die Zahl der Wohnungen mehr als verdreifachen (von 1 800 auf 5 600). Das Bauunternehmen ging vor Vollendung des Zerstörungswerks in Konkurs; der Erhalt der verbliebenen 600 Wohnungen war jedoch noch nicht gesichert. Dies kostete einen harten Kampf der Bewohner, die sogar zu Hungerstreiks griffen, um ihre Sache durchzusetzen. 1985 schließlich wurde die Rheinpreussen-Siedlung Genossenschaftseigentum und präsentiert sich heute stilgerecht renoviert.

Siedlung Johannenhof: Die „Beamten“ (Angestellten) des Bergwerks wohnten im Johannenhof. Der Name deutet an, daß diese Siedlung eine nach außen abgeschlossene Welt bildet. Die Häuser haben größere Zimmer als die der Arbeitersiedlung und die Schrägen im Dachgeschoß sind weniger stark geneigt. Nutzgärten und Wirtschaftsgebäude findet man andererseits auch in der Beamtensiedlung.

Von der Friedrich-Ebert-Brücke aus hat man einen schönen Blick auf den Hafen

Rheinpreussen, den die Zechenleitung zwischen 1906 und 1908 anlegen ließ. Ein kurzer Kanal verbindet das Hafenbecken mit dem Rhein. Bereits der Zechengründer Franz Haniel hatte den Fluß als Transportweg für die Rheinpreussen-Kohle vorgesehen. Noch heute dient die Hafenanlage mit ihrer bemerkenswerten Hubbrücke u.a. dem Umschlag von Kohle. ⚒

Duisburg-Homberg/Moers-Repelen: WO 3 192 278
Pattbergschächte (RAG)
1919 begannen die Vorbereitungen zum Abteufen der Schächte 6 und 7 im Feld Rheinland (in Moers-Rheinkamp-Repelen) der Gewerkschaft Rheinpreussen. Diese Schächte erhielten später zu Ehren des Generaldirektors der Gewerkschaft (Dr.-Ing. E. h. Heinrich Pattberg) den Namen Pattbergschächte. Mit dem Abteufen des Schachtes 6 (Pattberg 1) wurde 1925 begonnen; das Steinkohlengebirge ist 1926 erreicht worden. 1927 wurde die Förderung aufgenommen. Die Abteufarbeiten für Schacht 2 (7) begannen 1932; die Förderung ist 1934 aufgenommen worden.

1932 wurde über Schacht 1 ein neues Doppelstreben-Fördergerüst in Vollwandbauweise errichtet (Streben überwiegend mit kastenförmigen TT-Querschnitten in wegweisender Schweißtechnik; 1995 abgebrochen).

Förderung 1935: 698 000 Tonnen (1 480 Beschäftigte); bis 1940 stieg sie auf 1,1 Millionen Tonnen an (1 955 Beschäftigte). 1941 ist auf dieser Zeche der erste Schrämlader („Eiserner Bergmann“) im Ruhrbergbau eingesetzt worden. 1945 sank die Kohlenförderung auf 344 000 Tonnen (1 740 Beschäftigte). Förderung 1950: 1,3 Millionen Tonnen. Die höchste Förderung ist 1955 mit 1,86 Millionen Tonnen erbracht worden (4 040 Beschäftigte). 1956 kam es zum Verbund mit Rheinpreussen, aus dem die Pattbergschächte 1970 wieder ausgegliedert wurden, um mit dem Bergwerk Rossenray den Verbund Pattberg / Rossenray zu bilden. Bereits im Jahr darauf gingen beide dann mit Rheinpreussen im Verbundbergwerk Rheinland auf. † 1993. S. Zeche Rheinpreussen und Bergwerke Rossenray und Rheinland WO 4.

⚒ *Am Pattberg-Schacht 1, später Rheinland 6, blieb eine Maschinenhalle erhalten, die heute zur Stiftung Industriedenkmalpflege und Geschichtskultur gehört. Die elektrische Fördermaschine von 1912 mit zwei Umformern, Schaltkästen und Führerstand zeigt eine frühe Entwicklungsphase dieser Maschinengattung und gehörte zu den größten Anlagen ihrer Art.* ⚒

Duisburg-Laar: Zeche Westende. *Der Schacht 1 wurde 1856 abgeteuft und erreichte 1858 das Steinkohlengebirge. 1859 mußte die Zeche zunächst stillgelegt werden. Das Abteufen des Schachtes 2 begann 1889, die Förderung wurde 1892 aufgenommen. Die Zeche baute auch unter den Duisburger Häfen. † 1968.*

Duisburg-Laar:
Zeche Westende 193
Der Schacht 1 war 1856 durch den englischen Unternehmer Colsone abgeteuft worden; 1858 wurde das Steinkohlengebirge erreicht. 1859 mußte die Anlage zunächst stillgelegt werden. 1889 begannen die Abteufarbeiten für Schacht 2, der 1892 in Förderung kam. 1899 sind die Tagesanlagen der Schächte 1 und 2 erneuert worden. Es wurde eine Kokerei mit 60 Öfen errichtet (1912 umgebaut, 1915 stillgelegt). 1912 erreichte die Zeche ihre Höchstförderung vor dem Ersten Weltkrieg (845 000 Tonnen). 1917 waren bei einer Schlagwetterexplosion und etwas später bei einem Gebirgsschlag insgesamt elf Todesopfer zu beklagen. Zwischen 1919 und 1920 ist die Anlage noch einmal erneuert worden. 1926 erfolgte die Übernahme des Schachtes *Rönsbergshof*; die höchste Förderung ist 1927 mit ca. 1,13 Millionen Tonnen erbracht worden (2 335 Beschäftigte). 1928 wurden die Tagesanlagen 1/2 abgebrochen und die Schächte verfüllt. Die Förderung auf *Rönsbergshof* ist eingestellt worden, und die Kohle ging unter Tage zum *Kampschacht*. 1929 kam Rönsbergshof wieder in Förderung. 1935 begann die Zeche mit dem Kohlenabbau unter dem Rhein. Die dadurch eintretenden Senkungen der Oberfläche mußten schon bald durch Deichauffüllungen ausgeglichen werden. Kohlenförderung 1940: 844 000 Tonnen (2 020 Beschäftigte). 1945 sank die Produktion auf ca. 102 000 Tonnen ab (1 205 Beschäftigte). Förderung 1950: 521 000 Tonnen (2 350 Beschäftigte). 1952 umfaßte die Berechtsame 18,1 km². Aufgrund eines mit der Bundeswasserstraßenverwaltung und der Duisburg-Ruhrorter Häfen AG abgeschlossenen Vertrages führte die Zeche ab 1953 den Kohlenabbau unter den Duisburger Häfen zwecks Absenkung der Tagesoberfläche durch. Der Schacht Rönsbergshof wurde 1964 aufgegeben und verfüllt. Die Zeche, die eine alte und wechselvolle Geschichte hatte, verfügte zuletzt über zwei Schächte (Kampschacht, Ruhr & Rhein). Förderung 1965: 750 000 Tonnen. † 1968. S. Zechen Ruhr & Rhein und Beeckerwerth WO 11, Rönsbergshof und Schachtanlage Kampschacht.

Duisburg-Meiderich:
Schachtanlage Kampschacht
1903 ist beschlossen worden, die alte Zeche Ruhr & Rhein wieder in Betrieb zu setzen. Zu diesem Zweck wurde mit dem Niederbringen eines neuen Schachtes begonnen,

der unter dem Namen Kampschacht 1905 in Förderung kam. Zwischen der neuen Schachtanlage und den Schächten 1 und 2 der Zeche Westende wurde eine Verbindung unter Tage hergestellt. 1907 sind die Grubenfelder Westende und Ruhr & Rhein konsolidiert worden. S. Zechen Ruhr & Rhein sowie Westende WO 12.

Duisburg-Neudorf:
Zeche Neu-Duisburg

Die Mutung wurde 1856 unter dem Namen Grillo eingelegt (sieben Felder); es begann das Abteufen eines Schachtes, der 1857 bei 63 m Teufe das Steinkohlengebirge erreichte. Starker Gebirgsdruck erzwang 1858 eine längere Unterbrechung der Aufschließungsarbeiten. 1859 erfolgte die Konsolidation weiterer Grubenfelder (Juliane, Neu-Duisburg, Neu-Essen usw.); der Schacht kam bei 92 m Teufe in Förderung. 1861 waren große Wasserzuflüsse zu verzeichnen, die das Sümpfen der Grube erforderlich machten. Nach dem Sümpfen wurde der Schacht auf 169 m weitergeteuft. In der Mitte der 1860er Jahre kam es wiederholt zur Betriebseinstellung. 1872 ist der Schacht bis auf 236 m tiefergeteuft worden (Ansetzen der dritten Sohle). † 1876 wegen anhaltender starker Wasserzuflüsse.

Duisburg-Neumühl:
Zeche Neumühl

Die Bergbau und Industrie AG Neumühl war eine Gründung von Franz Haniel (1779 - 1868). Schon 1853 entstand der Plan, in Neumühl nach Kohle zu graben. 1867 wurden die Felder Neumühl I bis IX zum Grubenfeld Neumühl konsolidiert und gleichzeitig die Gewerkschaft des Steinkohlenbergwerks Neumühl gegründet. Nachdem 1892 zunächst ein Bohrloch niedergebracht worden war, das bei 120 m Teufe das Steinkohlengebirge erreichte, begann 1893 das Abteufen des Schachtes 1, der 1897 die Förderung aufnahm. Im gleichen Jahr ist mit dem Abteufen des Schachtes 2 begonnen worden; er kam 1899 in Förderung. 1900 wurde die erste Koksofenanlage (60 Öfen) in Betrieb genommen. Schacht 3 wurde 1904 und 1905 abgeteuft und kam 1906 in Betrieb. 1908 begann das Abteufen von Schacht 5, dem bereits 1910 Schacht 4 (mit einer Fördereinrichtung versehen) folgte; er wurde 1914 fertiggestellt. Über diesem Schacht stand der erste Förderturm im Ruhrgebiet mit ausgemauertem Stahlfachwerk vor der Tragkonstruktion. 1913 ist Schacht 6 abgeteuft worden, der 1916 in Betrieb kam. Die Förderung hatte sich von knapp 20000 Tonnen (1897) bis 1900 auf 500000 Tonnen gesteigert; sie erreichte 1913 fast 1,6 Millionen Tonnen. 1914 ereignete sich auf Schacht 4 eine Schlagwetterexplosion (acht Todesopfer); 1925 ist die Förderung auf Schacht 3 eingestellt worden. Kohlenförderung 1930: 1,32 Millionen Tonnen (4135 Beschäftigte). Die höchste Förderung ist 1939 mit 1,68 Millionen Tonnen erbracht worden (3640 Beschäftigte). Im Sommer dieses Jahres waren bei einem schweren Seilfahrtunglück acht Todesopfer zu beklagen. Förderung 1940: 1,65 Millionen Tonnen (3725 Beschäftigte). 1945 sank die Produktion auf ca. 427000 Tonnen ab (2905 Beschäftigte). Das Bergwerk hatte zuletzt fünf Schächte. Schacht 1: Förder- und Seilfahrtsschacht; Schacht 2: Seilfahrt-, Förder- und Wetterschacht; Schächte 3 und 4: Material- und Einziehschächte; Schacht 6: Wetterschacht. Alle Schächte hatten Gestellförderung. Teufe der Hauptfördersohle: 830 m. Förderung 1950: eine Million Tonnen. † 1962. Die Schächte wurden 1963 verfüllt.

Duisburg-Rheinhausen / Hochemmerich:
WO 6
Zeche Diergardt

1855 hatten der Kaufmann Ferdinand Stein (Rheydt), Geh. Kommerzienrat Friedrich Diergardt (Viersen), Handelskammerpräsident Franz Wilhelm Königs (Dülken) und der Geh. Kommerzienrat Gustav Mevissen (damals Präsident der Direktion der Rheinischen Eisenbahn-Gesellschaft, Köln) Schürfversuche in der Gegend von Rheinhausen veranlaßt und auf Grund der Ergebnisse die Verleihung eines Grubenfeldes beantragt. Die Verleihung erfolgte 1857. Das unverritzte Feld Diergardt wurde 1874 in drei gleich große Felder geteilt. Dadurch entstanden das östliche Feld Diergardt, das mittlere Feld Wilhelmine Mevissen und das westliche Feld Fritz. 1903 wurden im Feld Diergardt bei Asterlagen, Hochemmerich und Atrop Untersuchungsbohrungen niedergebracht. 1909 ist die Gewerkschaft Diergardt gegründet worden, die 1910 begann, linksrheinisch den späteren Hauptförderschacht Diergardt 1 abzuteufen, der den Beinamen Carl Theodor (nach dem Bankier Carl Theodor Deichmann, der 1910 zum Vorsitzenden des Grubenvorstandes gewählt worden war) erhielt. Aufnahme der Förderung: 1912, gleichzeitig Beginn der Abteufarbeiten für Schacht 2. 1911 wurden die benachbarten Felder Java, König von Preußen, Silistria, Marie, Sophia und Viktoria II zu einem Gesamtfeld unter dem Namen Diergardt II konsolidiert und in die gegründete Gewerkschaft Diergardt II eingebracht. Den Vorsitz des Grubenvorstandes übernahm ebenfalls Carl Theodor Deichmann.

Die erwähnten Einzelfelder waren 1859 an die 1854 unter namhafter Beteiligung holländischen Kapitals gegründete AG Vulkan für Hüttenbetrieb und Bergbau in Duisburg verliehen worden. Diese Gesellschaft hatte 1856 bis 1860 vergeblich versucht, im Feld Java zwei Schächte niederzubringen. Die Arbeiten scheiterten an dem schwimmenden Deckgebirge, das mit den damaligen Mitteln nicht beherrscht werden konnte. 1867 wurde die Berechtsame verkauft. Am 10. Februar 1912 ist von den Gewerkschaften Diergardt und Diergardt II die Bergwerksgesellschaft Diergardt mbH gegründet worden. Im selben Jahr begann man auch im Feld Diergardt II mit dem Abteufen eines Schachtes, der zunächst Java genannt wurde und 1913 nach dem damaligen stellvertretenden Vorsitzenden des Grubenvorstandes der Gewerkschaft Diergardt II den Namen Franz Ott erhielt. Der Schacht, der 1914 die Förderung aufgenommen hat, diente später nur noch der Seilfahrt und der Wetterführung; die Förderung wurde auf dem Schacht Diergardt 1 (Carl Theodor) zu Tage gebracht.

Am 18. April 1914 wurde der Gewerkschaft Diergardt unter dem Namen Diergardt-Erweiterung auch das Bergwerkseigentum an einem unter dem Rhein liegenden Feld verliehen, das den Zusammenhang zwischen dem linksrheinischen Feld Diergardt und dem rechtsrheinischen Feld Diergardt II herstellte. Kohlenförderung 1915: fast 342000 Tonnen (1190 Beschäftigte). 1921 kam es zur Betriebsgemeinschaft zwischen Diergardt und Diergardt II, und 1925 belief sich die Förderung des Bergwerks auf ca. 619000 Tonnen (2805 Beschäftigte). Der Durchschlag mit Wilhelmine Mevissen erfolgte 1927; die beiden Zechen wurden fusioniert zu Diergardt-Mevissen, blieben jedoch selbständige Bergwerke. 1928 waren bei einem Grubenbrand sieben Todesopfer zu beklagen. Förderung 1930: 630000 Tonnen (2300 Beschäftigte). Die höchste Förderung ist 1937 mit 855000 Tonnen erbracht worden (2190 Beschäftigte). Förderung 1940: fast 749000 Tonnen (2210 Beschäftigte). 1945 wurden die Tagesanlagen von Schacht 3 zerstört; die Kohlenförderung sank in diesem Jahr auf 219000 Tonnen ab (1390 Beschäftigte). Berechtsame 1946: 31,6 km². Die Zeche verfügte zuletzt über drei Schächte (ein Förderschacht, ein Seilfahrtschacht und ein Wetterschacht); es wurden sieben Flöze auf zwei Sohlen gebaut. Teufen der Hauptfördersohlen: 270 und 500 m. Teufe der Wettersohle: 115 m. Förderung 1950: 620000 Tonnen; 1964: 460000 Tonnen Anthrazitkohle. † 1968. S. Zeche Wilhelmine Mevissen WO 5.

Duisburg-Rheinhausen / Hochemmerich:
WO 5
Zeche Wilhelmine Mevissen (RAG)

Die Gewerkschaft Wilhelmine Mevissen war am 8. August 1903 von den Erben Königs und Mevissen (s. Zeche Diergardt) für die Aufschließung des Feldes Wilhelmine Mevissen gegründet worden. Mitglieder des Grubenvorstandes der Gewerkschaft waren Ernst Königs und Heinrich Stein. Mit dem Abteufen der Schächte 1 (in Östrum) und 2 (Bergheim) wurde 1912 begonnen. 1914 konnte die Kohlenförderung aufgenommen werden (77000 Tonnen,

Duisburg-Walsum: Bergwerk Walsum. Die Aufnahme von 1972 zeigt im Vordergrund (rechts) das Kraftwerk, ganz links im Mittelgrund die Aufbereitungsanlage. Fördergerüst links: Schacht 1 (Franz), rechts: Schacht 2 (Wilhelm).

383 Beschäftigte). Gleichzeitig wurde eine Brikettfabrik in Betrieb genommen.

1924 hatte die Gewerkschaft die Kuxe der Gewerkschaft Fritz, die 1903 von Frau Berta Krupp von Bohlen und Halbach gegründet worden war, erworben. 1927 war der Felderbesitz noch durch Ersteigerung des Feldes Tellus I vergrößert worden. Auf Grund des Zusammenschlusses änderte die Bergwerksgesellschaft Diergardt mbH ihren Namen in Bergwerksgesellschaft Diergardt-Mevissen mbH. Die ursprüngliche Gewerkschaft Diergardt wurde in Gewerkschaft Diergardt-Mevissen I, die Gewerkschaft Diergardt II in Gewerkschaft Diergardt-Mevissen II, die Gewerkschaft Wilhelmine Mevissen in Gewerkschaft Diergardt-Mevissen III und die frühere Gewerkschaft Fritz in Gewerkschaft Diergardt-Mevissen IV umbenannt.

Die Förderung der Bergwerksgesellschaft Diergardt-Mevissen mbH belief sich 1927 auf 1,16 Millionen Tonnen Kohle. Der 1937 bis 1938 abgeteufte Schacht Rummeln ist 1938 dem Grubenbetrieb zugeteilt worden und diente ausschließlich der Seilfahrt und der Bewetterung. 1950 belief sich die Förderung auf rund 600 000 Tonnen Eß- und Anthrazitkohle. 1957 erfolgte der Durchschlag mit Diergardt und die Umbenennung der Zeche in Wilhelmine Mevissen/Rummeln. Das Teufen des Schachtes Kaldenhausen (Bewetterung) begann 1959; er erreichte bei 184 m das Karbon und kam 1960 in Betrieb. Damals betrug die Kohlenförderung 651 000 Tonnen (1 970 Beschäftigte). 1963 erfolgte die Umbenennung des Bergwerks in Mevissen / Rummeln. Teufe der Hauptfördersohle: 500 m. Förderung 1971: 950 000 Tonnen Anthrazitkohle. † 1973. S. Zeche Diergardt WO 6.

Duisburg-Ruhrort: Zeche Ruhr & Rhein

Mit dem Abteufen des ersten Schachtes ist 1857 begonnen worden. Er erreichte 1864 das Steinkohlengebirge und nahm 1866 die Förderung auf. Da sehr unreine und teilweise stark gestörte Flöze angefahren worden waren, mußte die Zeche aus wirtschaftlichen Gründen 1868 stillgelegt werden. 1870 ist das Grubenfeld von der Société Anonyme des Charbonnages du Rhin (Paris) aufgekauft worden; die Schachtanlage wurde 1871 wieder in Betrieb genommen. 1874 brach die S.A. des Charbonnages du Rhin zusammen. Der Bergwerksbesitz ging an die neugegründete Société Anonyme des Charbonnages rhénans (Paris) über, die 1880 ebenfalls liquidieren mußte. Die Zeche kam in den Besitz der Société Anonyme des Houllières de Meiderich (Paris). 1885 wurde das Pariser Büro der Gesellschaft aufgelöst und die Verwaltung nach Meiderich verlegt; im folgenden Jahr ist die deutsche Gesellschaftsbezeichnung Aktiengesellschaft Meidericher Steinkohlenbergwerke angenommen worden. Auf dieser Anlage sind 1875 erstmalig im Ruhrbergbau Versuche unternommen worden, Schrämmaschinen zum Lösen der Kohle einzusetzen. Die Kohlenförderung belief sich in diesem Jahr auf fast 66 000 Tonnen (420 Beschäftigte). Die höchste Förderung ist 1883 mit 123 000 Tonnen erbracht worden (330 Beschäftigte). † 1890 wurde die Zeche wegen starker Wasserzuflüsse und wegen des Verbots des Oberbergamtes, unter der Stadt Ruhrort, den alten Ruhrorter Häfen und unter dem Rhein Abbau zu betreiben, stillgelegt. Der Schacht Ruhr & Rhein wurde Westende 3. S. Zeche Westende WO 12.

Duisburg-Walsum: WO 8 42 132 195f. Bergwerk Walsum (RAG/DSK)

1904 reichte der Industrielle August Thyssen den Betriebsplan für eine Doppelschachtanlage auf dem Areal des Dorfes Walsum ein, der am 1. März desselben Jahres genehmigt wurde. Mit dem Abteufen des Schachtes 1 ist 1909 begonnen worden. Durch den Ausbruch des Ersten Weltkrieges wurden die Arbeiten unterbrochen. Sie sind zwar 1919 wieder aufgenommen worden, wurden jedoch 1923 wegen der Besetzung des Ruhrgebietes durch französische Truppen erneut gestundet. Erst 1927 konnten die Abteufarbeiten wieder in Angriff genommen werden. Der Schacht erreichte 1929 das Steinkohlengebirge. Nachdem 1930 mit dem Abteufen des

Duisburg-Walsum: Bergwerk Walsum. Das Abteufen der Doppelschachtanlage mit den Schächten 1 und 2, die 1956 die Namen Franz und Wilhelm erhielten, begann bereits Anfang des 20. Jahrhunderts. Aufnahme 1987.

Voerde: Schachtanlage Voerde (des Bergwerks Walsum): Findling Barbara. Der Stein stammt aus einer nahegelegenen Kiesgrube. Er zeigt die heilige Barbara mit dem Kommunionkelch, wie sie im Mittelalter zur Symbolisierung ihres festen Glaubens gern dargestellt wurde; neben der Heiligen die stilisierten Fördergerüste Franz und Wilhelm des Mutterbergwerks Walsum. Die Patronin der Bergleute gehört zu den vierzehn christlichen Nothelfern und wird vor allem gegen jeden jähen Tod angerufen. Barbara ist auch die Schutzheilige der Architekten und Bauarbeiter. Werk: Steinbildhauermeister Stenert, Xanten 1987.

Schachtes 2 begonnen worden war, der noch im selben Jahr auf das Karbon stieß, mußten 1931 und 1932 die Arbeiten als Folge der inzwischen eingetretenen Weltwirtschaftskrise gedrosselt werden. 1936 wurde das Abteufen des Schachtes 2 bei 833 m Teufe zunächst beendet. Schacht 1 konnte 1939 die Förderung aufnehmen.

Nach dem Zweiten Weltkrieg ist die Schachtanlage zu einem modernen Verbundbergwerk ausgebaut worden. 1947 hatte die Förderung eine halbe Million Tonnen erreicht. Sie stieg schnell weiter an und belief sich 1953 auf 1,75 Millionen Tonnen. Der Schacht 2 wurde 1956 als zweiter Förderschacht eingerichtet. Im gleichen Jahr ist der Schacht 1 zur Erinnerung an den langjährigen Generaldirektor der Gesellschaft, Dr. Franz Lenze, in Schacht Franz, und der Schacht 2 zur Ehrung von dessen Nachfolger, Dr.-Ing. Dr.-Ing. E. h. Wilhelm Roelen, in Schacht Wilhelm umbenannt worden.

Die Kohlengewinnung ist seit 1965 vollmechanisiert, ebenso der Strebausbau. Nahezu ausschließlich wird die Kohle über zwei Bandstraßen (1,8 und 4 km Länge) nach zwei in Schachtnähe angeordneten Bunkern (Fassungsvermögen 1 000 und 1 500 Tonnen Rohkohle) befördert. Von dort wird sie mit einer Gefäßförderung in Schacht 2 und zwei Gestellförderungen mit je vier Großraumwagen (je 3,8 Kubikmeter Inhalt) in Schacht 1 zu Tage gebracht. Die heutige Förderkapazität des Bergwerks liegt bei einer Bruttoförderung von 22 500 Tonnen (täglich), wovon zwei Drittel auf die Gefäßförderanlage in Schacht 2 entfallen. Das entspricht einer verwertbaren Jahresförderung von drei Millionen Tonnen. Bei einem bauwürdigen Kohlenvorrat von 150 Millionen Tonnen in flacher Lagerung bis zu 1 200 m Teufe hat das Bergwerk damit im ursprünglichen Grubenfeld eine Lebensdauer von 50 Jahren.

Walsum verfügt über einen leistungsfähigen werkseigenen Hafen. Er ist durch einen 1 600 m langen Stichkanal mit dem Rhein verbunden. Teufe der Hauptfördersohlen: 800 und 913 m. Die bisher höchste Förderung wurde 1982 mit 3,39 Millionen Tonnen erbracht (Gaskohle). Das Bergwerk hat drei Schächte: Schacht Franz (Seilfahrt-, Förder- und Materialschacht; Gestellförderung), Schacht Wilhelm (Förder- und Wetterschacht; Gefäßförderung) und den im Nordfeld stehenden in den ersten 1980er Jahren neu abgeteuften Schacht Voerde (Wetterschacht).

Dieser Schacht erschließt abbauwürdige Kohlenvorräte von mehr als 200 Millionen Tonnen und kann den Fortbestand des Bergwerks über Jahrzehnte sichern. Im Rahmen des behördlichen Genehmigungsverfahrens für den zukünftigen Abbau gab es 2001 allerdings unerwartet starke Proteste. Die Angst, daß durch Bodensenkung der Rhein über die Ufer bzw. die Deiche treten und das ganze Gebiet überschwemmen könnte, brachte zahlreiche Anwohner gegen die DSK-Pläne auf und erschwert deren Verwirklichung. S. dazu Abschnitt „Reserven im Norden. Umweltschutz und Bergbau" (S. 102).

Der Schacht Voerde hat einen Durchmesser von 6 m. Die Seilfahrteinrichtung (der Schacht dient ausschließlich der Bewetterung und der Seilfahrt) ist ein vieretagiger Förderkorb, der 168 Personen gleichzeitig aufnehmen kann; die Tagesanlagen bieten Wasch- und Umkleidemöglichkeiten für 1 600 Bergleute. Entsprechend ausgelegt sind Lampenstube, Bürogebäude, Kantine und Parkplätze. Mit dem Bau dieser Anschlußanlage war 1979 begonnen worden. Bei der Planung wurden Umweltbelange besonders berücksichtigt. Ende 1987 ist die neue Schachtanlage in Betrieb gegangen.

1988 begann auf dem Bergwerk Rheinland die Teufarbeit für den Schacht Rheinberg, der beiden Bergwerken, Walsum und Rheinland zur Bewetterung dient. Seit 1993 gehört dieser Schacht zu Walsum. Auch das Baufeld Binsheimer Feld übernahm man von Rheinland. Seit 1990 bauen Walsumer Bergleute in diesem Feld Kohle ab. 2002 ging am Schacht Voerde eine zentrale Kälteanlage in Betrieb, die das gesamte Grubengebäude mit kühler Luft versorgt und erträgliche Temperaturen an den Arbeitsplätzen herstellt. Fördermenge 2002: 2,08 Millionen Tonnen (3 314 Beschäftigte); das Grubenfeld mißt 99 km², größte Teufe: 1 127 m.

Duisburg-Wehofen: Zeche Wehofen

Diese Zeche ist 1903 durch Teilung und Abtrennung der Berechtsame Deutscher Kaiser entstanden; es kam zur Bildung der Gewerkschaft Rhein I. Den Namen hat die Zeche bis 1926 geführt. Dann wurde sie in Wehofen umbenannt. Mit dem Abteufen der Doppelschachtanlage Wehofen 1/2 ist 1909 begonnen worden; Schacht 1 erreichte 1911 bei 351 m Teufe das Steinkohlengebirge, Schacht 2 Mitte 1912 bei 347 m. 1913 wurde die Kohlenförderung aufgenommen. Sie betrug 1915 rund 385 000 Tonnen (1 405 Beschäftigte). Förderung 1920: 409 000 Tonnen (2 114 Beschäftigte). Höchste Förderung: 1924 mit 720 000 Tonnen (3 263 Beschäftigte). † 1928 ist die Zeche stillgelegt worden. Das Baufeld wurde der Anlage Friedrich Thyssen 2/5 zugeteilt, die Tagesanlagen abgerissen. S. Bergwerke Deutscher Kaiser und Friedrich Thyssen 2/5 WO 9.

⚒ *Siedlung Wehofen. Anders als die Zechenbauten blieb die Siedlung Wehofen bestehen. 1912 begann die zum Thyssen*

Duisburg-Wehofen: *Siedlung Wehofen, Baubeginn 1912.*

Bergbau gehörende Gewerkschaft Rhein I mit dem Bau, überwiegend in Backstein. 1918 waren fast 900 Wohnungen fertig. Auch eine „Konsumanstalt“ hatte man gebaut, angesichts der damals noch abgeschiedenen Lage der Kolonie eine wichtige Einrichtung. Anders als sonst zu dieser Zeit üblich wählte man ein gleichmäßiges Straßenraster. Zweckbetonung und Sparsamkeit des Thyssenschen Werkswohnungsbaus setzten sich hier gegen Gartenstadtideen durch. Dafür wurden die Gehwege mit Bäumen bepflanzt. Auch zeigen die Fassaden- und Dachformen der Häuser durchaus Anklänge an einen „malerischen“ Stil. ⚒

ESSEN E

Zeche Graf Beust 65 86

Benannt nach dem Oberberghauptmann Ernst August Graf von Beust (1783–1859), Direktor der Abteilung für Berg-, Hütten- und Salinenwesen im Preußischen Finanzministerium. Der 1840 abgeteufte Schacht erhielt zunächst den Namen Dahlmeyer und wurde später zum Förderschacht Graf Beust ausgebaut. Das war nach den von Franz Haniel abgeteuften Schächten Franz und Kronprinz der dritte durch die Mergeldecke abgeteufte Tiefbauschacht an der Ruhr. 1842 ist die Förderung aufgenommen worden; im selben Jahr wurde mit dem Abteufen des Schachtes 2 (Ernestine) begonnen. Kohlenförderung 1842: ca. 12000 Tonnen; Graf Beust war damit die größte Zeche des Reviers. 1843 stieß der Schacht 2 bei 36 m auf das Steinkohlengebirge; er kam 1845 in Betrieb. 1850 hatte die Förderung 59000 Tonnen erreicht (355 Beschäftigte). 1853 ist eine Pferdebahn über Victoria Mathias und Ver. Helene & Amalie zur Ruhr bei Mülheim gebaut worden. Kohlenförderung 1855: ca. 88000 Tonnen (530 Beschäftigte). 1858 kam die Pferdebahn nach Mülheim in Betrieb; sie ist jedoch nur bis 1865 benutzt worden. In diesem Jahr betrug die Förderung des Bergwerks fast 102000 Tonnen (600 Beschäftigte).

Auf dieser Zeche ist 1870 ein bemerkenswertes Fördergerüst in Betrieb genommen worden. Das von Geisler entworfene Gerüst war die konsequente Fortentwicklung des englischen Bocks zu einem extrem stahlsparenden Gebilde. Es wurde der Ausgangspunkt für die Entwicklung moderner Fördergerüste (deutsches Strebengerüst). Die Förderung der Zeche belief sich 1880 auf fast 201000 Tonnen (735 Beschäftigte) und 1885 auf 135000 Tonnen (490 Beschäftigte). 1897 wurde die stillgelegte Zeche Ver. Hoffnung & Secretarius Aak erworben und ein Feldesteil von Hagenbeck; die Berechtsame betrug damit drei km². Seit der Jahrhundertwende wurden auch Teile der benachbarten Felder Friedrich Ernestine und Victoria Mathias abgebaut. Förderung 1900: 338000 Tonnen (1225 Beschäftigte). Bis 1907 stieg die Produktion auf über 480000 Tonnen an (1365 Beschäftigte). Die höchste Förderung ist 1913 mit 570000 Tonnen erzielt worden.

Die Tagesanlagen wurden † 1929 stillgelegt; der weitere Abbau des Feldes erfolgte seitdem von der Zeche Victoria Mathias aus. S. Zechen Ver. Hoffnung & Secretarius Aak, Victoria Mathias WO 28 und Friedrich Ernestine WO 30.

Erbstollen An der Emscher

Die Mutung ist 1797 eingelegt worden, und 1798 wurde die Konzession an die Gewerkschaft Schölerpad erteilt. Der Erbstollen sollte von der Emscher aus angesetzt und in Richtung Südosten aufgefahren werden (bis Essen-Altendorf, etwa 5000 m lang). Obwohl Schächte und Lichtlöcher bereits geteuft waren, ist der Stollen nicht realisiert worden. Nach 1803 untersagte die Bergbehörde endgültig die Auffahrung, da inzwischen der Übergang zum Tiefbau in den in Betracht kommenden Berechtsamen begonnen hatte und die Erbstollen damit ihre Bedeutung verloren. S. Zeche Ver. Neu-Schölerpad & Hobeisen.

Zeche Fettlappen

Die Zeche lag in Stadtmitte (nahe der heutigen Bismarckstraße) und wurde auch Vettlappen, Zum Fettlappen oder Kohlgewerkschaft Fettlappen genannt. Schon im 16. Jahrhundert ist in dieser Gegend Bergbau betrieben worden. Für 1730 bis 1757 ist der Betrieb der Zeche Fettlappen verbürgt. 1760 wurde eine neue Mutung eingelegt, und 1764 kam es zur Übernahme der alten Secretariuswerke; anscheinend erfolgte die Umbenennung des Bergwerks in Secretarius Aak, doch wurde auch der alte Name weitergeführt. In der zweiten Hälfte des 18. Jahrhunderts lag der Betrieb häufig still, und es kam wiederholt zu Wassereinbrüchen. 1805 erfolgte die Konsolidation zu Hoffnung & Secretarius Aak. S. Zeche Ver. Hoffnung & Secretarius Aak.

Zeche Hercules 197

Name: Lateinische Form für *Herakles*, Held der griechischen Mythologie, Sohn des Göttervaters Zeus und der Alkmene, wird zu den Göttern erhoben.

Das Bergwerk war eine Gründung des Kaufmanns und Industriellen Friedrich Grillo (1825 - 1888). Es entstand durch Konsolidation der Zechen *Hercules* und *Amsterdam* und wurde 1856 mit einem Geviertfeld beliehen. Die Ursprünge der Zeche sind viel älter. Früher hatten im Feld Hercules zwei Gewerkschaften die Gruben *Auf der Dunau* (Donau) und *Rabennest* betrieben. Auf der Dunau war um 1765 in Betrieb gekommen und kam in den 1790er Jahren zum Erliegen; Rabennest scheint um 1770 in Betrieb gekommen zu sein. Beide Zechen waren 1803 bei der preußischen Bergbehörde nicht mehr angemeldet, so daß die Felder trotz späterer Reklamation angeblicher früherer Mitbesitzer als ins Freie verfallen betrachtet wurden und neuen Mutern verliehen werden konnten. Am 1.12.1835 wurde das Grubenfeld neu zugeteilt; es enthielt Eß- und Magerkohle in günstiger Lagerung. 1854 ist mit dem Abteufen des Schachtes Hercules begonnen worden. Er stieß 1857 bei 32 m auf das Karbon und kam 1859 in Förderung. Sie belief sich 1860 auf ca. 59000 Tonnen (240 Beschäftigte). 1863 begann das Teufen des *Alten Wetterschachtes* (Wetterschacht 1) an der Steeler Chaussee. Das Teufen des Schachtes *Amsterdam* begann 1865; der Schacht wurde bereits 1869 aufgegeben und verfüllt. Förderung 1875: ca. 77000 Tonnen (273

Essen: Zeche Hercules. Rechts der schmucklose, aber wuchtige Malakoff über Schacht Hercules, links daneben das Maschinenhaus. † 1925. Lithographie um 1870.

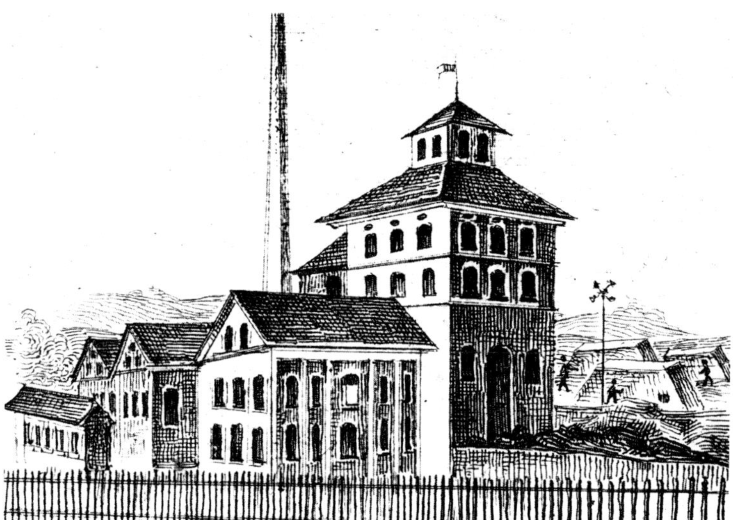

Beschäftigte). 1889 begann das Abteufen des Schachtes 2 (in Essen-Huttrop); Förderung 1890: 107000 Tonnen (600 Beschäftigte). 1891 erreichte Schacht 2 (bei 17 m) das Steinkohlengebirge. Förderung 1895: 235000 Tonnen (777 Beschäftigte). 1899 begann das Abteufen des Schachtes Katharina, der 1901 in Betrieb kam. Der Alte Wetterschacht wurde im gleichen Jahr aufgegeben, und das Feld Amsterdam kam an Katharina. Beide Schachtanlagen (Hercules und Katharina) waren leistungsfähig und neuzeitlich ausgerüstet. 1904 betrug die Förderung 444000 Tonnen. 1906 wurde Katharina selbständige Zeche. Auf Schacht Hercules 1 ereignete sich im gleichen Jahr ein Seilfahrtunglück, das sieben Todesopfer forderte. Förderung 1910: 232000 Tonnen (773 Beschäftigte). 1911 begann das Teufen des Schachtes 5 (neben Schacht 1), der 1912 in Förderung kam. Förderung 1913: 320000 Tonnen (1136 Beschäftigte). † 1925 ist die Zeche stillgelegt worden. S. Zeche Katharina WO 36.

Zeche Zur Hoffnung
Dieses war auf dem Gebiet des Stiftes Essen wahrscheinlich das älteste Bergwerk. Es wird bereits 1623 urkundlich erwähnt als Kohlberg Zur Hoffnung. Die Aak des Stollens mündete an der Quelle des Sälzerbaches in Holsterhausen. Im gleichen Jahr erfolgte die Bildung einer Gewerkschaft durch „Diederich Lipperheide, von Bermen, Doktor Wasserfurth et Konsorten". 1640 wurde ein Berechtsamsprozeß mit anderen „Kohlwerken" (Hörsterwerk, Gummichs Werk, Rasche) geführt, und 1724 ist der Stollen der Gesellschaft des Neuen Berges (in Holsterhausen) von Zur Hoffnung übernommen worden. 1733 erfolgte die Belehnung durch die Essener Fürstäbtissin als „Kohlberg der sogenannten Hoffnung". Die Gewerken werden vom Stift Essen ausdrücklich „zum Bearbeiten des Kohlwerkes" angehalten, da sonst die „Belehnung wieder entzogen" werde. 1742 und in den folgenden Jahren mußten die Gewerken ständig Zubußen für die Zeche leisten, sie ersuchen um Zehntbefreiung, da „noch keine gute Kohle" gefunden würde, und 1753 droht das Stift, daß die Belehnung entzogen werde, wenn der Betrieb weiter stilläge. 1759 erfolgte die erste Belehnung durch die Stadt Essen; seitens des Stiftes wird Klage erhoben, daß die „Gesellschaft Hoffnung seit geraumer Zeit keinen Bergzehnten bezahlt" habe. 1763 beklagen die Gewerken, daß die Zeche „seit 30 Jahren auf ausgekohlten Bauen" stehe; die Fürstäbtissin droht erneut mit der Entziehung der Belehnung, und das Bergwerk wird daraufhin wieder in Betrieb genommen. Drei Jahre später ergeht die Bitte an den Magistrat der Stadt um Zehntermäßigung, da die Grube versoffen sei und „die Zehntkohlen seit einiger Zeit selbst eingekauft" werden müßten. Der Betrieb läuft jedoch weiter, obgleich in diesem Jahr ein Wassereinbruch erfolgte. Im April 1768 wurde die Belehnung durch die Fürstäbtissin erneuert (an Georg Philipp Kaufmann, Vertreter der „Gesellschaft des Kohlgewerks Zur Hoffnung"). Auch in den folgenden Jahrzehnten kommt es immer noch nicht zur Ruhe im Verhältnis der Gewerkschaft mit dem Stift bzw. dem Magistrat der Stadt Essen. Es gibt neue Drohungen hinsichtlich Entziehung der Belehnung, Erneuerungen der Belehnung und auch weitere Wassereinbrüche im Stollen. Ein 1796 angelegter Unterwerksbau erforderte ebenfalls ständige Zubußen. Wegen schlechter Gewinnaussichten wurde der Betrieb schließlich 1803 eingestellt. 1805 kam es zur Konsolidierung des Bergwerksbesitzes mit Secretarius Aak. S. Zeche Ver. Hoffnung & Secretarius Aak.

Zeche Ver. Hoffnung & Secretarius Aak
Diese Zeche, in der Mitte von Essen gelegen, ist 1805 durch Konsolidation der Stollenbetriebe Zur Hoffnung und Secretarius Aak entstanden. Zur Hoffnung lag im Gebiet des Stiftes Essen und war 1733 von der Fürstäbtissin verliehen worden. Secretarius Aak wurde vom Rat der Stadt 1764 verliehen; der Name erklärt sich daraus, daß das Feld schon einige Zeit vorher dem Stadtsekretär Hinrich Wilhelm Krupp überschrieben und nach dessen Tode der Stadt wieder zugefallen war („Ak" oder „Aak" = Stollen; das Wort leitet sich ab von dem Begriff Aakeldruft, einer verballhornten Form des Wortes Aquädukt, das auf die Wasserableitung aus dem Stollen zielt). 1848 wurde die Gewerkschaft Ver. Hoffnung & Secretarius Aak gegründet. Nachdem die Kohle über der Stollensohle weitgehend abgebaut war, wurde der Übergang zum Tiefbau notwendig (1854). Das Teufen des Schachtes in Stadtmitte begann 1858, er stieß bei 25 m auf das Steinkohlengebirge, und 1861 wurden mit 180 Beschäftigten ca. 6000 Tonnen Kohle gefördert. Der Tiefbauschacht Hoffnung ist 1863 abgeteuft worden (in der Nähe des Limbecker Platzes); er erreichte bei 30 m das Karbon und kam 1864 in Förderung. Der 1858 geteufte Schacht wurde Wetterschacht, und 1865 förderte das Bergwerk bereits über 143000 Tonnen Kohle (360 Beschäftigte). Die höchste Förderung ist 1867 mit ca. 188000 Tonnen erbracht worden (490 Beschäftigte). In den 1880er Jahren verursachte die Zeche erhebliche Bergschäden; der Abbau unter der Stadt wurde untersagt, und die Förderung sank auf 100000 bis 150000 Tonnen jährlich. † 1897 wurde das Bergwerk stillgelegt. Die Berechtsame und die Verpflichtung zur Abwicklung der Bergschäden wurden von der Gewerkschaft Graf Beust übernommen. S. Zeche Graf Beust.

Zeche Secretariuswerke
Dieses war die erste Kohlenzeche, die auf städtischem Gebiet eingerichtet wurde. Sie ist bereits um 1725 entstanden; damals wurde die erste Aakeldruft angelegt, und seitdem existierte eine Essener städtische „Kohlbergordnung". Der Grubenfeldbesitzer war auch mit den Feldern Hobeisenbank und Fettlappen belehnt. Der Aquädukt ist 1750 nahe dem Limbecker Tor aufgefahren worden, „wo vormals Gummichs und die sogenannt Voß und Dickebank-Kohlwerke sich befunden und befinden". Um 1756 wurde das Grubenfeld mit einem Schacht erschlossen; Abbau erfolgte in den Flözen Krabbenbank, Hobeisenbank, Fettlappen und anderen. Um 1760 wurde das Bergwerk aufgegeben. 1764 ist die Zeche von der Gesellschaft Zum Fettlappen übernommen worden. Wahrscheinlich erfolgte gleichzeitig die Umbenennung in Secretarius Aak. S. Zechen Ver. Hoffnung & Secretarius Aak sowie Fettlappen.

Zeche Auf dem Steut
Bei dieser Zeche (auch Auf'm Steut, Ob dem Steut oder einfach Steut = Stoß genannt) handelt es sich wahrscheinlich um das älteste urkundlich nachgewiesene Bergwerk im Ruhrgebiet. Die erstmalige Erwähnung datiert von 1535. 1637 ist von einem „Kohlwerk Auf dem Steut" die Rede, 1643 soll der „Betrieb wieder aufgenommen" worden sein. Die Essener Fürstäbtissin erteilte 1682 die Belehnung an „Auf dem Steut, olim der Goiß und mit allem, was mit deren Aack (= Stollen) gewonnen werden" könne. Für 1683 ist verbrieft, daß mehrere Betriebe den Steuter Stollen benutzt haben, und bis etwa 1700 wird eine gute Ausbeute verzeichnet. 1735 taucht dann erstmalig die Bezeichnung „Kohlberg Hagenbeck oder Steut" auf. S. Zechen Auf der Goes und Ver. Hagenbeck.

WO 28 **87 198f.**
Zeche Victoria Mathias
Mit dem Abteufen des Schachtes Mathias ist 1840 begonnen worden; er kam 1845 in Förderung. 1857 wurde mit dem Abteufen des Schachtes Gustav begonnen, der schon 1858 in Betrieb genommen werden konnte. Gefördert wurden in diesem Jahr rund

Essen: Zeche Victoria Mathias. Das Fördergerüst vorn von 1910 wurde 1966 abgebrochen.

Essen: Im Segeroth um 1910. Hintergrund: ***Zeche Victoria Mathias*** *mit den Schächten Gustav und Victoria Mathias 2. Das Segeroth (heute Stadtteil Nordviertel, früher zur Pfarrei St. Gertrud gehörend) war die städtische Viehweide. Der Stadtteil, vor dem Zweiten Weltkrieg dicht besiedelt, ist durch Bombardierungen in den 1940er Jahren außerordentlich stark betroffen worden. Die Mitte des alten Segeroths bilden heute die Friedhöfe, von denen der erste seit 1864 genutzt wurde.*

140000 Tonnen Kohle, und mit 755 Beschäftigten war das Bergwerk die größte Zeche an der Ruhr (bis 1869). 1875 wurde der Schacht Mathias stillgelegt. Die Förderung der Zeche belief sich 1876 auf 227000 Tonnen. Bis zur Jahrhundertwende hat sie sich etwa auf dieser Höhe gehalten. Da die Zeche seit 1875 nur noch über einen Schacht verfügte, entschloß man sich 1898, den Schacht Victoria Mathias 2 abzuteufen. Im selben Jahr ging der Schacht Gustav zu Bruch (sieben Todesopfer), so daß der Betrieb der Zeche eingestellt werden mußte. Der Schacht wurde zugeschüttet und dann neu abgeteuft. Ende 1900 konnte sowohl auf dem Schacht Gustav als auch auf Victoria Mathias 2 die Förderung aufgenommen werden. 1913 belief sich die Produktion der beiden neu abgeteuften Schächte auf 645000 Tonnen. 1929 wurde die Förderung auf der Nachbarzeche Graf Beust stillgelegt; sie wurde seitdem auf Victoria Mathias zu Tage gebracht. Die Förderung stieg 1929 auf 730000 Tonnen an. Die bald einsetzende Weltwirtschaftskrise ließ sie in den folgenden Jahren auf 460000 Tonnen zurückgehen. Bis 1937 stieg sie wieder auf 742000 Tonnen. 1945 erlitt die Anlage schwere Kriegsschäden. Die Förderung sank auf 70000 Tonnen ab (etwa 800 Beschäftigte). 1957 erfolgte der Verbund von Victoria Mathias und Friedrich Ernestine. Die Förderung des Verbundbergwerks belief sich in diesem Jahr auf ca. 702000 Tonnen (3275 Beschäftigte). Die höchste Förderung ist 1959 mit 837000 Tonnen erbracht worden (2698 Beschäftigte). Die Förderkapazität der Anlage belief sich 1964 noch auf 500000 Tonnen. † 1965. S. Zechen Graf Beust und Friedrich Ernestine WO 30.

Essen-Altendorf:
Zeche Ver. Hagenbeck 199

Der Name ist eine Flurbezeichnung, die soviel wie „Bach im Gebüsch" bedeutet (Hagen = Wald, mit Gebüsch eingefriedet). Diese alte Zeche hat bis in die 1840er Jahre als Stollenbetrieb Kohle gefördert. Die 1575 in einer Bergverordnung des Richters der Fürstäbtissin zu Essen erwähnte Kohlengesellschaft „Auf der Goes" ist als Vorgängerin der Zeche anzusehen. 1735 taucht erstmals der Name „Kohlberg Hagenbeck oder Steut" auf. Die Zeche war zu Anfang des 19. Jahrhunderts in eine schwierige Lage geraten, als sie zum Tiefbau übergehen wollte, ihr aber das Bergamt die Genehmigung dazu versagte.

Die behördlichen Schwierigkeiten erwuchsen aus der Rücksicht auf die nahegelegene Zeche Ver. Sälzer & Neuack, die mehr und mehr aufblühte, während Hagenbeck verkümmerte. Selbst langwierige Prozesse vermochten daran nichts zu ändern (vgl. hierzu Zeche Ver. Neu-Schölerpad & Hobeisen). Dank der tatkräftigen Bemühungen von Franz Haniel (1779 - 1868), der seit 1831 Kuxe von Hagenbeck und der Gewerkschaft Krabbenbank aufkaufte, gelang es schließlich, die Widerstände zu brechen. Am 12. Oktober 1833 wurde die Gewerkschaft erneut beim Werdener Bergamt vorstellig und teilte mit: „Jetzt wollen und möchten wir aber zum Tiefbau übergehen." Wie mehrmals vorher, fehlte der deutliche Hinweis nicht, daß Sälzer & Neuack den Landabsatz schon lange nicht mehr voll befriedigen könne. Die Beamten des Bergamtes hatten neue Einwände parat. Zunächst seien die Ansprüche von Krabbenbank zu klären. Außerdem hoffe man, daß der auf Schölerpad inzwischen begonnene Bau den „neuerdings" bei Sälzer aufgetretenen Kohlenmangel beheben werde.

Auf weitere Anfragen wurden noch mehr „Gründe" geltend gemacht, warum für Hagenbeck die Genehmigung zum

Essen-Altendorf: Zeche Hagenbeck. *Diese Zeche bestand schon Anfang des 19. Jahrhunderts als Stollenbetrieb. Das Abteufen des ersten Schachtes begann Ende der dreißiger Jahre. Der Schacht 2 wurde 1853 niedergebracht. Hagenbeck hatte auch eine Kokerei und eine Brikettfabrik. 1928 wurde die Förderung eingestellt. Die Kohle aus dem Grubenfeld kam von da ab auf der Anlage Rosenblumendelle zu Tage. Aufnahme etwa 1910.*

Tiefbau nicht erfolgen könne; es mußte im übrigen für die Gewerkschaften Hagenbeck und Krabbenbank um gesonderte Genehmigungen nachgesucht werden und um eine weitere noch für das Flöz Rieckenbängsgen, an dem beide Gewerkschaften je zur Hälfte beteiligt seien. So türmten sich Schwierigkeiten auf Schwierigkeiten. In den folgenden Jahren kamen Behinderungen seitens einiger Hagenbecker Gewerken hinzu, wodurch das Bergamt Werden in seiner ablehnenden Haltung sehr bestärkt wurde. Im Januar 1836 äußerte schließlich das Oberbergamt Dortmund, es seien bei Hagenbeck noch einige Streitpunkte „zu untersuchen". Haniel schrieb darauf dem Werdener Bergamt, daß die Behörde „nach 32jährigen vergeblichen Anstrengungen" die Genehmigung zum geplanten Ausbau endlich erteilen müsse. Das Dortmunder Oberbergamt näherte sich in dieser Zeit der Auffassung Haniels, und schon im März 1836 brachte dieser der Werdener Behörde gegenüber die Hoffnung zum Ausdruck, daß die Genehmigung zum Tiefbau nun nicht mehr versagt werden könne. Er machte ferner geltend, daß das Bergamt selbst die (von ihm gewünschte) Konsolidation der Gewerkschaften Hagenbeck, Krabbenbank und Rieckenbank vorgeschlagen habe. Diese Konsolidation kam dann auch am 4. Mai 1836 zustande. Ende der dreißiger Jahre begann das Abteufen eines Schachtes, der Ende Juli 1840 bereits eine Teufe von 60 m erreicht hatte. Im Sommer 1842 konnte bei einer Teufe von 100 m die erste Fördersohle angesetzt werden. Ein zweiter Schacht wurde 1853 niedergebracht.

Der nach langem Streit und empfindlichen Behinderungen endlich genehmigte Tiefbau brachte für die Zeche den erwarteten neuen Aufschwung. Anfang der siebziger Jahre des 19. Jahrhunderts mußten jedoch erhebliche Summen für Bergschäden (namentlich im Gebiet der Kruppschen Fabrik) gezahlt werden, wodurch die Ertragslage stark beeinträchtigt worden ist. Um diese Zeit wurden im Jahr durchschnittlich 150000 bis 180000 Tonnen Kohle gefördert. 1902 konnten auch die Felder Hobeisen und Neu-Schölerpad in Betrieb genommen werden. 1905 belief sich die Kohlenförderung auf 454000 Tonnen (1 470 Beschäftigte). Förderung 1910: 464 000 Tonnen (1 610 Beschäftigte). 1913 war die Produktion auf über 511 000 Tonnen angestiegen (1 690 Beschäftigte). 1922 begann das Teufen des Wetterschachtes 3, der 1923 in Betrieb kam. Förderung 1925: 340000 Tonnen. 1926 sind bereits wieder 470000 Tonnen Eßkohle gefördert worden. Die Zeche verfügte zuletzt über zwei Schächte, eine Kokerei und eine Brikettfabrik. † 1928 wurde die Förderung eingestellt und von da an auf der Schachtanlage Rosenblumendelle zu Tage gehoben. S. Zechen Ver. Neu-Schölerpad & Hobeisen, Ver. Rosenblumendelle und Rosenblumendelle / Wiesche WO 20.

Essen-Altendorf:
Zeche Ver. Neu-Schölerpad & Hobeisen

In dem Feld dieser Zeche, die zuerst Schölerpad hieß, ist bereits 1678 Stollenbau betrieben worden, der aber nach einigen Jahren aufgegeben werden mußte. 1734 nahm eine Gewerkschaft gleichen Namens den Kohlenabbau erneut auf, mußte jedoch schon bald den Betrieb wieder einstellen; der Stollenbau verfiel. 1792 erteilte die Essener Fürstäbtissin einer Gewerkschaft Schölerpad die Schürfgenehmigung; ein Christian Caiphas wollte nach dem Fündigwerden die Kohlenförderung aufnehmen. Sie kam jedoch wegen einer Auseinandersetzung um die Berechtsame nicht in Gang. Noch 1810 verweigerte die Bergbehörde die Inbetriebsetzung mit dem Hinweis, daß in der „dortigen Gegend" die bereits tätigen Zechen den Kohlenabsatz „hinlänglich bestreiten" könnten. Nach diesen vergeblichen Bemühungen versuchte neben anderen auch Friedrich Krupp (1787 - 1826), die Zeche in Betrieb zu setzen, jedoch die Behörde widersprach nach wie vor. Begünstigt wurde dabei zweifellos die nahegelegene Zeche Ver. Sälzer & Neuack, die inzwischen eine Dampfmaschine aufgestellt hatte.

Als Sprecher einer neuen Gewerkengruppe legte der Borbecker Vikar Bückmann dem Oberbergamt schließlich einen Betriebsplan vor. Im Dezember 1821 erhielt er jedoch den Bescheid, Sälzer & Neuack sei imstande, den „Kohlenbedarf zu befriedigen", und man könne „nicht mehr mit Vorteil arbeiten, wenn eine andere Zeche einen Teil des Absatzes" streitig mache. Die Gewerkschaft Schölerpad beschwerte sich daraufhin bei der Oberberghauptmannschaft in Berlin und wandte sich nach abschlägigem Bescheid an den Geheimen Staatsminister Freiherrn vom Stein. Dieser forderte vom Werdener Bergamt ein Gutachten an, das negativ ausfiel. Er holte aber auch ein Gutachten des Oberpräsidenten der Provinz Westfalen, Freiherrn von Vincke, ein. Dieses Gutachten schloß mit der Feststellung: „Die Schölerpader Gewerke sind ein für allemal und zum letzten Mal mit ihrem unzulässigen Vortrage ab und zur ewigen Ruhe zu verweisen." Vincke hatte sich vorher nicht nur durch die umfangreichen Akten, sondern auch bei Oberbergrat Bölling, dem Direktor des Westfälischen Oberbergamtes zu Dortmund (und eifrigsten Vertreter des Direktionsprinzips), genauer „informiert".

Aber auch jetzt ließ sich die Gewerkschaft nicht einschüchtern. Obgleich ihr das zuständige Berliner Ministerium geschrieben hatte, „daß bei fernerem Querulieren in dieser Sache die gesetzliche Ahndung erfolgen wird", wandten sich die Gewerken in einer Reklamation an den König von Preußen. Dieser machte sich die Ansicht der Gewerkschaft Schölerpad zu eigen, und in der Folge kam es zu dem bergbehördlichen Vorschlag, die beiden Zechen Schölerpad und Sälzer & Neuack zu vereinigen. Dieser Vorschlag wurde von der Gewerkschaft Schölerpad aber abgelehnt.

Um 1830 gewann Franz Haniel Einfluß auf die Gewerkschaft. Ihm gelang es, vom Oberbergamt die Genehmigung für das Abteufen eines Schachtes in der Schölerpader Mulde zu erhalten. Der Förderschacht Flashoff erreichte am 16. September 1833 bei 30 m das Steinkohlengebirge und bei 40 m ein Flöz von 62 Zoll (bei 88 m überraschenderweise ein weiteres von 48 Zoll). Gleichzeitig hatte auch ein zweiter Schacht (Bückmann) fast 90 m Teufe erreicht. Beide Schächte zählten damals zu den tiefsten an der Ruhr. 1836 nahm die Zeche die Förderung auf. Sie entwickelte sich schnell: 1840 war das Bergwerk mit einer Kohlenförderung von ca. 33 000 Tonnen die größte Zeche im Revier. Nach erheblicher Erweiterung des Grubenfeldes im Norden wurde sie am 1. Juli 1851 in Neu-Schölerpad umbenannt, womit der Name Schölerpad erlosch. Förderung 1854: 48000 Tonnen (282 Beschäftigte). Die höchste Förderung ist 1864 mit fast 87000 Tonnen erbracht worden (365 Beschäftigte). 1874 wurde der zuletzt betriebene Schacht (Bückmann) stillgelegt. Der Schacht Flashoff ist 1875 verfüllt worden; die Berechtsame fiel an Ver. Sälzer & Neuack. Das Grubenfeld der Zeche ist um die Jahrhundertwende der Schachtanlage Hagenbeck zugeteilt worden. S. Zechen Ver. Sälzer & Neuack, Ver. Hagenbeck und Rosenblumendelle / Wiesche WO 20.

Essen-Altendorf:
WO 27 31 201
Zeche Sälzer-Amalie

Schon 1623 wurde ein Stollen Sälzer zur Kohlengewinnung angelegt. Der Betrieb ist 1765 eingestellt worden. 1766 wurde eine Gewerkschaft Sälzer gebildet, die sich 1804 zur Gewerkschaft Ver. Sälzer & Neuack vereinigte. 1840 ist der erste Tiefbauschacht in Bergeborbeck abgeteuft worden, der 83 m Teufe erreichte. Er nahm 1843 die Förderung auf. Im gleichen Jahr begann das Abteufen des Schachtes Amalie, der 1850 Hauptförderschacht wurde (benannt nach Helene Amalie Krupp geb. Ascherfeld, 1737 - 1810); der erste Tiefbauschacht ist als Wetterschacht weiterbenutzt worden.

1869 ist auf dem Gelände der Zeche Amalie die Verkokung aufgenommen worden. Die Kokerei wurde zwischen 1870 und 1880 erheblich ausgebaut. Kokserzeugung 1880: 66 000 Tonnen. 1893 hatte der Schacht Amalie eine Teufe von 410 m. In diesem Jahr wurden 234000 Tonnen Kohle gefördert. Die Kokserzeugung belief sich auf 95 000 Tonnen. 1898 begann das Abteufen des Schachtes Bertha, der 1901 in Förderung kam (benannt nach Bertha Krupp geb. Eichhoff, 1831 - 1888). 1904 begann das Abteufen des Schachtes Marie, der 1908 die Förderung aufnahm.

Essen-Altendorf: Zeche Sälzer-Amalie. Im Vordergrund der markante Wasserturm im Stil der späten 1930er Jahre. Im Hintergrund links Strebengerüst über Schacht Marie, rechts das 1936 neu errichtete Gerüst in Vollwandbauweise über Schacht Amalie. Aufnahme 1955.

*Essen-Altendorf: Zeche Sälzer-Amalie (auch Ver. Helene & Anmalie). **Oben:** Das Verwaltungsgebäude an der Schachtanlage Amalie/Marie mit Lohnhalle, Kaue und Betriebsbüro von 1927 (Foto 1936) von Edmund Körner wurde im 2. Weltkrieg teilzerstört und danach verändert wieder aufgebaut. Es war zeitweise Direktionssitz der Zechen Sälzer-Amalie, Helene, Wolfsbank und Christian Levin. – **Unten:** Die Strebengerüste mit übereinanderliegenden Seilscheiben (Koepe-Förderung) über den Schächten Amalie (links, Vollwandbauweise, Bauart Dörnen 2, 1936) und Marie (rechts, Bauart Klönne, 1907).*

1922 wurde der Wetterschacht Barbara ıbgeteuft. Die Schachtanlage Barbara war ırsprünglich als Förderanlage geplant, vurde jedoch nach Fertigstellung nur als Wetterschacht benutzt. Die Teufarbeiten lauerten bis 1926 (Schachtdurchmesser 5,5 m). 1930 ist über dem Schacht ein Fördergerüst errichtet worden (23 m hoch, Raddurchmesser 4 m).

Im November 1929 wurde der Schacht Amalie stillgelegt. Nach Verfüllung der Schachtröhre mit Bergen ist er neu abgeeuft und mit Beton ausgekleidet worden. 1934 wurden die bis dahin selbständigen Anlagen Amalie und Sälzer & Neuack zur Zentralförderschachtanlage Sälzer-Amalie zusammengefaßt. Der neue Zentralförderschacht Amalie hatte eine Förderleistung von 5500 Tonnen täglich und übernahm auch die Förderung aus dem Baufeld Sälzer. Der Förderbetrieb auf Sälzer & Neuack wurde eingestellt.

Die Schachtanlage Sälzer-Amalie erlitt während des Zweiten Weltkrieges (1943) starke Schäden und lag bis September 1945 still. Nach Kriegsende begannen die Arbeiten zur Zusammenfassung der Anlagen Sälzer-Amalie, Wolfsbank und Christian Levin zu einer Verbundanlage. Die neunte Sohle (975 m Teufe) verband als Hauptfördersohle die genannten Schachtanlagen. Der Durchschlag mit der Anlage Christian Levin wurde 1954 erreicht; 1956/57 ist auch der Durchschlag mit der Schachtanlage Helene hergestellt worden. Sälzer-Amalie übernahm fortan die gesamte Eß- und Magerkohlenförderung aus den Feldern der genannten Zechen. Die aus den Grubenfeldern geförderte Fettkohle wurde auf den Anlagen Helene und Wolfsbank zu Tage gebracht und auf den dortigen Kokereien verkokt. Kohlenförderung 1959: 596000 Tonnen (3030 Beschäftigte). 1960 war der Verbund mit Wolfsbank abgeschlossen, und es erfolgte die Vereinigung zu Sälzer-Amalie und Wolfsbank. Das Grubenfeld umfaßte 19,9 km² (einschließlich Helene). Die Kohlenproduktion betrug 974 000 Tonnen (4 265 Beschäftigte). Die höchste Förderung ist 1961 mit ca. 997 000 Tonnen erbracht worden (4 150 Beschäftigte). Die Schächte Neu-Cöln 1/2, Schmits und Carolus Magnus 1 sind ab 1961 aufgegeben und verfüllt worden. 1962 erfolgte die Umbenennung in Amalie. Förderung 1962: 1,06 Millionen Tonnen (3 935 Beschäftigte). 1965 erfolgte die Übernahme der stillgelegten Zeche Helene. Die Berechtsame stieg damit auf 22 km². Förderung 1965: 1,2 Millionen Tonnen. † 1968. S. Zechen Ver. Sälzer & Neuack, Wolfsbank WO 21, Christian Levin WO 22 und Helene WO 26.

⚒ *Helenenstraße 110, Schacht Marie: Maschinenhaus, 1928 errichtet (expressionistische Formen, technische Funktion durch senkrechte Lamellen für Seilscheiben angedeutet).* ⚒

Essen-Altendorf/Frohnhausen: Zeche Ver. Sälzer & Neuack. Das Bild zeigt die Kohlenwäsche der alten Zeche. Im Hintergrund erkennt man am Leseband stehende Arbeiter.

Essen-Altendorf/Frohnhausen:
Zeche Ver. Sälzer & Neuack 30 202

Die Ursprünge dieser Zeche gingen weit in die frühe Geschichte des Ruhrbergbaus zurück. Schon 1623 erhielten Lipperheide und Genossen die Erlaubnis zum Anlegen des Stollens *Sälzer Ak* zur Kohlengewinnung. Um die gleiche Zeit belehnte sie die Fürstäbtissin des Stiftes Essen mit dem Flöz *Dreckbank* und den dahinter gelegenen Kohlenbänken. 1749 wurden dann Philipp Lange und Konsorten mit den Flözen Röttgersbank und *Herrenbank* belehnt. Der Betrieb mußte 1765 eingestellt werden, weil kein Bergzehnter bezahlt war. 1766 sind die Gewerken Pierenberg und Konsorten mit den Flözen Röttgersbank, Sälzer, Herrenbank und *Bängsgen* belehnt worden. Sie bildeten die alte Gewerkschaft Sälzer.

1800 wurde die Gewerkschaft *Neuak* gegründet. Sie vereinigte sich 1804 mit der Gewerkschaft Sälzer zu der neuen Gewerkschaft Ver. Sälzer & Neuack, um mittels einer Dampfmaschine – dies war eine der ersten im Ruhrbergbau – gemeinschaftlich Tiefbau zu betreiben.

Die Gewerkschaft Ver. Sälzer & Neuack begann 1807 mit dem Abteufen des Schachtes Arnold. Er erhielt seinen Namen nach dem Lehensträger der Gewerkschaft, dem Doktor beider Rechte und späteren Senator des Rates von Essen, Carl Isaac Arnold Huyssen. Der Bau der Wasserhaltungsmaschine wurde Franz Dinnendahl übertragen. Etwa zur gleichen Zeit wurde der Schacht Josina abgeteuft, benannt nach der Gattin Huyssens. Als weitere Schächte werden Concordia, Hoffnung und Zuflucht, Hermann, Paul und Pius genannt. 1816 ist auf der Zeche die erste „Koksbrennerei" des Ruhrgebietes eingerichtet worden. 1819 begann das Abteufen des Schachtes Waldthausen, der eine Teufe von 97 m erreichte. Ein weiterer Schacht (Franziska) förderte bis 1826. In diesem Jahr ist der Schacht Waldthausen zum einzigen Förderschacht des Bergwerks ausgebaut worden; dabei wurden zum ersten Mal eiserne Grubenschienen eingebaut. Die Zeche gehörte überhaupt zu den fortschrittlichsten Betrieben des jungen Ruhrbergbaus; 1835 erhielt sie das erste eiserne Förderseil des Reviers. 1842 begann das Abteufen des Schachtes Huyssen, der 1848 Hauptförderschacht wurde. 1857 begann das Abteufen des Schachtes Schmits, der 1864 Förderschacht geworden ist. Um dieselbe Zeit wurde Schacht Waldthausen als Förderschacht stillgelegt und seitdem als Wetterschacht verwendet. Nachdem 1861 die Kokserzeugung in Bienenkorböfen aufgenommen worden war, ging man 1867 zur Kokserzeugung in sogenannten Maschinenöfen über. 1898 belief sich die Förderung der Zeche auf 305 000 Tonnen und 1900 auf fast 335 000 Tonnen (1 350 Beschäftigte). 1901 ging das Bergwerk in den Alleinbesitz von Friedrich Alfred Krupp über. Die Firma Krupp, die an einer günstigen Versorgung ihrer Hütten mit Koks interessiert war, übernahm in diesem Jahr auch den Kokereibetrieb auf dem Gelände der Zeche, der damals aus 59 Bienenkorböfen, 132 Maschinenöfen und 60 Koksflammöfen bestand. 1914 erreichte die Kokserzeugung 194 000 Tonnen. Die höchste Kohlenförderung ist 1917 mit 609 000 Tonnen erbracht worden (2 095 Beschäftigte). 1920 waren vier Schächte in Betrieb, die Förderschächte Huyssen und Schmits, ein Wetterschacht und ein Spülversatzschacht; die Förderung betrug 447 000 Tonnen (2 320 Beschäftigte). 1926 wurden der Wetter- sowie der Spülversatzschacht aufgegeben. 1927 kam die Zusammenfassung mit Amalie und Helene zur Fried. Krupp AG Bergwerke Essen (alle drei Bergwerke blieben jedoch weiter selbständig fördernde Zechen). Förderung 1930: 1,43 Millionen Tonnen (4 840 Beschäftigte). 1935 sind von der Fried. Krupp AG Bergwerke Essen insgesamt 1,54 Millionen Tonnen Kohle gefördert worde (3 780 Beschäftigte). 1937 erfolgte die Zusammenfassung zur Zeche Sälzer-Amalie. S. Zeche Sälzer-Amalie WO 27.

Essen-Altenessen:
Zeche Anna-Emil

1845 ist in der Nähe des Bahnhofs Altenessen mit dem Abteufen des Schachte Anna begonnen worden. Dieser Schach mußte jedoch bereits 1846 aufgegebe werden. 1847 wurde ein Ersatzschacht i Angriff genommen, der bei 103 m da Steinkohlengebirge erreichte und 1851 di Förderung aufnahm. 1852 ist auf der Anlage die Kokserzeugung in Meilern aufgenommen worden. 1854 belief sich di Kohlenförderung auf rund 50 000 Tonne (460 Beschäftigte), 1860 förderte die Zech 74 000 Tonnen Kohle. Der Durchschla mit Schacht Carl erfolgte 1862, der m Schacht Emscher (auf der zweiten Sohle 1884. 1888 hatte die Förderung run 140 000 Tonnen erreicht. Das Abteufe eines Wetterschachtes begann 1896; di Teufarbeiten wurden durch erheblich Wasserzuflüsse stark behindert. De Schacht konnte erst 1901 in Betrieb ge nommen werden. Seit 1911 ist die Förde rung aus dem Feld Anna auf Schacht Em zu Tage gebracht worden; Aufbereitun und Kokerei auf Schacht Anna wurde stillgelegt. Fortan diente der Schacht Ann der Bewetterung und der Seilfahrt. 1916 is der 1901 in Betrieb gegangene Wette schacht tiefergeteuft worden; er hatte 192 eine Teufe von 563 m ereicht. 1924 erfolg te die Übernahme durch die Zeche Emil. S Zechen Emil-Emscher und Carl.

Essen-Altenessen:
WO 25
Zeche Emil-Emscher (RAG) 20

1873 begann das Abteufen des Schacht Emil Emscher 1 als Grundlage für die sp tere Schachtanlage Emscher. Als ers Schachtanlage im Revier erhielt sie feue

Essen-Altenessen: Zeche Emil-Emscher, Schächte 1 und 2, † 1973. Alle Tagesanlagen wurden 1976 abgebrochen.

sichere, aus Stahl und Steinen errichtete Gebäude und ein eisernes Seilscheibengerüst. Die Förderung konnte 1877 aufgenommen werden. 1903 begann das Abteufen eines weiteren Schachtes. Er wurde nach dem langjährigen Generaldirektor des Kölner Bergwerksvereins, Emil Krabler (1839 - 1909), Schacht Emil genannt und war später einer der Hauptförderschächte der Zentralschachtanlage Emil-Emscher. 1904 wurde auf Emscher eine Kokerei in Betrieb genommen; 1905 ist auch auf der Schachtanlage Emil eine Kokerei errichtet worden. Die völlige Übernahme der Zeche Anna erfolgte 1924. 1929 kam die Übernahme der Förderung von Schacht Karl (Carl) durch die Großschachtanlage Emil. Die Zusammenlegung der Zechen Emil und Emscher ist bereits 1935 in Angriff genommen worden. 1937 erreichte die Kohlenförderung der Zeche (einschließlich der von Fritz-Heinrich) fast 1,5 Millionen Tonnen (3 150 Beschäftigte). 1945 sank die Kohlenförderung des Bergwerks auf knapp 298 000 Tonnen ab (2 815 Beschäftigte). 1946 bestand die Zeche aus den Anlagen Emil 1/2, Anna (Wetterschacht), Karl (Wetterschacht), Emscher 1/2 (und einem Wetterschacht). Förderung 1950: 1,25 Millionen Tonnen (5 180 Beschäftigte). 1951 begann die Verwirklichung eines umfangreichen Programms zum Ausbau der Tagesanlagen, um auf Emil-Emscher 5 000 Tonnen Kohle täglich und auf Fritz-Heinrich 4 500 Tonnen fördern und aufbereiten zu können. Der Zusammenschluß zum Verbundbergwerk Emil-Fritz erfolgte am Jahresanfang 1967. S. Zechen Karl, Anna-Emil, Fritz-Heinrich WO 24 und Verbundbergwerk Emil-Fritz.

Essen-Altenessen:
Verbundbergwerk Emil-Fritz (RAG)

Mit den Abteufarbeiten für die Schachtanlage Emil-Emscher wurde 1903 begonnen; Aufnahme der Förderung: 1905. Für die Schachtanlage Fritz-Heinrich begannen die Abteufarbeiten 1872. 1935 ist diese Anlage als Großförderzeche völlig neu errichtet worden. 1958 wurde auf Fritz-Heinrich ein neuer Schacht (Hansen) geteuft: 890 m. 1966 sind die Anlagen Emil-Emscher und Fritz-Heinrich zu dem Verbundbergwerk zusammengefaßt worden. Förderung 1971: 2,35 Millionen Tonnen Gas- und Fettkohle. Das Bergwerk hatte 14 Schächte: 2 Seilfahrt- und Materialschächte sowie 2 Wetterschächte im Bereich Emil; 3 Förderschächte und 3 Wetterschächte im Bereich Fritz; 1 ausziehender Bergeskipschacht, 2 Seilfahrtschächte und 1 Wetterschacht im Bereich Wilhelmine Victoria (Gelsenkirchen). Hauptförderschacht waren der Hansenschacht sowie der Schacht Fritz 2. † 1973. S. Schachtanlagen Fritz-Heinrich WO 24 und Emil-Emscher WO 25 sowie Wilhelmine Victoria WO 49. Die Grubenräume wurden 1974 ausgeraubt, die Schächte verfüllt und alle Tagesanlagen abgerissen.

Essen-Altenessen:
WO 24
Zeche Fritz-Heinrich (RAG)

1855 wurde mit dem Abteufen des Schachtes Heinrich Theodor (später Heinrich 1) begonnen, der 1859 in Förderung kam. Der Schacht Fritz 1 ist 1872 als erster Schacht der späteren Schachtanlage Fritz abgeteuft worden. Er erhielt seinen Namen nach Friedrich Grillo (1825 - 1888, Aufsichtsratsmitglied der Bergbaugesellschaft Neu-Essen AG). Der Schacht kam 1875 in Förderung. Zwanzig Jahre später, 1895, wurde Schacht Fritz 2 abgeteuft, 1901 folgte der Schacht Heinrich 2, der 1903 anstelle von Heinrich 1 als Hauptförderschacht in Betrieb kam. 1911 förderte die Schachtanlage 710 000 Tonnen Kohle.

Die Zeche, die bis dahin Neu-Essen hieß, wurde 1912 in Fritz-Heinrich umbenannt. Das Baufeld war 5,2 km² groß. 1913 begann das Teufen eines Wetterschachtes, und 1915 waren bei einer Schlagwetterexplosion zehn Todesopfer zu beklagen. 1920 wurde auf der Schachtanlage Heinrich mit dem Teufen des Wetterschachtes 1 begonnen, der 1924 in Betrieb kam. Förderung 1930: über eine Million Tonnen. 1934 sind 1,13 Millionen Tonnen Kohle gefördert worden (2 813 Beschäftigte). Die Förderung auf Heinrich wurde 1935 eingestellt; das Baufeld kam zu Fritz (die Berechtsame von Fritz-Heinrich und Emil-Emscher belief sich damit auf zusammen 15,5 km²). Förderung 1940: 1,28 Millionen Tonnen (2 938 Beschäftigte). 1942 ereignete sich eine Schlagwetterexplosion, die 45 Todesopfer forderte.

1945 sank die Produktion auf knapp 271 000 Tonnen Kohle ab (2 160 Beschäftigte), und 1946 bestanden die Anlagen Heinrich 1/2 und Fritz 1/2; ein Wetterschacht war vorhanden. Förderung 1950: 1,15 Millionen Tonnen (3 940 Beschäftigte). 1952 waren drei Förder- und zwei Wetterschächte in Betrieb, und 1955 betrug die Förderung 1,18 Millionen Tonnen (4 085 Beschäftigte). Das Teufen des Schachtes *Hansen* (neben Fritz 1/2) begann 1958; er erreichte 1959 mit 889 m seine Endteufe. 1960 wurde das Grubenfeld der stillgelegten Zeche Wilhelmine Victoria übernommen; die Kohlenförderung erreichte in diesem Jahr 1,3 Millionen Tonnen (4 056 Beschäftigte). 1961 kam Schacht Hansen in Förderung. Die Förderung in den Schächten Fritz 1 und 2 ist 1962 eingestellt worden. Die höchste Förderung wurde 1964 mit ca. 1,59 Millionen Tonnen erbracht (3 600 Beschäftigte).

1966 ist die Zeche in Fritz-Wilhelmine umbenannt worden, und 1967 erfolgte der Verbund zu Emil- Fritz. S. Zechen Emil-Emscher WO 25, Wilhelmine Victoria WO 49 und Verbundbergwerk Emil-Fritz. In den 1970er Jahren wurden die Grubenräume von Fritz Heinrich ausgeraubt und die Tagesanlagen abgerissen.

Essen-Altenessen: Zeche Fritz-Heinrich, Schachtanlage Fritz 1/2. Aufnahme vor 1959. Die Anlage wurde in den frühen 1930er Jahren zur Großförderanlage ausgebaut. An der Planung war 1932-1935 die Architektengemeinschaft Fritz Schupp und Martin Kremmer maßgeblich beteiligt (besonders Kohlenwäsche und Fördergerüste). Die Tagesanlagen sind in den 1970er Jahren abgerissen worden.

Essen-Stoppenberg (Altenessen): Zeche Helene. *Schächte Helene (links) und Bertha (rechts). Der Malakoff über Schacht Helene war 1872 errichtet worden, das Strebengerüst wurde 1901 eingezogen. Aufnahme vor 1959. Abgerissen 1968.*

Essen-Altenessen:
WO 26
Zeche Helene (Helene/Bertha) 204

Benannt nach Helene Amalie Krupp geb. Ascherfeld (1737 - 1810). Auf das Grubenfeld Helene ist 1839 Mutung eingelegt worden. 1840 wurde der erste Tiefbauschacht abgeteuft (s. Zeche Sälzer-Amalie WO 27). Die Grubenfelder Helene und Amalie sind 1844 mit den Feldern Aline und Catharina II zu dem Feld Ver. Helene & Amalie konsolidiert worden. Zum Repräsentanten der Gewerkschaft Ver. Helene & Amalie wurde 1845 Friedrich Wilhelm Waldthausen (1815 - 1887) berufen; 1846 ist auch noch das Grubenfeld Heiterkeit an Waldthausen verliehen und mit Ver. Helene & Amalie konsolidiert worden. Auf die Verleihung des Feldes Ceres (1857) folgte 1858 die Verleihung des Feldes Pluto; beide Felder wurden 1859 mit dem Grubenfeld Ver. Helene & Amalie konsolidiert. 1861 sind Feldesteile mit der Gewerkschaft Neu-Schölerpad ausgetauscht worden. 1867 hatte die Berechtsame der Gewerkschaft insgesamt 5,37 Millionen Quadratmeter erreicht.

Mit dem Abteufen des Schachtes Helene wurde 1870 begonnen; die Förderung ist 1873 aufgenommen worden. Beim Ausheben der Fundamente für eine Kokerei wurden 1875 auf dem Zechengelände Reste einer Grabstätte aus fränkischer Zeit (5. bis 8. Jahrhundert n. Chr.) gefunden. Um 1893 hatte der Schacht eine Teufe von 353 m erreicht; es wurden 19 Flöze gebaut. Die Förderung belief sich zu dieser Zeit auf jährlich rund 270 000 Tonnen (Fett-, Gasflamm- und Gaskohle). Die Kokserzeugung war auf rund 95 000 Tonnen gestiegen. Zusammen mit der Schachtanlage Amalie erreichte die Anlage um die Jahrhundertwende eine Förderung von über 800 000 Tonnen.

Ab 1927 bildete die Zeche mit den Schächten Helene und Bertha sowie einer Kokerei eine Betriebsanlage. Die Schachtteufen beliefen sich 1940 auf 1 004 bzw. 994 m. Gebaut wurden sieben Flöze der Fettkohlengruppe; die Hauptbausohle lag bei 808 m. Nach dem Zweiten Weltkrieg nahm die Zeche bereits im Juni 1945 die Förderung wieder auf. Die Anlage war untertägig verbunden mit der Zentralschachtanlage Amalie. Förderung 1950: 555 000 Tonnen (1 955 Beschäftigte). † 1965. S. Zeche Sälzer-Amalie WO 27.

⚒ *Schachtanlage Helene/Bertha: Verwaltungsgebäude (mit Lohnhalle, Kaue und Betriebsbüros), das 1927 nach einem Entwurf des Essener Architekten Edmund Georg Körner (1878 - 1940) errichtet worden ist. Körner war auch der Baumeister der Essener Synagoge (1911/13), der Börse (heute Haus der Technik) 1922/25, der Staatlichen Baugewerkschule (vor 1914) und des Folkwangmuseums (1926/29) sowie zahlreicher Wohnsiedlungen, Kirchen und Industriebauten. – Das Verwaltungsgebäude an der Twentmannstraße in Altenessen beherbergte ab 1965 unter seinem Flachdach mehrere Handwerksbetriebe. Diese Nutzung entsprach jedoch kaum den Vorstellungen einer artgerechten Verwendung industrieller Baudenkmäler. Die IBA Emscher Park beendete den unbefriedigenden Zustand. Nach Renovierung und Umbau, kombiniert mit Qualifizierungs- und Beschäftigungsmaßnahmen, wurde 1997 ein Sport- und Gesundheitszentrum in dem denkmalgeschützten Gebäude eröffnet.*

In den 1930er Jahren verwirklichte die Firma Krupp auf der Schachtanlage Amalie/Marie ein großes Ausbau- und Modernisierungsprogramm (Abschluß 1938). Von den

Essen-Altenessen, Schachtanlage Helene/Bertha: *Verwaltungs- und Kauengebäude, 1927 nach Entwurf von Edmund Körner. Ansicht von Norden, Aufnahme 1997. Körners Bau ist gekennzeichnet durch stark betonte horizontale und vertikale Fensterbänder, die mit ihrer Halbstein-Umrahmung die Backsteinfassaden gliedern, und die asymmetrische Ausdifferenzierung der drei kubisch gegeneinander abgesetzten Baukörper, die durch stark vorkragende Traufgesimse zusammengefasst werden. Im Mitteltrakt 3-geschossige Lohnhalle mit umlaufender Empore, im Osttrakt 2-geschossige Kaue. 1934 Einbau von Büros in den Kauentrakt, ebenfalls mit umlaufender Empore. Ab 1997 Umnutzung durch den Essener Sportbund; architektonische Betreuung von Sanierung und Umbau 1993/97 bei behutsamer Erhaltung der Lohnhalle sowie Anfügung eines ellipsoiden Ballettsaales in Stahl-Glas-Konstruktion: Architekt Frank Ahlbrecht, Essen. Die Metall- und Holzfenster wurden soweit möglich nach historischem Vorbild rekonstruiert.*

damals entstandenen Gebäuden ist eine größere Zahl erhalten und dokumentiert die für die Zeit typischen Rationalisierungsbemühungen. Die Entwürfe lieferte der Bonner Architekt Christian Bauer. Er orientierte sich an Edmund Körners Verwaltungsgebäude von 1927 und stand damit in der Tradition der klassischen Moderne. Diese Pläne waren erst nach einigen Schwierigkeiten gegen den Widerstand der nationalsozialistischen Baubehörden durchzusetzen. ⚒

Essen-Altenessen:
WO 16 60
Zeche Karl (Carl)

Der Kölner Bergwerksverein (1847 gegründet) teufte 1856 unter dem Namen *Hercules* einen Schacht ab, der später in *Karl* umbenannt wurde. Der Name geht wahrscheinlich auf den Fabrikanten Karl Julius Joest zurück, einen der Gründer des Unternehmens. 1861 nahm Schacht Karl die Förderung auf. Mit dem Bau der (zum größten Teil erhalten gebliebenen) eindrucksvollen Übertageanlagen ist 1856 begonnen worden. Seit 1883 wurde eine Kokerei betrieben, die 1906 vollständig erneuert worden ist. 1885 belief sich die Kohlenförderung auf 157000 Tonnen (556 Beschäftigte), und 1886 wurde ein Wetterschacht abgeteuft. Bis 1900 hatte die Förderung bei 940 Beschäftigten über 305000 Tonnen erreicht. 1911 erfolgte der Durchschlag mit Schacht 1 der Zeche Emil (bzw. Emscher 3) und 1913 der Verbund mit der Zeche Anna. 1929 ist die Förderung von der Schachtanlage *Emil* übernommen worden. Aufbereitung und Kokerei wurden stillgelegt. Der Schacht Karl diente fortan nur noch zur Materialförderung. S. Zechen Anna-Emil, Emil-Emscher WO 25 und Verbundbergwerk Emil-Fritz.

⚒ *Malakoffturm von 1856/61. Präsentiert einfache kubische Bauformen in klassizistischer Tradition. Spätere bauliche Ergänzungen: Kesselhaus, Machinenhaus, Kasinogebäude mit Lohnhalle und Waschkaue. Alle diese Gebäude sind erhalten. Einige von ihnen bilden heute das Veranstaltungszentrum Zeche Carl (Theater, Konzerte, Diskothek u.a.). Im Frühjahr 2002 begann die Sanierung des Malakoffturms und des Kesselhauses.* ⚒

Essen-Altenessen:
Zeche Neu-Essen

Die Bergwerksgesellschaft Neu-Essen wurde 1855 als Aktiengesellschaft gegründet. Dem ersten provisorischen Vorstand der Gesellschaft gehörten Heinrich Thies, Friedrich Grillo und Friedrich Wilhelm Waldthausen an. Die Gesellschaft verfügte über einen Felderbesitz von rund fünf Millionen Quadratmetern, der 1860 zum Gesamtfeld Neu-Essen konsolidiert wurde. Der bereits 1855 abgeteufte Schacht Heinrich Theodor kam 1859 in Förderung. Er diente bis 1901 als Förderschacht. 1870 sind mit 725 Beschäftigten ca. 197000 Tonnen Kohle gefördert worden. Ein Grubenunglück (Bruch der Seilscheibe) forderte 1871 elf Todesopfer. 1872 wurde der Schacht Fritz 1 abgeteuft. 1912 fusionierte die Bergbaugesellschaft Neu-Essen mit dem Köln-Neuessener Bergwerksverein (das Bergwerk wurde in Fritz-Heinrich umbenannt). 1921 schloß diese Gesellschaft mit dem Eisen- und Stahlwerk Hoesch einen Betriebs- und Interessengemeinschaftsvertrag ab, der 1930 durch einen Fusionsvertrag ersetzt wurde. Die neue Gesellschaft führte den Namen Hoesch-Köln-Neuessen AG für Bergbau- und Hüttenbetriebe. 1938 ist der Name des Konzerns in Hoesch Aktiengesellschaft (mit dem Sitz in Dortmund) umgeändert worden. S. Zeche Fritz-Heinrich WO 24.

Essen-Altenessen: Schurenbach-Halde *mit Stahlbrammen-Skulptur von Richard Serra, 1990er Jahre (vgl. Abb. S. 103).*

Essen-Bergeborbeck:
Zeche Carolus Magnus 205

Das Grubenfeld der Zeche entstand 1874 durch Konsolidation der Felder Carolus Magnus und Constantin der Große, die 1846 an Ernst Honigmann und Mathias Stinnes verliehen worden waren. Schon 1841 ist im Feld Carolus Magnus der Schürfschacht Lorchen abgeteuft worden, der 1846 die Förderung aufnahm. 1864 begann das Abteufen des Schachtes Carolus Magnus 1, der 1870 in Betrieb kam. Als der 1889 abgeteufte Schacht 2 (Catho) eingerichtet war, ist der Schacht Lorchen stillgelegt worden (1890). In diesem Jahr betrug die Kohlenförderung ca. 153000 Tonnen (548 Beschäftigte). Sie stieg bis 1900 auf über 278000 Tonnen (825 Beschäftigte). 1906 wurde eine Kokerei eingerichtet. 1908 ereignete sich unter Tage eine Sprengstoffexplosion, die elf Todesopfer forderte. 1910 ist mit der Stadt Essen ein Vertrag über die Lieferung von Koksofengas abgeschlossen worden. Die Förderung der Zeche belief sich in diesem Jahr auf 279000 Tonnen; Kokserzeugung: 86500 Tonnen. Förderung 1913: 364000 Tonnen (1303 Beschäftigte). 1925 wurde der Schacht 3 abgeteuft, der 1926 in Betrieb ging. 1929 erreichte die Kohlenförderung 409000 Tonnen und die Kokserzeugung 107000 Tonnen. Förderung 1940: 250000 Tonnen (750 Beschäftigte). 1944 sind die Tagesanlagen des Bergwerks durch einen Luftangriff zerstört worden; die Schäden wurden bis 1945 soweit beseitigt, daß 1946 die Förderung zunächst wieder aufgenommen werden konnte. Förderung 1950: ca. 55000 Tonnen (190 Beschäftigte). Wegen der erlittenen schweren Kriegsschäden wurde die Zeche 1951 endgültig stillgelegt. Schacht 3 wurde verfüllt; das Grubenfeld mit den Schächten 1 und 2 (Catho) kam 1954 an Wolfsbank. S. Zeche Wolfsbank WO 21.

Essen-Bergeborbeck, Zeche Carolus Magnus: *Die Tagesanlagen sind 1944 durch einen Luftangriff stark zerstört worden. † 1951. Die erhalten gebliebene Maschinenhalle wird heute von verschiedenen Unternehmen zu Büro- und Lagerzwecken genutzt.*

Essen-Bergeborbeck: Zeche König Wilhelm

Die Gewerkschaft König Wilhelm ist von Friedrich Grillo (1825 - 1888) 1870 gegründet worden. Es wurden die stilliegenden Zechen Neu-Cöln und Christian Levin erworben, die Sümpfung der Schächte in Angriff genommen und die Bergwerke in Zeche König Wilhelm umbenannt. Das Grubenfeld der Gewerkschaft umfaßte insgesamt 6,3 km². 1871 belief sich die Förderung der Zeche auf insgesamt 21 000 Tonnen (303 Beschäftigte). Bereits 1875 erreichte die Kohlenförderung nahezu 195 000 Tonnen (978 Beschäftigte). Im folgenden Jahr ergaben sich starke Wasserzuflüsse und geologische Störungen auf Christian Levin, und 1877 kam es zur Stilllegung der fünften Sohle. 1885 belief sich die Förderung auf rund 225 000 Tonnen (972 Beschäftigte). 1889 sind die Zechen Wolfsbank und Neu-Wesel erworben worden; Neu-Wesel wurde stillgelegt, Wolfsbank blieb selbständige Zeche. Die Förderung hatte 1890 rund 472 000 Tonnen erreicht. 1895 begann das Teufen eines Wetterschachtes; die Förderung belief sich in diesem Jahr auf über 533 000 Tonnen (1 620 Beschäftigte). Förderung 1913: 774 000 Tonnen (2 276 Beschäftigte). 1921 ist ein Durchschlag zwischen Wolfsbank und Christian Levin hergestellt worden. 1928 wurde die Förderung auf Neu-Cöln eingestellt; sie kam fortan auf Christian Levin zu Tage und betrug in diesem Jahr 835 000 Tonnen (3 013 Beschäftigte). 1931 ist der Betrieb auf Neu-Cöln völlig stillgelegt worden; Schacht 1 blieb erhalten, Schacht 2 wurde zunächst abgedeckt (später verfüllt). 1937 erfolgte die Umbenennung der Zeche in Christian Levin. S. Zechen Neu-Cöln, Neu-Wesel, Wolfsbank WO 21 und Christian Levin WO 22.

Essen-Bergeborbeck: Zeche Neu-Cöln

Der Name geht wahrscheinlich auf ein Konsortium Kölner Kaufleute und Bankiers zurück, von dem später (1847) die Aktiengesellschaft Kölner Bergwerks-Verein gegründet wurde. Dieses Konsortium hatte 1845 in der Nähe des Bahnhofs Bergeborbeck mit dem Abteufen eines Schachtes begonnen, der Neu-Cöln genannt worden ist. 1851 war eine Teufe von 199 m erreicht, und 1852 nahm der Schacht die Förderung auf. Im gleichen Jahr kam auch die Kokserzeugung mit Meilern in Betrieb, die jedoch 1858 wieder eingestellt wurde. 1859 ersoff der Schacht infolge eines Wassereinbruchs und wurde stillgelegt; erst 1871 ist er gesümpft worden. In den achtziger Jahren des 19. Jahrhunderts ist eine Kokerei errichtet worden. 1922 wurde der Schacht Neu-Cöln 2 abgeteuft. Die Förderung der Zeche belief sich 1925 auf 400 000 Tonnen; Kokserzeugung: 100 000 Tonnen. Förderung 1929: 510 000 Tonnen; Kokserzeugung: 164 000 Tonnen. † 1931. Im Zuge der Stillegung wurde der Schacht Neu-Cöln 1 (bis dahin Förderschacht) als Wetterschacht für die Zeche Christian Levin eingerichtet. S. Zeche Christian Levin WO 22.

Essen-Bergeborbeck: WO 21 — 206
Zeche Wolfsbank

Die Anfänge dieser Zeche reichten bis in die Mitte des 18. Jahrhunderts zurück. Dagegen ist die Gewerkschaft Wolfsbank erst in den dreißiger Jahren des 19. Jahrhunderts gegründet worden. Die alte Stollenzeche lag in der Nähe des Schönebecker Hofes Wolf. Nach dem Namen dieses Hofes erhielt die Anlage die Bezeichnung Wolfsbank. Aus Akten eines Prozesses zwischen den Zechen Wolfsbank und Kronprinz ergibt sich, daß die „Essendische Lehn- und Behandigungskammer" bereits am 30.12.1758 den Interessenten Pallberg, Potmann und Wolf einen Schürfschein erteilt hatte. Am 1.3.1792 erhielt der Hofrat Brockhoff eine Belehnung mit der Wolfsbank. Es scheint aber auf dem Grubenfeld praktisch nichts geschehen zu sein, denn am 5.11.1796 erbat eine nicht näher charakterisierte „Gewerkschaft der Zeche Wolfsbank" einen neuen Schürfschein. Dieser wurde 1798 verlängert, weil die Gewerken die „Kohlenbänke noch nicht erreicht" hatten. Am 23.12.1837 suchten dann die Deputierten von Cocy, von Beughem, Theodor Baehrens und Martin Wilhelm Waldthausen beim Bergamt Werden um Inbetriebsetzung der Zeche nach. Das Eigentum an dem Bergwerk war zu dieser Zeit schon sehr zersplittert.

Erst als Franz Haniel (s. Zechen Franz und Kronprinz) in dem Gewerkenkreis aktiv wurde, begann bei Wolfsbank neues Leben. Der Schacht Wolfsbank 1 ist 1838 abgeteuft worden und nahm 1844 die Förderung auf. 1850 wurde Schacht 2 abgeteuft. 1875 ist auf dieser Schachtanlage die Kokserzeugung aufgenommen worden. 1895 wurde der Schacht Neu-Wesel als Wetterschacht für die Zeche Wolfsbank eingerichtet. Das Abteufen des Schachtes 3 begann 1900. Nachdem 1906 eine neue Koksofenbatterie in Betrieb gekommen war, wurde seit 1910 Leuchtgas in das Bergische Land geliefert. 1912 wurde die Kokerei erweitert und mit einer Ammoniak- und Benzolfabrik ausgerüstet. Die Kokerei Wolfsbank stellte einen Spezialgießereikoks von gleichmäßig guter Qualität her. Förderung 1913: 416 000 Tonnen (1 345 Beschäftigte). In diesem Jahr ereignete sich eine Schlagwetterexplosion (drei Todesopfer). Förderung 1920: 377 000 Tonnen (2 070 Beschäftigte). 1921 erfolgte der Durchschlag mit Christian Levin. Der Schacht Neu-Wesel ist 1929 aufgegeben worden; 1930 wurden 410 000 Tonnen Kohle gefördert (1 560 Beschäftigte). Förderung 1935: 597 000 Tonnen (1 630 Beschäftigte). Die höchste Förderung ist 1937 mit fast 666 000 Tonnen erbracht worden (1 735 Beschäftigte). 1945 betrug die Gerechtsame (mit Christian Levin) 12,3 km². Die Förderung sank im letzten Kriegsjahr auf 96 000 Tonnen ab (1 065 Beschäftigte). Förderung 1950: 326 000 Tonnen (2 370 Beschäftigte). 1956/57 kam der Verbund mit Sälzer-Amalie, und 1958 wurde der Schacht Carolus Magnus 2 (Catho) aufgegeben. Förderung 1959: 285 000 Tonnen (1 260 Beschäftigte). 1960 erfolgte die Vereinigung zu Sälzer-Amalie / Wolfsbank. † 1966. S. Zechen Carolus Magnus, Christian Levin WO 22 und Sälzer-Amalie WO 27.

Essen-Bergerhausen: Zeche Kunstwerk

Bereits 1569 wird das Bergwerk als „Kohlberg im Beisiepen" erwähnt und gilt daher als eine der ältesten Essener Zechen. Im 17. und 18. Jahrhundert ist der Kohlenabbau verbürgt. Im 19. Jahrhundert wurde Kunstwerk schon sehr früh einer der Zentralpunkte des beginnenden maschinellen Bergbaus, und um 1830 war das Bergwerk

Essen-Bergeborbeck: Zeche Wolfsbank. Diese Zeche war 1844 in Förderung gekommen. † 1966. Unser Foto wurde 1967 bei dem Abbruch der Übertageanlagen aufgenommen.

das drittgrößte nach Ver. Sälzer & Neuack und Gewalt im Bereich des Bergamtes Werden. An dieser Zeche war Franz Dinnendahl (1755 - 1826) neben dem Freiherrn von Schell und Bürgermeister Huyssen maßgeblich beteiligt. Kunstwerk baute die Flöze Sonnenschein, Wasserfall, Steinbank, Arnoldibank, Dreifußbank, Stüpert, Vierfußbank und Eiken ab.

1813 war bereits eine Dampfmaschine für die Wasserhaltung vorhanden, der Schacht hatte 34 m Teufe. 1827 kam es zur Aufstellung einer zweiten Wasserhaltungsmaschine. Eine dritte Dampfmaschine wurde 1833/36 installiert, weil die beiden anderen bei stärkeren Wasserzuflüssen von der Ruhr nicht ausreichten; die Teufe des Bergwerks betrug in dieser Zeit ca. 150 m. Die Kohlenförderung belief sich 1836 auf etwas über 20000 Tonnen. 1840 waren insgesamt fünf Dampfmaschinen für Wasserhaltung und Förderung in Betrieb; es wurden ca. 30000 Tonnen Kohle gefördert. Förderung 1850: 35000 Tonnen. Sie stieg bis 1855 auf ca. 45000 Tonnen (340 Beschäftigte). Ab 1860 ging die Produktion zurück; es wurde nur noch die restliche im Grubenfeld anstehende Kohle abgebaut. Dinnendahl beabsichtigte, das Bergwerk zu einer für die damalige Zeit modernen Tiefbauanlage auszubauen und opferte dafür einen großen Teil seines Vermögens. Die Zeche Kunstwerk, das echte Sorgenkind des berühmten Erfinders und Konstrukteurs, der die Früchte seiner Arbeit für den frühen Ruhrbergbau nicht einzubringen vermochte, wurde 1870 stillgelegt und dann abgebrochen. Die Maschinenhallen sind zu Wohnhäusern umgebaut worden.

Essen-Bergerhausen: Zeche Ludwig

Im Feld dieser Zeche waren um 1830 Eisensteinfunde zu verzeichnen, und 1857 kam das Bergwerk als Eisensteinzeche Neu-Essen II in Betrieb. Das Teufen des Schachtes 1 begann 1858; der Schacht war zunächst für die Eisensteinförderung vorgesehen und nur provisorisch für Tiefbau auf Steinkohle. Bis Anfang der 1860er Jahre kam es nur zu unbedeutendem Kohlenabbau. 1867 betrug die Förderung rund 4500 Tonnen (14 Beschäftigte). 1872 begann das Abteufen eines tonnlägigen Wetterschachtes, und 1875 betrug die Kohlenförderung über 57000 Tonnen (227 Beschäftigte). Förderung 1890: 163000 Tonnen (465 Beschäftigte). Förderung 1892: 156000 Tonnen Kohle und rund 3800 Tonnen Erz (470 Beschäftigte). 1893 verfügte die Zeche über drei Schächte. 1900 war mit 679 Beschäftigten eine Kohlenförderung von über 220000 Tonnen und eine Erzförderung von mehr als 12000 Tonnen erreicht. Der Eisensteinabbau ist 1902 eingestellt worden. 1904 waren vier Schächte vorhanden, und 1905 betrug die Kohlenförderung rund 186000 Tonnen (560 Beschäftigte). 1908 wurden zwei Wetterschächte abgeworfen; zwei Schächte waren in Betrieb.

Die Kohlenförderung belief sich 1910 auf über 190000 Tonnen (661 Beschäftigte). Förderung 1920: 212000 Tonnen (973 Beschäftigte). 1930 belief sich die Produktion auf mehr als 301000 Tonnen Kohle. Die höchste Förderung ist 1937 mit knapp 372000 Tonnen erbracht worden (1234 Beschäftigte); die Berechtsame der Zeche belief sich auf 3,8 km². Von 1939 bis 1945 hat das Bergwerk auch wieder Eisenstein abgebaut. † 1945; die Stilllegung erfolgte durch die Militärregierung. 1948 ist die Förderung in geringem Umfang wieder aufgenommen worden (rund 13000 Tonnen, 258 Beschäftigte). 1949 wurde das Bergwerk von Langenbrahm angepachtet. S. Zeche Langenbrahm WO 31.

Essen-Borbeck: Zeche Neu-Wesel

Die Benennung geht auf den Major a.D. von Beughem zurück, der 1839 einen Schürfschein für das Gebiet westlich des Schlosses Borbeck erhalten hatte. Das von diesem gemutete Feld schloß an eine Mutung Wesel an, die dem Oberlandesgerichtsreferendar Flashoff erteilt worden war. Der Schacht Neu-Wesel ist bereits 1841 abgeteuft worden. 1861 sind die Grubenfelder Neu-Wesel, Wilhelmine II und Wesel zu dem Grubenfeld Neu-Wesel konsolidiert worden; 1874 entstanden durch Feldesteilung die Grubenfelder Wolfsbank und Neu-Wesel / Wolfsbank. 1876 wurden dann die Grubenfelder Neu-Wesel / Wolfsbank und Neu-Wesel zum Grubenfeld Neu-Wesel konsolidiert. Zu Beginn der 1920er Jahre ist das Bergwerk Neu-Wesel teilweise von den Zechen Christian Levin und Wolfsbank betrieben worden. S. Zechen Wolfsbank WO 21 und Christian Levin WO 22.

Essen-Bredeney: Zeche Ver. Capellenbank

Die Zeche ist schon um 1806 entstanden, wurde jedoch erst 1837 konsolidiert zu Ver. Capellenbank & Clarenbeck; 1850 kam das Bergwerk in Betrieb und lief fortan unter dem Namen Ver. Capellenbank. Das Kohlenmagazin lag an der Ruhr. 1857 erfolgte der Aufschluß der Berechtsame durch einen Schacht; unter dem Namen Neu-Essen IV wurde der Eisensteinabbau aufgenommen. Mit fünf Beschäftigten sind 1861 rund 800 Tonnen Kohle abgebaut worden. 1862 war das Vorkommen über der Stollensohle nahezu erschöpft. 1864 wurde der tonnlägige Schacht Antonie geteuft (rund 85 m tief); daneben bestand ein Fahr- und Wasserhaltungsschacht. Die Kohlen- und Erzförderung betrug 1868 zusammen rund 2150 Tonnen. 1875 wurde der Kohlenabbau eingestellt; der Eisensteinabbau lief weiter. Danach ist das Bergwerk durch die Zeche Ludwig erworben worden. S. Zeche Ludwig.

Essen-Bredeney: Zeche Flöte

Diese Kleinzeche war 1924 in Betrieb gekommen und förderte mit einer Belegschaft von insgesamt 57 Mann 1925 rund 11000 Tonnen Mager- bzw. Anthrazitkohle. 1926 belief sich die Förderung auf über 18600 Tonnen. † 1927. – Im Feld dieser Zeche ist schon 1777 Kohlenabbau betrieben worden, und seit dem Ende des 18. Jahrhunderts bis 1839 wurde mit Unterbrechungen Kohle gefördert. Hundert Jahre später erfolgte die Wiederinbetriebnahme (zunächst nur Stollenbau, später Teufen eines Tiefbauschachtes).

Essen-Bredeney/Baldeney: Kalksieper Erbstollen

Dieser Erbstollen, in dem auch Kohle gefördert wurde, ist wahrscheinlich Ende des 18. Jahrhunderts aufgefahren worden. Um 1802 fand jedenfalls ein geringfügiger Kohlenabbau statt, und 1837 ist die Neugründung des Bergwerks erfolgt. Um 1840 gab es ein Kohlenmagazin an der Ruhr; die Förderung wird in diesem Jahr mit ca. 2000 Tonnen angegeben. Förderung 1842: etwa 3000 Tonnen. Die Produktion ging in den beiden folgenden Jahrzehnten ständig zurück; 1862 waren die Kohlenvorräte über der Stollensohle nahezu abgebaut. 1875 und 1879 wurde das Bergwerk zwar nochmals erwähnt; Förderzahlen liegen jedoch aus diesen Jahren nicht vor. Der Stollen war wahrscheinlich bereits früher außer Betrieb.

Essen-Bredeney/Schuir: Dohm's Erbstollen

Die Verleihung erfolgte 1839, und für 1861 wird eine geringe Kohlenförderung erwähnt (ca. 600 Tonnen). Bis 1865 ist der Stollen in Betrieb gewesen, dann lag er fast hundert Jahre still. Erst 1951 wurde der Betrieb wieder aufgenommen (A. Müller GmbH, später Maier-Werke, ab 1956 wieder Dohm's Erbstollen genannt). Die höchste Kohlenförderung ist 1957 mit ca. 9500 Tonnen erbracht worden (41 Beschäftigte). † 1961.

Essen-Burgaltendorf: Altendorfer Erbstollen

Die Verleihung der Erbstollengerechtigkeit erfolgte 1722 und wurde 1788 erneuert. 1838 hatte der Erbstollen eine Länge von über 2400 m (bis Hattingen-Niederwenigern). Der Stollen wurde 1855 zu Altendorf Tiefbau konsolidiert. S. Zeche Altendorf Tiefbau.

Essen-Burgaltendorf: Zeche Altendorf Tiefbau

In diesem Feld war bereits seit 1722 Stollenbau betrieben worden. 1845 wurde der Schacht Rochusen abgeteuft, dem 1858 der Schacht Willm folgte. 1893 erfolgte die Übernahme der stillgelegten Zeche Ver. Brüderschaft. Der Schacht Willm ging 1896 teilweise zu Bruch. Schacht Rochusen wurde 1899 wegen Ersaufens der unteren Sohle aufgegeben. Um 1896 war jedoch ein weiterer Schacht abgeteuft worden, der 1902 in Betrieb kam. 1906 wurde Schacht Willm abgeworfen und anschließend verfüllt. 1913 belief sich die Förderung der Zeche (880 Beschäftigte) auf knapp 200000 Tonnen. † 1914 wurde die Zeche stillgelegt. Die Schächte wurden verfüllt bzw. abgedeckt; die meisten Tagesanlagen sind abgebrochen worden. Die noch anstehenden Kohlenvorräte wurden fortan von der Zeche Ver. Dahlhauser Tiefbau abgebaut. S. Zeche Ver. Dahlhauser Tiefbau WO 62.

Essen-Burgaltendorf:
Zeche Catharina

Der Betrieb ist um 1750 entstanden; das Feld Catharina ist 1776 verliehen worden. 1808 erfolgte die Vereinigung eines Teils der Berechtsame mit anderen unter dem Namen Ver. Catharina. Bis zum Ende des 19. Jahrhunderts ist nur in geringem Umfang Kohle gefördert worden. Wiederholt kam es zu Betriebseinstellungen. 1903 erfolgte ein neuer Aufschluß von Altendorf Tiefbau aus, und 1905 bestanden zwei tonnlägige Schächte; die Kohlenförderung betrug in diesem Jahr fast 41000 Tonnen (182 Beschäftigte). 1909 hatte die Förderung 44000 Tonnen erreicht (220 Beschäftigte), und 1910 erzwangen starke Wasserzuflüsse die Stilllegung der Grube. Die Wiederinbetriebnahme erfolgte 1914; mit dem Teufen eines seigeren Schachtes wurde begonnen. † 1917. Die Berechtsame wurde durch Mülheimerglück übernommen. 1926 ist der Betrieb erneut aufgenommen worden (unter dem Namen Catharina). † 1927. S. Zeche Mülheimerglück.

Essen-Burgaltendorf:
Zeche Ver. Mülheimerglück

Die Zeche entstand 1840 durch Konsolidation der Berechtsamen Mülheimerglück und Wildenstein. 1842 sind rund 4000 Tonnen Kohle gefördert worden. Das Bergwerk war bis Ende der sechziger Jahre ständig in Betrieb und förderte 1869 mit 25 Beschäftigten über 5500 Tonnen Kohle. † 1881. Die Wiederinbetriebnahme erfolgte 1910, ein zweiter Stollen ist angesetzt worden, und 1912 erhielt die Zeche Eisenbahnanschluß. 1913 sind über 9000 Tonnen Kohle gefördert worden. Dann geriet das Unternehmen in Zahlungsschwierigkeiten, die zur vorübergehenden Betriebseinstellung zwangen (bis 1915). 1920 belief sich die Förderung auf fast 13000 Tonnen Kohle (73 Beschäftigte). Die höchste Förderung ist 1922 mit rund 21000 Tonnen erbracht worden (130 Beschäftigte). † 1927. Unter gleichem Namen ist 1951 von der Gewerkschaft Ver. Mülheimerglück (später Graf Butterbach) der Betrieb noch einmal aufgenommen worden. 1952 erfolgte noch die Übernahme der Zeche Mecklenbeck (Essen-Steele/Horst) durch die Gewerkschaft. Mülheimerglück wurde Ende 1952 endgültig stillgelegt.

Essen-Burgaltendorf:
Zeche Neuglück

Die in Winz-Dumberg bei Altendorf gelegene Kleinzeche, die 1917 neu eingerichtet worden war und (Belegschaft 230 Mann) jährlich 42000 Tonnen Eßkohle förderte, hatte eine Geschichte, die bis in das 18. Jahrhundert zurückreicht. Schon 1750 wurde in diesem Bereich Bergbau betrieben. 1777 ist Mutung auf sechs Flöze eingelegt worden, und 1787 wurde eine neue Vermessung vorgenommen. 1836 belief sich die Förderung auf rund 2000 Tonnen und 1842 auf ca. 4000 Tonnen.

Dann scheint der Betrieb einige Jahrzehnte unterbrochen gewesen zu sein, bis 1895 der Übergang zum Tiefbau erfolgte. Es wurden zwei tonnlägige Schächte abgeteuft, 1898 kam es zur Konsolidation von zwei weiteren Feldern, und 1900 betrug die Kohlenförderung über 89000 Tonnen (363 Beschäftigte). In den folgenden Jahren ging die Produktion zurück, und 1903 kam es zur vorübergehenden Stilllegung des Betriebes. Er wurde zwar Ende des Jahres noch einmal kurz aufgenommen, doch ist das Bergwerk dann wegen Unwirtschaftlichkeit vorläufig aufgegeben worden. Erst Mitte 1917 wurden die Schächte Hugo und Paul abgeteuft (35 m Teufe), und 1920 sind mit 166 Beschäftigten etwas über 31000 Tonnen Kohle gefördert worden. † 1925. In den dreißiger Jahren ist der Betrieb noch einmal aufgenommen worden; er wurde dann aber wegen starker Wasserzuflüsse und einem Hauptstreckenbruch 1936 endgültig eingestellt.

Essen-Burgaltendorf:
WO 40
Zeche Theodor 208

Der Schacht Charlotte ist 1832 abgeteuft worden und hat mit Unterbrechungen viele Jahrzehnte in Förderung gestanden. 1934 wurde er bis zur fünften Sohle gesümpft und neu in Betrieb genommen. Im selben Jahr begann das Abteufen des Schachtes Theodor. Mitte 1935 konnte mit dem neuen Schacht die Förderung aufgenommen werden. 1936 wurde auf der Schachtanlage eine Brikettfabrik errichtet. 1940 begann das Abteufen des Schachtes Theodor 3, der 1945 fertiggestellt wurde. 1951 begann das Teufen des Schachtes Holthuser Tal (zwischen Theodor und Heinrich); im gleichen Jahr ist als Außenschacht der Schacht Eiberg neu abgeteuft worden, der 1955 fertiggestellt wurde. Die höchste Förderung ist 1954 mit fast 577000 Tonnen erbracht worden (1784 Beschäftigte). Die Zeche förderte 1959 rund 500000 Tonnen Anthrazit- und Magerkohle. † 1968. S. Zeche Heinrich WO 39.

Essen-Burgaltendorf:
Große Varstbank & Altendorfer Erbstollen

Dieses Bergwerk ist um 1836 durch Konsolidation entstanden und hat nur in geringem Ausmaß Kohle gefördert. Es wurde auch Ver. Altendorfer Erbstolln & Große Varstbank, Groß Varstbank & Altendorfer Erbstolln bzw. (ab 1855) Große Varstbank genannt. Bis 1863 ist der Betrieb vebürgt, und für 1872 wird eine Kohlenförderung von über 9000 Tonnen erwähnt (ca. 60 Beschäftigte). 1908 erfolgte die Konsolidation zu Ver. Catharina. S. Zeche Catharina.

Essen-Burgaltendorf/Byfang:
Zeche Steingatt

Diese Zeche wird erstmals 1702 urkundlich erwähnt und wurde seit Anfang der ersten Hälfte des 18. Jahrhunderts betrieben. Sie ist zuerst Wiesenbank genannt worden, später (1853 bis etwa 1857) Steingatt/Christina; von 1880 bis 1897 war der Name Steingatt & Sandbank üblich.

Im frühen 18. Jahrhundert wurde ein Schacht auf der Ruhrhalbinsel geteuft, und 1803 war bereits ein Förderstollen in Betrieb. Die Gewerkschaft Steingatt hat schon um 1820 im Ruhrtal bei Kupferdreh den Glückauf Erbstollen betrieben. Im Generalbericht 1828 des Bergamtes Wer-

Essen-Burgaltendorf: Zeche Theodor. Die Zeche war 1935 entstanden (durch Umbenennung) und förderte in diesem Jahr rund 100000 Tonnen Anthrazit- und Magerkohle. Die Aufbereitung (unser Bild) wurde in der zweiten Hälfte der dreißiger Jahre gebaut.

den heißt es: „Unter den fortgesetzten Stollen verdient der Glückauf Erbstollen der Zeche Steingatt, welcher zur tieferen Lösung des östlich vorliegenden Altendorfer Steinkohlenrevieres bestimmt ist, genannt zu werden." 1836 belief sich die Kohlenförderung auf ca. 12000 Tonnen, 1840 auf rund 20000 Tonnen. 1850 wurde das Teufen des Schachtes Laura begonnen, der 1853 in Förderung kam. Förderung 1855: 42000 Tonnen (193 Beschäftigte). 1862 hatte Schacht Laura eine Teufe von über 200 m erreicht. Förderung 1870: fast 50000 Tonnen. Später wurden mehrere andere Gewerkschaften übernommen, so 1879 Ver. Henriette und 1880 Sandbank. 1886 standen die Schächte Laura und Henriette in Förderung; von Sandbank waren mehrere Wetterschächte in Betrieb. Der Schacht Laura (Teufe 530 m, Holzzimmerung) ging 1891 zu Bruch; die Förderung mußte zunächst eingestellt werden. 1892/93 erfolgte die Aufwältigung von Laura. 1895 ist die Gewerkschaft Prinz Wilhelm übernommen worden. Der Schacht Prinz Wilhelm, der in den 1890er Jahren jährlich 50000 Tonnen Kohle gefördert hatte, stürzte 1896 ein; die in dem Grubenfeld noch anstehende Kohle ist fortan im Schacht Laura der Gewerkschaft Steingatt zu Tage gehoben worden. Die höchste Förderung ist 1901 mit fast 131 000 Tonnen erbracht worden (718 Beschäftigte). † 1903 wurde die Zeche stillgelegt. Im letzten Jahr waren 129000 Tonnen Kohle mit einer Belegschaft von 705 Mann gefördert worden. S. Zechen Henriette, Sandbank und Prinz Wilhelm.

Essen-Dellwig:
WO 22 82
Zeche Christian Levin

Die Geschichte dieser Zeche reicht bis weit in die Frühzeit des Essener Bergbaus. Das Abteufen des Schachtes 1 wurde 1857 begonnen. Er erhielt seinen Namen nach Levin Christian Lemmé, einem aus Antwerpen stammenden Aktionär des Kölner Bergwerks-Vereins. 1859 wurde der Schacht wegen Schwierigkeiten des Gebirges zunächst verlassen; erst 1863 nahm die Schachtanlage die Förderung auf. 1871 wurde das Bergwerk durch die Gewerkschaft König Wilhelm übernommen. 1873 sind 50 Koksöfen errichtet worden. Die Kokserzeugung wurde aber 1876 vorläufig wieder eingestellt. 1881 ersoff der Schacht. Erst 1885 konnte nach Aufstellung einer neuen Wasserhaltungsmaschine der Förderbetrieb wieder aufgenommen werden.

1925 verfügte das Bergwerk über zwei fördernde Schächte: Schacht 1 (Teufe 560 m) und Schacht 2 (Teufe 750 m). In diesem Jahr wurden rund 200000 Tonnen Eß- und Fettkohle gefördert. 1928 belief sich die Förderung auf über 490000 Tonnen. 1931 wurde der Schacht Neu-Cöln 1 als Wetterschacht angeschlossen. Kohlenförderung 1940: 281 000 Tonnen (865 Beschäftigte). 1943 standen im Baufeld der Zeche drei Schächte (zwei für Förderung und Seilfahrt, ein ausziehender Wetterschacht); die größte Teufe betrug 750 m. Es wurden sechs Flöze auf einer Sohle gebaut. Erhebliche Schäden entstanden im Zweiten Weltkrieg, die zügig behoben wurden. 1953 verfügte die Zeche über insgesamt drei Schächte (Christian Levin 1 und 2 und Wetterschacht Levin). Das Bergwerk förderte in den Jahren 1938 bis 1958 außer Steinkohle auch Bleierz. Die höchste Bleierzförderung war 1951 mit über 39000 Tonnen zu verzeichnen (213 Beschäftigte im Erz). 1954 wurde der Durchschlag mit der Schachtanlage von der Zeche Amalie aus hergestellt. Die Förderung erfolgte fortan auf Amalie, während die Seilfahrt auf Christian Levin verblieb. † 1960. Schächte und Baufeld kamen zu Sälzer-Amalie. S. Zechen König Wilhelm, Neu-Cöln und Sälzer-Amalie WO 27.

Essen-Fischlaken:
Zeche Aline

Diese Zeche, in der Gemarkung Hamm gelegen, hatte 1852 vierzehn Beschäftigte. Repräsentant der Gewerkschaft war zu dieser Zeit der Rentner J. Rive in Düsseldorf. 1895 war die Jos. Rivesche Familienstiftung zu Dorsten Alleineigentümerin. Die Zeche Paul benutzte den Schacht Wilhelmine der Zeche Aline zur Förderung. S. Zeche Paul.

Essen-Fischlaken:
Zeche Kaiserin Augusta

Der Name bezieht sich auf die deutsche Kaiserin und Königin von Preußen Augusta (1811-1890), sachsen-weimarische Prinzessin, die seit 1829 mit dem späteren Kaiser Wilhelm I. (1797 - 1888) vermählt war.

Die Gewerkschaft des Steinkohlenbergwerks Kaiserin Augusta (im Volksmund auch Quetterbank genannt) ist 1873 aus mehreren Kleinzechen konsolidiert worden: 1. Königin Augusta, 1864 entstanden aus den Steinkohlenbergwerken Reher Dickebank und Erbstollen sowie Königin Louise. Reher Dickebank war aus der Vereinigung mit Quetterbank und Quetterbänker Erbstollen hervorgegangen. Die Zeche hatte 1861 eine Belegschaft von 32 Mann. Repräsentant war der Tuchfabrikant Robert Huffmann (1810 - 1890, Mitbegründer des Bergbauvereins) in Werden.

2. Die Zeche Overhammsbusch baute nur das Flöz Quetterbank (Geitling) ab. 1861 waren zehn Beschäftigte vorhanden. Repräsentant war Dr. med. Bonnenberg aus Werden. 3. Große Bovermannswiese. Die zu dieser Zeche gehörenden Längenfelder lagen in der Gemeinde Hamm. Sie bildeten die östliche Fortsetzung des Feldes von Overhammsbusch. 1861 gab es hier ebenfalls zehn Beschäftigte (Repräsentant Dr. med. Bonnenberg). Die Flöze wurden zunächst im Stollenbetrieb abgebaut. Anfang der 1860er Jahre ging man zum Tiefbau über. Hierzu wurde im Flöz Geitling ein tonnlägiger Schacht niedergebracht, der sich jedoch für größere Teufen als unzulänglich erwies. Der Betrieb kam 1891 zum Erliegen, da die Mittel zur Auslegung einer neuen Tiefbausohle fehlten und sich Schwierigkeiten in der Wasserhaltung ergaben. 1892 ging die Gewerkschaft Kaiserin Augusta in Konkurs. Erwerber war die Zeche Ver. Pörtingssiepen. S. Zeche Pörtingssiepen WO 33.

Essen-Fischlaken:
Zeche Richradt

Diese Zeche, die im Hespertal lag, war eine der ältesten, die im Werdener Land gegründet wurden. Schon 1578 ist vom „Richrader Berg" der Kohlenzehnte erhoben worden. Die Beleihungsurkunde der Zeche stammt von 1751 und ist damit eine der frühesten des Gebietes. Nachdem das Bergwerk Jahrzehnte hindurch geruht hatte, wurde der Betrieb 1874 wieder aufgenommen. Die Zeche baute die Flöze Dickebank, Schmiedsbank, Abgunst, Hippe, Feldbank und Sonnenschein. Um 1900 hatte das Bergwerk eine Belegschaft von etwa dreihundert Mann und förderte jährlich rund 100000 Tonnen Kohle. † 1910, weil die Wasserzuflüsse nur schwer bewältigt werden konnten.

Essen-Frillendorf:
Zeche Hubert

Benannt nach dem (Düsseldorfer) Bankier und Gewerken Hubert Rommel (1830 - 1907). An ihn (und die alte Zeche) erinnert seit 1897 bzw. 1936 (zwischenzeitlich: Essener Straße) die Hubertstraße; in Kray gibt es auch seit 1936 den Strassenzug Hubertweiche.

Dieses war die zweite Doppelschachtanlage, die die Gewerkschaft des Steinkohlenbergwerks Königin Elisabeth errichtete. Das Bergwerk war 1897 in Förderung gekommen. Zur Finanzierung der Anlage hatte die Gewerkschaft eine Anleihe von zwei Millionen Mark aufgenommen. Schacht 1 war 573 m tief; die Teufe von Schacht 2 betrug 528 m. 1928 erfolgte die Zusammenlegung mit der Zeche Friedrich Joachim; die Förderung aus dem Feld Hubert wurde teils auf Friedrich Joachim und teils auf Wilhelm Emil zu Tage gehoben. S. Zechen Königin Elisabeth, Wilhelm Emil und Friedrich Joachim WO 35.

Essen-Frillendorf:
Zeche Königin Elisabeth 38

Der Name dürfte auf Elisabeth Ludovika von Bayern (1801 - 1873) zurückgehen, Gemahlin des preußischen Königs Friedrich Wilhelm IV. Die Mutungen auf die Berechtsame der Zeche wurden 1840 eingelegt; in diesem Jahr trat Friedrich Wilhelm IV. die Regierung an.

Die Gewerkschaft des Steinkohlenbergwerks Königin Elisabeth ist 1844 von Johann Wilhelm Butenberg gegründet worden. Sie besaß eine Berechtsame in den

Essen-Frillendorf: Zeche Wilhelm Emil. Das Betriebs- und Kauengebäude an Schacht Emil, das alle Funktionen der kleinen Schachtanlage unter einem Dach vereinigte. Dieses erhaltene Gebäude von 1911-13 zählt zu den wichtigsten Beispielen der Essener Industriegeschichte (Architekt Alfred Fischer, Essen, 1881 - 1950).

Gemeinden Essen, Frillendorf, Stoppenberg, Schonnebeck und Kray. Der erste Schacht, der nach dem Gewerkschaftsgründer Wilhelm genannt wurde, ist 1847 abgeteuft worden und konnte 1850 die Förderung aufnehmen. 1872 wurde ein zweiter Schacht (Friedrich Joachim 1) in Betrieb genommen. Dieser Schacht wurde benannt nach Friedrich Joachim Bruns (1807 - 1869) aus Werden. In einer Gewerkenversammlung (18.1.1869) war beschlossen worden, daß der neu zu bauende Schacht den Namen des Repräsentanten der Gewerkschaft führen solle, damit „dieser Name in die ferneren Jahrhunderte getragen" werde. 1873 betrug die Förderung 160000 Tonnen. Förderung 1884: 400000 Tonnen. Der dritte Schacht (Hubert, s. Zeche Hubert) nahm 1897 die Förderung auf. Um die Jahrhundertwende überschritt sie 600000 Tonnen. 1909 wurde der alte Schacht Joachim 1 als Doppelförderschacht umgebaut und ging 1910 als Hauptförderschacht in Betrieb. Im gleichen Jahr begann die Gewerkschaft mit dem Abteufen des Schachtes Emil, der zusammen mit Schacht Wilhelm die neue Schachtanlage Wilhelm Emil bildete. Die Förderung in Schacht Emil begann 1912. Um diese Zeit verfügten die drei Bergwerke der Gewerkschaft über je zwei Schächte. Auf allen drei Anlagen standen Kokereien. Mit einer Belegschaft von zusammen rund 3925 Mann wurden 1913 ca. 1,25 Millionen Tonnen Kohle gefördert und 263000 Tonnen Koks erzeugt. Förderung 1915: 1,026 Millionen Tonnen (3125 Beschäftigte). 1925 wurden mit 4052 Beschäftigten ca. 887000 Tonnen Kohle gefördert. 1928 ist die Schachtanlage Hubert mit der Schachtanlage Friedrich Joachim zusammengelegt und die Förderung aus dem Feld Hubert auf Friedrich Joachim zu Tage gebracht worden. Die höchste Förderung ist 1929 mit über 1,29 Millionen Tonnen erbracht worden (3485 Beschäftigte). Förderung 1930: 1,05 Millionen Tonnen (3205 Beschäftigte). 1931 wurde die Anlage Friedrich Joachim (einschließlich Baufeld Hubert) stillgelegt. Der Abbau im Feld Hubert erfolgte durch Wilhelm Emil. 1935 kam Friedrich Joachim (einschließlich Hubert) wieder in Betrieb; die Kohlenförderung erreichte in diesem Jahr 671000 Tonnen (1950 Beschäftigte). Förderung 1950: 850000 Tonnen. Ab 1955 wurde die Förderung durch den Schacht 3 der Zeche Katharina zu Tage gehoben. Auf dem Gelände der Zeche, die im Volksmund auch „Zeche Elise" genannt wird, befinden sich heute Versuchsbetriebe der Bergbauforschung (Deutsche Montan Technologie für Rohstoff, Energie, Umwelt – DMT). S. Zechen Hubert, Wilhelm Emil, Friedrich Joachim WO 35 und Katharina WO 36.

Essen-Frillendorf:
Zeche Wilhelm Emil 210

Dieses war die tiefste Doppelschachtanlage, die von der Gewerkschaft des Steinkohlenbergwerks Königin Elisabeth errichtet worden ist. Die größte Teufe lag bei 940 m; die siebte Tiefbausohle hatte eine Teufe von 735 m. Mit dem Abteufen des Schachtes Emil war 1910 begonnen worden. Er ist 1912 in Förderung gekommen. Der alte Schacht Wilhelm, der bereits seit 1850 in Förderung stand, diente nach Inbetriebnahme des Schachtes Emil als Wetterschacht. Ab 1932 ist auch der Abbau im Feld Hubert durch Wilhelm Emil erfolgt.

1945 erlitt die Schachtanlage schwere Kriegszerstörungen und wurde stillgelegt; die Förderung belief sich in diesem Jahr auf 327000 Tonnen (2265 Beschäftigte). 1955 ist unter Tage eine Verbindung mit der Zeche Katharina hergestellt worden. Die Förderung auf Wilhelm Emil wurde † 1956 eingestellt. S. Zechen Königin Elisabeth, Hubert und Katharina WO 36.

⚒ *Elisabethstraße: Betriebs- und Kauengebäude, das alle Funktionen einer kleinen Schachtanlage unter einem Dach vereinigte. Die kubische Gestaltung ohne jede historisierende Zutat verweist auf die entwicklungsgeschichtliche Bedeutung des Objektes. Die eindrucksvolle Anlage zählt zu den wichtigsten Beispielen der Essener Industriegeschichte. Der Bau wurde errichtet nach Plänen des Architekten Alfred Fischer (Fischer-Essen, 1881 - 1950), der als Schüler von Peter Behrens (1868 - 1940) in einem von ihm geprägten Kreis von Künstlern und Architekten einen wesentlichen Beitrag zur Entwicklung der modernen Baukunst geleistet hat (1921 Verleihung des Titels Professor, 1929 Dr.-Ing. E. h. der Technischen Hochschule Hannover, von den Nationalsozialisten 1934 zwangsweise in den Ruhestand versetzt). In dem ehemaligen Zechengebäude befinden sich heute Wohnungen und eine Kunstgalerie.* ⚒

Essen-Frohnhausen:
Zeche Borchard

Nach einer Urkunde vom 8. Dezember 1450 hat der Essener Bürger („Ratmann") Hermann Borchard in diesem Jahr seinen „Kohlberg", der in Frohnhausen lag, an die drei Brüder Strunckede aus Holsterhausen verpachtet. Es dürfte sich hier um die älteste Zeche an der Ruhr handeln, über die ein geschichtliches Zeugnis vorliegt. Nach den Abmachungen war Borchard selbst an den Erschließungskosten des Bergwerks nicht beteiligt. Die Pächter hatten die Kohle zu Tage zu bringen und zu verkaufen. Bereits vierzehn Tage nach dem Auffinden der Kohle war die Zahlung einer Entschädigung an den Eigentümer fällig. Nach Eröffnung des Betriebes mußte wöchentlich eine Karre Kohle an den Verpächter geliefert werden. Darüber hinaus fielen 25 Prozent des Verkaufserlöses der Kohle dem Grubenfeldeigentümer zu. Die Pächter waren verpflichtet, die „Pütte" (es handelte sich demnach um mehrere Schürfgruben) nach Erschöpfung des Bergwerks wieder zu verfüllen. Wie lange die Zeche in Betrieb gewesen ist, ist nicht bekannt. Ebenso fehlt jegliche Angabe über die Menge der insgesamt geförderten Kohle.

Vielleicht handelte es sich bei diesem wahrscheinlich ältesten Kohlenbergwerk des Ruhrgebiets um einen frühen Vorläufer der Zeche Auf der Goes, die ebenfalls im Westen Essens lange in Betrieb gewesen ist. S. Zechen Auf der Goes, Auf dem Steut und Ver. Hagenbeck.

Essen-Frohnhausen:
Zeche Auf der Goes

In diesem Grubenfeld ist bereits lange vor 1575 zunftmäßig Bergbau betrieben worden, und zwar durch die „Societät der Köhler Auf der Goes" (Gans). Die Zeche befand sich wahrscheinlich in der Bauernschaft Frohnhausen (Mühlenbachtal). Die erste urkundliche Erwähnung erfolgte unter dem 15.4.1575. Als Nachfolgebetrieb wird 1637 das „Kohlwerk Auf dem Steut" erwähnt. S. Zechen Auf dem Steut und Ver. Hagenbeck.

Essen-Frohnhausen/Holsterhausen: Zeche Herrenbank
Die Zeche wird schon 1623 erwähnt, aber eine Belehnung an „Philipp Lange & Consorten" erfolgte erst 125 Jahre später (1749), und unter dem Namen Herrenbank (Flözbezeichnung) wurde ein Stollenbetrieb angelegt. 1803 wird die Förderung der Zeche mit etwas über hundert Tonnen angegeben (22 Arbeiter). 1808 belief sich die Förderung auf nahezu 6000 Tonnen; insgesamt vierzehn Förderschächte bzw. Gesenke werden erwähnt (Henricus, Busch, Andreas, Wilhelm, Hermann und andere). † 1811, durch bergbehördliche Verfügung. Der Schacht Herrenbank blieb offen für die Zeche Ver. Sälzer & Neuack. Er wurde erst 1872 aufgegeben. S. Zeche Ver. Sälzer & Neuack.

Essen-Heidhausen: Zeche Hermann. Aufnahme vor 1959. † 1964.

Essen-Fulerum: Zeche Hammelsbeck
Das Bergwerk wird schon im frühen 18. Jahrhundert erwähnt. 1732 erfolgte die Wiederinbetriebnahme „des alten verlassenen Werkes, Hammelsbeck genannt". Aber erst 1765 ist der „Abbau von mageren Flözen" verzeichnet. Mit Unterbrechungen ist die Zeche dann bis in die ersten Jahrzehnte des 19. Jahrhunderts in Betrieb gewesen. 1841 erfolgte die Verleihung des Feldes Hammelsbeck, und 1847 kam es zur Konsolidation von kleineren Stollenbetrieben zur Zeche Hammelsbeck. 1856 wurde ein Schacht abgeteuft, der 1858 in Betrieb kam. Die Förderung belief sich 1860 auf rund 62000 Tonnen (250 Beschäftigte), sank in den folgenden Jahren jedoch ab. 1864 ist der Schacht auf 176 m tiefergeteuft worden. 1862 belief sich die Förderung auf ca. 49000 Tonnen (243 Beschäftigte); es kam zunächst zur Bildung einer Betriebsgemeinschaft mit Humboldt. Die völlige Übernahme erfolgte 1866. S. Zeche Humboldt.

Essen-Heidhausen: Zeche Vereinigte Braut
Diese Zeche lag in der Nähe des Heidhausener Feuerwehrturms und entstand 1866 aus dem Zusammenschluß der Steinkohlenzechen Stephanie und Braut in Köpperswiese. Der (tonnlägige) Schacht stand im Flöz Geitling, und man baute im Nordflügel der Mulde. 1872 betrug die Förderung (50 Beschäftigte) rund 12500 Tonnen Kohle. Ende der 1880er Jahre begann das Abteufen eines zweiten tonnlägigen Schachtes. Bereits vor 1892 erfolgte der Erwerb von Ver. Braut durch die Zeche Pauline; Ver. Braut blieb jedoch zunächst noch selbständig. Die geförderte Kohle wurde in Förderwagen bis zum Rathausplatz (heute Heidhauser Platz) gebracht und dort im Landabsatz verkauft. Ende der 1890er Jahre kam das Bergwerk infolge zu starker Wasserzuflüsse zum Erliegen. † 1898. S. Zeche Pauline.

Essen-Heidhausen: Zeche Hermann WO 34 211
Die Kleinzeche war 1948 in Betrieb gekommen und förderte in diesem Jahr mit 16 Beschäftigten ca. 1400 Tonnen Kohle. Sie baute im Pachtfeld Kaiserin Augusta der Zeche Ver. Pörtingssiepen. In den ersten 1950er Jahren sind aus einem tonnlägigen Schacht jährlich etwa 30000 Tonnen Anthrazitkohle gekommen. Die höchste Förderung ist 1952 mit fast 41000 Tonnen erbracht worden. 1955 wurden mit 143 Beschäftigten noch rund 30000 Tonnen Kohle gefördert. 1959 ist die Zeche in Ludscheidt umbenannt worden. Der Schacht lag an der Ludscheidtstraße, die nach einem alten Hof benannt ist, der in einem Register des Stiftes Werden bereits im 10./11. Jahrhundert erwähnt wird. Förderung 1963: 26000 Tonnen (70 Beschäftigte). † 1964. S. Zechen Kaiserin Augusta und Ver. Pörtingssiepen WO 33.

Essen-Heidhausen: WO 33 36 212
Zeche Ver. Pörtingssiepen (RAG)
Die Anfänge dieser Zeche gingen bis in die abteiliche Zeit zurück. Die ersten Konzessionen wurden durch den Werdener Abt 1777 und 1779 verliehen; sie betrafen die sogenannte Schmalscheider Kohlenbank in Pörtings Siepen (Fischlaker Mark). Der Name geht auf einen zum Hof Pörting gehörenden Wald zurück. In einem Gutachten von 1823 heißt es: „Das Waldgrundstück ist ein Theil der vorlängst getheilten Fischlaker Mark, welches dabei der später aufgehobenen Abtey Werden zugefallen und von derselben selbst benutzt wurde. In demselben befindet sich ein Kohlenbergwerk, welches mehrere Schächte, Stollen, Haldeplätze und einen englischen Weg zur Abfuhr der Kohlen hat." Zunächst arbeitete die Zeche im Stollenbau; 1808 wurde ein hölzerner Schienenweg zum Kohlenmagazin an der Ruhr in Betrieb genommen, und 1814 hat die Zeche ca. 13000 Tonnen Kohle gefördert. In den 1820er Jahren wurden mit 35 bis 40 Beschäftigten jährlich zwischen 13000 und 14000 Tonnen Kohle hereingewonnen. 1822 begannen das Auffahren des Gerhard-Stollens und der Ausbau als Förderstollen zur Ruhr; der Stollen hatte Erbstollencharakter. Das Stollenmundloch lag etwa 1250 m westlich von Haus Scheppen.

Das Rittergut Scheppen (das Haus wurde im Zweiten Weltkrieg bis auf das Mauerwerk zerstört) war ursprünglich ein Lehngut der Abtei Werden, zu dem in der näheren Umgebung zeitweilig 23 Höfe gehörten. Die ersten Besitzer wurden Die von Scheppen genannt. Durch Heirat kam Haus Scheppen später an die Besitzer von Haus Baldeney und blieb bis zum Ende des 17. Jahrhunderts mit diesem Haus in einer Hand vereinigt. Der Letztbelehnte war Hofgerichtspräsident Friedrich Johann Wilhelm Freiherr von Ritz, und 1836 kam Haus Scheppen in den Besitz der Familie Hövel. Joseph Anton Friedrich August Freiherr von Hövel (1842 - 1917), der Essener Landrat und spätere Regierungspräsident der Rheinprovinz (Sohn des Bergmeisters und späteren Berghauptmanns in Bonn, August Werner Freiherr von Hövel), vererbte Haus Scheppen seiner Nichte (Frau von und zur Mühlen geb. von Hövel). 1930 erwarb der Siedlungsverband Ruhrkohlenbezirk das Haus, der

Essen-Heidhausen: Zeche Ver. Pörtingssiepen. Diese Zeche war schon in den 1770er Jahren in Betrieb. Im Bild links: deutsches Strebengerüst (Koepe-Förderung) über Schacht 2, der 1958 mit einer Turmförderung ausgerüstet worden ist (rechtes Bild). † 1973.

es 1932 an die Essener Steinkohlenbergwerke AG weiterveräußerte.

1837 ging man zum Tiefbau über. Das Teufen des (seigeren) Schachtes 1 hatte 1835 begonnen; er war ca. 32 m tief, und 1837 wurden knapp 20000 Tonnen Kohle gefördert. Um 1850 begannen die Zecheneigentümer, sich an benachbarten Grubenfeldern zu beteiligen und Berechtsame zu konsolidieren. 1854 sind die Steinkohlenbergwerke Wilhelmine Schneppe und Pörtingssiepen unter dem Namen Pörtingssiepen zusammengefaßt worden. 1860 wurde die Gewerkschaft Ver. Pörtingssiepen gegründet; sie besaß zehn verschiedene Längen- und Geviertfelder. 1873 begann das Teufen des Schachtes 2, der 1875 in Förderung kam; sie belief sich in diesem Jahr auf ca. 37000 Tonnen (180 Beschäftigte), und 1880 stellte Schacht 1 die Förderung ein, blieb jedoch zunächst weiter für Fahrung und Wetterführung in Betrieb. Die Kohlenförderung betrug in diesem Jahr ca. 81000 Tonnen (330 Beschäftigte). Später wurden die Bergwerke Ludgerdis II und III in Fischlaken sowie Felder der Gewerkschaft Ver. Stöckgesbank und Dodelle, deren Zeche 1887 zum Erliegen kam, und schließlich die Zeche Kaiserin Augusta (die den Betrieb 1891 einstellte) übernommen. Seit 1897 besaß Pörtingssiepen außerdem fast sämtliche Kuxe der Gewerkschaft Gottfried Wilhelm.

Das Grubenfeld enthielt erstklassige Anthrazitkohle in günstiger Lagerung. Die Schachtanlage mit einem fördernden Schacht war neuzeitlich eingerichtet und verfügte über eine Aufbereitungsanlage und eine Brikettfabrik. 1904 belief sich die Förderung auf 200000 Tonnen. 1906 kam es zu einem größeren gesellschaftlichen Zusammenschluß mehrerer Zechenbetriebe in eine AG (s. Zeche Heisinger Tiefbau). Die Kuxe der Gewerkschaften Pörtingssiepen, Hercules und Dahlhauser Tiefbau wurden gegen die Aktien der neuen Gesellschaft getauscht. Kohlenförderung 1910: 204000 Tonnen (695 Beschäftigte). 1913 betrug die Produktion des Bergwerks knapp 240000 Tonnen (740 Beschäftigte). Berechtsame 1925: 7,6 km². 1927 begann der Umbau der Tagesanlagen und der Ersatz des Malakoffturms über Schacht 2 durch ein Fördergerüst. Zehn Jahre später wurde mit dem Teufen des Schachtes 3 begonnen, der 1938 in Betrieb kam. Die höchste Förderung ist 1943 mit fast 631000 Tonnen erbracht worden (1980 Beschäftigte). Förderung 1950: 380000 Tonnen. 1954 wurden die Grubenbaue von Kaiserin Augusta gesümpft und Schacht 3 von der sechsten Sohle ab aufgebrochen. Förderung 1955: 514000 Tonnen (2200 Beschäftigte). In diesem Jahr ist ein Teil der Förderung von Gottfried Wilhelm übernommen worden. 1958 wurde auf Schacht 2 eine Turmförderung eingerichtet; Förderung 1960: 495000 Tonnen (1600 Beschäftigte). 1964 erfolgte der Durchschlag mit Carl Funke. Förderung 1965: 468000 Tonnen (1185 Beschäftigte).

(†) 1967 kam der Verbund zu Ver. Pörtingssiepen / Carl Funke. Auf dem ehemaligen Zechengelände legte man einen Landschaftspark mit Wanderwegen an. S. Zechen Kaiserin Augusta, Gottfried Wilhelm, Hercules, Heisinger Tiefbau und Dahlhauser Tiefbau WO 62 sowie Carl Funke WO 32 und Ver. Pörtingssiepen / Carl Funke.

Essen-Heisingen: Zeche Barnscheid

Diese Steinkohlenzeche wird schon in einem Vertrag von 1566 genannt, in dem der Werdener Abt den Gewerken Barenscheid und anderen zur Auflage macht, keine auswärtigen Gewerken aufzunehmen. Beim Übergang des Stiftes Werden auf den preußischen Staat (1802/03) gehörte die Zeche Barnscheid der Gewerkschaft Hermann Grotkamp & Konsorten. Das Bergwerk lag in der Nähe des Fährenkottens und baute die Flöze Staemmeringsbank, Sonderlandsbank, Barnscheider Bank und Bänksgen ab.

Essen-Heisingen: WO 32 Zeche Carl Funke (RAG) 10 213

Die Zeche hieß bis in das letzte Jahr des 19. Jahrhunderts Heisinger Tiefbau. Die Schächte 1 und 2 wurden 1872 bis 1875 abgeteuft. 1893 trat die Bergwerksgesellschaft, die schon vorher verschiedenen Verkaufsvereinigungen angehört hatte, dem neugegründeten RWKS bei. 1896 ist ein dritter Schacht abgeteuft worden, der 1899 in Förderung ging (s. Zeche Friedrich Wilhelm). Nach diesem Schacht führte die Zeche fortan den Namen Carl Funke (er war der erste Aufsichtsratsvorsitzende der Rheinischen Anthrazit-Kohlenwerke AG und lebte von 1855 - 1912). 1907 wurde der

Essen-Heisingen: Zeche Carl Funke. *Das Foto ist vom Kupferdreher Ruhrufer aus um 1910 aufgenommen worden. Das hoch aufragende Fördergerüst im Hintergrund zwischen den beiden Schornsteinen steht über dem 1896 abgeteuften Schacht Carl Funke. Neben dem rechten Schornstein (Hintergrund, Mitte) unter dem Namenszug ein Malakoff mit Tonnendach. – Die Zeche stand schon 1850 als Stollenbetrieb in Förderung. † 1973. – Unten: Im Vordergrund die Brikettfabrik, die 1975 stillgelegt wurde.*

Durchschlag mit Ver. Pörtingssiepen hergestellt und 1908 der mit Gottfried Wilhelm. Das Teufen eines Wetterschachtes begann 1909 (vor 1920 wieder aufgegeben und verfüllt); die Berechtsame betrug damals 4,7 km². Kohlenförderung 1910: 281 000 Tonnen (945 Beschäftigte). 1913 förderte das Bergwerk ca. 328 000 Tonnen Kohle (985 Beschäftigte). 1920 waren zwei Schächte in Betrieb (Schacht 1 und ein tonnlägiger Wetterschacht); die Berechtsame belief sich auf 9,1 km². 1924 begann das Teufen des Schachtes 2 (neben Schacht 1), der 1927 in Förderung kam. Förderung

Essen-Heisingen, Zeche Carl Funke: *Maschinenhaus aus dem Jahr 1841.*

1930: 416 000 Tonnen (1 545 Beschäftigte). Die Übernahme der stillgelegten Zeche Prinz Friedrich erfolgte 1931; damit stieg die Berechtsame auf 11,5 km². Förderung 1940: knapp 454 000 Tonnen (1 125 Beschäftigte). 1942 ist ein Teil der Förderung von Gottfried Wilhelm übernommen worden; 1945 sank die Produktion auf 189 000 Tonnen Kohle ab (1 360 Beschäftigte). 1946 bestanden die Anlagen 1/2 und 3; der tonnlägige Wetterschacht wurde aufgegeben. Kohlenförderung 1950: 400 000 Tonnen. In diesem Jahr wurde das Baufeld der Zeche Victoria übernommen, die 1925 stillgelegt worden war; damit stieg die Berechtsame auf 18,6 km². Die höchste Förderung ist 1954 mit fast 617 000 Tonnen erbracht worden (2 450 Beschäftigte). 1957 begann das Teufen des Schachtes 4 im Ostfeld (Kupferdreh), und 1958 kam die Übernahme von Gottfried Wilhelm. 1959 erreichte Schacht 4 seine Endteufe (675 m) und ging in Betrieb. Förderung 1960: 566 000 Tonnen (2 393 Beschäftigte). 1963 wurde Schacht 3 Wetterschacht. Im folgenden Jahr erfolgte der Umbau von Schacht 2 zum Hauptförderschacht mit Turmfördermaschine; der Schacht ging 1965 in Betrieb. (†) 1967: Verbund zu Ver. Pörtingssiepen / Carl Funke. S. Zechen Heisinger Tiefbau, Friedrich Wilhelm, Gottfried Wilhelm, Victoria, Prinz Friedrich und Ver. Pörtingssiepen WO 33.

⚒ *Carl-Funke-Straße: Deutsches Strebengerüst in Fachwerkbauweise mit übereinanderliegenden Seilscheiben. Das Fördergerüst (1921) steht über dem 1896 abgeteuften (und 1899 in Förderung gegangenen) Schacht Carl Funke; es ist 42 m hoch und zeigt eine nur noch selten erhaltene Konstruktion. Zusammen mit einem Maschinenhaus (um 1880) weiter oberhalb und einem Pförtnerhaus an der Carl-Funke-Straße (1920) gehört es zu den letzten Zeugen des Kohlenbergbaus in Heisingen. Die Bruchsteinarchitektur der beiden Häuser ist typisch für die Zechen im südlichen Ruhrgebiet.*

Siedlung Carl Funke. Als 1899 die Rheinische Anthrazitkohlenwerke AG den Schacht Carl Funke abteufte, war bereits klar, daß der Wohnraum in Heisingen für die Zechenbelegschaft nicht ausreichen würde. Deshalb baute man in den zwei folgenden Jahren entlang der Straße zur Zeche eine Kolonie. Während am Hang Wohnblöcke mit recht großen Gärten errichtet wurden, entstanden auf der anderen Straßenseite kleinere Häuser für je vier Familien. Manche davon gestaltete der Architekt im sogenannten Heimatstil mit Fachwerkteilen oder lebhaftem Wechsel von Putz- und Ziegelflächen. Die oft aus ländlichen Gegenden stammenden Bewohner sollten sich zu Hause fühlen und seßhaft werden. Kurz vor dem drohenden Abriß wurde die Siedlung noch unter Denkmalschutz gestellt. ⚒

Essen-Heisingen: Zeche Carl Funke. *Ihren Namen führte diese Zeche nach einem 1896 abgeteuften Schacht, der 1899 in Förderung gekommen war. Die ersten beiden Schächte wurden unter dem Namen Heisinger Tiefbau abgeteuft.*

Essen-Heisingen:
Zeche Duvenkampsbank
Die Zeche ist schon vor 1780 entstanden und wurde auch Duvenkämperbank genannt. Das Bergwerk ist zunächst bis Ende des 18. Jahrhunderts betrieben worden; dann gab es Auseinandersetzungen wegen unklarer Gerechtsamsverhältnisse. 1803 kam es zur Stillegung. Die Neugründung erfolgte 1827, und 1836 sind rund 2 000 Tonnen Kohle gefördert worden. 1850 belief sich die Förderung auf etwa 5 000 Tonnen Kohle; für 1861 wird sie (acht Beschäftigte) mit rund 1 000 Tonnen angegeben. 1862 war der Abbau über der Stollensohle fast beendet. † 1866.

Essen-Heisingen:
Zeche Ver. Flor & Flörchen
1779 sind die Bauern Linnemann und Butenberg aus Heisingen mit den Kohlenbergwerken Fledermaus und Flora belehnt worden. Aus diesen beiden Gerechtsamen entstand später die Zeche Flor & Flörchen. 1867 wurden die Bergwerke Rudolph und Neu-Dülmen angeschlossen. Eine weitere Konsolidation erfolgte 1872 mit den Bergwerken Mühlmanns Dickebank und Mühlmannsbänkchen. Das neue Unternehmen erhielt den Namen Vereinigte Flor & Flörchen. S. Zeche Ver. Wasserschneppe.
⚒ *Erhalten sind ein Stollenmundloch (um 1856) und ein Werkstatt-/Bürogebäude (1861/62), die noch gut die Enge des ehemaligen Zechenkomplexes mit Schachthaus erahnen lassen.* ⚒

Essen-Heisingen:
Zeche Friedrich Wilhelm
Das Grubenfeld der Gewerkschaft des Steinkohlenbergwerks Friedrich Wilhelm markscheidete an seiner westlichen Grenze mit den Feldern der Rheinischen Anthracit-Kohlenwerke. 1896 wurde beschlossen, in dem noch unverritzten Feld Friedrich Wilhelm einen neuen Schacht abzuteufen. 1903 ist die Zeche mit der Anlage Heisinger Tiefbau zu einer Betriebsanlage zusammengefaßt worden, deren Hauptförderschacht der neue Schacht Carl Funke war. S. Zechen Heisinger Tiefbau und Carl Funke WO 32.

Essen-Heisingen:
Zeche Heisinger Tiefbau
Diese Zeche ist in den 1850er Jahren angelegt worden. Die Stollenzeche hatte zunächst gute Ergebnisse gebracht. Als man aber 1871 zum Tiefbau übergegangen war, geriet die Gewerkschaft infolge der nach dem Deutsch-Französischen Krieg einsetzenden Wirtschaftskrise gegen Ende der siebziger Jahre in Schwierigkeiten. Bei einer Förderung von 25 000 Tonnen im Jahr war man nicht in der Lage, den seit längerer Zeit geplanten Tiefbauschacht abzuteufen. 1880 wurde die Zeche von der Firma Funke & Schürenberg (Essen) erworben. Der neue Grubenvorstand (Fritz Funke, Wilhelm Sonnenschein und Jobst Waldthausen) ging daran, die heruntergewirtschaftete Zeche auf eine bessere Grundlage zu stellen. Die alten Baue, die auf einer Länge von 1 800 m unter Wasser standen, wurden gesümpft und die zweite Tiefbausohle angesetzt. 1886 hatte die Förderung mehr als 60 000 Tonnen erreicht; eine in jeder Beziehung neue Anlage war entstanden.

1889 wurde beschlossen, die Zeche in Form einer Aktiengesellschaft (Name: Rheinische Anthracit-Kohlenwerke AG) weiterzuführen. Die Gesellschaft hatte ihren Sitz in Kupferdreh bei Essen. In diesem Jahr förderte die Zeche aus zwei Schächten rund 100 000 Tonnen Anthrazitkohle. 1893 wurde die Kuxenmehrheit des unverritzten Feldes Friedrich Wilhelm übernommen; 1895 betrug die Kohlenförderung fast 90 000 Tonnen (240 Beschäftigte). 1899 ist die Förderung in dem tonnlägigen Förderschacht eingestellt worden; die Kohle kam fortan im Schacht Friedrich Wilhelm zu Tage. Insgesamt waren fünf Schächte vorhanden. Es wurden die Felder Morgenröthe, Ver. Werthsbank (auch Ver. Werksbank genannt), Heisinger Vereinigung, Flor III und Franz erworben; die Berechtsame betrug 6,9 km². 1900 wurden von der Zeche Versuche mit einer Druckluftschrämmaschine unternommen; Förderung 1900: 196 000 Tonnen (640 Beschäftigte). In diesem Jahr beschloß die Rheinische Anthracit-Kohlenwerke AG, die Zeche Pauline in Werden zu übernehmen. 1903 erfolgte die völlige Übernahme der Zeche Friedrich Wilhelm, und 1904 waren drei Schächte in Betrieb (Förderschacht Friedrich Wilhelm und zwei tonnlägige Wetterschächte). Förderung 1905: 211 000 Tonnen (720 Beschäftigte). 1906 ist der Name der Gesellschaft in Essener Steinkohlenbergwerke AG geändert und der Sitz nach Essen verlegt worden. S. Zechen Friedrich Wilhelm, Pauline und Carl Funke WO 32.

Essen-Heisingen:
Zeche Hundsnocken
Die Verleihung der Konzession für diese Stollenzeche durch den Abt von Werden geht auf das Jahr 1773 zurück. Da die Bergbehörde 1806 die Erlaubnis erteilte, den Stollen Hundsnocken wieder in Betrieb zu nehmen, kann angenommen werden, daß der Bergbau zeitweise geruht hat. 1839 hatte die Zeche eine Belegschaft von 111 Mann. Repräsentant war zu dieser Zeit der „Ökonom L. König“ aus Heisingen. 1841 ging die Zeche zum Tiefbau über. Die Kohlenförderung erreichte 1842 ca. 22 000 Tonnen (190 Beschäftigte), die aus einem tonnlägigen Schacht kamen. 1855 begann das Teufen eines zweiten (tonnlägigen) Schachtes. In den sechziger Jahren waren – wie schon vorher – hohe Wasserzuflüsse zu verzeichnen; die Wasserhaltung war unzureichend. Förderung 1866: 31 000 Tonnen (105 Beschäftigte). 1870 erfolgte die Konsolidierung von Hundsnocken mit Ver. Flashoff (entstanden aus den früheren Feldern Zwergmutter, Abgunst und Rauensiepen), Steinknapp, Bruchkamp und Christian zur Gewerkschaft Heisinger Tiefbau. S. Zeche Heisinger Tiefbau.

Essen-Heisingen:
Zeche Mühlmannsdickebank
In diesem Grubenfeld ist bereits im 18. Jahrhundert Kohlenabbau betrieben worden. 1855 erfolgte nach jahrzehntelanger Unterbrechung die Neugründung und Wiederinbetriebnahme des Bergwerks, das auch Mühlmanns Dickebank genannt wurde. 1861 sind mit zwanzig Beschäftigten ca. 8 000 Tonnen Kohle gefördert worden. 1867 betrug die Förderung fast 11 000 Tonnen (31 Beschäftigte). 1872 erfolgte die Konsolidation zu Flor & Flörchen. S. Zeche Ver. Flor & Flörchen.

Essen-Heisingen:
Zeche Nottekampsbank I
Die Zeche ist 1880 durch Teilung der Berechtsame Ver. Nottekampsbank entstanden. Sie verfügte über einen Förderschacht sowie den Wetterschacht Neptun und förderte in diesem Jahr rund 74 000 Tonnen Kohle (243 Beschäftigte). Die höchste Förderung ist 1883 mit über 82 000 Tonnen erbracht worden (277 Beschäftigte). Infolge Abnahme der anstehenden Kohlenvorräte ging die Produktion in den Jahren danach stark zurück. 1886 wurde das Bergwerk wegen hoher Wasserzuflüsse zunächst stillgelegt. Die Wiederinbetriebnahme erfolgte 1921. 1923 sind mit 169 Beschäftigten knapp 7 000 Tonnen Kohle gefördert worden. † 1924. S. Zeche Ver. Nottekampsbank.

Essen-Heisingen:
Zeche Ver. Nottekampsbank
Das Bergwerk ist 1868 durch die Vereinigung der Zechen Nottekampsbank und Bonscheidt entstanden. Die Berechtsame von Nottekampsbank datierte aus dem 18. Jahrhundert. Der Betrieb der Zeche war wiederholt auf längere Zeit unterbrochen. Die letzte Betriebsperiode fiel in die Zeit von 1855 bis 1886. Um 1883 hatte das Bergwerk eine Belegschaft von etwa 280 Mann. 1886 wurde die Zeche wegen zu großer Wasserzuflüsse stillgelegt. Die Essener „Rheinisch-Westfälische Zeitung“ schrieb am 11.1.1891: „Ein Zechenbegräbnis. In der Gewerkenversammlung der Zeche Vereinigte Nottekampsbank zu Heisingen wurde diese Kohlenzeche, freilich nicht mit dem sonst bei Begräbnissen üblichen Pompe, nein, ohne Sang und Klang von einer kleinen Schaar dabei beteiligte Leidtragender still begraben.“ S. Zeche Ver. Wasserschneppe.

Essen-Heisingen:
Zeche Plaetzgesbank
Die Zeche war schon zu Ende des 18. Jahrhunderts in Betrieb, und das Grubenfeld

enthielt um 1830 nur noch geringe Kohlenvorräte. 1838 sind rund 500 Tonnen gefördert worden, 1842 dagegen ca. 4000 Tonnen. Dann lag der Betrieb einige Jahrzehnte still und wurde erst 1886 wieder aufgenommen. 1922 war noch ein Stollen in Betrieb; die Kohlenförderung betrug aber nur wenige Tonnen. In den folgenden Jahren sind nur noch Erhaltungsarbeiten durchgeführt worden. † 1927. Die Kleinzeche ist dann 1933 von der Gewerkschaft Plaetzgesbank neu gegründet worden. Sie verfügte über einen Förderschacht und einen Wetterstollen. Gebaut wurde ein Flöz mit einer mittleren Mächtigkeit von 90 cm. Mit einer Gesamtbelegschaft im Grubenbetrieb von 78 Mann wurden 1949 rund 15000 Tonnen Anthrazitkohle gefördert. 1950 belief sich die Förderung auf rund 18000 Tonnen. Mit einer Belegschaft von 58 Mann sind 1956 ca. 20000 Tonnen Anthrazitkohle gefördert worden. † 1959.

Essen-Heisingen:
Zeche Ver. Pörtingssiepen / Carl Funke (RAG)

Das Bergwerk ist 1967 entstanden durch den Verbund von Ver. Pörtingssiepen und Carl Funke; die Berechtsame betrug etwa 53 km². Die Zeche hatte 8 Schächte. Teufe der Hauptfördersohlen: 549 und 768 m. Förderung 1971: eine Million Tonnen. 1972 wurde der Schacht Carl Funke 6 (Dahlhauser Tiefbau 2) verfüllt. † 1973. Abbruch der Tagesanlagen und Verfüllung der Schächte von Pörtingssiepen, Gottfried Wilhelm, Prinz Friedrich und Altendorf. S. Zechen Carl Funke WO 32 und Ver. Pörtingssiepen WO 33.

Essen-Heisingen:
Zeche Spiekbank

Über diese alte Stollenzeche erklärte der Rentmeister Bader vom Hause Heisingen (ursprünglich ein reichsabteilich-Werdensches Lehen, diente den Werdener Äbten seit Anfang des 18. Jahrhunderts als Sommerresidenz und ging 1803 auf den preussischen Staat über) am 23.6.1806 in einem Termin vor dem Werdener Bergamt, daß die Zeche Im Winkel oder Bronnsiepe eigentlich Zeche Spiekbank und Hoffnung genannt werde. „Blos von der Gegend, wo die Zeche liegt und die Flöze bebauet worden, sey wohl die Zeche Im Winkel oder Bronnsiepe benannt." Bader legte eine Konzessionsurkunde für die Spiekbank vom 5.12.1789 vor und bemerkte, daß die Flöze Spiekbank und Hoffnung nahe beieinander lägen und von einer einzigen Gewerkschaft betrieben würden. Interessant ist die Zusammensetzung des Gewerkenkreises: Rentmeister Bader, Johann Wilhelm Mühlmann (aus Heisingen), Halfmann Adolph Lütgenbroch, Math. Siepmann, Scheffe Carl Dehmer (aus Werden), Kaufmann Cornelius Borgemeister, Johann Wilhelm Borgemeister (aus Ruhrort), Erben Sethmann und Joh. Schmitz sen. (aus Mülheim). Letzterer hatte seinen Anteil bereits 1793 von den Eheleuten Henrich Springob und Gertrud Uhle erworben. An der Zeche waren also sehr früh auswärtige Gewerken beteiligt. Der Personenkreis wechselte in der Folge häufig. 1815 erwarb der Ruhrorter Kaufmann Georg Stinnes Anteile an der Zeche. Er war gleichzeitig mit dem Freiherrn von Rumpff aus Crange und dem Kirchmeister Brockhoff aus Essen an der benachbarten Zeche Wasserschneppe beteiligt. S. Zeche Ver. Wasserschneppe.

Essen-Heisingen:
Zeche Voßhegge

Diese Kleinzeche, die 1947 neu angelegt wurde (Stollenmundloch an der Wuppertaler Straße, nahe Ruhrbrücke), hatte 1949 im Stollenbetrieb mit einer Belegschaft von 41 Mann über 5000 Tonnen Eßkohle gefördert. Sie war ursprünglich bereits um 1830 angelegt worden (auch unter dem Namen Voßhecke bekannt) und hat zumindest bis weit über die Mitte des 19. Jahrhunderts gefördert; 1871 kam der Stollenbetrieb an Flor & Flörchen. – 1950 wurde der Betrieb zunächst stillgelegt. Im folgenden Jahr ist er jedoch wieder aufgenommen worden. 1951 wurden mit 115 Beschäftigten fast 14000 Tonnen Kohle gefördert. † 1952. S. Zeche Flor & Flörchen.

⚒ *Die Stollen Voßhegge und Angelika sind restauriert worden und werden vom Essener Ruhrlandmuseum betreut. Die Restaurierungsarbeiten beider Relikte aus der Frühzeit des Essener Bergbaus wurden hauptsächlich von Auszubildenden der Gesteins- und Tiefbau GmbH in Recklinghausen durchgeführt.* ⚒

Essen-Heisingen:
Zeche Ver. Wasserschneppe

Die Anfänge dieser Zeche reichen bis in die abteiliche Zeit zurück (Abtei Werden). Um 1812 waren mit wenigen Ausnahmen nur Mühlheimer Gewerken an der Zeche beteiligt. Zu den heimischen Gewerken gehörte Franz Dinnendahl (1775 - 1826), der 1814 den Auftrag erhielt, eine Dampfmaschine mit den dazugehörigen Gebäuden zu erstellen. 1815 waren zwei Stollen und ein Schacht (67 m Teufe) vorhanden. Um 1860 waren auf der Zeche 109 Mann beschäftigt. Repräsentant des Unternehmens war der Kaufmann Ernst Nedelmann aus Mülheim/Ruhr. Die Zeche hatte zwei Schächte (Franz und Jakob). Schacht 2 (auch Schacht Jakob genannt) war lange Zeit außer Betrieb. Er konnte 1867 gesümpft werden und die Kohlenförderung aufnehmen. Die höchste Förderung ist 1878 mit über 53000 Tonnen (246 Beschäftigte) erbracht worden. 1879 ereignete sich ein schwerer Wassereinbruch, der die Födereinstellung für fünf Monate zur Folge hatte. Anfang der 1880er Jahre wurde die Zeche durch Konsolidation der Grubenfelder Wasserschneppe, Flor & Flörchen sowie Nottekampsbank II (entstanden aus der Teilung von Ver. Nottekampsbank) unter dem Namen *Heisinger Mulde* erheblich vergrößert. † 1885 geriet die Grube in Konkurs und wurde stillgelegt. Einige Jahre später erfolgte die Umbenennung der Gewerkschaft Heisinger Mulde in *Heisinger Vereinigung*. S. Zechen Flor & Flörchen und Ver. Nottekampsbank.

Essen-Holsterhausen:
Zeche Hobeisen

Der Name geht auf eine alte Flurbezeichnung zurück (Hobeisen = Hohe Beisen). Nach einem Schriftstück vom 2.4.1752 haben Bürger der Stadt Essen 1750 die Gesellschaft Hobeysen zu dem Zweck gebildet, die lange unbearbeitete „Kohlbank Hobeysen in der Steinfurth südlich Schwanenkamp" wieder ausbeuten zu lassen. „Da die Kaufleute von Mülheim einen kostbaren Prozeß einlegen, so wird die Stelle binnen den Friedpfählen ohnweit des Secretairs Krupp sein Werk oder an einen anderen konvenablen Ort gelegt." Ein Schacht der Zeche Hobeisen lag im Dreieck Menshausen-, Wöhler- und Keplerstraße. Die Zeche ging später auf die Zeche Hagenbeck über. Rechtlich bestand das Grubenfeld Hobeisen als selbständige Gewerkschaft weiter. In betrieblicher Hinsicht bildeten Hagenbeck, Neu-Schölerpad und Hobeisen ein Bergwerk. S. Zechen Ver. Hagenbeck und Ver. Neu-Schölerpad / Hobeisen.

Essen-Karnap:
WO 23 **216 248**
Zeche Mathias Stinnes (RAG)

Das Bergwerk (benannt nach dem Industriellen Mathias Stinnes, 1790 - 1845) baute in einem Grubenfeld im Bereich der Städte Essen, Gelsenkirchen, Gladbeck und Bottrop. Das Grubenfeld ist aus den Feldern Karnap, Neu-Horst und Welheim entstanden. Jedes dieser Felder ist durch eine Doppelschachtanlage erschlossen worden. 1859 hatte der damalige Ruhrorter Bergwerks-Actienverein die Felder Carnap I, II, III und IV erworben. In den folgenden Jahren wurde mit dem Abteufen des ersten Schachtes begonnen (Zeche Carnap). Infolge finanzieller Schwierigkeiten mußten die Arbeiten jedoch nach Erreichen einer Teufe von 117 m zunächst wieder eingestellt werden. 1864 erwarb die Familie Stinnes diese Felder. 1871 kamen die Abteufarbeiten erneut in Gang; 1872 ist die erste Kohle gefördert worden (aus einer Teufe von 220 m). Schacht 2 kam 1897 in Betrieb.

Im Grubenfeld Neu-Horst ist 1902 mit den Abteufarbeiten einer neuen Doppelschachtanlage begonnen worden; sie kam 1905 in Betrieb (Mathias Stinnes 3/4, s. Gladbeck-Brauck). Im Feld Welheim (Bottrop-Boy) entstand in den Jahren unmittelbar vor dem Ersten Weltkrieg die Schachtanlage Welheim 1/2. Nach 1914 waren also auf verhältnismäßig kleinem Raum drei fördernde Doppelschachtanlagen in Betrieb.

Essen-Karnap: Zeche Mathias Stinnes. *Unser Bild zeigt die Anlage vor dem Zweiten Weltkrieg, in dem die Tagesanlagen durch Bombardierung stark in Mitleidenschaft gezogen wurden.*

Kohlenförderung 1915: 1,15 Millionen Tonnen (4 178 Beschäftigte). Auf dieser Höhe hielt sich die Produktion bis in die ersten 1920er Jahre. 1922 begann das Teufen des Schachts 5 (neben 1/2), und 1925 ereignete sich ein Seilfahrtunglück, das elf Todesopfer forderte. Förderung 1930: 1,6 Millionen Tonnen (5 220 Beschäftigte). 1931 wurde das Grubenfeld Welheim der Schachtanlage Mathias Stinnes 3/4 angegliedert und der Tagesbetrieb Welheim stillgelegt. 1932 waren auf der Anlage 3/4 durch den Bruch einer Schüttelrutsche vier Todesopfer zu beklagen. Im folgenden Jahr forderte eine Schlagwetterexplosion auf der Anlage 1/2/5 neun Tote. Förderung 1940: 2,54 Millionen Tonnen (6415 Beschäftigte). Die höchste Förderung wurde 1943 mit 2,66 Millionen Tonnen erbracht (7 830 Beschäftigte).

Im Zweiten Weltkrieg wurden die Tagesanlagen durch Bombardierung stark in Mitleidenschaft gezogen. Die Kokerei auf der Schachtanlage 1/2 wurde zerstört, ebenso die Waschkaue, das Kesselhaus und der Gasometer. 1946 arbeiteten die Schachtanlagen 1/2/5, 3/4 und Welheim 1/2; die Berechtsame betrug 8,9 km^2. 1950 begann die Elektrifizierung des Grubenbetriebes. Ende 1951 forderte ein Grubenbrand auf der Anlage 1/2/5 zehn Todesopfer. 1952 wurde Schacht 1 Wetterschacht. 1953 kam die Turmförderung des Schachtes 5 in Betrieb. In dem 73 m hohen Förderturm stand die damals stärkste Fördermaschine der Welt (10 000 kW Antriebsleistung). Förderung 1955: 2,15 Millionen Tonnen (7 570 Beschäftigte). 1965 ist die Seilfahrt von Welheim nach Mathias Stinnes 3/4 verlegt worden; die Schächte Welheim 1 und 2 waren seitdem nur noch Wetterschächte. 1968 erfolgte die Anschließung des Feldes Welheim an den Ausziehschacht Rheinbaben 3; Schacht Welheim 2 wurde verfüllt. Seit 1967 wurde die gesamte Förderung der Zeche in Schacht 5 (Förderbeginn des Schachtes: 1924) zu Tage gehoben, der über eine moderne Vier-

Essen-Karnap: Zeche Mathias Stinnes. *Seit 1967 wurde die gesamte Förderung in Schacht 5 (Bildmitte) zu Tage gehoben. Der wuchtige Förderturm über Schacht 5, der 1953 fertiggestellt wurde, war fast zwei Jahrzehnte das bergbauliche Wahrzeihen des äußersten Essener Nordens. Er galt mit seinen 73 m damals als der höchste Förderturm der Welt. In 58 m Höhe trug er eine Fördermaschine mit einer Leistung von 7 420 Kilowatt, die aus 1 500 m Tiefe mit einer Geschwindigkeit von 20 m pro Sekunde 15 000 Kilogramm Nutzlast fördern konnte. † 1972. Die Schächte des Bergwerks wurden 1973 verfüllt, das Zechengelände eingeebnet.*

seilgefäßförderung verfügte. Wesentliche Vorbedingung für die Konzentration der Kohlenförderung in einem Schacht war eine größere Leistungsfähigkeit der Hauptstreckenförderung. Das Gleisnetz unter Tage wurde erneuert, Druckluftlokomotiven sind durch Akku-Loks ersetzt worden und die Kleinförderwagen durch Seitenkipper mit 4 000 Liter Fassungsvermögen. Die Zeche förderte 1970 über 7 000 Tonnen Kohle täglich, die zu 96 Prozent aus vollmechanisierten Gewinnungsstreben kamen. Tiefste Fördersohle: 1 000 m.

Von der Förderung der ersten Kohle durch die damalige Zeche Carnap gerechnet, hat das Bergwerk Mathias Stinnes fast auf den Tag genau hundert Jahre bestanden. In diesen hundert Jahren hat die Zeche insgesamt 130 Millionen Tonnen Kohle gefördert. Das ist mehr, als alle Ruhrzechen zusammen 1938 – dem Jahr mit der höchsten Förderung in der Geschichte des Ruhrbergbaus überhaupt – zu Tage gehoben haben. † 1972. Die Schächte 1/2 und 3/4 wurden 1973 abgebrochen und verfüllt. 1981 kam das Ostfeld mit dem Schacht 5 an Nordstern. S. Zechen Mathias Stinnes 3/4 und Nordstern WO 48.

⚒ *Siedlung Karnap. Die Siedlung Karnap zeichnet sich unter Essens zahlreichen Arbeitersiedlungen durch guten Erhaltungszustand und eine geschlossene, ursprüngliche Erscheinung aus. Inzwischen saniert und unter Denkmalschutz gestellt, wurde sie zwischen 1890 und 1921 für die Arbeiter und Angestellten der Zeche Mathias Stinnes gebaut. An über 20 verschiedenen Haustypen läßt sich auch der unterschiedliche gesellschaftliche Rang der Bewohner ablesen.* ⚒

Essen-Katernberg:
WO 29 U1 1 55 76 123 127 218
Bergwerk Zollverein (RAG)

„So fing ich den Bergbau in dieser Gegend wieder für eigene Rechnung an, kaufte mehrere passende Ländereien, erwarb verschiedene Kohlenfelder und vereinigte sie unter dem Namen Zollverein." Mit diesen knappen Worten hielt Franz Haniel (1779 - 1868) fest, wie es zu dieser berühmten Zeche kam.

Der Name erinnert an den 1828 gegründeten Deutschen Zollverein, der die Voraussetzung war für die politische Einigung 1871. Mit dem Abteufen des ersten Schachtes ist 1847 begonnen worden. Der Ansatzpunkt lag 500 Meter westlich des ehemaligen Dorfes Katernberg und 300 Meter südlich der soeben fertiggestellten Köln-Mindener Eisenbahn. Im Januar 1848 hatte der Schacht (6,6 m im Quadrat) 26 m Teufe erreicht. Starke Wasserzuflüsse, aber auch wirtschaftliche Behinderungen beeinflußten den Fortgang der Arbeiten. Gegen Ende November 1849 wurde bei 114 m Teufe das Steinkohlengebirge erreicht. Das Abteufen des Schachtes 2 begann Ende Dezember 1849. Er erreichte im Dezember 1850 das Karbon. Über beiden Schächten wurden Malakofftürme errichtet. Am 1. März 1851 hat die Zeche die Förderung aufgenommen. Sie lag in den 1850er Jahren zunächst unter 100 000 Tonnen und stieg allmählich auf eine Jahresmenge von 500 000 Tonnen. Bis zur Jahrhundertwende 1900 entstanden nach und nach vier selbständige Schachtanlagen: Zollverein 1/2 und 4/11 in Katernberg, 3/10 in Schonnebeck und 6/9 in Stoppenberg. Schacht 8, mit dessen Abteufen um 1900 begonnen worden war, ging 1903 in Betrieb. Zur gleichen Zeit wurde der Malakoffturm von Schacht 1 durch ein eisernes Fördergerüst ersetzt. Zu Beginn der 1920er Jahre ist auch der Malakoff über Schacht 2 abgebrochen worden und der Neubau eines eisernen Fördergerüstes erfolgt. Kohlenförderung 1913: 2,32 Millionen Tonnen (6 525 Beschäftigte).

Bereits in den frühen 1920er Jahren gab es Überlegungen, die inzwischen veralteten und während der Jahre des Ersten Weltkrieges nur notdürftig instand gehaltenen Anlagen der Zeche zu erneuern, aber erst Ende der zwanziger Jahre wurde der Entschluß gefaßt, einen neuen Zentralförderschacht abzuteufen und Aufbereitung, Kraftwirtschaft und Werkstätten auf der Tagesanlage 12 zu vereinigen. Mit dem Bau der Tagesanlagen wurden die Industriearchitekten Fritz Schupp (1896 - 1974) und Martin Kremmer (1894 - 1945) beauftragt. Ursprünglich war in Erwägung gezogen worden, über Schacht 12 einen Förderturm zu errichten mit einer Gesamthöhe von 60 bis 70 m. Um den Eindruck der neuen Anlage jedoch nicht zu stören, vor allem aber aus zwingenden technischen Überlegungen, wurde das Konzept des Förderturms ersetzt durch ein Doppelbockfördergerüst mit zwei identischen Fördermaschinenhäusern. Auch das aus vollwandigen Blechen genietete charakteristische Fördergerüst ist bis in jede Einzelheit von den Architekten gestaltet worden.

Das architektonische Erscheinungsbild der Anlage in der konstruktivistischen Variante des Funktionalismus dieser größten und modernsten Zeche der beginnenden 1930er Jahre erregte das Aufsehen der Fachwelt. Aber die ungewöhnlichen Anstrengungen bei der Errichtung der Schachtanlage 12 beschränkten sich nicht nur auf die vorbildlichen Tagesanlagen. Auch im bergmännischen Bereich war ein bemerkenswerter Fortschritt zu verzeichnen. Die Zusammenfassung und Konzentration der Förderung auf der zwölften Sohle (Teufe 608 m) bedeutete damals eine enorme Rationalisierung des Untertagebetriebes. Dieser Schacht (Albert Vögler) nahm 1932 den Betrieb auf. Er hatte eine Förderleistung von 12 000 Tonnen täglich. In den folgenden Jahren ist diese Förderung dann auch erreicht und durchgehalten worden – eine beträchtliche Leistung, wenn man berücksichtigt, daß eine mittlere Ruhrzeche damals täglich etwa 2 500 Tonnen Kohle förderte. Zollverein war in diesen Jahren als erste Verbundanlage die größte Zeche des Ruhrgebiets. 1935 wurden über drei Millionen Tonnen Kohle gefördert (6 057 Beschäftigte). Die Berechtsame des Bergwerks belief sich auf 13,8 km². Bis 1937 stieg die Förderung auf ca. 3,6 Millionen Tonnen (6 835 Beschäftigte); das war die höchste Förderung, die je erreicht wurde. 1941 ereignete sich eine schwere Schlagwetterexplosion (29 Todesopfer), und am Ende des gleichen Jahres kam es zu einem Seilfahrtunglück (drei Tote). 1945 sank die Produktion auf knapp 869 000 Tonnen ab (5 046 Beschäftigte); 1946 waren die Anlagen 1/2/8/12, 3/7/10, 4/11 und 6/9 in Betrieb. Förderung 1950: 2,28 Millionen Tonnen (7 673 Beschäftigte).

Der Zustand der Zentralanlage, wie er mit Inbetriebnahme am 1. Februar 1932 geschaffen war, blieb bis 1960 erhalten; die zwölfte Sohle war noch immer die Hauptfördersohle, obwohl die Kohlengewinnung bereits im Bereich der dreizehnten Sohle umging. Es war somit dringend die Umstellung der Fördereinrichtung erforderlich. Die südliche Gestellförderung wurde 1960 auf Gefäßförderung umgestellt; an Stelle der Kleinförderwagen übernahmen Großförderwagen (3 300 Liter) den Umlauf auf der dreizehnten Sohle.

Zwischen 1964 und 1967 ging die Förderung infolge weiterer durchgeführter Rationalisierungsmaßnamen auf 8 000 Tagestonnen zurück. 1974 erfolgte der Verbund mit der bis dahin selbständigen Schachtanlage Holland in Wattenscheid. Am 1. Januar 1983 kam der Verbund mit dem Bergwerk Nordstern (nachdem die Kohlengewinnung in den Feldern Zollverein 1/2, 4/11 und 6/9 aufgegeben worden war). Die Gesamtförderung des Bergwerks Nordstern / Zollverein wurde fortan auf Schacht 12 zu Tage gezogen. Das Bergwerk verfügte zuletzt im Baufeld Nordstern über fünf und im Baufeld Zollverein ebenfalls über fünf Schächte (darunter Schacht 12 als zentraler Hauptförderschacht mit zwei Gefäßförderungen).

† 1986. Das Baufeld Nordstern wurde durch eine untertägige Verbindung an das Bergwerk Consolidation angeschlossen und ab 1987 die Förderung der beiden Gelsenkirchener Bergwerke im Schacht Consolidation 3 zu Tage gehoben.

In einem Teil der Grubenräume von Zollverein gab es nach der Stillegung Versuche zur untertägigen Deponierung spezieller Industrieabfälle, die aber zu keiner dauerhaften Nutzung der Räume für diesen Zweck führten.

Mit der Stillegung von Zollverein 12 verlor die einstmals größte Kohlenstadt des europäischen Kontinents ihre letzte fördernde Schachtanlage. Der Lebensbogen des Bergwerks Zollverein umschließt mit dem Abteufbeginn von Schacht 1 im Jahre 1847 bis zur Stillegung 1986 den gesamten Zeitraum des modernen Tief-

Essen-Katernberg: Bergwerk Zollverein. Der Zentralförderschacht 12 mit dem Doppelbockgerüst kam 1932 in Betrieb. Das architektonische Gesamtbild dieser größten und modernsten Schachtanlage der dreißiger Jahre erregte das Aufsehen der Fachwelt. † 1986.

baus, der den wirtschaftlichen und vor allem auch landschaftlichen Charakter des Ruhrgebietes entscheidend geprägt hat. S. Bergwerk Nordstern WO 48.

⚒ *Nach Inbetriebnahme der Zentralschachtanlage 12 sind in den 1930er Jahren auf den übrigen Zollvereinschächten sämtliche nicht mehr benötigten Gebäude abgerissen worden; der Abbruch der Tagesanlagen Zollverein 6/9 ist in den 1980er Jahren erfolgt. Reste von Zollverein 4/11 wurden von der RAG bis 1995 als Zentralausbildungsstätte genutzt. Danach entstand hier das Triple Z (Zukunfts Zentrum Zollverein), in dem sich Existenzgründer ansiedeln können.*

Auf der Schachtanlage 1/2/8 dominieren heute die Stahlfachwerkbauten der Jahre 1956-64 und die Backsteingebäude der Ausbauphase 1899-1906. Von der Gründungsanlage, die 1848-52 entstand, ist nur noch die Lage der Schächte, parallel zur Köln-Mindener Eisenbahn, zu erkennen. Als denkmalwert angesehen werden das Vollwandstrebengerüst über Schacht 1 mit Schachthalle und Wagenumlauf (1956-58) und das Fördermaschinenhaus am gleichen Schacht (1903, Anbau in gleicher Formensprache 1956-58); des weiteren der Förderturm auf Schacht 2, der 1950 nach Plänen von Fritz Schupp auf der Bochumer Zeche Friedlicher Nachbar gebaut und 1964 nach Zollverein umgesetzt wurde; dazu der Wagenumlauf (1964) und ein Maschinenhaus (1903). Am Schacht 8 gelten folgende Bauten als erhaltungswürdig: Lüftergebäude (1917), Lokschuppen (1921), Hauptmagazin (1922), die Kaue von 1906 (1965 umgebaut), die 1878 gebaute Alte Verwaltung, die später Beamtenwohnung war, die Direktorenvilla (1898), ein Verwaltungsbau (1906) und die seit 1848 bestehende Spitzkegelhalde.

Auf der Fläche der Schachtanlage 3/7/10 bestehen noch und gelten als denkmalwert das 1913 errichtete deutsche Strebengerüst über dem Schacht 10, und das Fördermaschinen- und Umformergebäude aus dem gleichen Jahr. Im westlichen Fördermaschinenhaus steht noch die elektrische Maschine mit Regler, Bedienstand und Teufenanzeiger von 1920 und sollte erhalten werden. Gleiches gilt für ein Maschinenhaus (1913) und das in den 1950er Jahren gebaute Pförtnerhaus sowie die Fahrradhalle.

Die übertägigen Bauten der Schachtanlage 12 sind bis auf ganz wenige Ausnahmen (z.B. Schornstein über dem Kesselhaus) erhalten geblieben und seit Ende 2001 Weltkulturerbe. Die ästhetische Wirkung wird u.a. ermöglicht durch die Trennung der tragenden Konstruktion von der vorgeblendeten Backsteinfassade. Entstehungszeit sind die Jahre 1928-32; zur Anpassung an den späteren technischen Stand gab es in den 1950er und 60er Jahren Umbauten und Ergänzungen, die aber die alten Hüllen beibehielten.

Auch die Kokerei Zollverein, der Schachtanlage 12 benachbart, blieb nach ihrer Stillegung 1993 zum größten Teil bestehen. Entworfen hat sie Fritz Schupp, Betriebsbeginn war 1961. Zusammen mit den anderen noch bestehenden Zollverein-Anlagen blieb in Essen-Katernberg damit ein Funktionskomplex erhalten, wie er nirgendwo sonst im deutschen Steinkohlenbergbau noch anzutreffen ist. ⚒

Essen-Kettwig/Oefte: Zeche Ver. Rudolf

Die Zeche ist 1866/67 durch Konsolidation von Rudolph und Katharina Wilhelmina entstanden. Sie kam 1872 in Betrieb. Da die Kohle über der Stollensohle schon abgebaut war, begann das Teufen eines tonnlägigen Schachtes, der 1875 eine Teufe von 50 m erreicht hatte. 1877 sind mit 1 Beschäftigten ca. 530 Tonnen Kohle geför-

Essen-Kray: Zeche Bonifacius. Links Strebengerüst über Schacht 1, rechts die Sternbrauerei. Aufnahme kurz nach 1900.

dert worden. 1878 wurde der Betrieb zunächst stillgelegt. Der Plan zur Inangriffnahme eines neuen Tiefbaus mußte wegen fehlender Finanzmittel 1886 aufgegeben werden. 1893 erfolgte die Wiederaufnahme eines Stollenbetriebes, und 1899 begann das Teufen eines Schachtes am südlichen Ruhrufer; 1900 sind ca. 900 Tonnen Kohle gefördert worden (120 Beschäftigte). † 1901. – 1948 ist das Bergwerk unter dem Namen Rudolph wieder in Betrieb gekommen. 1951 wurden rund 5000 Tonnen Kohle gefördert (66 Beschäftigte), und 1955 mit 82 Beschäftigten über 38000 Tonnen. Die höchste Förderung wurde 1957 mit über 49000 Tonnen erbracht (107 Beschäftigte). Förderung 1965: 32000 Tonnen (87 Beschäftigte). † 1966.

Essen-Kray:
WO 37 34 219
Zeche Bonifacius

Das Feld Ver. Bonifacius ist 1851 aus der Konsolidierung der Grubenfelder Franziska, Christine und Bonifacius entstanden, die 1845 bzw. 1849 verliehen worden sind; Eigentümerin war die Gewerkschaft Ver. Bonifacius. Mit dem Abteufen des ersten Schachtes wurde 1857 begonnen; 1863 konnte die Förderung aufgenommen werden. Sie betrug ca. 46000 Tonnen (285 Beschäftigte). 1865 – die Kohlenförderung war inzwischen auf fast 154000 Tonnen angestiegen (555 Beschäftigte) – kam es zu starken Wassereinbrüchen, und die Grube soff ab; sie lag über ein Jahr still. Die Wiederaufnahme der Förderung erfolgte 1867. Kohlenförderung 1870: 188000 Tonnen (600 Beschäftigte). Nach Ende des Krieges 1870/71 wurde beschlossen, einen zweiten Schacht abzuteufen. Die Gewerkschaft wurde 1872 in die Aktiengesellschaft Ver. Bonifacius umgewandelt. Schon in den frühen 1870er Jahren begann die Zeche mit dem Bau „gesunder und freundlicher Arbeiterwohnungen, denen" (wie es in einer Ankündigung von 1873 heißt) „entsprechendes Areal zugeteilt werden soll, um das körperliche und sittliche Gedeihen der Arbeiter möglichst zu fördern und dieselben durch Beschaffung eines behaglichen Daheims an Häuslichkeit zu gewöhnen." Der Schacht 2, mit dessen Abteufen 1872 begonnen worden war, ging 1897 zu Bruch. Später brannten Schacht- und Wasserhaltungsgebäude nieder. Die Förderung konnte erst Mitte 1899 wieder aufgenommen werden. 1897 sind die beiden angrenzenden Grubenfelder Helmuth und Caspar Alexander erworben worden. Im Feld Caspar Alexander wurde 1898 mit dem Abteufen des Schachtes 3 begonnen.

Das Grubenfeld war verhältnismäßig klein, doch verfügte die Zeche über einen großen Kohlenvorrat guter Qualität. Förderung 1899: 460000 Tonnen. In diesem Jahr brannte der Malakoffturm über Schacht 1 bis auf die Grundmauern nieder. Dieses Unglück war für die Grubenbesitzer der Anlaß, die Zeche an die Gelsenkirchener Bergwerks-Aktien-Gesellschaft (GBAG) zu verkaufen. 1900 belief sich die Kohlenförderung auf 545000 Tonnen (2087 Beschäftigte), 1905 auf über 577000 Tonnen. 1906 begann der grundlegende Umbau des Bergwerks. Die Gebäudereste des Schachtes 1 wurden abgerissen, und der ausgebrannte Malakoff ist durch ein stählernes Fördergerüst ersetzt worden; sämtliche Übertageanlagen wurden neu gebaut. Bonifacius war eine der ersten Ruhrzechen, die elektrisch betrieben worden sind. 1908 ist eine neue Brikettfabrik errichtet worden; der Neubau der Kokerei (mit angegliederter Benzolfabrik) erfolgte in den Jahren 1910/13. Förderung 1913: über eine Million Tonnen (3416 Beschäftigte); 1920 sind mit 4694 Beschäftigten rund 726000 Tonnen Kohle gefördert worden. 1924 waren bei einer Schlagwetterexplosion vier Todesopfer zu beklagen. Schacht 3 stellte 1925 die Förderung ein, blieb aber als Seilfahrt- und Wetterschacht

Essen-Kray: Zeche Bonifacius. Unser Bild aus den 1950er Jahren zeigt neben dem Fördergerüst (Vollwandstreben) die Wäsche (ganz links) und den Landabsatz der Zeche.

weiter in Betrieb. 1928 verfügte die Anlage über die Förder- und Seilfahrtschächte 1 und 2 sowie die Wetterschächte 3 und 4; gefördert wurden in diesem Jahr ca. 962 000 Tonnen Kohle (3 340 Beschäftigte). Die höchste Förderung erbrachte die Anlage 1939 mit über 1,25 Millionen Tonnen (2 860 Beschäftigte).

1941 ereignete sich eine Schlagwetterexplosion (fünf Todesopfer). 1945 sank die Förderung auf etwa 293 000 Tonnen ab (2 029 Beschäftigte). Das Teufen des Schachtes 5 (Hauptwetterschacht) im Osten des Grubenfeldes (Grenze Wattenscheid) begann 1949. Förderung 1950: 780 000 Tonnen Fett- und Magerkohle. Der Hauptwetterschacht kam 1952 in Betrieb. Förderung 1955: 951 000 Tonnen (2 753 Beschäftigte). 1960 lag die Förderung wieder bei über einer Million Tonnen (2 604 Beschäftigte), 1965 betrug sie 1,13 Millionen Tonnen (2 375 Beschäftigte). 1966 ist die Anlage mit der Zeche Holland vereinigt worden. S. Zeche Holland WO 57.

⚒ *Schacht 1: 1899 wurde der frühere Malakoffturm durch ein Fördergerüst ersetzt. Es ist das älteste deutsche Strebengerüst in Fachwerkbauweise mit nebeneinanderliegenden Seilscheiben in Essen. Außer dem Fördergerüst werden als erhaltungswürdig angesehen: Fördermaschinen- und Umformerhaus (1909/12) mit Illgner-Umformer, elektrischer Fördermaschine von 1914 und Dampffördermaschine von 1913, die 1987 vom Zollverein-Schacht 6 nach Bonifacius kam; des weiteren Magazin (1905), Maschinenhaus (1902), Verwaltungs- und Kauengebäude (1903) und Verbandshalle (1906). Die Bedeutung dieses Gebäudeensembles liegt u.a. in der noch erkennbaren Gesamtanlage einer Großzeche um 1900.* ⚒

Essen-Kray: Zeche Katharina. Als Anschlußanlage der früheren Zeche Hercules gebaut, 1972 stillgelegt. Mit dem Abbruch fast aller Tagesanlagen der Zeche in den frühen 1970er Jahren verschwanden im Stadtteil Kray viele Wahrzeichen des Essener Bergbaus. Unten: Zweigeschossiges deutsches Strebengerüst mit Koepe-Förderung. Aufnahme etwa 1970 (vgl. S. 45 u. S. 221).

Essen-Kray:
WO 36 45 220f.
Zeche Katharina (RAG)

Benannt nach Katharina Thusnelda geb. Waldthausen (1863 - 1911), Ehefrau von Carl Funke (1855 - 1912), dem Gründer der Essener Steinkohlenbergwerke. Die Schachtanlage Katharina der Zeche Hercules wurde auf Beschluß der Gewerkenversammlung vom 13.7.1899 im Grubenfeld Amsterdam bei Kray abgeteuft und kam am 1.4.1901 in Betrieb. Katharina und Hercules erreichten 1904 eine Förderung von zusammen 450 000 Tonnen Magerkohle. Carl Funke, der Mitglied des Grubenvorstandes der Gewerkschaft Hercules war, brachte diese Gewerkschaft und mit ihr die Schachtanlage Katharina 1906 in die Essener Steinkohlenbergwerke ein. Katharina wurde seit dieser Zeit als selbständige Zeche geführt. Förderung 1906: 389 000 Tonnen (1 122 Beschäftigte). 1910 war die Förderung auf ca. 455 000 Tonnen gestiegen (1 467 Beschäftigte). 1914 erfolgte die Übernahme des Wetterschachtes *Huttrop* von Hercules. Das Teufen des Schachtes 6 (neben dem Schacht Katharina, der als Schacht 3 von Hercules 1901 in Betrieb gekommen war) begann 1919; er kam 1922 in Förderung und wurde 1925 Hauptförderschacht (Schacht 3 wurde Wetterschacht). In diesem Jahr ist nach Stillegung von Hercules die gesamte Berechtsame (6,5 km²) übernommen worden. 1929 ereignete sich ein Grubenbrand (vier Todesopfer). Förderung 1930: 390 000 Tonnen (1 076 Beschäftigte). Förderung 1940: 427 000 Tonnen (1 170 Beschäftigte).

Im Rahmen eines ab 1952 laufenden Investitionsprogramms ist die Zeche auf eine Förderleistung von täglich 3 500 Tonnen gebracht worden. Von Katharina aus sind auch die Felder der in den 1920er Jahren stillgelegten Zechen Deimelsberg und Centrum 4/6 neu erschlossen worden. Im gleichen Jahr wurde ein Betriebsleitungsvertrag über die Schachtanlagen Wilhelm Emil, Friedrich Joachim und Hubert der Zeche Königin Elisabeth abgeschlossen. Nach Herstellung der Verbindungen unter Tage ist 1956 die Förderung der Zeche Katharina auf dem bis 640 m weitergeteuften und umgebauten Schacht 3 (Ernst Tengelmann) konzentriert worden. In den folgenden Jahren wurde Katharina zu eine

*Essen-Kray: **Zeche Katharina.** Links deutsches Strebengerüst (vgl. S. 45 u. 220). Rechts: Förderturm über Schacht 3 („Ernst Tengelmann", benannt nach Generaldirektor Dr.-Ing. E. h. Ernst Heinrich Wilhelm Tengelmann, 1870 - 1954), der 1955 in Förderung kam. 1956 ist die Förderung der Zeche auf dem 640 m tiefergeteuften und umgebauten Schacht 3 konzentriert worden. Nachfolgend wurde die Zeche zu einem der modernsten Bergwerke des Essener Nordostens ausgebaut. † 1972.*

der modernsten Zechen des Essener Nordostens ausgebaut. Die höchste Förderung ist 1968 mit 813 000 Tonnen erbracht worden (2 000 Beschäftigte). † 1972. S. Zechen Hercules, Deimelsberg, Centrum / Morgensonne WO 58, Wilhelm Emil, Friedrich Joachim, Hubert und Königin Elisabeth.

Essen-Kupferdreh:
Zeche Adler

1906 wurde die Bergwerksgesellschaft Adler mbH gegründet, die 1908 in die Gewerkschaft des Steinkohlenbergwerks Adler umgewandelt worden ist. Sie übernahm mehrere früher fördernde Zechen (darunter Huferbank II, die von 1857 bis 1878 gefördert hatte; Huf I, 1867 bis 1884 in Förderung; Petersburg, in Förderung von 1858 bis 1865; Joseph, 1892 bis 1907; Concordia, 1899 bis 1906). Die Gewerkschaft Adler teufte 1906/08 selbst einen Tiefbauschacht ab und errichtete 1908 eine Brikettfabrik; 1911 hatte die Förderung bereits 300 000 Tonnen überschritten. Die höchste Förderung ist 1912 mit fast 329 000 Tonnen erbracht worden (900 Beschäftigte). 1920 erwarb die Gewerkschaft das gesamte Bergwerks- und Grundeigentum der Gewerkschaft des Steinkohlenbergwerks Steingatt. 1921 erfolgte die Umwandlung in die Adler Aktiengesellschaft für Bergbau. 1925 belief sich die Kohlenförderung auf rund 109 000 Tonnen (635 Beschäftigte); in diesem Jahr wurde der Betrieb infolge Absatzschwierigkeiten für mehr als drei Monate eingestellt. 1929 ist die Zeche an die Gewerkschaft Heinrich verkauft worden, die die Anlage 1930 stillgelegt hat. Die Grubenbaue wurden aufgegeben und soffen ab; die Schächte sind abgedeckt worden. S. Zeche Heinrich WO 39.

Essen-Kupferdreh:
Augustus Erbstollen

Die Verleihung der Erbstollengerechtigkeit ist 1809 erfolgt. 1838 kam es zur Konsolidation Hardenbergische Kohlenbergwerke. Nach der Liquidierung dieser Zeche (1845) wurde der Erbstollen zunächst stillgelegt. Die Wiederinbetriebnahme erfolgte 1859, und 1861 kam die Konsolidierung zu Ver. Petersburg. S. Zeche Hardenbergische Kohlenbergwerke.

Essen-Kupferdreh:
Glückauf Erbstollen

Der Erbstollen ist 1820 durch die Zeche Steingatt angelegt worden und war bis etwa 1836 in Betrieb. Er wurde dann außer Betrieb gesetzt (jedoch nicht aufgegeben). 1863 ist noch einmal ein Flügelort aufgefahren worden. 1920 wurde der Erbstollen erneut befahrbar gemacht (Wiederinbetriebnahme Prinz Wilhelm / Steingatt). S. Zechen Steingatt und Prinz Wilhelm.

Essen-Kupferdreh:
Zeche Prinz Friedrich

Die Zeche entstand 1871 durch Konsolidation der Einzelzechen Ver. Emil und Ida (verliehen 1844), Noch zum Glück (ebenfalls 1844 verliehen) und Gottessegen (verliehen 1837). 1873 wurden mit 73 Beschäftigten 24 000 Tonnen Kohle gefördert, und 1883 belief sich die Kohlenproduktion auf ca. 13 000 Tonnen (30 Beschäftigte). 1891 erwarb die Gewerkschaft Prinz Friedrich auch die Stollenzeche Gilles Antoine. Beide Zechen sind 1902 von der Gewerkschaft Altendorf übernommen worden. Mit der Stillegung von Altendorf Tiefbau wurde der Betrieb 1914 eingestellt. Die Wiederinbetriebnahme erfolgte 1918, und 1919 ging man dazu über, mit Hilfe eines tonnlägigen Schachtes aus dem sog. Alten Stollen zu fördern; 1920 ist ein Tiefbauschacht abgeteuft worden (200 m Teufe). Gleichzeitig wurden die Tagesanlagen ausgebaut und eine Brikettfabrik in Betrieb genommen. 1925 belief sich die Förderung auf 112 000 Tonnen; in diesem Jahr wurde das Grubenfeld der stillgelegten Zeche Victoria übernommen (jedoch dort kein Abbau). Die Berechtsame betrug damit 8,8 km². 1928 wurden nur noch 22 000 Tonnen Kohle gefördert, und 1931 ist Prinz Friedrich als Schacht 3 der Zeche Carl Funke zugeschlagen worden. S. Zechen Altendorf Tiefbau und Carl Funke WO 32.

Essen-Kupferdreh:
Zeche Victoria

Im Feld dieses Bergwerks ist bereits im 18. Jahrhundert mit Unterbrechungen Kohlenabbau betrieben worden, und die Zeche war 1857 neu in Betrieb gekommen. Gefördert wurde zunächst durch den Himmelskroner Erbstollen. 1873 belief sich die Förderung auf ca. 17000 Tonnen (72 Beschäftigte). Erst 1890 ist der (tonnlägige) Tiefbauschacht Wilhelm abgeteuft worden. Der Schacht kam 1893 in Förderung, und 1900 belief sich die Produktion auf rund 111000 Tonnen Kohle (350 Beschäftigte). 1904 erwarb die Gewerkschaft Victoria sämtliche Kuxe der Zeche Frisches Glück & Friedrich. Die Berechtsame dieser Zeche war schon 1859 verliehen worden; der Betrieb hat jedoch nur von 1900 bis 1903 gefördert. Die Zeche Victoria teufte 1911 und 1912 noch zwei Schächte ab. 1913 wurde der tonnlägige Schacht Wilhelm aufgegeben; in diesem Jahr sind rund 123000 Tonnen Kohle gefördert worden. 1915 erreichte die Kohlenförderung (460 Beschäftigte) über 145000 Tonnen. Der Schacht Wilhelm ist 1919 verfüllt worden. 1920 belief sich die Förderung auf 210000 Tonnen Magerkohle; Belegschaft: 860 Mann. Eine Brikettfabrik war vorhanden. † 1925. Das Grubenfeld kam 1950 zu Carl Funke. S. Zeche Carl Funke WO 32.

⚒ *Ein zur Zeche Victoria gehörender Wetterkamin (1890) ist als Ruine – im Wald versteckt – erhalten. Im Deilbachtal steht noch das Verwaltungs- und Kauengebäude mit dem Mundloch des Himmelscroner Erbstollens daneben.* ⚒

Essen-Kupferdreh:
Zeche Wohlgemuth

In einer Beschreibung des Essen-Werdener Bergamtsbezirks von Heinrich Heintzmann (1778 - 1858, ab 1821 Direktor des Essen-Werdener Bergamtes) vom 23. Juli 1836 heißt es: „Der Bergbau im Essen Werdenschen Bezirke dürfte wohl der älteste im Westphälischen Oberbergamts Districte sein. Die ältesten Belehnungen sind vom 17. November 1733 ausgefertigt."

Die Gewerkschaft der Zeche Wohlgemuth ist 1792 und 1796 vom Abt zu Werden konzessioniert worden (zwei Steinkohlenflöze). 1802 wurde auf Wohlgemuth die erste von Franz Dinnendahl (1775 - 1826) gebaute Dampfmaschine aufgestellt. Sie ging 1803 in Betrieb. Dinnendahl, von Beruf Schreiner und Zimmermann, hatte auf der Zeche Vollmond für eine Dampfmaschine (schlesischen Fabrikats) das Gebäude zu errichten. Bei der Aufstellung der Maschine beobachtete er, daß von dem Monteur Fehler gemacht wurden, die schließlich nur Dinnendahl zu beheben vermochte. 1801 gelang es ihm, von den Gewerken der Zeche Wohlgemuth den Auftrag zum Bau einer Dampfmaschine zu erhalten. Diese Maschine schmiedete Dinnendahl fast ganz mit eigener Hand und fertigte, um Zylinder bohren zu können, auch eine Bohrmaschine an (obwohl er eine solche vorher nie gesehen hatte). Die Dampfmaschine funktionierte vom ersten Augenblick an.

Dieser Erfolg machte Dinnendahl so bekannt, daß er in der Folge viele Aufträge von Ruhrzechen abzuwickeln hatte. Allerdings kamen ihm hier die Auswirkungen der Napoleonischen Kontinentalsperre zugute. In seiner Selbstbiographie hat Dinnendahl später die Vorgänge um den Bau der Dampfmaschine für die Zeche Wohlgemuth außerordentlich eindringlich beschrieben: „... so vertraute man mir die Erbauung an, wiewohl es mir so viele Mühe kostete, mir dieses Vertrauen zu verschaffen, daß ich mehrere Bogen damit würde beschreiben müssen, wenn ich alle die Schwierigkeiten schildern wollte, die ich zu bekämpfen hatte, ehe ich meinen Zweck erreichte...".

Überhaupt hatte es der „Mechanikus", dieses technische Genie, der Wegbereiter des maschinellen Ruhrbergbaus, gar nicht einfach mit den bergbaulichen Dienststellen seiner Zeit, die sich außerordentlich schwer taten, die gewohnten eingefahrenen Gleise zu verlassen. Es gibt einen Brief vom 9. März 1809, den Dinnendahl an das Essener Bergamt schrieb: „Von meiner frühen Jugend des Gehorchens aber nicht Befehlens gewohnt, werde ich nicht ermangeln mich dem Mandate eines Wohllöblichen Berg-Amtes zu fügen und die nöthigen Anstalten zur Ausbesserung des an der Wohlgemuther Dampf-Maschine fehlerhaft gewordenen Theiles zu treffen, doch bestimmt mich zu der *sofortigen* Reparatur mehr die Achtung, so ich für diese Bergamtliche Behörde hege und der Zufall, daß ich gerade mit keinen andern wichtigen Arbeiten occupirt bin, als das Gefühl einer Verbindlichkeit den Befehlen des Bergamtes *sofort* Folge leisten zu müßen; denn nur ihrem Subalternen Dienst Personale welches in öffentlicher Besoldung steht, kann eine Behörde Befehle ertheilen und auf der Stelle Parition verlangen, nicht dem freien ungebundenen Manne, der nur vermittels Contracts mit ihr ligirt (verbunden) ist, seine conventionellen Verbindlichkeiten erfüllet hat, und über selbe hinaus wohl seinen competenten Richter, aber keine einseitige Disposition über das was er zuerst und jetzt thun soll anerkennet."

Am Schluß dieses langen Schreibens betont Dinnendahl noch einmal nachdrücklich: „... daß ich die Wünsche des Wohllöblichen Bergamtes jedesmal, solange es mir möglich – seyn sie in einer Form gekleidet in welcher sie immer wolle – prompt zu erfüllen mich bestreben werde, indem es meiner Denkungsart gar nicht angemessen ist die gute Sache wegen fehlenden in meinen Augen nichts geltenden Formalitäten leiden zu laßen." Und er unterzeichnete: „Mit Hochachtung verharre Eines Wohllöblichen Bergamts ergebenster Diener Fr. Dinnendahl".

1812 ergab sich ein weiterer Briefwechsel mit dem Essener Bergamt wegen der Lieferung eines Dampfkessels für die Zeche Wohlgemuth. Diese Angelegenheit war am 8. Juli 1812 in Gang gekommen und zog sich bis zum 17. September 1814 hin, nicht zuletzt deshalb, weil Dinnendahl mit der Lieferung von Maschinen für andere Zechen so stark in Anspruch genommen war, daß eine Beschleunigung in der Erledigung des Auftrages nicht möglich wurde. Die 1802 gelieferte und seit 1803 in Betrieb befindliche Dampfmaschine arbeitete bis 1815 ohne wesentliche Anstände. 1831 wurde auf Wohlgemuth eine Wasserhaltungsmaschine eingebaut, die Dinnendahl in den 1820er Jahren für die Zeche Wasserschneppe geliefert hatte. Die Teufe des Schachtes Wohlgemuth betrug 11,5 Lachter (= 23 m). † 1837.

Essen-Kupferdreh/Byfang:
Zeche Gilles Antoine

Bei dieser Zeche (Stollenbetrieb) war bereits vor 1831 ein Schacht vorhanden. Die Anlage war zunächst bis 1866 in Förderung; später ruhte der Betrieb zeitweilig. 1870 sind mit neun Beschäftigten rund 820 Tonnen Kohle gefördert worden, 1872 war auch der Förderschacht in Betrieb. Die höchste Förderung ist 1875 mit ca. 14500 Tonnen erreicht worden (55 Beschäftigte). 1881 belief sich die Produktion (24 Beschäftigte) auf rund 6000 Tonnen Kohle und 1885 auf knapp 2800 Tonnen. † 1888.

1891 wurde die Berechtsame durch Prinz Friedrich erworben; der Schacht Gilles Antoine wurde Förderschacht von Prinz Friedrich für Stollen- bzw. Tiefbau. – Heute verläuft die Straße Gillesweg im Stadtteil Kupferdreh im Bereich des Grubenfeldes der ehemaligen Zeche. S. Zeche Prinz Friedrich.

Essen-Kupferdreh/Byfang:
Zeche Prinz Wilhelm

Bereits Anfang des 18. Jahrhunderts ist in diesem Gebiet Bergbau betrieben worden; dann wurden die Stollenbetriebe aufgegeben. 1850 erfolgte die Verleihung des Feldes Prinz Wilhelm. Der Tiefbauschacht, dessen Abteufen unterbrochen worden war (Teufbeginn 1846), erhielt den Namen Carl; die Teufarbeiten begannen 1852 neu, und 1855 war eine Teufe von 123 m erreicht. 1860 sind rund 54000 Tonnen Kohle gefördert worden (140 Beschäftigte). Die höchste Förderung ist 1885 mit über 55000 Tonnen erbracht worden (164 Beschäftigte). 1896 stürzte Schacht Carl ein; die Zeche wurde durch Steingatt erworben, und die Kohle von Prinz Wilhelm kam fortan durch Schacht Laura von Steingatt zu Tage. † 1903.

Das Bergwerk ist 1920 unter dem Namen Prinz Wilhelm / Steingatt wieder in Betrieb gekommen. 1921 wurde Schacht Carl aufgewältigt, und 1923 erfolgte der

Durchschlag mit Steingatt und Ver. Henriette. 1925 sind nach Erwerb weiterer Grubenfelder insgesamt rund 56000 Tonnen Kohle gefördert worden (258 Beschäftigte). † Ende 1925. Das Grubenfeld kam 1929 an Heinrich. 1930 ist die Zeche unter dem Namen Ver. Charlotte / Steingatt / Prinz Wilhelm noch einmal in Betrieb genommen worden. S. Zechen Steingatt, Ver. Henriette, Charlotte und Heinrich WO 39.

⚒ *Ein Stollenmundloch von 1853 und ein um dieselbe Zeit erbautes Zechenhaus sind erhalten.* ⚒

Essen-Kupferdreh/Dilldorf: Hardenbergische Kohlenbergwerke

Die Kohlenbergwerke waren die Zusammenfassung der Steinkohlenzechen Petersburg, Gabe Gottes, Augustus Erbstollen (sämtlich Kupferdreh-Dilldorf) und Ver. Caroline (Mülheim-Dümpten). 1838 war als erste Aktiengesellschaft im Ruhrbergbau unter wesentlicher Beteiligung französischen Kapitals die Hardenbergische Kohlenbergwerks-Aktiengesellschaft mit dem Sitz in Düsseldorf gegründet worden. In Kupferdreh wurde das Teufen von drei runden, gemauerten (seigeren) Schächten geplant bzw. in Angriff genommen. Die Kohlenförderung im Tiefbau (Schächte 1 und 2) begann schon 1839. Für die unter der Stollensohle der kleinen Zechen noch anstehenden verhältnismäßig geringen Kohlenvorräte waren die in Angriff genommenen Tiefbauanlagen viel zu groß, und die Gesellschaft kam demzufolge schon sehr bald in finanzielle Schwierigkeiten. 1840 wurde der Bau eines rund 700 m langen Anschlusses zur Prinz-Wilhelm-Bahn in Aussicht genommen. In den 1840er und 1850er Jahren mußten erhebliche Zubußen zum Gesellschaftsvermögen geleistet werden. 1860 kam es zur Konsolidation von Petersburg, Gabe Gottes und Augustus Erbstollen zu Ver. Petersburg. † 1866. S. Zeche Ver. Caroline (Mülheim-Dümpten).

Essen-Rellinghausen: Zeche Gottfried Wilhelm 223

Das Grubenfeld der Gewerkschaft Gottfried Wilhelm war 1859 aus mehreren Geviertfeldern konsolidiert worden; nördlich der Ruhr gelegen, enthielt es bei günstiger Lagerung beste Anthrazitkohle. Die Zeche erhielt ihren Namen nach dem ersten Repräsentanten der Gewerkschaft, Gottfried Wilhelm Waldthausen. (Johann) Gottfried Wilhelm Waldthausen lebte von 1756 bis 1844 als „hochangesehener Bürger in Essen", wie in einer alten Chronik nachzulesen, „war ein hervorragender Kaufmann, der anfänglich eine Kolonialwarenhandlung und später ein Wollhandelsgeschäft betrieben hat. Seine ausgezeichneten Charaktereigenschaften und sein klarer Geist verschafften ihm bald das Vertrauen seiner Mitbürger und damit viele Ehrenämter in der Stadt und Kirchengemeinde, und so hat er denn auch noch die Würde eines Senators bei dem städtischen Magistrat bekleidet. Sein Einfluß war groß bei den Werken der Kohlenindustrie, die nach der 1803 erfolgten Einverleibung des ehemaligen Fürstentums Essen in das Königreich Preussen sich mehr und mehr entwickelte."

Essen-Rellinghausen: Zeche Gottfried Wilhelm. Unser Bild zeigt die im rechten Winkel nebeneinanderliegenden deutschen Strebengerüste über den Schächten 1 (rechts) und 2. Von den 1930er Jahren ab ist die in dem Feld gewonnene Kohle unterirdisch den Nachbaranlagen Ver. Pörtingssiepen bzw. Carl Funke zugeführt worden.

Bis in die 1860er Jahre war in dem Grubenfeld Stollenbau betrieben worden, nachdem schon zwischen 1771 und 1797 die ersten Schürfungen und Mutungen stattgefunden hatten. Es war das Abteufen eines Förderschachtes beabsichtigt, dessen Kosten auf vier Millionen Mark geschätzt wurden. Seit 1897 besaß die Gewerkschaft Ver. Pörtingssiepen fast sämtliche Kuxe der Gewerkschaft Gottfried Wilhelm. 1906 ging die Zeche in den Besitz der Essener Steinkohlenbergwerke AG über. Das Bergwerk hatte zwei Schächte (Förder- und Wetterschacht); die Abteufarbeiten für den Förderschacht hatten 1907 begonnen; 1909 wurde die Förderung aufgenommen. Förderung 1910: 317000 Tonnen (895 Beschäftigte). Die höchste Förderung ist 1913 mit ca. 484000 Tonnen erbracht worden (1314 Beschäftigte). Von den dreißiger Jahren ab ist die im Feld Gottfried Wilhelm gewonnene Kohle unterirdisch den Nachbaranlagen Ver. Pörtingssiepen und Carl Funke zugeführt, dort gefördert und aufbereitet worden. S. Zeche Ver. Pörtingssiepen WO 33 und Zeche Carl Funke WO 32.

Essen-Rellinghausen: Zeche Jungmann

Die Gewerkschaft Jungmann, die 1946 gegründet worden war, förderte mit ihrem Schacht in der Berechtsame der Langenbrahm Steinkohlenbergbau AG 1956 rund 31000 Tonnen Magerkohle. † 1959. S. Zeche Langenbrahm WO 31.

Essen-Rellinghausen: WO 31 5 224
Zeche Langenbrahm

Diese Anthrazitkohlenzeche war eine der ältesten des Ruhrgebietes; sie wurde schon 1772 gegründet. Der Abt Anselmus von Werden, der das Bergregal ausübte, verlieh in diesem Jahr die Erlaubnis, eine Kohlenbank bei der Kluse im heutigen Stadtwald

Essen-Rellinghausen: Zeche Langenbrahm. Essen-Rüttenscheid war die Briefanschrift der Zeche, deren Name 1796 erstmals erwähnt wird und deren Betriebe in Rellinghausen lagen. Alle Zechengebäude sind heute verschwunden.

abzubauen. Der Name geht auf einen dort gelegenen Waldhang zurück („Brahm" ist eine alte Bezeichnung für Ginster). 1796 wurde zum ersten Mal in einem „Verzeichnis der Steinkohlen-Werke im Mülheim-Essend und Werdenschen Nord und Südwerts der Ruhr bis an die Maerckischen Grenzen" unter der Nr. 14 der Name „Steinkohlen Werck Langenbram" erwähnt. Um 1800 belief sich die Kohlenförderung der Zeche auf 1 500 Tonnen. 1820 war sie bereits auf ca. 5 600 Tonnen gestiegen (40 Beschäftigte).

1822 erfolgte der Erwerb der Berechtsame der Zeche Bosselbank, und 1825 kam der tonnlägige Schacht Wilhelm als Wetterschacht in Betrieb. Die Kohlenförderung betrug damals ca. 10 500 Tonnen (62 Beschäftigte). Die Zeche Morgenstern ist 1828 übernommen worden. Förderung 1830: ca. 22 000 Tonnen (80 Beschäftigte). 1835 ist mit dem Abteufen eines ersten (seigeren) Schachtes begonnen worden, der nach Erreichen des tiefsten Stollens stillgelegt wurde. 1860 begannen die Arbeiten für einen tonnlägigen Schacht, der bis 1862 in flacher Teufe bzw. zu einer Länge von 340 m niedergebracht wurde. Förderung 1880: 91 000 Tonnen (337 Beschäftigte).

1883 ist die Zeche Wilhelmus erworben worden, und 1885 hatte die Kohlenförderung 151 000 Tonnen erreicht (568 Beschäftigte). 1887 begann das Teufen des (seigeren) Schachtes Wilhelmus. 1890 hatte die Förderung 237 000 Tonnen erreicht. 1899 begann das Teufen des Schachtes Schnabel ins Osten; der Schacht Wilhelmus ging als Wetterschacht in Betrieb. 1902 kam der erste Tiefbauschacht in Förderung. 1903 begann das Teufen des Schachtes 3 (neben Schacht 1). 1908 waren insgesamt acht Schächte in Betrieb. Kohlenförderung 1910: 637 000 Tonnen (2 200 Beschäftigte). 1911 ist der tonnlägige Schacht 1 außer Betrieb gesetzt worden und wurde weiter als Wetterschacht benutzt (1948 verfüllt). Förderung 1913: 766 000 Tonnen (2 710 Beschäftigte). 1924 betrug die Berechtsame der Zeche etwas über 19 km². Förderung 1930: 759 000 Tonnen (2 720 Beschäftigte). Die höchste Förderung ist 1939 mit fast 837 000 Tonnen erbracht worden (2 722 Beschäftigte). Förderung 1965: 400 000 Tonnen. † 1966. S. Zeche Schnabel ins Osten.

Essen-Rellinghausen:
Zeche Schnabel ins Osten

Die Verleihung der Berechtsame erfolgte 1767, und die Zeche war bereits vom 18. Jahrhundert an unter diesem Namen in Betrieb. Die Bezeichnung geht wahrscheinlich auf die nach Osten weisende schnabelförmige Spitze des kleinen Grubenfeldes zurück, in dem die Gewerkschaft gleichen Namens 1899 einen Schacht abteufte, der 1902 in Förderung kam. 1905 belief sich die Förderung auf rund 133 000 Tonnen (626 Beschäftigte). Die höchste Förderung ist 1909 mit über 253 000 Tonnen erbracht worden (873 Beschäftigte). 1910 erfolgte die Übernahme durch die Zeche Langenbrahm, und der Schacht trug fortan die Bezeichnung Langenbrahm 2. S. Zeche Langenbrahm WO 31.

Essen-Rüttenscheid:
Zeche Ver. Hermann

Das Grubenfeld ist 1838 verliehen worden; in diesem Jahr wurden ca. 2 000 Tonnen Kohle gefördert. 1840 hatte die Förderung bereits fast 7 000 Tonnen erreicht, und für 1858 werden zwanzig Beschäftigte angegeben. Bis Ende der sechziger Jahre ist der Betrieb verbürgt, und 1871 förderte das Bergwerk mit acht Beschäftigten knapp 2 300 Tonnen Kohle.

† 1872 kam die Zeche außer Betrieb, und 1900 wurde ein Vertrag über den Abbau aus dem Grubenfeld mit Langenbrahm und Ludwig abgeschlossen. S. Zechen Ludwig und Langenbrahm WO 31.

Essen-Schönebeck:
Zeche Franz

Das Grubenfeld dieser Zeche lag südlich des Schlosses Borbeck (unweit der Mülheimer Grenze) und war etwa 800 m lang und 400 m breit. 1832 begann das Abteufen eines Schachtes, der nach dem Inhaber des Schürfscheins (Haniel) den Namen Franz erhielt. Das war der berühmte erste Schacht, der an der Ruhr die über dem Kohlengebirge lagernde Mergeldecke senkrecht von oben her durchstoßen sollte. Starke Wasserzuflüsse behinderten die Teufarbeiten dieses „Mergelschachtes" (wie solche Schächte zunächst genannt wurden) von Anfang an; wiederholt kam es zu Unterbrechungen. Mitte 1833 war der Schacht bis zu einer Teufe von 48 m niedergebracht, im September bis auf 54 m. Da das Steinkohlengebirge immer noch nicht erreicht war, entschloß man sich, nur einen Querschlag kleineren Ausmaßes aufzufahren, um damit vielleicht auf das Karbon zu stoßen. Ende März 1834 – rund zwanzig Monate nach dem Beginn des Schachtabteufens – konnte im Querschlag ein Kohlenflöz angebohrt werden.

Daraufhin wurde im Januar 1835 die Förderaufnahme der Zeche beim Bergamt Werden beantragt. Mit der Begründung, daß der recht enge Schacht für eine Förderung bereits zu tief geworden sei, wurde das Gesuch jedoch abschlägig beschieden. Wenn in dem Feld Franz ein Grubenbetrieb eröffnet werden solle, müsse der Schacht neu abgeteuft werden, hieß es in der Ablehnung. Haniel sah daraufhin von einem Betrieb auf der Zeche Franz ab und entschloß sich, im angrenzenden Feld Kronprinz einen Schacht niederzubringen, der gleichzeitig als Förder- und Wetterschacht dienen sollte; die Felder Kronprinz und Franz wurden zusammengelegt. S. Zeche Kronprinz.

Essen-Schönebeck:
Zeche Kronprinz 225

Schon am 31. Mai 1831, etwa ein halbes Jahr früher als bei der Zeche Franz, war von Haniel beim Werdener Bergamt ein Schürfschein beantragt worden, der zur Zeche Kronprinz führen sollte. Auch sie lag bei Borbeck. Ihr Feld grenzte an die Grubenfelder Franz sowie Rosenblumendelle und reichte bis zur Landstraße, die von Essen über den Fliegenbusch nach Wesel führte. Die Schürferlaubnis wurde zunächst verweigert, da das Oberbergamt die Schürfscheine auf Steinkohle vorübergehend gesperrt hatte. Auch ein weiteres Gesuch von Oktober 1832 ist abschlägig beschieden worden. Haniel veranlaßte daraufhin im Mai 1833 den Mülheimer Tierarzt Gerhard Korthäuser, der eine Schürferlaubnis besaß, auf seine Kosten die Schürfarbeiten durchzuführen. Im Oktober wurde man nach mehreren erfolglosen Versuchen fündig. Für die Mutung wurde der Name „Kronprinz von Preußen" gewählt, weil am 24. Oktober 1833 Friedrich Wilhelm IV. die Schürfstelle passierte, als er sich von Essen nach Sterkrade begab, um dort die Anlagen der Hüttengewerkschaft Jacobi, Haniel & Huyssen kennenzulernen. Um diese Zeit hatte der Schürfschacht in rund 9 m Teufe ein 12 Zoll mächtiges Steinkohlenflöz erreicht.

Nachdem im Laufe des Jahres 1834 alle Rechte und Verbindlichkeiten der Mutung auf Haniel übertragen worden waren, wurde am 10. Januar 1835 um die Genehmigung zur Eröffnung des Betriebes nachgesucht. Sie erfolgte unter dem ausdrücklichen Hinweis, daß „in der Gegend nicht eine einzige Zeche mit fetten Kohlen vorhanden" sei; im übrigen wäre „keine so günstig gelegen, um bei niedrigem Wasser-

Essen-Schönebeck: Zeche Kronprinz. Im Grubenfeld dieser Zeche begann 1835 das Abteufen des ersten Schachtes durch die das Kohlengebirge überlagernde Mergelschicht, aus dem Kohle gefördert worden ist. Im Frühjahr 1842 mußte der Betrieb allerdings zunächst wieder eingestellt werden. 1895/96 ist eine neue Schachtanlage Kronprinz errichtet worden, die 1903 in Betrieb genommen wurde (unser Bild).

stand der Ruhr schnell Kohle zum Rhein zu schaffen." Die Essener Zeche Sälzer & Neuack verfüge zwar über einige gute Flöze; ihre Förderung reiche aber im Winter meistens nicht aus. Gemäß den gesetzlichen Vorschriften wurde vom Bergamt die Ausfertigung eines Tiefbauplanes für Kronprinz erbeten, nachdem der beste Punkt zum Ansetzen eines Schachtes bereits ermittelt worden war. Dem Oberbergamt wurde gleichzeitig die Absicht mitgeteilt, die Zechen Franz und Kronprinz als eine Einheit in Betrieb zu setzen. Dieser Plan wurde jedoch später wieder fallengelassen. Als Antwort sandte das Oberbergamt die Abschrift eines Berichtes des Werdener Bergamtes. Darin stand, daß die Förderung von Sälzer & Neuack stets den Bedarf befriedigt habe: „seit zehn Jahren" liege „keine gerechtfertigte Beschwerde" vor. Es konnten aber Belege dafür beigebracht werden, daß sich nicht nur die Hüttengewerkschaft Jacobi, Haniel & Huyssen, sondern auch andere Unternehmen seit 1833 wiederholt über die Qualität der Kohle von Sälzer & Neuack beschwert hatten.

Eine Intervention bei der Berghauptmannschaft in Berlin bewirkte, daß die Angelegenheit sofort aufgegriffen und das Werdener Bergamt beauftragt wurde, „ohne Verzug den anscheinend vorteilhaftesten Punkt zur Abteufung des Maschinenschachtes im Felde von Kronprinz auszumitteln und die nötigen Anstalten zur Belegung dieser Arbeiten zu treffen." Am 22. Mai 1835 hatte ein Versuchsschacht die Teufe von 20 m erreicht. Die Arbeiten hatten begonnen (nahm das Bergamt zu Protokoll), „ohne daß vorher eine Erlaubnis eingeholt war." Als alleiniger Gewerke wurde dabei Franz Haniel erwähnt. Ende Juni ist beim Bergamt das Abteufen eines „Haupt-, Maschinen- und Förderschachtes in angemessener Entfernung vom Versuchsschacht im Lichten zwölf Fuß lang und zehn Fuß breit" beantragt worden. Bereits am 13. Juli stieß der Schacht bei 52 m Teufe auf festes Gebirge. Bei etwa 73 m Teufe zeigten sich starke Wasserzuflüsse, die schwer zu bewältigen waren; der Schacht drohte zu ersaufen. Erst im Februar 1837 konnte er mit Hilfe einer neuen Dampfmaschine gesümpft werden.

Nach Überwindung weiterer Schwierigkeiten stieß man bei 130 m auf ein fünfzehnzölliges Flöz, das nach Haniels Nichte den Namen Bertha erhielt. Auf zwei 60 m langen Strecken kam in den folgenden Jahren eine kleine Förderung in Gang, während das Schachtabteufen nur langsam vorankam. Bei 190 m Teufe stieß man auf ein Flöz von 22 bis 27 Zoll und sechs Meter tiefer sogar auf ein weiteres von 42 bis 44 Zoll (es erhielt nach Franz Haniels Gattin den Namen Friederika), das aber nur dreißig Zoll reine Kohle aufwies. Die Förderung aus einer Teufe von fast 200 m wurde als nicht lohnend angesehen.

Mittlerweile verstärkten sich die Wasserzuflüsse auf der Sohle des Schachtes und waren durch die Pumpe kaum zu halten. Im September 1840 brach zu allem Unglück das Schachtgestänge, die Maschine stand achtzehn Stunden still, und das Wasser stieg im Schacht fast 90 m hoch. Der Versuch, die Förderung in Flöz Bertha fortzusetzen, scheiterte an Wetterschwierigkeiten. Im Frühjahr 1842 mußte der Betrieb eingestellt werden. Damit war nicht nur die Zeche Kronprinz zum Erliegen gekommen, sondern zugleich der erste Mergelschacht an der Ruhr, der die Förderung aufgenommen hatte, wenn zunächst auch in bescheidenem Ausmaß.

Nachdem 1895/96 der Förderschacht Humboldt weitergeteuft worden war, ist im Feld Kronprinz eine neue Schachtanlage Kronprinz errichtet worden, die 1903 in Betrieb genommen wurde. Kronprinz und die alte Zeche Rosenblumendelle 1/2 waren unter Tage durchschlägig; die Förderung konnte auf Rosenblumendelle zu Tage gebracht werden. S. Zechen Franz, Ver. Rosenblumendelle und Rosenblumendelle / Wiesche WO 20.

Essen-Schonnebeck:
WO 35 41
Zeche Friedrich Joachim

Dieses war die erste Doppelschachtanlage, die von der Gewerkschaft des Steinkohlenbergwerks Königin Elisabeth errichtet worden ist. Das Bergwerk wurde 1872 in Betrieb genommen und förderte in diesem Jahr 144 000 Tonnen Fett- und Eßkohle. 1882 wurde die Kokserzeugung aufgenommen; sie belief sich 1900 auf 133 000 Tonnen. Der Schacht 2 ist in den Jahren 1902 bis 1904 abgeteuft worden. 1909 ging man dazu über, den alten Schacht 1 zu einem modernen Doppelförderschacht umzubauen. 1910 wurde Schacht 1 Hauptförderschacht. Der Schacht Joachim 2, der in der Zeit des Umbaus von Joachim 1 als Förderschacht benutzt worden war, wurde wieder ausschließlich Wetterschacht. 1928 wurde die Schachtanlage Hubert angeschlossen; die Förderung aus dem Feld Hubert wurde auf Friedrich Joachim und zum Teil auf Wilhelm Emil zu Tage gebracht. 1931 ist die Zeche stillgelegt worden; sie kam jedoch 1935 wieder in Betrieb. In diesem Jahr belief sich die Förderung auf ca. 672 000 Tonnen (1 952 Beschäftigte). 1939 kam es zu einem Seilfahrtunglück mit sieben Todesopfern und 1940 zu einer Kesselexplosion über Tage (fünf Tote). Die Kohlenförderung erreichte in diesem Jahr fast 980 000 Tonnen (2 970 Beschäftigte).

1955 verfügte die Zeche über die Schächte Friedrich Joachim 1 (Förderschacht), Friedrich Joachim 2 (Wetterschacht) sowie die Schächte Hubert 1 und 2. Förderung 1955: 752 000 Tonnen (3 074 Beschäftigte). Der Schacht Friedrich Joachim 2 ist 1960 aufgegeben worden. 1961 wurden die Schächte Friedrich Joachim 2 sowie Hubert 1 und 2 verfüllt. Förderung 1965: 370 000 Tonnen. † 1966. Die Grubenbaue wurden ausgeraubt. S. Zechen Hubert, Königin Elisabeth und Wilhelm Emil.

Essen-Stadtwald:
Zeche Geitling am Wittenberge

Das Steinkohlenbergwerk wurde 1852 verliehen. Es war aber bereits im 18. Jahrhundert in Betrieb (wahrscheinlich unter dem Namen *Amsel* oder *Geitling westwärts Rellinghausen*). Die Gewerkschaft Geitling gehörte zu den Gründungsmitgliedern des Vereins für die bergbaulichen Interessen; die Belegschaft wurde in der konstituierenden Versammlung des Bergbauvereins (17. Dezember 1858 im Hotel Berghaus in Essen) mit dreißig Mann angegeben. Für 1861 wird eine Kohlenförderung von ca. 2 000 Tonnen genannt. 1868 ist der Betrieb vorläufig stillgelegt worden; die Wiederinbetriebnahme erfolgte 1873. Die Produktion betrug in diesem Jahr noch etwas über tausend Tonnen Kohle (7 Beschäftigte), ging aber in den folgenden Jahren laufend zurück. † 1879. 1888 beschloß die Gewerkenversammlung den Verkauf des Grubenfeldes an die Gewerkschaft Langenbrahm. S. Zeche Langenbrahm WO 31.

Essen-Stadtwald:
Zeche Ver. Girendelle
Diese Zeche (auch Ver. Gyrendelle oder Ver. Girondelle genannt) ist schon vor 1780 entstanden. Gegen Ende des 18. Jahrhunderts ergab sich ein Streit mit den Zechen Duvenkampsbank und Pörtingssiepen wegen unklarer Berechtsamsverhältnisse. Zu Beginn des 19. Jahrhunderts war das Bergwerk wieder in Betrieb; der Stollen befand sich an der heutigen Freiherr-vom-Stein-Straße. 1838 sind rund 8 000 Tonnen Kohle gefördert worden. Ab 1865 war das Bergwerk außer Betrieb. -

Bei den Arbeiten zum Bau des Baldeneysees (über 8 km langer, bis 650 m breiter Stausee der Ruhr, Stauinhalt rund neun Millionen Kubikmeter) 1931/33 wurden im Steinbruch westlich der Zeche Carl Funke bzw. Pörtingssiepen zwei noch gut erhaltene Stollen der ehemaligen Zeche Girendelle aufgedeckt. S. Zechen Duvenkampsbank, Carl Funke WO 32 und Ver. Pörtingssiepen WO 33.

Essen-Steele:
Deimelsberger Erbstollen
Der Stollen (auch Deimelsberg Erbstolln genannt) wird bereits im 17. Jahrhundert erwähnt. Das Mundloch lag am Grendbach (nahe Spillenburg). Es wurde auch Kohle in dem Erbstollen gefördert. 1836 belief sich die Förderung auf rund 600 Tonnen. 1853 begann das Teufen des Schachtes 1 (Übergang zum Tiefbau), der 1854 bei 37 m das Karbon erreichte. 1858 sind ca. 30 000 Tonnen Kohle gefördert worden (194 Beschäftigte). 1862 wurde ein (tonnlägiger) Wetterschacht abgeteuft; bei einer (verbotenen) Seilfahrt waren in diesem Jahr sieben Todesopfer zu beklagen. Kohlenförderung 1865: ca. 65 000 Tonnen (223 Beschäftigte). Das Teufen des Schachtes Deimelsberg 1 begann 1866, das des Schachtes Deimelsberg 2 im folgenden Jahr. Dieser Schacht hat 1869 die Förderung aufgenommen. 1870 erfolgte die Konsolidation zu Ver. Deimelsberg. S. Zeche Johann-Deimelsberg.

Essen-Steele:
Zeche Eiberg
Ende 1853 erhielten der Essener Bankier Middendorf, der Hotelbesitzer Lindemann aus Steele und der Kaufmann Schücking aus Rellinghausen vom Oberbergamt Dortmund die Genehmigung, ein 1852 in der Siepmannschen Wiese aufgedecktes 29 Zoll mächtiges Steinkohlenflöz abzubauen. Die Zeche wurde 1857 unter dem Namen Jacob angelegt und erhielt erst 1882 den Namen Eiberg.

Eiberg ist der Name einer Bauernschaft (später Gemeinde des Amtes Königssteele). Eiberg ist auch der Name eines Hofes (letzte Erben Johann Eiberg und dessen Ehefrau, 2.8.1810). Es gibt ferner einen Eibergbach, der in die Ruhr fließt.

Im Februar 1899 erfolgte eine Konsolidierung der von der Gewerkschaft Eiberg inzwischen erworbenen markscheidenden Grubenfelder unter dem Namen Eiberg. Das Feld Eiberg ist demnach aus folgenden Einzelberechtsamen entstanden: 1. Zeche Eiberg (früher Jacob) verliehen 1853; 2. Fridolin, verliehen 1836; 3. Der Freibeuter, verliehen 1837; 4. Mecklingsbank ins Westen, verliehen 1849; 5. Viktoria, entstanden durch die 1858 erfolgte Konsolidation der Einzelbergwerke Fahrenhaus, Flöz Alexander, verliehen 1857; Ver. Wohlverwahrt, verliehen 1857. 1899 wurde in Überruhr ein neuer Tiefbauschacht angelegt, der den Namen Hermann erhielt.

Die Anlage erwies sich als nicht lohnend, und da man außerdem wegen der Stilllegung benachbarter Zechen mit bedeutenden Wasserzuflüssen rechnen mußte, entschloß sich die Gewerkenversammlung 1904 zum Verkauf des gesamten Bergwerkseigentums an die Gewerkschaft der Zeche Ewald in Herten. Der Schacht Hermann wurde daraufhin am 1. September 1904 stillgelegt. Die Anlage Eiberg wurde aber zunächst weiterbetrieben.

1914 ist die Zeche stillgelegt worden. Die gesamten Übertagebauten wurden auf Abbruch verkauft. 1925 erwarb die Gewerkschaft Heinrich von der Gewerkschaft Ewald das Grubenfeld Eiberg, um damit ihre Kohlenbasis zu erweitern.

1951 ist als Außenschacht der Zeche Theodor ein neuer Schacht Eiberg abgeteuft worden. S. Zechen Heinrich WO 39 und Theodor WO 40.

Essen-Steele:
Zeche Fridolin
Das Grubenfeld dieser in Steele-Horst gelegenen Stollenzeche ist bereits 1836 verliehen worden und wurde am 15. 2. 1899 mit dem Grubenfeld Eiberg konsolidiert. Seit 1960 erinnert die Fridolinstrasse an die alte Stollenzeche. S. Zeche Eiberg.

Essen-Steele:
Zeche Gartfeldische Kohlgruben
Für das Grubenfeld ist bereits 1645 an „Henrich ob der Locht, Ludger Aldthoff und Consorten" ein Mutungsschein erteilt worden. Die Zeche wurde auch „Die Gartfeldische" genannt und ist wahrscheinlich identisch mit „Steeler Kohlenberg". 1646 wurde ein weiterer Mutungsschein für „Johan Hugo von Schueren, Herrn zu Horst" ausgestellt; später kamen noch andere Gewerken hinzu, die meist kurz „Die Gartfeldischen" hießen. Am 14.12. 1646 erfolgte die Belehnung durch Diederich von Diest nach Besichtigung („locus pitzeti" = am Pütt); es waren mindestens ein Schacht und ein Stollen vorhanden bzw. ein oder mehrere Flöze müssen bereits aufgeschlossen gewesen sein. 1649 erging an die Bergwerksbesitzer eine Aufforderung zur Abführung des Zehnten. Um 1655 ist das Bergwerk in Betrieb gewesen. Die Arbeiter durften nach Schichtende am Abend ein Stück Kohle mitnehmen. Das gilt an der Ruhr als erster Hinweis für die Zuteilung von Deputatkohle. Weitere Nachrichten über diese frühe Ruhrzeche liegen nicht vor.

Essen-Steele:
Zeche Ver. Johann
Die Konsolidation der Grubenfelder Johann, Margarethe und Ver. Alexander erfolgte 1859. Die Zeche wurde auch Ver. Johann Tiefbau genannt. 1860 ist ein tonnlägiger Schacht geteuft worden, und 1861 wurden rund 3 300 Tonnen Kohle gefördert (60 Beschäftigte). Der Schacht hatte 1862 eine Teufe von ca. 200 m (flach) erreicht. 1865 belief sich die Förderung auf etwa 35 000 Tonnen (153 Beschäftigte) und 1870 bereits auf fast 49 000 Tonnen (180 Beschäftigte). Das Teufen des seigeren Schachtes Fromberg (später Johann 1 genannt) begann 1873. Er war 1875 bis 127 m geteuft, und 1880 belief sich die Förderung der Zeche auf nahezu 95 000 Tonnen (290 Beschäftigte). 1883 kam zusätzlich ein Wetterschacht in Betrieb. Die höchste Förderung ist 1885 mit über 120 000 Tonnen erreicht worden (286 Beschäftigte). 1887 kam es zur Konsolidation zu Johann-Deimelsberg. S. Zeche Johann-Deimelsberg.

Essen-Steele:
Zeche Johann-Deimelsberg 227
Diese Zeche reichte bis in das 17. Jahrhundert zurück. Die Gewerkschaft Johann Deimelsberg ist 1887 aus der Vereinigung der beiden Felder Johann und Deimelsberg hervorgegangen. Es waren die Anlagen Deimelsberg 1 (nur Tagesbauten), Deimelsberg 2 (Steele-West), Johann 1 (Fromberg) sowie ein Wetterschacht (am Bahnhof Steele-West) vorhanden. 1888 sind die Schächte Deimelsberg 2 und Johann 1 tiefergeteuft worden. 1889 wurde die Förderung auf Deimelsberg 2 eingestellt; Schacht Fromberg (Johann 1) war fortan Hauptförderschacht. Kohlenförderung 1890: 104 000 Tonnen (535 Beschäftigte). Bis 1895 stieg die Produktion auf ca. 220 000 Tonnen (660 Beschäftigte). 1898 wurde der Betrieb auf Schacht Deimelsberg 1 eingestellt und die Seilfahrt nach Schacht Johann verlegt; der Schacht Deimelsberg 2 wurde gleichzeitig umgebaut. Der Schacht Johann ist in den Jahren 1900 und 1901 zu einem Doppelschacht ausgebaut worden. Es bestanden zu dieser Zeit zwei Betriebsanlagen mit drei Förderschächten. Die Förderung belief sich damals auf über 200 000 Tonnen jährlich. 1910 wurde der Schacht Deimelsberg 2 abgeworfen; das Grubenfeld der stilliegenden Zeche Ver. Charlotte ist übernommen worden. Die Förderung war auf über 310 000 Tonnen angestiegen (1 210 Beschäftigte). Die höchste Förderung ist 1913 mit ca. 443 000 Tonnen erbracht worden (1 438 Beschäftigte). Förderung 1920: 337 000 Tonnen (1 670 Beschäftigte).

1922 ist das Feld Deimelsberg wegen hoher Wasserzuflüsse aufgegeben worden. Förderung 1927: 439 000 Tonnen (1 623 Beschäftigte). Es war auch eine Brikett-

Essen-Steele: Zeche Johann-Deimelsberg. Der Schacht Johann (rechtes Fördergerüst) ist in den Jahren 1900/01 zu einem Doppelschacht ausgebaut worden. In Bildmitte das Fördergerüst des Schachtes Deimelsberg 2. † 1929. Im Mittelgrund des Bildes unter dem rechten Fördergerüst erkennt man das kurz vor 1914 neu errichtete Verwaltungsgebäude.

fabrik vorhanden. † 1928. Das Grubenfeld kam 1952 zu Katharina und wurde teilweise neu aufgeschlossen. S. Zechen Ver. Johann, Ver. Charlotte und Katharina WO 36. ⚒ *Einziges erhaltenes Bauwerk der Zeche ist ein Verwaltungsgebäude in der Westfalenstraße, das um 1860 entstand und als denkmalwert gilt.* ⚒

Essen-Steele/Freisenbruch: Zeche Einigkeit

Diese Zeche ist 1827 durch Konsolidation von elf kleinen Bergwerken entstanden und war – mit Unterbrechungen – bis 1835 in Betrieb. 1837 wurde ein neuer Stollen angelegt. Das Stollenmundloch lag an der Straße von Steele nach Bochum (heute Bochumer Landstraße). In den 1840er Jahren sind zwei Schächte auf dem Stollen vorgetrieben worden, und 1842 belief sich die Kohlenförderung auf rund 5 000 Tonnen. 1855 bestand ein rund 300 m langer Schiebeweg zum Kohlenmagazin an der Ruhr. Mit 21 Beschäftigten sind in diesem Jahr wenig mehr als 2 500 Tonnen Kohle gefördert worden. 1856 erfolgte die Konsolidation mit Eintracht-Tiefbau. S. Zeche Eintracht-Tiefbau.

Essen-Steele/Freisenbruch: Eintracht-Erbstollen

Die Erbstollengerechtigkeit ist 1773 verliehen worden. 1818 erfolgte die Konsolidation zu Eintracht. S. Zeche Eintracht-Tiefbau.

Essen-Steele/Freisenbruch: Zeche Eintracht-Tiefbau 227 228

Die Zeche umfaßte die Bergwerke Eintracht-Tiefbau und Johannesberg; sie war seit 1856 in Betrieb (Teufbeginn des Schachtes 1). Diese Anlage wurde als Betriebsanlage I geführt; ein Erbstollen mit Tagesanlagen am Mundloch ist bis 1873 Betriebsanlage II genannt worden. 1857 erreichte der Schacht das Steinkohlengebirge (bei 29 m Teufe), und die Förderung begann. 1860 erfolgte der Durchschlag mit dem Erbstollen. Mit dem Abteufen des Schachtes 2 (Justus) ist 1865 begonnen worden; er nahm 1867 die Förderung auf, wird aber später nicht mehr erwähnt. 1870 belief sich die Förderung der Zeche auf ca. 180 000 Tonnen (583 Beschäftigte). Das Abteufen des Schachtes Heintzmann (benannt nach dem Gewerken Edmund Heintzmann, 1815 - 1890, Mitgründer des Bergbauvereins) begann 1873; er stieß bei 18 m Teufe auf das Karbon. Der Durchschlag mit Schacht 1 erfolgte 1875; in diesem Jahr erreichte die Kohlenförderung (711 Beschäftigte) rund 190 000 Tonnen. Nach Ausrichtung des Grubenfeldes Johannesberg belief sich die Förderung 1880 auf ca. 227 000 Tonnen (827 Beschäftigte) und 1885 auf fast 386 000 Tonnen (1 150 Beschäftigte). Förderung 1895: 402 000 Tonnen (1 624 Beschäftigte). Mit dem Teufen eines (gebrochenen) Wetterschachtes ist 1896 begonnen worden. Förderung 1900: 456 000 Tonnen (1 856 Beschäftigte). 1909 begann das Teufen des Schachtes 3 (neben Schacht 1). 1910 sind über 510 000 Tonnen Kohle gefördert worden (2 086 Beschäftigte). 1912 wurde die Zeche von der Gewerkschaft Ver. Constantin der Große erworben. Im gleichen Jahr nahm Schacht 3 den Betrieb auf. Die höchste Förderung ist 1913 mit rund 628 000 Tonnen erbracht worden. 1915 wurde Schacht 1 Wetterschacht; der 1896 abgeteufte Wetterschacht ist abgeworfen worden. 1919 waren vier Schächte in Betrieb (1, 3 und Wetterschacht auf der Betriebsanlage I, Schacht Heintzmann auf Betriebsanlage II). In der wirtschaftlich ungünstigen Zeit nach dem Ersten Weltkrieg kam die Anlage 1925 zum Erliegen. 1938 ist das Grubenfeld an die Zeche Langen-

Essen-Steele/Freisenbruch: Zeche Eintracht-Tiefbau. Die Zeche war seit 1856 in Betrieb und hatte drei Schächte. Hintergrund links: Malakoff mit Ecktürmen über Schacht 1. † 1925. Auf dem Gelände dieser Zeche befindet sich heute eine Fettfabrik.

*Essen-Steele/Freisenbruch, **Zeche Eintracht Tiefbau.** Oben: Die Anlage um 1900. Links: Fördergerüst über Schacht Heintzmann; links im Mittelgrund: Verwaltungsgebäude der Zeche. † 1925. – Unten: Nach dem Zusammenbruch des früheren Schachtes Heintzmann im Herbst 1987 waren aufwendige und zeitraubende Sicherungsarbeiten auf dem einstigen Zechenbetriebsgelände nötig. Das alte Zechengelände ist teilweise mit Hochhäusern neu bebaut. Im Bereich des neuverfüllten Schachtes (Vorder- bzw. Mittelgrund) ist eine großzügig mit Bäumen und Sträuchern bepflanzte Parkanlage entstanden.*

brahm verkauft worden. – Über sechzig Jahre nach der Stillegung der Zeche sackte die Säule des verfüllten Schachtes Heintzmann auf 380 m Tiefe ab (September 1987). Das Unglück ereignete sich bei Arbeiten zur Sicherung des alten Zechengeländes; nachdem diese Arbeiten weitgehend abgeschlossen waren, kam es zum Tagesbruch im Bereich des früheren Schachtes. Die Auffüllung erforderte etwa 20000 Tonnen Bergematerial, und die Schachtröhre wurde mit einem sechzig Meter starken Betonpfropfen (nach oben) abgesichert. Alle in den letzten Jahrzehnten stillgelegten Schächte an der Ruhr sind durch ähnliche Maßnahmen gesichert; die Betonabdekkungen unterliegen der regelmäßigen Kontrolle durch die Bergbehörde. S. Zeche Langenbrahm WO 31 und Zeche Ver. Constantin der Große WO 71.

Essen-Steele/Horst:
Horster Erbstollen

Die Mutung wurde 1813 eingelegt. Die Auffahrung des Stollens (nach Osten) begann zwischen 1820 und 1830. Das Stollenmundloch lag nahe dem Wasserkraftwerk Vogelsang. Der Stollen war hochwassergefährdet; es wurde zunächst kein Kohlenabbau betrieben, sondern nur die Lösung der umliegenden Stollenbetriebe durchgeführt. Das Erbstollenrecht ist 1835 verliehen worden. 1842 hatte der Erbstollen eine Länge von über 4000 m (bis Hüntrop). 1850 war die Endlänge des Stollens erreicht (5 km). 1855/58 ist Kohle gefördert worden. Um 1869 hatte der Erbstollen bereits seine Bedeutung verloren (insbesondere durch den Eisenbahnbau Steele / Wattenscheid). Die letztmalige Nennung erfolgte 1879; vermutlich fiel die Berechtsame später an Eintracht-Tiefbau. S. Zeche Eintracht-Tiefbau

Essen-Steele/Horst:
Zeche Mecklingsbänker Erbstollen

Die Mutung wurde wahrscheinlich 1786 eingelegt. 1833 erfolgte die Verleihung der Felder Mecklingsbänker Erbstolln Nr. I und Nr. II (Mecklingsbank nach Osten bzw. nach Westen). Der Stollen war der größte der Umgebung und reichte vom Ansatzpunkt in Horst bis in die Nähe des späteren Bahnhofs Steele-West (ca. 1,8 km lang). Der Kohlenabbau begann 1838; die Förderung erreichte 1850 fast 22000 Tonnen und 1855 nahezu 28000 Tonnen (120 Beschäftigte). Ab 1869 ist die Zeche Mecklingsbank genannt worden. 1877 waren die Kohlenvorräte über der Stollensohle abgebaut, und die Zeche wurde stillgelegt. Die Berechtsame ist 1897 zu Ver. Charlotte gekommen. S. Zeche Ver. Charlotte.

Essen-Steele/Horst:
Zeche Robert

Die Zeche, die über einen Förderstollen verfügte, wurde von 1919 bis 1924 auch Schwarze Junge genannt. Das Grubenfeld war schon 1853 verliehen worden. 1864 betrug die Stollenlänge nach Osten rund 600 m. 1869 kam es zu einer Teilung des Feldes in Ver. Charlotte und Robert. 1872 belief sich die Kohlenförderung auf rund 3 500 Tonnen (19 Beschäftigte), und 1875 wurde die Zeche stillgelegt.

Die Wiederinbetriebnahme erfolgte erst 1915. Förderung 1916: 13 000 Tonnen (43 Beschäftigte). 1918 begann der Abbau im Feld Schwarze Junge; die Förderung betrug 1920 über 45 000 Tonnen (158 Beschäftigte); in diesem Jahr erfolgte auch der Wiederaufschluß der stilliegenden Zeche Wohlverwahrt. 1921 wurde die Zeche Neuruhrort übernommen, und 1922 erreichte die Förderung fast 77 500 Tonnen (366 Beschäftigte). Das Bergwerk hatte einen Bahnanschluß (Station Dahlhausen-Ruhr). Mitte 1925 ist der Betrieb zunächst stillgelegt worden. 1926 kam das Bergwerk für einige Monate nochmals in Betrieb, ebenso 1934. Ein neuer Stollen ist angesetzt worden (unterhalb Schloß Horst). † 1935. S. Zechen Neuruhrort und Wohlverwahrt WO 38.

Essen-Steele/Horst:
WO 38
Zeche Wohlverwahrt 229

In dem Grubenfeld dieser Kleinzeche ist schon in den ersten Jahrzehnten des 19. Jahrhunderts Bergbau umgegangen. Die erste Verleihung ist 1791 erfolgt. 1836 belief sich die Förderung auf ca. 3 000 Tonnen, 1842 auf über 8 000 Tonnen. 1857 ist das Grubenfeld Wohlverwahrt verliehen worden, und 1858 erfolgte die Konsolidation zu Ver. Wohlverwahrt. Nach Stillegung der Zeche Eiberg ist 1917 im Feld Wohlverwahrt der Betrieb aufgenommen worden. Das Teufen eines Schachtes begann 1918; die Teufarbeiten mußten jedoch 1919 wegen erhöhter Wasserzuflüsse gestundet werden. Förderung 1920: ca. 10 000 Tonnen (65 Beschäftigte). 1939 wurde ein seigerer Schacht niedergebracht. 1940 waren ein Förderschacht und ein Wetterchacht vorhanden, und die Kohlenförderung belief sich auf 41 000 Tonnen (164 Beschäftigte). 1942 ereignete sich ein starker Wassereinbruch aus alten Grubenbauen, der die Sümpfung des Bergwerks erforderlich machte. Die höchste Förderung ist 1943 mit fast 70 000 Tonnen erbracht worden (243 Beschäftigte). Förderung 1945: ca. 23 000 Tonnen (179 Beschäftigte). 1950 war die Förderung wieder auf knapp 54 000 Tonnen gestiegen. Die Förderung an Eß- und Magerkohle betrug 1959 etwa 60 000 Tonnen. † 1962. S. Zechen Victoria (Königssteele) und Eiberg.

⚒ *Langgestrecktes Betriebsgebäude aus Backstein von 1916. In diesem Gebäude, das unter Denkmalschutz steht, waren fast alle Funktionen der Zeche vereinigt: Schachthalle, Förderung, Wäsche, Brikettherstellung, Schmiede und Kaue.* ⚒

Essen-Steele/Horst: Zeche Wohlverwahrt. Das Betriebsgebäude von 1916/38 steht unter Denkmalschutz. Oben: Aufnahme vor 1959; unten: Aufnahme 1987.

Essen-Steele/Königssteele:
Hünninghauser Erbstollen 12

Der Gewerke Hermann Albert Hünninghausen (1700 - 1769) war Kaufmann und Glasfabrikant; er gründete 1723 die „Königliche Glasmanufaktur" in Königssteele (wahrscheinlich erste westdeutsche Glasbläserei) und hat sich auch um die Ruhrschiffahrt verdient gemacht. Nach ihm ist der Hünninghausenweg in Essen-Steele benannt. Dieser Erbstollen war einer der ersten, die unmittelbar unter der Mergelschicht vorgetrieben wurden. Er kam um 1725 in Betrieb; das Stollenmundloch lag an der Straße von Steele nach Horst. 1750 ist in dem Stollen in geringem Ausmaß Kohle gefördert worden (es wird eine Förderung von etwa einer Tonne pro Tag angegeben, die aus zwei Stollen hereingewonnen wurde). 1818 erfolgte die Konsolidation zu Eintracht. Für 1828 ist die Verleihung von fünf Längenfeldern mit Flözen verbürgt.

1745 erfolgte auch die Verleihung eines Längenfeldes an die Zeche *Hünninghauserbank*, die aus dem Bergwerk *Hünninghauser Kohlberg* entstanden war, das im 17. und 18. Jahrhundert in Betrieb gewesen ist. Hünninghauserbank ist 1749/51 in Betrieb gewesen, gehörte wahrscheinlich zu *Kohlberg* an der Glashütte, und für 1751 wird eine Monatsförderung von ca. 50 Tonnen Kohle genannt. Das Bergwerk wurde 1823 stillgelegt; 1827 kam die Konsolidation der Berechtsame zu Einigkeit. Die Zeche Kohlberg an der Glashütte (vermutlich ursprünglich Hünninghauser Kohlberg genannt) war schon seit 1661 in Betrieb; für 1744 ist der Kohlenabbau verbürgt. S. Zechen Einigkeit und Eintracht-Tiefbau.

Essen-Steele/Königssteele:
Zeche Victoria

Diese Zeche ist 1858 durch Konsolidation von Ver. Wohlverwahrt und Fahrenhaus (Flöz Alexander) entstanden und förderte im Stollenbau 1867 etwa 5 500 Tonnen Kohle. Förderung 1872: 8 500 Tonnen (48 Beschäftigte). 1898 kam die Berechtsame zur Zeche Eiberg. S. Zechen Eiberg und Wohlverwahrt WO 38.

Essen-Stoppenberg:
WO 30 229f.
Zeche Friedrich Ernestine

Diese Zeche ist von Mathias Stinnes errichtet worden. Die Gewerkschaft des Steinkohlenbergwerks Friedrich Ernestine wurde 1871 von den sieben Geschwistern Stinnes gegründet. Durch reale Teilung des Feldes Ernestine entstanden 1871 die Felder Ernestine und Ernestine nördliches Feld. Letzteres ist 1872 mit dem Feld

Essen-Stoppenberg: Zeche Friedrich-Ernestine, Schacht 1.

Essen-Stoppenberg: Zeche Friedrich Ernestine. Im Grubenfeld dieser Zeche standen zwei Schächte, die beide der Förderung und der Seilfahrt dienten (unser Bild). † 1963. Im Hintergrund: der Stadtteil Stoppenberg mit den beiden Türmen der Stiftskirche St. Nikolaus.

Glückauf Friedrich zum Feld Friedrich Ernestine konsolidiert worden.

Das Abteufen des Schachtes 1 begann 1871; Förderaufnahme: 1873. 1875 sind bereits 136000 Tonnen Kohle gefördert worden. 1884 erfolgte der Durchschlag mit Graf Beust, und 1885 hatte die Förderung 162000 Tonnen erreicht (525 Beschäftigte). 1892 wurde eine Kokerei gebaut. 1893 belief sich die Förderung auf 180000 Tonnen und die Kokserzeugung auf 27000 Tonnen. 1897 begann das Abteufen des Schachtes 2 (Wetterschacht), der 1898 in Betrieb kam. 1910 ereignete sich eine Schlagwetterexplosion (vier Todesopfer); die Förderung belief sich in diesem Jahr auf 330000 Tonnen (1270 Beschäftigte). 1913 betrug die Förderung 477000 Tonnen und die Kokserzeugung 68000 Tonnen. 1919 kam es zu einer schweren Schlagwetterexplosion (sechs Tote). In den Jahren 1929 und 1930 ist eine neue Kokerei mit 60 Öfen errichtet worden. 1934 war das Bergwerk mit Victoria Mathias durchschlägig, und 1935 hatte die Kohlenförderung 401000 Tonnen erreicht (1053 Beschäftigte). 1937 belief sich die Kohlenförderung auf 626000 Tonnen; die Kokserzeugung erreichte rund 333000 Tonnen. 1957 erfolgte der Verbund mit Victoria Mathias und Graf Beust. Förderkapazität 1959: 500000 Tonnen. † 1963. Der Schacht im Baufeld Friedrich Ernestine wurde verfüllt. S. Zechen Graf Beust und Victoria Mathias WO 28.

Essen-Überruhr:
Zeche Ver. Charlotte

Der Bergbau im Grubenfeld dieser Zeche läßt sich bis ins 18. Jahrhundert zurückverfolgen. 1832 ist der Schacht Charlotte, der später der Zeche Theodor als Wetterschacht diente, abgeteuft worden. 1868 wurde das östliche Grubenfeld der Gewerkschaft Heinrich zur Ausbeutung durch den Schacht Charlotte verpachtet. Um die Jahrhundertwende betrug die Förderung 90000 Tonnen. 1908 ist die Zeche von der Gewerkschaft Johann-Deimelsberg übernommen worden; es wurde eine Brikettfabrik errichtet. Der gesamte Betrieb ist 1910 zunächst stillgelegt worden. Von 1915 bis 1927 wurde in dem Grubenfeld jedoch weiterhin Abbau betrieben, und zwar durch die Charlotte Bergbaugesellschaft mbH. 1929 ist das Feld Charlotte an die Gewerkschaft Heinrich verkauft worden. S. Zechen Johann-Deimelsberg und Heinrich WO 39.

Essen-Überruhr:
Zeche Gottvertraut

Die Zeche war schon vor 1800 in Betrieb und hat bis in die 1850er Jahre vor allem Kohleneisenstein gefördert. 1858 wurde die Erzförderung eingestellt, und 1886 ist das Bergwerk stillgelegt worden. Die Gewerkschaft Gewalt hatte 1890 Verhandlungen aufgenommen mit dem Ziel, ihre Berechtsame zu regulieren und ihr Grubenfeld mit dem der angrenzenden Zeche Gottvertraut zu konsolidieren. 1902 erfolgte die endgültige Konsolidation. 1922 ist die Zeche unter dem Namen Gewalt & Gottvertraut (Faulefott) erneut in Betrieb gekommen. Sie förderte mit einer neun

Mann starken Belegschaft jährlich 550 Tonnen Kohle. † 1925. S. Zeche Ver. Gewalt.

Essen-Überruhr:
WO 39 14 231
Zeche Heinrich

Die Gewerkschaft Heinrich (der Name geht wahrscheinlich auf den Gewerken Justus Heinrich Waldthausen zurück) hatte in den ausgehenden Jahren des 18. und den frühen Jahren des 19. Jahrhunderts mehrere Stollenzechen betrieben. 1829 wurden diese Stollenbetriebe, die von 1810 bis 1829 insgesamt 64000 Tonnen Kohle gefördert hatten, stillgelegt. Mit den Abteufarbeiten des ersten Schachtes ist 1847 begonnen worden; er stieß bei 15,7 m auf das Steinkohlengebirge, und 1852 wurde die Förderung aufgenommen. Da die Zeche unmittelbar an der Ruhr lag und in den Jahren 1844 bis 1847 im Ruhrtal die Prinz-Wilhelm-Eisenbahn gebaut worden war, konnte für den Kohlentransport sowohl der Wasserweg als auch die Eisenbahn benutzt werden. 1855 betrug die Kohlenförderung 34000 Tonnen (157 Beschäftigte), und 1859 begann das Teufen eines Wetterschachtes (117 m tief). Förderung 1861: 69000 Tonnen (360 Beschäftigte). 1866 belief sich die Förderung auf ca. 74000 Tonnen (300 Beschäftigte), und 1868 wurde das östliche Grubenfeld an Ver. Charlotte verpachtet. In den siebziger Jahren betrug die Förderung rund 45000 Tonnen jährlich. Nachdem in den achtziger Jahren die Tagesanlagen ausgebaut und 1888 die erste Kohlenwäsche errichtet worden war, wurde 1892 ein zweiter Wetterschacht abgeteuft. Er kam 1893 in Betrieb, und 1894 wurde der 1859 geteufte Wetterschacht aufgegeben. Kohlenförderung 1895: 101000 Tonnen (350 Beschäftigte). 1897 ereignete sich auf der fünften Sohle ein Wassereinbruch, der die Sümpfung erforderlich machte. Förderung 1900: 153000 Tonnen (505 Beschäftigte). Das Teufen des dritten Wetterschachtes begann 1901, und 1902 wurde der zweite Wetterschacht aufgegeben. Förderung 1905: fast 147000 Tonnen (505 Beschäftigte). 1910 ist der Pachtvertrag mit Ver. Charlotte aufgelöst und das östliche Feld wieder übernommen worden. Die Berechtsame der Zeche umfaßte damit 3,6 km². 1913 belief sich die Förderung auf 244000 Tonnen (715 Beschäftigte). Der zweite Förderschacht ist während des Ersten Weltkrieges abgeteuft worden und kam 1918 in Betrieb. Der 1915 errichtete Förderturm wurde noch mit einer Dampfmaschine ausgerüstet. 1925 erfolgte der Erwerb der Berechtsame der stillgelegten Zeche Eiberg, und es begann die Ausrichtung des ehemaligen Feldes Victoria; Berechtsame: 7,4 km². 1929 sind die stillgelegten Zechen Prinz Wilhelm, Steingatt sowie Ver. Charlotte erworben worden; die außerdem von Heinrich gekaufte Zeche Adler blieb weiterhin selbständige Anlage. 1930 ist das Bergwerk Ver. Charlotte & Steingatt / Prinz Wilhelm (als selbständige Zeche) wieder in Betrieb genommen worden. Die Förderung der Heinrichschächte betrug in diesem Jahr über 352000 Tonnen Kohle (1510 Beschäftigte). 1936 ist der Durchschlag mit Theodor erfolgt. Förderung 1940: 517000 Tonnen (1350 Beschäftigte). 1952 umfaßte die Berechtsame (einschließlich Theodor) ca. 15,6 km². – In den späten 1950er Jahren wurde ein dritter Schacht (neben 1/2) abgeteuft; er kam 1958 in Betrieb. 1963 erfolgte der Verbund mit Theodor. Teufe der Hauptfördersohle: 428 m. Förderung 1965: 900000 Tonnen Anthrazitkohle. Die höchste Förderung ist 1966 mit fast 966000 Tonnen erbracht worden (3060 Beschäftigte). Es waren acht Schächte in Betrieb: 2 Förder-, 3 Wetter- und 3 sonstige Schächte. † 1968. Die Schächte wurden verfüllt; nur Schacht 3 blieb für die Wasserhaltung der Pumpgemeinschaft offen. Die Tagesanlagen sind abgebrochen worden. S. Zechen Theodor WO 40, Ver. Charlotte, Eiberg, Prinz Wilhelm, Steingatt und Adler.

***Essen-Überruhr: Zeche Heinrich.** Im Grubenfeld dieses Bergwerks waren zuletzt acht Schächte in Betrieb. Der erste Schacht war 1847 abgeteuft worden, der letzte (Schacht 3, auf unserem Bild rechts) in den späten 1950er Jahren. † 1968.*

Essen-Überruhr:
Zeche Hoffnung

Die Stollenzeche war 1801 aus der Konsolidation der Betriebe Hoffnung (eröffnet 1798) und Wolfsbank (eröffnet 1785) hervorgegangen. 1809 ging der Betrieb zusammen mit der Stollenzeche Wolff in den Besitz der neu gebildeten Gewerkschaft Heinrich über. S. Zechen Wolff und Heinrich WO 39.

Essen-Überruhr:
Zeche Mönkhoffsbank

Benannt nach dem Mönkhof, der bereits 1546 urkundlich erwähnt wird (Mönkhofstraße im Stadtteil Überruhr-Holthausen seit 1936). Die Zeche ist wahrscheinlich schon 1673 in Betrieb gewesen. 1793 taucht das Bergwerk unter der Bezeichnung Mönnighoff auf und wird auch „Die dicke und die kleine Bank" genannt. Für 1802 wird die Förderung mit fast vier Tonnen pro Tag angegeben. Vor 1831 war bereits ein Förderschacht vorhanden. 1840 hatte dieser Schacht eine Teufe von etwa 50 m erreicht, und 1841 ist eine Dampfmaschine aufgestellt worden. 1850 belief sich die Förderung auf über 21 000 Tonnen. Ende der 1950er Jahre kam es zu starken Wasserzuflüssen, die schließlich 1858 zur Betriebseinstellung führten. Von 1861 bis 1867 war das Bergwerk wieder in Betrieb, ist dann aber offensichtlich endgültig aufgegeben worden.

⚒ *Das Schachthaus aus Ruhrsandstein ist fragmentarisch erhalten. Die Wasserhaltungs- und Fördermaschine, die 1841 aufgestellt wurde, kam später auf einer Zeche in Witten zum Einsatz (heute im Deutschen Bergbau-Museum, Bochum).* ⚒

Essen-Überruhr:
Zeche Wolff

Diese Zeche war 1796 aus der Vereinigung der Stollenbetriebe Hülscherfeld und Wolfsdelle entstanden. Die Zeche Hülscherfeld hatte ihren Betrieb bereits 1755 eröffnet; Wolfsdelle war 1793 in Betrieb gegangen. 1809 ging die Zeche Wolff mit der Zeche Hoffnung auf die damals neu gegründete Gewerkschaft Heinrich über. S. Zechen Hoffnung und Heinrich WO 39.

Essen-Überruhr/Hinsel:
Zeche Ver. Gewalt

Die Zeche war bereits vor 1770 in Betrieb, denn sie hat schon um die Mitte des 18. Jahrhunderts Kohle ins Bergische Land geliefert. 1803 wurde die Gewerkschaft Ver. Gewalt gegründet, und das Teufen des Schachtes *Conrad* begannn 1810. Mit dem Teufen des Schachtes *Gewalt* ist 1815 (ca. 100 m südlich von Schacht Conrad) begonnen worden; eine Dampfmaschine (Wasserhaltung) wurde aufgestellt, und 1821 ist Schacht Conrad auf ca. 110 m tiefergeteuft worden. In diesem Jahr wurde eine zweite Wasserhaltungsmaschine in Betrieb genommen (Schacht *Lisette*). 1829 ist eine Pferdebahn von Schacht Conrad bis zur Kohlenniederlage an der Ruhr gebaut worden. 1830/31 wurde durch Steigerung der Wasserzuflüsse die Aufstellung einer dritten Wasserhaltungsmaschine notwendig, und 1836 erhielt Schacht Conrad eine Dampffördermaschine; die Kohlenförderung belief sich in diesem Jahr auf ca. 25 500 Tonnen. Um 1857 förderte Ver. Gewalt rund 84 000 Tonnen Kohle und war damit das größte Bergwerk an der Ruhr. Die Zeche war auch die erste Anlage, auf der eine doppelgleisige (dampfbetriebene) Fahrkunst eingerichtet worden ist (1852). Kohlenförderung 1871: ca. 93 000 Tonnen (480 Beschäftigte). Die höchste Förderung ist 1872 mit fast 107 000 Tonnen erbracht worden (430 Beschäftigte). In den 1850er, 1860 bis 70er Jahren hat das Bergwerk reichliche Erträge geliefert, bis besonders starke Wasserzuflüsse von der Ruhr, die mit den damaligen Mitteln nicht zu bewältigen waren, Ende 1886 zur Einstellung des Betriebes zwangen. 1902 kam es zur Konsolidation mit Gottvertraut. S. Zeche Gottvertraut.

Essen-Überruhr/Holthausen:
Zeche Ver. Henriette

Schon im 18. Jahrhundert ist im Feld dieser Zeche Bergbau umgegangen; es wurden drei oder vier Stollen vom Ruhrtal aus angesetzt. In den ersten Jahrzehnten des 19. Jahrhunderts ging man zum Tiefbau über, und 1832 ist der Schacht Wilhelmine abgeteuft worden. 1833 wurde eine Dampfmaschine (Wasserhaltung) in Betrieb genommen, und 1834 begann die Kohlenförderung aus dem Tiefbau. Sie belief sich 1837 auf rund 30 000 Tonnen; Henriette war damit die zweitgrößte Zeche im Ruhrrevier. 1850 hatte die Kohlenförderung bereits nahezu 40 000 Tonnen erreicht. Um 1857/58 ergaben sich erhebliche betriebliche Schwierigkeiten, die Förderung ging auf rund 30 000 Tonnen zurück. 1860 war sie wieder kräftig angestiegen (50 000 Tonnen, 194 Beschäftigte). 1867 soff das Bergwerk infolge von Ruhrhochwasser ab; im September wurde die Grube gesümpft. Auch 1870 war die Zeche wegen Hochwassers der Ruhr zeitweilig außer Betrieb. Die Förderung belief sich in diesem Jahr auf rund 36 000 Tonnen (155 Beschäftigte). Die höchste Förderung ist 1873 mit rund 62 000 Tonnen erreicht worden (238 Beschäftigte). In den folgenden Jahren ging die Produktion stetig zurück. † 1878. Die Konsolidation mit Steingatt erfolgte 1879. S. Zeche Steingatt.

Essen-Überruhr/Holthausen:
Zeche Ver. Himmelsfürster Erbstollen

Der Himmelsfürster Stollen ist 1787 verliehen worden, und die Verleihung der Erbstollengerechtigkeit erfolgte 1827. 1832 entstand durch Konsolidation der Ver. Himmelsfürster Erbstollen. Die Zeche förderte 1836 rund 17 000 Tonnen Kohle. Die höchste Förderung ist 1837 mit fast 80 000 Tonnen erbracht worden. 1840 war dieser Erbstollen der tiefstgelegene im Märkischen Bereich. Die Stollenlänge betrug 1855 über 2 700 m. In dem Stollen ist auch Erz gefördert worden. 1888 wurde die Zeche nach Abbau restlicher Kohlenvorräte stillgelegt. 1908 erfolgte die Konsolidation zu Catharina und 1925 zu Prinz Wilhelm / Steingatt. S. Zechen Catharina, Prinz Wilhelm und Steingatt.

⚒ *Das Zechenhaus, in das auf unterschiedlichen Ebenen die Stollen der Zechen Himmelsfürster Erbstollen und Vereinigung mündeten, ist erhalten und dürfte in dieser Art in Westdeutschland einmalig sein.* ⚒

Essen-Überruhr/Holthausen:
Zeche Sandbank

Im Feld dieses Bergwerks wurde bereits um 1803 Stollenbau betrieben. 1855 begann das Teufen eines tonnlägigen Schachtes als Übergang zum Tiefbau; er erreichte 1856 eine Teufe von 46 m. 1861 belief sich die Kohlenförderung auf rund 27 000 Tonnen (108 Beschäftigte), und 1863 sind fast 40 000 Tonnen Kohle gefördert worden (116 Beschäftigte). 1868 hatte der Schacht eine flache Teufe von ca. 450 m erreicht. Im folgenden Jahr ergaben sich erhebliche Betriebsstörungen wegen Maschinenschäden. Beschäftigtenzahl sowie Förderung gingen in den 1870er Jahren stark zurück. 1880 fiel die Berechtsame an Steingatt, und 1891 erfolgte die Konsolidation zu Steingatt. S. Zeche Steingatt.

Essen-Werden:
Zeche Nöckerskottenbank

Die Verleihung dieser Zeche erfolgte schon 1788 durch den Abt von Werden, und sie ist anschließend Jahrzehnte hindurch als Stollenbetrieb in Förderung gewesen. Vor den 1870er Jahren lag die Grube eine Zeitlang still; die Wiederaufnahme der Förderung durch den Schacht der Zeche Paul erfolgte 1871; 1873 erreichte die Kohlenproduktion rund 5 000 Tonnen (62 Beschäftigte). † 1888. Nachdem der Kohlenabbau aus dem Grubenfeld bereits seit 1900 durch die Zeche Paul erfolgt war, wurde das Bergwerk 1909 völlig von dieser Zeche übernommen. S. Zeche Paul.

Essen-Werden:
Zeche Olga

Diese Zeche ist 1917 aus den damals stillliegenden Bergwerken Nöckerskottenbank und Paul entstanden. 1918 erfolgte die Inbetriebnahme durch Auffahrung eines Stollens; mit 36 Beschäftigten sind in diesem Jahr 1 350 Tonnen Kohle gefördert worden. 1919 wurde ein Blindschacht ab Stollensohle abgeteuft, und 1920 erreichte die Kohlenförderung (86 Beschäftigte) rund 14 000 Tonnen. Die höchste Förderung wurde 1921 mit 18 500 Tonnen erreicht (104 Beschäftigte). † 1924. S. Zechen Paul und Nöckerskottenbank.

Essen-Werden:
Zeche Paul

Die Zeche war schon 1763 durch den Abt von Werden verliehen worden. Der Kohlenabbau begann 1765; das Stollenmundloch lag am Hardenbergufer östlich von Werden. Ab 1850 diente der tonnlägige Schacht Wilhelmine der Zeche Aline für die Förderung; außerdem war ein (ebenfalls tonnlägiger) Wetterschacht vorhanden. 1867 belief sich die Förderung auf rund 3 900 Tonnen Kohle (21 Beschäftigte). Bis 1890 stieg sie auf fast 18 000 Tonnen (63 Beschäftigte). Starke Wasserzuflüsse behinderten im Laufe der Jahre den Grubenbetrieb, so daß die Förderung in der Höh schwankte. † 1911, wegen zu hoher Wasserzuflüsse. 1917/18 ist das Bergwerk noch einmal als Zeche Olga in Betrieb genommen worden. S. Zechen Aline und Olga.

Essen-Werden:
Zeche Pauline

Diese Zeche, die bis 1880 Pauline Erbstollen hieß, hat schon sehr frühzeitig auf dem linken Ufer der Ruhr Stollenbau betrieben. Nachdem die Kohle über der Stollensohle abgebaut war, ging man zum Tiefbau über. 1885 belief sich die Förderung auf 18000 Tonnen, 1899 bereits auf 91000 Tonnen. Beim Übergang auf die Rheinischen Anthracit-Kohlenwerke (1900) verfügte die Zeche über vier Schächte, von denen einer förderte (Schacht Fritz, mit dessen Abteufen 1880 begonnen worden war, zwei Wetterschächte, ein Wasserhaltungsschacht). In diesem Jahr erfolgte die Übernahme von Ver. Braut mit einem tonnlägigen Schacht. 1905 ist ein Wetterschacht aufgegeben worden, und 1906 begann das Abteufen eines seigeren Wetterschachtes auf der Anlage Ver. Braut anstelle des dortigen tonnlägigen Schachtes; die Tagesanlagen Ver. Braut wurden abgebrochen. 1910 förderte die Zeche Pauline mit einer Belegschaft von 295 Bergleuten etwa 93000 Tonnen Kohle. 1916 wurde die Zeche stillgelegt. S. Zechen Heisinger Tiefbau und Ver. Braut.

⚒ *Aus der Zeit des Stollenbaus sind Stützmauern aus Bruchstein und Stollenmundlöcher erhalten. Die Gebäude (Bruchstein) gehören der späteren Entwicklungsphase des Bergwerks an.* ⚒

Essen-Werden:
Zeche Preutenborbeckssiepen

Das Stollenmundloch lag westlich von Werden am südlichen Ruhrufer. 1836 sind aus dem Stollen etwas über tausend Tonnen Kohle gefördert worden. 1840 belief sich die Kohlenförderung bereits auf rund 8000 Tonnen und 1842 auf über 9000 Tonnen. 1865 gingen die Kohlenvorräte über der Stollensohle allmählich zu Ende. Die Berechtsame kam wahrscheinlich zur Zeit der Jahrhundertwende an Pauline. S. Zeche Pauline.

Essen-Werden/Hamm:
Zeche Ver. Louise

Diese Zeche ist 1839 angelegt worden und förderte 1840 nahezu 6000 Tonnen Kohle. In der Folge ergab sich jedoch ein erheblicher Förderrückgang; bis in die sechziger Jahre waren auch wiederholt Betriebsunterbrechungen zu verzeichnen. 1867 sind mit 61 Beschäftigten über 11000 Tonnen Kohle gefördert worden. Die Förderung schwankte dann in den Jahrzehnten bis 1900 sehr stark zwischen 12000 und rund 6000 Tonnen. 1901 wurden mit 32 Beschäftigten wieder ca. 10000 Tonnen Kohle gefördert. 1903 ist das Bergwerk durch die Zeche Richradt übernommen worden. S. Zeche Richradt.

Essen-Werden/Heidhausen:
Zeche Ilandsbraut

Die Verleihung des Grubenfeldes für diese Stollenzeche erfolgte 1824. Sie kam schon 1826 in Betrieb. Das Stollenmundloch lag im Hespertal, und schon 1836 wurde eine kombinierte Wasserhaltungs/-Förderdampfmaschine für Tiefbau aufgestellt (bis 75 m Teufe); aus einem tonnlägigen Schacht (80 m flache Teufe) sind rund 4000 Tonnen Kohle gefördert worden. In den folgenden fünf Jahren ergab sich eine erhebliche Fördersteigerung. Bis 1842 stieg die Produktion auf rund 12000 Tonnen Kohle. 1858 waren siebzig Bergleute auf der Zeche tätig.

In der Folgezeit war jedoch ein stetiger Förderrückgang zu verzeichnen; vor allem behinderten starke Wasserzuflüsse den Betrieb. 1867 (der Schacht hatte inzwischen hundert Meter Teufe bzw. Länge erreicht) kam es zur Stillegung. 1881 erfolgte die Übernahme durch Pauline. S. Zeche Pauline.

GELSENKIRCHEN GE

Gelsenkirchen-Bismarck:
WO 52
Zeche Graf Bismarck **233f.**

Benannt nach Otto Graf von Bismarck (1815 - 1898), Gründer des Deutschen Reiches von 1871. Die Gewerkschaft Graf Bismarck ist 1868 in Gelsenkirchen-Bismarck gegründet worden. Das Bergwerk wurde im selben Jahr aus der Konsolidierung von siebzehn Grubenfeldern gebildet und umfaßte eine Gesamtberechtsame von 17,8 Millionen m². Die Schächte 1 bis 7 dieser Zeche sind in der Zeit von 1869 bis zum

Gelsenkirchen: Zeche Graf Bismarck. Zentralförderanlage Graf Bismarck II (im Hintergrund rechts die Anlage Graf Bismarck I. † 1966. Bemerkenswert die unteren, quer zur Strebenrichtung angeordneten Seilscheiben des Doppelbocks.

Gelsenkirchen-Bismarck: Zeche Graf Bismarck 1/4. Die ehemalige Waschkaue (unser Bild) ist um 1900 in Backstein errichtet worden. Der große Turm mit geschweifter Haube ist ihr charakteristisches Merkmal. Der Bau kann als ein typisches Beispiel „malerischer" Bergbauarchitektur der Jahrhundertwende angesehen werden. † 1966.

Ersten Weltkrieg niedergebracht worden. Über Schacht 1 wurde 1873 ein Malakoffturm errichtet, in dem 1892 ein Stahlgerüst eingezogen worden ist. Der Schacht 8 wurde noch vor dem Krieg angesetzt, aber zunächst nur 8 m tief geteuft, um nach dem Krieg fertiggestellt zu werden, ebenso wie Schacht 9. 1913 wurde eine Zentralkokerei gebaut (drei Batterien); 1914 ist ein eigener Zechenhafen am Rhein-Herne-Kanal in Betrieb gekommen.

Kohlenförderung 1920: 1,46 Millionen Tonnen (8 700 Beschäftigte). Bis 1925 stieg die Produktion auf 1,86 Millionen Tonnen Kohle (8 995 Beschäftigte). 1926 ereignete sich auf der Anlage 2/6/9 eine Schlagwetterexplosion (neun Tote). Förderung 1930: 1,9 Millionen Tonnen (7 115 Beschäftigte). 1940 bestanden folgende Schachtanlagen: Schachtanlage I mit den Schächten 1 und 4 (1874 bzw. 1902 in Betrieb gegangen); die größte Teufe belief sich auf 826 m; Schachtanlage II mit den Schächten 2, 6 und 9 (1884, 1910 und 1925 in Betrieb gegangen); die größte Teufe betrug 985 m; Schachtanlage III mit den Schächten 3 und 5 (1894 bzw. 1905 in Betrieb gegangen); diese Schachtanlage war am 1. Januar 1931 stillgesetzt worden und ging 1938 neu in Betrieb (sie war der Schachtanlage II angegliedert); größte Teufe: 910 m; Schachtanlage VII mit den Schächten 7 und 8 (1911 bzw. 1920 in Betrieb gegangen); die größte Teufe betrug 812 m. Förderung 1940: 2,95 Millionen Tonnen (7 230 Beschäftigte). Die höchste Förderung haben die Bismarckschächte 1943 mit 3,02 Millionen Tonnen erbracht.

Gelsenkirchen-Resse: Zeche Graf Bismarck (Sitz: Gelsenkirchen-Bismarck), Schachtanlage 7 / 8. Aufnahme vor 1959.

Nach Beseitigung der im Zweiten Weltkrieg erlittenen Schäden ist 1949 auf der Schachtanlage VII eine neuzeitliche Kohlenwäsche eingerichtet worden. Das Teufen des Schachtes 10 (Zentralwetterschacht) begann 1951; er ging 1954 in Betrieb. 1955 wurde ein Kraftwerk vollendet, mit dessen Bau 1952 begonnen worden war. Ein weiteres Kraftwerk ist 1958 in Betrieb genommen worden. 1965 bestand die Zeche aus der Schachtanlage I/II (Westfeld mit den Schächten 1, 4/2, 6, 9/3, 5 und dem Wetterschacht 10) und der Schachtanlage VII (Ostfeld mit den Schächten 7 und 8). In diesem Jahr belief sich die Förderung aller Schachtanlagen der Zeche auf über 2,6 Millionen Tonnen (6755 Beschäftigte). † 1966. Die Schächte sind 1967/68 verfüllt worden; fast alle Tagesanlagen wurden abgebrochen.

⚒ *Graf Bismarck 1/4: Die erhalten gebliebene ehemalige Waschkaue ist um 1900 in Backstein errichtet worden. Putzfelder stehen im Wechsel mit Backsteinzierwerk. Ein großer Turm mit geschweifter Haube ist das charakteristische Merkmal dieses denkmalgeschützten Bauwerks. Die Kaue muß als typisches Beispiel „malerischer" Bergbauarchitektur der Jahrhundertwende angesehen werden. – Das Sozialwerk St. Georg, das auf dem Bismarck-Gelände alte und neue Gebäude nutzt, hat darin ein Begegnungszentrum eingerichtet, wo auch Theateraufführungen und Konzerte stattfinden.*

Schievenfeld-Siedlung. Diese Siedlung wurde 1911-1913 in Gelsenkirchen-Erle für die Zeche Graf Bismarck gebaut. Dem Heimatstil verpflichtet, erinnert sie an eine alte süddeutsche Kleinstadt. ⚒

Gelsenkirchen-Buer:
WO 45
Zeche Bergmannsglück

Die Gewerkschaft Bergmannsglück ist 1880 gegründet worden; Ende des 19. Jahrhunderts erwarb der Industrielle August Thyssen die Mehrheit ihrer Kuxe. 1902 ging das Bergwerk durch Kauf auf den Preußischen Staat über. Das Abteufen des Schachtes 1 begann 1903. Die starken Wasserzuflüsse, die zeitweise auf fünftausend Liter in der Minute anwuchsen, waren mit den damaligen technischen Hilfsmitteln nur schwer zu bewältigen und hemmten den Fortgang der Arbeiten. Erst nach 18 Monaten wurde in 394 m Teufe das Steinkohlengebirge erreicht, und am 1. Mai 1905 konnte die erste Kohle zu Tage gehoben werden.

Nachdem man im Februar 1904 mit dem Abteufen des Schachtes 2 begonnen hatte und beide Schächte im Oktober 1905 durchschlägig geworden waren, kam 1906 die Förderung in Gang. Sie betrug 1910 fast 797 000 Tonnen (3 030 Beschäftigte). Die höchste Förderung ist 1912 mit 1,42 Millionen Tonnen erbracht worden (5 805 Beschäftigte). Förderung 1920: 723 000 Tonnen (3 985 Beschäftigte). 1940 erreichte die Produktion noch einmal 1,2 Millionen Tonnen (3 060 Beschäftigte). Die Zeche erlitt 1945 schwere Kriegsschäden; in diesem Jahr betrug die Förderung nur knapp 107 000 Tonnen (2 460 Beschäftigte) und fiel längere Zeit völlig aus. Wegen Erschöpfung der Vorräte im Grubenfeld Bergmannsglück, die Mitte der 1950er Jahre abzusehen war, entschloß sich die damalige Eigentümerin (Bergwerksgesellschaft Hibernia AG), die selbständigen Schachtanlagen Bergmannsglück und Westerholt zu einem Bergwerk zu vereinigen. Ab den 1960er Jahren wurde die Förderung auf der Schachtanlage Westerholt zu Tage gehoben, 1982 die Schächte verfüllt. S. Bergwerk Westerholt WO 47.

Gelsenkirchen-Buer:
Zeche Hibernia 234

William Thomas Mulvany (1806 - 1885) hat sich große Verdienste um den Aufschluß der Steinkohlenvorkommen im Gelsenkirchener Bezirk erworben. Er ist der Gründer der Gewerkschaften Shamrock und Erin gewesen. Als einer der aktivsten Förderer der wirtschaftlichen Entwicklung des Ruhrgebiets war er Mitbegründer und später Ehrenmitglied des Vereins für die bergbaulichen Interessen im Oberbergamtsbezirk Dortmund und ebenso Mitbegründer und erster Präsident des Vereins zur Wahrung der gemeinsamen wirtschaftlichen Interessen in Rhein-

Gelsenkirchen: Zeche Hibernia um die Jahrhundertwende.

land und Westfalen (Langnamverein) zu Düsseldorf. Er hat sich als Wirtschafts- und Verkehrspolitiker sowie als Verfasser zahlreicher Denkschriften einen Namen gemacht und wurde von der Stadt Gelsenkirchen zum Ehrenbürger ernannt.

Bereits 1846 waren für die Felder Ludwigsglück und Christianenglück (südöstlich von Gelsenkirchen) Schürfscheine auf den Namen des Grubenrechnungsführers a.D. Franz Hilgenstock (Mülheim) ausgestellt worden. Die beiden Felder sind 1854 von der Gewerkschaft *Hibernia* (der Name ist die latinisierte Bezeichnung von Irland) übernommen worden. Die Gewerken waren fast ausschließlich Iren. Zum Repräsentanten wählten sie Mulvany. Die Gewerkschaft beschloß, im Feld Ludwigsglück eine Schachtanlage abzuteufen.

Das Abteufen begann 1855 (Schacht 1); zum ersten Mal wurden hier gußeiserne *Tübbings* (Segmente für den Ausbau von Schachtwandungen in wasserführenden, lockeren Gebirgsschichten, die gegeneinander abgedichtet werden) verwendet. Das Teufen des Schachtes 2 (Bewetterung) begann 1857 (neben Schacht 1); Schacht 1 erreichte bei 111 m das Steinkohlengebirge, und die Förderung ist bereits 1858 aufgenommen worden. Sie betrug 1860 ca. 149000 Tonnen (585 Beschäftigte). Schacht 2 kam 1861 in Förderung, die in diesem Jahr mit über 162000 Tonnen für die damaligen Verhältnisse bemerkenswert hoch lag. 1872 erzwang ein Grubenbrand die Fördereinstellung und die Sümpfung der abgesoffenen Grubenbaue. Erst am Jahresende kam die Produktion wieder in Gang. Sie betrug 1875 fast 196000 Tonnen (865 Beschäftigte). 1880 erhielt Schacht 2 ein eisernes Fördergerüst (wie Schacht 1); in diesem Jahr erreichte die Förderung ca. 317000 Tonnen (1175 Beschäftigte). Die höchste Förderung ist 1884 mit 493000 Tonnen erbracht worden. 1887 ereignete sich auf Schacht 2 eine schwere Schlagwetterexplosion, bei der 52 Todesopfer zu beklagen waren. 1891 begann das Abteufen des Schachtes 3 (Bewetterung); in diesem Jahr forderte eine Kohlenstaubexplosion (Schacht 1) 57 Todesopfer. Der Wetterschacht 3 kam 1894 in Betrieb. Förderung 1900: 329000 Tonnen (1110 Beschäftigte). Förderung 1913: 337000 Tonnen (1215 Beschäftigte).

1925 wurde die Zeche stillgelegt. Gebäude und Schächte sind 1927 an die Versuchsgrubengesellschaft mbH verpachtet worden. Das Grubenfeld wurde 1942 an die Zechen Consolidation und Dahlbusch verpachtet. Seitdem diente die Dortmunder Zeche Tremonia als Versuchsgrube. S. Zechen Tremonia, Consolidation WO 50 und Dahlbusch WO 51.

Gelsenkirchen-Buer:
WO 46 17 57 76 235f.
Bergwerk Hugo (RAG)

Die Zeche ist 1873 von der Gewerkschaft Hugo angelegt worden. Sie erhielt ihren

Gelsenkirchen-Buer: ***Zeche Hugo.*** *Im Bild die alte Markenkontrolle der Schachtanlage 1/4 (später Wetterschächte des Bergwerks).*

Namen nach dem Repräsentanten, Hugo Honigmann. Mit dem Abteufen des ersten Schachtes ist 1873 begonnen worden; 1877 konnte die Förderung aufgenommen werden. Über dem Schacht wurde ein Strebengerüst errichtet, das 1874/75 von dem Ingenieur Promnitz entworfen worden war. Später bürgerte sich für diese Gerüstart die Bezeichnung deutsches Strebengerüst ein; der Name Promnitz geriet in Vergessenheit. Da in den 1870er und achtziger Jahren auf den meisten Zechen des Ruhrgebiets Betriebsverhältnisse herrschten, die denen der Zeche Hugo sehr ähnlich waren, ist die neue Gerüstform häufig gebaut worden. Das ursprünglich für Trommel- bzw. Bobinen-Förderanlagen entwickelte deutsche Strebengerüst war auch für Koepe-Förderungen mit nebeneinander liegenden Seilscheiben anwendbar.

Die Abteufarbeiten für den zweiten Schacht liefen 1881 an; er kam 1885 in Betrieb. 1893 wurde Schacht 3 fertiggestellt, mit dessen Abteufen 1891 begonnen worden war. Mit dem Abteufen des Schachtes 4 ist 1899 begonnen worden; er nahm 1900 die Förderung auf. 1907 begann das Abteufen des Schachtes 5, der 1909 in Betrieb kam. 1910 belief sich die Kohlenförderung auf rund 920000 Tonnen (3384 Beschäftigte). Förderung 1913: über eine Million Tonnen (3556 Beschäftigte). Der Schacht 3 stellte 1928 die Förderung ein. Das Teufen des Wetterschachtes Hugo Ost (später auch Schacht 6 genannt) begann 1933; er kam 1934 in Betrieb. 1940 begann das Teufen des Schachtes Hugo Nord (Schacht 7); die Förderung der Zeche belief sich in diesem Jahr auf 1,59 Millionen Tonnen (3773 Beschäftigte). 1945 sank die Kohlenproduktion auf knapp 406000 Tonnen ab (2947 Beschäftigte). 1947 ist die Förderung auf der Anlage 1/4 eingestellt worden; Zentralanlage wurden die Schächte 2/5. Förderung 1950: 1,22 Millionen Tonnen (4638 Beschäftigte).

In den 1950er Jahren ist Schacht 1 bis auf 1200 m weitergeteuft worden. 1957 wurde mit dem Teufen des Zentralförderschachtes 8 begonnen. Er stieß 1958 bei 308 m Teufe auf das Steinkohlengebirge und kam 1962 in Förderung. Die Produktion wurde auf der Anlage 2/5/8 konzentriert, die das heutige Bild der Zeche bestimmt.

Der Architekt Fritz Schupp entwarf den völlig verkleideten (fensterlosen) Förderturm für Schacht 8. Zur Verkleidung der tragenden Stahlkonstruktion dienten Trapezprofilbleche, die den eigentlichen Funktionsablauf völlig verdecken. Architektonisch ebenfalls bemerkenswert ist die moderne *Schwarz-Weiß-Kaue*, die 1971 bei vollem Betrieb großzügig umgebaut wurde.

Nach dem Tieferteufen des Schachtes Hugo-Ost zur siebten Sohle (1971) begannen 1973 die Arbeiten für die Kapazitätserweiterung des Schachtes 2, der von 9,2-Tonnen- auf 30-Tonnen-Skipgefäße umgerüstet wurde. Gleichzeitig erhielt der Schacht ein neues Fördergerüst. 1975 erfolgte der erste Spatenstich für Schacht 9 (Frischwetterschacht). Er wurde im September 1977 mit der siebten Sohle in 927 m Teufe durchschlägig. Auf der neunten Sohle wurde bereits 1976 eine Band- und Bunkeranlage in Betrieb genommen, die die vorhandene Wagenförderung ablöste. 1979 erfolgte der Durchschlag mit Nordstern (über Schacht 9 bzw. Emschermulde 2), und 1980 wurde beschlossen, einen Teil des Grubenfeldes an Ewald abzugeben (insgesamt 23 km^2, einschließlich des Teilfeldes Bismarck); die Kohlenförderung belief sich in diesem Jahr auf 3,55 Millionen Tonnen (5037 Beschäftigte). 1983 kam der Durchschlag mit dem Bergwerk Ewald. Die Übernahme eines Teilfeldes von Nordstern mit dem Schacht Emschermulde 2 erfolgte 1987. Dieser Schacht war in den Jahren 1973/75 bis zu einer Teufe von 1050 m niedergebracht worden und diente von Anfang an den Bergwerken Consolidation, Ewald und Nordstern als Abwetterschacht. Um in dem Teilfeld von

Gelsenkirchen-Buer: *Schacht 9 des Bergwerks* ***Hugo*** *– richtungweisende Zechenarchitektur der 1980er Jahre.*

Gelsenkirchen-Buer: Bergwerk Hugo (im Vordergrund rechts) mit Siedlung Schüngelberg (erster Bauabschnitt 1896-1919 im Vordergrund) und 1993-99 (zweiter Bauabschnitt im Hintergrund vor der Halde, die letzte in Deutschland errichtete Bergarbeitersiedlung) sowie (im Hintergrund) Halde Rungenberg der Zeche Hugo . Foto 1998.

Gelsenkirchen-Buer, Bergwerk Hugo: Halde Rungenberg, gestaltet von Rolf Keller, mit Licht-Installation von Hermann Esrichter und Klaus Noculak.

Nordstern (bzw. im Südfeld von Hugo) Abbau betreiben zu können, mußte auf der neunten Sohle der Wetteranschluß zum Schacht Emschermulde 2 hergestellt werden; dazu war der Schacht um 92 m tieferzuteufen. Die Teufarbeiten begannen im Dezember 1987, und 1988 hatte Emschermulde 2 die Endteufe (1 142 m) erreicht.

Das Bergwerk hatte 9 Schächte: Schacht 2 (Förderschacht, Gefäßförderung); Schacht 8 (Förder- und Seilfahrtschacht, Gestellförderung); Schacht 5 (Material- und Seilfahrtschacht); Schacht 1, Schacht 4, Schacht Nord und Emschermulde 2 (Wetterschächte); Schacht Ost (Wetter-, Seilfahrt- und Materialschacht); Schacht 9 (Frischwetterschacht). Teufen der Fördersohlen: 943 und 1 180 m. Die bisher höchste Förderung wurde 1980 mit 3,55 Millionen Tonnen erbracht (Fett- und Gaskohle).

1992 ging Schacht Emschermulde 2 an das Bergwerk Ewald/Schlägel & Eisen in Herten. Die Förderung betrug in diesem Jahr 2,74 Millionen Tonnen (4 138 Beschäftigte). Das folgende Jahr brachte den Verbund Hugo/Consolidation. S. Bergwerke Nordstern WO 48, Ewald WO 91 und Hugo/Consolidation WO 46/50.

1997 entstanden Pläne, auf Hugo ein Besucherbergwerk zu schaffen und damit das Ruhrgebiet um eine touristische Attraktion reicher zu machen. Eine kräftige Anschubfinanzierung durch das Land Nordrhein-Westfalen und finanzielle Vorleistungen der RAG standen in Aussicht, der langfristige tägliche Betrieb sollte jedoch Sache einer Privatfirma sein. Es fand sich schließlich ein amerikanischer Investor, der die zu erwartenden Kosten und Einnahmen einmal durchrechnete. Dabei stellte sich heraus, daß man zu lange auf schwarze Zahlen würde warten müssen und daß – z.B. in Verbindung mit der Wasserhaltung – zu große finanzielle Risiken blieben. Im Verlauf des Jahres 2001 gab man deshalb den Plan Besucherbergwerk Hugo wieder auf.

⚒ *Auch wenn es auf Hugo kein Besucherbergwerk geben wird, sollen große Teile der Schachtanlage 2/5/8 bestehen bleiben, sie wurden 2002 unter Denkmalschutz gestellt: das Fördergerüst über Schacht 2 mit Schachthalle, Maschinenhaus (1974) und Fördermaschine (1952), der Förderturm auf Schacht 8 mit Schachthalle, Hängebank, Wagenumlauf und Wipperanlage, Sieberei und Kohlenbunker (1961/62, Fritz Schupp) und schließlich Verwaltung, Lohnhalle, Waschkaue, Lampenstube und Gesundheitshaus, die ebenfalls nach Plänen von Schupp zwischen 1952 und 1955 errichtet wurden.*

Siedlung Schüngelberg: Die für die Arbeiter und Angestellten der Zeche gebaute Siedlung Schüngelberg erstrahlt etwa 100 Jahre nach Baubeginn (1897) in neuem Glanz. Als die Zeche Hugo 1878 die Förderung aufnahm, arbeiteten hier 96 Personen, drei Jahre später immerhin schon 435 und um die Jahrhundertwende dann mehr als 2 300. Dies führte zu reger Bautätigkeit, die bis in die Zeit des Ersten Weltkriegs anhielt. Die IBA Emscher Park sorgte für eine denkmalgerechte Erneuerung der über 300 erhaltenen Wohnungen und den Neubau weiterer 205 Mietwohnungen nach Plänen des Schweizer Archi-

tekten Rolf Keller. Das Regenwasser aus der Siedlung speist den an ihrem Westrand fließenden Lanferbach. Wege- und Blickachsen beziehen die ebenfalls westlich angrenzende Halde Rungenberg ein. Auch diesen „Hausberg“ des Stadtteils Buer gestaltete Rolf Keller. Im südöstlichem Teil der nicht begrünten Halde hat man aus schwarzem Bergematerial zwei Dreieckspyramiden aufgeschüttet und mit Stahlrohren bekrönt, die wie riesige Fernrohre in den Himmel ragen. Sie bergen in ihrem Inneren die Lichtinstallation „Nachtzeichen“ der Künstler Hermann Esrichter und Klaus Noculak. ⚒

Gelsenkirchen-Buer:
WO 46/50
Bergwerk Hugo/Consolidation

1993 wurde das Baufeld Nordstern des Verbundbergwerks Consolidation / Nordstern stillgelegt und Consolidation unterirdisch mit der Zeche Hugo verbunden. Fortan bestand das Verbundbergwerk Hugo / Consolidation. Das Grubenfeld maß 58,5 km^2. Im Baufeld Nord standen die Anlagen Hugo 2/5/8 (Förderanlage, Förderschächte waren 2 und 8), Hugo 1/4, Hugo 6 (Ost), Hugo 7 (Nord) und Emschermulde 2; im Baufeld Süd Consolidation 3/4/9 (bis zum Verbund Förderanlage), Consolidation 6 und 7 und Mathias Stinnes für die zentrale Wasserhaltung. Im Jahr des Verbunds stellte man die Förderung auf den Consolidation-Schächten ein und brachte die Kohle unter Tage nach Hugo. In diesem Jahr erreichte der Betrieb mit 4,12 Millionen Tonnen seine maximale Förderung (5 314 Beschäftigte). Die Schächte Nordstern 1/2, Nordstern 3, Pluto 2/3 und Unser Fritz 3 und 4 gingen noch 1993 außer Betrieb und wurden zumeist verfüllt; im Jahr darauf folgte Nordstern 4 und 1996 kam das Aus für das Baufeld Süd und die Verfüllung aller im Verbund verbliebenen Consolidation-Schächte. Die Förderung sank in diesem Jahr auf 1,69 Millionen Tonnen, die Beschäftigtenzahl auf 3 461. Im Sommer 1997 kam dann ein neuer Verbund: Ewald/Hugo. S. Bergwerk Ewald/ Hugo WO 91/46.

Gelsenkirchen-Buer:
WO 44
Zeche Scholven

Das Bergwerk wurde in den ersten Jahrzehnten Berlin genannt (zeitweise auch Zweckel / Scholven), von 1925 bis 1945 Steinkohlenbergwerk Zweckel. Die Verleihung der Felder Einig II bis IV und VIII erfolgte 1875. Diese Felder sind 1876 zum Grubenfeld Berlin konsolidiert worden.

Mit dem Schachtabteufen für die Doppelschachtanlage ist 1908 begonnen worden; 1911 ist die Förderung in Gang gekommen. Förderung 1913: 471 000 Tonnen (2 215 Beschäftigte). 1925 belief sich die Kohlenproduktion auf ca. 564 000 Tonnen (2 696 Beschäftigte). 1929 wurden die Schachtanlagen Zweckel und Scholven vereinigt, und die bis dahin auf Zweckel geförderte Kohle ist fortan durch die Zeche Scholven zu Tage gefördert worden. Der Zeche war eine Zentralkokerei angegliedert. Kohlenförderung 1930: 947 000 Tonnen (3 470 Beschäftigte). Die Kohle dieser Zeche wurde ab 1935 von der Hydrierwerk-Scholven AG eingesetzt, die als erstes Unternehmen des Ruhrbergbaus die Hochdruckhydrierung von Steinkohle nach dem IG-Bergius-Verfahren durchführte. Förderung 1935: 814 000 Tonnen (2 380 Beschäftigte). 1940 war die Produktion auf über eine Million Tonnen Kohle angestiegen (3 390 Beschäftigte). Die höchste Förderung ist 1943 mit über 1,2 Millionen Tonnen erbracht worden (5 290 Beschäftigte). 1944 erlitt das Bergwerk durch Bomben schwere Kriegsschäden, und 1945 sank die Produktion auf 182 000 Tonnen Kohle ab. Förderung 1950: 450 000 Tonnen. 1958 belief sich die Berechtsame der Zeche auf 20,7 km^2. Förderung 1960: 954 000 Tonnen (3 535 Beschäftigte). † 1963. S. Schachtanlage Zweckel.

Gelsenkirchen-Buer:
WO 47 20 237f.
Bergwerk Westerholt (RAG)

1882 erfolgte die Teilung der Berechtsame Bergmannsglück in Bergmannsglück-West (6,7 km^2) und Bergmannsglück-Ost (9,5 km^2). Aus Bergmannsglück-Ost entwickelte sich später Westerholt. Diese Zeche bildete zusammen mit Bergmannsglück von 1909 bis 1925 die *Berginspektion 3* in Buer und ab 1925 bis 1945 das *Steinkohlenbergwerk* Buer. Das Abteufen der Doppelschachtanlage wurde 1907 begonnen. 1910 war die Förderaufnahme. 1912 begann der Bau einer Kokerei. Förderung 1913: 804 000 Tonnen (3 230 Beschäftigte). 1925 lag die Förderung bei 881 000 Tonnen (4 165 Beschäftigte) und 1930 bereits bei ca. 953 000 Tonnen (3 030 Beschäftigte). Förderung 1940: 1,17 Millionen Tonnen (3 375 Beschäftigte). 1942 ist im Grubenfeld des Bergwerks ein Schacht abgeteuft worden, der als Zentralförderschacht vorgesehen war (Polsum 1). Der Schacht erreichte 1944 bei 520 m Teufe das Steinkohlengebirge.

1945 erlitt die Zeche schwere Kriegsschäden; das Fördergerüst über Schacht 2 wurde als einziges im Ruhrgebiet durch Bomben zerstört. Die Förderung sank auf ca. 254 000 Tonnen ab (2 800 Beschäftigte). 1947 erfolgte der Durchschlag des Wetterschachtes Polsum 1 mit Bergmannsglück, 1948 der mit den Schächten 1 und 2. Förderung 1950: über eine Million Tonnen (3 847 Beschäftigte). 1956 begann das Teufen des Zentralförderschachtes 3 (neben 1/2). Förderung 1959: 1,13 Millionen Tonnen (3 842 Beschäftigte).

1960 kam es zum Zusammenschluß mit der Zeche Bergmannsglück. Die Förderung des Verbundbergwerks stieg schnell auf 10 000 bis 12 000 Tonnen pro Tag (Förderung der beiden Einzelzechen: zusammen 8 000 Tonnen täglich). Insgesamt stehen im Grubenfeld des Bergwerks bis zu einer Teufe von 1 200 m gewinnbare

Gelsenkirchen-Buer: Bergwerk Westerholt. Aufnahme vor 1959. Die Seilschlitze des Maschinenhauses (rechts) sind fensterartig kaschiert.

Gelsenkirchen-Buer: Bergwerk Westerholt. Mit dem Abteufen wurde 1907 begonnen; Förderaufnahme: 1910. Unser Luftbild von 1975 zeigt die klare und einheitliche architektonische Durchbildung der Übertagebauten der Schächte 1 und 2 (Bildmitte rechts). Am oberen Bildrand (Mitte) der geschlossene Förderturm des Zentralförderschachtes 3.

Kohlenvorräte von 250 Millionen Tonnen an (je zur Hälfte Kraftwerks- und Kokskohle). Bei einer Tagesförderung von 10000 Tonnen entspricht dies einer Lebensdauer des Bergwerks von hundert Jahren.

Das Bergwerk hat 6 Schächte: Schacht 1 (Seilfahrtschacht, Gestellförderung), Schacht 2 (Seilfahrt- und Wetterschacht, Gestellförderung); Schacht 3 (Zentralförderschacht, Gestellförderung); im Feld Polsum: Schacht 1 (Seilfahrtschacht, Gestellförderung, Selbstfahr-Seilfahrtanlage); Schacht 2 (Wetterschacht mit Befahrungsanlage); Schacht Altendorf (Befahrungseinrichtung). Teufe der Hauptfördersohlen: 875 und 906 m. Die bisher höchste Förderung wurde 1990 mit 2,47 Millionen Tonnen erbracht (Flamm-, Gasflamm-, Gas-, Eß- und Fettkohle; 3644 Beschäftigte). Nachdem 1997 mit 2856 Beschäftigten noch 2,24 Millionen Tonnen Kohle gefördert worden waren, ging Westerholt 1998 zusammen mit Fürst Leopold/ Wulfen im Bergwerk Lippe auf. S. Zeche Bergmannsglück WO 45 und Bergwerk Lippe WO 41/47.

⚒ *Aus der Anfangszeit des Bergwerks Westerholt (Förderbeginn 1910) sind zahlreiche Gebäude erhalten. Repräsentative, rote Backsteinbauten gruppieren sich um einen Ehrenhof. Die geschweiften Giebel sind durch weiß abgesetzte Gesimse betont, ebenso die Fensterlaibungen. Die klare Gliederung der ursprünglichen Anlage blieb durch alle ergänzende Bautätigkeit hindurch bestehen.*

Wohnsiedlungen: Für seine Kriegsschiffe und Eisenbahnen brauchte auch der preußische Staat große Mengen Kohle. Um dem Preisdiktat des Kohlensyndikats zu entgehen, gründete er eigene Bergwerke. Drei davon lagen in Gelsenkirchen: die Zechen Bergmannsglück, Scholven und Westerholt (angelegt zwischen 1903 und 1911). Die Unterbringung seiner Bergarbeiter ließ Preußen sich etwas kosten. Im Stadtteil Hassel baute man von 1903 bis 1922 4000 Wohnungen in vorbildlichen Gartenstadtsiedlungen. ⚒

Gelsenkirchen-Heßler:
WO 49 109 239
Zeche Wilhelmine Victoria

Die Gewerkschaft Wilhelmine Victoria ist 1857 als Bergbau-Aktiengesellschaft gegründet worden. In den wirtschaftlich schlechten Jahren nach dem Deutsch-Französischen Krieg wurde 1878 die Aktiengesellschaft liquidiert und ihre Umwandlung in eine Gewerkschaft beschlossen.

Mit den Abteufarbeiten für Schacht 1 war schon 1856 begonnen worden; 1863 wurde die Förderung aufgenommen. Das Teufen des Schachtes 2 begann 1872. Er erreichte 1876 bei 160 m das Karbon, und

1877 erfolgte der Durchschlag der beiden Schächte. Förderung 1877: 190000 Tonnen. Förderung 1880: 186000 Tonnen (621 Beschäftigte); bis 1886 stieg sie auf 280000 Tonnen. Das Teufen des Schachtes 3 begann 1888. Er kam 1892 in Förderung. Mit dem Abteufen des Schachtes 4 wurde 1898 begonnen (neben Schacht 1); er kam 1900 in Betrieb; die Förderung belief sich in diesem Jahr auf 704000 Tonnen (2302 Beschäftigte). Förderung 1913: 667000 Tonnen (1922 Beschäftigte). Die höchste Förderung ist 1926 mit 842000 Tonnen erbracht worden (2654 Beschäftigte). 1932 wurde die Anlage 2/3 total stillgelegt. Sie ging 1935 erneut in Betrieb (Außenanlage). Im März 1945 wurden die Tagesanlagen 1/4 durch einen Bombenangriff zerstört; die Wiederinbetriebnahme erfolgte im September. Förderung 1945: 111000 Tonnen (1547 Beschäftigte). 1950 wurden die Schächte 1 und 3 tiefergeteuft; die Kohlenförderung erreichte in diesem Jahr fast 586000 Tonnen (2660 Beschäftigte). Kohlenproduktion 1955: 595000 Tonnen (2990 Beschäftigte). Förderung 1959: 653000 Tonnen (1935 Beschäftigte). † 1960. Das gesamte Grubenfeld mit den Schächten 1/4 und 2/3 kam zu Fritz-Heinrich. S. Zeche Fritz-Heinrich WO 24. – Ab 1980 erfolgte zunächst der weitere Abbau des Wilhelmine-Victoria-Feldes durch Nordstern, Zollverein und dann durch Consolidation.

⚒ *An der Abfahrt Schalke des Emscherschnellweges standen im rechten Winkel zueinander die beiden Fördergerüste der Schachtanlage Wilhelmine Victoria 1/4. Sie galten als auffälliges Orientierungsmerkmal und waren Symbol für den Stadtteil Heßler. 1985 wurde das Gerüst über Schacht 4 abgebrochen. Für das Gerüst von Schacht 1 interessierte sich rechtzeitig das Westfälische Industriemuseum. Es handelt sich um ein deutsches Strebengerüst von 1906, das sich zur Komplettierung der Zeche Zollern 2/4 eignete. Nach seiner Translozierung wird an dieser Stelle der Verlust deutlich, den das Ruhrgebiet durch den Abbruch seiner Bergbaudokumente erleidet. Denn die Translozierung gilt im allgemeinen nicht als geeignetes Mittel zur Erhaltung von Baudenkmälern, da der historische Standort eines Objekts unmittelbar mit seinem Dokumentationswert (und damit seiner Denkmalbedeutung) verknüpft ist.*

Siedlung Klapheckenhof: Neben der Siedlung Flöz Dickebank gehört Klapheckenhof zu Gelsenkirchens ältesten Arbeitersiedlungen. 1873 begann die Bergbau AG Wilhelmine Victoria mit dem Bau; 1885 kamen am Gravenhof weitere Häuser dazu. Alle Häuser fassen vier Wohnungen im Kreuzgrundriß zusammen. Auf eineinhalb Geschossen stehen jeweils 65 qm zur Verfügung. Gerade Reihen, meist gleiche Abstände und eine gleichförmige, symmetrische Fassadengliederung vermitteln den Eindruck großer Regelmäßigkeit. Vielleicht blieb deshalb das Gesamtbild der Siedlung erhalten, obgleich die Modernisierung der meisten Häuser in Eigeninitiative erfolgte. ⚒

***Gelsenkirchen-Heßler: Zeche Wilhelmine Victoria**, Schächte 1 und 4 (rechts) jahrzehntelang Symbol für den Stadtteil Heßler.*

Gelsenkirchen-Horst: WO 48 — 239f.
Bergwerk Nordstern (RAG)

Die Anfänge dieser Zeche reichen bis in die Mitte des 19. Jahrhunderts zurück. Der Kaufmann Theodor Wagner und der Gastwirt Wilhelm Bockamp aus Essen stießen 1855 in der Horster Mark mit fünf Bohrungen auf das Steinkohlengebirge. 1857 begannen die Abteufarbeiten für Schacht 1. Der Ansatzpunkt dieses Schachtes lag etwa 140 m nordöstlich des heutigen Schachtes 1. Damit wurde zum ersten Mal ein Schacht nördlich der Emscher abgeteuft, und der Ruhrbergbau hielt seinen Einzug in das Regalgebiet des Herzogs von Arenberg.

Starke Wasserzuflüsse zwangen bereits bei einer Teufe von elf Metern zur Aufgabe des Schachtes. Ende Februar 1858 begannen die Teufarbeiten erneut; sie stießen auf mancherlei Schwierigkeiten, und wiederholt mußte das Abteufen unterbrochen werden. Erhebliche finanzielle Behinderungen kamen hinzu. 1859 verlieh die Bergbehörde die Felder Blücher I und V an Wagner und Bockamp. Erst 1865, nachdem Friedrich Grillo (der auch die Entwicklung anderer Gelsenkirchener Zechen maßgeblich beeinflußt hat) den gesamten Bergwerksbesitz der Zeche in eine Gewerkschaft eingebracht hatte, konnten die Abteufarbeiten zügig zu Ende geführt werden. Der Name des Schachtes (Blücher) wurde in Nordstern umgewandelt, um zum Ausdruck zu bringen, daß es sich um die damals im äußersten Norden des Reviers gelegene Zeche handelte.

1868 ist die Kohlenförderung aufgenommen worden; sie betrug 1870 ca. 54000 Tonnen (405 Beschäftigte). Zehn Jahre später wurden mit 440 Beschäftigten über 137000 Tonnen Kohle gefördert. 1883 umfaßte die Berechtsame des Bergwerks 7,8 km^2, und 1886 erfolgte der Durchschlag mit Mathias Stinnes. 1889 ist die erste Kettenstreckenförderung des Ruhrreviers eingerichtet worden. 1890 begannen die Arbeiten für das Abteufen des Schachtes 2; er stieß 1892 auf das Steinkohlengebirge (bei 207 m Teufe) und kam 1894 in Betrieb. Kohlenförderung 1895: 229000 Tonnen (815 Beschäftigte). Schacht 1 wurde 1896 Wetterschacht, und 1899 begann das Teufen des Schachtes 3; er stieß 1900 bei 200 m Teufe auf das Karbon. Förderung 1900: ca. 647000 Tonnen (2245 Beschäftigte). Schacht 3 hat 1901 die Förderung aufgenommen. Förderung 1905: 686000 Tonnen (2565 Beschäftigte). Das Teufen des Wetterschachtes 4 begann 1910 (neben Schacht 3); die Kohlenförderung betrug in diesem Jahr über eine Million Tonnen (3945 Beschäftigte). 1913 wurde der Durchschlag

Gelsenkirchen-Horst: Bergwerk Nordstern. 1857 ist zum erstenmal ein Schacht nördlich der Emscher abgeteuft worden; das Bergwerk brachte ab 1987 seine Produktion über den Zentralförderschacht 3 des Bergwerks Consolidation zu Tage. Unser Foto (von 1971): Bildmitte (oben) geschlossener Förderturm über Schacht 2, links daneben: Vollwandstrebengerüst über Schacht 1.

Gelsenkirchen-Horst, ***Berwerk Nordstern:*** *links Förderturm über Schacht 2 (Entwurf Fritz Schupp, 1951) und Fördergerüst Schacht 1 von 1938 (rechts). Aufnahme vor 1959. Beide stehen heute unter Denkmalschutz.*

zwischen den Anlagen 1/2 und 3/4 hergestellt; die Förderung der Zeche war auf 1,29 Millionen Tonnen angestiegen (4695 Beschäftigte). 1918 ereignete sich auf der Anlage 1/2 eine Schlagwetterexplosion (fünf Todesopfer). Förderung 1920: 810000 Tonnen (4290 Beschäftigte). Mitte 1925 mußten die Förderanlagen 1/2 und 3/4 infolge Absatzmangels vorübergehend stillgelegt werden. 1926 ist der Betrieb auf der Anlage 1/2 wieder aufgenommen worden; 3/4 kam zu 1/2. Förderung 1930: 593000 Tonnen (1410 Beschäftigte) Die Schachtanlage 3/4 kam erst 1937 als Lieferant von Hydrierkohle für die Gelsenberg-Benzin AG wieder voll in Betrieb. Auf der Anlage 1/2 ereignete sich 1937 eine Schlagwetterexplosion, die sieben Todesopfer forderte. Förderung 1940: 1,02 Millionen Tonnen (4180 Beschäftigte).

Ende des Zweiten Weltkrieges sind die Anlagen des Bergwerks durch Luftangriffe stark in Mitleidenschaft gezogen worden; die Anlage 3/4 mußte bereits 1944 stillgelegt werden, Anfang 1945 folgte die Schachtanlage 1/2. Gesamtförderung 1945: 68000 Tonnen (2730 Beschäftigte). Die Förderung auf der Anlage 3/4 kam in begrenztem Umfang erst 1948 wieder in Gang. 1955 ereignete sich eine Schlagwetterexplosion, die vierzehn Todesopfer forderte; die Kohlenförderung betrug in diesem Jahr 1,19 Millionen Tonnen (4390 Beschäftigte). 1956 ist die Förderung auf der Anlage 3/4 eingestellt worden; die hereingewonnene Kohle ging fortan unter Tage nach 1/2 und wurde dort zu Tage gehoben. 1961 erfolgte die Anpachtung eines Feldesteiles der stillgelegten Zeche Wilhelmine Victoria, und 1965 betrug die Förderung 1,37 Millionen Tonnen (3360 Beschäftigte). Nach Gründung der Ruhrkohle AG wurden der Zeche Teile der Grubenfelder der Zeche Hugo und der ehemaligen Zeche Graf Bismarck mit bauwürdigen Kohlenvorräten von 30 Millionen Tonnen zugeteilt. Förderung 1970: 1,31 Millionen Tonnen (2665 Beschäftigte). 1973 begann das Teufen des Wetterschachtes Emschermulde 2 als Wetterschacht für Nordstern, Consolidation und Hugo; er erreichte 1974 die Endteufe (1090 m). Förderung 1975: 1,64 Millionen Tonnen (3300 Beschäftigte). 1980 kam der Durchschlag mit Consolidation (über Emschermulde 2), und der Schacht ging als Zentralwetterschacht in Betrieb. Kohlenförderung 1980: 1,86 Millionen Tonnen (3210 Beschäftigte). 1981 wurde das Ostfeld von Mathias Stinnes (mit Schacht 5) übernommen; das Baufeld des Bergwerks erweiterte sich damit auf 8,6 km². Die höchste Förderung ist 1981 mit 1,94 Millionen Tonnen erbracht worden (Gas- und Fettkohle). 1983 erfolgte die Anbindung des Essener Bergwerks Zollverein zum Bergwerk Nordstern / Zollverein. Die gesamte Förderung des Verbundbergwerks wurde ab 1. September 1983 auf Schacht 12 Zollverein zu Tage gebracht. Zwischen den beiden bis Ende 1982 selbständigen Bergwerken war eine 4,8 km lange Verbindungsstrecke aufgefahren worden. Im Baufeld Nordstern des Verbundbergwerks standen die Schächte 1, 2, 3 und 4 sowie der Schacht Emschermulde 2. Teufe der Hauptfördersohle: 1040 m.

1984 begann die Auffahrung einer (1150 m langen) Verbindungsstrecke von der zwölften Sohle Nordstern (1050 m Teufe) zur zehnten Sohle Consolidation (1100 m Teufe). 1987 ist ein Teilfeld (mit dem Schacht Emschermulde 2) an Hugo abgegeben worden, und von diesem Jahr an kam die Förderung des Grubenfeldes Nordstern über den Zentralförderschacht 3 Consolidation zu Tage, dessen Förderturm an der Bismarckstraße in Gelsenkirchen mit 87 m als der höchste in Europa gilt. Ab 1988 bildeten die beiden Bergwerke dann den Verbund Consolidation / Nordstern. S. Zechen Mathias Stinnes WO 23, Zollverein WO 29, Wilhelmine Victoria WO 49, Consolidation WO 50 und Nordstern / Zollverein.

⚒ *1951 wurde über Schacht 2 ein Förderturm errichtet, der als bedeutendes Dokument der Nachkriegsbauten des bekannten Industriearchitekten Fritz Schupp (Essen) gilt. Seit der Planung der Zeche Zollverein bemühte sich Schupp um die gestalterische Einheit aller betrieblichen Gebäude; die Fördereinrichtung einer Zeche sollte aus der Masse der übrigen kubischen Baukörper hervorragen. Das ist bei Nordstern ideal gelungen.*

Der Förderturm mit elektrischer Maschine über Schacht 2, Werkstattbauten (1926) und das Fördergerüst über Schacht 1 (1938) mit Wagenumlauf und Sieberei (vgl. Abb. S. 239) sind 1995 unter Denkmalschutz gestellt worden. Heute sind diese Bauwerke markante Blickpunkte im Nordsternpark, der seine Entstehung der Bundesgartenschau 1997 verdankt. Im Anschluß daran entstanden in den alten und in einigen neu errichteten Bauten Büros, Gewerberäume und Wohnungen. Die Anlage Emschermulde 2 wurde 2002 abgebrochen. ⚒

Gelsenkirchen-Beckhausen: ***Der Schacht Emschermulde 2****, 1973/74 abgeteuft, war Stützpunkt für die Wetterführung der Bergwerke Hugo, Nordstern und Consolidation (links das Gebäude der Gasabsauganlage). Abgebrochen 2002.*

Gelsenkirchen-Horst:
Bergwerk Nordstern / Zollverein

Von 1983 bis Ende 1986 war der Sitz des Bergwerks Gelsenkirchen-Horst. Im Baufeld Nordstern (Teufe der Hauptfördersohle: 1 040 m) standen die Schächte 1 (Seilfahrt- und Materialschacht), 2 (Förder- und Wetterschacht), 3 (Förderschacht), 4 (Wetterschacht) sowie Emschermulde 2 (Wetterschacht); im Baufeld Zollverein (Teufe der Hauptfördersohle: 1 000 m): Zollverein 12 (zentraler Hauptförderschacht des Verbundbergwerks), Zollverein 2 und 10 (Seilfahrt- und Materialschächte), Zollverein 8 und 11 (Wetterschächte, Befahrungsanlagen). S. Bergwerke Zollverein WO 29, Nordstern WO 48 und Consolidation WO 50.

Gelsenkirchen-Resse:

s. Gelsenkirchen-Bismarck, Zeche Graf Bismarck, Schachtanlage 7/8 und Herten, Bergwerk Ewald, Schächte 3/4.

Gelsenkirchen-Rotthausen:
WO 51 241
Steinkohlenbergwerk Dahlbusch

Das Grubenfeld dieser Zeche ging auf die in Gelsenkirchen gelegenen Mutungsfelder Eigen, Eigen II, König Leopold und Königin von England zurück, für die 1845 bis 1847 dem Gutsbesitzer Wilhelm Eigen (Haus Eigen bei Werden), dem Essener Gutsbesitzer Georg Friedrich Wülbern und dem Essener Bohrmeister Franz Homey Schürfscheine erteilt worden sind. Homey hatte schon vor dem Fündigwerden seine Rechte auf den Gutsbesitzer Ludwig Teinturier (Brüssel) übertragen, während Wilhelm Eigen ein Mutungsfeld dem Bergamtsassessor Heinrich Thies (Essen) überließ. Thies (1808 - 1870) war von 1855 bis zu seinem Tode Vorsitzender des Aufsichtsrats der Bergbau-Gesellschaft Neu-Essen, bei deren Gründung er die treibende Kraft gewesen ist; an ihn erinnert seit 1915 die Thiesstraße in Altenessen.

Das ausländische Kapital interessierte sich damals lebhaft für das neu aufgeschlossene Kohlengebiet der Emschermulde. 1847 wurde beschlossen, die Sociétée Anglo-Belge des Mines du Rhin zu bilden. 1848 begann das Abteufen des Schachtes König Leopold (später Schacht 1). Bei Ausbruch der politischen Unruhen weigerte sich ein Teil der ausländischen Gründer der Gesellschaft, die auf ihren Aktienanteil entfallenden Beträge einzuzahlen. Die Gesellschaft geriet dadurch in so große Geldschwierigkeiten, daß sie sich genötigt sah, das Abteufen des Schachtes einzustellen. Der Tatkraft des belgischen Bergingenieurs Joseph Chaudron (1822 - 1905, Aufsichtsratsvorsitzender der Bergwerksgesellschaft Dahlbusch von 1873 bis 1905) war es zu danken, daß die Gesellschaft weitergeführt wurde. Er hat sich auch um die Entwicklung der Zeche beim Abteufen der Schächte 1, 2, 3 und 4, das nach dem Kind-Chaudron-Schachtbohrverfahren erfolgte, verdient gemacht.

Gelsenkirchen-Rotthausen: *Steinkohlenbergwerk* ***Dahlbusch***. *Bei dem Abteufen des Schachtes 1 wurde zum erstenmal im Ruhrgebiet das Kind-Chaudron-Schachtbohrverfahren angewendet, das auf Dahlbusch entwickelt worden war. † 1966.*

1852 sind die Abteufarbeiten für den ersten Schacht wieder aufgenommen worden. Es wurde statt des bis dahin üblichen Abteufens von Hand für das Niederbringen des Schachtes durch die stark wasserführenden Mergelschichten zum ersten Mal im Ruhrgebiet das neue Bohrverfahren angewendet. 1867 wurde mit dem Abbohren eines Wetterschachtes begonnen. 1868 begann das Abbohren des Schachtes 2, der 1870 in Förderung kam (er ist 1930 verfüllt worden). Die Schächte 3 und 4 wurden 1874 abgebohrt (Schacht 3 ist 1929, Schacht 4 erst 1933 verfüllt worden). Der Schacht 5 wurde 1890 abgeteuft (1934 wieder verfüllt). In diesem Jahr betrug die Förderung der Zeche ca. 880 000 Tonnen (2 225 Beschäftigte). Mit dem Abteufen des Schachtes 6 ist 1895 begonnen worden; er kam 1899 in Förderung.

1900 wurde auf der Schachtanlage 5 eine Kokerei errichtet (bis 1919 in Betrieb, dann abgebrochen). Wenige Jahre später ist auch auf Dahlbusch 3/6 eine Kokerei in Betrieb genommen worden. 1903 überschritt die Förderung der Zeche zum ersten Mal eine Million Tonnen; Kokserzeugung: 86 000 Tonnen. 1912 ist in der Mitte des Grubenfeldes nahe dem Schacht 1 zur Verbesserung der Wetterführung beim Abbau der durch Schlagwetter stark gefährdeten Fettkohlenflöze mit dem Abteufen des Wetterschachtes Berger (benannt nach dem Vorsitzenden des Aufsichtsrats der Gesellschaft, Joseph Berger) begonnen worden. 1914 wurde dieser Zentralwetterschacht in Betrieb genommen. Schacht 8 wurde 1914 abgeteuft und 1916 fertiggestellt. 1918 waren bei einer Schlagwetterexplosion fünf Todesopfer zu beklagen. 1920 bestanden die Anlagen: Schacht 1, Wetterschacht Berger (7), 2/5/8 und 3/4/6; gefördert wurden 851 000 Tonnen Kohle (4 250 Beschäftigte). 1924 wurde Schacht 8 Zentralförderschacht, und 1925 ist die Förderung in Schacht 2 eingestellt worden; sie belief sich in diesem Jahr auf 1,04 Millionen Tonnen (4 375 Beschäftigte). Die Schächte 1 und 3 wurden 1926 stillgelegt; Schacht 1 ist 1927 verfüllt worden. Seit 1928 ist die gesamte Förderung der Zeche auf Schacht 8 zu Tage gehoben worden.

1929 wurde Schacht 3 verfüllt; die Förderung auf 4/6 ist eingestellt worden. Das Baufeld kam zur Anlage 2/5/8. Die Verfüllung von Schacht 2 erfolgte 1930; in diesem Jahr betrug die Kohlenförderung ca. 912 000 Tonnen (4 325 Beschäftigte). 1933 wurde Schacht 4 verfüllt und 1935 Schacht 5. In diesem Jahr erreichte die Kohlenförderung ca. 843 000 Tonnen (2 815 Beschäftigte). 1936 waren die Schächte 8 (Nordfeld), 6 (Seilfahrtschacht im Südfeld) und der Wetterschacht Berger in Betrieb. Förderung 1940: 1,08 Millionen Tonnen (3 285 Beschäftigte). 1943 ereignete sich im Ostfeld eine Schlagwetter/Kohlenstaubexplosion, bei der 34 Todesopfer zu beklagen waren.

Gegen Ende des Zweiten Weltkrieges wurde die Zeche durch Luftangriffe schwer getroffen. Auf der Schachtanlage 6 ist die südliche Fördermaschine durch Bombenvolltreffer zerstört worden. Die Maschinenzentrale des Schachtes 8 erhielt zwei Bombentreffer. Mitte 1945 konnte die Förderung in kleinem Umfang wieder anlaufen. Nachdem sie 1949 fast eine Million Tonnen erreicht hatte, ereignete sich 1950 eine Schlagwetter- und Kohlenstaubexplosion, die achtundsiebzig Todesopfer forderte. Das ganze Westfeld der Zeche mußte aufgegeben und abgedämmt werden. Die Aufwältigungsarbeiten begannen

1951 und waren 1955 weitgehend abgeschlossen, als ein ausgedehnter Grubenbrand ausbrach, mit nachfolgender Schlagwetterexplosion; es waren 42 Todesopfer zu beklagen.

Glücklicher verlief ein Unfall, den drei Arbeiter am 7. Mai des gleichen Jahres erlitten. Beim Herstellen eines Abhauens zwischen der zehnten und elften Sohle wurden sie durch das Zubrechen eines Blindschachts im Bergwerk eingeschlossen; sie konnten ihren Arbeitsplatz nach keiner Richtung mehr verlassen. Zwei Tage später konnte man immerhin ein enges Bohrloch herstellen und die Eingeschlossenen dadurch mit Atemluft und Nahrung versorgen. Für ihre endgültige Rettung hatte der damalige Direktor von Dahlbusch die Idee, die drei Arbeiter, verpackt in einen engen Stahlblechbehälter, durch ein größeres Loch in die Freiheit zu ziehen. Die Schlosser des Bergwerks bauten einen geeignet erscheinenden Behälter, die „Dahlbusch-Bombe", und weil inzwischen niemand eine bessere Idee hatte, wagte man am 12. Mai schließlich deren Einsatz. Von der tieferen Sohle aus bohrte man ein etwa 40 cm großes Loch zu den eingeschlossenen Bergleuten hinauf und zog sie, in die Bombe gestellt, aus ihrem Gefängnis. Die Dahlbusch-Bombe ist heute eine der Attraktionen im Anschauungsbergwerk des Deutschen Bergbau-Museums.

Als im Oktober 1963 auf einem Erzbergwerk in Lengede (Salzgitter) Bergleute eingeschlossen wurden, griff man auf die Arbeit der Dahlbusch-Kollegen zurück. Mit einer Rettungsbombe ganz ähnlich der ihren wurden nach zwei Wochen unterirdischer Gefangenschaft elf Menschen gerettet und das „Wunder von Lengede" vollbracht.

Kohlenförderung 1960: 915 000 Tonnen (3 345 Beschäftigte). Förderung 1964: eine Million Tonnen. † 1966. Die Schächte wurden verfüllt, die Tagesanlagen weitgehend abgebrochen.

Gelsenkirchen-Schalke:
WO 50 46 47 56 242
Bergwerk Consolidation

Das Bergwerk reicht mit seinen Anfängen bis in die Mitte des 19. Jahrhunderts zurück. Die Mutungsbohrungen begannen 1848. 1854 wurde bei etwa 170 m Teufe ein Kohlenflöz angebohrt, und 1855/58 sind die Felder Consolidation I, II, IV, V und VIII verliehen worden. Am 11. August 1863 vereinigten sieben Einzelgewerkschaften ihre im Raum Gelsenkirchen liegenden Grubenfelder unter dem Namen Consolidation. Erster Repräsentant der *Gewerkschaft Steinkohlenbergwerke Consolidation* war der Essener Kaufmann Henrich Friedrich (Fritz) Theodor Ernst Grillo (1825 - 1888). Dieser Pionier des Ruhrbergbaus (an ihn erinnert seit 1892 im Essener Nordviertel die Grillostraße) gründete auch Eisenwerke und andere Unternehmungen im Gelsenkirchener Raum (Elektroblechwalzwerk Grillo Funke, Schalker Verein der Thyssen Guß AG), die heute noch Bedeutung haben; schon in der Mitte der 1850er Jahre war er als Mitbegründer oder Gewerke an über zwanzig bergbaulichen Gewerkschaften beteiligt. Friedrich Grillo war ferner Gründungsmitglied der Gelsenkirchener Bergwerks AG, der Dortmunder Union, der Essener Creditanstalt und des Bergbauvereins.

Gelsenkirchen-Bismarck, Bergwerk Consolidation: *links Schacht 4; rechts: der Malakoff mit Fördergerüst über Schacht 3 wurde zwischen 1959 und 1980 durch einen Förderturm ersetzt (vgl. Abb. S. 56 und rechts). Aufnahme vor 1959.*

Das Abteufen des Schachtes 1 (Gertrud) begann 1863 am späteren Schalker Markt. Bis dahin war Schalke von der sich stürmisch nach Norden ausbreitenden Industrie unberührt geblieben. Das änderte sich vehement mit dem Abteufen dieser Zeche, die bald im Volksmund (bis heute) kurz „Consol" genannt wurde. Der Schacht 1 ging 1866 in Betrieb.

1869 wurde mit dem Abeufen des Schachtes 2 (Wilhelmine) begonnen (Gelsenkirchen-Bismarck), der 1871 in einer Zeit der Hochkonjunktur die Förderung aufnahm. Noch im selben Jahr begann das Abteufen des Schachtes 3 (Minna, ebenfalls in Bismarck, östliches Grubenfeld), der 1872 bei 161 m das Steinkohlengebirge erreichte und 1873 in Betrieb kam, als die Wirtschaftskrise der 1870er und achtziger Jahre einsetzte. Kohlenförderung 1873: 366 000 Tonnen (2 060 Beschäftigte). Ein vierter Schacht wurde 1874 abgeteuft und kam 1875 in Betrieb.

Mit der Errichtung dieser Zeche setzte in den darauffolgenden zehn Jahren eine explosionsartige Industrialisierung auf engstem Raum ein; damit verbunden war eine stürmische Bevölkerungs- und Stadtentwicklung, die extremer nur noch in

Gelsenkirchen-Bismarck, Bergwerk Consolidation *(Sitz: GE-Schalke): Der einzigartige Betonförderturm mit halboffen liegenden Seilscheiben über Schacht 4 von 1958 steht unter Denkmalschutz (vgl. Abb. links u. S. 56).*

Hamborn zu registrieren gewesen ist, und von 1872 bis 1876 war Consolidation die größte Zeche an der Ruhr. Förderung 1880: 529 000 Tonnen (1 790 Beschäftigte). Sie stieg bis 1885 auf über 709 000 Tonnen (2 375 Beschäftigte). 1886 ereignete sich eine schwere Kohlenstaubexplosion, die 56 Todesopfer forderte. 1890 belief sich die Kohlenförderung auf fast 949 000 Tonnen (2 905 Beschäftigte). In diesem Jahr wurde die erste mechanische Streckenseilförderung im Oberbergamtsbezirk eingerich-

Gelsenkirchen-Schalke: Bergwerk Consolidation. *Das Foto von 1975 zeigt links das Vollwandstrebengerüst über Schacht 6 (Materialschacht). Rechts: Bergebunker mit Schrägaufzug. Inzwischen abgebrochen.*

tet, und 1893 begann das Teufen des Schachtes 4 (Fritz, neben Schacht 3; der Wetterschacht 4 wurde Schacht 5).

Nach seiner Vollendung wurden 1897 der Schacht 6 (1899 in Betrieb gegangen) und 1902 der Schacht 7 abgeteuft, der 1906 fertiggestellt war.

In diesem Jahr begann das Abteufen von Schacht 8 als Wetterschacht in Gelsenkirchen-Feldmark. Er erhielt den Namen Oberschuir (nach dem langjährigen Betriebsdirektor Johann Oberschuir). Über dem Schacht wurde 1907 ein zweigeschossiges Koepe-Strebengerüst errichtet. 1908/09 entstanden die Tagesbauten in einer markanten Architektur des späten Jugendstils. Förderung 1910: 1,66 Millionen Tonnen (6750 Beschäftigte). 1913 hatte die Kohlenförderung 1,96 Millionen Tonnen erreicht (7020 Beschäftigte).

1915 begann das Teufen des Hauptförderschachtes 9 (neben 3/4); das Abteufen mußte 1917 wegen des Weltkrieges eingestellt werden. Nach dem Ersten Weltkrieg ist der moderne Förderschacht 9 vollendet worden. Das über dem Schacht 9 stehende Doppelstrebengerüst stammt von 1922. Es ist eine Konstruktion mit übereinanderliegenden Seilscheiben und Koepe-Förderung (das letzte erhaltene Gerüst dieser Art im Ruhrgebiet).

Der Erste Weltkrieg brachte stürmischere Entwicklungen für das Bergwerk als die Jahre des Auf- und Ausbaus. Ihren Höhepunkt fand die unruhige Nachkriegszeit mit der Besetzung des Ruhrgebiets durch die Franzosen und Belgier. 1923 kam der Verbund mit Unser Fritz (beide Zechen blieben zunächst selbständig). 1925 betrug die Kohlenförderung 1,86 Millionen Tonnen (8650 Beschäftigte). Durch die Übernahme der stillgelegten Zeche Unser Fritz stieg die Berechtsame des Bergwerks auf 12,9 km². Förderung 1930: 2,19 Millionen Tonnen (6375 Beschäftigte). 1933 wurden die letzten Grubenpferde abgeschafft. Förderung 1935: 2,23 Millionen Tonnen (5356 Beschäftigte). 1936 sind Abbau und Förderung im Feld Unser Fritz wieder aufgenommen worden. Förderung 1940: 2,57 Millionen Tonnen (8100 Beschäftigte). 1942 erfolgte die Anpachtung eines Feldesteiles der stillgelegten Zeche Hibernia.

Der Zweite Weltkrieg führte zu einer völligen Zerstörung der Anlage Consolidation 1/6. Nach vierjähriger Bauzeit hat sie 1949 die Seilfahrt wieder aufgenommen. Die Schachtanlage Consolidation 3/4/9 blieb unversehrt und konnte bei Kriegsende sofort wieder in Förderung gehen. Förderung 1950: 1,62 Millionen Tonnen (7440 Beschäftigte); bis 1955 stieg die Produktion auf 2,25 Millionen Tonnen Kohle (8185 Beschäftigte). Über Schacht 4 ist 1958 ein neuer Förderturm errichtet worden, der einzige Betonförderturm mit offenliegenden Seilscheiben, der je gebaut worden ist. Förderung 1960: 2,27 Millionen Tonnen (6915 Beschäftigte). 1964 wurde der Abbau im Pachtfeld Hibernia eingestellt. Die Gerechtsame des Bergwerks belief sich 1965 auf 13,9 km². Der Absatzrückgang 1967 erzwang eine Teilstillegung; die Tagesanlage Unser Fritz 1/4 und die Kokerei Consolidation 1/6 wurden stillgelegt. Die gesamte Förderung des Bergwerks ist von fast 10000 Tonnen täglich auf 7000 Tonnen reduziert worden. 1970 belief sich die Tagesförderung auf 9000 Tonnen. In diesem Jahr erfolgte der Zusammenschluß der Zechen Consolidation und Pluto in einer Werksdirektion mit zwei getrennten Förderanlagen. 1971 ist das Südfeld der stillgelegten Zeche Graf Bismarck übernommen worden. Förderung 1975: 2,14 Millionen Tonnen (4640 Beschäftigte). Der Schacht Pluto 5 ist 1977 verfüllt worden; in diesem Jahr erfolgte der Durchschlag Unser Fritz mit Schacht Emschermulde 1 der Zeche Ewald. 1984 kostete ein Streb-/Streckenbruch fünf Bergleute das Leben.

Ab 1987 kamen die Nordstern-Kohlen durch den Schacht Consolidation 3 zu Tage. 1988 entstand das Verbundbergwerk Consolidation / Nordstern. S. Verbundbergwerk Consolidation / Nordstern WO 50/48.

⚒ *Gelsenkirchen-Bismarck: Schacht 3/4/9: Hier gibt es noch einige Zechenbauten zu sehen. Das Doppelstrebengerüst über Schacht 9 (1922) bildet zusammen mit den Maschinenhäusern und Dampfmaschinen einen Standort der Stiftung Industriedenkmalpflege und Geschichtskultur. Mit seiner filigranen Bauweise dokumentiert es den Ausklang einer Entwicklungsphase; ab etwa 1930 baute man Vollwandgerüste wie z.B. auf Zollverein Schacht 12. Auch die Zwillingsdampfmaschine im südlichen Maschinenhaus zeigt das Endstadium einer Entwicklung: sie entstand 1963, als im Ruhrbergbau längst elektrische Maschinen Standard waren. Mit dem fein verstrebten Gerüst über Schacht 9 kontrastiert das 1958 aus Stahlbeton errichtete über Schacht 4. In das Lüftermaschinengebäude daneben zog 2000 das Consol-Theater ein. Für eine denkmalorientierte Instandsetzung hatte vorher die IBA Emscher Park gesorgt.*

Gelsenkirchen-Feldmark: Schacht 8 (Oberschuir): Wie aus einem Guß erscheinen Kaue, Lohnhalle, Pförtnerhaus und Maschinenhalle der Schachtanlage (1908-10). Ihre homogene Gestaltung macht sie vielleicht zu einer der schönsten des Ruhrgebiets. Mit hellem, rotem Ziegel, weißen Putzflächen, barocken Turmbauten und Jugendstilelementen wurde auf jeden Fall ein reizvolles Gebäudeensemble geschaffen. 1985 unter Denkmalschutz gestellt, präsentiert es sich heute sorgfältig restauriert und um einen Kubus aus Beton, Stahl und Glas (1996) ergänzt. Im Kauengebäude findet man Eigentumswohnungen, in der Maschinenhalle mit erhaltener Ausrüstung die Galerie „Architektur und Arbeit" (u.a. Ausstellungen). Auch das Fördergerüst steht noch und wirkt als Identifikationsmerkmal des Stadtteils Feldmark.

Gelsenkirchen-Schalke: Auch von der Schachtanlage Consolidation 1/6 in Schalke besteht noch eine Reihe von Bauten, für die (Stand Juli 2002) das Verfahren zur Eintragung in die Denkmalliste läuft. Es handelt sich um die Lohnhalle und Waschkaue, ein „Gefolgschaftsheim" mit Pförtnerhaus, die Ende der 1930er/Anfang der 1940er Jahre entstanden und das Verwaltungsgebäude von 1948-50. ⚒

Gelsenkirchen-Schalke:
WO 50/48
Verbundbergwerk Consolidation / Nordstern (RAG)

Nachdem 1986 die Zeche Zollverein stillgelegt worden und damit der Verbund Nordstern/Zollverein aufgelöst war, verband man 1988 Nordstern mit Consolidation, das zu dieser Zeit bereits Teile anderer Ruhrzechen übernommen hatte, z. B. Graf Bismarck, Pluto und Unser Fritz.

Das Verbundbergwerk Consolidation/Nordstern hatte 15 Schächte: Im Baufeld Consolidation: Consolidation 3 (Zentralförderschacht, Gefäßförderung); Consolidation 4 und 9 (Seilfahrt- und Bergeschächte, Gestellförderung); Consolidation 6 (Materialschacht); Unser Fritz 4 (Seilfahrtschacht); Pluto 3 (Materialschacht); Pluto 7 (Gefäßförderung); Consolidation 7, Unser Fritz 3, 5, Pluto 2 (Wetterschächte); im Baufeld Nordstern: Nordstern 1 (Seilfahrt- und Materialschacht, zwei Gestellförderungen); Nordstern 2 (Förder- und Wetterschacht, Gefäßförderung zum Einhängen von Bergen); Nordstern 3 (Gestellförderung); Nordstern 4 (Wetterschacht). Teufe der Hauptfördersohlen: 1040 m (Nordstern) und 1110 m (Consolidation). Die Zeche Consolidation hatte ihre höchste Förderung 1977 mit 3,2 Millionen Tonnen erreicht (Gas- und Fettkohle); der Verbund Consolidation/ Nordstern förderte 1988 mit 5638 Beschäftigten 3,43 Millionen Tonnen. Vier Jahre später waren die Zahlen schon deutlich niedriger: 2,63 Millionen Tonnen, 3220 Beschäftigte. 1993 legte man das Baufeld Nordstern still, stellte zwei Durchschläge zum Bergwerk Hugo her und schuf den Verbund Hugo / Consolidation. S. Zechen Pluto WO 54, Unser Fritz WO 53, Bergwerke Nordstern WO 48 und Hugo/Consolidation WO 46/50 (Gelsenkirchen-Buer).

Gelsenkirchen-Ückendorf:
Zeche Alma 244

1855/57 erfolgte die Verleihung der Felder Neu-Uerdingen, Namur, Uerdingen und Alma (früher Agatha). Die Zeche wurde bis 1865 Neu-Uerdingen genannt.

1870 begann Charles Détillieux (Société des mines et fonderies du Rhin Détillieux et Cie.) den Schacht Alma 1 abzuteufen. Kurz vorher war durch die neue Eisenbahnlinie Essen / Osterrath eine direkte

Gelsenkirchen-Ückendorf: ***Die Zeche Alma,*** *1870 von einer französischen Gesellschaft gegründet, ist 1931 nach Aufteilung ihres Baufeldes an die Zechen Holland und Pluto stillgelegt worden. Im Bild: Verwaltungs- und Kauengebäude.*

Verbindung der rechtsrheinischen Ruhrzechen mit dem Netz der Rheinischen Bahngesellschaft auf dem linken Rheinufer geschaffen worden, und das Kohlengeschäft nach Belgien entwickelte sich stärker. Die Schwierigkeiten beim Abteufen waren weit geringer als bei dem Schacht Rheinelbe 1, so daß der Schacht Alma schon Ende 1871 bis 240 m niedergebracht war. 1872 konnte die Förderung aufgenommen werden.

Im selben Jahr begann das Abteufen des Schachtes 2, der 1874 in Betrieb kam. Die Förderung der Zeche belief sich 1874 auf 257000 Tonnen Kohle (890 Bechäftigte). 1876 war sie bereits auf 325000 Tonnen angestiegen.

1877 sind die Zechen Ver. Rheinelbe und Alma konsolidiert worden (weiterhin getrennte Förderanlagen); die Berechtsame umfaßte 7,6 km². 1879 waren drei Förderschächte in Betrieb, und 1885 belief sich die Kohlenförderung auf ca. 838000 Tonnen, 1890 bereits auf 909000 Tonnen (2870 Beschäftigte). 1892 begann das Teufen des Schachtes 4 (Bewetterung) im Feld Rheinelbe. Er erreichte 1893 bei 89 m das Karbon. Das Teufen des Schachtes Rheinelbe 3 begann 1895 (südlich von 1/2); in diesem Jahr wurden fast 917000 Tonnen Kohle gefördert. Rheinelbe 3 stieß 1896 bei 98 m auf das Steinkohlengebirge; 1898 begann das Teufen des Schachtes Alma 3 (Bewetterung). 1900 hatte Rheinelbe 3 die Endteufe (750 m) erreicht und wurde in Betrieb genommen. Die Kohlenförderung belief sich in diesem Jahr auf 1,28 Millionen Tonnen (4330 Beschäftigte). 1901 wurde Wetterschacht 4 Wetterschacht 5, und im Südostfeld begann das Teufen eines neuen Wetterschachtes 4, der bei 109 m Teufe auf das Karbon stieß. 1903 nahm Rheinelbe 3 die Förderung auf, Wetterschacht 4 kam in Betrieb. Das Teufen des Schachtes Alma 4 begann 1905. Förderung in diesem Jahr: 1,61 Millionen Tonnen. Das Abteufen des Schachtes Rheinelbe 6 (Wetterschacht) begann 1907; er stieß 1908 auf das Steinkohlengebirge (bei 113 m Teufe), und im gleichen Jahr begann das Abteufen des Förderschachtes Alma 5 (neben 1/2). Kohlenförderung 1910: 1,78 Millionen Tonnen (7900 Beschäftigte). Ihre höchste Förderung erbrachte die Zeche 1913 mit fast 2,2 Millionen Tonnen (7775 Beschäftigte). 1915 belief sich die Förderung des Bergwerks auf 1,45 Millionen Tonnen (5420 Beschäftigte). Förderung 1920: 1,54 Millionen Tonnen (8300 Beschäftigte). 1925 stellte der Schacht Rheinelbe 1 die Förderung ein (Förderschächte blieben Rheinelbe 2 und 3). Die Förderung auf Rheinelbe 3 wurde 1926 ebenfalls eingestellt, und 1927 ist dieser Schacht stillgelegt worden. Ebenfalls stillgelegt wurden die Schächte Alma 1 und 5. † 1931 ist die Zeche nach der Aufteilung des Baufeldes an die Zechen Holland und Pluto stillgelegt worden. S. Zechen Ver. Rheinelbe, Pluto WO 54 und Holland WO 57.

⚒ *1927 entstand die Zentralkokerei Alma, deren Gesamtplanung bei der Architektengemeinschaft Fritz Schupp / Martin Kremmer (Essen) lag. Als Relikt dieser Anlage ist das Verwaltungsgebäude erhalten geblieben, ein Baukörper mit überhöhtem Mittelbau und seitlich angrenzenden Flügelbauten. Die völlige Symmetrie ist besonders hervorzuheben. Auffällig auch die waagerechte Gliederung in der Fassade durch Vor- und Rücksprünge der Ziegelsteinschichten als Gestaltungselement. Als Dokument für die Entwicklung der Bergbauarchitektur kommt dem Gebäude hervorragende Bedeutung zu. (Eintragung in die Denkmalliste 1987).* ⚒

Der Schacht Alma 1 *wurde 1870 abgeteuft. Er kam 1872 in Förderung.*

Gelsenkirchen-Ückendorf: Zeche Ver. Rheinelbe 245

Die älteste der im Feld dieser Zeche eingelegten vier Mutungen war die Mutung Mülheimer Anfahrt des Landwirts Anton Humann aus Rellinghausen bei Essen (1845). Es folgte 1846 die Mutung Antonius des Rentmeisters Franz Anton Humann aus Rellinghausen und etwas später die Mutung Gerhard (dann in Rheinelbe umbenannt) des Kaufmanns Gerhard Schmitz aus Mülheim a.d. Ruhr sowie schließlich im Mai 1846 die Mutung Rudolph Heinrich von Mathias Wolterhoff (ebenfalls Mülheim a.d. Ruhr). Nach Einlegung der Mutungen stellten sich finanzielle Schwierigkeiten ein, und die Bergbehörde erklärte sich damit einverstanden, daß die beiden Felder Antonius und Rudolph Heinrich

Gelsenkirchen-Ückendorf: ***Zentralkokerei Alma,*** *Verwaltungsgebäude. Die Gesamtplanung der 1927 errichteten Kokerei lag bei der Architektengemeinschaft Schupp/Kremmer (Essen). Als Relikt dieser Anlage ist das Verwaltungsgebäude erhalten geblieben.*

Gelsenkirchen-Ückendorf: Schacht 3 der **Zeche Rheinelbe** *mit einem besonders interessanten Strebengerüst. Rechts neben dem Fördergerüst die Wäsche. Dieser Schacht ist 1926 stillgelegt worden. Aufnahme 1920.*

unter dem Namen Nordstern und die Felder Rheinelbe und Mülheimer Anfahrt unter dem Namen Vereinigte Gerhard miteinander verbunden würden.

Am 8. Januar 1848 wurden alle vier Felder unter dem Namen *Rheinelbe* konsolidiert. Die Mutungsinhaber beantragten, für das Feld nur einen Schürfschacht abteufen zu dürfen. Die Bergbehörde erklärte sich einverstanden, aber die Arbeiten konnten infolge der politischen Unruhen, die 1848 ausbrachen und einige Jahre andauerten, nicht durchgeführt werden. 1853 sind die Mutungsrechte an dem Grubenfeld zu drei Vierteln an den französischen Unternehmer Henry Obert (Paris) und den Engländer John Brown (London) verkauft worden. Die beiden Ankäufer hatten die Verpflichtung übernommen, die erforderlichen Geldmittel für einen regelrechten Bergbaubetrieb zur Verfügung zu stellen. Dazu kam es aber nicht. 1854 verkauften Obert und Brown ihre Anteile an die kapitalkräftige französische Société des mines et fonderies du Rhin Détillieux et Cie., die in Bergeborbeck bei Essen ein 1851 von Belgiern und Franzosen gegründetes Hüttenunternehmen betrieben.

Mit dem Abteufen des Schachtes 1 ist 1855 begonnen worden. Es stellten sich außergewöhnlich starke Wasserzuflüsse ein, die nicht bewältigt werden konnten. Das Abteufen eines zweiten Schachtes wurde versucht, aber es zeigten sich bald dieselben Schwierigkeiten. In den folgenden zwei Jahren ist Schacht 1 nur bis 25 m, Schacht 2 sogar nur auf 16 m geteuft worden. 1858 wurde das Abteufen des Schachtes 1 wieder aufgenommen. Erst 1860 konnte bei 100 m Teufe das Steinkohlengebirge erreicht werden. 1861 wurde die Kohlenförderung aufgenommen. Die unter Tage angetroffenen Lagerungsverhältnisse waren sehr gut, verursachten also nur geringe Gewinnungskosten, und da außerdem in der damaligen Zeit Gaskohle Höchstpreise auf dem Markt erzielte, ergab sich für die junge Zeche eine stetige Aufwärtsentwicklung. Auch der Krieg 1870/71 unterbrach diese Entwicklung nicht. 1875 belief sich die Förderung auf über 263000 Tonnen (720 Beschäftigte). Der Schacht 2 kam 1876 in Förderung. 1877 erfolgte die Konsolidation zu Ver. Rheinelbe & Alma (weitere Entwicklung s. Zeche Alma). 1927 ist die Zeche, mit der Aufteilung ihres Grubenfeldes an die Zechen Holland und Alma, stillgelegt worden. Im Feld Rheinelbe / Alma standen die Rheinelbeschächte 1 bis 6 und die Almaschächte 1 bis 5. S. Zeche Alma.

⚒ *Heute bildet das ehemalige Zechengelände den südlichen Teil des Wissenschaftsparks Rheinelbe (IBA Emscher Park-Projekt). Vielleicht auffallendstes Bauwerk im Park ist ein Technologiezentrum mit Solarkraftwerk. Einige Rheinelbe-Bauten blieben erhalten, wurden restauriert und neu genutzt: Pförtner- und Trafohaus, Casino, Feuerwache, Fördermaschinenhalle und die denkmalgeschützten Gebäude der sogenannten Gasverteilung. Außerdem begann die IBA*

Gelsenkirchen-Ückendorf: **Zeche Rheinelbe.** *Mit dem Abteufen der Schächte 1 und 2 ist 1855 begonnen worden. Erst 1860 konnte das Steinkohlengebirge erreicht werden. Über beiden Schächten wurden Malakofftürme errichtet, die kurz vor der Jahrhundertwende durch eiserne Strebengerüste ersetzt worden sind. Unser Bild: die Schächte 1 (deutsches Strebengerüst links) und 2 um 1920.*

Emscher Park auf den Betriebsflächen von Rheinelbe und Alma ein Projekt, das die Ansiedlung von Pflanzen auf Industriebrachen untersucht. 86 z.T. aus Überseeländern stammende Pflanzenarten haben sich daraufhin hier ausgebreitet.

Siedlung Flöz Dickebank: Die Zechen Rheinelbe und Alma bildeten den Kern der Gelsenkirchener Bergwerks AG. Nach dem Förderbeginn 1861 bzw. 1871 stieg die Belegschaftszahl stark an und machte den Bau von Werkswohnungen nötig. So begann um 1870 der Bau der Kolonie Ottilienau, die später in „Flöz Dickebank" umbenannt wurde und bis 1911 mehrere Erweiterungen erfuhr. Das zunächst recht einförmige Siedlungsraster und die gleiche schlichte Gestaltung der Häuser wichen unter dem Einfluß der Gartenstadtbewegung anspruchsvolleren, abwechslungsreicheren Entwürfen. Als 1974 Stadtverwaltung und Eigentümergesellschaft die Kolonie abreißen und Hochhäuser bauen wollten, bildete sich eine Mieterinitiative, die sich schließlich auch gegen Zwangsräumungen mit anschließendem Zumauern durchsetzen konnte. Nur zwei Jahre später fand in Gelsenkirchen ein Kongreß zur Erhaltung von Arbeitersiedlungen statt. Die öffentliche Bewertung der alten Werkskolonien hatte sich geändert.

⚒

GEVELSBERG EN

Gevelsberg-Silschede: Zeche Dachs & Grevelsloch

1715 erfolgte die Verleihung von zwei Grubenfeldern (Breite und Schmale Bank) an Johann Rotthaus, die dann umbenannt worden sind. Vermessen wurde 1739, und in der Folge sind drei Stollen aufgefahren worden. 1795 war das Bergwerk in Betrieb, und Anfang des 19. Jahrhunderts kam die Kohle durch den gebrochenen Schacht *Aurora* zu Tage; wegen der schwierigen Förderverhältnisse ist später der tonnlägige Schacht *Theodor* geteuft worden. Es folgte das Abteufen des seigeren Schachtes *Rudolph*. 1838 wurde eine Dampffördermaschine aufgestellt; die Kohlenförderung belief sich in diesem Jahr auf ca. 2000 Tonnen (28 Beschäftigte). 1845 hatte die Förderung fast 7000 Tonnen erreicht (47 Beschäftigte), und 1846 waren die Schächte Rudolph und Theodor in Betrieb. 1855 begann das Teufen eines neuen Schachtes; ein Fördermaschinengebäude ist errichtet worden. Die Förderung belief sich in diesem Jahr auf ca. 2500 Tonnen (etwa 30 Beschäftigte), und 1856 war allein Schacht Rudolph in Förderung (56 m Teufe). 1866 sind mit 58 Beschäftigten fast 9500 Tonnen Kohle gefördert worden, 1869 mit etwa 60 Beschäftigten nahezu 11000 Tonnen. 1871 kam die Konsolidation zu Deutschland und die Abgabe des Schachtes Rudolph an dieses Bergwerk. Förderung 1872: 15000 Tonnen (90 Beschäftigte); die Kohle kam durch Schacht Theodor zu Tage. † 1887. Das Grubenfeld kam zu Deutschland. 1910 ist das Bergwerk vorübergehend wieder in Betrieb gewesen. Eine zweite kurzfristige Inbetriebnahme erfolgte 1927, der tonnlägige Schacht *Dachs* wurde abgeteuft, aus dem 1928 mit etwa 40 Beschäftigten über 8000 Tonnen Kohle gefördert worden sind. † 1929. Die Berechtsame kam 1937 zu Ver. Hermann (Witten-Bommern). S. Zechen Deutschland und Ver. Hermann.

Gevelsberg-Silschede: Zeche Ver. Trappe

Die Zeche war 1739 entstanden aus Fredholder Bank (mindestens seit 1650 in Betrieb) und wurde auch Trappe & Adler genannt. Um 1750 erfolgte bereits der Abbau durch einen Schacht, und 1754 waren drei Schächte vorhanden, jetzt hieß das Bergwerk auch gelegentlich Trappe auf'm Schlebusch. 1781 betrug die Kohlenförderung rund 1400 Tonnen (31 Beschäftigte), und die Zeche galt in den ersten 1780er Jahren als die größte in der Grafschaft Mark. 1785 ist ein neuer Förderschacht geteuft worden, der 1786 in Betrieb kam (Pferdegöpel). Das Teufen des (tonnlägigen) Schachtes Friederica (95 m Teufe) erfolgte 1790. 1814 begann das Teufen des Schachtes Friedrich Wilhelm, der 1817 die Förderung aufnahm. Förderung 1830: über 9000 Tonnen; Trappe war damit (bis 1833) die größte Zeche an der Ruhr. Förderung 1838: fast 11000 Tonnen (73 Beschäftigte).

Der Übergang zum Tiefbau erfolgte 1844. Das Teufen des Schachtes Voerster begann 1850; der Schacht ist 1853/54 in Förderung gekommen. 1855 verfügte das Bergwerk über drei Förderschächte, darunter Voerster und Silvia. Die Förderung belief sich in diesem Jahr auf über 41000 Tonnen (280 Beschäftigte).

Die Zeche hat bis in die 1870er Jahre in Blüte gestanden. Dann trat zunächst ein Niedergang ein, weil ein Eisenbahnanschluß nicht vorhanden war, wodurch der Kohlenabsatz stark beeinträchtigt wurde. Der Eisenbahnanschluß ist erst 1889 gebaut worden. 1893 erfolgte die Anpachtung des Feldes der stilliegenden Zeche St. Peter und der Erwerb der Zeche Wallfisch; 1896 ist die Zeche Freier Vogel erworben worden. Förderung 1900: 150000 Tonnen (500 Beschäftigte).

Das Bergwerk förderte in den letzten Jahren seines Bestehens durchschnittlich 120000 Tonnen Fettkohle. † 1925. Die Tagesanlagen wurden 1926 abgebrochen. Beim Verfüllen der Schächte ereignete sich eine Kohlenstaubexplosion, bei der sieben Todesopfer zu beklagen waren. S. Zechen St. Peter und Wallfisch.

Gevelsberg-Silschede/Schlebusch: Zeche St. Peter

Der Betrieb ist schon 1645 nachgewiesen; es handelt sich hier wahrscheinlich um das älteste Bergwerk in Silschede. Die Belehnung erfolgte 1649, und für nahezu hundert Jahre ist der Betrieb – mit Unterbrechungen – verbürgt. 1766 wurde eine amtliche Vermessung durchgeführt, und 1773 ist eine bergbehördliche Befahrung des Bergwerks beurkundet worden. 1788 erfolgte das Ansetzen eines Querschlages von der Zeche Trappe aus. 1807 war ein Schacht in Förderung; es ereignete sich eine Schlagwetterexplosion. 1815 ist ein weiterer Förderschacht abgeteuft worden. Um 1825 erfolgte das Teufen des Schachtes Constanz, der 1833 eine Dampffördermaschine erhielt. 1840 belief sich die Kohlenförderung auf ca. 3000 Tonnen (24 Beschäftigte). Das Feld St. Peter ist 1850 verliehen worden. 1855 betrug die gemeinsame Förderung mit St. Paul (1736 verliehen) ca. 5000 Tonnen. Der Förderschacht (Dampfgöpel) – nicht mit Constanz identisch – wurde daher auch St. Peter & St. Paul genannt. Förderung 1866: 5700 Tonnen (30 Beschäftigte). 1875 werden die Schächte Heinrich und Carl erwähnt. 1893 wurde die Berechtsame durch Ver. Trappe übernommen, die das Bergwerk 1899 erwarb. S. Zeche Ver. Trappe.

Gevelsberg-Silschede/Schlebusch: Trapper Erbstollen

Der Stollen wurde vermutlich schon in den fünfziger Jahren des 18. Jahrhunderts angesetzt, mit Sicherheit aber ab 1765. Das Stollenmundloch lag oberhalb der Ruhr in Oberwengern. Um 1780 wurde der Stollen auch Trapper Tiefer Erbstolln genannt und später (bis 1790) Schlebuscher Erbstolln oder Tiefer Schlebuscher Stolln. In dem Erbstollen ist auch Kohle gefördert worden. 1854 erfolgte die Konsolidation der Berechtsame zu Ver. Trappe. S. Schlebuscher Erbstollen und Zeche Ver. Trappe.

GLADBECK (WESTFALEN) RE

Zeche Ver. Gladbeck

Die Gewerkschaft Ver. Gladbeck ging aus einer Ende 1870 gegründeten Bohrgemeinschaft hervor. Diese hatte bis 187[illegible] über zehn Mutungsbohrungen durchgeführt. Die daraufhin verliehenen Felder (insgesamt 21,9 km²) sind 1876 unter dem Namen Gladbeck konsolidiert worden. Eine weitere Konsolidation fand 1897 mit dem Grubenfeld Professor statt. Mit dem Abteufen der Schächte 1 (Thyssen) und (neben Schacht 1) wurde 1895 bzw. 189[illegible] begonnen. Zwei weitere Schächte (3 und 4) wurden 1898 niedergebracht. Schacht kam 1901 in Betrieb, die Schächte 3 und folgten 1902. In diesem Jahr wurde die Zeche durch den Preußischen Staat übernommen und der am 1. April 1902 gegründeten „Verwaltung der Königl. Steinkohlenbergwerke" in Dortmund unterstellt. Die Schachtanlage 1/2 erhielt den Namen Möllerschächte und die Anlage 3/4 de

Gladbeck: Die Zeche Graf Moltke, deren erster Schacht 1873 abgeteuft wurde, war um 1900 eines der modernsten Bergwerke seiner Zeit. Im Bild die Anlage Graf Moltke 3/4, die 1928 zur Zentralschachtanlage ausgebaut worden ist. † 1971.

Namen Rheinbabenschächte. S. Zechen Rheinbaben WO 18 und Möller WO 42.

WO 43 **247**
Zeche Graf Moltke (RAG)
Der erste Schacht wurde in den Jahren 1873/77 unter besonders schwierigen Verhältnissen abgeteuft. Er hieß zuerst „Alter Fritz" und erreichte bei einer Teufe von 314 m das Steinkohlengebirge. Die erste Kohle ist 1877 gefördert worden. Schon während des Abteufens waren die für den Betrieb erforderlichen Tagesanlagen gebaut worden: ein Kesselhaus mit 6 Dampfkesseln, über dem Schacht ein Malakoffturm.

Die Zeche erhielt zunächst den Namen Rieckchen, weil der Schachtansatzpunkt in das frühere Grubenfeld gleichen Namens fiel. Erst im Sommer 1879 erfolgte die Namensgebung Graf Moltke. Um diese Zeit ist ein ungewöhnlich mächtiges Kohlenflöz (über 2,5 m) erschlossen worden, das zu Ehren des Generalfeldmarschalls Graf von Moltke (1800 - 1891) den Namen Helmuth (später Zollverein 2/3) erhielt. Diese Namensgebung teilte die Gewerkschaft dem Feldmarschall mit und benutzte die Gelegenheit, um Genehmigung zu ersuchen, daß die Zeche Rieckchen von jetzt an den Namen Graf Moltke tragen dürfe. 1879 erhielt die Zeche Eisenbahnanschluß. Der Anschluß führte an die Station Horst-Emscher-Nord der inzwischen gebauten Strecke Sterkrade / Dortmund heran (Westfälische Eisenbahn). Jetzt stieg die Förderung schnell; Ende 1880 betrug sie 250 Tonnen täglich, 1881 bereits 350 Tagestonnen. 1882 sind täglich 400 Tonnen Kohle gefördert worden. Im gleichen Jahr brachte ein besonders schwerer Wassereinbruch eine längere Betriebsunterbrechung; die Grube ersoff. Ende 1882 kam die Förderung wieder in Gang. 1884 begann das Abteufen des Schachtes 2, der 1888 das Steinkohlengebirge erreichte und 1889 die Förderung aufnahm.

Um die Jahrhundertwende war Graf Moltke eine der modernsten Zechen jener Zeit. 1900 erfolgte der erste Spatenstich zum Abteufen von Schacht 3; 1902 war er fertiggestellt. Im gleichen Jahr ist mit dem Abteufen des Schachtes 4 begonnen worden. 1904 waren die Abteufarbeiten beendet. Graf Moltke 3/4 (einschließlich der 1903/04 gebauten Kokerei) galt damals als eine Musterzeche des Ruhrgebiets. Förderung 1905: ca. 730000 Tonnen (2600 Beschäftigte). Bis 1910 stieg die Produktion auf 1,23 Millionen Tonnen Kohle (4045 Beschäftigte). Förderung 1913: 1,4 Millionen Tonnen (4440 Beschäftigte). 1918 wurde die Anlage 1/2 mit 3/4 durchschlägig. Förderung 1920: 750000 Tonnen (3395 Beschäftigte). 1928 wurde beschlossen, die Schachtanlage 1/2 als Förderanlage stillzusetzen und Graf Moltke 3/4 zur Zentralschachtanlage auszubauen. Die drei vorhandenen Dampffördermaschinen sind abgebrochen und verschrottet worden. Es wurden 3 elektrische Fördermaschinen eingebaut. Gleichzeitig sind die Schachtgerüste erneuert worden. Die höchste Förderung ist 1929 mit 1,46 Millionen Tonnen (4205 Beschäftigte) erbracht worden. Der Förderbetrieb auf der Zentralanlage 3/4 ist 1932 nach einem Umbau, der 1931 vorgenommen worden war, wieder voll aufgenommen worden; gleichzeitig wurde die Anlage 1/2 stillgelegt (Seilfahrt usw. weiterhin dort). Förderung 1935: 645000 Tonnen (1335 Beschäftigte). Kohlenförderung 1940: 1,12 Millionen Tonnen (2910 Beschäftigte).

1945 sank die Produktion auf 377000 Tonnen Kohle ab (2415 Beschäftigte). Nach dem Zweiten Weltkrieg wurde die Kohlengewinnung völlig mechanisiert. Die Förderung stieg in den fünfziger Jahren schnell wieder auf über eine Million Tonnen und hielt diesen Stand bis zur Stillegung des Bergwerks. Förderung 1968: 1,15 Millionen Tonnen. † 1971. In den fast hundert Jahren ihres Bestehens hat die Zeche entscheidend dazu beigetragen, das wirtschaftliche Gesicht des Gebietes um die Stadt Gladbeck zu prägen.

⚒ *Siedlung Graf Moltke. Diese Siedlung (1902 - 10) im Stadtteil Butendorf besteht aus einem Arbeiter- und einem Angestellteteil. Für die Arbeiter wurden zweigeschossige Häuser am Straßenrand aufgereiht. Durch unterschiedliche Dach- und Fassadengestaltung vermied der Architekt den Eindruck der Eintönigkeit. Die Angestellten der Zeche wohnten in großzügig bemessenen Doppelhäusern mit ausgedehnten Grundstücken.* ⚒

Gladbeck-Brauck: **248**
Zeche Mathias Stinnes 3/4
Mit dem Abteufen dieser Doppelschachtanlage ist 1902 begonnen worden; 1905 ging die Zeche in Betrieb. Seit 1931 wurde auch die Kohle der Nachbarzeche Welheim 1/2, die 1914 in Förderung gekommen war (1926: 750000 Tonnen), von Mathias Stinnes 3/4 gefördert. S. Zeche Mathias Stinnes WO 23 (Essen-Karnap).

Gladbeck-Brauck: Zeche Mathias Stinnes 3/4: Oben: Deutsches Strebengerüst über Schacht 3 mit Schachthalle. Unten: Lohnhalle und Waschkaue. Die Fassaden der Gebäude im historisierenden Stil mit wechselnden Putz- und Ziegelfeldern.

⚒ *Siedlungen Brauck: Nach 1900 entstanden um das Dorf Gladbeck herum Bergwerke mit Arbeiterkolonien und ließen die Bevölkerungszahl explosionsartig ansteigen: zwischen 1872 und 1914 um 1 770 %. Erst in den 1920er Jahren wuchsen dann die Kolonien untereinander und mit dem Ortskern zusammen und die Stadt Gladbeck entwickelte sich. Für die Bergleute der Schachtanlage Mathias Stinnes 3/4 baute man die Brauck-Siedlungen; die erste zwischen 1906 und 1911, die zweite von 1912 bis 1921. Obwohl die Gartenstadt als Leitbild schon etabliert war, findet man in der älteren Siedlung noch geradlinige Straßenführung und gleichmäßige Reihung der Häuser. Erst mit der späteren Brauck-Siedlung entstand in Gladbecks Süden eine Gartenstadt.* ⚒

Gladbeck-West: Zeche Möller. Förderung 1901 - 1967. Aufnahme vor 1959.

Gladbeck-West:
WO 42 248
Zeche Möller

Benannt nach Th. A. von Möller, 1901/05 Preußischer Minister für Handel und Gewerbe. Mit den Abteufarbeiten für Schacht 1 wurde 1896 begonnen; Aufnahme der Förderung: 1901. Die Zeche entstand 1935 aus den Schächten 1, 2 und dem Wetterschacht 5 des Bergwerks Ver. Gladbeck und förderte in diesem Jahr rund 513 000 Tonnen Kohle (1 666 Beschäftigte). Die höchste Förderung ist 1941 mit fast 760 000 Tonnen erbracht worden (2 052 Beschäftigte). Förderung 1950: 499 000 Tonnen (2 036 Beschäftigte). 1965 hat die Schachtanlage 550 000 Tonnen Gasflamm-, Gas- und Fettkohle gefördert, die seit Beginn der 1960er Jahre auf der Zeche Rheinbaben zu Tage gehoben wurden. Teufe der Hauptfördersohle: 800 m. † 1967. S. Zechen Ver. Gladbeck und Rheinbaben WO 18.

Gladbeck-Zweckel: 124 248f.
Schachtanlage Zweckel

Zweckel wird in einem Heberegister des Stiftes Werden bereits 1150 erwähnt; der Ortsteil gehörte zu den ältesten Gladbecker Bauernschaften. Die Doppelschachtanlage war in den ersten Jahrzehnten unter dem Namen Potsdam bekannt. 1896 war die Verleihung des Geviertfeldes Potsdam erfolgt, und die Schächte 1 und 2 sind 1908 abgeteuft worden. Sie erreichten 1909 bei 380 m das Steinkohlengebirge; 1910 wurde bei einer Teufe von 430 m eine warme Solquelle angeschlagen (20 Grad).

Das war die Geburtsstunde des Solbades „Emmyshall" in Zweckel (Frentroper Straße). 1912 wurden die Rechte an dem Solquellenbergwerk mit einem Feld von ca. 2,2 Millionen m² in das Grundbuch beim Amtsgericht in Buer eingetragen. 1928 ist ein Badehaus an der Frentroper Straße eingeweiht worden. Das Solbad war bekannt im Ruhrgebiet und von Badegästen (aus Nah und Fern) stark frequentiert. Im Sommer 1950 blieb das Solwasser aus. Es wurde zwar noch einmal wiedergefunden, doch die Zuflüsse waren so gering, daß sich die Auswertung nicht lohnte; der Bade- und der später eingerichtete Inhalationsbetrieb sind eingestellt worden.

Die beiden Schächte (1 und 2) kamen 1912 in Förderung. Bei Kriegsausbruch

Gladbeck: Schachtanlage Zweckel. Zahlreiche Rundbogenfenster in der imposanten Backsteinfassade der gut erhaltenen Maschinenhalle. Sie steht unter Denkmalschutz.

Gladbeck: Schachtanlage Zweckel. Die beiden deutschen Strebengerüste über den Schächten 1 und 2 mit der Maschinenhalle. Rechts: Schacht 2. Die Fördergerüste waren ursprünglich identisch; der Aufbau des Gerüstes über Schacht 1 wurde 1984 entfernt. Das Maschinenhaus (Backstein im Stil des Historismus) ist ebenso wie die Fördergerüste gut erhalten. Die Anlage dokumentiert die wirtschafts- und sozialgeschichtliche Entwicklung Gladbecks und ist ortsbildprägend für Zweckel.

1914 standen auf dem Zechengelände das Verwaltungsgebäude, die Waschkaue, das Pförtnerhaus mit dem Solbad, die Zentralmaschinenhalle, zwei Fördermaschinenhäuser, die Kesselhäuser, das Werkstättengebäude sowie die Sieberei und die Verladung. 1915 belief sich die Kohlenproduktion auf 174 000 Tonnen (736 Beschäftigte). Die höchste Förderung ist 1927 mit über 515 000 Tonnen erbracht worden (1 870 Beschäftigte). 1929 erfolgte die Vereinigung mit der Schachtanlage Scholven. Die auf Zweckel geförderte Kohle wurde fortan auf Scholven zu Tage gehoben. Die Schachtananlage Zweckel diente seitdem nur noch der Seilfahrt und der Wetterführung. Nach dem Verbund zur Großschachtanlage betrug die gemeinsame Kohlenförderung ca. 1,14 Millionen Tonnen. Die Weltwirtschaftskrise verursachte einen starken Rückgang der Produktion, doch in den 1930er Jahren wurde die Flammkohle, die in dem Grubenfeld anstand, für die Treibstoffgewinnung aus Kohle wertvoll. Die Förderung stieg wieder an, und auch 1943/44 verzeichnete Zweckel / Scholven noch eine verhältnismäßig hohe Kohlenproduktion.

1945 ist Zweckel wieder selbständig geworden (die Produktion ging jedoch weiter unter Tage nach Scholven und kam dort zu Tage – 1947 ca. 205 000 Tonnen). Förderung 1950: 372 000 Tonnen (1 685 Beschäftigte). Ende 1951 erfolgte die völlige Übernahme durch Scholven. Bis 1995 dienten die Schächte 1 und 2 noch der Wasserhaltung und Bewetterung benachbarter Bergwerke. S. Zeche Scholven WO 44.

⚒ *Die beiden deutschen Strebengerüste der Doppelschachtanlage (in ihrer Ausführung identisch; leider wurde 1984 von einem Gerüst der Aufbau entfernt) sowie das Maschinenhaus (Backsteinbau in historisierenden Formen) dokumentieren Gladbecks Wirtschafts- und Sozialgeschichte und stehen seit 1988 unter Denkmalschutz. 1997 gingen die Gebäude in die Stiftung Industriedenkmalpflege und Geschichtskultur über und eine behutsame Instandsetzung begann. Die beiden elektrischen Fördermaschinen im Inneren der Halle wurden 1908 gebaut; nur wenige derartige Maschinen aus so früher Zeit sind heute erhalten. Ebenso selten – für Industriebauten – ist die Jugendstil-Schablonenmalerei, die in Resten auf den Innenwänden der Maschinenhalle erhalten ist. Das Gebäude wird für kulturelle Veranstaltungen genutzt.*

Siedlung Zweckel: Gladbecks größte Bergarbeiterkolonie baute der preußische Staat, der auch das Bergwerk Zweckel betrieb. Siedlungsbau und Abteufarbeit begannen im gleichen Jahr: 1908. Mit vielen Bäumen, großen Grünflächen und anspruchsvoller Architektur machte die Kolonie bereits auf die Zeitgenossen einen guten Eindruck. Die Häuser der Zechenbeamten lagen auch in Zweckel getrennt von denen der Arbeiter. Bedingt durch die zur Entstehungszeit isolierte Lage entwickelte sich die Zweckel-Siedlung zu einem eigenständigen Gemeinwesen mit Schulen, Kirchen und Geschäften.

Siedlung Schultenhof: Auch diese Siedlung ließ die preußische Bergwerksverwaltung errichten (ab 1907). Ein Kleinod des Zechenwohnungsbaus sind die Villen für leitende Angestellte am Bernskamp. ⚒

HALTERN AM SEE RE

Schachtanlage Haltern 1/2 20 250

Das Anschlußbergwerk setzte die über hundertjährige Geschichte des Bergwerks General Blumenthal fort. Das Abteufen von Schacht 1 begann im März 1980; im November 1980 sind die Vorbereitungsarbeiten für Schacht 2 in Angriff genommen worden (150 m von Schacht 1 entfernt). Im Oktober 1983 war Schacht 1 fertiggestellt; die Endteufe beträgt 1 135 m. Die Fertigstellung des Schachtes 2 erfolgte im August 1984 (Endteufe 1 017 m). Beide Schächte haben einen Durchmesser von 8 Metern. Die Bauarbeiten für die Tagesanlagen des Anschlußbergwerks begannen Ende 1983. Die Inbetriebnahme der Übertageanlagen fand am 20. September 1985 durch Bundespräsident Richard von Weizsäcker statt. Bei der Gestaltung der

Haltern: Schachtanlage Haltern 1/2. Haupteingang zum Betriebsgebäude, Blick auf die Steigerstube und Kantine. Rechts: Förderturm über Schacht 1.

Gebäude ist besonderer Wert auf die Umweltfreundlichkeit gelegt worden; in dem Erstellen der Grubenbaue und der Infrastruktur unter Tage wurden neue Wege beschritten (so z.B. durch Einsatz eines Großzugsystems). Ein dreigeschossiger Großkorb für Personen- und Materialtransport mit einer Grundfläche von 2,6 mal 3,4 Metern faßt 135 Personen und verteilt seine Last auf zehn Seile mit je drei Zentimetern Durchmesser. Dieser geringe Seildurchmesser erlaubt eine kleinere Treibscheibe an der Fördermaschine im Turm. Die Schachtanlage weicht erheblich von konventionellen Vorstellungen ab.

Die in dem Grubenfeld gewonnene Kohle wird – erstmalig im Steinkohlenbergbau – unter Tage auf einem Weg von mehr als 25 km bis zum Förderschacht (General Blumenthal 11) transportiert, dort gehoben, aufbereitet und versandt. Kohlenförderung war in den Haltern-Schächten zu keinem Zeitpunkt vorgesehen. Beide Schächte sind Seilfahrtanlagen bzw. dienen gleichzeitig der Materialförderung (Haltern 1) oder der Bewetterung (Haltern 2).

Bei der Konzeption der Übertageanlagen wurden neben der harmonischen Einbindung in das Landschaftsbild auch bemerkenswerte künstlerische Akzente gesetzt. Am Verwaltungsgebäude befinden sich z.B. vier Aluminiumreliefs der Bildhauerin Tisa von der Schulenburg; die Eingangshalle schmückt ein 3 mal 6 Meter großes Wandrelief aus Holz von dem Halterner Künstler Helmut Schlüter (umgesetzt durch den Holzbildhauer Josef Grasedieck, Kirchhellen-Feldhausen). Weit über die architektonisch richtungweisenden Übertageanlagen hinaus sind die Halternschächte vor allem in technischer Hinsicht ein Beispiel dafür, daß sich Bergbau und Umwelt miteinander in Einklang bringen lassen. S. Bergwerk General Blumenthal WO 92.

HAMM (WESTFALEN) HAM

Hamm-Bockum/Hövel: WO 125 — 251
Bergwerk Radbod (RAG)

Zu den ersten Mutungen in dem noch bergfreien Gebiet um Bockum-Hövel kam es 1900. Aber erst gegen Ende des Jahres 1904 wurde nach mehreren weiteren Mutungen die Verleihung der Felder Hövel 1 und Bockum 1 ausgesprochen. Beide Felder sind dann 1905 zu dem „Steinkohlenbergwerk Trier III" vereinigt worden, das die Grundlage für die spätere Gewerkschaft Trier III bildete (in Dorsten entstand neben der seit 1900 existierenden Gewerkschaft Trier I 1905 auch die Gewerkschaft Trier II). Der erste Spatenstich zu den Teufarbeiten des Schachtes Radbod 1 erfolgte am 13. März 1905. Der Name geht auf den Herzog Radbod der Friesen zurück (gest. 719), der 689 von Pippin dem Mittleren geschlagen wurde und Westfriesland abtreten mußte; ein Nachfahre von ihm (gest. 915) war von 883 bis 915 Erzbischof von Trier. Gleichzeitig mit Schacht 1 begannen auch die Teufarbeiten für Schacht 2, und bereits 1906 förderte die Doppelschachtanlage die erste Kohle.

1908 ereignete sich eine schwere Schlagwetterexplosion mit nachfolgendem Grubenbrand (349 Tote). Es war eine der folgenschwersten Grubenkatastrophen in der Geschichte des deutschen Bergbaus. Die Benutzung von Sprengstoffen ist in der Folge wesentlich eingeschränkt, und zum ersten Mal im Ruhrgebiet ist die Benutzung elektrischer Grubenlampen für alle Bergleute angeordnet worden. 1910 und 1911 wurden die Schächte 3 und 4 abgeteuft. Förderung 1913: 794 000 Tonnen (3 403 Beschäftigte). 1915 stieß Schacht 4 auf das Steinkohlengebirge (bei 680 m Teufe). Eine Schlagwetterexplosion forderte 1916 sieben Todesopfer. 1923 begannen die Abteufarbeiten für Schacht 5 (er ist 1949 zum Zentralförderschacht ausgebaut worden). Kohlenförderung 1925: 930 000 Tonnen (4 050 Beschäftigte). 1927 begann der Aufschluß des Nordfeldes, und 1930 belief sich die Kohlenförderung auf ca. 698 000 Tonnen (2 520 Beschäftigte). Förderung 1935: ca. 740 000 Tonnen (1 925

***Hamm-Bockum/Hövel: Bergwerk Radbod.** Die Förderung aus dem Bergwerk (Luftbild von 1976) wurde nach über 80 Jahren im Januar 1990 stillgelegt, die Schächte 1, 2 und 4 wurden verfüllt, die Schächte 3, 5 und 6 blieben für die Wasserhaltung offen.*

Hamm-Bockum-Hövel: ***Bergwerk Radbod.*** *Aufnahme nach 1984.*

Beschäftigte). 1939 ereignete sich eine Schlagwetterexplosion (Schacht 2), die neun Todesopfer forderte. Kohlenförderung 1940: 1,1 Millionen Tonnen (3 010 Beschäftigte). 1945 sank die Produktion auf knapp 397 000 Tonnen ab (2 790 Beschäftigte). 1946 waren fünf Schächte in Betrieb. Schacht 5 erhielt 1949 den Namen Winkhausschacht. Kohlenförderung 1950: 898 000 Tonnen (4 103 Beschäftigte). 1960 ist Schacht 3 aufgegeben und verfüllt worden. Die Förderung der Zeche belief sich in diesem Jahr auf 1,15 Millionen Tonnen (3 835 Beschäftigte).

Das Bergwerk hatte zuletzt 4 Schächte (Schacht 1: Seilfahrt- und Materialschacht, Gestellförderung; Schacht 2: Seilfahrt- und Materialschacht, Gestellförderung; Schacht 4: Wetterschacht und Befahrungsanlage; Schacht 5, westliche und östliche Förderung: Förderschacht, Gestellförderung). Vorgesehen war das Abteufen von drei Seilfahrt- und Wetterschächten (6, 7 und 8 in Ascheberg und Drensteinfurt). Der erste Spatenstich für Schacht 6 (Ascheberg-Herbern) erfolgte im Spätsommer 1986. Der Schacht sollte eine Teufe von 1 330 m erreichen; er konnte 1990 bis zur Endteufe fertiggestellt werden. Schacht 7 wurde 1987 zwar begonnen, aber nicht mehr zu Ende geteuft. Ein stark sinkender Weltmarktpreis für Steinkohle hatte inzwischen die wirtschaftlichen Bedingungen für die deutsche Förderung verändert (s. Abschnitt „Reserven im Norden. Neue Techniken ..."). Neue Pläne für den Bergbau im östlichen Ruhrrevier mußten von einer starken Senkung der Fördermenge ausgehen. Mit dem Januar 1990 endete der Betrieb auf Radbod. Seine höchste Förderung erbrachte das Bergwerk im Jahr vor der Schließung: 1,31 Millionen Tonnen Fettkohle (1 681 Beschäftigte). Die Schächte 1, 2 und 4 wurden verfüllt, 3, 5 und 6 blieben u.a. für Wasserhaltung offen. S. Schachtanlage Donar.

⚒ *Die deutschen Strebengerüste (Bauart Klönne), die 1905 und 1906 über den Schächten 1 und 2 errichtet wurden, hat man im Jahr 2000 in die Denkmalliste eingetragen; ebenso Hängebänke, Maschinenhallen und die beiden Zwillingstandem-Dampfmaschinen, die im Ruhrgebiet inzwischen eine Seltenheit darstellen. Besonders heute, wo die Gerüste und Maschinenhäuser auf ansonsten fast freier Fläche stehen, bietet die Aufreihung ein beeindruckendes Bild. Die Fördergerüste sind Wahrzeichen und Identifikationsmerkmal des Ortsteiles Bockum-Hövel. Leider ist der Wahrzeichencharakter durch den 1984 erfolgten Abbau der Gerüstköpfe (Schächte 1 und 2) beeinträchtigt worden.*

Heute ist hier ein Standort der Stiftung Industriedenkmalpflege und Geschichtskultur. Auf dem Ehrenfriedhof in Bockum-Hövel erinnert eine Gedenkstätte an die schlimme Schlagwetterexplosion im November 1908. ⚒

Hamm-Heessen:
WO 127 78 251f.
Bergwerk Sachsen (RAG)

Die Mansfeldsche Kupferschiefer bauende Gewerkschaft (s. Zeche Mansfeld WO 78) hat in den Jahren 1903 bis 1906 durch Mutung in den Gemeinden Hamm, Hövel, Waldstedde, Heessen und Altahlen Ansprüche auf Grubenfelderbesitz erworben. Daraufhin sind 1903 die Bergwerke Mansfeld III, V, VI und VII, 1905 die Bergwerke Mansfeld I, II, IV, VIII, IX, X, XI und XII und 1906 die Bergwerke Mansfeld XIII und XIV (Gesamtberechtsame 30,64 Millionen m^2) sowie Salzsolbergwerke (Heessen, Heessen I und Heessen II) im Umfang von 6,6 Millionen m^2 verliehen worden.

1912 begann die Mansfeldsche Gewerkschaft, in den neuen Feldern eine Doppelschachtanlage abzuteufen, die den Namen *Sachsen* erhielt. 1914 entstand die Gewerkschaft Sachsen mit dem Sitz in Heessen. Alleinige Eigentümerin der Kuxe war die Mansfeldsche Kupferschiefer bauende Gewerkschaft. Die Schachtanlage Sachsen 1/2 erreichte 1913 das Steinkohlengebirge. 1915 wurden rund 100 000 Tonnen Fettkohle gefördert. Bis 1925 stieg die Förderung auf 540 000 Tonnen.

Architektonisch beispielgebende Bauten waren die von dem Essener Architekten A. Fischer (1881 - 1950) errichteten Übertageanlagen, insbesondere die Maschinenhalle (1914) und der Kohlenturm (1925). Da die Zeche gute Fettkohle förderte, wurde mit dem Bau einer Kokerei (70 Kammeröfen) und Kohlenwertstoffgewinnungsanlage begonnen, die 1926 in Betrieb genommen werden konnten. Bereits im ersten Jahr wurden 145 000 Tonnen Koks erzeugt.

1937 ist mit dem Abteufen des Schachtes 3 begonnen worden. Das Abteufen mußte 1940 bei 980 m Tiefe infolge kriegsbedingter Materialknappheit eingestellt werden. 1938 war die Förderung auf 850 000 Tonnen angestiegen. 1939 erfolgte der Erwerb des Grubenfeldes Maximilian (stillgelegte Schächte 1 und 2); die Berechtsame der Zeche belief sich damit auf 35,2 km^2. Das Teufen des Schachtes Bayern (es war ursprünglich der Bau eines selbständigen Bergwerks unter diesem Namen vorgese-

Hamm-Heessen, Bergwerk Sachsen. *Die Kohlenwäsche (links im Bild), die rechts anschließende Separation sowie die Schachtgebäude nach Entwürfen von Alfred Fischer, Essen, 1922/23 (vgl. Abb. S. 252). Aufnahme vor 1959.*

Hamm-Heessen, Bergwerk Sachsen: *Kohlenturm nach Entwurf von Alfred Fischer, Essen, 1925. Aufnahme aus den 1920er Jahren.*

hen) begann 1942; die Arbeiten mußten 1944 bei 639 m Teufe eingestellt werden. Im Ostfeld der Zeche ereignete sich 1944 eine Schlagwetterexplosion, bei der 169 Todesopfer zu beklagen waren.

Nach Übernahme des Feldes Bayern (1945) entstand 1946 der Plan, die Maximilianschächte 1 und 2 zu sümpfen; er wurde jedoch nicht realisiert. 1951 wurde Schacht 1 bis auf 1 195 m weiter abgeteuft. 1954 ist mit dem Abteufen des Wetterschachtes Sachsen 4 begonnen worden, und der Schacht 3 wurde bis auf 1 190 m tiefergeteuft. Die Kokerei ist 1953 und 1954 weiter ausgebaut worden. Mit den Abteufarbeiten eines neuen Schachtes wurde 1958 begonnen (Zentralförderschacht 5, Konrad Ende). Förderung 1960: 1,21 Millionen Tonnen (3 707 Beschäftigte). 1962 waren bei einer Schlagwetterexplosion 31 und bei einem Gebirgsschlag sechs Todesopfer zu beklagen. Der Zentralförderschacht 5 kam 1963 in Betrieb. In diesem Jahr hat die Zeche mit 1,22 Millionen Tonnen ihre höchste Förderung erbracht (3 205 Beschäftigte). Ein Seilriß bei der Seilfahrt forderte 1964 zehn Todesopfer. Im Grubenfeld des Bergwerks standen die Schächte: 1 (Material- und Seilfahrtschacht), 2 (Förder- und Wetterschacht), 3 und 4 (Wetterschächte) und 5 (Förder- und Seilfahrtschacht). Teufe der Hauptfördersohlen: 1 022 und 1 152 m, Teufe der tiefsten Sohle: 1 152; max. Förderung 1974: eine Million Tonnen Fettkohle. † 1976. Die Sachsenschächte wurden verfüllt. 1978/80 erfolgte die Verfüllung der Maximilianschächte, 1981 die des Schachtes Bayern.

⚒ *Einziges erhaltenes Bauwerk der Zeche Sachsen ist die Maschinenhalle, die 1914 nach Plänen Alfred Fischers entstand. Die Bauten des Essener Architekten zeigen eine deutliche Abkehr vom Historismus und führen die sachliche Orientierung an der Funktion in die Industriearchitektur ein. Damit leistete Fischer den wohl wichtigsten Beitrag zur Gestaltung von Industriebauwerken vor dem Ersten Weltkrieg. Bei seiner Maschinenhalle in Hamm-Heessen betont eine repräsentative Treppe die Bedeutung dieses Gebäudes als Herzstück der übertägigen Zechenanlage. Heute findet man auf dem Bergwerksgelände das Ökozentrum NRW (ökologisches Bauen, IBA Emscher Park-Projekt). Fischers Maschinenhalle hat man renoviert und nutzt sie für Messen und Veranstaltungen (Eintragung in die Denkmalliste 1989).*

Siedlungen der Zeche Sachsen: Alfred Fischer entwarf auch die erste der insgesamt drei Siedlungen, die für die Bergleute der Zeche Sachsen gebaut wurden. Nach dem Gartenstadtkonzept entstanden von 1912 bis 1923 eineinhalbgegeschossige Häuser mit großen Gärten. Der Arbeitskräftebedarf des Bergwerks war groß, so daß schon während des Ersten Weltkriegs der Bau der Neuen Kolonie im westlichen Teil von Hamm-Heessen begann. Die Häuser dieser beiden ersten Kolonien wurden später einzeln verkauft, wodurch das ursprünglich einheitliche Erscheinungsbild teilweise verloren ging. Anders erging es der dritten Sachsen-Kolonie, der Siedlung Vogelsang, die 1920/21 zwischen den anderen beiden entstand. Eine sorgfältige Restaurierung erhielt die stilistische Geschlossenheit. ⚒

Hamm-Herringen: 252
Schachtanlage Franz-Humbert

Der Schacht Franz (3) dieser Anlage wurde 1923 abgeteuft. Als Wetterschacht folgte 1927 der Schacht Humbert (4). Die neue Schachtanlage konnte 1928 die Förderung aufnehmen. Im Tiefpunkt der Weltwirtschaftskrise ist die Förderung 1932 eingestellt worden. Sie wurde 1937 wieder aufgenommen. S. Bergwerk Heinrich Robert WO 126.

Hamm-Herringen:
WO 126 253
Bergwerk Heinrich Robert (RAG)

Die lothringische Eisengesellschaft Les Petits Fils de François de Wendel & Cie. (Paris) entschloß sich 1899, zur Sicherung der Kohlenversorgung ihrer Werke mehrere zusammenhängende Steinkohlenfelder bei Hamm zu erwerben. 1901 begannen die Abteufarbeiten für die Schächte 1 (Heinrich) und 2 (Wetterschacht Robert). Mit dem Bau der Tagesanlagen ist 1903 begonnen worden. 1904 wurde auf Schacht 1 die erste Kohle gefördert. Schacht 2 mußte bei 500 m Teufe wegen starken Wasserandrangs zunächst verlassen werden. 1906 setzte die Förderung voll ein. Sie überschritt bereits 1907 hunderttausend Tonnen. 1908 wurde mit dem Bau einer Kokerei begonnen; sie ist 1909 fertiggestellt worden. Bis 1913 war die Förderung auf 530 000 Tonnen gestiegen. Die Kokserzeugung war auf 352 000 Tonnen angewachsen. 1914 begann der Bau eines zecheneigenen Hafens am Datteln-Hamm-Kanal. Nach dem Ersten Weltkrieg entschloß man sich, eine zweite Schachtanlage niederzubringen. Die Gesamtförderung der Zeche betrug 1925 rund 765 000 Tonnen und 1927 bereits 960 000 Tonnen. Die Kokserzeugung lag in diesen Jahren stets

Hamm-Herringen: Schachtanlage Franz-Humbert. *Aufnahme vor 1959.*

Hamm-Herringen: Bergwerk Heinrich Robert. In der Bildmitte der geschlossene Förderturm über Schacht Robert. Aufnahme 1970.

über 300000 Tonnen. Förderung 1937: 1,23 Millionen Tonnen. Nach dem Zweiten Weltkrieg kam die Zeche verhältnismäßig schnell wieder in Betrieb. 1949 war die Förderung des Jahres 1937 nahezu erreicht. Die Kokserzeugung belief sich auf 317000 Tonnen. Förderung 1956: 1,56 Millionen Tonnen; Kokserzeugung: 420000 Tonnen. Förderung 1965: 1,5 Millionen Tonnen Fettkohle. 1969 ist die Förderung auf den Schächten Heinrich und Franz eingestellt worden; Schacht Robert wurde Hauptförderschacht. 1973 wurde die Zeche Werne angeschlossen. Förderung 1976: 2,6 Millionen Tonnen. Das Abteufen des Schachtes Sandbochum begann 1978. Er erreichte 1979 das Steinkohlengebirge. Die Zeche Königsborn wurde 1978/79 angeschlossen (Bergwerk Heinrich Robert / Königsborn). Der Schacht Werne 4 ist 1981 verfüllt worden. Im gleichen Jahr erreichte der Schacht Sandbochum seine Endteufe.

Im Grubenfeld des Bergwerks stehen die Schächte: Heinrich (westliche und östliche Förderung: Seilfahrt-, Material- und Bergeschacht, Gestellförderung); Robert (westliche und östliche Förderung: Förderschacht, Wetterschacht, zwei Gefäßförderungen); Franz (nördliche und südliche Förderung: Seilfahrt-, Material- und Bergeschacht, Gestellförderung); Humbert (Wetterschacht, Gestellförderung); Lerche (Wetterschacht). Der Schacht Sandbochum (einziehender Wetterschacht), der neu abgeteuft worden ist, hat einen Durchmesser von 8 m; die Gesamtteufe beträgt 1 221 m. Der Schachtturm ist 28 m hoch. Teufe der Hauptfördersohle: 1 038 m.

Die bisher höchste Förderung wurde 1985 mit 3,4 Millionen Tonnen erbracht (Fettkohle). 1997 betrug die Förderung noch 2,64 Millionen Tonnen (3 228 Beschäftigte).

Im folgenden Jahr wurde Heinrich Robert mit Haus Aden/Monopol zum Bergwerk Ost verbunden. S. Schachtanlagen Franz Humbert und Donar, Zechen Königsborn WO 123 und Werne WO 124 sowie Bergwerk Ost WO 126/118/120.

⚒ *Als denkmalwert werden angesehen, ohne bisher (Stand Juli 2002) in die Denkmalliste eingetragen zu sein: die Kernanlage von 1905/06 (Verwaltung, Markenkontrolle, Pförtner- und Zentralmaschinenhaus), das deutsche Strebengerüst über Schacht Heinrich (1903) mit Maschinenhaus und elektrischen Fördermaschinen, der Hammerkopfturm über Schacht Robert von 1952 mit elektrischer Maschine und ein Maschinenhaus an diesem Schacht.* ⚒

Hamm-Herringen:
WO 126/118/120
Bergwerk Ost (DSK)

Das Bergwerk entstand im April 1998 durch den Verbund von Heinrich Robert mit Haus Aden/Monopol. Anlagen im Jahr des Verbunds im Baufeld Heinrich Robert: Schächte Heinrich und Robert (Förderanlage), Schächte Franz, Humbert (Bewetterung), Lerche und Sandbochum; im Baufeld Haus Aden/Monopol die Förderanlage Haus Aden 1/2 und die Schächte Haus Aden 6 (Langern, Bewetterung), 7 (Romberg), Victoria 1/2 (noch 1998 verfüllt), Kurl 3, Grimberg 1/2, Grillo 1 und 4 und Werne 3. Sitz der Direktion ist Heinrich Robert. Der Abbau geht in den Feldern Monopol und Heinrich Robert um, die durch einen Förderberg und eine Strecke miteinander verbunden wurden. Im Feld Monopol verlagerte sich der Abbau 2000 in erheblich größere Tiefe. Aus dem Flöz Grimberg 2/3 (800 m) in das Flöz Wilhelm (2002: 1 565 m). Ebenfalls im Jahr 2000 kam das Aus für die Förderanlage Haus Aden; alle Kohle gelangt seitdem auf Heinrich Robert an die Erdoberfläche. Ende September 2002 ging nach umfangreichem Umbau Schacht Lerche wieder in Betrieb. Er wurde 370 m tiefer geteuft und reicht nun auf 1 400 m hinab. Der Schacht, der ursprünglich als Abwetterschacht diente, versorgt jetzt das Baufeld Monopol mit Elektrizität, Frischwetter und Kühlwasser für die Wetterkühlung; dafür steht über Tage eine neue Kälteanlage. Die natürliche Gesteinstemperatur in der großen Tiefe beträgt 65 °C. Der durch das Bergwerk ziehende Luftstrom würde ohne Kühlung keine Temperatur schaffen, bei der Menschen arbeiten können. Etwa 800 Beschäftigte fahren täglich durch Schacht Lerche an; außerdem nutzt man ihn zum Materialtransport. Der Umbau dauerte drei Jahre und erschließt etwa 30 Millionen Tonnen Kokskohle, die das Bergwerk Ost für 15 Jahre sichern können. Über die Baufelder Heinrich Robert und Monopol hinaus gehört zum Bergwerk noch das Optionalfeld Donar mit mindestens 100 Millionen Tonnen Kohle. Dies bietet eine längerfristige Zukunftsperspektive für den Bergbau am Ostrand des Ruhrreviers.

Das Grubenfeld des Bergwerks ist ungewöhnlich groß: 285 km². Die Förderung belief sich im Jahr 2002 bei 3 612 Beschäftigten auf 2,5 Millionen Tonnen Kohle, die größte Teufe lag bei 1 565 m.

Hamm-Werries:
Zeche Maximilian

Diese Zeche ist nur kurze Zeit in Betrieb gewesen; sie hatte jedoch eine wechselvolle Geschichte. 1899/1900 erwarb die Oberpfälzische Eisenwerkgesellschaft Maximilianshütte (Sulzbach-Rosenberg) Rechte auf ein Grubenfeld bei Hamm. 1903 wurde mit dem Schachtabteufen begonnen (Schächte 1 und 2). Es ergaben sich erhebliche Schwierigkeiten wegen wiederholter Einbrüche von Solquellen. 1907 stieß Schacht 1 auf das Karbon; 1909 forderte ein Gasausbruch vier Todesopfer. Schacht 2 erreichte 1911 das Steinkohlengebirge; in diesem Jahr betrug die Kohlenförderung etwas über 11 000 Tonnen (595 Beschäftigte). Förderung 1913: 102 000 Tonnen.

Nachdem die Förderung kaum begonnen hatte, mußte 1914 der Untertagebetrieb infolge eines großen Wassereinbruchs eingestellt werden. 1920 wurde beschlossen, die Zeche wieder in Betrieb zu nehmen; zwei neue Schächte sollten abgeteuft werden. Da die finanziellen Mittel hierfür nicht aufzubringen waren, wurden alle Arbeiten 1921 endgültig eingestellt. Ein letzter, ebenso erfolgloser Versuch, zwei neue Schächte abzuteufen, ist schließlich während des Zweiten Weltkrieges unternommen worden. 1939 kam das Grubenfeld der Zeche an Sachsen, und 1943 sind die Tagesanlagen 1/2 aufgegeben worden. Die Verfüllung der beiden Schächte erfolgte 1978/80. S. Bergwerk Sachsen WO 127.

⚒ *Unter Denkmalschutz stehen: 1. das ehemalige Kauen- und Verwaltungsgebäude (von 1913/14) – ein moderner Stahlbeton-Skelettbau, mit Backstein verkleidet; die Fassadengestaltung läßt einen Vergleich mit den Berliner Bauten (Turbinenfabrik der AEG) von Peter Behrens (1868 - 1940) zu; 2. Maschinenhalle; 3. Elektrozentrale; beide wurden vor 1908 fertiggestellt und sind in einer damals bei Industriebauten noch üblichen historisierenden Backsteinarchitektur mit großen Rundbogenfenstern und den typischen Gliederungselementen (Lisenen, Ziergesimse) errichtet; 4. Kohlenwäsche (1913/14), die durch einen Künstler für die Nordrhein-Westfälische Landesgartenschau 1984 umgestaltet wurde („Gläserner Elefant"). Alle erwähnten Gebäude sind heute Teil des Maximilianparks in Hamm.* ⚒

HATTINGEN (RUHR) EN

Hattingen-Blankenstein/Hammerthal:
Zeche Saufberg

Die Verleihung des Grubenfeldes erfolgte 1727; die Vermessung fand 1739 statt. Das Bergwerk ist dann 1754/55 zeitweise in Betrieb gewesen, wurde jedoch wegen Absatzmangels später stillgelegt. 1768 ist das Grubenfeld neu vermessen worden. Produktionszahlen liegen erst ab der zweiten Hälfte des 19. Jahrhunderts vor. 1867 betrug die Kohlenförderung knapp 3 000 Tonnen, und 1872 sind mit 22 Beschäftigten ca. 5 600 Tonnen Kohle gefördert worden. Dann ging die Produktion ständig zurück; 1876 kam das Bergwerk außer Betrieb und soff ab. 1878 erfolgte die Verpachtung an Blankenburg und die Wiederinbetriebnahme. Die höchste Förderung ist 1881 mit etwas über 11 000 Tonnen erbracht worden (25 Beschäftigte). † 1888. S. Zeche Blankenburg.

Hattingen-Bredenscheid:
Bräutigam Erbstollen

Aus diesem Erbstollen, der 1857 aufgefahren wurde, ist auch Kohle gefördert worden. Das Stollenmundloch lag am Sprockhöveler Bach. Der Kohlenabbau begann 1871. 1872 wurden etwas über 250 Tonnen Kohle gefördert. † 1875.

Hattingen-Bredenscheid:
Zeche Hoffnungsthal

Die Verleihung des Grubenfeldes erfolgte 1851, und 1853 wurde ein Stollen angelegt. In den folgenden zwei Jahrzehnten kam es mit Unterbrechungen zu einer geringfügigen Kohlenförderung. Der Übergang zum Tiefbau begann 1889; der tonnlägige Schacht 1 wurde abgeteuft. 1890 belief sich die Förderung auf ca. 4 600 Tonnen (40 Beschäftigte). 1893 waren zwei Schächte in Betrieb, und 1895 hatte die Förderung bereits über 15 000 Tonnen erreicht (86 Beschäftigte). Die Gewerkschaft Hoffnungsthal konsolidierte 1899 die alten Stollenzechen Wodan, Rabe, Johannessegen, Hüllsiepenbank und Hoffnungsthal. Der Schacht Hoffnungsthal 2 wurde abgeteuft und kam 1901 in Betrieb; Anfang des 20. Jahrhunderts sind die alten Stollenbetriebe stillgelegt worden. Die Förderung der Zeche belief sich zuletzt jährlich auf rund 50 000 Tonnen Kohle. † 1925. S. Zeche Alte Haase WO 81.

Hattingen-Bredenscheid:
Zeche Johannessegen

Das Bergwerkseigentum war 1793 verliehen worden, und um 1831 existierte ein Stollenbetrieb an der Chaussee Hattingen / Sprockhövel; die Pferdebahn der Zeche Wodan wurde benutzt. Die Zeche hat dann mehrere Jahrzehnte anscheinend stillgelegen; erst für 1874 wird ein geringer Kohlenabbau verzeichnet (1 300 Tonnen), der jedoch ständig zurückging. 1892 war ein tonnlägiger Schacht vorhanden (45 m Teufe), der aber im folgenden Jahr aufgegeben worden ist. 1897 kam es zur Konsolidation zu Hoffnungsthal. 1905 wurde der gesamte Bergwerksbesitz der Gewerkschaft Hoffnungsthal von der Gewerkschaft Johannessegen übernommen, deren sämtliche Kuxe sich im Besitz der S.A. des Charbonnages de Hattingen sur Ruhr (Brüssel) befanden. Später kam noch die 1896 abgeteufte und seit 1905 nicht mehr betriebene Zeche Kons. Sprockhövel hinzu. 1910 waren fünf Schächte vorhanden; die Kohlenförderung belief sich auf fast 130 000 Tonnen (500 Beschäftigte). 1920 verfügte die Zeche noch über den Förderschacht Hoffnungsthal 2 sowie den tonnlägigen Schacht Rabe; die Förderung betrug rund 110 000 Tonnen (532 Beschäftigte). 1921 kam es zur Konsolidation mit Alte Haase. † 1925. S. Zechen Hoffnungsthal, Sprockhövel und Alte Haase WO 81.

Hattingen-Bredenscheid:
Zeche Rabe

Diese Zeche war schon 1737 unter dem Namen Schwarzer Rabe in Betrieb und wurde auch noch im 19. Jahrhundert so genannt. 1831 verfügte das Bergwerk über zwei Stollen. Bis in die ersten 1870er Jahre ist der Betrieb wiederholt unterbrochen worden; 1874 wurden rund 5 000 Tonnen Kohle gefördert, dann lag der Betrieb wieder einige Jahre still. 1888 ist in der Nähe des Bahnhofs Bredenscheid ein tieferer Stollen angelegt worden, und 1890 wurden rund 8 000 Tonnen Kohle gefördert (47 Beschäftigte). 1892 ist ein tonnlägiger Schacht (85 m Teufe) niedergebracht worden; zwei Wetterschächte wurden ebenfalls abgeteuft. Beide Schächte mußten jedoch bereits 1893 wieder aufgegeben werden. 1895 belief sich die Förderung (83 Beschäftigte) auf über 21 000 Tonnen. Im folgenden Jahr hatte der Schacht Rabe eine Teufe von 180 m erreicht, und 1897 erfolgte die Vereinigung mit der Gewerkschaft Hoffnungsthal (weiter getrennter Betrieb). Die höchste Förderung ist 1900 mit knapp 33 000 Tonnen erbracht worden (118 Beschäftigte). 1902 erfolgte die Zusammenlegung mit Hoffnungsthal und Wodan sowie die Umbenennung in Westfälische Kohlenwerke. S. Zechen Hoffnungsthal und Westfälische Kohlenwerke.

Hattingen-Bredenscheid:
Zeche Valeria

Das Bergwerk war bereits 1839 in Betrieb; die Verleihung des Grubenfeldes erfolgte 1844. Dann lag der Betrieb über ein Jahrzehnt still. Die Wiederinbetriebnahme erfolgte 1857 durch Auffahrung des Bräutigam Erbstollens. Kohlenförderung 1872: 6 600 Tonnen (35 Beschäftigte). † 1874. Die Berechtsame kam 1890 zu Blankenburg und 1907 zu Johannessegen. S. Zechen Blankenburg und Johannessegen sowie Bräutigam Erbstollen.

Hattingen-Bredenscheid:
Zeche Wodan

Im Feld dieser Zeche ist schon um 1831 Kohlenabbau betrieben worden; die Bergwerksverleihung erfolgte jedoch erst 1845. Das Ansetzen des Stollens begann 1854 (das Stollenmundloch lag an der Straße Hattingen / Sprockhövel). Für 1869 wird eine Kohlenförderung von knapp 1 100 Tonnen genannt; dann war das Bergwerk anscheinend 15 Jahre hindurch außer Betrieb. Die Wiederinbetriebnahme erfolgte 1884, und 1886 wurde ein tonnlägiger Schacht für den Abbau unter der Stollensohle abgeteuft. 1890 belief sich die Förderung (21 Beschäftigte) auf etwas über 4000 Tonnen. 1897 übernahm die Gewerkschaft Hoffnungsthal die Zeche. 1902 erfolgte die Zusammenlegung mit diesem Bergwerk. S. Zeche Hoffnungsthal.

Hattingen-Bredenscheid/Niederstüter
WO 80
Zeche Petrus Segen
Der 1942 abgeteufte tonnlägige Schacht dieser Kleinzeche ist bei einer Teufe von 160 m auf die Grubenbaue der alten Zeche gleichen Namens gestoßen, die 1791 gegründet worden war und ihren Betrieb in den letzten Jahren des 19. Jahrhunderts eingestellt hatte. 1950 wurde ein seigerer Schacht abgeteuft. 1952 sind weitere 6 tonnlägige Nebenschächte in Betrieb genommen worden. Förderung 1958: 37000 Tonnen. 1959 waren zwei Betriebsanlagen vorhanden, und 1960 sind mit 96 Beschäftigten über 39000 Tonnen Kohle gefördert worden. 1961 wurde der tonnlägige Schacht von 1946 (60 m flache Teufe) aufgegeben. Förderung 1962: 10200 Tonnen (36 Beschäftigte). † 1963

Hattingen-Bredenscheid/Stüter:
Edeltraud-Erbstollen
Die Verleihung der Erbstollengerechtigkeit ist 1850 erfolgt und das Ansetzen des Stollens 1858. Das Stollenmundloch lag am Sprockhöveler Bach. 1895 ist der Stollen durch Alte Haase übernommen worden. S. Zeche Alte Haase WO 81.

Hattingen-Bredenscheid/Stüter:
Zeche Westfälische Kohlenwerke
Die Gründung des Bergwerks erfolgte 1899 durch den Zusammenschluß mehrerer Berechtsamen (zusammen sieben km²). 1900 und 1901/02 wurden weitere Felder erworben. Die Zechen Hoffnungsthal, Rabe und Wodan mit den Schächten Hoffnungsthal 2 und Hoffnungsthal 1, Rabe und Wodan (sämtlich tonnlägig) wurden 1902 zusammengelegt. In den Schächten Hoffnungsthal 1 und Wodan ist die Förderung eingestellt worden (die Kohle kam zentral in Hoffnungsthal 2 zu Tage). Sie belief sich in diesem Jahr auf über 28000 Tonnen (188 Beschäftigte). Die höchste Förderung ist 1903 mit nahezu 100000 Tonnen erbracht worden (470 Beschäftigte). 1905 ging das Unternehmen in Konkurs. Nach dem Besitzerwechsel erfolgte die Umbenennung der Zeche in Johannessegen. S. Zechen Hoffnungsthal, Rabe, Wodan und Johannessegen.

Hattingen-Hammerthal:
Zeche Jungmann
Das Feld dieser Zeche ist bereits 1759 verliehen worden (wahrscheinlich unter dem Namen Junge Mann). In der ersten Hälfte des 19. Jahrhunderts wurde ein Stollen angelegt, der 1842 erwähnt wird. Knapp hundert Jahre später (1935) wurde das Bergwerk wieder in Betrieb genommen (Anlegung von zwei Stollen, Teufbeginn eines tonnlägigen Schachtes). 1937 sind mit 32 Beschäftigten rund 10000 Tonnen Kohle gefördert worden. Die höchste Förderung wurde 1939 mit fast 13000 Tonnen erbracht (38 Beschäftigte). † Ende 1939 wegen Ausbruchs des Zweiten Weltkrieges.

Hattingen-Hammerthal:
WO 83 255
Schachtanlage Plessbach
Die Anlage ist 1919 als Zeche Cleverbank gegründet worden und förderte 1938 rund 26000 Tonnen Eß- und Magerkohle. Außer dem Förderschacht (mit elektrischer Fördermaschine) war noch ein Stollen vorhanden. Gebaut wurden fünf Flöze. Die größte Teufe betrug 150 m. Förderung 1958: 40000 Tonnen. Die höchste Förderung ist 1959 mit ca. 41000 Tonnen erbracht worden (188 Beschäftigte). Förderung 1960: 36000 Tonnen (175 Beschäftigte). 1961 ist ein 2 km langer Verbindungsquerschlag zu Elisabethenglück aufgefahren worden. † 1962. S. Zeche Elisabethenglück WO 84 sowie Zechen Ver. Glück & Wrangel und Cleverbank.

Hattingen-Niederholthausen:
WO 79 255
Steinkohlenbergwerk Aurora
Diese Zeche ist 1939 neu gegründet worden, nachdem sie bereits 1828 einmal in Betrieb gewesen war. Es ist zunächst ein Förderschacht abgeteuft worden, der 1940 den Betrieb aufnahm. 1945 belief sich die Produktion auf rund 1200 Tonnen (34 Beschäftigte), und 1949 kam es zur Auffahrung eines tonnlägigen Schachtes (1,5 km östlich des seigeren Schachtes Aurora). Die Kohlenförderung der Grube betrug in diesem Jahr ca. 67000 Tonnen (190 Beschäftigte). 1953 wurde das Bergwerk umbenannt, und der seigere Schacht wurde unter dem Namen Eugen Eickmann Hauptförderschacht.

1955 sind mit 240 Beschäftigten rund 67000 Tonnen Kohle gefördert worden; 1956 kam ein neuer Förderschacht (Gute Hoffnung) in Betrieb. 1957 ist ein dritter Schacht (Barbara) abgeteuft worden; Teufe ca. 400 m. Die höchste Förderung ist 1962 mit knapp 113000 Tonnen erbracht worden (290 Beschäftigte). Förderung 1964: 90000 Tonnen. † 1965

Hattingen-Hammerthal: Schachtanlage Plessbach. Aufnahme vor 1959.

Hattingen: Steinkohlenbergwerk Aurora. Fördergerüst und Schachthaus über Schacht Eugen Eickmann, der 1939 abgeteuft wurde. † 1965.

Hattingen-Welper/Blankenstein: Zeche Hermanns Gesegnete Schiffahrt
Dieser Stollenbetrieb entstand 1820 durch Konsolidation von Gesegnete Schiffahrt und Glücklicher Hermann. 1824 wurde in der Berechtsame ein Stollen aufgefahren (153 m lang), der jedoch wieder aufgegeben worden ist, da ein unreines Flöz angetroffen wurde. 1831/32 erfolgte die Auffahrung eines zweiten Stollens und das Teufen des tonnlägigen Schachtes Friedrich (59 m flache Teufe). Das Teufen des tonnlägigen Schachtes Wilhelm (68 m flache Teufe) erfolgte 1833; der Stollen erreichte in diesem Jahr einen Kilometer Länge ab Mundloch. Wegen unreiner Kohle mußte der Vortrieb jedoch schon bald eingestellt werden. 1835 belief sich die Kohlenförderung auf 860 Tonnen, 1840 auf rund 930 Tonnen. 1844 ist im Sprockhöveler Bachtal ein dritter Stollen angelegt worden. Im folgenden Jahr kam es mehrfach zu Wasserzuflüssen von der Ruhr in den Stollen; die Kohlenförderung erreichte mit 15 Beschäftigten 1845 rund 2 100 Tonnen. 1850 ist beim Stollenmundloch am Sprockhöveler Bach eine Kaue gebaut worden, und 1855 belief sich die Förderung (nach Anlegung eines neuen Stollens im Nordwesten der Berechtsame) auf fast 7 000 Tonnen.

Ende der 1850er Jahre wurde der Schacht Adolph abgeteuft (zur Eisensteinzeche Müsen gehörig), und 1860 belief sich die Kohlenförderung der Zeche auf rund 25 500 Tonnen (140 Beschäftigte). Die höchste Förderung ist 1861 mit fast 32 000 Tonnen erbracht worden. Danach gingen Förderung und Zahl der Beschäftigten stark zurück, und 1875 kam es zur Betriebseinstellung. Die Tagesanlagen wurden abgebrochen. Die Berechtsame ist noch vor 1897 Carl Friedrichs Erbstollen zugeschlagen worden. Nach Beendigung des Ersten Weltkrieges ist in diesem Grubenfeld in geringem Umfang wieder Stollenbau betrieben worden (ab 1923). † 1924.

Nach dem Zweiten Weltkrieg (1955) ist eine Kleinzeche gleichen Namens in Betrieb gekommen (Gewerkschaft Wippsterz, später Gewerkschaften Hausbach bzw. Friedrichshöhe). Sie förderte 1960 rund 12 000 Tonnen Kohle und 1965 über 36 000 Tonnen (96 Beschäftigte). Die höchste Förderung betrug 1966 fast 38 000 Tonnen (120 Beschäftigte). † 1967. S. Zeche Carl Friedrichs Erbstollen.

Hattingen-Winz/Baak: Stephansburger Erbstollen
Der Stollen ist 1790 verliehen worden und wurde aus dem Ruhrtal bei Rauendahl nach Norden aufgefahren. Er wurde fast das gesamte 19. Jahrhundert hindurch betrieben; in geringem Umfang ist in dem Erbstollen auch Kohle gewonnen worden (1867 z.B. ca. 2 000 Tonnen). Nach 1888 kam die Berechtsame zu Dahlhauser Tiefbau. S. Zeche Ver. Dahlhauser Tiefbau WO 62.

HERNE HER

WO 95 **256**
Bergwerk Friedrich der Große (RAG)
In den Jahren 1857 bis 1866 wurden die Steinkohlenfelder Gutes Recht I bis IV verliehen, die 1870 zu dem Feld Friedrich der Große konsolidiert worden sind. Gleichzeitig wurde zur Ausbeutung des Feldes die Gewerkschaft des Steinkohlenbergwerks Friedrich der Große gebildet. Der Name geht auf den König von Preussen Friedrich II. (1740 - 1786 Regierungszeit, geb. 1712, gest. 1786) zurück.

Das Abteufen des ersten Schachtes begann 1870; die Inbetriebnahme erfolgte 1874. Über dem Schacht wurde ein Malakoffturm mit Ecktürmen errichtet. Mit der Fertigstellung des ersten Schachtes konnte auch eine Anschlußbahn zur Station Herne der Köln-Mindener Eisenbahn in Betrieb genommen werden. 1875 überstieg die Förderung bereits 100 000 Tonnen. In den nachfolgenden Jahren hatte die Zeche allerdings erheblich mit gestörten geologischen Verhältnissen und wiederholten Wassereinbrüchen zu kämpfen. 1886 entschloß man sich, eine Kokerei zu errichten. Die Förderung belief sich in diesem Jahr auf 217 000 Tonnen Kohle. Schacht 2 wurde 1890 in Angriff genommen und kam 1893 in Betrieb. Er bekam nach den Mitgliedern des Grubenvorstandes August, Carl und Albert von Waldthausen den Namen Von-Waldthausen-Schacht. 1891 war auf der Schachtanlage eine zweite Kokerei gebaut worden. Kokserzeugung 1893: 80 000 Tonnen; Kohlenförderung: 355 000 Tonnen. 1895 wurde für die Schachtanlage 1/2 ein eigener Hafen am Stichkanal des Rhein-Herne-Kanals in Betrieb genommen. 1902 begann das Abteufen des dritten Schachtes; 1903 wurde Schacht 4 angebohrt. Beide Schächte waren 1907 fertiggestellt.

Mit der Inbetriebnahme der Schachtanlage 3/4 begann auch hier der Bau einer Kokerei. 1913 war die Kohlenförderung auf 1,18 Millionen Tonnen und die Kokserzeugung auf 307 000 Tonnen angestiegen. Im gleichen Jahr begann das Abteufen des Schachtes 5, der 1915 in Betrieb genommen werden konnte. In diesem Jahr wurde auch für die Schachtanlage 3/4 ein

Herne: Bergwerk Friedrich der Große. † 1978. Unser Bild von 1950: Schächte 3 (rechts) und 4 (links).

eigener Hafen fertig. 1918 ereignete sich auf der Anlage 1/2 eine schwere Schlagwetterexplosion (26 Todesopfer). Förderung 1925: über eine Million Tonnen (5 915 Beschäftigte).

1929 wurde im Zuge umfassender Rationalisierungsmaßnahmen auf der Anlage 3/4 eine Zentralkokerei in Betrieb genommen. 1930 sind die Einzelschachtanlagen 1/2, 3/4 und 5 zu einer betrieblichen Einheit zusammengefaßt worden. 1938 betrug die Förderung 1,24 Millionen Tonnen Kohle; Kokserzeugung: 304 000 Tonnen. Der Hafen der Schachtanlage 1/2 mußte stillgelegt werden, als der Stichkanal des Rhein-Herne-Kanals außer Betrieb gesetzt wurde. Kohlenförderung 1940: 1,4 Millionen Tonnen (3 573 Beschäftigte). 1944 forderte ein Bombentreffer in der Waschkaue hundert Todesopfer. 1945 sank die Kohlenförderung des Bergwerks auf ca. 408 000 Tonnen ab (2 875 Beschäftigte). 1948 ist die Kokerei auf der Schachtanlage 3/4 nach neuzeitlichen Richtlinien umgebaut worden. 1950 hatte das Bergwerk die Vorkriegsförderung bereits wieder überschritten.

Als architektonisch bemerkenswert galt die klare Gliederung und die schwarzweiße Verkleidung des Förderturms der Schachtanlage 6; der Schacht war mit einer elektrischen Vierseilfördermaschine und Gestellförderung für Material- und Seilfahrt ausgerüstet. Mit dem Teufen dieses Zentralförderschachtes (neben der Anlage 3/4) war 1965 begonnen worden. Die Förderung belief sich in diesem Jahr auf über 1,4 Millionen Tonnen (3 495 Beschäftigte). 1973 erfolgte die Übernahme der Zeche Mont-Cenis und des Baufeldes Victor 5 der stillgelegten Zeche Victor / Ickern. Die höchste Förderung ist 1974 mit 2,21 Millionen Tonnen erbracht worden (3 610 Beschäftigte).

Das Grubengebäude Friedrich der Große verfügte über vier Schächte: Schacht 3 (ausziehender Wetterschacht mit Gestellförderung); Schacht 4 (einziehender Schacht); Schacht 5 (ausziehender Wetterschacht); Zentralförderschacht 6 (einziehender Schacht mit Gefäßförderung). Grubengebäude Mont-Cenis: drei Schächte (1 und 3 einziehend mit Gestellförderung; Schacht 4: ausziehend). Förderung 1976: 2 Millionen Tonnen Fett- und Eßkohle. † 1978. Die Schächte sind 1980 verfüllt worden; die Tagesanlagen wurden abgebrochen. S. Zechen Mont-Cenis WO 96 und Victor / Ickern WO 98/99.

Herne-Baukau:
Zeche Von der Heydt

Die Zeche entstand 1868 durch Umbenennung der Zeche Herne, die 1857 verliehen worden war. 1864 begann das Abteufen des Schachtes 1 (Providence), der 1865 das Steinkohlengebirge erreichte. 1867 war der Teufbeginn von Schacht 2 (neben Schacht 1), und 1869 sind mit 545 Beschäftigten rund 165 000 Tonnen Kohle gefördert worden. 1890 hatte die Kohlenförderung 346 000 Tonnen erreicht (750 Beschäftigte). 1895 stieß Schacht 2 auf das Karbon, und die Förderung der Zeche betrug rund 362 000 Tonnen (830 Beschäftigte). Die höchste Förderung ist 1900 mit rund 472 000 Tonnen erreicht worden (1 240 Beschäftigte). 1912 kam es auf dieser Zeche zum Einsatz von Schüttelrutschen. Ab 1918 ist die Kohle unter Tage nach Julia transportiert und dort nach über Tage gehoben worden. 1928 erfolgte die völlige Übernahme durch Julia. Die Schächte blieben für Wetterführung, Seilfahrt usw. in Betrieb. S. Zechen Julia und Recklinghausen WO 94.

Herne-Baukau: 257
Zeche Julia

Die Verleihung erfolgte 1857 (Felder Julia, Julia I und Bibiana I). Das Teufen des Schachtes 1 begann 1867; der Schacht erreichte 1868 bei 180 m das Steinkohlengebirge. 1869 ist dieser Schacht Barillon genannt worden. 1890 belief sich die Förderung der Zeche auf rund 303 000 Tonnen (1 000 Beschäftigte). 1891 waren zwei Schächte in Betrieb (ein Förder- und ein Wetterschacht). 1900 sind etwas über 413 000 Tonnen Kohle gefördert worden (1 186 Beschäftigte). Das Teufen des Schachtes 2 begann 1903; er erreichte 1904 bei 180 m das Karbon, und 1905 förderte die Zeche rund 365 000 Tonnen Kohle (1 355 Beschäftigte). 1907 nahm Schacht 2 die Förderung auf; Schacht 1 wurde durchgreifend repariert und kam erst 1908 wieder in Förderung. Diese betrug 1910 etwas über 451 000 Tonnen (1 540 Beschäftigte). 1913 hatte die Förderung der Zeche fast 540 000 Tonnen erreicht (1 783 Beschäftigte). 1915 stellte Schacht 1 die Förderung ein, und 1918 ist auch die Produktion der Zeche Von der Heydt von Julia übernommen worden. 1915 belief sich die Kohlenförderung auf ca. 471 000 Tonnen, und 1928 ist die Zeche Von der Heydt mit Julia vereinigt worden; der Tagesbetrieb Von der Heydt wurde stillgelegt. 1930 betrug die Förderung fast 564 000 Tonnen (1 855 Beschäftigte); im folgenden Jahr ist die Zentralaufbereitung für Julia und Recklinghausen (nördlich des Kanals) in Betrieb genommen worden. Die höchste Förderung hat die Zeche 1939 mit fast 815 000 Tonnen erreicht (nahezu 2 000 Beschäftigte). 1944 erlitt das Bergwerk schwere Zerstörungen durch Luftangriffe.

1949 belief sich die Förderung bereits wieder auf fast 577 000 Tonnen, und 1950 erfolgte die Umbenennung der Zeche in Julia / Von der Heydt. 1960 wurde das Bergwerk mit Recklinghausen konsolidiert. Die Schächte Julia 2 und 3 sowie Von der Heydt 1 und 2 sind 1965 aufgegeben und später verfüllt worden. 1966 wurde auch der Schacht Julia 1 verlassen und dann verfüllt. S. Zechen Von der Heydt und Recklinghausen WO 94.

Herne-Börnig: 76f. 258
Zeche Teutoburgia

Für diese Zeche (im Nordosten von Herne, an der Stadtgrenze von Castrop-Rauxel gelegen) wurden 1858 die Felder Teutoburgia II, III und IV verliehen. 1891

Herne-Baukau: Zeche Julia. Aufnahme vor 1959.

erfolgte die Teilung von Teutoburgia II in Teutoburgia III und Teutonia, und 1902 kam es zur Konsolidation der Berechtsame zu Teutoburgia (2,7 km²). 1909 wurden die Schächte 1 und 2 abgeteuft, die 1910 auf das Steinkohlengebirge stießen und 1911 die Förderung aufnahmen. Sie belief sich in diesem Jahr auf ca. 80 500 Tonnen (492 Beschäftigte); im Dezember ereignete sich eine Schlagwetterexplosion, die sechs Todesopfer forderte; Ende 1912 wurde das Bergwerk wieder von einer Schlagwetterexplosion betroffen (sechs Todesopfer). Die höchste Förderung ist 1913 mit rund 554 000 Tonnen erbracht worden (1 512 Beschäftigte). Die in die Zeche gesetzten Hoffnungen erfüllten sich nicht; sie verfügte in den oberen Teufen nur über Kohle, die sich nicht verkoken ließ. Außerdem war das Grubenfeld, das unter Tage gestörte Lagerungsverhältnisse aufwies, für eine

Oben und unten: ***Herne-Börnig: Zeche Teutoburgia.*** *Unmittelbar am Zechengelände entstand 1909 bis 1912 und in den folgenden Jahren die inzwischen restaurierte Bergarbeitersiedlung Teutoburgia, eine der bedeutendsten gartenstädtischen Anlagen im Ruhrgebiet (vgl. S. 76f.).*

Herne-Börnig: Zeche Teutoburgia.
Oben: Das erhaltengebliebene Fördergerüst (deutsches Strebengerüst) - erbaut 1907/08 - ist Symbol und Bezugspunkt für die Bergarbeitersiedlung Teutoburgia und markanter Blickpunkt am Emscherschnellweg. Beide Aufnahmen 1981.

Unten: Maschinenhalle. Putz- und Ziegelflächen auf der Stirnseite sowie herausgearbeitetes Schlägel-und-Eisen-Emblem an der Giebelspitze (zwischen zwei angedeuteten quadratischen Säulen, ebenfalls mit Putz- und Ziegelsteinflächen). Links: Teil des deutschen Strebengerüsts.

Herne-Börnig: Zeche Teutoburgia.
Siedlung (vgl. oben u. S. 76f.).

nachhaltige Förderung zu klein. † 1925. Das Grubenfeld kam an die Zeche Erin. Die meisten Tagesanlagen wurden abgebrochen; die Schächte blieben offen. S. Grube Erin WO 100.

⚒ *Ein deutsches Strebengerüst und eine Maschinenhalle, beide 1907/08 gebaut und denkmalgeschützt, stehen in einem „Kunstwald". Neben modernen Plastiken findet man hier auch am Boden markiert die Grundrisse der ehemaligen Zechenbauten. Das Maschinenhaus nutzt ein Förderverein für Ausstellungen und Veranstaltungen. Die benachbarte Siedlung Teutoburgia und die verbliebenen Zechengebäude lassen noch gut den früheren Zusammenhang von Wohn- und Arbeitsstätte erkennen.*

Siedlung Teutoburgia: Der mit dem Entwurf der Kolonie beauftragte Architekt Berndt orientierte sich an den Ideen der Gartenstadtbewegung. Obwohl er die Wohnungen innerhalb der Häuser nach gleichem Grundmuster anlegte und gleiche Bauformen verwendete, geben doch zahlreiche Variationen in der Außengestaltung jedem Haus ein individuelles Aussehen. Jede Wohnung hat einen eigenen Zugang und Garten. Von der alleeähnlichen Baarestraße, die ehemals auf das Werkstor zulief, zweigen kleine Wohnstraßen in Schleifen ab. ⚒

Herne-Sodingen: Zeche Mont-Cenis. *Aufnahme vor 1959.*

Herne-Sodingen: WO 96 259 Zeche Mont-Cenis (RAG)

Die Gründung der Gewerkschaft erfolgte am 27. Juli 1872, als der Bergingenieur Josef Monin aus Marseille und der Rentner Franz August Viviers aus Lyon die von dem Rentner Wilhelm Endemann aus Bonn erworbenen fünf Grubenfelder (Theresia I, Eugenia, Mathilde I, Louis und Jérome) durch Konsolidationsakt zum Grubenfeld Mont Cenis zusammenschlossen. Schon 1871 war mit dem Niederbringen des ersten Schachtes begonnen worden; 1873 wurde das Steinkohlengebirge erreicht, doch traf man statt der erwarteten Fettkohle zunächst auf Gaskohlenschichten. 1875 konnte die Förderung aufgenommen werden.

Das Unternehmen stand aber wirtschaftlich auf schwachen Füßen, und die Tagesanlagen entsprachen nur den notwendigsten Erfordernissen. Die wirtschaftliche Krise der Gründerjahre traf daher die wenig entwickelte und kapitalschwache Zeche mit voller Härte. Durch einen grossen Grubenbrand im Dezember 1888 fielen wertvolle aus- und vorgerichtete Betriebspunkte in der Nordmulde des Grubenfeldes in großem Umfang aus. Ungünstig wirkten ferner der andauernde Mangel an Bergleuten und der ständige Belegschaftswechsel. Wohnungen fehlten, und so war es nicht möglich, bei der damals noch abgelegenen Zeche einen leistungsfähigen Arbeiterstamm heranzubilden. Die Existenz der Zeche war oft in Frage gestellt, und die schwierigen Anfangsjahre konnten nur durch Ausdauer und Zähigkeit überwunden werden. Besonders mangelhaft war die Wetterführung unter Tage. Erst nach dem Abteufen eines kleinen Wetterschachtes neben Schacht 1 ab 1886 war eine einwandfreie Bewetterung möglich.

1895 begann das Abteufen von Schacht 2, der 1897 in Förderung kam. 1900 förderte die Zeche 700 000 Tonnen Kohle. 1903 übernahm die Gewerkschaft Mont-Cenis die Zeche Ver. Bommerbänker Tiefbau. 1905 wurde Schacht 3 abgeteuft, der 1909 in Betrieb kam. Kohlenförderung 1910: 893 000 Tonnen (3 325 Beschäftigte). 1913 machten auf der Anlage 1/3 ein Grubenbrand die Abdämmung einer Abteilung und 1915 ein Blindschachtbrand das Abdämmen von zwei Revieren erforderlich; die Kohlenförderung sank 1915 auf ca. 719 000 Tonnen (2 545 Beschäftigte). Förderung 1920: 819 000 Tonnen (4 175 Beschäftigte).

1921 wurde die Zeche von einem folgenschweren Explosionsunglück betroffen, bei dem 85 Bergleute ums Leben kamen. Wie die amtlichen Untersuchungen ergaben, war das Unglück dadurch verursacht worden, daß ein Schießhauer verbotswidrig in der Kohle mit Dynamit geschossen hatte. In den zwanziger Jahren ist Schacht 4 abgeteuft worden, der 1930 fertiggestellt wurde. Die höchste Jahresförderung wurde 1927 bis 1929 erreicht (eine Million Tonnen). 1930 kam die Zeche in den Besitz der Gewerkschaft Ver. Constantin der Große. 1931 ereignete sich eine Schlagwetterexplosion, die siebzehn Todesopfer forderte. Mit 2 385 Beschäftigten sind 1940 rund 900 000 Tonnen Kohle gefördert worden.

1945 sank die Produktion auf knapp 275 000 Tonnen ab; 1955 hatte sie wieder 708 000 Tonnen erreicht (2 760 Beschäftigte). Ein Grubenbrand auf der achten Sohle zwang 1960 zur Aufgabe der östlichen Bauabteilung; die Kohlenförderung belief sich in diesem Jahr auf ca. 560 000 Tonnen. Die Förderung auf der Anlage 1/3 ist 1963 eingestellt worden; die Kohle wurde unter Tage nach Constantin der Große transportiert. 1965 ereignete sich eine Schlagwetterexplosion (mit anschließendem Grubenbrand); neun Todesopfer waren zu beklagen. 1966 ist Schacht 2 aufgegeben worden (1969 verfüllt), und 1967 erfolgte der Verbund mit Hannibal. Die Übernahme des Schachtes Lothringen 6 als Wetterschacht erfolgte 1968. 1973 ist die Zeche von Friedrich der Große übernommen worden. S. Zechen Ver. Bommerbänker Tiefbau, Constantin WO 71 und Bergwerk Friedrich der Große WO 95 sowie Lothringen WO 72.

⚒ *Die Betriebsfläche von Mont Cenis (mit denkmalgeschütztem Verwaltungsgebäude) lag längere Zeit brach, bis Ende der*

1990er Jahre im Rahmen der IBA Emscher Park eine neue Bebauung erfolgte und der Stadtteil Sodingen ein hochmodernes Zentrum erhielt. Eine riesige gläserne Hülle, durch ein Fachwerkgerüst gestützt, umschließt die neuen Gebäude. Sie werden genutzt u.a. durch eine Fortbildungsakademie des Landes, Stadtteilbibliothek und die Stadtverwaltung. Die Umhüllung schafft ein „Schutzklima“ und läßt den Energiebedarf in den Räumen um ungefähr die Hälfte gegenüber herkömmlichen Neubauten sinken. So wird die Anwendung einfacher, umweltfreundlicher Bauweisen und -stoffe erleichtert. Folgerichtig trägt das gläserne Dach Solarzellen – das weltweit größte Sonnenenergiedach derzeit. Auf die Energie der Kohle, die hier früher an die Erdoberfläche gelangte, hat man allerdings nicht völlig verzichtet. Ein mit Grubengas betriebenes Heizkraftwerk liefert Wärme für das neue Stadtteilzentrum und benachbarte Wohnungen. ⚒

Herne-Wanne-Eickel:
WO 56
Zeche Königsgrube

Die Konsolidation der Mutungen Glückauf Anna, Glückauf Elise und Glückauf Lina zu Ida Maria erfolgte 1851; die Felder sind 1855 verliehen und zur Berechtsame Königsgrube (3,1 km^2) konsolidiert worden. Mit dem Abteufen der Schächte 1 und 2 (Ernestine und Louise) wurde 1856 begonnen; sie kamen 1860 in Förderung. In den Jahren 1888 bis 1891 ist Schacht 3 abgeteuft worden (der 1937/38 verfüllt und abgeworfen worden ist).

Herne-Wanne-Eickel: Zeche Pluto 1/4, Schacht 4. Aufnahme um 1973.

Um 1900 hatte die Zeche eine Förderung von rund 500000 Tonnen erreicht. 1904 kam ein neuer Doppelschacht (Gustav) in Förderung. Die Kohlenförderung belief sich 1905 auf über 410000 Tonnen (1400 Beschäftigte). Föderung 1913; 584000 Tonnen (1670 Beschäftige). 1923 ist der Betrieb wegen der Besetzung des Ruhrgebietes durch französiche Truppen eingestellt worden. 1925 wurden wieder 437000 Tonnen Kohle gefördert (ca. 1800 Beschäftige). Während des Zweiten Weltkrieges erlitt die Zeche beträchtliche Schäden, die bis 1948 im wesentlichen beseitigt wurden. Förderung 1950: 469000 Tonnen (1795 Beschäftigte). 1955 begann der Verbund mit Hannover. Die Kohlenförderung erreichte in diesem Jahr ca. 616000 Tonnen (1725 Beschäftigte). Ab 1956 ging die Fettkohle unter Tage und die Gaskohle über Tage nach der Schachtanlage Hannover (Bochum-Hordel) zur Aufbereitung; die Aufbereitungsanlagen auf Königsgrube wurden stillgelegt. 1961 erfolgte die völlige Übernahme der Zeche durch Hannover. † 1967. S. Zeche Hannover WO 63.

Herne-Wanne-Eickel:
WO 54 85 260f.
Zeche Pluto (RAG)

In der griechisch-römischen Mythologie war Pluto (Pluton) der Gott der Unterwelt, der als Reichtumspender und Fruchtbarkeitsgott verehrt wurde. Das Grubenfeld war unter der Bezeichnung St. Nikolaus 1854 gemutet worden; der Name Pluto taucht erstmals 1857 auf.

Das Abteufen des ersten Schachtes, unmittelbar an der kurz zuvor fertiggewordenen Köln-Mindener Eisenbahn gelegen (Schacht Thies, benannt nach Bergamtsassessor Johann Heinrich Wilhelm Thies, Essen; 1808 - 1870), begann 1857; die Förderung konnte 1860 aufgenommen werden. 1863 wurde eine Kokerei errichtet. Kohlenförderung 1865: 104000 Tonnen. 1873 begann das Abteufen des Schachtes 2 (Wilhelm); 1875 wurde mit dem Teufen eines Wetterschachtes begonnen (er erhielt später die Bezeichnung Schacht 6). 1884 überschritt die Förderung 500000 Tonnen. 1893 wurde Schacht 3 abgeteuft (Doppelschachtanlage 2/3). 1899 ist die Schachtanlage Thies zur Doppelschachtanlage 1/4 ausgebaut worden. 1906 wurde ein weiterer Wetterschacht abgeteuft (Pluto 5). Die Kokerei ist wesentlich erweitert worden. Auch die Schachtanlage 2/3 ist weiter ausgebaut worden, und 1913 wurde mit dem Abteufen eines neuen Förderschachtes (Schacht 7) begonnen; die Förderung belief sich auf 1,25 Millionen Tonnen; Kokserzeugung: 372000 Tonnen. 1918 ging Schacht 7 als Förderschacht in Betrieb; Schacht 2 wurde Wetterschacht. 1927 ist auf der Schachtanlage 2/3 die Förderung aus dem Grubenfeld zusammengefaßt worden; von diesem Zeitpunkt an fiel die Schachtanlage 1/4 als Förderanlage aus. Förderung 1930: 769000 Tonnen (2425

Herne-Wanne-Eickel: Zeche Pluto 2/3/7: *Das Abteufen des ersten Schachtes begann 1857. Links Schacht 7, rechts das 1953 über der Doppelschachtanlage 2/3 errichtete Doppelbockfördergerüst (später Wetterschacht des Bergwerks Consolidation), Entwurf: F. Schupp.*

Beschäftigte). 1931 ist das Baufeld Alma (Zeche Rheinelbe & Alma) mit den Anlagen 1/2/5 übernommen worden; die Berechtsame der Zeche erreichte damit 10,5 km². 1941 kam es zu einer Explosion auf der Kokerei (neun Todesopfer). 1945 sank die Kohlenförderung auf ca. 212 000 Tonnen ab (1 710 Beschäftigte).

Nach dem Zweiten Weltkrieg wurden die Übertageanlagen völlig neu gestaltet. Über Schacht 2/3 (Wilhelm) ist nach den Plänen des Industriearchitekten Fritz Schupp 1953 ein modernes Doppelstrebengerüst in vollwandiger Ausführung errichtet worden. Als Vorbild diente das bereits 1930 gebaute Doppelstrebengerüst

Schacht Pluto *5, der 1906 als Wetterschacht abgeteuft und 1977 verfüllt worden ist.*

über Schacht 12 des Bergwerks Zollverein in Essen. Förderung 1955: 792 000 Tonnen (2 870 Beschäftigte). 1960 wurde Schacht 4 Wetterschacht, und 1963 ist der Schacht Thies verfüllt worden. 1964 wurde Schacht 6 aufgegeben; fünf Schächte waren in Betrieb. Förderung 1965: 940 000 Tonnen (2 238 Beschäftigte). Förderung 1970: 977 000 Tonnen (2 102 Beschäftigte). 1971 ist mit Consolidation eine Werksdirektion gebildet worden; die Betriebe blieben jedoch weiterhin getrennt. Förderung 1974: 960 000 Tonnen. Förderung 1975: über eine Million Tonnen (1 640 Beschäftigte). † 1976. Das Baufeld und die Schächte wurden von Consolidation übernommen. S. Bergwerk Consolidation WO 50.

⚒ *Wilhelmstraße 8: Die Schachtanlage Pluto ist charakterisiert durch Axialität und Symmetrie; sie tradiert Bauformen der 1920er und 30er Jahre in monumentaler Weise. Als Werk eines namhaften (vorwiegend im Industriebau tätigen) Architekten ist die Anlage ein bedeutendes Dokument der architekturgeschichtlichen und ideologischen Entwicklung im Industriebau der Nachkriegsära. Das Doppelstrebengerüst auf Schacht Wilhelm mit Schachthalle (1953, Architekt Fritz Schupp), zwei Maschinenhallen und eine elektrische Fördermaschine stehen seit 1999 unter Denkmalschutz.* ⚒

Herne-Wanne-Eickel:
WO 55 **261f.**
Zeche Shamrock

Die Verleihung des Bergwerkseigentums erfolgte 1855/56, und der Schacht 1 wurde in den 1950er Jahren durch Mulvany (s. Grube Erin WO 100) abgeteuft. Zur Absperrung der starken Wasserzuflüsse aus dem Deckgebirge hat Mulvany als erster im Ruhrrevier gußeiserne Tübbings verwendet. Der Förderbeginn war 1860, und im gleichen Jahr ist mit dem Abteufen des Schachtes 2 (Bewetterung) begonnen worden. Förderung 1865: 172 000 Tonnen (637 Beschäftigte). 1873 belief sich die Förderung auf 328 000 Tonnen Kohle; im gleichen Jahr wurde eine Kokerei gebaut. 1879 erreichte die Kokserzeugung 60 000 Tonnen.

Der Schacht 2 erhielt 1880 ein eisernes Fördergerüst; 1881 wurde auch Schacht 1 mit einem solchen ausgerüstet. 1884 ereignete sich eine Schlagwetterexplosion, bei der acht Todesopfer zu beklagen waren; ein Grubenbrand im folgenden Jahr forderte sieben Todesopfer. Förderung 1885: 524 000 Tonnen (1 370 Beschäftigte). 1888 hatte die Förderung bereits fast 657 000 Tonnen erreicht. 1890 begann das Abteufen der Schächte Shamrock 3 und 4. Die Schachtanlage 3/4 konnte 1892 die Förderung aufnehmen. Zu Ehren des Generaldirektors der Bergwerksgesellschaft Hibernia AG, Bergrat Carl Behrens, erhielt die neue Anlage später (1906) den Namen Behrensschächte. Förderung 1895: 1,16 Millionen Tonnen (3 622 Beschäftigte). 1897 begann das Abteufen der Schächte 5 und 6; 1899 ist mit dem Teufen des Wetterschachtes 7 begonnen worden. Förderung 1900: 1,8 Millionen Tonnen (5 693 Beschäftigte). Das Abteufen des Schachtes 8 (Bewetterung) begann 1908. 1911 ist mit dem Teufen des Hauptförderschachtes 9 begonnen worden, der 1912 bei 150 m auf das Steinkohlengebirge stieß und 1914 in Förderung kam. Die Förderung in den Schächten 2 und 6 wurde eingestellt. 1922 kam es auf der Anlage 1/2/6/9 zu einem Streckenbrand, bei dem zehn Todesopfer

Herne-Wanne-Eickel: Zeche Shamrock. *In den 1850er Jahren abgeteuft, hundert Jahre später zur Zentralschachtanlage ausgebaut. † 1967. Im Bild: Anlage 3/4.*

Herne-Wanne-Eickel: Die Zeche Shamrock (= Kleeblatt, das Wahrzeichen Irlands) ist durch den Iren Thomas Mulvany gegründet worden. † 1967. Im Bild die Anlage 1/2 in den 1950er Jahren; in der Bildmitte Fördergerüst über Schacht 9, Baujahr 1914, abgebrochen 1970.

zu beklagen waren. Das Abteufen des Schachtes 10 wurde 1925 in Angriff genommen; er kam 1928 in Betrieb. Die höchste Förderung ist 1929 mit 1,98 Millionen Tonnen erbracht worden (5 809 Beschäftigte).

Das Bergwerk Behrensschächte erlitt am Schluß des Zweiten Weltkrieges (1945) schwere Bombenschäden. Die Zeche (Shamrock = Kleeblatt, das Wahrzeichen Irlands) ist 1958/59 zur Zentralschachtanlage ausgebaut worden. 1957 hatte das Teufen des Zentralschachtes 11 begonnen (neben der Anlage 3/4); er kam 1960 in Betrieb. 1961 wurde die Förderung in den Schächten 3 und 4 eingestellt. Die beiden Baufelder sind zusammengelegt worden, und fortan kam die gesamte Förderung der Anlagen 1/2/6/9 und 3/4 durch den Zentralschacht 11 zu Tage; eine neue Wäsche wurde gebaut. 1964 sind die Schächte 5 und 8 aufgegeben worden. 1965 begann die Auffahrung eines Querschlages zwischen Shamrock und General Blumenthal (8,8 km lang). Förderung 1966: 1,6 Millionen Tonnen. † 1967.

Zur Zeit der Stillegung standen im Grubenfeld der Zeche die Schächte 1 und 2, 6, 9, 3/4, und 11. Dieser Schacht (Zentralschacht mit zwei elektrischen Turmfördermaschinen, Vierseilförderung und einem Gestell mit sechs Etagen) ist ab 1967 mit dem Bergwerk General Blumenthal verbunden worden. – Schächte 1, 2 und 6: Einziehschächte; Schacht 9: Seilfahrt- und Wetterschacht; Schacht 3: Seilfahrt- und Bergegefäßförderung; Schacht 4: Wetterschacht. Teufe der Hauptfördersohlen: 772 und 950 m. S. Bergwerk General Blumenthal WO 92.

Herne-Wanne-Eickel: WO 53 263
Zeche Unser Fritz (RAG)

Benannt nach dem Hohenzollern Friedrich III. (1831 - 1888), der nur 99 Tage als deutscher Kaiser und König von Preußen regiert hat; er war schon als Kronprinz seiner liberalen Einstellung wegen beliebt und wurde allgemein „unser Fritz“ genannt.

Mit dem Abteufen des Schachtes 1 (Sophie) ist 1871 begonnen worden, 1873 wurde das Steinkohlengebirge erreicht. 187[illegible] betrug die Förderung 93 000 Tonnen. 187[illegible] wurde ein Vertrag betreffend die Mitübernahme der kaufmännischen und technischen Leitung mit der Nachbarzeche Consolidation geschlossen; gleichzeitig ist gestattet worden, unter Tage eine Verbindung mit dem Schacht Consolidation herzustellen. 1881 begannen nördlich de

Herne-Wanne-Eickel: Zeche Unser Fritz. Oben: Die Schächte 3, 4 und 5 gehörten später zum Bergwerk Consolidation in Gelsenkirchen. Unser Fritz 4 (Abb. unten) war bis 1993 Seilfahrtschacht; die Schächte 3 und 5 waren Wetterschächte des Bergwerks Consolidation. Das linke Foto zeigt den wuchtigen Malakoff, der Anfang der 1870er Jahre über Schacht 1 (Sophie) errichtet worden ist.

Unten: Schacht Unser Fritz 1/4. Schacht 4 (unser Bild) war zuletzt Seilfahrtschacht des Bergwerks Consolidation, mit dem die Schachtanlage 1925 verbunden wurde. Fördergerüst und Gebäude dieser Schachtanlage sind als erhaltungswürdig im Sinne des Denkmalschutzgesetzes anzusehen.

Emscher die Abteufarbeiten des Schachtes 2; 1885: Förderaufnahme. 1903 kam Schacht 3 in Betrieb. 1907 übernahm Schacht 3 für die Anlage 2/3 die Aufgabe des Hauptförderschachtes. 1908 wurde mit dem Abteufen des Schachtes 4 begonnen. Er erreichte 1910 die vorgesehene Teufe und bildete mit Schacht 1 die Betriebsanlage 1/4. 1911 ist eine Kokerei errichtet worden. Eine weitere Kokerei und eine Benzolfabrik wurden 1913 gebaut; der eigene Hafen am Rhein-Herne-Kanal ist vollendet worden. 1920 wurde noch ein fünfter Schacht abgeteuft; er ergänzte als dritter Schacht die Betriebsanlage 2/3.

Der Verbund mit dem Bergwerk Consolidation erfolgte 1923. Die Anlagen blieben jedoch getrennt. Im gleichen Jahr ging der Wetterschacht 5 in Betrieb. Die höchste Förderung ist 1925 mit 891 000 Tonnen erbracht worden (3 840 Beschäftigte). 1928 wurde die Anlage 1/4 stillgelegt (jedoch weiter instandgehalten). Das Grubenfeld kam 1929 zu Consolidation. 1936 erfolgte die Wiederinbetriebnahme von 1/4 als Außenanlage des Bergwerks Consolidation (Seilfahrt und Materialförderung). S. Bergwerk Consolidation WO 50.

⚒ *Unser-Fritz-Straße: über dem Schacht Sophie (später Schacht 1) ist Anfang der 1870er Jahre ein Malakoffturm errichtet worden. Er gilt als letztes bedeutendes Relikt jener stürmischen industriellen Entwicklungsphase von Herne, die mit dem Aufkommen des Steinkohlenbergbaus Ende der 1850er Jahre begann. Das tritt insbesondere deshalb hervor, weil die Stadt um 1980 den Malakoffturm der Zeche Hannibal in Eickel (Abb. S. 32) verloren hat. Das viergeschossige, ganz aus Ziegeln aufgemauerte Bauwerk ist durch Strebepfeiler, Rundbogen- und Rundfenster sowie Gurtgesimse gegliedert, das Obergeschoß ist rechteckig gerahmt. Die zwei achteckigen Ecktürme enthalten Fluchttreppen. Im Zuge der technischen Entwicklung diente das Schachtgebäude ab 1890 einem aufgesetzten deutschen Strebengerüst als Unterbau. Anfang der 1970er Jahre ist das Fördergerüst demontiert worden; der Malakoffturm wurde um etwa einen Meter aufgestockt und mit einer elektrischen Fördermaschine ausgerüstet. Er steht seit 1991 unter Denkmalschutz und gehört zur Stiftung Industriedenkmalpflege und Geschichtskultur.* ⚒

HERTEN (WESTFALEN) RE

WO 90/91 264f.

Bergwerk Ewald (RAG)

1870 erfolgte die erste Mutung (Professor), und 1871 sind die Grubenfelder Professor, Augusta, Emilie, Gottfried und Jobst zu Ewald konsolidiert worden; die Berechtsame betrug 10,3 km². Die Gewerkschaft erhielt ihren Namen nach dem ersten Vorsitzenden des Grubenvorstandes Ewald Hilger. Der erste Schacht (Hilger) ist 1872 abgeteuft worden. 1876 wurde mit der Kohlenförderung begonnen.

Die allgemein ungünstige Wirtschaftslage, aber auch Gebirgsstörungen und technische Schwierigkeiten hemmten zunächst die Entwicklung des Unternehmens. Es stellte sich heraus, daß die Lage des Schachtes sehr ungünstig war, weil er allseitig durch bedeutende Verwerfungen abgeschnitten war. Man war genötigt, den Schacht tiefer zu teufen. In den ersten Jahren ist die Zeche im Volksmund „Elend" genannt worden, aber 1884 war der Schacht Hilger mit 624 m der tiefste an der Ruhr.

1888 begann das Abteufen des Schachtes 2 (Hagedorn), der 1892 in Förderung kam. Benannt war dieser Schacht nach dem Gewerken Wilhelm Hagedorn, Essen. Die Schächte 3 und 4 (in Gelsenkirchen-Resse) wurden 1895 abgeteuft; Schacht 3 (Schü-

Herten: Bergwerk Ewald. Das Luftbild aus den 1970er Jahren zeigt rechts (Mittelgrund) das Doppelstrebengerüst über Schacht 7 (Hauptförderschacht), links daneben den Malakoff über Schacht 1 (Wetterschacht), der 1875 errichtet worden ist.

renberg, benannt nach dem Gewerken Wilhelm Schürenberg, Essen), kam 1897 in Förderung. Schacht 4 (Waldthausen, nach dem Gewerken Konsul Rudolf Waldthausen) ging 1899 in Betrieb. Die Kohlenförderung stieg jetzt schnell an und hatte 1900 bereits nahezu 939 000 Tonnen erreicht (über 3 000 Beschäftigte). 1905 betrug sie 1,14 Millionen Tonnen (3 680 Beschäftigte). 1907 wurde Schacht 5 abgeteuft, der 1908 auf das Steinkohlengebirge stieß, und 1911 begann das Abteufen des Schachtes 6. Förderung 1913: 1,74 Millionen Tonnen (4 838 Beschäftigte). Förderung 1920: 1,23 Millionen Tonnen (5 173 Beschäftigte). 1935 hatte die Förderung mit 1,75 Millionen Tonnen die des Jahres 1913 überschritten. 1945 sank sie auf 523 000 Tonnen ab.

In den 1950er Jahren ist der Zentralschacht 7 endgültig fertiggestellt worden, in dem die gesamte Förderung der Schachtanlagen des Grubenfeldes zu Tage gehoben wird. Das Teufen dieses Zentralschachtes hatte bereits 1940 begonnen; die Kohlenförderung der Zeche betrug damals mehr als 2 Millionen Tonnen (4 546 Beschäftigte). 1942 ist Schacht 7 teilweise in Betrieb genommen worden. Er erreichte seine vorläufige Endteufe (988 m) 1949. Förderung 1955: 1,72 Millionen Tonnen (5 835 Beschäftigte). Zehn Jahre später wurde in der Förderung die Zwei-Millionen-Tonnen-Marke wieder überschritten. Förderung 1970: 2,07 Millionen Tonnen (3 462 Beschäftigte). 1971 ist ein Teilfeld der stillliegenden Zeche Graf Bismarck übernommen worden (4,5 km²), und 1972 wurde der Schacht 7 tiefergeteuft; der frühere Schacht Graf Bismarck 10 ist in Schacht Emschermulde 1 umbenannt worden.

1974 erfolgte der Verbund mit der Zeche Recklinghausen. Voraussetzung hierfür war der Bau von Neuanlagen unter und über Tage. Die Wagenförderung auf der Hauptfördersohle des Baufeldes Ewald (950 m) wurde durch eine Bandförderung ersetzt. Der Zentralschacht Ewald 7 ist von Gestell- auf Gefäßförderung umgerüstet worden. Der Schacht wurde 85 m tiefergeteuft; 50 m unterhalb der Hauptfördersohle sind Kohlensammel-, Bunker- und Zuführungsstrecken zum Skip-Schacht in einer Länge von insgesamt 1 450 m aufgefahren worden. Auf Ewald 1/2/7 wurden zwei Kokstürme mit je 3 000 Kubikmeter Fassungsvermögen gebaut; dadurch ist die kontinuierliche und automatische Beladung von Eisenbahnzügen möglich.

Herten: Bergwerk Ewald. Das Verwaltungsgebäude (Bildmitte) neben der Zecheneinfahrt, nach 1888 errichtet, 1919 erweitert. Der Bau gilt als charakteristisches Beispiel für die Entwicklung der Bergbauarchitektur.

Herten: Bergwerk Ewald 1/2/7. *Malakoffturm über Schacht 1, zuletzt Wetterschacht.*

Der Verladebahnhof ist umgebaut und erweitert worden. 1979 wurde Schacht Emschermulde 1 für die Seilfahrt und Materialförderung eingerichtet, und 1980 belief sich die Förderung des Bergwerks auf 3,57 Millionen Tonnen (4 538 Beschäftigte). Das Bergwerk hatte 11 Schächte: Schacht Ewald 7 (Hauptförderschacht, Gefäßförderung); Ewald 2 (Seilfahrt-, Berge- und Materialschacht); Ewald 3 (Zwischenförderung 950 bis 1 250 m, Gefäßförderung); Ewald 4 (Seilfahrtschacht, Gestellförderung); Schacht Recklinghausen 4 (Seilfahrt-, Berge- und Materialschacht, Gestellförderung); Ewald 1 (Wetterschacht); Recklinghausen 1 (Wetterschacht); Recklinghausen 2 (Wetterschacht); Schacht 5 (Wetterschacht, Gestellförderung); Schacht 6 (Wetterschacht, Befahrungsanlage); Schacht Emschermulde 1 (Mittlere Seilfahrtanlage, Materialschacht, Gestellförderung). Teufe der Hauptfördersohle: 950 m. Die bisher höchste Förderung wurde 1981 mit 3,59 Millionen Tonnen erbracht (Fett-, Gas- und Gasflammkohle). Sie sank bis zum Verbund mit Schlägel & Eisen unter 3 Millionen Tonnen. Der Verbund erfolgte Anfang 1990. S. Zechen Graf Bismarck WO 52 und Recklinghausen WO 94 und Verbundbergwerk Ewald / Schlägel & Eisen.

⚒ *Der über Schacht 1 um 1875 errichtete Malakoffturm war für über ein Jahrzehnt das hervorragende Bauwerk der noch kleinen Anlage. Nach 1888 entstand rechts neben der Zecheneinfahrt das große Verwaltungsgebäude, das 1919 erweitert wurde. Von 1922 stammt der Entwurf zu einem neuen Büro- und Kauengebäude in neoklassizistischer Formgebung. Es wurde aus Ringofensteinen errichtet, die die Zeche selbst produzierte. Verwaltungs- und Kauengebäude sind besonders charakteristische Beispiele für die Entwicklung der Bergbauarchitektur. und stehen seit 1986 unter Denkmalschutz. Für folgende Bauten wurde das Verfahren zur Eintragung in die Denkmalliste eingeleitet (Stand Juli 2002): Malakoffturm über Schacht 1, Dampffördermaschine (1904/26) und Maschinenhaus am Schacht 1 (nach 1919), das Doppelstrebengerüst auf Schacht 7 von 1953 mit Schachthalle und Hängebank, zwei Maschinenhäuser und Fördermaschinen und ein um 1900 entstandenes Werkstattgebäude.*

Auf dem Ewald-Gelände in Herten sollen sich Gewerbe- und Dienstleistungsbetriebe ansiedeln. Anfang 2002 arbeiteten vier international bekannte Architekten eine Woche lang in der Kaue an Plänen für das zukünftige Aussehen der Betriebsfläche. Vorgaben waren die Einbindung der erhaltenswerten Bauten und der angrenzenden Hohewardhalde. Im Frühjahr 2003 erfolgten die ersten Betriebsansiedlungen auf dem Gelände. ⚒

Verbundbergwerk Ewald / Schlägel & Eisen (RAG)

Am 1. Januar 1990 sind die Bergwerke Ewald und Schlägel & Eisen zum Verbundbergwerk Ewald / Schlägel & Eisen zusammengeschlossen worden.

Dazu gehörten die Anlagen Ewald 1/2/7, 3/4, 5 und 6, Schacht Emschermulde 1, Schachtanlage Recklinghausen II mit den Schächten 1/2/4 sowie die Schlägel & Eisen-Schächte 2 und 3/4/7. Das Grubenfeld maß 72 km². Im Jahr des Verbunds wurde der Abbau in den Feldern Recklinghausen und Schlägel & Eisen Nordfeld eingestellt; ebenso endete die Förderung auf Schlägel & Eisen, die Kohlen gingen unter Tage nach Ewald. Die meisten Tagesanlagen von Recklinghausen II trug man ab und verfüllte die Schächte (Ausnahmen s.

Gelsenkirchen-Resse: Bergwerk Ewald, Schacht 4 *des Verbundbergwerks Ewald / Schlägel & Eisen (Aufnahme um 1970).*

Herten-Süd, Bergwerk Ewald: *Hoppenbruch-Halde mit Windkraftanlage. Aufnahme 2002.*

Zeche Recklinghausen WO 94). Im Jahr 1990 erbrachte das Verbundbergwerk mit 4,33 Millionen Tonnen seine höchste Förderung. 1996 war es gut 1 Million Tonnen weniger mit einer gegenüber 1990 um fast 1 000 Personen verkleinerten Belegschaft. Das Jahr 1997 brachte dann den Verbund Ewald/Hugo. S. Bergwerke Schlägel & Eisen WO 89, Ewald WO 90/91 und Ewald/Hugo WO 90/91/46.

WO 90/91/46
Bergwerk Ewald / Hugo
Durch den Zusammenschluß der Bergwerke Ewald / Schlägel & Eisen und Hugo/Consolidation entstand 1997 der nochmals größere Verbund Ewald/Hugo und damit das zu dieser Zeit größte Ruhrbergwerk. Im Baufeld Ewald standen die Anlagen Ewald 2/7 (Förderung) und 4, Schlägel & Eisen 2, 7 und 5; im Baufeld Hugo die Förderanlage Hugo 2/5/8, die Hugo-Schächte 1/4 und 6 (Ost), Schacht Emschermulde 2 und Mathias Stinnes für die zentrale Wasserhaltung. Im Jahr des Verbunds förderten 5 585 Beschäftigte 4,11 Millionen Tonnen Kohle. 1998 stellte man die Förderung auf Hugo ein und zog alle Kohle auf Ewald zu Tage. Im folgenden Jahr endete auch im Baufeld Schlägel & Eisen die Förderung, und die Schächte dort wurden verfüllt. Förderung 1999: 3,78 Millionen Tonnen (3 895 Beschäftigte).

† 2000. Alle Schächte wurden verfüllt außer im Baufeld Hugo, wo zum Zeitpunkt der Stillegung noch ein Besucherbergwerk entstehen sollte (s. Bergwerk Hugo WO 46).

Herten-Langenbochum:
WO 89 3 22 64 266f.
Bergwerk Schlägel & Eisen (RAG)
Das am 18.8.1873 von einer Gewerkschaft gegründete Steinkohlenbergwerk Schlägel & Eisen bestand als ursprüngliche Berechtsame aus den Einzelfeldern Schlägel & Eisen, Schlägel & Eisen XI, XII und XIII, Königin Luise und Adolf Dach, deren Konsolidation am 12.11.1879 stattfand. 1890 wurden weitere Felder konsolidiert; das Gesamtgrubenfeld hatte damit eine Größe von rund 26,4 Millionen m².

Das Abteufen des Schachtes 1 begann am 1. Juni 1874. Ende November war bereits eine Teufe von rund 45 m erreicht, und am 15.11.1875 stieß man auf das Steinkohlengebirge. Der Schacht wurde in einer Teufe von rund 280 m praktisch innerhalb eines Jahres abgeteuft, ausgemauert und ausgerüstet. Beim Weiterteufen im Steinkohlengebirge konnten die Wasserzuflüsse gut beherrscht werden, und am 25.7.1876 wurde ein Flöz von etwa 1,10 m Mächtigkeit reiner Kohle erschlossen. 1881 belief sich die Förderung auf 75 300 Tonnen. Die Hunderttausend-Tonnen-Marke ist erstmalig 1883 erreicht worden und wurde – mit Schwankungen – bis 1888 durchgehalten; in diesem Jahr belief sich die Förderung auf über 112 000 Tonnen.

1889 ereignete sich ein Unfall im Schacht, durch den 224 Bergleute am Ausfahren gehindert wurden und 32 Stunden unter Tage eingeschlossen waren. In einem zeitgenössischen Bericht heißt es: „Die Anteilnahme an dem Geschick der Eingeschlossenen war so groß, daß Schlägel & Eisen am 23.11.1889 einer belagerten Burg zu vergleichen war. Von Nah und Fern strömten die Menschen herbei, die im treuen Ausharren auf dem Zechenplatze die Befreiung der Totgeglaubten und Ausgehungerten abwarteten." Das Ereignis war der Auftakt zur Vorbereitung für die Inangriffnahme der Abteufarbeiten des Schachtes 2. Am 1. März 1890 fand der erste Spatenstich statt. Das Steinkohlengebirge erreichte Schacht 2 bei einer Teufe von 330 m. 1895 erfolgte der erste Spatenstich zum Abteufen des Schachtes 3 (Langenbochum). Er ging 1897 in Betrieb. 1898 begann das Abteufen von Schacht 5, 1899 von Schacht 6. Die Förderung der Zeche erreichte 1900 rund 694 000 Tonnen (3 380 Beschäftigte). In diesem Jahr sind die Grubenfelder Ver. Deutschland, Reichskanzler und Deutscher Kronprinz erworben worden; auch wurde das Abteufen des Schachtes 4 (Wetterschacht neben Schacht 3) in Angriff genommen.

*Herten-Langenbochum: **Bergwerk Schlägel & Eisen**. Die Rohwaschkohlen-Stapel- und Vergleichmäßigungsanlage (ganz links im Bild), die als Puffer zwischen Schacht und Aufbereitung diente. Dieses Mischlager bot den Vorteil, Schachtförderung und Aufbereitung unabhängig voneinander zu betreiben. Die Halle, die im äußeren der Dortmunder Westfalenhalle glich, hatte einen Durchmesser von 92 m und eine Höhe von 22 m. Sie verfügte über eine Kapazität von 30 000 Tonnen Rohkohle. Ganz rechts: das moderne Stahlkastenstreben-Fördergerüst über dem Hauptförderschacht 4 (1985 in Betrieb gegangen); links daneben das deutsche Strebengerüst über Schacht 3, die Wäsche und das deutsche Strebengerüst (Vollwandbauweise) über Schacht 7.*

*Herten-Disteln: **Bergwerk Schlägel & Eisen**, Eingang Schacht 2, um 1970.*

Das Bergwerk bestand zur Jahrhundertwende aus drei selbständigen Schachtanlagen (Doppelschachtanlagen 1/2, 3/4 und 5/6). Nur auf der Anlage 3/4 wurde eine Kokerei betrieben. 1907 belief sich die Förderung der Anlage 1/2 auf 568 000 Tonnen, während auf der Anlage 3/4 rund 404 000 Tonnen Kohle gefördert wurden. Die Anlage 5/6 erbrachte eine Jahresförderung von 330 000 Tonnen.

Am Vorabend des Ersten Weltkrieges – 1913 – erreichte die Förderung der drei Schachtanlagen Schlägel & Eisen insgesamt 1,3 Millionen Tonnen. In den vier Kriegsjahren konnte die Produktion auf etwas über einer Million Tonnen jährlich gehalten werden. 1925 wurden auf der Schachtanlage 1/2 rund 400 000 Tonnen Kohle gefördert, auf 3/4 rund 364 000 Tonnen und auf der Anlage 5/6 rund 346 000 Tonnen. 1929 stellte die Anlage 5/6 ihre Förderung ein. Kohlenproduktion 1930: 1,07 Millionen Tonnen (3 370 Beschäftigte); 1931 wurde die Anlage 5/6 stillgelegt (fortan nur noch Wetterführung). Schacht 1 stellte 1932 die Förderung ein, und 1935 betrug die Produktion des Bergwerks 796 000 Tonnen Kohle (2 054 Beschäftigte). 1937 begann der Ausbau zur Zentralschachtanlage mit dem Teufen des neuen Hauptförderschachtes 7. 1940 wurde die Anlage 1/2 stillgelegt; das Baufeld kam zu 3/4/7. In diesem Jahr forderte ein Grubenbrand fünf Todesopfer. Förderung 1940: 811 000 Tonnen (3 125 Beschäftigte). Der Zentralschacht 7 nahm 1941 die Förderung auf (Skipförderung). Die Kokerei wurde 1943 stillgelegt.

1945 erlitt das Bergwerk schwere Kriegsschäden; die Kohlenförderung sank auf 358 000 Tonnen ab (2 498 Beschäftigte). 1947 betrug die Gerechtsame der Zeche 26,3 km². Förderung 1950: über eine Million Tonnen (4 525 Beschäftigte). Sie stieg bis 1955 auf 1,8 Millionen Tonnen (5 370 Beschäftigte). Das Abteufen des Wetterschachtes 8 (in Marl) begann 1957; die Inbetriebnahme erfolgte 1960. Förderung 1965: 1,4 Millionen Tonnen (3 435 Beschäftigte). 1966 betrug die Berechtsame 29,7 km². Die Schächte 1 und 6 sind 1969 aufgegeben und verfüllt worden. Förderung 1970: 1,74 Millionen Tonnen (3 048 Beschäftigte). 1977 forderte ein Grubenbrand sieben Todesopfer. Die Gesamtförderung der Zeche erfolgte bis 1986 von

Marl, Bergwerk Schlägel & Eisen, Schachtanlage 8 (Wetterschacht), mit einem Stahlkastenstreben-Fördergerüst der 1960er Jahre. Aufnahme 1971.

der fünften Sohle aus über Schacht 7 durch zwei Gestellförderungen (8 Wagen mit je 1 500 Liter Inhalt pro Korb). Zwei elektrische Gleichstrom-Fördermaschinen mit 3 180 kW bzw. 2 650 kW Leistung hoben die Kohle mit einer Geschwindigkeit von 18 m je Sekunde. Mit jedem Korb kamen 13,6 Tonnen Rohkohle zu Tage. Mit dem Auffahren der siebten Sohle (950 m Teufe) und der achten Sohle (1 100 m Teufe) sowie dem Tieferteufen der Schächte 3, 5 und 7 bis zur achten Sohle war der Bestand des Bergwerks für weitere Jahre gesichert. Zu Beginn der 1980er Jahre wurde Schacht 4 als neuer Hauptförderschacht abgeteuft; die Teufarbeiten konnten 1985 abgeschlossen werden. Der Schachtdurchmesser betrug 7 m; Teufe: 1 240 m. 1986 ist der Schacht in Betrieb gegangen. Das Fördergerüst mit einer Höhe von 64 m war neues bergbauliches Wahrzeichen des Hertener Stadtteils Langenbochum. Dieser Schacht bekam eine leistungsfähige Gefäßförderung; die moderne Vierseilfördermaschine hatte eine Antriebsleistung von 7 200 kW.

Bei dem bis zur achten Sohle tiefergeteuften Förderschacht 4 handelte es sich um die Erweiterung des Schachtes 4, der 1900 als Wetter-, Seilfahrt- und Materialschacht abgeteuft worden war. Zur Errichtung des neuen Schachtes mußte zunächst die alte Schachtsäule (720 m) verfüllt werden. Teufe der Hauptfördersohle: 811 m.

Die höchste Förderung wurde 1975 mit über 2 Millionen Tonnen erbracht (Fettkohle). Sie sank 1988 auf 1,52 Millionen Tonnen (2 843 Beschäftigte). Im Jahr 1989 legte man das Bergwerk mit dem Bergwerk Ewald zusammen. S. Bergwerk Ewald/Schlägel & Eisen.

⚒ *Die Tagesanlagen von Schlägel & Eisen 3/4/7 hat man 1991 abgetragen und den Schacht 3 verfüllt. Ausnahme: Fördergerüst und Maschinenhaus am Schacht 3. Beide hat der Bochumer Architekt Werner Gellhorn entworfen. Das Fördergerüst ist das älteste dieser Bauart (deutsches Strebengerüst), das in Nordrhein-Westfalen erhalten blieb und außerdem das letzte „dreibeinige" im Ruhrgebiet. Im Maschinenhaus - im historisierenden Stil gestaltet – steht noch eine Zwillingsdampfmaschine; 1928 gebaut, arbeitete sie bis in die 1960er Jahre. Fördergerüst (1896/97), Maschinenhalle und Maschine wurden 1997 in die Denkmalliste eingetragen und gehören zur Stiftung Industriedenkmalpflege und Geschichtskultur.*

Herten-Scherlebeck: Die Tagesbauten der Doppelschachtanlage 5/6 (vgl. Abb. S. 64) stammen aus den Jahren 1899/1901. Die ehemalige Waschkaue (1899) und die Maschinenhalle (1901) flankieren den Eingang zum Zechengelände. Beides sind typische Bauten der Jahrhundertwende (Backstein, unter Verwendung historisierender Gestaltungselemente). Die Stirnseite der Waschkaue wird durch einen Uhrenturm betont. In der Maschinenhalle steht die wahrscheinlich älteste (und letzte erhaltene) Tandem-Dampffördermaschine Westfalens mit einer gewaltigen Bobine als Seilträger. Bezeichnung: „1900 – Eisenhütte Prinz Rudolph Dülmen". Die Maschine ist ein für die Entwicklungsgeschichte der Dampffördermaschinen unersetzliches Dokument. Ebenso wie die Maschinenhalle und Waschkaue wurde sie 1987 als technisches Denkmal unter Denkmalschutz gestellt. Seit 1999 zeigt sie sich frisch restauriert und kann besichtigt werden, denn der Förderverein Schacht 5 verwandelte mit städtischer Hilfe die Maschinenhalle in ein Museum und einen Veranstaltungsort für den Stadtteil. Auch für andere erhaltene Bauwerke fand man neue Nutzungen. Die Kaue z.B. beherbergt einen Kindergarten. ⚒

HOLZWICKEDE UN

Zeche Caroline

Diese Zeche baute in einem Feld, von dem der erste urkundliche Nachweis bergbaulicher Tätigkeit aus dem Ende des 16. Jahrhunderts vorliegt. 1598 wurde nämlich der Droste Bernhardt von Romberg durch Herzog Johann Wilhelm von Jülich mit einem „Steinkohlenberg samt Erbstollnrecht auf der Holtwickeschen Becke" belehnt. Bauern hatten in dieser Gegend Steinkohle gefunden. Der Abbau wurde bald aufgenommen, und im 18. Jahrhundert ist Stollenbau betrieben worden. Aber erst im 19. Jahrhundert – nach dem Übergang zum Tiefbau – kam es zu einer Kohlenförderung größeren Ausmaßes.

Die drei Schächte dieser Zeche, die zuletzt in Betrieb waren (Förderschacht 273 m Teufe, Seilfahrt- und Wettereinziehschacht 355 m Teufe, Wetterausziehschacht 60 m Teufe) sind in den 1860er Jahren durch eine 1857 in Essen gegründete Aktiengesellschaft abgeteuft worden.

Von vornherein hatte man mit geologischen Schwierigkeiten zu kämpfen. 1867 ist die stilliegende Zeche Ver. Norm übernommen worden. 1870 ereignete sich ein starker Wassereinbruch, der zu zeitweiliger Einstellung des Betriebes zwang. In diesem Jahr belief sich die Kohlenförderung auf ca. 39 000 Tonnen (191 Beschäftigte). Zu Beginn der Wirtschaftskrise der 1870er Jahre mußte die Gesellschaft liquidieren; eine Gewerkschaft wurde gebildet. 1878 belief sich die Förderung der Zeche erst wieder auf 30 000 Tonnen. Bis 1890 waren 71 000 Tonnen erreicht; 1891 wurde eine Brikettfabrik gebaut. 1897 überschritt die Förderung zum ersten Mal 100 000 Tonnen. Förderung 1913: 213 000 Tonnen. Die Briketterzeugung ist über 50 000 Tonnen nie hinausgekommen. 1927 betrug die Förderung 250 000 Tonnen; die höchste Förderung ist 1929 mit knapp 287 000 Tonnen Kohle erbracht worden (930 Beschäftigte). 1932 kam es zu Massenentlassungen und fast zur Stillegung des Bergwerks; die Belegschaft arbeitete zeitweise ohne Entlohnung. 1936 wurde ein Feldesteil der stillgelegten Zeche Massener Tiefbau erworben. Bis 1938 sank die Förderung auf 143 000 Tonnen ab. In diesem Jahr waren bei einem Strebbruch sechs Todesopfer zu beklagen. Förderung 1950: 106 000 Tonnen (525 Beschäftigte). Teufe der Hauptfördersohle: 253 m. † 1951. Die Schächte wurden verfüllt, die Tagesanlagen weitgehend abgebrochen. S. Zechen Massener Tiefbau und Ver. Norm.

Kamen: Schachtanlage Grillo 1/4 des Bergwerks Monopol. Die alten Übertageanlagen sind im Zuge des Ausbaus von Monopol neu gestaltet worden. Im Bild die beiden Stahlkastenstreben-Fördergerüste über den Schächten Grillo 1 und 4. Aufnahme 1973.

Caroline Erbstollen
Die Verleihung der Erbstollengerechtigkeit ist 1767 erfolgt. 1786 war der Stollen in Betrieb, und um 1822 ist er bis unter den Mergel vorgetrieben worden. In dem Erbstollen ist auch (in geringem Umfang) Kohle gefördert worden. Bereits vor 1831 wurden zwei tonnlägige Schächte abgeteuft. 1840 fand man im Osten des Feldes Caroline das Flöz *Hauptflöz*. Es wurden (Abbau durch Stollen mit Lichtlöchern) rund 20 Tonnen Kohle gefördert. 1841 kam Schacht Geismar in Förderung. Der Übergang zum Tiefbau erfolgte 1854. S. Zeche Caroline.

KAMEN (WESTFALEN) UN
s. a. Königsborn S. 297

WO 121 268
Schachtanlage Grillo (RAG)
Benannt nach Henrich Friedrich (Fritz) Theodor Ernst Grillo (1825 - 1888). Diese Zeche wurde in den Jahren 1873 bis 1890 errichtet und ist mehrfach gemäß dem Stand der Technik umgebaut worden.

Von 1957 bis 1958 wurde eine moderne Zentralaufbereitungsanlage gebaut. Die bis 1967 selbständige Schachtanlage hatte vier Schächte: Grillo 1 (Förder- und Seilfahrtschacht mit Gestellförderung), Grillo 2 (Förder- und Wetterausziehschacht mit automatischer Gefäßförderung), Grillo 3 (Seilfahrt- und Wettereinziehschacht mit Gestellförderung) sowie Grillo 4 (Seilfahrt- und Wetterausziehschacht mit Gestellförderung). Förderung 1965: 970000 Tonnen. S. Bergwerk Monopol WO 120.

Unten: ***Kamen: Schachtanlage Grillo.*** *Das Bild zeigt das Strebengerüst über Schacht 3 (1966 zu Grillo / Grimberg 1/2 vereinigt, 1970 zusammen mit anderen zu Monopol umbenannt).*

KAMP-LINTFORT WES

WO 1 269
Bergwerk Friedrich Heinrich (RAG)
Der Name geht auf den Freiherrn von Diergardt zurück, der dem ihm verliehenen Grubenfeldbesitz 1872 seine Vornamen Friedrich und Heinrich gab. Das Abteufen der Schächte 1 und 2 begann 1907. Die erste Kohle wurde 1912 gefördert. Bis zum Ausbruch des Ersten Weltkrieges stieg die tägliche Förderung auf 3500 Tonnen. Förderung 1913: 468000 Tonnen (2065 Beschäftigte). Bis 1920 stieg die Kohlenproduktion auf über 851000 Tonnen (4125 Beschäftigte). 1925 sind auf dieser Grube erstmals stählerne Strebstempel eingesetzt worden. Förderung 1930: 1,75 Millionen Tonnen (5970 Beschäftigte). 1931 ist Schacht 3 in Betrieb gekommen. Dadurch steigerte sich die Kapazität des Bergwerks auf 7000 bis 8000 Tonnen Förderung täglich.

Nach Erwerb weiterer Grubenfelder belief sich die Gerechtsame des Bergwerks 1939 auf 89,7 km². Förderung 1940: 2,4 Millionen Tonnen (5095 Beschäftigte). 1943 begann das Teufen der Schächte 4 (*Hoerstgen*) und 5. Die Teufarbeiten sind jedoch 1945 infolge der Kriegsereignisse wieder eingestellt worden. In diesem Jahr belief sich die Kohlenförderung auf ca. 549000 Tonnen (3525 Beschäftigte); Förderung 1950: 1,98 Millionen Tonnen (7250 Beschäftigte). 1956 wurde das Teufen des Schachtes 4 (Bewetterung) wieder aufgenommen; Schacht 5 ist aufgegeben worden.

Die wirtschaftliche Entwicklung nach dem Zweiten Weltkrieg und die umfassen-

*Kamp-Lintfort: **Bergwerk Friedrich Heinrich.** Der Name geht auf den Freiherrn von Diergardt zurück, der dem ihm verliehenen Grubenfeldbesitz 1872 seine Vornamen Friedrich und Heinrich gab. Unser Bild: Links das deutsche Strebengerüst über Schacht 2 von 1911 mit vier Seilscheiben nebeneinander, Hintergrund Mitte: Stahlbetonförderturm über Schacht 1 von 1956.*

de Mechanisierung in allen Betriebsbereichen führten 1960 zu einem Förderanstieg auf 9 000 Tonnen täglich. 1964 wurde Schacht 4 in Betrieb genommen. Förderung 1965: 2,46 Millionen Tonnen (6 550 Beschäftigte); die Gerechtsame des Bergwerks betrug 118,7 km². 1969 überstieg die Tagesförderung im Jahresdurchschnitt erstmals 10 000 Tonnen. Förderung 1970: 2,5 Millionen Tonnen (5 230 Beschäftigte). 1974 erfolgte der Durchschlag mit dem Bergwerk Rheinland (Pattberg und Rossenray). Förderung 1975: 2,57 Millionen Tonnen (über 5 000 Beschäftigte). 1977 umfaßte die Berechtsame 123 km².

Hauptförderschacht ist der Schacht 1, dessen Doppelförderung ausschließlich der Kohlenförderung dient (zwei Fördermaschinen, je 3 200 kW für zwei Vierseil-Gefäßförderungen). Bei durchschnittlich 40 Zügen pro Stunde können in 16 Betriebsstunden 23 000 Tonnen Rohkohle zu Tage gezogen werden. Die Verbindung zwischen der 600-m-Sohle und der 885-m-Sohle bildet ein 1 700 m langer Gesteinsberg; hier befindet sich eine Großbandanlage zur Abförderung der Kohle sowie eine Korbbahn für die Personenbeförderung und den Materialtransport. Je eine Doppelbunkeranlage am Fuß und Kopf des Berges dient dem Ausgleich zwischen der Hauptstreckenförderung mit Bändern auf der 885-m-Sohle und der Bandförderung im Gesteinsberg wie auch zwischen der Großbandanlage und der Schachtförderung.

Im Februar 1985 begann das Tieferteufen des Schachtes 3 von der bisherigen 600-m-Sohle bis in eine Teufe von knapp tausend Metern. Es war erforderlich geworden, um bedeutende Kohlenvorräte im Süden des Grubenfeldes aufzuschließen (rund 20 Millionen Tonnen Kohle). Gleichzeitig mit dem Tieferteufen wurde auch ein Anschluß an das Bergwerk Niederberg auf dem Niveau der 780-m-Sohle vorbereitet. Niederberg nutzt den Schacht für seine Abwetter. Durch den Aufschluß der neuen Kohlenvorräte und den abwettertechnischen Anschluß des Grubenfeldes wurde die Lebensdauer der Schachtanlage entscheidend verlängert. Teufe der Hauptfördersohlen: 600 und 885 m. Die bisher höchste Förderung wurde 1986 mit 2,59 Millionen Tonnen erbracht (Gas-, Fett-, Eß- und Magerkohle). 1992 betrug sie 2,42 Millionen Tonnen (3 366 Beschäftigte). Nachdem man bereits 1990 vom Bergwerk Rheinland die Förderung der Rossenray-Kohlen übernommen hatte, entstand 1993 der Verbund Friedrich Heinrich/Rheinland. S. Bergwerk Niederberg WO 2 sowie Verbundbergwerke Rheinland WO 4 und Friedrich Heinrich/Rheinland WO 1/4.

⚒ *Ein großer Teil der Bauten aus der Gründungszeit des Bergwerks, den Jahren vor dem Ersten Weltkrieg, ist erhalten und wird als denkmalwert angesehen. Kein anderes Ruhrbergwerk aus dieser Zeit läßt so deutlich den Wunsch der Bauherren nach imposanter Erscheinung erkennen. Monumentale Backsteingebäude sind an einer Allee aufgereiht; Scheingiebel und Bauformen ohne funktionale Bedeutung zeigen: Hier wollte man die Öffentlichkeit beeindrucken.*

Siedlung Friedrich Heinrich: In unmittelbarer Nähe zur Schachtanlage baute man von 1907 bis in die 1930er Jahre eine Zechenkolonie, die einen eigenen Stadtteil bildet. Ein Vergleich des kleineren, für leitende Angestellte gebauten Siedlungsteils mit der größeren Arbeitersiedlung macht die damalige gesellschaftliche Hierarchie innerhalb der Bergwerksbelegschaft sichtbar. Mehrere Bauphasen, verschiedene Bauherren und unterschiedliche Architekten sorgen für eine abwechslungsreiche Erscheinung. Auch das viele Grün mag auffallen. Der damalige Bergwerksdirektor hatte festgelegt, daß vor jedes Haus ein Baum gehöre. ⚒

WO 1/4
Bergwerk Friedrich Heinrich/Rheinland (RAG/DSK)

Im Jahr des Verbunds, 1993, gehörten zu dem Bergwerk folgende Anlagen: Friedrich Heinrich 1/2 (gesamte Förderung), Friedrich Heinrich 3 und 4 (Bewetterung); dazu die Rheinland-Schächte Rheinpreußen 8 (Gerdt, Bewetterung) und 9, Rheinland 6/7 (Pattberg 1/2) und Rossenray 1/2. Schacht Rheinberg (Bewetterung) ging an Walsum. 1993 förderten 6 045 Beschäftigte 4,17 Millionen Tonnen Kohle. 1995 förderte ein Hochleistungsstreb des Bergwerks 12 000 Tonnen täglich. 2001 betrug die Fördermenge 2,89 Millionen Tonnen (3 862 Beschäftigte). Die Schachtanlage Rheinland 6/7 wurde 1998 stillgelegt und abgebrochen (Ausnahme s. Pattberg-

Kamp-Lintfort: Bergwerk Rossenray. Der Förderturm über Schacht 1 (Bildmitte) aus den späten 1960er Jahren wurde mit seinen rechts und links unten auskragenden Bauteilen zum Wahrzeichen der Landschaft (in den Auskragungen sollte ursprünglich die Sieberei der Skipförderung untergebracht werden). Rechts vom Förderturm das Fördergerüst über Schacht 2 in moderner Stahlkastenstreben-Konstruktion.

schächte WO 3). Anfang 2002 ging das Bergwerk zusammen mit Niederberg in einem neuen Verbund auf: Bergwerk West. S. Bergwerk West WO 1/4/2.

WO 1/4/2
Bergwerk West (DSK)

Anfang 2002 entstand der Verbund von Friedrich Heinrich/Rheinland mit dem Bergwerk Niederberg in Neukirchen-Vluyn zum Bergwerk West mit Sitz auf Friedrich Heinrich in Kamp-Lintfort. Das Grubenfeld mißt 225 km². Darin stehen die Niederberg-Schächte 1 bis 5, die alle 2002 aufgegeben wurden. Im Feldteil Friedrich Heinrich/Rheinland sind im Jahr 2003 in Betrieb die Schachtanlagen 1/2, 3 und 4 sowie Rossenray 1/2. Förderung 2002: 3,5 Millionen Tonnen (4 241 Beschäftigte), größte Teufe 1 230 m.

WO 4 270
Bergwerk Rossenray (RAG)

Bereits vor dem Ersten Weltkrieg ist mit den Vorarbeiten für das Abteufen dieser Doppelschachtanlage begonnen worden (Mutung auf das Feld Rossenray wurde bereits 1900 eingelegt, auf das Feld Rheinberg 1908). 1910 wurden weitere Untersuchungsbohrungen durchgeführt. Die Arbeiten mußten in den zwanziger Jahren eingestellt werden. Nachdem am 19.1. 1942 die Gewerkschaft Rossenray (überwiegend im Eigentum der Firma Fried. Krupp) gegründet worden war, ist der Plan erneut aufgegriffen worden, das Bergwerk zu errichten. 1943 begannen die Abteufarbeiten (Herstellung der Gefrierlöcher für die Schächte 1 und 2); sie mußten jedoch 1945 eingestellt werden. Nach einer Unterbrechung von fast zehn Jahren sind die Arbeiten dann wieder in Angriff genommen worden.

1953 wurde die Gewerkschaft in die neu gegründete Bergwerke Essen-Rossenray AG eingebracht, und 1955 begann das Teufen von Schacht 1; im folgenden Jahr ist mit dem Abteufen des Schachtes 2 (neben Schacht 1) begonnen worden. Schacht 1 erreichte 1957 das Steinkohlengebirge (bei 425 m Teufe). 1959 hatte der Schacht eine Teufe von 885 m, und 1960 begann die Ausrichtung der ersten und zweiten Sohle. Die Förderung lief 1962 an; sie betrug in diesem Jahr 28 000 Tonnen (317 Beschäftigte). 1963 kam Schacht 2 in Betrieb. Die Berechtsame des Bergwerks umfaßte 94,7 km². Förderung 1965: 630 000 Tonnen (875 Beschäftigte). 1966 hatte der Schacht 1 seine Endteufe (1 007 m) erreicht; in diesem Jahr ereignete sich eine Schlagwetterexplosion mit 16 Todesopfern. Förderung 1968: 940 000 Tonnen. Die höchste Förderung ist 1969 mit mehr als einer Million Tonnen erbracht worden (1 085 Beschäftigte). 1970 kam der Verbund mit dem Bergwerk Pattberg. Zusammen förderten beide Bergwerke in diesem Jahr 3,11 Millionen Tonnen Kohle (4 487 Beschäftigte). Im folgenden Jahr wuchs der Verbund schon weiter: Rheinpreussen kam dazu und das Bergwerk Rheinland entstand. S. Verbundbergwerk Rheinland WO 4 und Schachtanlage Pattberg WO 3.

LÜNEN (WESTFALEN) UN

Zeche Preußen

Die Zeche hieß bis 1887 Ver. Nordsee, die 1873 aus der Zeche Vaterland entstanden war. Sie verfügte über die Schächte Gustav Adolph (später Prinz Heinrich) und Bertha Wilhelmine (später Prinz Wilhelm). Die Berechtsame umfaßte 17,5 km².

Mit dem Abteufen des Schachtes Prinz Heinrich (später Preußen I/1) war 1873 be-

Lünen (Westfalen): Die Zeche Victoria, deren Übertageanlagen im Zweiten Weltkrieg teilweise zerstört wurden, ist 1952 mit einer neuen Aufbereitung ausgerüstet worden (unser Bild). † 1964. Im Hintergrund die Fördergerüste (Tomsonböcke) über den Schächten 1 und 2.

gonnen worden. Der Schacht erreichte 1874 bei 250 m das Steinkohlengebirge. Bei 275 m Teufe kam es 1875 zu einem starken Wassereinbruch, der zur Unterbrechung der Teufarbeiten führte. 1877 begann das Abteufen des zweiten Schachtes, der bei etwa 230 m auf das Karbon stieß. Beide Schächte mußten wegen starker Wasserzuflüsse 1877 aufgegeben werden. 1889 wurde der Schacht Prinz Heinrich in Preußen I/1 umbenannt; Prinz Wilhelm hieß fortan Preußen II/1. 1891 wurde mit dem Weiterteufen des Schachtes Preußen I/1 und 1892 mit dem Abteufen eines neuen Schachtes Preußen I/2 begonnen. In beiden Schächten konnte 1895 die Förderung aufgenommen werden. Sie betrug in diesem Jahr rund 7500 Tonnen (337 Beschäftigte). 1897 begann das Teufen des Schachtes Preußen II/2 (neben II/1). Der weitergeteufte Schacht Preußen II/1 und der neu abgeteufte Schacht Preußen II/2 sind 1904 in Betrieb genommen worden. 1910 belief sich die Kohlenförderung auf 667000 Tonnen (3019 Beschäftigte). Die höchste Förderung wurde 1913 mit fast 772000 Tonnen erbracht (2883 Beschäftigte). 1926 wurde die Zeche Preußen I stillgelegt. Die Schächte sind nicht verfüllt, sondern nur abgedeckt worden. Auf der Zeche Preussen II wurde der Betrieb 1929 eingestellt. Die Schächte wurden ebenfalls nur abgedeckt. 1942 erfolgte die Teilung der Berechtsame: Preußen I (Schächte 1 und 2) kam an Victoria (als Victoria 3/4), Preussen II (Schächte 1 und 2) kam zu Gneisenau. 1955 begann von Victoria aus die Ausrichtung des Baufeldes Preußen und die Sümpfung des Grubenbaues der Zeche Preußen I. S. Zeche Victoria WO 117 sowie Bergwerk Gneisenau WO 113.

⚒ *Siedlung Ziethenstraße: 52 Häuser in weitgehend gleicher schlichter Gestaltung reihte die Harpener Bergbau AG Ende des 19. Jahrhunderts an der Ziethenstraße auf. Die Bergarbeiter der Zeche Preußen sollten hier mit ihren Familien Unterkunft finden. Vier Familien je Haus hätten es sein können, aber nur drei erlaubte die Stadt Lünen. Sie verpflichtete außerdem die Bergbaugesellschaft, die aus dem Bau der Kolonie entstehenden Folgekosten zu tragen, also beispielsweise eine Schule zu bauen und eine Polizeistation zu unterhalten. Nach einer 1984 angefertigten Studie der Fachhochschule Münster wurden die Häuser saniert und heutigem Wohnstandard angepaßt.* ⚒

WO 117 271
Zeche Victoria

Die Anfänge dieser Zeche reichen bis in das Jahr 1870 zurück. Damals führte die Gesellschaft Schlägel & Eisen Mutungsbohrungen durch; 1873 und 1878 kam es zur Verleihung von insgesamt 15 Grubenfeldern (Kohle und Erz), und 1879 sind die Felder zur Berechtsame Victoria konsolidiert worden (15,1 km²). Das Grubenfeld wurde 1907 durch das Abteufen von zwei Schächten erschlossen. Die Förderung ist 1910 aufgenommen worden. Schacht 1 diente als Förderschacht, Schacht 2 zunächst als Wetterschacht. Förderung 1913: 631000 Tonnen. Förderung 1920: 410000 Tonnen (2412 Beschäftigte). 1930 sind mit 2683 Beschäftigten rund 829000 Tonnen Kohle gefördert worden. Kohlenförderung 1935: 883000 Tonnen (2100 Beschäftigte). 1940 wurde die stillgelegte Zeche Preußen I übernommen. Die Kohlenförderung belief sich in diesem Jahr auf über eine Million Tonnen (2714 Beschäftigte). Im Zweiten Weltkrieg wurden die Übertageanlagen der Zeche teilweise zer-

Lünen: Zeche Victoria 3/4. Das eigentümliche Stahlkastenstreben-Fördergerüst (drei Streben) über Schacht 4, das 1960 errichtet worden ist, gestaltete Günter Patschul, Essen. Der Schacht wurde 1983 verfüllt. Aufnahme 1970.

stört. Förderung 1945: ca. 308 000 Tonnen (2 290 Beschäftigte). 1950 wurden bereits wieder 984 000 Tonnen Kohle gefördert (3 520 Beschäftigte), und 1952 ist die Anlage mit einer neuen Aufbereitung ausgerüstet worden; der Neubau der Kokerei wurde in Angriff genommen. 1955 begann die Aufwältigung von Preußen I (Umbenennung in Victoria 3/4); die Schächte wurden tiefergeteuft. Die höchste Förderung ist 1956 mit 1,28 Millionen Tonnen erbracht worden (4 175 Beschäftigte). Förderung 1958: 1,2 Millionen Tonnen. 1963 wurde das Westfeld mit den Schächten 3 und 4 an Gneisenau abgegeben. † 1964. S. Zeche Preußen und Bergwerk Gneisenau WO 113.

⚒ *Victoria-Siedlung: In der Victoria-Siedlung fanden Arbeiter und Angestellte der Zeche „ein vorbildliches Heim in den ... künstlerisch hochstehenden Häusern". So urteilte 1914 die Zeitschrift „Baumeister". Unverkennbar ist der Einfluß der Gartenstadtbewegung auf die Struktur der Kolonie. Die Straßen verlaufen nicht schnurgerade und sind stellenweise zu kleinen Plätzen erweitert, die Bebauung - obwohl teils größere Wohnblocks – wirkt aufgelockert. Geschäfte, Schulen, Gastwirtschaften machten die Siedlung zu einem weitgehend selbständigen Stadtteil.* ⚒

***Lünen-Brambauer: Bergwerk Minister Achenbach**, Schacht 4. Der Seilfahrt- und Materialschacht (Gestellförderung) trägt ein deutsches Strebengerüst der Bauart Klönne (Weiterentwicklung des Zschetzsche-Gerüstes). Es hat für den Ortsteil Brambauer Wahrzeichencharakter (insbesondere für die im Anschluß an die Zeche entstandene Siedlung). † 1992. Der Designer Luigi Colani setzte 1995 dem Fördergerüst einen ellipsenförmigen Kunststoffkörper auf und richtete darin Büros ein (vgl. Umschlag-Rückseite).*

Lünen-Brambauer:
WO 116 272f. Umschlagrückseite
Bergwerk Minister Achenbach (RAG)

Die Konsolidation der Berechtsame Minister Achenbach erfolgte 1870; sie umfaßte 8,7 km^2. 1875 folgte die Konsolidation der Berechtsame *Friede* (10,9 km^2), und 1896 sind beide Berechtsamen zu Ver. Minister Achenbach (19,7 km^2) konsolidiert worden; hinzu kam eine Erzgerechtsame. Der erste Förderschacht der Anlage (benannt nach dem damaligen preußischen Handelsminister Heinrich von Achenbach, 1829 - 1899) wurde 1897 abgeteuft und ging 1900 in Betrieb. 1899 begann das Abteufen eines Wetterschachtes, 1902 wurde eine Kokerei in Betrieb genommen. Die Förderung belief sich 1904 auf 346 000 Tonnen.

***Lünen-Brambauer: Bergwerk Minister Achenbach.** Das Bild zeigt die Anlage Minister Achenbach 1/2, links: Stahlkastenstreben-Fördergerüst über Schacht 2.*

1909 begann das Abteufen des Schachtes 3, und 1912 ereignete sich auf der Anlage 1/2 eine schwere Schlagwetterexplosion, die 49 Todesopfer forderte. Kohlenförderung 1913: 913 000 Tonnen (2 660 Beschäftigte). 1914 wurde der Wetterschacht 3 in Betrieb genommen. In diesem Jahr ereignete sich auf der Anlage 1/2 wieder eine Schlagwetterexplosion (24 Todesopfer). Förderung 1915: 709 000 Tonnen (2 105 Beschäftigte). 1917 kam es auf Schacht 3 zu einer Schlagwetterexplosion (17 Tote). 1918 ist Schacht 4 abgeteuft worden, der 1924 die Förderung aufnahm. Förderung 1925: 1,24 Millionen Tonnen (4 390 Beschäftigte). Die höchste Förderung vor Ausbruch der Weltwirtschaftskrise konnte 1929 mit 1,7 Millionen Tonnen erreicht werden. Förderung 1930: 1,34 Millionen Tonnen (4 610 Beschäftigte). Die Schächte 3 und 4 sind in diesem Jahr zu Ehren des langjährigen Leiters der Zeche Minister Achenbach in *Carl-Haarmann-Schächte* umbenannt worden.

Mitte der dreißiger Jahre erfolgte die Konzentration (Mechanisierung der Grubenbetriebe, Ausbau der Tagesanlagen) auf der Schachtanlage 1/2. 1940/41 wurde ein neues Kesselhaus fertiggestellt. 1941 belief sich die Kohlenförderung auf 2,1 Millionen Tonnen. 1942 begann man in bisher noch unverritzten Feldern mit dem Abteufen einer neuen Förderanlage (Schacht 5). 1945 sank die Kohlenförderung auf 705 000 Tonnen (3 875 Beschäftigte), und 1946 kam es wegen hoher Wasserzuflüsse zur Einstellung der Teufarbeiten für Schacht 5; das Teufen konnte erst 1948 fortgesetzt werden. In diesem Jahr umfaßte die Berechtsame des Bergwerks 38,9 km^2. Förderung 1950: 1,67 Millionen Tonnen (5 650 Beschäftigte). 1954 kam Schacht 5 in Betrieb. Förderung 1956: fast 1,8 Millionen Tonnen. In diesem Jahr begann das Teufen des Schachtes 6, der 1958 in Betrieb kam. Die Berechtsame des Bergwerks umfaßte damals 41,5 km^2. Das Teufen des Wetterschachtes 7 begann 1959. Förderung 1960: 1,69 Millionen Tonnen (6 045 Beschäftigte).

In den Jahren 1964 bis 1968 wurde ein umfangreiches Rationalisierungsprogramm durchgeführt; die Schachtanlage 3/4 wurde stillgelegt und die Förderung auf den Anlagen 1/2/7 und 5/6 konzentriert. Der Hauptförderschacht (2) sowie Schacht 6 sind mit einer Gefäßförderanlage ausgerüstet worden.

1973 sind die Schächte Ickern 3 und 4 übernommen worden. Die Berechtsame stieg damit auf 52 km^2. Die Förderung belief sich 1975 auf 2,59 Millionen Tonnen (4 635 Beschäftigte). 1978 kam es zur Bildung einer Werksdirektion mit Waltrop. Förderung 1980: 2,7 Millionen Tonnen (4 790 Beschäftigte).

1991 verfügte das Bergwerk über 9 Schächte: Achenbach 1 (westliche Förderung: Seilfahrt-, Material- und Bergeschacht, Gestellförderung); Schacht 2 (Förder- und Seilfahrtschacht, Gefäßförderung); Schacht 3 (Wetterschacht, Gestellförderung, Befahrungsanlage); Schacht 4 (Seilfahrt- und Materialschacht,

Oben und unten: ***Lünen-Brambauer:*** *Zwei Herde aus den 1930er Jahren im 1994 gegründeten Bergarbeiter-Wohnmuseum, Rudolfstr. 10 in der „Neuen Kolonie", errichtet etwa 1904/07 für Belegschaftsmitglieder des Bergwerks Minister Achenbach. Heute zur Glückauf Wohnungsbaugesellschaft gehörig.*

Gestellförderung); Schacht 5 (Seilfahrt- und Materialschacht, Gestellförderung); Schacht 6 (Seilfahrtschacht, Wetterschacht, Gestellförderung); Schacht 7 (Wetterschacht); Ickern 3 (Seilfahrt-, Material- und Bergeschacht, Gestellförderung); Ickern 4 (Wetterschacht, Befahrungsanlage). Die bisher höchste Förderung wurde 1982 mit 2,75 Millionen Tonnen erbracht (Fett-, Eß- und Gaskohle). Im gleichen Jahr starben drei Bergleute bei einem Strebbruch. Im folgenden Jahr kamen ebenfalls drei beim Absturz eines Blindschachtkorbs zu Tode. In den letzten 1980er Jahren gab man den Abbau im Feld Ickern 3 und im Ostfeld auf. Die Förderung sank bis 1991 auf 1,89 Millionen Tonnen (2523 Beschäftigte). Teufe der Hauptfördersohlen: 820, 860 und 1 000 m. † 1992. Die meisten Schächte sind verfüllt. S. Steinkohlenbergwerk Victor / Ickern WO 98/99 und Zeche Waltrop WO 115.

⚒ *Große Teile der Schachtanlage 4 von Minister Achenbach blieben erhalten. Die IBA Emscher Park sorgte hier für Renovierung und Neunutzung; auch die Bergehalde wurde eingebunden. Im Kauen- und Verwaltungsgebäude fand das Technologiezentrum LÜNTEC (Hauptthema: Umwelt und Verpackung) Platz, im Torhaus eine Cafeteria. Erhalten sind auch Maschinenhallen, Fördergerüst, Schachthalle und Werkstatt am Schacht 4. Auf dem Zechenparkplatz baute die Ruhrkohle Immobilien-Gesellschaft Wohnungen. Für ein Erkennungsmerkmal der erneuerten Anlage und Symbol des Wandels sorgte einer der wohl bekanntesten Designer: Luigi Colani. Er setzte 1995 dem Fördergerüst einen ellipsenförmigen Kunststoffkörper auf und richtete darin Büros für seine Firma ein („Colani-Ei", s. Umschlag-Rückseite).*

Bergarbeiter-Wohnmuseum: Bei Sanierungsarbeiten in der „Alten Kolonie", die ab 1900 in der Nachbarschaft des Bergwerks Minister Achenbach errichtet worden war, fanden Handwerker Mietvertrag und Familienbücher eines der ersten Mieter. Daraus entstand die Idee eines Bergarbeiter-Wohnmuseums, das 1994 in der „Neuen Kolonie", Rudolfstr. 10, eröffnet werden konnte. Zwei Wohnungen geben eine Vorstellung vom Leben der Bergleute während der 1930er Jahre in der Kolonie. Auf einer Fläche von 132 m² wird eine große Zahl von Exponaten präsentiert, u. a. neben der Kostgängermansarde die beiden Schlafzimmer, die in ihrer Ausstattung den Unterschied zwischen katholischer und evangelischer Lebensweise widerspiegeln. ⚒

MARL RE

WO 88 21 51 67 75 274f.
Steinkohlenbergwerk Auguste Victoria (GAV/RAG)

Benannt nach der letzten deutschen Kaiserin und Königin von Preußen Auguste Victoria, Prinzessin von Schleswig-Holstein-Sonderburg-Augustenburg (1858 - 1921), seit 1881 mit dem späteren Kaiser Wilhelm II. vermählt.

1897 brachten die Düsseldorfer Kommerzienrat August Stein und Ingenieur Julius Schäfer im Bezirk Hüls Schürfbohrungen nieder, die im gleichen Jahr auf Steinkohle fündig wurden. 1898 sind die Felder Hansi I und Hansi II zum Grubenfeld Auguste Victoria konsolidiert worden. 1900 begann man, die Schächte 1 und 2 nach dem Senkschachtverfahren niederzubringen. Das Auftreten harter Mergelbänke und starke Wasserzuflüsse zwangen dazu, 1901 nach Erreichen einer Teufe von 40 m in beiden Schächten die Arbeiten einzustellen. Der Schacht 1 wurde Anfang 1902 wegen Schiefstellung der Senkmauer aufgegeben. Im gleichen Jahr nahm man das Abteufen des Schachtes 2 (der nun Schacht 1 genannt wurde) nach dem bis dahin im Ruhrgebiet noch nicht angewandten Gefrierverfahren wieder auf. Dieser Schacht kam 1905 in Förderung. 1903 wurde der Sitz der Gewerkschaft Auguste Victoria nach Hüls verlegt. In diesem Jahr sind die Vorarbeiten zum Niederbringen eines zweiten Schachtes (Schacht

Marl: Steinkohlenbergwerk Auguste Victoria. Links Förderturm von Schacht 7, rechts Doppelstrebengerüst von Schacht 3. Aufnahme 1969.

2) nach dem Gefrierverfahren aufgenommem worden. 1906 wurde er auf der ersten Sohle mit dem Schacht 1 durchschlägig. Die Kohlenförderung ist 1907 aufgenommen worden. Sie erreichte in diesem Jahr 156000 Tonnen. 1907 brachte auch die Übernahme des Bergwerks durch die BASF (Ludwigshafen), eine Verbindung, die im Ruhrgebiet eine Ausnahme darstellt. Typisch war hier immer das Miteinander von Kohle und Stahl. Aber auch die chemische Industrie brauchte große Mengen Kohle zur Energieerzeugung und Gewinnung von Grundstoffen. Da den Ludwigshafener Direktoren der Einkauf beim damals bestehenden Kohlensyndikat zu teuer erschien, suchten sie eine eigene Kohlenquelle und fanden sie in Marl. Diese Verbindung bestand lange über die Gründung der Ruhrkohle AG hinaus; erst 1991

Marl: Steinkohlenbergwerk Auguste Victoria. Lebensgroße Bronzestatue der Kaiserin Auguste Victoria vor der Hauptverwaltung des Bergwerks, geschaffen 1905 von dem Berliner Bildhauer Carl Begas (1845 - 1916).

Marl: Steinkohlenbergwerk Auguste Victoria, Schächte 1 und 2. Schacht 1 kam 1905 in Förderung; 1907 wurde die Förderung auf Schacht 2 aufgenommen. Vordergrund: Grubenlok (Baujahr 1936, Leistung 45 kW, Gewicht 10 Tonnen), die jahrzehntelang unter Tage eingesetzt war. Die beiden kubischen Gebäude hinter den deutschen Strebengerüsten: Energieversorgung, dazwischen das Maschinenhaus. Ganz rechts: Fördermaschinenhäuser für die Schächte 1 und 2 (flache Spitzgiebel), links daneben mit Tonnendach: Waschkaue.

wurde Auguste Victoria RAG-Bergwerk.

Nach Fertigstellung einer Koksofenbatterie erfolgte Ende des Jahres 1907 der erste Koksausstoß. 1909 und 1911 ist die Kokerei vergrößert worden. 1913 belief sich die Koksproduktion auf 296 000 Tonnen; Kohlenförderung: 715 000 Tonnen. 1922 ist der Plan zur Errichtung einer zweiten Doppelschachtanlage (3/4) im Norden des Grubenfeldes aufgegriffen worden; eine Untersuchungsbohrung wurde niedergebracht. 1923 sind die Gefrierbohrungen für den Schacht 3 hergestellt worden. Durch die Ruhrbesetzung und die Inflation ruhte die Arbeit bis 1925. Die Kohlenförderung belief sich in diesem Jahr auf 909 000 Tonnen. 1926 ereichte Schacht 3 seine Endteufe von 820 m. 1927 wurde er auf der 800-m-Sohle mit der Schachtanlage 1/2 durchschlägig. Kurz vor seiner Inbetriebnahme stürzte der Schacht infolge eines Bruchs der Tübbingsäule zusammen; die Schwimmsande verfüllten ihn und die Verbindungsstrecken unter Tage bis zur Schachtanlage 1/2. Das Projekt der neuen Doppelschachtanlage im Nordfeld kam zum Erliegen.

1928 ist mit dem Niederbringen des Schachtes 4 begonnen worden. 1929 war er mit einer Teufe von 806 m fertiggestellt. 1930 wurde ein eigener Hafen mit Werksbahnanschluß am Weser-Datteln-Kanal in Betrieb genommen. Im selben Jahr ist der Wetterschacht 5 abgeteuft worden. In diesem Jahr betrug die Kohlenförderung 1,09 Millionen Tonnen (3 775 Beschäftigte). Die Schachtanlage 4/5 nahm 1931 die Förderung auf. 1934 begann das Neuabteufen bzw. Wiederaufwältigen des 1927 zusammengebrochenen Schachtes 3, und 1937 wurde die Förderung in ihm aufgenommen. 1938 belief sich die Kohlenförderung des Bergwerks auf 1,5 Millionen Tonnen; Kokserzeugung: 521 000 Tonnen. In diesem Jahr begann auf der Anlage 4/5 auch die Erzförderung, und 1940 umfaßte die Berechtsame 23,6 km²; die Kohlenförderung erreichte 1940 fast 1,6 Millionen Tonnen (5 570 Beschäftigte). Kurz vor Beendigung des Zweiten Weltkrieges richtete ein Luftangriff schwere Schäden auf der Schachtanlage 1/2 an. Die Kohlenförderung erreichte 1945 nur 502 000 Tonnen. 1950 begann das Teufen des Schachtes 6 (Bewetterung). Er erreichte 1951 bei 715 m das Karbon und kam 1952 in Betrieb. 1953 ist das Grubenfeld Lippramsdorf erworben worden; die Berechtsame stieg damit auf 40,9 km². Kohlenförderung 1955: 1,6 Millionen Tonnen (8 910 Beschäftigte); die Erzförderung betrug 323 000 Tonnen (1 415 Beschäftigte). Die höchste Erzförderung ist 1956 mit nahezu 349 000 Tonnen erbracht worden (1 478 Beschäftigte im Erz). 1962 wurde der Erzabbau wegen Unrentabilität eingestellt.

Im Zuge des Ausbaus zu einer Zentralförderanlage ist in den Jahren 1956/57 der Schacht 7 abgeteuft worden, der 1960 in Förderung ging (Teufe 940 m). 1966 wurde die Anlage 1/2 stillgelegt, und 1967 ist Schacht 5 verfüllt worden. 1979 wurde in Schacht 7 die westliche Gefäßförderung durch eine neue Förderanlage mit verdoppelter Nutzlast ersetzt. Bereits 1978 begann der Ausbau des Wetterschachtes 8 zur Seilfahrt- und Versorgungsanlage. 1980 hat der Schacht die Endteufe (1 300 m) erreicht. Im Herbst 1982 ist die neue Schachtanlage in Betrieb gegangen. Mit dem Abteufen des Schachtes 9 (Seilfahrt und Materialversorgung) ist im Februar 1987 begonnen worden. Seine Endteufe (rund 1 200 m) erreichte der Schacht Ende 1988 und ging 1990 in Betrieb. Auf der fünften Sohle (1 000 m) erfolgte der Durchschlag und damit die Anbindung an das untertägige Streckennetz von Auguste Victoria. Dieser Schacht war Voraussetzung für die Erschließung umfangreicher Kohlenvorräte im Nordfeld und damit für den Betrieb des Bergwerks weit über das Jahr 2000 hinaus. Durch den neuen Schacht lassen sich die Wege unter Tage um bis zu drei Kilometer (= 40 Minuten) verkürzen. Das kann im Ernstfall entscheidend sein, denn der Schacht dient als Fluchtweg, und ohne ihn wäre die nötige Sicherheit unter Tage nicht gewährleistet. Auch für die Versorgung mit Frischluft ist der Schacht unentbehrlich, weil die Frischwetterversorgung des Nordfeldes von den bisherigen Schächten aus nicht hinreichend möglich ist. Schon für den Fortschritt des Abbaus nach Norden von Schacht 8 aus wird ein Zusatzlüfter gebraucht, eine Lösung, die aus Gründen der Grubensicherheit nur vorübergehend vertretbar ist. In dem Seilfahrt- und Materialschacht 9 wird keine Kohlenförderung erfolgen. Die Kohle wird auch zukünftig auf der Zentralschachtanlage 3/7 ans Tageslicht kommen. Hier befinden sich auch die notwendigen Aufbereitungsanlagen. Teufe der Hauptfördersohle: 1 035 m. Ihre bisher höchste Kohlenförderung hat die Grube 2000 erbracht: 3,54 Millionen Tonnen (4 003 Beschäftigte).

2001 ging schließlich auch Auguste Victoria in einem größeren Verbund auf. Im Feld Haltern 2 des Bergwerks General Blumenthal hatte man längere Zeit zuvor schon einmal Kohle abgebaut; Mitte 2001 entstand dann das Verbundbergwerk Auguste Victoria / Blumenthal. S. Bergwerk Auguste Victoria/Blumenthal WO 88/92.

Marl: Steinkohlenbergwerk Auguste Victoria. Schachtanlage 6 am Rande des Waldgebietes der Haard. der (einziehende) Wetterschacht kam 1952 in Betrieb; Entwurf Fritz Schupp. Vordergrund: Autobahn Wuppertal – Münster.

Marl: Steinkohlenbergwerk Auguste Victoria, Schacht 8. Zunächst Wetterschacht, 1978 Ausbaubeginn zur Seilfahrt- und Befahrungsanlage. 1980 hat der Schacht die Endteufe (1 300 m) erreicht und ging 1982 in Betrieb. Rechts neben dem Stahlkastenstreben-Fördergerüst (den Buchstaben A darstellend) das Fördermaschinengebäude.

⚒ *Schacht 1: Strebengerüst (genietete Fachwerkkonstruktion aus Profileisen mit aufgesetztem Führungsgerüst und Schachthauptträgern, zwei zum Fördermaschinengebäude angeordneten Strebenbeinen und vier nebeneinanderliegenden Seilscheiben); Bauhöhe ca. 37,5 m; erbaut 1903, generalüberholt 1982. Schacht 2: Strebengerüst (Konstruktion wie Schacht 1, jedoch mit Führungsgerüstschleuse und zwei nebeneinanderliegenden Seilscheiben, 6 m Durchmesser); Bauhöhe ca. 37,75 m; erbaut 1906, generalüberholt 1983/85. Beide Schächte sind (2002) voll in Betrieb (Hilfsförderanlagen). Auch die Dampfmaschinen (1904 und 1907) sind noch vorhanden, werden aber mit Druckluft betrieben. Ebenso wie die beiden Fördergerüste stehen sie seit 1987 in der Denkmalliste.*

„Am Erzschacht“: Im Mai 1930 war beim Auffahren der Verbindungsstrecke zwischen den Anlagen 1/2 und 4/5 ein Bleizinkerzgang enteckt worden. Das Erz wurde bis 1962 über Schacht 2 gefördert (Förderung 1938 bis 1962 fünf Millionen Tonnen Bleiglanz und Zinkblende). Das Erz kam in Schacht 2 zu Tage; Schacht 4 war Seilfahrtschacht. Über diesem Schacht steht ein Koepe-Strebengerüst in Vollwandbauweise von 1931 (Denkmalschutz seit 1995). Schacht 5 diente ursprünglich der Bewetterung; er ist inzwischen verfüllt worden. Die Straßenbezeichnung „Am Erzschacht“ in unmittelbarer Nähe zum Zechengelände weist auf die besondere Örtlichkeit hin. Als Symbol erinnert das Fördergerüst über Schacht 4 (als Hilfsförderanlage in Betrieb) an den im Ruhrgebiet selten gewesenen Erzabbau. ⚒

Marl: Bergwerk Brassert: *Schacht 1 (unser Bild, Aufnahme vor 1959). † 1972. Vordergrund: Das letzte Grubenpferd im Ruhrbergbau verfuhr 1966 (auf der Zeche General Blumenthal in Recklinghausen) seine Abschiedsschicht.*

WO 88/92
Bergwerk Auguste Victoria / Blumenthal (DSK)

Ende Juni 2001 entstand dieses Bergwerk aus Auguste Victoria, wo die Werksdirektion ihren Sitz hat, und General Blumenthal. Im Feld Blumenthal/Haard standen die Schächte 11 (Förderung), 2, 3, 4, 6, 7 und 8 sowie Haltern 1 und 2 und Emscher-Lippe 6. Schacht An der Haard 1 war bereits 1999 aufgegeben worden. Zum Feld Auguste Victoria gehörten die Schächte 1, 2, 3, 6, 7, 8 und 9. Mit Beginn des Verbunds ging Schacht 11 und damit die Förderung auf Blumenthal/Haard außer Betrieb. Förderung 2002: 3,01 Millionen Tonnen (4 632 Beschäftigte); Grubenfeld 227 km^2; tiefste Teufe: 1 332 m.

WO 87 276
Bergwerk Brassert (RAG)

Benannt nach dem Schöpfer des preußischen Allgemeinen Berggesetzes, Hermann Brassert (1820 - 1901). Mit dem Abteufen des Schachtes 1 wurde 1906 begonnen, nachdem das Bergwerk 1905 gegründet worden war. Die Berechtsame umfaßte 15,8 km^2. 1909 ist in einer Teufe von 552 m das erste Flöz angefahren worden. 1910 war bereits Schacht 2 (Teufbeginn 1908) als Seilfahrt- und Wetterschacht fertiggestellt. Die Kohlenförderung erreichte in diesem Jahr ca. 23 000 Tonnen (265 Beschäftigte). 1913 belief sich die Förderung auf 430 000 Tonnen (1 535 Beschäftigte). Förderung 1925: 576 000 Tonnen (2 925 Beschäftigte). Bis 1935 stieg die Kohlenproduktion auf fast 720 000 Tonnen (1 910 Beschäftigte).

1938 wurde der Bau eines weiteren Schachtes in Angriff genommen. Förderung 1940: 927 000 Tonnen (2 555 Beschäftigte). Schacht 3 erreichte 1943 die Endteufe von 1 020 m und konnte, bedingt durch die Kriegs- und Nachkriegsverhältnisse, erst 1954 in Betrieb genommen werden. Förderung 1955: 1,1 Millionen Tonnen (4 440 Beschäftigte). Die Gerechtsame von Brassert betrug 1956 ca. 18 km^2. 1962 wurde die Förderung in Schacht 3 eingestellt; die gewonnene Kohle ging fortan unter Tage zur Anlage 1/2. Die höchste Förderung hat die Zeche 1956 mit 1,16 Millionen Tonnen erreicht (4 575 Beschäftigte). Förderung 1965: 730 000 Tonnen. 1970 kam es zum Verbund mit der Schachtanlage Wulfen. Die Förderung belief sich in diesem Jahr auf ca. 598 000 Tonnen (1 217 Beschäftigte).

† 1972. Die Tagesanlagen sind 1973 abgerissen worden; 1974 wurden die Schächte verfüllt. S. Bergwerk Fürst Leopold / Wulfen WO 41.

MOERS WES

Moers-Hochstraß: 277
Schachtanlage Rheinpreussen 4

Abteufbeginn: 1900; das Steinkohlengebirge wurde 1902 erreicht. Der Schacht 4 begann 1904 in geringem Umfang die Förderung. Beim Abteufen dieses Schachtes ist zum ersten Mal der Stoßbohrer, eine Erfindung von Heinrich Pattberg, verwendet worden; der Schacht wurde nach dem ebenfalls von Pattberg entwickelten sog.

Moers-Hochstraß: Schachtanlage Rheinpreussen 4 *der Zeche Rheinpreussen (Sitz Duisburg-Homberg). Das Doppelstrebengerüst von 1904 ist das älteste noch erhaltene in Fachwerkbauweise in Deutschland. Aufnahme vor 1959.*

Compound-Verfahren ausgebaut, das weit über die Grenzen Deutschlands hinaus Beachtung fand. 1907 ist hier die erste im Ruhrbergbau verwendete Schüttelrutsche erprobt und eingeführt worden. Der Schacht kam erst 1909 voll in Förderung. Teufe der Hauptfördersohle: 300 m. Förderung 1950: 960000 Tonnen. 1963 wurde der Schacht Wetterschacht. † 1964. S. Zeche Rheinpreussen.

⚒ *Ein recht großer Teil der übertägigen Bauten besteht noch und vermittelt gut den Eindruck einer Zechenanlage vom Anfang des 20. Jahrhunderts. Backsteingebäude in neugotischen Formen versetzen den Betrachter in eine andere Zeit. Sie sind restauriert und werden zum Teil gewerblich genutzt. Im östlichen Maschinenhaus steht eine der ältesten elektrischen Fördermaschinen, die es im Ruhrgebiet noch gibt: 1906 gebaut und 1949/50 verstärkt und mit Treibscheibe versehen. Auch das Doppelstrebengerüst steht noch. Der Grafschafter Museums- und Geschichtsverein betreut dieses Industriedenkmal und macht es nach Absprache für Besucher zugänglich.*

Kolonie Meerbeck: Als im Jahr 1900 die Teufarbeit für den Schacht Rheinpreussen 4 begann, zählte das Dorf Meerbeck knapp 200 Einwohner. Zwischen 1904 und 1913 wurden dann in unmittelbarer Nachbarschaft zur Zeche Wohnungen für fast 10000 Menschen gebaut. Die Kolonie Meerbeck entwickelte sich zu einem eigenständigen Gemeinwesen mit Geschäften und einer Berufsschule für Bergleute. Unter Nordrhein-Westfalens Arbeitersiedlungen ist sie eine der größten und wurde in den 1980er Jahren originalgetreu restauriert. ⚒

Moers-Rheinkamp/Repelen/Rheim: WO 4 **278**

Verbundbergwerk Rheinland (RAG)

Das Verbundbergwerk entstand 1971 durch den Zusammenschluß der ehemals selbständigen Schachtanlagen Pattberg (s. hier bei Duisburg-Homberg), Rheinpreussen 5/9 (Moers-Rheinkamp/Utfort) und Rossenray (Kamp-Lintfort). Der Feldesbesitz umfaßte eine Fläche von insgesamt

Moers-Meerbeck: Kolonie der Zeche Rheinpreussen. *Oben: Blick auf unterschiedliche Haustypen. – Unten: vorn rechts die Kolonie Meerbeck, im Hintergrund links der geschlossene Förderturm über Schacht Rheinpreussen 9 in Moers-Rheinkamp/Utfort (vgl. S. 279).*

***Moers-Repelen/Rheim:** Doppelstreben-Fördergerüst über Schacht „**Pattberg 1**“, ursprünglich Rheinpreussen 6 genannt (Firmensitz: Duisburg-Homberg, weitere Angaben s. dort). 1932 über dem ersten Gerüst von 1927 errichtet. Aufnahme von 1959. † 1993, abgebrochen 1995. Vgl. Abb. S. 192, dort mit später aufgebauter Kranbahn.*

ca. 160 km^2 unter den Stadtgebieten von Duisburg-Homberg, Moers, Kamp-Lintfort und Rheinberg. Der südliche Teil davon (rund ein Drittel der Gesamtfläche) ist wegen Erschöpfung der Lagerstätte bereits stillgelegt. Der geologische Kohlenvorrat des Verbundbergwerks ist mit rund 800 Millionen Tonnen ermittelt worden.

Die Lagerstätte war durch acht Tagesschächte und zwei bzw. drei Sohlen aufgeschlossen. Für die Kohlenförderung standen Gefäßförderanlagen in den Schächten Pattberg 6, Rossenray 1 und Rheinpreussen 9 zur Verfügung. Material- und Bergeförderung sowie zum überwiegenden Teil die Seilfahrten wurden über die Schächte Pattberg 7, Rossenray 2 und die Gestellförderung des Schachtes Rheinpreussen 9 abgewickelt. Die Schächte Rheinpreussen 4, 5 und 8 wurden ausschließlich für die Wetterführung genutzt. Hauptfördersohle im Bereich Pattberg und Rheinpreussen: 650 m; im Bereich Rossenray und als Verbundsohle 885 m. Auf den Schachtanlagen Pattberg und Rheinpreussen wurde die Kohlenförderung auf der 650-m-Sohle zusammengefaßt und mit Elektro- oder Dieselloks und Rollkippwagen (4000 Liter Inhalt) zu den Hauptförderschächten Pattberg 6 und Rheinpreussen 9 gebracht. Die Hauptstreckenförderung der Schachtanlage Rossenray erfolgte dagegen ausschließlich über Bandanlagen.

1991 dämmte man das Baufeld Rheinpreussen ab und verfüllte den Schacht Rheinpreussen 4. Vorbereitungen für das Abteufen des Schachts Rheinberg im Orsoyer Rheinbogen begannen 1985; 1993 ging dieser Wetter- und Seilfahrtschacht in Betrieb. Er dient auch dem Bergwerk Walsum zur Bewetterung und erschließt etwa 300 Millionen Tonnen Kohle.

Bis 1988 war Rheinland das größte Bergwerk Europas. 1975 wurde die höchste Förderung erbracht: 5,27 Millionen Tonnen Gas- und Fettkohle (8668 Beschäftigte). Förderung 1992: 2,48 Millionen Tonnen (4607 Beschäftigte). Auch hier kam es schließlich zu einem nochmals größeren Verbund: 1993 entstand das Bergwerk Friedrich Heinrich/Rheinland. S. Friedrich Heinrich/Rheinland WO 1/4.

⚒ *Siedlung Repelen: Im Feld Rheinland des Bergwerks Rheinpreussen baute 1930 bis 1936 die Bergmannssiedlung linker Niederrhein GmbH die Siedlung Repelen. 1927 war hier in den Pattbergschächten die Förderung aufgenommen worden. Die durchaus moderne, rationelle Bauweise verbindet sich mit eher traditionellen Formen: Sprossenfenster, die bei der Restaurierung wiederhergestellt wurden, Walmdächer und Klinkermuster an Hausecken und um Türen und Fenster. Straßeneinmündungen sind durch eine besondere Gestaltung der Häuser und versetzte Anordnung der Gebäude hervorgehoben. Hier findet man Stufengiebel und Arkaden mit Spitzbögen.* ⚒

Moers-Rheinkamp/Utfort: Schachtanlage Rheinpreussen 5/9

Der erste Schacht (5) dieser Anlage wurde 1900 abgeteuft; er kam 1905 in Förderung. Der Schacht war 470 m tief, hatte einen Querschnitt von 18,8 m^2 und diente als Förder- und Seilfahrtanlage. 1924 wurde die 450-m-Sohle Hauptfördersohle, und 1927 ist der Durchschlag zu Schacht 6 (Rheinland 1) hergestellt worden. Das Abteufen des Schachtes 6 hatte 1922 begonnen. 1935 entschloß sich die Gewerkschaft Rheinpreussen, auf privatwirtschaftlicher Grundlage die Treibstofferzeugung aus Kohle aufzunehmen. Als Standort des Werks waren zunächst die Pattbergschächte vorgesehen; 1936 wurde jedoch der Bau auf dem Gelände des Schachtes 5 begonnen. Die Kapazität der Anlage, die nach dem Fischer-Tropsch-Verfahren arbeitete, ist zunächst auf 50000 Tonnen bemessen worden. 1941 ist mit dem Abteufen des unmittelbar in der Nähe des Rheins gelegenen Wetterschachtes Gerdt (8) begonnen worden; die Teufarbeiten konnten 1945 beendet werden. Schacht 9 wurde in den 1950er Jahren abgeteuft; die Anlage kam 1958 in Betrieb. Dieser Zentralschacht faßte die Förderung aus den Schächten 4 und 5 zusammen. Förderung 1968: 1,8 Millionen Tonnen. S. Zechen Rheinpreussen, Pattbergschächte WO 3, Rheinpreussen 4 und Verbundbergwerk Rheinland WO 4.

⚒ *Das Verwaltungs- und Kauengebäude der Schachtanlage Rheinpreussen 5/9 wurde aufwendig gestaltet (zwischen 1900 und 1907 entstanden). Zwei Türme mit glockenförmigen Helmen flankieren die Kauenhalle. Bogenfenster, mit Naturstein eingefaßt, gliedern die Backsteinfassaden. Sorgfältig restauriert, ist die*

Moers-Utfort: Verbundbergwerk Rheinland. Das Luftbild von 1969 zeigt (Mitte links) den geschlossenen Förderturm über dem Schacht Rheinpreussen 9, rechts daneben das inzwischen abgerissene Doppelstrebengerüst von 1905 über Schacht Rheinpreussen 5.

Halle heute das zentrale Gebäude im Technologiepark Eurotec. Sein Erkennungszeichen ist – weithin sichtbar – der gewaltige Betonförderturm über Schacht Rheinpreussen 9 (Betriebsbeginn 1958). Auch ein Werkstattgebäude und zwei Fördermaschinenhäuser sind erhalten. Das Doppelstrebengerüst über Schacht 5 steht nicht mehr; es war dem über Schacht 4 sehr ähnlich. ⚒

MÜLHEIM AN DER RUHR MH

Gewerkschaft Friedrichsfeld

Unter diesem Namen bestanden noch 1943 zwei Einzelgewerkschaften mit je einem auf Steinkohle beliehenen Grubenfeld in der Gesamtgröße von 3,4 Millionen m^2. Die Felder sind unverritzt geblieben.

Wiescher Erbstollen

Der Stollen ist 1822 an der Ruhr angesetzt worden. 1828 wurde die Mutung eingelegt. Es bestand der Plan, den Erbstollen bis ins Essener Stadtgebiet (Stift Essen) vorzutreiben. Dieser Vortrieb ist 1839 in Angriff genommen worden. Nach dem Übergang des Bergbaus zum Tiefbaubetrieb war der Erbstollen jedoch überholt; der Vortrieb wurde eingestellt. 1862 erfolgte die Übernahme durch Broicher Erbstollen. S. Broicher Erbstollen und Zeche Ver. Wiesche.

Mülheim-Broich: Broicher Erbstollen

Die Mutung ist 1862 eingelegt worden; das Grubenfeld Wiescher Erbstollen wurde übernommen. In dem Stollen ist auch Kohle abgebaut worden, hauptsächlich jedoch Eisenstein. Die Eisensteinförderung betrug 1866 rund 950 Tonnen. Ab 1869 ist der Stollen nur noch vorübergehend in Betrieb gewesen. S. Wiescher Erbstollen.

Mülheim-Dümpten: Zeche Ver. Caroline

Die Berechtsame für diese Zeche bestand mindestens seit 1780. Aber schon lange vorher ist in dem Grubenfeld Stollenbau betrieben worden. 1810 begann der Tiefbaubetrieb mit einem Schacht von etwa 47 m Teufe. In diesem Jahr ist eine Dampfmaschine für die Wasserhaltung von Franz Dinnendahl aufgestellt worden. Die Zeche erforderte allerdings ständig Zubußen. Für 1811 werden 36 Beschäftigte angegeben. 1817 kam es zu einem Wassereinbruch aus dem Deckgebirge; der Schacht soff ab. 1822 wurde der Betrieb wieder aufgenommen, und es begann das Teufen eines zweiten Schachtes.

Diese Zeche war eine der ersten an der Ruhr, die unter dem das Steinkohlengebirge überlagernden Mergel abbaute. 1840 waren drei Schächte in Betrieb. 1845 wurde das Bergwerk vorübergehend stillgelegt. Der Betrieb ist in ganz geringem Umfang 1863 wieder aufgenommen worden.

† 1866. Vierzig Jahre hindurch hatte die Zeche mit Ver. Roland wegen des Grubenfeldes Immanuel einen Prozeß geführt, der 1891 gewonnen wurde. 1903 kam das Feld Caroline an Roland. S. Zeche Roland.

Mülheim-Dümpten: Zeche Roland

Die Zeche, die in den 1850er Jahren auch Roland & Elisa bzw. Roland & Immanuel hieß, ist um 1841 entstanden (Erbohrung des Feldes Immanuel). 1847 begann das Teufen eines Schachtes, der jedoch wegen hoher Wasserzuflüsse wieder aufgegeben werden mußte. Das Abteufen ist 1852 neu aufgenommen worden, und 1853 wurde bei 45 m das Steinkohlengebirge erreicht. Die Förderung begann 1855 und betrug 1856 rund 52000 Tonnen (322 Beschäftigte). In den ersten 1860er Jahren ist ein Wetterschacht abgeteuft worden, und 1865 belief sich die Förderung auf 126000 Tonnen (543 Beschäftigte). 1891 ging der vor vierzig Jahren gegen die Zeche Ver. Caroline angestrengte Prozeß wegen des Feldes Immanuel verloren. Nachdem 1892 ein weiterer Wetterschacht abgeteuft worden war, verfügte die Zeche über einen Förder- und drei Wetterschächte. Zwei ältere Wetterschächte wurden 1894 aufgegeben. 1895 betrug die Förderung (588 Beschäftigte) rund 155000 Tonnen. 1898 erfolgte die Umbenennung des Bergwerks, das bis dahin den Namen Ver. Roland geführt hatte. 1905 ist die Zeche Sellerbeck übernommen worden. 1913 hatte die Förderung über 250000 Tonnen erreicht (896 Beschäftigte). Das Abteufen des Schachtes 2 begann 1916; er ging 1921 in Betrieb. Die höchste Förderung ist 1926 mit fast 288000 Tonnen erbracht worden (1009 Beschäftigte). † 1928. Schacht 1 und der Wetterschacht wurden verfüllt; Schacht 2 ist abgedeckt worden. Das Grubenfeld ging 1951 an die Zeche Concordia. S. Zechen Ver. Caroline, Sellerbeck und Concordia WO 14.

Mülheim-Dümpten/Sellerbeck: Zeche Ver. Sellerbeck

Im Grubenfeld dieser Zeche ist seit Jahrhunderten Bergbau umgegangen. Von 1610 stammt eine Nachricht, wonach schon um 1580 ein Stollen angelegt wurde, der aber bereits sechs Jahre später wegen eines Wassereinbruchs außer Betrieb kam; er ist erst 1597/98 gesümpft worden. Noch vor 1610 (nach dem Ableben der meisten Gewerken) lag das Bergwerk erneut still, wurde aber um diese Zeit wieder in Betrieb genommen; ein benachbarter Stollen ist erworben worden. Das waren die Vorläufer der späteren Zeche Ver. Sellerbeck.

1811/13 erfolgte die Verleihung des Grubenfeldes, und um diese Zeit wurde ein erster Tiefbauschacht (Christian) angelegt. 1817 hatte er eine Teufe von 55 m erreicht. Der Schacht nahm 1819 die Förderung auf (Pferdegöpel). 1824 begann das Teufen der Schächte Hermann (Bruchstraße) und Gertrud (Eppinghofen). Beide Schächte kamen 1829 in Förderung. 1832 ist ein Hilfsförderschacht abgeteuft worden, und 1834 folgten die Schächte Müller und Humboldt. Beide stießen 1835 bei 29 m auf das Karbon; damals hatte die Zeche 280 Beschäftigte. 1837 wurde eine Pferdebahn zur Ruhr und zur Straße nach Mülheim gebaut (ca. 6,8 km Länge), und 1838 belief sich die Kohlenförderung auf rund 78000 Tonnen. In dem Jahrzehnt 1830/40 war Sellerbeck vermutlich die größte Zeche an der Ruhr. 1842 standen zwei Anlagen in Förderung (Christian und Müller / Humboldt); Hermann und der Hilfsförderschacht waren bereits aufgegeben und verfüllt. 1854 begann das Teufen des Schachtes Carnall; er erreichte das Steinkohlengebirge 1855 (bei 50 m Teufe) und kam 1859 in Betrieb. Bis 1860 war ein ständiger Förderrückgang des Bergwerks zu verzeichnen. Förderung 1860: ca. 29000 Tonnen (232 Beschäftigte). Förderung 1865: ca. 101000 Tonnen (500 Beschäftigte). 1890 belief sich die Förderung auf 120000 Tonnen Magerkohle. † Die Zeche ist 1905 zugunsten eines stärkeren Ausbaus der Zeche Roland stillgelegt worden. S. Zechen Roland und Humboldt.

Mülheim a.d. Ruhr-Heißen: Die Zeche Humboldt wurde bereits 1856 betrieben. 1929 ist die Förderung eingestellt worden. Ab 1930 kam die in dem Grubenfeld gewonnene Kohle auf der Zeche Wiesche zu Tage. Aufnahme etwa 1935.

Mülheim-Heißen: Zeche Humboldt 280

Benannt nach dem Naturforscher Alexander von Humboldt (1769 - 1859). Das Bergwerk ist am 4.12.1869 verliehen worden. Es entstand aus der Konsolidierung der Längenfelder Rettelstruckerstollen (verliehen 1833), Hoppenkuhle (1839), Gietzkiel, Gregor, Robert und Adele (sämtlich 1846 verliehen), Hammelsbeck und Sonderwerk (beide 1841 verliehen) sowie Vereinigte Drei. Letzteres entstand aus dem Zusammenschluß der Grubenfelder Gottfried, Benjamin und Hülsbusch (sämtlich 1844 verliehen).

Die Zeche wurde bereits 1856 betrieben und verfügte über eine Tiefbauanlage. Ihre Förderung hatte sich von durchschnittlich 50000 Tonnen jährlich in den achtziger Jahren auf zuletzt mehr als 150000 Tonnen gesteigert. 1904 ist auf der Schachtanlage eine Brikettfabrik in Betrieb genommen worden. Kohlenförderung 1905: 172000 Tonnen (675 Beschäftigte). 1906 erfolgte die Übernahme eines Feldesteils von Wiesche. Der Durchschlag mit dem Wetterschacht von Hagenbeck wurde 1910 hergestellt. Die höchste Förderung ist 1913 mit 218000 Tonnen erbracht worden (768 Beschäftigte). 1922 waren drei Schächte in Betrieb (ein Förderschacht und zwei Wetterschächte). 1929 ist die Förderung eingestellt worden; die Kohle aus dem Grubenfeld wurde fortan auf der Schachtanlage Rosenblumendelle zu Tage gezogen. Später ist zwischen dem Feld Humboldt und der Schachtanlage Wiesche ein Durchschlag hergestellt worden; ab 1930 kam die Förderung auf Wiesche zu Tage. S. Zechen Sellerbeck, Ver. Wiesche und Rosenblumendelle / Wiesche WO 20.

Mülheim-Heißen: Zeche Ver. Rosenblumendelle 281

Im Feld der Gewerkschaft Ver. Rosenblumendelle – zuletzt war ein enger Mitarbeiter von Hugo Stinnes, der Kaufmann Gerhard Küchen (1861 – 1932), Vorsitzender des Grubenvorstandes – war seit vielen Jahrzehnten Stollenbau umgegangen; oft wurde der Kohlenabbau durch Wasserzuflüsse gestört. Die Zeche Ver. Rosenblumendelle (auch: Ver. Rosen- & Blumendelle genannt) entstand 1841 aus der Konsolidation von Vorwärts, Morgenröthe, Blumendelle, Kämpgeswerk, Tutenbank und Zufall; dieses letzte Feld ist 1847 verliehen worden. Die Berechtsame war auch für Eisenstein gültig, und von den 1870er Jahren an wurde das Bergwerk oft Jammer genannt (wegen der veralteten Anlagen). Das Teufen des Schachtes 1 begann 1856, und das Karbon ist im gleichen Jahr bei 18 m Teufe erreicht worden. Förderung 1860: 42000 Tonnen (273 Beschäftigte); 1870 sind (392 Beschäftigte) rund 101000 Tonnen Kohle gefördert worden. Die Förderung, die in den 1880er Jahren durchschnittlich bei 70000 Tonnen jährlich gelegen hatte, erreichte 1896 fast 130000 Tonnen. 1897 begann das Teufen des Schachtes 2 (neben Schacht 1), und es erfolgte die Konsolidation mit Ver. Kronprinz. Die Gewerkschaft Ver. Rosenblumendelle besaß die Mehrheit der Kuxe der Gewerkschaft Ver. Kronprinz, in

Mülheim a.d. Ruhr-Heißen: Zeche Rosenblumendelle (ab 1952 Rosenblumendelle/ Wiesche). Die Förderung aus den Grubenfeldern Rosenblumendelle und Kronprinz (1964 rund 800 000 Tonnen) wurde zentral in den Schächten Rosenblumendelle 1 und 2 gehoben (unser Bild). † 1965. Ansicht von Süden: rechts im Bild Förderturm von 1924 über Schacht 1, abgebrochen 1968. Aufnahme vor 1959.

deren an Rosenblumendelle grenzendem Feld Franz Haniel den ersten Schacht durch den Mergel abgeteuft hatte (s. Zechen Franz und Kronprinz). Förderung 1897: rund 175 000 Tonnen (600 Beschäftigte). 1898 erfolgte die Umbenennung in Rosenblumendelle. Das Abteufen des Schachtes Kronprinz 3 begann 1901; das Steinkohlengebirge wurde 1902 bei 106 m Teufe erreicht, und 1903 ging der Schacht als Seilfahrt- und Wetterschacht in Betrieb. Förderung 1905: 307 000 Tonnen (1 160 Beschäftigte). Förderung 1913: 427 000 Tonnen (1 400 Beschäftigte). 1925 wurden mit 1 607 Beschäftigten ca. 417 000 Tonnen Kohle gefördert; die Berechtsame umfaßte 6,7 km².

1928 erfolgte die Übernahme der Zeche Hagenbeck und 1929 die der Zeche Humboldt. Ab 1930 ging die Förderung von Hagenbeck unter Tage nach Rosenblumendelle, die Produktion von Humboldt nach Wiesche; Förderung in diesem Jahr: über 724 000 Tonnen (2 535 Beschäftigte). 1931 umfaßte die Berechtsame 12,1 km². Förderung 1935: 685 000 Tonnen (1 720 Beschäftigte). Die höchste Förderung ist 1937 mit 1,1 Millionen Tonnen erbracht worden (2 575 Beschäftigte).

Ende des Zweiten Weltkrieges erlitten die Übertageanlagen schwere Beschädigungen. 1951 wurde der Schacht 1 bis zur zehnten Sohle abgeteuft; 1952 sind Förderung und Tagesbetrieb der Schachtanlage Wiesche eingestellt worden. Die im Feld Wiesche abgebaute Kohle ist von da an auf Rosenblumendelle gefördert worden. S. Zechen Ver. Wiesche und Rosenblumendelle / Wiesche WO 20.

Mülheim-Heißen: WO 20 Zeche Rosenblumendelle / Wiesche

Diese Zeche ist 1952 durch den Verbund von Rosenblumendelle und Wiesche entstanden; die Berechtsame umfaßte 31,1 km². In dem Grubenfeld standen die Schächte: Rosenblumendelle 1/2, Rosenblumendelle 3, Hagenbeck 2 und 3 (Hagenbeck 1 war verfüllt), Wiesche 1/2 und Humboldt. Die beiden Schächte von Rosenblumendelle (größte Teufe 707 m) in Heißen dienten zur Förderung, Seilfahrt und Wasserhaltung. Es wurden vier Flöze auf zwei Sohlen gebaut. Jahresförderung 1952: 1,28 Millionen Tonnen (5 425 Beschäftigte). Die höchste Förderung ist 1954 mit 1,33 Millionen Tonnen erbracht worden (5 265 Beschäftigte). Ende 1960 ist die Anlage Wiesche stillgelegt worden; die Schächte 1 und 2 wurden abgeworfen. In diesem Jahr belief sich die Förderung des Bergwerks auf 823 000 Tonnen (3 180 Beschäftigte). Förderung 1965: 670 000 Tonnen Anthrazitkohle. Die Zentralförderanlage der im früheren Mülheimer Bergwerks-Verein (1898 gegründet; sein geschlossener Felderbesitz – zwischen Mülheim und Essen gelegen – umfaßte ein Gebiet des ältesten Ruhrbergbaus) zusammengefaßten Zechen Ver. Rosenblumendelle, Humboldt, Wiesche, Kronprinz und Ver. Hagenbeck (letztere war wahrscheinlich die älteste urkundlich nachgewiesene Zeche des Oberbergamtsbezirks Dortmund) wurde † 1966 stillgelegt. S. Zechen Ver. Hagenbeck, Humboldt, Kronprinz, Ver. Rosenblumendelle und Ver. Wiesche.

Mülheim-Heißen: Zeche Rosendelle

Die Festlegung der Berechtsame erfolgte 1796; aber schon früher war im Feld dieser alten Zeche Bergbau umgegangen. Der oft unterbrochene Abbau ging in verhältnismäßig großen Teufen mit Unterwerken vor sich. Die Hohlräume füllten sich schnell mit Wasser und mußten häufig gesümpft werden. Das erforderte eine zahlreiche Bedienung der Pumpen. Noch 1892 hieß ein alter (verbrochener) tonnlägiger Schacht im Volksmund „Neunundneunzig-Pumper-Schacht".

In dem Grubenfeld ist aber mindestens seit Anfang des 19. Jahrhunderts geregelter Stollenbau betrieben worden; Vorgänger des Bergwerks war vermutlich das Rosidell Kohlwerk (Roßdeel im Heißer Bruch), das in einem Prozeßverfahren bereits 1641 als in Betrieb befindliches Bergwerk erwähnt wird. – Der Übergang zum Tiefbau begann ebenfalls bereits 1800; hundert Meter westlich der späteren Zeche Rosenblumendelle wurde ein Schacht abgeteuft (ca. 48 m tief); durch Franz Dinnendahl ist eine Dampfmaschine für die Wasserhaltung aufgestellt worden, die 1809 in Betrieb ging. Wasserhaltungsprobleme behinderten den Tiefbau in den folgenden Jahren sehr; 1815 kam es zur Stillegung des Tiefbaubetriebes. 1841 wurde die Zeche zu Ver. Rosenblumendelle konsolidiert. S. Zeche Ver. Rosenblumendelle.

Mülheim-Heißen: 281 Zeche Ver. Wiesche

Der Name (mundartlich = Wiese) wechselte häufiger: Wiescher Stollen (Stolln), ab 1809 auch Wiescher Tiefbau, um 1850: Wische; um 1890 wurde die Zeche auch

Mülheim a.d. Ruhr-Heißen: Die Zeche Wiesche förderte schon in den 1870er Jahren aus drei Schächten jährlich bis zu 100 000 Tonnen Kohle. 1952 ist die Förderung eingestellt worden.

Elend genannt (wegen Überalterung der Anlagen). In dem Grubenfeld ist schon vor 1700 Kohlenabbau betrieben worden, und bis 1730 bestand ein gemeinschaftlicher Förderstollen zusammen mit Sellerbecker Stollen, Kinderberg sowie Leybank. 1779 kam es zur Zusammenarbeit mit Schäkenbank und Kinderberg „zur Fündigmachung eines neuen Kohlbergs". Der Name Kinderberg (oder auch Kinderbergwerk) deutet auf die auch im Ruhrbergbau übliche Lohnarbeit von Kindern Ende des 18. Jahrhunderts hin. Die Verleihung des Bergwerkseigentums erfolgte 1796, und 1809 wurde der Schacht Wilhelmine abgeteuft, der bereits bei 16 m Teufe auf das Steinkohlengebirge stieß. 1814 begann das Teufen des Schachtes Emilie, und 1828 war Wiesche mit einer Tagesförderung von 130 Tonnen die größte Zeche an der Ruhr. Der Schacht Emilie kam 1830 in Förderung.

In den folgenden zehn Jahren gehörte die Zeche weiter zu den größten des Reviers. Sie förderte mit ihren drei Schächten Emilie, Leybank und Friedrich in den 1870er Jahren bis zu 100000 Tonnen Kohle jährlich. Förderung 1896: 126000 Tonnen. 1898 umfaßte die Berechtsame 5,5 km²; die Zeche verfügte über vier Schächte, und die Förderung belief sich in diesem Jahr auf über 188000 Tonnen (790 Beschäftigte). 1900 erfolgte der Durchschlag mit Rosenblumendelle. Die Förderung war an der Jahrhundertwende 1900 auf über 283000 Tonnen gestiegen (1039 Beschäftigte). 1906 erfolgte der Durchschlag mit Humboldt, und 1909 wurden Felder von Sellerbeck und Roland übernommen; die Berechtsame betrug damit 7,8 km². 1910 ist im Feld Sellerbeck der Schacht Christian geteuft worden. Förderung 1913: ca. 330000 Tonnen (1073 Beschäftigte). 1920 sind 236000 Tonnen Kohle gefördert worden (1240 Beschäftigte), und 1929 wurde Schacht 1 (Emilie) Wetterschacht; die Wetterschächte 3 und 4 wurden aufgegeben. 1931 ist das Feld Humboldt (mit Schacht) von Rosenblumendelle übernommen worden; Förderung 1935: 535000 Tonnen (1121 Beschäftigte). 1949: Einstellung des Kohlenabbaus im Feld Sellerbeck; Wetterschacht Christian wurde abgeworfen. 1952 ist die Förderung eingestellt worden. 1954 wurde auch die Brikettherstellung aufgegeben, nachdem auf der Schachtanlage Rosenblumendelle eine Zentralbrikettfabrik gebaut worden war. S. Zechen Humboldt und Rosenblumendelle / Wiesche WO 20.

⚒ *Siedlung Mausegatt: Nur knapp zehn Minuten Fußweg trennten die Kaue der Zeche Wiesche von der Kolonie Mausegatt. 1899 hatte der Mülheimer Bergwerksverein mit dem Bau begonnen, um hauptsächlich für die Arbeiter aus den preußischen Ostprovinzen und aus Polen Wohnraum zu schaffen.* ⚒

NEUKIRCHEN-VLUYN WES

WO 2 **94 282f.**

Bergwerk Niederberg (RAG/DSK)

Das Bergwerk ist aus der Bohrgesellschaft „Verein" (Moers) hervorgegangen. Dieser Gesellschaft war 1857 das Grubenfeld Verein (61,5 km²) verliehen worden. 1873/74 erfolgte die Teilung in die Felder Norddeutschland (12,4 km²), Großherzog von Baden, Ernst Moritz Arndt (beide 6,2 km²) und Süddeutschland (36,7 km²); für diese Felder entstanden jeweils gleichnamige Gewerkschaften. Das Feld Norddeutschland wurde 1907 an die Fried. Krupp AG (Essen) verkauft (und ist ab 1925 Eigentum von Friedrich Heinrich). 1911 wurde die Niederrheinische Bergwerks-Gesellschaft mbH (Neukirchen) gegründet.

Neukirchen-Vluyn, Bergwerk Niederberg: Toranlage und Deutsche Strebengerüste, Bauart Promnitz 2 über den Schächten 2 (links) und 1. Aufnahme 1953.

Mit dem Abteufen der Schächte 1 und 2 ist 1912 begonnen worden (Gefrierverfahren). Technische Schwierigkeiten und kriegsbedingte Verzögerungen waren die Ursache, daß Schacht 1 erst 1917 die Endteufe von 493 m erreichte. 1921 förderte die Zeche 1000 Tonnen Kohle täglich. Förderung 1925: 387000 Tonnen (1310 Beschäftigte). 1927 waren 2000 Tagestonnen erreicht. Bis 1930 stieg die Kohlenförderung auf über 582000 Tonnen (1795 Beschäftigte). Förderung 1935: 623000 Tonnen (1280 Beschäftigte). 1936 erfolgte der Erwerb der Felder Vluyn, Vluyn 2 und Heinrich von Friedrich Heinrich; die Gerechtsame stieg damit auf 70,4 km². Förderung 1940: 964000 Tonnen (1870 Beschäftigte). 1945 sank die Förderung auf 307000 Tonnen (1515 Beschäftigte). Das Abteufen des Schachtes 3 in Moers-Kapellen begann 1954; er ging 1957 in Betrieb. 1958 forderte eine Schlagwetterexplosion acht Todesopfer. 1959 wurde Schacht 4 in Kempen-Tönisberg abgeteuft, der 1963 in Betrieb genommen worden ist.

Nachdem die Kohlenvorräte im westlichen Feldesteil (zweite Sohle) zur Neige gingen, wurde die Ausrichtung der dritten und vierten Sohle (630 und 780 m) in Angriff genommen. Um den aufwendigen Umbau der Schächte 1 und 2 für die Förderung von der vierten Sohle nicht in Kauf nehmen zu müssen, ist 1964-69 ein neuer Förderschacht (5) bis zur vierten Sohle abgeteuft worden. 1968 wurde der Schacht 3 bis zur dritten Sohle weitergeteuft; in Schacht 5 ist die zweite Förderung eingerichtet worden, und der Schacht kam 1977 voll in Betrieb. Gleichzeitig wurde Schacht 1 für die Förderung stillgelegt (nur noch Seilfahrt und Materialtrasnport).

In den Gewinnungsbetrieben des Bergwerks arbeiteten Doppelwalzenlader und Hobelanlagen. Zur Förderung in den Streben waren Einkettenförderer verwendet; alle Gewinnungsbetriebe waren mit Schreitausbau ausgerüstet. Die Kohlenförderung in den Flözstrecken erfolgte mit Gummigurtförderern (100 cm breit). Zur Förderung im Hauptstreckennetz wurden ausschließlich Diesellokomotiven und Förderwagen mit 2400 Liter Fassungsvermögen (auf der zweiten und dritten Sohle) sowie 5000 Liter (auf der vierten Sohle) verwendet. Zum Materialtransport in der Flözebene wurden Einschienenhängebahnen und Schienenflurbahnen einge-

Neukirchen-Vluyn: Siedlung Niederberg des Bergwerks Niederberg (vgl. Abb. S. 94).

setzt. – Als Hausbrandzeche verfügte das Bergwerk über die einzige Brikettfabrik der Ruhrkohle AG. Die Gesamtleistung aller Brikettpressen betrug 150 Tonnen je Stunde (inzwischen außer Betrieb).

Das Bergwerk hatte 5 Schächte: Schacht 1 (Seilfahrt- und Materialschacht); Schacht 2 (Bergeschacht); Schacht 5 (Förderschacht, Vierseil-Gestellförderung); Schacht 3 in Kapellen (Seilfahrt- und Wetterschacht); Schacht 4 in Tönisberg (Wetterschacht). Teufe der Hauptfördersohlen: 470, 630 und 780 m. Die bisher höchste Förderung wurde 1975 mit 2,92 Millionen Tonnen erbracht (Anthrazitkohle). Im April 1998 gelang auf Niederberg eine Rekordleistung, die höchste Mann-Schicht-Leistung seit Gründung der RAG. Sie betrug gut 9 Tonnen; Durchschnitt im deutschen Steinkohlenbergbau waren in dem Jahr knapp 6 Tonnen. 2001 förderten 1 556 Beschäftigte 1,39 Millionen Tonnen. Anfang 2002 entstand aus Niederberg und Friedrich Heinrich/Rheinland der neue Verbund Bergwerk West. S. Bergwerke Friedrich Heinrich WO 1 und West WO 1/4/2.

⚒ *Als denkmalwert werden die aus der Gründungszeit des Bergwerks stammenden Bauwerke eingestuft: Fördergerüst (deutsches Strebengerüst) mit Schachthalle, Maschinenhaus und Lüftergebäude am Schacht 2 (1923 bzw. 1918), das Zentralmaschinenhaus, Werkstattgebäude und ein Wasserturm von 1917 sowie die Fördermaschinenhäuser am Schacht 1, die 1917 und, mit gleichen Bauformen, 1938–39 entstanden.*

Die Schachtanlage 3 wurde in den 1950er Jahren gebaut und ist – komplett erhalten – ein denkmalwertes Beispiel für die Zechenarchitektur dieser Zeit. Am Schacht 4 ist besonders das in Stahlkastenbauweise ausgeführte Fördergerüst (1962) erhaltenswert. Es ist im Ruhrgebiet das älteste Gerüst dieser Konstruktionsart, das noch besteht. Da die Schachthalle und das Fördermaschinenhaus (1962 und 1960) mit dem Gerüst eine Funktionseinheit bilden, sollten auch sie erhalten werden.

Alte und Neue Kolonie Niederberg: Hauptsächlich für die in Oberschlesien angeworbenen Arbeiter entstand östlich der Zeche Niederberg ab 1917 die Alte Kolonie. Drei unterschiedliche Haustypen, aus Ziegel gebaut, finden sich in einer gartenstädtischen Anlage. Im südlichen Teil gibt es Sonderformen; hier wohnten die Angestellten mit ihren Familien.

Von 1926 bis 1930 baute man südlich des Bergwerksgeländes die Neue Kolonie. Hier wurden die Wohnungen zu größeren zweigeschossigen Blocks zusammengefaßt. Betonte Eingangsbereiche an der Hofseite und große Grünflächen schaffen nach außen abgeschlossene Wohnhöfe. ⚒

OBERHAUSEN OB

WO 14 — 284
Zeche Concordia

Am 16. Mai 1851 berichtete die „Ruhr- und Duisburger Zeitung" aus Oberhausen: „Schon aus weiter Ferne zeigt uns ein hoher rauchender Schornstein, welcher in der Nähe des Bahnhofs liegt, daß dort ein Etablissement im Entstehen begriffen ist, welches dereinst noch mehr Leben auf der dürren Heide hervorbringen wird, als schon jetzt durch die Anlage der Eisenbahn dort herrscht. Jener rauchende Schlot gehört der Zeche Concordia an. Die Anlage derselben schreitet rasch vorwärts. Im Oktober v. J. begann die Gewerkschaft mit dem Schachte, und Ende Mai d. J. wird derselbe schon bis auf ein Flöz von fünfeinhalb Fuß Mächtigkeit niedergetrieben sein."

Kohle ist im Oberhausener Gebiet, der damaligen Lipperheide – einem weithin sandigen und nur hier und da von Nadelholzbeständen und verstreut liegenden Gehöften unterbrochenen Ödland – erstmals 1845 durch Bohrungen nachgewiesen worden. Der Essener Kaufmann Jobst Waldthausen hatte 1847 um einen Schürfschein nachgesucht und in unmittelbarer Nähe des Bahnhofs Oberhausen mehrere Bohrungen niedergebracht. 1850 gründeten die Kaufleute Jobst Waldthausen und Christian Flashoff (Essen), Friedrich Wilhelm Liebknecht, Alphons Haniel und C. R. Mumm (sämtlich Ruhrort) eine Aktiengesellschaft, die sie Concordia (Eintracht) nannten. Die Concordia-Bergbau-AG, die mit Genehmigung des Königs von Preußen am 18. November 1850 endgültig konstituiert wurde, war das zweite Bergwerksunternehmen an der Ruhr, das als Aktiengesellschaft gegründet worden ist (der Cölner Bergwerks-Verein in Altenessen war vorangegangen). Als Gesellschaftszweck gab das Statut an „die Erwerbung von Steinkohlenwerken in dem Bezirke des Königlichen Essen-Werdenschen Berg-Amts, die Ausbeutung dieser Werke und die Förderung und Verwerthung der aus diesen Bergwerken kommenden Steinkohlen, die Bereitung der Coaks, die Erwerbung der zu Zwecken des Betriebes und dessen Beaufsichtigung von der Gesellschaft zu bestimmenden Grundstücke, Wege, Eisenbahnen, Gebäude, Vorrichtungen und Räume sowohl unter als über Tage und aller zur Erreichung des vorbemerkten Zweckes erforderlichen Rechte."

Das Abteufen von Schacht 1, der *Haniel* genannt wurde (nach dem Vorstandsvorsitzenden, Kaufmann Carl Haniel, Ruhrort), begann am 1. April 1850. Gegen Ende 1851 war ohne nennenswerte Schwierigkeiten das Niveau der ersten Sohle bei 137 m Teufe erreicht. Der Schacht hatte eine lichte Weite von 4,23 mal 4,81 m und wurde ganz in Holz ausgebaut. 1854 ist bei 175 m Teufe die zweite Sohle als Hauptfördersohle eingerichtet worden. In den folgenden Jahren wurde das Abteufen fortgesetzt und schließlich 1857 die dritte Sohle bei 228 m angesetzt.

Mit der Kohlenförderung konnte bereits 1853 begonnen werden. 1855 wurde beschlossen, einen zweiten Schacht abzuteufen. Die Abteufarbeiten begannen Anfang 1856. Der Schacht erhielt den Namen *Flashoff* (nach dem Essener Kaufmann Christian Flashoff, Vorstandsmitglied der Zechengesellschaft); er erreichte 1858 bei 74 m Teufe das Steinkohlengebirge. Die Kohlenförderung aus dem neuen Schacht begann in nennenswertem Umfang 1861. Dieser Schacht erhielt eine Fahrkunst, die über zwanzig Jahre in Betrieb blieb.

Das Hauptanliegen der Gründer dieser Zeche war nicht die Kohlenförderung, sondern die Erzeugung von Koks. In den Jahren 1857 bis 1868 wurden 92 leistungsfähige Bienenkorböfen zur Erzeugung von Koks gebaut. Bereits 1861 war eine „Vorrichtung zum Sieben, Quetschen und Reinigen aller zur Koksfabrikation bestimmten Kohlen" vorhanden; Concordia war damit eine der ersten Zechen im Ruhrgebiet mit einer Wäsche. 1864 erreichte die Zeche 1,9 Prozent der gesamten Förderung des Oberbergamtsbezirks Dortmund; auf sie entfielen aber 10,6 Prozent der Kokserzeugung des Oberbergamtsbezirks. 1883

Oberhausen: Zeche Concordia, Schacht 2. Das 1938 erbaute Fördergerüst (unser Bild) aus Breitflanschträgern und Breitflanschstreben ist zweigeschossig; die Seilscheibe der unteren Bühne war zur Zeit der Aufnahme (1978) bereits demontiert. Abbruch 1993. Auf dem Gelände der 1968 stillgelegten Zeche wurde ein Supermarkt errichtet.

wurde auf Schacht 1 eine Batterie von 50 neuzeitlichen Koksöfen mit indirekter Beheizung errichtet. 1888 ist auch auf Schacht 2 eine gleichartige Batterie in Betrieb genommen worden.

1893 wurde Schacht 3 als Wetterschacht (Ausziehschacht) abgeteuft. Mit dem Abteufen von Schacht 4 ist 1900 begonnen worden; 1903 nahm er die Förderung auf. Im gleichen Jahr wurde mit dem Bau des Schachtes 5 begonnen; er kam 1905 als Ausziehschacht in Betrieb. Die Kohlenförderung erreichte in diesem Jahr 1,14 Millionen Tonnen (4 830 Beschäftigte); 1908 ist die Förderung in Schacht 1 eingestellt worden. Das Baufeld kam zu den Anlagen 2/3 und 4/5. 1912/13 ist Schacht 6 als ausziehender Wetterschacht abgeteuft und gleichzeitig der Schacht 3 zum Förderschacht umgebaut worden. Bereits 1913 hatte die Förderung der Schachtanlage mit 1,5 Millionen Tonnen einen Stand erreicht, der sowohl vor als auch nach dem Zweiten Weltkrieg von ihr nicht mehr wesentlich überschritten worden ist.

1917 ereignete sich auf der Anlage 4/5 eine schwere Schlagwetterexplosion, die zwanzig Todesopfer forderte. Förderung 1920: 1,1 Millionen Tonnen (6 075 Beschäftigte). 1922 waren die Schächte 1, 2/3, 4/5 und 6 in Betrieb. Förderung 1925: 1,4 Millionen Tonnen (6 160 Beschäftigte). 1928 stellte Schacht 2 die Förderung ein; durch einen Feldestausch mit der Zeche Oberhausen veränderte sich die Berechtsame auf 15,2 km². Förderung 1930: 1,52 Millionen Tonnen (4 520 Beschäftigte). 1933 wurde Schacht 2 verfüllt und (mit rundem Querschnitt) neu geteuft; er begann 1938 wieder mit der Förderung. In diesem Jahr forderte ein Gebirgsschlag auf der Anlage 2/3 acht Todesopfer; Schacht 1 ging zu Bruch. 1939 wurden die Tagesanlagen von Schacht 1 stillgelegt (und der Schacht verfüllt). Förderung 1940: 1,5 Millionen Tonnen (4 170 Beschäftigte).

1945 erlitt die Zeche schwere Kriegsschäden, die Kohlenförderung sank auf 298 000 Tonnen (2 930 Beschäftigte). Förderung 1950: 1,3 Millionen Tonnen (5 100 Beschäftigte). 1951 erfolgte der Erwerb der Felder Roland, Ludwig I und Caroline; die Gerechtsame umfaßte damit 21,3 km². Förderung 1965: 1,6 Millionen Tonnen Fett-, Eß- und Magerkohle.

† 1968. Die Tagesanlagen wurden abgebrochen, die Schächte verfüllt. Lediglich Schacht 3 blieb offen für die Wasserhaltung der Pumpgemeinschaft Ruhr.

⚒ *Grillostraße 3a: Ehemaliges Direktorenhaus, errichtet 1897 durch die Bauabteilung der Zeche. Das repräsentative zweigeschossige Gebäude in großzügiger Parkanlage dokumentiert den im aufstrebenden Oberhausen üblichen bürgerlichen Wohnstil. Die architektonische Wirkung beruht auf dem Zusammenspiel verschiedener historisierender Stilelemente der Backstein- und Natursteinfassade. – Als denkmalwert wurden 1990 ferner angesehen das zweigeschossige deutsche Strebengerüst von 1913 über Schacht 6 mit der Schachthalle in Stahlfachwerk, das Büro- und Kauengebäude sowie die Werkstatt (alle Gebäude von 1913). – Bis auf das aus Backstein gebaute Verwaltungs- und Kauengebäude (1920/21) und eine Umfassungsmauer wurden 1994 alle Tagesbauten der Zeche Concordia abgebrochen.* ⚒

Zeche Oberhausen

Dieses Bergwerk war die erste „Hüttenzeche“ des Ruhrreviers und ist von Franz Haniel (1779 - 1868) gegründet worden. Die Zeche war von der ersten Planung bis zur Vollendung Haniels Werk. Der Gedanke war dabei, der Gutehoffnungshütte zur Verhüttung des Eisens die gute Kokskohle zu verschaffen, die auf der Zeche Kronprinz nicht angetroffen worden war.

Von vornherein war die Zeche als Doppelschachtanlage geplant, die um die Mitte des 19. Jahrhunderts an der Ruhr noch sehr selten gewesen ist. Im Mai 1853 hatte Haniel geschrieben: „Es läßt sich nicht verkennen, daß es für größere Eisenwerke sehr gefährlich ist, ohne eigene Kohle zu sein, indem die Steigerung der Kohlenproduktion kaum mit der Steigerung des Absatzes gleichen Schritt halten und darum eine Erhöhung des Kohlenpreises sehr leicht eintreten kann.“

Die Zeche wurde bis 1858 Königsberg genannt, und die Schächte 1 und 2 hießen demgemäß Königsberg 1 und Königsberg 2. Noch 1871 war der Name Königsberg neben der Bezeichnung Oberhausen gebräuchlich. Mit dem Abteufen des Schachtes 1 ist 1854 begonnen worden; 1855 begann das Abteufen des Schachtes 2. 1857 konnte die Zeche die Förderung aufnehmen. 1865 belief sie sich auf über 254 000 Tonnen (913 Beschäftigte). 1873 begann das Teufen des Schachtes 3 (anfangs Kattendahl, später Osterfeld genannt), der 1879 selbständige Zeche wurde. Förderung 1880: 460 000 Tonnen (1 670 Beschäftigte). 1885 ereignete sich eine schwere Schlagwetterexplosion, bei der zwölf Todesopfer zu beklagen waren. Förderung 1890: 465 000 Tonnen (1 220 Beschäftigte). 1895 hatte die Kohlenförderung 621 000 Tonnen erreicht (1 810 Beschäftigte). Das Abteufen des Schachtes Sterkrade begann 1897. In diesem Jahr ereignete sich eine Schlagwetterexplosion mit zehn Todesopfern. Das Teufen des Wetterschachtes 3 in Vonderort (Bottrop) begann 1898, und 1901 wurde mit dem Abteufen des Schachtes Hugo begonnen. 1902 begann das Abteufen des Wetterschachtes Sterkrade 2; Sterkrade 1/2 wurde 1903 selbständige Zeche. 1912 waren bei einer schweren Schlagwetterexplosion sechzehn Todesopfer zu beklagen. Förderung 1913: 651 000 Tonnen (2 336 Beschäftigte). 1926 ereignete sich ein schweres Seilfahrtunglück (dreizehn Todesopfer).

† 1931 ist die Zeche stillgelegt worden; sie hatte über siebzig Jahre ununterbrochen gefördert und wurde 1935 als Schaubergwerk eingerichtet; auf der 7. Sohle, 309 m tief mit Untertagekino. 1960 wurde auch das Schaubergwerk geschlossen; fast alle Tagesanlagen sind abgebrochen worden, die Schächte wurden verfüllt. S. Zechen Sterkrade, Vondern sowie Bergwerk Osterfeld WO 13.

⚒ *An der Essener Straße blieben ein Torgebäude von 1911/12 und eine Werkstatt (1922) erhalten. Eine Kegelhalde markiert noch den ehemaligen Zechenstandort.* ⚒

Zeche Vondern

Benannt nach dem adeligen Haus Vondern in Oberhausen-Osterfeld, einem ehemals klevisch-märkischen Lehensgut. Die Burg wurde durch das Rittergeschlecht derer von Vondern errichtet (vor 1390). 1863 bis 1865 wurde versucht, den Schacht *Herzog von Arenberg* abzuteufen.

Das Abteufen des Schachtes 1 begann 1898; ursprünglich war die Schachtanlage als Wetterschacht für die Zeche Oberhausen vorgesehen. Der Schacht erreichte 1900 bei 167 m Teufe das Karbon und ging 1902 in Betrieb. Nachdem sich die Aufschlüsse als recht ergiebig erwiesen, entschloß man sich, eine selbständige Anlage mit zwei Schächten zu errichten. Das Teufen des Wetterschachtes 2 (neben Schacht 1) begann 1903, und 1904 konnte die Zeche die Förderung aufnehmen. Sie betrug 1905 ca. 275 000 Tonnen (1 000 Beschäftigte). 1906 wurde der Durchschlag mit Oberhausen hergestellt. 1907 ist eine Kokerei in Betrieb genommen worden. Förderung 1910: 571 000 Tonnen (2 190 Beschäftigte). 1912 erfolgte der Durchschlag mit Jacobi. Die höchste Förderung ist 1913 mit 685 000 Tonnen erbracht worden (2 105 Beschäftigte). Förderung 1925: 548 000 Tonnen (2 285 Beschäftigte). 1932 ist das Bergwerk stillgelegt worden. Das Baufeld kam an Jacobi; die meisten Tagesanlagen wurden abgerissen. Die Schächte blieben offen. S. Zechen Oberhausen und Jacobi WO 17.

Wohnsiedlungen (s. a. S. 286):
Arbeitersiedlung Gustavstraße (Wohnhäuser 102 bis 118, 113 bis 117): Die Siedlung wurde 1899 (für das benachbarte Zinkwalzwerk Altenberg) errichtet. Gradlinig aufgereihte, freistehende Siedlungshäuser mit relativ tiefen Vorgärten. Die anderthalbgeschossigen Backsteinhäuser mit Satteldach und vielfach verputzter Wetterseite folgen ausnahmslos dem gleichen Typus. Die besondere Stellung der Siedlung Gustavstraße liegt in ihrer insgesamt überraschend ursprünglichen Erhaltung; das gilt nicht nur für die äußere Baugestalt, sondern ebenso für die innere Aufteilung der Häuser wie das gesamte Siedlungsbild.

Beamtensiedlung Grafenbusch: Einzigartige Siedlung sowohl aus ortsgeschichtlicher Sicht der Stadt Oberhausen und der Geschichte der Gutehoffnungshütte als auch aus städtebaulicher und architektonischer Sicht für das gesamte Rheinland. An Vorbildern der Gartenstadtbewegung des 19. Jahrhunderts orientiert, wurde hier durch Prof. Bruno Möhring eine „Beamtenkolonie" für leitende Kräfte der Hütte geschaffen. Die Siedlung ist in vier Bauabschnitten ab 1910/11 bis 1922 errichtet worden. Das charakteristische Erscheinungsbild ergibt sich aus einer unauffällig variierten Villenbebauung im Landhausstil und der späteren Reihen- und Doppelhausbebauung am südöstlichen Siedlungsrand. Bewußt gestaltete Parklandschaft; architektur- und siedlungsgeschichtlich überragende Bedeutung nach englischem Vorbild (vgl. Zeche Zollern 2/4, Dortmund).

Oberhausen-Alstaden: Bergwerk Alstaden. Aufnahme vor 1959.

Oberhausen-Alstaden:
WO 15 285
Bergwerk Alstaden (RAG)
Die Zeche ist 1859 entstanden aus *Swalmius* durch Konsolidierung von dreizehn Geviertfeldern (17,3 km²); hinzu kam noch eine Eisensteingerechtsame. Die Gründung von Swalmius (Fürst Swalmius) war schon 1854 erfolgt.

Mit den Abteufarbeiten für Schacht 1 ist 1855 begonnen worden; das Teufen eines Parallelschachtes (zur Verringerung der Wasserzuflüsse in Schacht 1) begann 1856. Der Schacht 1 stieß 1857 auf das Steinkohlengebirge, und 1859 begann die Förderung. Sie belief sich 1860 auf ca. 35 000 Tonnen (250 Beschäftigte). 1865 betrug die Kohlenproduktion bereits über 100 000 Tonnen (605 Beschäftigte). 1870 begann das Teufen des Schachtes 2 (in Mülheim-Styrum); in diesem Jahr wurden 133 000 Tonnen Kohle gefördert (480 Beschäftigte). Schacht 2 erreichte 1874 bei 86 m Teufe das Karbon und kam im folgenden Jahr in Förderung. 1880 betrug die Produktion 172 000 Tonnen Kohle (550 Beschäftigte). 1888 ist ein Abbauvertrag mit der Zeche Westende abgeschlossen worden, und 1890 soff Schacht 1 infolge Ruhrhochwassers ab; in diesem Jahr belief sich die Förderung auf 262 000 Tonnen (850 Beschäftigte). Förderung 1895: 311 000 Tonnen (über tausend Beschäftigte). 1904 wurde Schacht 1 stillgelegt. Förderung 1913: 295 000 Tonnen (1 020 Beschäftigte). 1930 betrug die Produktion 318 000 Tonnen Kohle, und 1931 begann das Teufen des Schachtes 3 (neben Schacht 2). Er kam 1933 in Betrieb und wurde 1936 Hauptförderschacht (Schacht 2: Seilfahrt, Wasserhaltung und Materialförderung, Schacht 1: Wetterschacht). 1940 erreichte die Förderung (1 155 Beschäftigte) ca. 358 000 Tonnen. Förderung 1965: 328 000 Tonnen Anthrazitkohle. In diesem Jahr wurde Schacht 1 abgeworfen und verfüllt. Die höchste Förderung ist 1970 mit 382 000 Tonnen erbracht worden (740 Beschäftigte). † 1972. 1973 sind die Schächte 2 und 3 verfüllt und die Tagesanlagen abgerissen worden. S. Zeche Westende WO 12.

Oberhausen-Holten: 286
Zeche Hugo Haniel
Benannt nach dem Mitbegründer der bergbaulichen Spitzenorganisationen (Bergbauverein, Rheinisch-Westfälisches Kohlen-Syndikat usw.), Aufsichtsrats-und Grubenvorstandsvorsitzenden Hugo Haniel (1810 - 1893). Mit dem Abteufen der Zeche ist 1895 begonnen worden; 1902 stieß der Schacht bei 330 m Teufe auf das Steinkohlengebirge, und 1904 kam das Bergwerk in Förderung. 1913 belief sie sich auf 402 000 Tonnen Kohle (1 205 Beschäf-

tigte). Bei Kriegsausbruch 1914 hatte der Schacht eine Teufe von 625 m erreicht (Einstellung der Teufarbeiten). Die höchste Förderung ist 1929 mit knapp 496 000 Tonnen erbracht worden (1 296 Beschäftigte). Die Zeche wurde 1931 stillgelegt.

Die meisten Tagesanlagen sind abgebrochen worden; das Baufeld kam zu Sterkrade, später zu Osterfeld. Der Schacht diente zunächst als Wetterschacht. 1954 wurde er tiefergeteuft, und 1958 erfolgte das Ansetzen der fünften Sohle (755 m Teufe). 1959: Endgültige Übernahme durch Osterfeld. S. Bergwerk Osterfeld WO 13 und Zeche Sterkrade.

Oben und unten: ***Oberhausen-Osterfeld: Arbeitersiedlung Eisenheim****, 3. Bauphase.*

Unten: ***Oberhausen-Holten: Zeche Hugo Haniel****; 1904 in Förderung gekommen, zuletzt einziehender Wetterschacht des Bergwerks Osterfeld. Aufnahme 1960.*

Oberhausen-Osterfeld:
WO 17 125 286
Zeche Jacobi (RAG)

1910 begann der Aufschluß des Grubenfeldes Neu-Oberhausen von der Zeche Vondern aus. Die Zeche Jacobi wurde 1912 abgeteuft und nahm bereits 1913 die Förderung auf. Sie ist benannt nach Kommerzienrat Hugo Jacobi (1834 - 1917). Kohlenförderung 1915: 417 000 Tonnen (1 310 Beschäftigte). 1918 erhielt die Zeche eine Kokerei mit Kohlenwertstoffgewinnungsanlagen. Bis 1925 stieg die Förderung auf 681 000 Tonnen (2 655 Beschäftigte). Förderung 1930: 789 000 Tonnen (2 430 Beschäftigte). 1932 sind die Zechen Vondern und Jacobi vereinigt worden.

Unter Verwendung der in den stillgelegten Tagesbetrieben freigewordenen Einrichtungen wurde Jacobi zur Großschachtanlage ausgebaut. Die Schächte auf Vondern dienten weiterhin der Wetterführung und der Seilfahrt. Die Kokerei lag von 1931 bis 1934 vorübergehend still. Förderung 1935: 1,25 Millionen Tonnen (2 285 Beschäftigte). Bis 1940 stieg die Produktion auf über 1,79 Millionen Tonnen Kohle (3 470 Beschäftigte). Die höchste Förderung ist 1943 mit über zwei Millionen Tonnen erbracht worden (5 330 Beschäftigte). 1944 mußte der Betrieb auf der Zeche wegen Bombenschäden teilweise eingestellt werden. Förderung 1945: 605 000 Tonnen (3 150 Beschäftigte). 1946 waren die Schächte Jacobi 1/2 und Vondern 1/2 in Betrieb. Förderung 1950: 1,82 Millionen Tonnen (5 305 Beschäftigte). 1952 ist die Kokerei um eine Batterie vergrößert worden. Förderung 1960: 1,25 Millionen Tonnen (3 800 Beschäftigte). 1964 wurde der Durchschlag (mittels Blindschacht) zu Franz Haniel hergestellt.

Oberhausen-Osterfeld, Zeche Jacobi: *1912 abgeteuft, 1913 bereits in Förderung gekommen. Das Fördergerüst mit Vollwandstreben wurde in den frühen 1930er Jahren errichtet.*

Die Kohlenförderung belief sich in diesem Jahr auf 1,06 Millionen Tonnen (2 810 Beschäftigte). 1965 kam der Verbund zu Jacobi / Franz Haniel. Förderung 1970: 2,23 Millionen Tonnen (3 620 Beschäftigte). Die höchste Kohlenförderung ist 1965 mit fast 2,45 Millionen Tonnen erbracht worden (5 030 Beschäftigte). † 1974. Das Grubenfeld wurde zum Bergwerk Prosper-Haniel zusammengefaßt. S. Zechen Vondern, Franz Haniel WO 16 und Bergwerk Prosper-Haniel WO 19.

Oberhausen-Osterfeld:
Arbeitersiedlung Eisenheim

⚒ *Diese älteste Arbeitersiedlung des Reviers (ab 1846 erbaut) ist als Baudenkmal anerkannt und unterliegt dem Gesetz zum Schutz und zur Pflege der Denkmäler im Land Nordrhein-Westfalen vom 1.7.1980. Im ehemaligen Waschhaus informiert das Rheinische Industriemuseum über die Geschichte der Siedlung und das Leben ihrer früheren Bewohner. Bauherrin war die Hüttengewerkschaft und Handlung Jacobi, Haniel und Huyssen, die spätere Gutehoffnungshütte (GHH). Nach der ersten Bauphase gab es eine zweite, die in der Mitte der 1860er Jahre begann und schließlich eine dritte von 1897 bis 1903. Besonders diese letzte Bauphase sollte Wohnraum für Bergleute schaffen, die man für die GHH-Bergwerke angeworben hatte.*

Eisenheim macht die Entwicklung des Werkswohnungsbaus in der zweiten Hälf-

te des 19. Jahrhunderts gut sichtbar. In der ersten Bauphase baute man zweigeschossige Reihen- und Doppelhäuser mit gemeinsamem Hausflur und Hofzugang. Diese Häuserzeilen sind heute im Ruhrgebiet selten und erweckten zur Zeit ihres Entstehens den Argwohn der bürgerlichen Zeitgenossen, lebte hier doch eine größere Zahl von Arbeiterfamilien auf engem Raum zusammen. Der zweite Bauabschnitt brachte auch den Arbeitern mehr Privatheit. Es entstanden Häuser mit vier Wohnungen und Kreuzgrundriß. Ihre Eingänge lagen noch paarweise an den Längsseiten. Die dritte Bauphase schuf dann durch Verlegung der Eingänge an die vier Hausseiten noch etwas mehr private Abgeschlossenheit für die das Haus bewohnenden Familien. Dieser Haustyp prägte den späteren Wohnungsbau der GHH.

Als Anfang der 1970er Jahre der Abriß der Siedlung drohte, gründeten die Eisenheimer eine der ersten Bürgerinitiativen im Ruhrgebiet. Eine Untersuchung, die die Fachhochschule Bielefeld unter Leitung von Roland Günter durchführte, bescheinigte dem Wohnumfeld einen hohen Wert für Kommunikation und Zusammenleben der Bewohner. Mit phantasievollen Aktionen konnten sie ihren Wunsch nach Erhalt der Kolonie über die Region hinaus bekannt machen und schließlich auch verwirklichen. Am Beginn der 1980er Jahre war Eisenheim unter Mitwirkung seiner Bewohner saniert. ⚒

Oberhausen-Sterkrade:
WO 13 **287f.**
Bergwerk Osterfeld (RAG)

Der Ort Osterfeld, nach dem das Bergwerk benannt ist, wurde 1811 mit Bottrop zur Bürgermeisterei Bottrop zusammengelegt, bekam 1841 einen eigenen Gemeinderat und wurde 1890 selbständige Gemeinde, die 1921 die Stadtrechte erhielt. Im August 1873 begannen die Teufarbeiten für Schacht 1. Bedingt durch Schwimmsand- und Wassereinbrüche mußte er jedoch im Frühjahr 1874 aufgegeben werden. Nur vierzig Meter entfernt ist mit dem Abteufen eines neuen Schachtes begonnen worden; er erreichte Mitte 1876 bei 267 m Teufe das Steinkohlengebirge.

1879 nahm die Zeche die Förderung auf. Sie wuchs schnell an. 1885 wurden bereits 162 000 Tonnen gefördert; 1893 hatte die Förderung eine halbe Million Tonnen Kohle erreicht. Im gleichen Jahr wurde eine leistungsfähige Kokerei in Betrieb genommen. Das Abteufen des Schachtes 2 begann 1898; die Endteufe wurde 1903 bei 612 m erreicht. Es folgten die Schächte 3 (1904) und 4, der 1914 fertiggestellt werden konnte. Förderung 1915: 763 000 Tonnen (3 460 Beschäftigte). 1925 hatte die Förderung 984 000 Tonnen Kohle erreicht (3 830 Beschäftigte).

In den Jahren 1928 bis 1931 ist die Kokerei grundlegend erneuert worden, und 1931 erfolgte die Übernahme des

***Oberhausen-Sterkrade: Das Bergwerk Osterfeld** förderte von 1879 bis 1991. Rechts hinter der Toranlage von 1913 das deutsche Strebengerüst über Schacht 3 (Bauart Dörnen 2, mit vier nebeneinanderliegenden Seilscheiben, Streben in Kastenbauweise, 1949/50 errichtet), links dahinter der 70 m hohe Förderturm über Schacht 1, dessen Außenverkleidung aus korrosionsfreien Aluminiumblechen bestand (erbaut 1957-59, Abbruch 1993).*

Grubenfeldes der stillgelegten Zeche Oberhausen. 1932 wurde die Zeche zur Großschachtanlage ausgebaut. 1933 ist das Betriebsfeld der Zeche Sterkrade angegliedert worden. Das Verbundbergwerk erlebte danach bis zum Ausbruch des Zweiten Weltkrieges eine rasante Aufwärtsentwicklung. Die Tagesförderung lag 1939/40 bei über 8 500 Tonnen. Förderung 1940: 2,4 Millionen Tonnen (4 750 Beschäftigte). 1944 ist das Fördergerüst des Hauptförderschachtes (3) durch einen Luftangriff zerstört worden.

Der Wiederaufbau der beschädigten Anlagen war bis 1948 durch die Bestimmungen der Alliierten behindert. Dann begann zunächst der Ausbau der Wäsche und der Kokerei. 1950 wurde die Förderung im Schacht 3 wieder aufgenommen; der Schacht erhielt zu Ehren von Kommerzienrat Dr.-Ing. E. h. Dr. rer. nat. h. c. Paul Reusch den Namen Paul-Reusch-Schacht. 1952 ging das neue Kraftwerk in Betrieb. Bis zum Ende der 1960er Jahre hatte die Zeche zwei Abbauschwerpunkte: Südteil des Baufeldes mit den Osterfelder Schächten 1/2/3/4 als Zentrum sowie die Schächte Sterkrade 1 und 2; an der nördlichen Grenze des Baufeldes wurde der Schacht Hugo Haniel aufrechterhalten.

Von 1964 bis 1967 ist der Schacht 8 (Nordschacht) auf 1 000 m abgeteuft worden. Er fand zunächst Verwendung als Ausziehschacht (u. a. auch für die Erfordernisse der angrenzenden Zeche Franz Haniel). 1974 ist dieser Schacht als Seilfahrtanlage für 1 200 Bergleute in Betrieb genommen worden. Die Tagesanlagen des Schachtes gelten als ein Musterbeispiel moderner Industriearchitektur. Die Ausrichtung des Nordfeldes ist planvoll betrieben worden; die sechste Sohle (1 000 m Teufe) wurde aufgefahren.

1982 begannen die Arbeiten zum Tieferteufen des Schachtes Sterkrade 2 von der fünften zur sechsten Sohle (800 bzw. 1 000 m Teufe). Die Schachteinbauten oberhalb der 800-m-Sohle wurden erneuert, und eine

***Oberhausen-Sterkrade, Bergwerk Osterfeld:** Außenschachtanlage 4, Kauen- und Verwaltungsgebäude 1921/22, Förderturm 1923/24, Architekt Toni Schwingen.*

Oberhausen-Sterkrade, Bergwerk Osterfeld: Schacht 8 (Nordschacht), der 1974 als Seilfahrtanlage für 1 200 Bergleute in Betrieb genommen wurde (Teufe 1 000 m). Die Tagesanlagen galten als ein Musterbeispiel moderner Industriearchitektur.

leistungsfähige Schachtfördereinrichtung für Seilfahrt und Materialförderung bis zur 1 000-m-Sohle ist eingebaut worden; die Fördermaschine wurde umgebaut. Das alte Fördergerüst, das viele Jahrzehnte das Erscheinungsbild der Schachtanlage Sterkrade prägte, ist durch ein neues, klar gegliedertes Gerüst in Schweißkonstruktion ersetzt worden. Es überragt mit 42 m Höhe die Schachthalle in Stahlwerkskonstruktion. Diese lehnt sich in ihrer Architektur an die des Schachtes 8 an. Das Bauvorhaben Sterkrade 2, das 1985 abgeschlossen werden konnte, fügte sich als letzter Baustein in das Gesamtkonzept Bergwerk Osterfeld ein und setzte neue bergbauliche Akzente im Oberhausener Norden. Teufe der Hauptfördersohle: 1 250 m. Die bisher höchste Förderung wurde 1981 mit 2,8 Millionen Tonnen erbracht (Gasflamm-, Gas- und Fettkohle). 1988 betrug sie noch 2,2 Millionen Tonnen (3 720 Beschäftigte). Das Bergwerk Osterfeld konnte in den späten 1980er Jahren eine Rohförderung bis zu 23 000 Tonnen pro Tag gewinnen, fördern und aufbereiten. Das Grubenfeld (41 km²) liegt im wesentlichen im nördlichen Teil der Stadt Oberhausen; im Westen und Norden greift es geringfügig auf Gebiete der Städte Duisburg und Dinslaken über.

1989 wurde Osterfeld mit dem Dinslakener Bergwerk Lohberg verbunden. S. Zechen Hugo Haniel, Sterkrade, Franz Haniel WO 16 und Bergwerk Lohberg/Osterfeld WO 7/13.

⚒ *Noch 1989 vollständig erhalten, mußten fast alle Tagesanlagen des Bergwerks Osterfeld zehn Jahre später der Landesgartenschau weichen. Es blieb das Fördergerüst über Schacht 3 (Paul-Reusch-Schacht) von 1949/50. Zusammen mit Kaue, Verwaltung und Torhäusern aus der Bauphase 1911-13 ist es in die Parkanlage einbezogen. Mit dem Förderturm über dem Osterfeld-Schacht 4 blieb Oberhausen ein Beispiel moderner Industriearchitektur im Bauhausstil erhalten. Den 43 m hohen Turm mit gestuftem oberem Teil und Zeltdach baute 1923/24 der ortsansässige Architekt Toni Schwingen mit dem Baubüro der Gutehoffnungshütte. Vor die innere stählerne Tragkonstruktion ist eine Stahlfachwerkfassade vorgehängt. Stilllegung des Schachtes 1993.* ⚒

Siedlung Stemmersberg: 1902 bis 1904 baute die Gutehoffnungshütte zwischen den Schächten 1/3 und 4 der Zeche Osterfeld 300 Wohnungen in Vierfamilienhäusern mit Kreuzgrundriß. Das Vorbild lieferten die Häuser, die kurz zuvor in der dritten Bauphase der Siedlung Eisenheim erstellt worden waren. Stemmersberg gehört zu den größten und am besten erhaltenen Werkssiedlungen Oberhausens.

Oberhausen-Sterkrade: Zeche Sterkrade

Das Abteufen des Schachtes 1 begann 1897; er stieß 1901 bei 278 m auf das Steinkohlengebirge. Das Teufen des Schachtes 2 (neben Schacht 1) begann 1902, und die Förderung wurde 1903 aufgenommen. Sie betrug 1904 ca. 70 000 Tonnen (475 Beschäftigte) und stieg bereits im folgenden Jahr auf 223 000 Tonnen (800 Beschäftigte). 1908 kam Schacht 2 in Betrieb. 1909 wurde der Durchschlag mit Hugo Haniel hergestellt. 1907 sind eine Kokerei und eine Kohlenwertstoffgewinnungsanlage errichtet worden. Förderung 1910: 491 000 Tonnen (1 725 Beschäftigte). 1913 sind fast 587 000 Tonnen Kohle gefördert worden (1 835 Beschäftigte). 1925 wurde eine Teerdestillation gebaut. Die höchste Förderung ist 1929 mit 663 000 Tonnen erbracht worden (2 325 Beschäftigte). 1931 wurde das Grubenfeld von Hugo Haniel übernommen. Förderung 1932: 425 000 Tonnen (1 200 Beschäftigte). 1933 ist die Förderung eingestellt worden; der Grubenbetrieb wurde mit der Zeche Osterfeld vereinigt. S. Zeche Hugo Haniel und Bergwerk Osterfeld WO 13.

⚒ *Das Fördergerüst über dem Sterkrade-Schacht 1 (Dreistrebengerüst) gehört zu den ältesten deutschen Strebengerüsten, die noch bestehen (1903). Von den ursprünglich vier nebeneinanderliegenden Seilscheiben haben nur zwei die Zeit überdauert. Zusammen mit der Schachthalle darunter (1913) wird das Gerüst von der Stiftung Industriedenkmalpflege und Geschichtskultur betreut.*

Bemerkenswert ist die nahegelegene Bergarbeitersiedlung Dunkelschlag, die weitgehend unverfälscht blieb. ⚒

OER-ERKENSCHWICK RE

WO 97 289

Zeche Ewald Fortsetzung (RAG)

Diese Zeche ist zunächst auch Graf Waldersee genannt worden (nach der Berechtsame, die 1900 etwas über 13 km² umfaßte). Das erste Bohrloch erreichte 1894 eine Tiefe von 583 m. Mit dem Abteufen des Schachtes 1 ist 1899 begonnen worden. Der Schacht hatte 1902 die beabsichtigte Teufe von 715 m. Schacht 2 mußte 1901 bei 26 m Teufe zunächst verlassen werden (erst 1919 wurden die Teufarbeiten wieder aufgenommen, und 1921 kam der Schacht in Betrieb). Schacht 3 erreichte 1903 eine Teufe von 697 m und wurde dann mit Schacht 1 durch einen Querschlag verbunden. Förderung 1905: 37 000 Tonnen (295 Beschäftigte). Bis 1910 stieg die Produktion auf ca. 355 000 Tonnen Kohle (1 445 Beschäftigte). 1913 wurde Schacht 3 (bisher Bewetterung) Förderschacht.

Mit dem Niederbringen der Schächte 4 (Teufbeginn 1913, Teufeinstellung 1915 wegen des Ersten Weltkrieges, seit 1918 in Betrieb) und 5, mit dessen Teufen (neben Schacht 4) Anfang 1925 begonnen worden war, entstand Mitte 1925 ein zweites selbständiges Bergwerk mit eigener Förderung. Förderung 1925: 720 000 Tonnen (3 785 Beschäftigte). 1928 ereignete sich ein Seilfahrtunglück (Riß des Förderseils) mit dreizehn Todesopfern. Bedingt durch Absatzschwierigkeiten im Gefolge der Weltwirtschaftskrise wurde die gesamte Zeche von 1931 bis 1938 stillgelegt, was verheerende wirtschaftliche Folgen für die Bevölkerung von Oer-Erkenschwick hatte. Mitte 1938 ist die Förderung nach Zusammenfassung der beiden Anlagen wieder aufgenommen worden. Die Kapazität der Anlage wurde auf 6000 Tonnen täglich gesteigert und die Förderung auf einem Zentralschacht konzentriert. Förderung 1940: 1,17 Millionen Tonnen (3465 Beschäftigte).

1945 sank die Kohlenproduktion auf 256000 Tonnen ab (2815 Beschäftigte). 1950 betrug die Förderung 1,24 Millionen Tonnen (5475 Beschäftigte). 1965 umfaßte die Gerechtsame des Bergwerks 29 km²; die Kohlenförderung betrug 1,37 Millionen Tonnen (3895 Beschäftigte). Das Baufeld 4/5 ist 1969 stillgelegt worden. 1972 wurde der Schacht Emscher-Lippe 6 übernommen, und 1974 begann der Durchschlag nach General Blumenthal. Die höchste Förderung ist 1974 mit fast 1,48 Millionen Tonnen erbracht worden (2170 Beschäftigte). Förderung 1976: 1,25 Millionen Tonnen.

Ab Ende 1976 ging die Kohle unter Tage nach General Blumenthal; der Abbau im Grubenfeld Haard begann. 1978 erfolgte die Stillegung im Altfeld Ewald Fortsetzung und die Umbenennung der Zeche in Haard. S. Zeche Emscher-Lippe WO 114, Bergwerk General Blumenthal WO 92 und Bergwerk Haard.

⚒ *Folgende Tagesbauten der Schachtanlage Ewald Fortsetzung 1/2/3 wurden 2001 in die Denkmalliste eingetragen: das kurz nach 1900 entstandene Verwaltungs- und Kauengebäude, ein Magazingebäude, eine Gleichstromfördermaschine von etwa 1915 am Schacht 2 und das deutsche Strebengerüst über Schacht 3 (1914) einschließlich Hängebank und Maschinenhaus mit Dampffördermaschine (1940). Für den Betonförderturm über Schacht 1, die Kohlenwäsche und einen Schlammeindicker wurde 2002 eine Abrißgenehmigung erteilt. Auf der Betriebsfläche soll eine Reitsportanlage entstehen.* ⚒

Oer-Erkenschwick: Zeche Ewald Fortsetzung. Im Hintergrund Mitte Schacht 3, rechts daneben der Förderturm Schacht 1, rechts davon Schacht 2. Aufnahme 1965.

WO 97 — 22 101 129 289
Bergwerk Haard (RAG/DSK)

Das Bergwerk ist Mitte 1978 in Betrieb gegangen. Es setzt sich aus Teilen der ehemaligen Reservefelder General Blumenthal (An der Haard und Haltern II, insgesamt 26,6 km²) und einem ehemals für Emscher-Lippe ausgewiesenen Nordfeld (ca. 21,7 km²) zusammen. Die Zeche war zunächst an drei einziehende und zwei ausziehende Schächte von Ewald Fortsetzung angeschlossen (Schächte 1, 2, 3, 4 und 5); ferner waren vorhanden: Schacht 6 (früher Emscher-Lippe) und 7 (früher König Ludwig).

Da die Kohlenförderung über eine Verbundstrecke unter Tage von Anfang an direkt nach General Blumenthal ging, dienten die Schächte 1, 2 und 3 nur noch der Seilfahrt, der Materialförderung und dem Heben von Ausrichtungsbergen. Mit dem Teufen des Schachtes An der Haard 1 war bereits 1977 begonnen worden. Förderung 1978: 1,09 Millionen Tonnen (2115 Beschäftigte). 1979 wurde der Schacht 7 aufgegeben (und verfüllt). An der Haard 1 stieß 1980 bei 804 m Teufe auf das Steinkohlengebirge. In diesem Jahr erreichte die Förderung 1,33 Millionen Tonnen Kohle (2230 Beschäftigte).

Das Bergwerk hatte sechs Schächte: Schacht 1: Förderschacht, Gefäßförderung; 2: Seilfahrt- und Materialschacht, Gestellförderung; 3: Seilfahrt- und Materialschacht, Gestellförderung; 4: Ausziehschacht, Befahrungsanlage; 5: Einziehschacht; An der Haard 1: Seilfahrt- und Materialschacht). Teufe der Hauptfördersohle: 950 m.

Ende 1981 war der Schacht An der Haard 1 fertig abgeteuft und wurde eingerichtet; der Durchschlag mit dem Altfeld Ewald Fortsetzung ist hergestellt worden. 1983 konnte er die Seilfahrt des größten Teils der Belegschaft übernehmen. Der Standort des Schachtes mitten im Waldgebiet ergab sich aus zwingenden bergtechnischen und sicherheitlichen Erfordernissen des Untertagebetriebes. Die große Korbanlage des Förderturms schuf die Voraussetzung für den Personen- und Materialtransport mit Gleislosfahrzeugen. Auch in den Übertagebauten fand überall moderne Technik Verwendung. Die Schachtanlage ist von 17000 neugesetzten Pflanzen auf den umgebenden Wällen abgeschirmt, so daß das Landschaftsbild nicht gestört wird. – Die bisher höchste

Datteln: Schachtanlage An der Haard 1 des Bergwerks Haard (Sitz Oer-Erkenschwick), Weißkaue und Schwarzkaue als Hakenkaue. Rechts der Zugang; links: Weg in den Sanitärbereich. Durch Oberlichter entstehen jeweils Lichtschneisen. Das Baufeld Haard wurde 1999 aufgegeben (vgl. Abb. 129 oben).

***Recklinghausen, Bergwerk General Blumenthal:** Schachtanlage 3/4 (Schacht 3 Seilfahrtschacht, Gestellförderung, Schacht 4 Wetterschacht, Kübelförderung). Aufnahme um 1955.*

Förderung des Bergwerks wurde 1990 mit 1,57 Millionen Tonnen erbracht (Gas-, Fett- und Eßkohle). 1992 ging das Bergwerk im Verbund Blumenthal /Haard auf. 1999 gab man das Baufeld Haard auf. S. Zechen König Ludwig WO 93, Ewald Fortsetzung WO 97 und Emscher-Lippe WO 114, Bergwerke General Blumenthal WO 92 und Blumenthal / Haard WO 92/97.

RECKLINGHAUSEN RE

WO 92 100f. 290f.

Bergwerk General Blumenthal (RAG)

Benannt nach dem Generalfeldmarschall Leonhard Graf von Blumenthal (Kommandant im Verband des 9. Armeekorps 1870/71). Das Abteufen des Schachtes 1 begann 1873. Die Arbeiten, zeitweilig wegen des Einsturzes der Schachtstöße unterbrochen, konnten 1878 bei 473 m Teufe beendet werden. 1879 wurde die Förderung aufgenommen. 1883 und 1884 ereigneten sich Schlagwetterexplosionen mit sechs bzw. neunzehn Todesopfern. Der Schacht 2 wurde 1890 niedergebracht (neben Schacht 1). Schacht 3 folgte 1895, Schacht vier 1898. Die Förderung stieg zunächst sehr langsam. 1900 wurden jedoch schon 870000 Tonnen gefördert. Erstmals 1903 stieg die Kohlenproduktion sogar auf über eine Million Tonnen.

1904 wurde Schacht 5 abgeteuft; im gleichen Jahr ist eine Kokerei fertiggestellt worden. In den Jahren 1908 bis 1911 wurde der Schacht 6 niedergebracht (er ist bis Ende 1967 zur Produktenförderung genutzt worden). Förderung 1913: 1,13 Millionen Tonnen (4640 Beschäftigte). 1920 belief sich die Kohlenproduktion auf 867000 Tonnen (4970 Beschäftigte). Förderung 1925: 792000 Tonnen (3675 Beschäftigte). 1928 erfolgte der Durchschlag der Anlage 1/2/6 mit der Schachtanlage 3/4 auf der vierten Sohle, und 1929 ist die Förderung auf 3/4 eingestelllt worden; das Baufeld kam zur Anlage 1/2/6. Der fördertechnische Zusammenschluß der Schachtanlagen 1/2/6 und 3/4 vollzog sich 1930. 1933 ereignete sich eine Kohlenstaubexplosion am Leseband (über Tage), bei der zwölf Todesopfer zu beklagen waren. Eine Schlagwetterexplosion forderte 1937 (Anlage 3/4) fünfzehn Todesopfer. Zwischen 1940 und 1943 ist der Schacht 7 geteuft worden. Bei einem Grubenbrand auf der Anlage 1/2/6 waren 1942 sechs Todesopfer zu beklagen. Der Schacht 7 nahm 1944 den Betrieb auf. 1945 sank die Förderung der Zeche auf ca. 308000 Tonnen (2260 Beschäftigte). 1949 ist der Schacht 5 aufgegeben worden; es bestanden die Anlagen 1/2/6, 3/4 und 7. Förderung 1950: 1,01 Millionen Tonnen (3620 Beschäftigte). Bis 1955 stieg die Produktion auf 1,37 Millionen Tonnen Kohle (4495 Beschäftigte). Die Berechtsame der Grube umfaßte 1958 ca. 24,2 km². Förderung 1960: 1,47 Millionen Tonnen (4335 Beschäftigte). Schacht 8 wurde 1964 abgeteuft und erreichte 1967 seine Endteufe bei 920 m. 1965 begann die Auffahrung einer untertägigen Verbindungsstrecke zur Zeche Shamrock.

Die Schachtanlage Shamrock 3/4/11 verfügte über einen modernen zentralen Förderschacht. Es bot sich daher an, General Blumenthal und die Schachtförder- und Übertageanlagen von Shamrock miteinander zu verbinden, zumal die gleiche Teufe der Hauptfördersohlen und die glei-

***Bergwerk General Blumenthal:** Das zweigeschossige Strebengerüst (Koepe-Förderung) über Schacht 7 (Seilfahrt- und Wetterschacht) und die zugehörigen Übertageanlagen gelten als denkmalwürdig. Aufnahme 1975.*

***Recklinghausen, Bergwerk General Blumenthal:** Anlage 1/2/6 (Schacht 1 Wetterschacht, Schacht 2 Seilfahrt- und Schacht 6 Materialschacht) um 1970.*

che Spurweite des Gestänges gegeben waren. Die zwischen 1965 und 1967 aufgefahrene Verbindungsstrecke (9 km) führt im Niveau der 700-m-Sohle von der Anlage General Blumenthal 1/2/6 durch die Felder Recklinghausen, Von der Heydt und Julia zum Zentralschacht 11 in Herne-Wanne-Eickel. Ende 1967 wurde die Förderung nach Schacht 11 verlegt. Zum gleichen Zeitpunkt ist die Kohlengewinnung auf Shamrock eingestellt worden. General Blumenthal steigerte die tägliche Förderung von knapp 6000 Tonnen auf fast 10000 Tonnen. 1968 konnte in der Verbindungsstrecke der erste vollautomatische Lokomotiv-Förderbetrieb unter Tage (ohne Lokführer) aufgenommen werden. Erst zwei Jahre zuvor hatte man auf dem gleichen Bergwerk das letzte Grubenpferd im Ruhrbergbau zu Tage gebracht und in den Ruhestand entlassen.

In den Jahren 1971 bis 1975 ist ein Förderverbund mit der Nachbaranlage Ewald Fortsetzung hergestellt worden. Hierzu mußten eine 2 km lange Verbindungsstrecke zwischen den Hauptfördersohlen beider Anlagen (700 und 870 m Teufe) sowie vor- und nachgeschaltete Bunkersysteme und ein Ladeumtrieb aufgefahren werden. Die Förder- und Aufbereitungskapazitäten des Schachtes 11 wurden auf 14500 Tonnen täglich verstärkt.

1976 förderte das Bergwerk 2,55 Millionen Tonnen Kohle. Die Gewinnung ist seit Jahren durch Hobelanlagen vollmechanisiert; alle Strebe sind mit vollmechanischem (hydraulischem) Schreitausbau ausgerüstet. Da das Bergwerk seit über hundert Jahren fördert, hätte es im Laufe der achtziger Jahre die Produktion einstellen müssen. Aus diesem Grunde ist das Grubenfeld Haltern zum Aufschluß und späteren Abbau zugewiesen worden. In diesem Baufeld sind die Schächte Haltern 1 und 2 errichtet worden. Die beiden Schächte (Durchmesser 8 m) liegen mit rund 150 m Abstand auf einem gemeinsamen Betriebsgelände. In den Schacht 8 des Bergwerks ist 1979 eine neue Förderanlage eingebaut worden. Auf der 1000-m-Sohle wurde eine Verbindung zu dem 7,5 km entfernten Schacht Haltern 1 hergestellt. Nach dem Durchschlag mit dem Schacht und der Auffahrung des zehnten Querschlages konnte 1985 die Kohlenförderung beginnen. Die Kohle wurde über die Tausend-Meter-Sohle bis in den Bereich des Schachtes 8 transportiert, dort zur 700-m-Sohle gehoben, um dann zum Schacht 11 (ehem. Shamrock 11, Herne) zu rollen (17 km). Hier wird sie zu Tage gehoben. Teufe der Hauptfördersohle: 754 m. Die bisher höchste Förderung wurde 1982 mit 2,6 Millionen Tonnen erbracht (Gas- und Fettkohle). 1990 betrug sie noch 2,38 Millionen Tonnen (4043 Beschäftigte); zwei Jahre später entstand dann der Verbund Blumenthal/Haard. S. Schachtanlage Haltern 1/2, Zechen Shamrock WO 55 und Ewald Fortsetzung WO 97, Bergwerk Blumenthal/Haard WO 92/97.

***Recklinghausen, Bergwerk General Blumenthal:** Schacht 8 (Wetterschacht mit Gefäßförderung). Das Abteufen begann 1964; 1967 erreichte der Schacht seine Endteufe. Über ihm ist ein Stahlkastenstreben-Fördergerüst errichtet worden. Von der Tausend-Meter-Sohle wurde eine Verbindung zu dem über sieben Kilometer entfernten Schacht Haltern 1 hergestellt.*

⚒ *Schacht 7: Das modifizierte Koepe-Fördergerüst (zweigeschossig), unmittelbar an der Autobahn Recklinghausen / Münster gelegen, ist ein markanter Blickpunkt und bezeichnet als augenfällige Landmarke die Randzone des Ruhrgebietes im Übergang zum Münsterland. Mit den Tagesbauten dokumentiert es eine äußerst schlichte und sparsame Architektur der Kriegsjahre. Die gesamte Anlage, erbaut in den 1940er Jahren, gilt als denkmalwert, wurde bisher (Stand Juli 2002) aber nicht in die Denkmalliste eingetragen.*

An der Herner Straße liegt der ehemalige Pferdestall der Schachtanlage 1/2/6. Er wurde in den 1890er Jahren errichtet und diente zur Unterbringung der für den Fuhrbetrieb benötigten Tiere. Das langgestreckte Gebäude ist rechts und links von zwei giebelständigen Bauten gerahmt. Es ist in Backstein errichtet (im oberen Teil verputzt). Auf dem Dach befindet sich in der Mitte ein Kranhäuschen. Der Pferdestall ist eine der letzten im Ruhrgebiet erhaltenen Bauten dieser Zweckbestimmung und seit 1991 denkmalgeschützt. ⚒

WO 92/97
Bergwerk Blumenthal/Haard (RAG/DSK)

Am ersten Oktober 1992 entstand dieses Verbundbergwerk aus General Blumenthal und Haard. Das Grubenfeld war 194 km^2 groß und die Förderung betrug in diesem Jahr 4,04 Millionen Tonnen (6275 Beschäftigte). Sie gelangte durch den Schacht General Blumenthal 11 zu Tage. Zu dem Verbund gehörten im Jahr seiner Gründung außerdem die Schächte General Blumenthal 2/6, 3/4, 7 und 8, Haltern 1/2 und die Haard-Schächte, Ewald Fortsetzung 1/2/3, 4/5 und 6. Den Schacht General Blumenthal 6 begann man 1993 tieferzuteufen, Endteufe 1283 m, 1995. An ihn wurden bei 963 m die neunte und bei 1213 m die elfte Sohle angesetzt.

† 1999 gab man das Baufeld Haard auf; seitdem wurde nur noch aus den Feldern Blumenthal und Haltern gefördert. Förderung 2000: 1,99 Millionen Tonnen (2886 Beschäftigte). Das Jahr 2001 brachte den Verbund Auguste Victoria/Blumenthal. S. Bergwerk Auguste Victoria/Blumenthal WO 88/92.

WO 94 110

Zeche Recklinghausen (RAG)

1863 war in Brüssel die Société Anonyme Belge des Charbonnages d'Herne-Bochum gegründet worden. Der gesamte Grubenbesitz dieser Gesellschaft wurde Ende 1889 an die Harpener Bergbau-Aktien-Gesellschaft verkauft, die im Januar 1856 in Dortmund gegründet worden war.

Der erste Schacht (Providence, später Von der Heydt) ist 1864 abgeteuft worden und nahm 1866 die Förderung auf. Der zweite Schacht (Barillon) folgte 1867 und kam 1869 in Förderung. Über diesem Schacht wurde das erste stählerne Fördergerüst Deutschlands, ein für die Zeit typisches Pyramidengerüst errichtet; der Schacht erhielt später den Namen Julia. Der dritte Schacht (Clerget, benannt nach einem gleichnamigen Ort bei Brüssel; im Volksmund wurde er bald nur noch „Klärchen" genannt), der später den Namen Recklinghausen I/1 erhielt, wurde 1869 angelegt; er stieß, nach einer Teufunterbrechung, 1873 bei 224 m auf das Steinkohlengebirge. Förderbeginn: 1876. In diesem Jahr wurden mit 340 Beschäftigten ca. 129 000 Tonnen Kohle gefördert. 1881 erfolgte der Durchschlag mit Providence, und 1882 begann das Teufen des Schachtes Clerget 2 (Hochlarmark); dieser Schacht ist später Recklinghausen II/1 genannt worden. Er stieß 1883 bei 254 m auf das Karbon und wurde 1884 mit Barillon durchschlägig. Kohlenförderung 1885: 308 000 Tonnen (925 Beschäftigte). Die Umbenennung in Recklinghausen erfolgte 1889. Förderung 1890: ca. 600 000 Tonnen (2 045 Beschäftigte). Der Schacht Recklinghausen I/2 ist 1901 abgeteuft worden. (Förderaufnahme: 1905). Schacht 1 wurde Wetterschacht, und die Förderung belief sich 1905 auf fast 972 000 Tonnen (3 690 Beschäftigte). 1912 kam es auf dieser Zeche zum Einsatz von Schüttelrutschen, und 1913 belief sich die Kohlenförderung auf 1,07 Millionen Tonnen (3 450 Beschäftigte). 1914 erfolgte der Durchschlag zwischen den Anlagen I und II. Bei einer Sprengstoffexplosion waren 1917 auf der Anlage I sechzehn Todesopfer zu beklagen. Förderung 1920: 892 000 Tonnen (3 770 Beschäftigte).

Ursprünglich gab es drei voneinander unabhängige Bergwerke (in Hochlarmark die Zechen Recklinghausen I und II sowie in Herne die Zeche Julia). Recklinghausen I und II wurden 1931 zu einer gemeinsamen Anlage verbunden (Tages- und Förderbetrieb auf Recklinghausen II). Im gleichen Jahr kam eine Zentralaufbereitung für Recklinghausen und Julia in Betrieb. Das Teufen des Grullbad-Schachtes (Recklinghausen-Süd) begann 1938, und 1940 ist mit dem Abteufen des Ostschachtes (Recklinghausen III) begonnen worden. Der Grullbadschacht ist in diesem Jahr mit einem Feldesteil (3,6 km²) an König Ludwig verpachtet worden, und die Förderung belief sich auf 962 000 Tonnen (2 210 Beschäftigte). 1941 begann auf Recklinghausen II das Teufen des Schachtes 4 (Konrad-Ende-Schacht – benannt nach dem Berliner Bergwerksdirektor Dr. Konrad Ende, in den 1930er Jahren Aufsichtsratsmitglied verschiedener Bergwerksgesellschaften an der Ruhr), und 1942 waren auf dieser Anlage bei einer Schlagwetterexplosion neun Tote zu beklagen; der Wetterschacht 4 kam in Betrieb. 1945 bestanden die Anlagen: Recklinghausen I (Schächte 1/2), Recklinghausen II (Schächte 1-3) und Recklinghausen III (Ostschacht).

1950 wurde der Durchschlag mit Julia hergestellt; Förderung: ca. 906 000 Tonnen (3 360 Beschäftigte). Förderung 1955: 1,1 Millionen Tonnen (3 640 Beschäftigte). 1957 ist die Schachtanlage Julia angeschlossen worden, die jedoch nur noch ein Jahrzehnt bis zur Erschöpfung der Lagerstätte in Betrieb blieb. Förderung 1966: 1,49 Millionen Tonnen (3 485 Beschäftigte). Die höchste Förderung ist 1972 mit 1,58 Millionen Tonnen erbracht worden (3 090 Beschäftigte).

Der Abbau der Zeche Recklinghausen war im Laufe der Jahrzehnte nach Norden bis in die Nähe der Zeche Ewald fortgeschritten. Es lag daher nahe, die großen Vorräte guter Kokskohle beider Zechen zentral zu fördern. Kurz nach der Gründung der Ruhrkohle AG begannen die Planungen, die dahin führten, daß die Zeche Ewald 1/2/7 mit ihrem leistungsfähigen Schacht 7 Zentralanlage wurde.

† 1974; das Baufeld kam zu Ewald. S. Zechen Julia, Von der Heydt und Bergwerk Ewald WO 90/91.

⚒ *Hochlarmarkstraße 65/67: von den Tagesanlagen der Zeche Recklinghausen I ist das Kauen- und Verwaltungsgebäude erhalten geblieben. Es wurde in den 1890er Jahren errichtet, 1987 unter Denkmalschutz gestellt und dient heute gewerblichen Zwecken. Die Fassaden zeigen eine lebhafte Backstein/Putzgliederung. Das Gebäude besteht aus zwei Teilen. Der größere (nur Unter- und Erdgeschoß) ist als Mannschaftskaue (mit Lampenausgabe, Markenkontrolle und Magazinräumen) gebaut worden; in dem kleineren Flügel (mit zusätzlichem Obergeschoß) befanden sich die Verwaltungsräume, Steigerbüros sowie Ankleide- und Baderäume. Die Mannschaftskaue ist mit vier Sheds überdacht. Sämtliche Stützen, Träger, Decken und Treppenanlagen bestehen aus bewehrtem Beton. Dieser wurde hier zum ersten Mal in größerem Maßstab bei Übertagebauten im Ruhrbergbau verwendet.*

Sowohl der Verwaltungs- wie der Kauentrakt hatten ursprünglich je eine repräsentativ gestaltete Giebelfassade zur Straßenseite, die später bei dem Ersatz der Spitz- bzw. Pultdächer durch Flachdächer abgerissen worden ist. Der Turm über dem Treppenhausvorbau des Kauentraktes trug früher eine Uhr und auf der Spitze noch ein Glockentürmchen. Die Anordnung der Uhr ist durch die Ummauerung trotz der gründlichen Renovierung des gesamten Gebäudekomplexes nach dem Zweiten Weltkrieg deutlich zu erkennen. – Dieses Kauen- und Verwaltungsgebäude, dem auch nach der Neu- bzw. Umgestaltung die ursprüngliche Zweckbestimmung anzusehen ist, gilt als bedeutendes Dokument für die Anfänge des Bergbaus in Recklinghausen. Es stellt darüber hinaus ein wichtiges Stück Bergbaugeschichte dar.

Das Gelände der ehemaligen Zeche Recklinghausen II wurde im Verlauf der IBA Emscher Park zu einem Stadtteilpark gewandelt. Mittelpunkt und Kennzeichen ist das 1963/64 erbaute Fördergerüst (Stahlkastenstreben) mit Maschinenhaus. Beide sind seit 1989 denkmalgeschützt und erinnern an die wirtschaftliche und gesellschaftliche Entwicklung des Stadtteils Hochlarmark. Im Maschinenhaus findet man eine der letzten Dampffördermaschinen (ebenfalls unter Denkmalschutz), die für den Ruhrbergbau gefertigt wurden, Baujahr 1963.

Dreiecksiedlung Hochlarmark: Für die Arbeiter und Angestellten von Recklinghausen II hat man in den ersten Jahren des 20. Jahrhunderts die Dreiecksiedlung Hochlarmark angelegt. Auch hier spiegelte sich die Hierarchie am Arbeitsplatz in den Wohnverhältnissen. Während die Arbeiterfamilien mit Kostgängern (Untermieter, die auch Essen bekamen) auf engstem Raum lebten, stand den Zechenbeamten fast die doppelte Wohnfläche zur Verfügung. Die Siedlung schließt sich nach einer Seite an die neue Parkfläche an. Zur anderen Seite liegt eine Bergehalde, in der die DSK ein Trainingsbergwerk für Auszubildende betreibt, das auch für Besucher zugänglich ist. ⚒

Recklinghausen-Suderwich:
WO 93
Zeche König Ludwig

Die Felder Henriettenglück I bis III sind 1856/57 verliehen worden, und 1867 erfolgte die Konsolidierung zu Ver. Henriettenglück; 1872 wurde die Zeche in König Ludwig umbenannt. Mit dem Abteufen des Schachtes 1 ist ebenfalls 1872 begonnen worden. Nach mehrfacher Unterbrechung der Abteufarbeiten wegen der schwierig zu bewältigenden Wasserzuflüsse konnte die Förderung 1885 aufgenommen werden. 1889 begannen die Abteufarbeiten für Schacht 2, der 1892 in Förderung kam. In den Jahren 1894 bis 1896 wurde Schacht 3 niedergebracht, der seit 1912 auch als Förderschacht benutzt wurde. 1900 erfolgte der erste Spatenstich für die Doppelschachtanlage 4/5, die bereits 1902 in Betrieb kam. Im gleichen Jahr ist Schacht 6 (Wetterschacht) abgeteuft worden, der 1903 in Betrieb genommen wurde. 1904 wurde die Förderung in Schacht 1 eingestellt, und 1905 belief sich die Produktion der Zeche auf 895 000 Tonnen Kohle (3 822 Beschäftigte). Auf der Anlage 1/2/6 kam es

1910 zur Einführung von Schüttelrutschen. 1913 sind mit 5380 Beschäftigten über 1,43 Millionen Tonnen Kohle gefördert worden.

1925 stellte Schacht 3 die Förderung ein; in diesem Jahr belief sich die Produktion auf fast 1,2 Millionen Tonnen Kohle (5235 Beschäftigte). Das Teufen der Schächte 7 und 8 begann 1928; Schacht 7 stieß 1929 bei 438 m auf das Steinkohlengebirge. 1930 wurde die Anlage 7/8 mit der Doppelschachtanlage 4/5 zusammengelegt, und 1934 erfolgte die Fördereinstellung der Anlage 7/8. Förderung 1935: 1,96 Millionen Tonnen (4820 Beschäftigte). Die höchste Förderung ist 1937 mit 2,71 Millionen Tonnen erbracht worden. 1938 wurden die Anlagen 1/3 und 4/5 zu einer Betriebseinheit zusammengefaßt. 1940 ereignete sich auf den Anlagen 4/5 und 7/8 eine schwere Schlagwetterexplosion, bei der siebzehn Todesopfer zu beklagen waren. Der Schacht 3 mußte nach einem Bruch 1942 aufgegeben werden. Förderung 1945: 648000 Tonnen (5258 Beschäftigte). Die Förderung der Zeche betrug 1960 rund 1,7 Millionen Tonnen. 1961 wurde Schacht 5 Zentralförderschacht. † 1965.

In dem strengen Winter 1946 mußte man am Schauspielhaus Hamburg den Theaterbetrieb wegen Kohlenmangel einstellen. Als letzten Rettungsversuch machte sich der damalige Verwaltungsdirektor mit einigen Lastwagen auf den Weg ins Ruhrgebiet, um auf den Kohlengruben hier um Hilfe zu bitten. Die Bergleute von König Ludwig waren zur Hilfe bereit und zur Umgehung der Kohlenrationierung durch die Besatzungsmächte in der Lage. Mit Ruhrkohle beladen rollten die Lastwagen nach Hamburg zurück. Zum Dank dafür gastierten im Sommer darauf die drei Bühnen Hamburgs im Saalbau Recklinghausen. Was als einmaliges Dankeschön gedacht gewesen war, wurde zum Beginn einer Tradition, den Ruhrfestspielen Recklinghausen, die bis heute ihren Platz im kulturellen Leben des Ruhrgebiets haben.

⚒ *Lohnhalle und Verwaltung der Schachtanlage 1/2 wurden 1920 errichtet und 1990 unter Denkmalschutz gestellt.* ⚒

RHEINBERG WES

Rheinberg-Büderich/Borth: Salzbergwerk Borth I/II

Die Deutsche Solvay-Werke GmbH (Solingen) betreibt das Steinsalzbergwerk Borth I/II. Die beiden Schächte haben eine Teufe von 850 m. Sie stehen im Steinkohlengebirge; mit ihnen sind drei abbauwürdige Flöze durchteuft worden, von denen das erste (1,70 m Mächtigkeit) auf der 820-Meter-Sohle aufgeschlossen war. Bis 1926 ist Steinkohle gefördert worden (jährlich etwa 3000 Tonnen); dann wurde die Steinkohlenförderung stillgelegt. Die Steinsalzförderung betrug 1926 bereits 240000 Tonnen und 1929 schon über 600000 Tonnen. 1950 erreichte die Rohförderung an Steinsalz und Steinsalz in Form von Sole bereits 1,4 Millionen Tonnen; 1986 förderten 588 Beschäftigte 2,74 Millionen Tonnen Steinsalz; 2001 arbeiteten noch 320 Menschen auf dem Bergwerk und förderten 1,5 Millionen Tonnen. Borth I ist Wetter- und Förderschacht (elektrische Vierseil-Turmfördermaschine), Borth II ist Förderschacht (zwei elektrische Fördermaschinen). S. Zeche Wallach I/II.

Rheinberg-Büderich/Menzelen: Zeche Wallach I/II

Diese Zeche war als Steinkohlenbergwerk geplant (Berechtsame 175 km²); das Teufen der Schächte 1 und 2 begann 1907. Beim Abteufen auf Steinkohle ist man auf Steinsalz gestoßen. 1910 hatten die Schächte eine Teufe von 350 m erreicht, und 1918 kamen sie in Betrieb. Schacht Wallach I: Teufe 590 m; Wallach II: 849 m Endteufe im Liegenden des Steinsalzes. Steinsalzförderung 1925: 6000 Tonnen. † 1926. S. Zeche Borth I/II.

SPROCKHÖVEL EN

WO 81 37 293

Zeche Alte Haase

Diese Zeche gehörte zu den ältesten an der Ruhr. Die Bezeichnung geht auf den Tiernamen zurück (auch häufig Hase geschrieben). Bergwerke wurden damals oft mit Tiernamen bezeichnet (vgl. Frosch, Rabe, Nachtigall, Walfisch bzw. Wallfisch usw.). Da es sich um eine Nachverleihung handelte (also die Bestätigung einer früheren, deren Datum jedoch nicht bekannt ist), sagte man Alte Haase.

Schon im 17. Jahrhundert wurde im Grubenfeld der Anlage Bergbau betrieben, und noch am Ende des 18. Jahrhunderts war Alte Haase eine typische Kleinzeche ihrer Zeit mit einer Belegschaft von durchschnittlich fünf Mann. Selbst der Höhepunkt der ersten Gründungsperiode Mitte der 1850er Jahre sowie die kurze Belebung durch den Deutsch-Französischen Krieg 1870/71 haben dieses Gebiet südlich der Ruhr kaum berührt. Die Entwicklung der Großzechen vollzog sich ausschließlich nördlich der Ruhr bis hin zur Emscher. Das war nicht zuletzt durch die begünstigenden Transportmöglichkeiten bedingt (Gründung der Bergisch-Märkischen Eisenbahngesellschaft 1843, Ruhrschifffahrt seit 1780).

Bis in die 1880er Jahre ist die Kohle von Alte Haase im Stollenbetrieb gewonnen worden. Erst zehn Jahre nach Fertigstellung der Ruhrtalbahn wurde die Verbindung Hattingen – Sprockhövel – Barmen gebaut. Damit eröffneten sich für das Gebiet um Sprockhövel neue wirtschaftliche Möglichkeiten. Die Inbetriebnahme dieser Bahnlinie ist anscheinend auslösendes Moment für den Entschluß der Zeche gewesen, zum Tiefbau überzugehen. 1883 wurde der erste Tiefbauschacht (Julie) niedergebracht (zunächst bis 100 m Teufe). 1891 ist eine Brikettfabrik gebaut worden. Ansätze zu einer modernen industriellen Ausrichtung des Betriebes wurden jedoch erst zu Ende des Jahrhunderts erkennbar.

Der 1897 errichtete Malakoffturm ist Ausdruck für das im Aufschwung begriffene Bergwerk. In Backstein ausgeführt, zeigt er die Formen des Historismus, der der Epoche eigen war. 1904 wurden 100000 Tonnen Kohle gefördert. Neben dem Förderschacht war 1905 noch ein Wetterschacht in Betrieb. 1908 wurde ein weiteres Grubenfeld erworben, und die Berechtsame stieg damit auf 8,3 km². Das

Sprockhövel: Zeche Alte Haase. Links der Malakoff von 1897 mit eingezogenem deutschen Strebengerüst über Schacht 1 (Koepe-Förderung), rechts davon das Verwaltungsgebäude, ganz rechts: deutsches Strebengerüst über Schacht 2. † 1966. Aufnahme 1956.

Teufen eines (tonnlägigen) Wetterschachtes begann 1909. Durch Erwerb eines zusätzlichen Feldes vergrößerte sich der Abbaubereich 1910 auf ca. neun km^2. Die Kohlenförderung betrug 121 000 Tonnen (490 Beschäftigte). Förderung 1913: 133 000 Tonnen (535 Beschäftigte). 1915 waren der Förderschacht Julie und drei Wetterschächte in Betrieb. Förderung 1920: 306 000 Tonnen (1 580 Beschäftigte). 1921 stieg durch Konsolidierung die Gesamtberechtsame auf 34 km^2. 1922 begann das Teufen des (seigeren) Schachtes 2 (neben Schacht Julie), der 1924 in Betrieb ging.

1925 ist die Förderung eingeschränkt worden, um die Stillegung der Zeche vorzubereiten. Damals widersetzte sich jedoch die Belegschaft dieser Absicht und verfuhr ein halbes Jahr unentgeltlich die erforderlichen Schichten, um die für die Wasserhaltung benötigte Kohle zu fördern. 1926 ist die Förderung wieder voll aufgenommen worden. Sie stieg schnell an und erreichte 1927 bereits 360 000 Tonnen. Die höchste Förderung ist 1930 mit 385 000 Tonnen erbracht worden (1 290 Beschäftigte). Förderung 1935: 367 000 Tonnen (1 085 Beschäftigte). 1939 kamen die Baufelder der stillgelegten Zechen Blankenburg und Ver. Hammerthal an Alte Haase. Förderung 1940: 349 000 Tonnen (1 090 Beschäftigte). 1945 sank die Kohlenproduktion auf 168 000 Tonnen ab (1 220 Beschäftigte). 1950 begann das Teufen des Schachtes *Brahm*, der 1952 in Betrieb kam. Teufe der Hauptfördersohle: 312 m. Förderung 1956: 234 000 Tonnen Magerkohle. Berechtsame des Bergwerks 1957: ca. 46,7 km^2. 1963 ist der Schacht *Niederheide* in Betrieb genommen worden; 1965 Inbetriebnahme von *Buchholz*. Förderung 1965: 230 000 Tonnen. † 1966. S. Zechen Hammerthal und Ver. Blankenburg.

⚒ *Der Malakoffturm von 1897 ist der jüngste noch bestehende im Ruhrgebiet. Er wurde 1983 unter Denkmalschutz gestellt und Anfang der 1990er Jahre restauriert. Heute ist er ein Wahrzeichen Sprockhövels.* ⚒

Zeche Sprockhövel

Diese Zeche ging auf die Grube Frosch zurück, die schon 1650 verliehen worden war. Im Juli 1881 ist durch Konsolidation mehrerer Grubenfelder die Gewerkschaft Sprockhövel gebildet worden. Nach anfänglichen Mißerfolgen als Stollenzeche begann man 1896, einen neuen Tiefbauschacht abzuteufen, der 1899 in Förderung kam. Kohlenförderung 1900: 44 000 Tonnen (242 Beschäftigte). Bis 1903 stieg die Belegschaft der Zeche auf vierhundert Mann (gegenüber 56 im Jahre 1897); der Betrieb war jedoch wenig rentabel und erforderte laufend Zubußen. 1905 mußte die Förderung eingestellt werden. 1916 ist die Zeche an die Grube Johannessegen verkauft worden. S. Zechen Frosch und Johannessegen.

Zeche Kleine Windmühle

Das Bergwerk war 1841 verliehen worden und ist bis 1863 in Betrieb gewesen. Dann lag es Jahrzehnte hindurch still. Erst 1919 ist in der Berechtsame wieder Kohle abgebaut worden, und zwar durch die Gewerkschaft Herkules VIII. Es wurden zwei tonnlägige Schächte geteuft (120 m lang, flache Teufe), und 1920 sind mit 90 Beschäftigten fast 8 000 Tonnen Kohle gefördert worden. 1924 wurde das Bergwerk vorübergehend stillgelegt; 1926 ist die Förderung wieder aufgenommen worden. Förderung 1927: 50 000 Tonnen Eßkohle. Gefördert wurde damals aus einem tonnlägigen Schacht von 220 m Länge (flache Teufe). Die höchste Förderung ist 1929 mit rund 59 000 Tonnen erbracht worden (178 Beschäftigte). † 1930.

Sprockhövel-Bossel/Gennebreck: Zeche Glückauf

Die Zeche war eine der ersten des Ruhrbergbaus, an denen sich der Staat direkt beteiligt hatte. Sie beschäftigte um 1750 insgesamt siebzehn Bergleute. Gewerken der Grube waren zu drei Vierteln der König von Preußen und zu einem Viertel der Landwirt Fliesloh. Um 1796 belief sich die Jahresförderung des kleinen Bergwerks auf wenig mehr als 2 000 Tonnen Kohle. Immerhin wird die Zeche rund hundert Jahre später unter den vier leistungsfähigsten Unternehmen des Gennebreck-Haßlinghausener Raumes aufgeführt. Die höchste Förderung dürfte 1884 mit etwas über 10 000 Tonnen erbracht worden sein (68 Beschäftigte). 1889 kam es zur Konsolidation mit den Sieper & Mühler Gruben unter der neuen Bezeichnung Herzkämper Mulde. S. Zechen Friedrich Wilhelm, Sieper & Mühler Gruben und Herzkämper Mulde sowie Ver. Concordia.

Sprockhövel-Bossel/Haßlinghausen: Zeche Ver. Friedrich Wilhelm

Die Zeche entstand um 1814 durch Konsolidation verschiedener Berechtsamen. Schon um 1750 war eine Zeche Friedrich Wilhelm in Betrieb, an der der preußische Staat beteiligt gewesen ist. 1815 ist der Betrieb auf Ver. Friedrich Wilhelm aufgenommen worden, und 1835 wurden rund 700 Tonnen Kohle gefördert. 1838/40 ist ein tonnlägiger Schacht abgeteuft worden, und 1841 erfolgte eine teilweise Konsolidation mit der Zeche Glückauf. Die Konsolidation des nördlichen Grubenfeldes zu Glückauf erfolgte 1870. † vor 1890. S. Zeche Glückauf.

Sprockhövel-Diefhausen: Zeche Frosch

Diese Zeche war einer der ältesten Stollenbetriebe an der Ruhr; die erste Verleihung (Deifhuser Banck) erfolgte schon 1650, die zweite 1683. Bis 1750 ist – wenn auch mit kürzeren Unterbrechungen – der Betrieb des Bergwerks verbürgt; 1754/55 verlor sich das Flöz („die Banck hat sich verdrückt"). Für 1796 wird aber wieder eine Fördermenge genannt: je Monat ca. 130 Tonnen, die mit sechs Beschäftigten erbracht wurden. Von 1802 existiert ein Grubenbild des Bergwerks (das älteste aller Zechen im Ruhrgebiet). 1808 sind monatlich 270 Tonnen Kohle gefördert worden; die Förderung wurde durch den Schacht Frosch zu Tage gehoben. Nach den dreißiger Jahren des 19. Jahrhunderts ruhte der Betrieb für mehrere Jahrzehnte. 1881 erfolgte die Konsolidation zur Zeche Sprockhövel. S. Zeche Sprockhövel.

Sprockhövel-Gennebreck: Zeche Holstein II

Diese Eisensteinzeche ist 1852 in Betrieb gegangen. Das Geviertfeld (Grubenfeld), das den beliehenen Abbaubereich darstellte, wurde bei diesen Eisensteinzechen über Tage durch die sogenannten „Lochsteine" sichtbar abgegrenzt. Auf der Vorderseite dieser Steine stand der Name der Zeche, auf der Rückseite das Beleihungsdatum. S. Zeche Ver. Neu-Herzkamp.

Sprockhövel-Gennebreck: Zeche Sieper & Mühler Gruben

1650 wurden Johann Fliesloh und sein Sohn Peter im Bereich des obersten Felderbaches mit einer Kohlenbank belehnt. Fünf Jahre später erhielt Hermann im (kleinen) Siepen ebenfalls eine Belehnung. Die Mühler Kohlenbank wurde 1693 dem Johann-Heinrich auf'm Großen Siepen zugeteilt. Die Besitzer dieser frühen Bergwerke waren sämtlich in der Gegend ansässige Bauern. Sie besaßen meist ein größeres Erbgut und waren somit in der Lage, die Abgaben für die Kohlenvorkommen an den Staat zu zahlen. Um 1645 gehörten die Erbgüter Zur Mühlen, Großer Siepen und Scherenberg zu den größten Höfen von Gennebreck. 1850 förderte die Zeche 5 000 Tonnen Kohle; 1875 betrug die Förderung rund 10 000 Tonnen. 1889 erfolgte die Konsolidation der Zechen Sieper & Mühler Gruben sowie Glückauf zur Zeche Herzkämper Mulde. S. Zeche Herzkämper Mulde.

Sprockhövel-Haßlinghausen: Zeche Deutschland

1902 sind die alten Gruben des Gennebreck-Haßlinghausener Raumes unter der Bezeichnung Zeche Deutschland zusammengeschlossen worden. Zu diesem Zeitpunkt belief sich die Fördermenge des Unternehmens auf insgesamt 280 000 Tonnen jährlich. Von den drei Schächten der Zeche waren der Schacht Harkort bereits 1893 und der Tiefbauschacht Rudolf 1897 zum Erliegen gekommen. Gefördert wurde ab 1902 nur noch auf den Schächten Ulenberg (früher Gewerkschaft Deutschland) und Beust (früher Stock & Scherenberg) sowie Hövel (in Schee). 1903 ist ein Wasserhaltungsschacht geteuft, und 1904 sind die alten Unterwerksbaue unter der Dreckbänker Erbstollensohle gesümpft worden. 1905 wurde der Schacht Hövel stillgelegt. 1909 ist eine Brikettfabrik in Betrieb genommen worden. Damals hatte das Bergwerk insgesamt sieben Schächte.

1912 ist die Zeche von der Gewerkschaft Ver. Constantin der Große übernommen worden. Die höchste Förderung wurde 1913 mit über 386000 Tonnen erbracht (1275 Beschäftigte). 1920 waren noch 6 Schächte in Betrieb; die Förderung belief sich auf 170000 Tonnen Kohle (940 Beschäftigte), und 1923 verfügte das Bergwerk über fünf Schächte; der Schacht Ulenberg stellte 1924 den Betrieb ein. 1925 wurden die restlichen Schächte in Haßlinghausen stillgelegt. Die Tagesanlagen sind abgerissen worden. S. Zechen Herzkämper Mulde, Stock & Scherenberg und Ver. Constantin der Große WO 71.

⚒ *Heute erinnert ein bergbaugeschichtlicher Wanderweg in und um Haßlinghausen an die Zeche. Auf dem 9 km langen Deutschland-Weg kann man 30 Objekte sehen, die mit dem frühen Kohlenbergbau an der Ruhr verbunden sind.* ⚒

Sprockhövel-Haßlinghausen: Zeche Ver. Stock & Scherenberg

Diese Zeche ging in ihrem Ursprung bis in die Mitte des 16. Jahrhunderts zurück. Von 1547 gibt es eine erste Erwähnung als Kohlberg In der Dyckerdellen bzw. In den Stocken. 1645 wurde Cord Stock mit einer Kohlenbank dicht an der Gennebrecker Ortsgrenze belehnt. Unmittelbar westlich davon lag ein weiteres Flöz, mit dem Peter zu Scherenberg 1647 belehnt wurde. Die beiden Kohlenbergwerke waren später in diesem Raum von großer Bedeutung. In der zweiten Hälfte des 17. Jahrhunderts ging man vom Pingenabbau zum Stollenbetrieb mit tonnlägigen Schächten über und teufte die Göpelschächte Petrus, Adam, Catharina, Caroline und weitere ab. Nach der Einrichtung der Erbstollen konsolidierten die Zechen in Haßlinghausen zur Stock & Scherenberger Hauptgrube. Um 1737 war diese Zeche (neben Sieper & Mühler Gruben) der größte Bergwerksbetrieb in der Mark (etwa tausend Tonnen Jahresförderung). In der zweiten Hälfte des 18. Jahrhunderts waren die tonnlägigen Göpelschächte Lucas, Sophia, Johann Friedrich, Justus und ein seigerer Wetterschacht in Betrieb. 1796 wird die Förderung der Grube mit 17000 Tonnen angegeben (60 Beschäftigte). 1841 ist der seigere (runde) Förderschacht Beust abgeteuft worden. 1850 belief sich die Förderung des Bergwerks auf rund 8000 Tonnen; sie stieg bis 1875 auf ca. 28000 Tonnen. Die höchste Förderung ist 1897 mit über 48000 Tonnen (168 Beschäftigte) erbracht worden. Am Ende des vorigen Jahrhunderts erfolgte dann ein weiterer Zusammenschluß kleinerer Gruben zur Zeche Vereinigte Stock & Scherenberg. 1899 kam der Zusammenschluß mit der Zeche Herzkämper Mulde. S. Zeche Herzkämper Mulde.

⚒ *Schachtgebäude Beust in Haßlinghausen, Zum Sackschacht 48.* ⚒

Sprockhövel-Herzkamp: Christsieper Erbstollen

Die Verleihung erfolgte 1745; um diese Zeit ist auch der Stollen angesetzt worden (das Stollenmundloch befand sich etwa 400 m östlich des Felderbaches und 800 m von Ober-Elfringhausen entfernt). 1826 hatte der Stollen eine Endlänge von ca. 1800 m erreicht; er führte die Lösung der Sieper & Mühler Gruben durch und wurde später von dieser Zeche übernommen. S. Zeche Sieper & Mühler Gruben.

Sprockhövel-Herzkamp: Zeche Lehnbank

Diese Zeche (auch: Leenbank oder Lehmbank) wurde schon 1650 urkundlich erwähnt. Die Belehnung erfolgte 1671, und bis etwa 1737 ist der Betrieb verbürgt. 1754/55 wurde ein tiefer Erbstollen aufgefahren (auch für die Zeche Eggerbank), und 1765 war ein Förderschacht mit Winde in Betrieb. 1781 belief sich die Kohlenförderung auf über 3000 Tonnen (60 Beschäftigte). Um 1796 bis etwa 1808 gehörte der Betrieb zur Stock & Scherenberger Hauptgrube. S. Zeche Ver. Stock & Scherenberg.

Sprockhövel-Herzkamp: Zeche Vereinigte Neu-Herzkamp

Neben dem Steinkohlenbergbau war in der Mitte des 19. Jahrhunderts für einige Jahrzehnte die Eisenerzgewinnung und -verhüttung für den Raum Gennebreck-Haßlinghausen von wirtschaftlicher Bedeutung. Der sogenannte Kohleneisenstein tritt als Begleitgestein von Kohle auf und konnte daher meistens aus dem gleichen Schacht wie die Kohle gefördert werden. Zwischen Herzkamp und Schee wurde um 1850 der Schacht Söhngen abgeteuft. 1856 sind die Zechen Vereinigte Neu-Haßlinghausen (Sackschacht in Haßlinghausen), Vereinigte Neu-Hiddinghausen und Vereinigte Neu-Sprockhövel mit der Zeche Neu-Herzkamp konsolidiert worden.

1855 war in Haßlinghausen die Haßlinghauser Hütte mit zwei Hochöfen eingerichtet worden, die 1872 eine Produktion von über 15000 Tonnen Roheisen erreichte. Die Hütte verfügte auch über einige Kalksteinbrüche, die sich von Uhlenbruch bis nach Linderhausen hinzogen. Die beiden Hochöfen wurden 1875 stillgelegt. Diese Stillegung und die damit verbundene Einstellung des Eisensteinbergbaus (mit gleichzeitigem Rückgang des Kohlenbergbaus) hatte für die Wirtschaft des Gennebreck-Haßlinghausener Raumes folgenschwere Auswirkungen. In den Jahren 1883/1901 lebte der Eisensteinbergbau noch einmal auf; inzwischen war nämlich in der Hüttenindustrie das Thomasverfahren eingeführt worden. 1911 kam der Erzbergbau in diesem Gebiet völlig zum Erliegen. S. Zeche Holstein II.

⚒ *Frühere Zechengebäude in Hiddinghausen, Talstraße 20 und 22; ehemaliges Schachtgebäude Söhngen in Gennebreck, Elberfelder Straße 75; Zechengebäude in Gennebreck, Schachtweg.* ⚒

Sprockhövel-Hiddinghausen: Zeche Ver. Adolar

Die Zeche kam erstmals 1847 in Betrieb, lag jedoch dann jahrzehntelang still. 1898 wurde der Betrieb neu aufgenommen und mit dem Teufen eines tonnlägigen Förderschachtes begonnen. In diesem Jahr belief sich die Förderung (12 Beschäftigte) auf rund 400 Tonnen. Neben dem Förderschacht ist 1899 ein Wetterschacht geteuft worden, und 1900 wurde mit 42 Beschäftigten eine Förderung von über 9000 Tonnen erreicht. 1903 soffen die Grubenbaue ab, und 1904 ist die Förderung zunächst eingestellt worden. Nach dem Sümpfen der Grubenbaue begann 1906 das Abteufen eines zweiten tonnlägigen Schachtes; 1907 ist eine Schmalspurbahn zum Bahnhof Hiddinghausen gebaut worden. Im gleichen Jahr ist die stilliegende Zeche Sonderbank hinzugekommen, und 1909 begann das Abteufen des seigeren Förderschachtes Rudolf. In diesem Jahr wurde die Zeche Adolar durch die Gewerkschaft Glückauf Barmen übernommen und umbenannt. S. Zeche Barmen.

Sprockhövel-Hiddinghausen: Zeche Barmen

Die Gewerkschaft Barmen hatte bis 1910 den Namen Gewerkschaft Glückauf Barmen geführt. 1898 war die Zeche in Betrieb gekommen. 1910 gab es zwei Schächte: Förderschacht Rudolf und den tonnlägigen Wetterschacht 2; es war Bahnanschluß vorhanden. Die Förderung belief sich auf rund 38000 Tonnen (etwa 300 Beschäftigte). 1913 waren vier Wetterschächte in Betrieb; gefördert wurden in diesem Jahr etwas über 119000 Tonnen Kohle (460 Beschäftigte). Der alte tonnlägige Wetterschacht ist 1914 abgeworfen worden. 1915 belief sich die Förderung auf knapp 73000 Tonnen; 1920 sind fast 74000 Tonnen Kohle gefördert worden (340 Beschäftigte). Die Konsolidation mit Alte Haase erfolgte 1921. † 1924. Sämtliche Tagesanlagen wurden abgebrochen und die Grube ersoff. S. Zechen Adolar und Alte Haase WO 81.

Sprockhövel-Hiddinghausen: Zeche Ver. Concordia

Diese Zeche ist 1823 verliehen worden und förderte 1830 rund 3000 Tonnen Kohle. 1842 kam der Schacht Paul in Förderung, und 1845 hatte die Produktion (54 Beschäftigte) rund 6000 Tonnen erreicht. 1870 erfolgte die Konsolidation mit der Zeche Glückauf. S. Zeche Glückauf.

Sprockhövel-Hiddinghausen:
Stock & Scherenberger Erbstollen
Die Erbstollengerechtigkeit ist 1744 verliehen worden, und 1746 wurde der Erbstollen aufgefahren. Der Stollen, der zur Lösung der Haßlinger Mulde diente, hatte eine Endlänge von fast 3 km. Ab 1852 gehörte das Bergwerk zur Stock & Scherenberger Hauptgrube. S. Zeche Ver. Stock & Scherenberg.

Sprockhövel-Hiddinghausen: Zeche Ulrich. Aufnahme vor 1959.

Sprockhövel-Hiddinghausen:
WO 86 296
Zeche Ulrich
Die 1951 eröffnete Kleinzeche förderte aus zwei tonnlägigen Schächten (Ulrich und Hagelsiepen) von 320 und 150 m Länge 1956 rund 45 000 Tonnen Magerkohle. Die höchste Förderung ist 1959 mit ca. 52 000 Tonnen erbracht worden (108 Beschäftigte). Förderung 1965: 40 000 Tonnen. † 1966.

Sprockhövel-Schee:
Zeche Herzkämper Mulde
Erste Nachrichten über einen Kohlenbergbau im Gebiet der Herzkämper Mulde (Stadtteil Sprockhövel-Gennebreck) stammen von 1450/70. 1577 wird bei einer Belehnung in der Bosseler Mark bei Sprockhövel ausdrücklich bezeugt: „Es leben noch einige bejahrte Markgenossen, die früher von ihren gottseligen lieben Eltern gehört haben, daß lange über die hundert Jahr im Leckebusch Bergbau umging." Die älteste Urkunde über den Steinkohlenbergbau im Gennebrecker Raum liegt aus dem Jahr 1547 vor. Es handelt sich um einen Teilungsvertrag, „das Gut Schee betreffend." Da ist die Rede von „zwei Büschen", also Gehölzen, „einer geheißen In den Dyckerdellen, der andere In den Stocken". Schließlich heißt es: „Aber die Kohlberge, die in den zwei vorgenannten Gehölzen sind, die sollen obgenannte Erben zusammen gebrauchen und ein jeder Kohlen gewinnen nach seiner Berechtigung."

In einem Plan von 1813 sind die Bergwerke Dyckerdellen und In den Stocken eingezeichnet, und sie werden ausdrücklich als „die alten Kohlenschächte" bezeichnet. Im Süden der Herzkämper Mulde strich das Flöz Geitling mit einer Mächtigkeit von vier Metern zu Tage aus. Dieses gewaltige Flöz konnte nicht unentdeckt bleiben, und das ist der Grund, daß sich der Kohlenbergbau in diesem Gebiet schon recht früh gut entwickelte. Zwischen 1650 und 1760 erlebte der Gennebrecker Kohlenbergbau eine beträchtliche räumliche Ausdehnung. Noch vor Beendigung des Dreißigjährigen Krieges trat an die Stelle des bisher mehr oder weniger primitiven Abbaus der Kohle der Stollenbau. An zahlreichen Stellen wurden Stollen in die an den Talhängen ausstreichenden Flöze getrieben. War eine Stollensohle abgebaut, so eröffnete man unter dem ersten Stollen einen zweiten, und so fort, bis die Talsohle erreicht war. Eine weitere Möglichkeit, die Kohle abzubauen, war die, von einem Schacht aus Stollen dort ins Gestein zu treiben, wo die Flöze anstanden.

Steigendes Grundwasser und durch den Berg sickerndes Regenwasser erschwerten den weiteren Abbau. Um das Wasser zu lösen, wurden in Höhe der Talsohle zusätzlich „Ackeldrufte" (vom lateinischen aquae ductus = Wasserführung) angelegt; das waren niedrige Stollen und Gräben, die das Wasser ableiteten. Später wurden die Ackeldrufte durch größere – begehbare – Stollen ersetzt, die sogenannten *Erbstollen* (die Silbe „Erb" bedeutet soviel wie „Haupt-" oder „Sonder-", eine der Allgemeinheit dienende Einrichtung). Die Erbstollen dienten ausschließlich der Entwässerung großer Kohlengebiete und waren somit Allgemeingut; sie waren so tief wie möglich angelegt, mußten jedoch so viel Gefälle haben, daß das Wasser abfließen konnte.

Im Gebiet der Herzkämper Mulde wurden drei Erbstollen vorgetrieben: Der Kressieper Erbstollen ist 1745 verliehen worden; er hatte eine Länge von etwa 5 km. 1774 wurde der Herzkämper Erbstollen fertiggestellt und verliehen. Er war bereits zehn Kilometer lang und lag an der tiefsten Stelle etwa achtzig Meter unter der Oberfläche. 1842 wurde der Dreckbänker Erbstollen verliehen. Er hatte eine Gesamtlänge von 15 km. Die wasserführenden Stollenanlagen waren etwa alle drei oder vier km mit einem Belüftungs- und Kontrollschacht (Lichtloch) ausgerüstet. Um 1843 entstand die Gewerkschaft Dreckbänker Erbstollen, an der mehr oder weniger alle größeren Bergwerke des Gennebreck-Haßlinghausener Gebietes beteiligt waren.

Die Einrichtung der Erbstollen führten den Bergbau in der zweiten Hälfte des 19. Jahrhunderts zu neuer Blüte. Viele Kleinbetriebe vereinigten sich. So entstanden die Mühler & Sieper Gruben in Herzkamp. 1889 konsolidierte diese Zeche und das Bergwerk Glückauf zur Zeche Herzkämper Mulde. 1894 nahm der Schacht Hövel in Schee die Förderung auf; der Förderschacht Heinrich der ehemaligen Zeche Glückauf wurde stillgelegt. Die höchste Förderung ist 1897 mit fast 62 000 Tonnen Kohle erbracht worden (307 Beschäftigte). 1899 kam es zum Zusammenschluß mit der Zeche Ver. Stock & Scherenberg. 1903 erfolgte die Konsolidation in der Gewerkschaft Deutschland. S. Zechen Stock & Scherenberg, Sieper & Mühler Gruben, Glückauf und Deutschland.

⚒ *Herzkämper Erbstollen: Luft- und Kontrollschächte in Gennebreck sowie in Hattingen-Oberelfringhausen. Dieser Schacht wurde 1725 gebaut; vorgesehen ist, um die noch 25 m tiefe Schachtöffnung einen Bruchsteinkragen (ein Meter Höhe) zu mauern. Kressieper Erbstollen: Reste in Obersprockhövel.* ⚒

UNNA UN

WO 122
Zeche Alter Hellweg
Schon im 16. Jahrhundert hatte man südlich von Unna (bei Ardey, Langschede und Holzwickede) nach Kohle gegraben, die besonders bei der Brockhauser Salzsiedung benötigt wurde. 1801 sind in der Nähe der Saline Kohlenflöze entdeckt worden, doch sollte noch über ein halbes Jahrhundert vergehen, ehe man hier mit dem Abbau begann.

In den 1850 Jahren ist damit begonnen worden, drei Tiefbauschächte abzuteufen, und zwar die Schächte Gutglück, Friederica und Hellweg. Während die ersten beiden die Förderung aufnahmen, mußte der Schacht Hellweg (am Bahnhof von Unna gelegen) bei 25 m Tiefe aufgegeben werden, weil die finanziellen Mittel ausgingen. Ende der 1860er Jahre trat die am 16. September 1856 gegründete Bergbau-AG Hellweg in Liquidation. 1900 wollten alte Aktionäre das Unternehmen wieder aufleben lassen und gründeten die Gewerkschaft Alter Hellweg. Diese verkaufte das Bergwerksvermögen an den zugleich für eine Bankengruppe handelnden Tiefbohrunternehmer Wilhelm Deilmann. In den ersten 1920er wurden Schacht 1 und 2 abgeteuft, und bis 1929 stieg die Förderung auf über 200 000 Tonnen. 1930 erwarb die Gewerkschaft Heinrich (Essen-Kupferdreh) die Kuxe der Gewerkschaft Alter Hellweg. 1939 begann man den Schacht 3 zunächst als Blindschacht abzuteufen (er wurde 1953 von über Tage bis zur ersten Sohle niedergebracht).

1938 förderte die Zeche 480 000 Tonnen Kohle; die Brikettfabrik stellte 93 000 Tonnen Briketts her. Zur Erschließung des Massener Feldes, das 1951 an die Gewerkschaft verkauft worden war, begannen im Oktober 1957 Bohrungen für den Schacht Heide. Bevor dieser Schacht die Förderung aufnehmen konnte, kam es zur Stillegung des Bergwerks. Förderung 1959: 400 000 Tonnen. † 1961. S. Zechen Massener Tiefbau und Heinrich WO 39.

*Unna-Königsborn: **Zeche Königsborn**. Die Maschinenzentrale des Bergwerks in den 1920er Jahren. Architekt A. Fischer (Essen).*

Unna-Königsborn:
WO 123 **126 162 297**
Zeche Königsborn (RAG)

Diese Zeche geht auf die Staatliche Saline Königsborn bei Unna zurück, die schon im 14. Jahrhundert erwähnt wird. 1874 wurde mit dem Abteufen des Schachtes 1 begonnen, der 1881 die Förderung aufnahm. 1887 ist Schacht 2 (in der Gemarkung Heeren) abgeteuft worden, der 1891 in Betrieb kam. Das Abteufen des Schachtes 3 in der Gemarkung Altenbögge begann 1899; er nahm 1901 die Förderung auf. Schacht 4 wurde 1904 in Betrieb genommen. Damit waren zwei Betriebsanlagen vorhanden (die getrennten Schachtanlagen 1 und 2, die unter Tage eine Grubenabteilung bildeten, und die Doppelschachtanlage 3/4). Der Schacht 1 wurde 1904 als Förderschacht stillgelegt. Auf Königsborn 2 und auf der Anlage 3/4 wurden im selben Jahr Kokereien in Betrieb genommen.

Die Königsborner Schachtanlagen gingen 1908 als erste im deutschen Bergbau dazu über, Drucklufthämmer im Abbau einzuführen. 1911 wurde auf Königsborn 2 ein Kraftwerk errichtet, das durch ein eigenes Kabel mit der Schachtanlage 3/4 verbunden wurde. Das Teufen des Schachtes 5 (neben Schacht 2) begann 1913; die Kohlenförderung belief sich in diesem Jahr auf 1,1 Millionen Tonnen (3 345 Beschäftigte). Die Teufarbeiten für den Schacht 5 mußten 1914 wegen des Kriegsausbruches eingestellt werden. 1920 förderte Königsborn rund 800 000 Tonnen Kohle und erzeugte 220 000 Tonnen Koks. 1924 ist auf der Anlage 3/4 eine neuzeitliche Kokerei mit Kohlenwertstoffgewinnungsanlagen errichtet worden. Die Teufarbeiten für Schacht 5 wurden 1930 wieder aufgenommen; in diesem Jahr betrug die Kohlenförderung ca. 1,3 Millionen Tonnen (4 024 Beschäftigte). 1931 ist das Teufen von Schacht 5 bei 188 m Tiefe eingestellt worden (Weltwirtschaftskrise). Förderung 1935: 1,16 Millionen Tonnen (2 640 Beschäftigte). 1939 ereignete sich auf der Anlage 3/4 eine Schlagwetterexplosion, die sieben Todesopfer forderte. Förderung 1940: 1,84 Millionen Tonnen (4 435 Beschäftigte). Das Teufen des Schachtes 5 ging 1942 weiter; bei 221 m Teufe wurde das Steinkohlengebirge erreicht und der Schacht in Betrieb genommen (Wetterschacht).

Im Zweiten Weltkrieg sind die Tagesanlagen der Zeche schwer beschädigt worden. 1952 wurde der Schacht 6 (in der Gemarkung Flierich) als Wetterschacht neu in Dienst gestellt. Der Schacht 5, der 1942 als Wetterschacht abgeteuft worden war, ist 1953 zum Förderschacht ausgebaut worden und kam 1954 in Betrieb.

Im gleichen Jahr wurde der wirtschaftliche und organisatorische Verbund mit der Zeche Werne hergestellt. 1956 förderten die beiden Zechen zusammen 2,93 Millionen Tonnen Kohle. 1964 ist die Förderung in Schacht 5 eingestellt worden, und ein Jahr später wurde Schacht 4 Zentralförderschacht. Die Anlage 2/5 ist 1966 stillgelegt worden; das Baufeld kam zu 3/4, Schacht 5 wurde Wetterschacht. Schacht 2 ist 1969 abgeworfen und verfüllt worden. Förderung 1970: 1,66 Millionen Tonnen (3 600 Beschäftigte). Das Teufen des Wetterschachtes Lerche begann 1971 (im Feld Monopol III); er erreichte 1972 bei 452 m das Karbon und kam 1973 in Betrieb (974 m Teufe). Die Übernahme des Schachtes 3 der stillgelegten Zeche Werne erfolgte 1974. Förderung 1976: 1,2 Millionen Tonnen.

*Kamen-Heeren/Werve: Schachtanlage **Königsborn 1/2/5** (Sitz: Unna). Unser Foto von 1957 zeigt das Doppelbockgerüst (Vollwandstreben) über Schacht 5. † 1964.*

1978 ist mit Heinrich Robert eine Werksdirektion gebildet worden; Schacht Lerche kam an Heinrich Robert, und 1979 wurde der Schacht Werne 3 an Monopol abgegeben; die Schächte 5 und 6 wurden verfüllt. † 1981. Schacht 4 blieb offen, die Tagesanlagen wurden fast restlos abgebrochen. S. Zeche Werne WO 124 und Bergwerk Heinrich Robert WO 126.

⚒ *1928 errichtete der Essener Architekt Prof. Alfred Fischer auf der Anlage 3/4 in Bönen-Altenbögge einen Förderturm, der durch seine klare kubische Form von der damals üblichen Hammerkopfform abwich. Er wurde zum Vorbild der meisten modernen Fördertürme und ist somit ein bedeutendes Dokument der architekturgeschichtlichen Entwicklung im Industriebau der 1920er Jahre (Übergang zum Funktionalismus). Für Bönen-Altenbögge steht dieser Förderturm als Symbol seiner bergbaugeschichtlichen Vergangenheit. Heute bildet der denkmalgeschützte Förderturm zusammen mit dem 80 km entfernten auf Rossenray (Kamp-Lintfort) das Kunstobjekt Yellow Marker. Der Lichtkünstler Mischa Kuball hat beiden Fördertürmen je ein gelbes Lichtrohr aufgesetzt und so am Ost- und Westrand des Ruhrreviers Landmarken geschaffen.* ⚒

Unna-Massen:
Zeche Massener Tiefbau
Die Gewerkschaft Massener Gesellschaft für Kohlenbergbau hatte zwischen Massen und Wickede Grubenfelderbesitz (23,1 km^2). Mit dem Niederbringen der Schächte 1 und 2 (Dortmund-Wickede) ist 1854 begonnen worden; 1859 wurde die Förderung aufgenommen. 1889 ging das Unternehmen in der Massener Bergbau-AG auf. Die Schächte 3 und 4 (Unna-Niedermassen) sind 1895 bzw. 1900 abgeteuft worden. Schacht 3 erreichte 1896 bei 105 m das Steinkohlengebirge und nahm 1897 die Förderung auf; Schacht 4 stieß 1901 (bei 125 m Teufe) auf das Karbon. In den ersten Jahren des 20. Jahrhunderts wurde eine große Kokerei gebaut. 1910 belief sich die Förderung der Zeche auf 576000 Tonnen (2314 Beschäftigte). Die höchste Förderung ist 1913 mit fast 660000 Tonnen erbracht worden (2519 Beschäftigte). 1920 betrug die Förderung (2911 Beschäftigte) rund 490000 Tonnen. 1924 begann das Abteufen des Schachtes 5 (Unna-Massen); in diesem Jahr belief sich die Förderung auf 520000 Tonnen Fettkohle; Kokserzeugung: 215000. † 1925. Das Grubenfeld ist 1951 an die Gewerkschaft Alter Hellweg verkauft worden. S. Zeche Alter Hellweg WO 122.

WALTROP RE

WO 115 180f.
Zeche Waltrop (RAG)
Diese Zeche gehörte zu den staatlichen Steinkohlenbergwerken in Westfalen, die von der Königlich Preußischen Bergwerksdirektion in Dortmund (ab 1905 in Recklinghausen) verwaltet wurden. Mit dem Abteufen wurde 1903 begonnen. 1905 nahm die Zeche die Förderung auf. 1909 wurde eine Kokerei mit 80 Abhitzeöfen gebaut, die 1914 um 45 Regenerativöfen vergrößert worden ist. Kohlenförderung 1915: 340000 Tonnen (1320 Beschäftigte). 1930 belief sich die Produktion auf fast 400000 Tonnen Kohle (1270 Beschäftigte). 1945 erlitt das Bergwerk schwere Kriegsschäden; die Förderung sank auf 210000 Tonnen (1225 Beschäftigte). Die Berechtsame umfaßte 13,2 km^2. Förderung 1950: 533000 Tonnen (1825 Beschäftigte). 1956 begann das Teufen des Schachtes 3 (drei km östlich von 1/2). 1960 wurden über 678000 Tonnen Kohle gefördert (2090 Beschäftigte). 1964 erweiterte sich die Berechtsame durch die Anpachtung des Feldes Altlünen auf 26,8 km^2. Förderung 1965: 804000 Tonnen (1710 Beschäftigte). 1970 erfolgte die Übernahme des Feldes Kobold; in diesem Jahr erreichte die Förderung fast 843000 Tonnen (1590 Beschäftigte). Die höchste Förderung ist 1974 mit 1,13 Millionen Tonnen (2021 Beschäftigte) erbracht worden. Ende der 1970er Jahre erfolgte die Zusammenlegung mit dem Bergwerk Minister Achenbach.

Werne (Lippe), Zeche Werne: Die Schächte 1 und 2 der (unser Bild, Aufnahme 1957) wurden in den Jahren 1899 bis 1903 abgeteuft. Der Schacht 3 kam 1915 in Betrieb (später Wetterschacht des Bergwerks Monopol). † 1975.

Waltrop zählt zu den wenigen Zechen im Ruhrgebiet, die „aus einem Guß" entstanden sind. Die Tagesbauten (in Backstein errichtet) entsprechen dem Zeitgeist jener Jahre. Ihre historisierenden Formen sind vom Jugenstil beeinflußt. Die Baupläne wurden von der Königlich Preussischen Berginspektion (Sitz Waltrop) entworfen. Im Baufeld Waltrop standen die Schächte: 1 (Förderung und Seilfahrt), 2 (Seilfahrt- und Materialschacht) und 3 (Wetterschacht). Förderung 1978: 770000 Tonnen. † 1979. S. Bergwerk Minister Achenbach WO 116.

⚒ *Die Erhaltung der gesamten Anlage erschien aus technik- und architekturgeschichtlichen sowie städtebaulichen Gründen wünschenswert. Ungewöhnlich einheitlich im Erscheinungsbild präsentieren sich die Tagesbauten der Zeche Waltrop, die 1987 unter Denkmalschutz gestellt wurden. Am Anfang des 20. Jahrhunderts (1903-05) gebaut, hat man sie an dessen Schluß saniert und für eine gewerbliche Nutzung vorbereitet (IBA Emscher Park-Projekt). In der Halle am Schacht 3/4 steht noch eine Tandem-Dampffördermaschine mit vier Zylindern aus der Anfangszeit des Bergwerks (1910). Die Halde in dem Gewerbepark ziert der „Spurwerkturm", ein etwa 20 m hoher Turm aus Spurlatten, den man nach einer Idee des Künstlers Jan Bormann hier errichtet hat.* ⚒

WERNE (LIPPE) UN

WO 124 298
Zeche Werne (RAG)
Als zwei der ersten Schatanlagen nördlich der Lippe wurden 1899 bis 1903 die Werne-schächte 1 und 2 abgeteuft; sie sind 1902 und 1903 in Betrieb gekommen. Gleichzeitig ist mit dem Bau einer werkseigenen 12 km langen normalspurigen Grubenanschlußbahn von Werne nach Bockum-Hövel begonnen worden; die Bahnlinie wurde später als öffentliche Kleinbahn benutzt.

1904 belief sich die Förderung auf 145000 Tonnen. Mit dem Abteufen des Schachtes 3 ist 1912 begonnen worden; er kam 1915 in Betrieb. 1920 förderte die Zeche rund 500000 Tonnen Kohle. Nach dem Einsetzen der Weltwirtschaftskrise wurde 1930 die Förderung auf Schacht 3 stillgelegt. Kohlenförderung 1935: 534000 Tonnen (1374 Beschäftigte). 1940 war die Förderung auf über 881000 Tonnen gestiegen (2295 Beschäftigte). Förderung 1950: 758000 Tonnen (3560 Beschäftigte). 1954 begann das Abteufen von Schacht 4, der 1956 seine endgültige Teufe erreichte. 1973 belief sich die Förderung auf eine Million Tonnen. Die höchste Förderung ist 1974 mit 1,1 Millionen Tonnen erbracht worden (1711 Beschäftigte). † 1975. Schacht 4 kam zu Heinrich Robert. Die Schächte 1 und 2 sind 1979 verfüllt worden. S. Bergwerke Monopol WO 120, Heinrich Robert WO 126 und Zeche Königsborn WO 123.

⚒ *Die beiden Fördergerüste (s. unser Foto) wurden inzwischen abgebaut. Von dem ehemaligen Verwaltungsgebäude ist zumindest die Fassade als erhaltungswürdig anzusehen.*

„D-Zug-Siedlung" Rünthe: Aufgrund der vorhandenen Sole hoffte die Stadt Werne Ende des 19. Jahrhunderts Bad zu werden und mochte deshalb auf ihrem Gebiet keine Bergarbeitersiedlung dulden. Die Eigentümer der Zeche Werne wichen 1899 ins benachbarte Rünthe aus, als sie für ihre Arbeiter Werkswohnungen bauten. Streng aneinandergereiht mit gleichförmiger Fassadengliederung bekamen die Häuser im Volksmund schnell den Namen D-Zug. Die Wohnungen, vier je Haus, hatten getrennte Eingänge und umfaßten jeweils Erd- und Dachgeschoß. Diese Aufteilung sollte den Schichtarbeitern auch am Tag einen ruhigen Schlafplatz abseits vom Familienleben gewähren.

Werne, Zeche Werne: Von dem erhaltenen Verwaltungsgebäude wird die Fassade als erhaltenswürdig im Sinne des Denkmalschutzgesetzes angesehen.

Zwei weitere Zechenkolonien wurden in Rünthe gebaut. In der Siedlung Rünthe-Süd (1910-12) wohnten Bergarbeiter, die nach einem großen Streik 1909 aus dem Mansfelder Kupferschieferbergbau entlassen worden waren. Auf der Suche nach neuer Arbeit kamen sie an die Lippe zum Steinkohlenbergbau. ⚒

WETTER EN

Wetter-Albringhausen: WO 85 — 299
Zeche Neuwülfingsburg

Diese Kleinzeche, die auch Albringhausen genannt wurde, ist 1934 aus dem Bergwerk Neu-Wülfingsburg entstanden, das schon im 19. Jahrhundert in Betrieb gewesen ist. Gefördert wurde seit 1940 aus einem tonnlägigen Schacht (83 m Teufe). 1940 belief sich die Förderung auf rund 11 000 Tonnen (38 Beschäftigte), 1945 auf rund 15 000 Tonnen (100 Beschäftigte). 1952 ist ein seigerer Schacht in Betrieb genommen worden; Teufe 60 m. Förderung 1958: 68 000 Tonnen Magerkohle. 1960 betrug die Förderung rund 71 000 Tonnen (216 Beschäftigte). Die höchste Förderung wurde 1964 mit über 77 000 Tonnen erbracht. Förderung 1966: 46 000 Tonnen. † 1967.

Wetter-Volmarstein: Zeche Ver. Wülfingsburg

Die Verleihung des Grubenfeldes erfolgte 1761, und ab Ende des 18. Jahrhunderts ist das Bergwerk in Betrieb gewesen. Um 1820 erhielt der Schacht *Silvia* eine Dampffördermaschine; es war dies die erste, die der bekannte Pionier der Ruhrwirtschaft, Förderer des Eisenbahn- und Kanalbauwesens, Friedrich Harkort (1793-1887), gebaut und geliefert hat. 1830 betrug die Kohlenförderung ca. 3 600 Tonnen. 1837 ist das Feld *Glücksberg* verliehen worden, und es erfolgte die Konsolidation der Berechtsamen zu Ver. Wülfingsburg, Hauptförderschacht war Silvia; außerdem sind die Schächte *Adolphine* und *Maria* in Betrieb gewesen. Die höchste Kohlenförderung wurde vermutlich 1845 mit knapp 6 300 Tonnen erbracht (etwa 50 Beschäftigte). 1853/54 kam die Konsolidation zu Ver. Trappe. S. Zechen Ver. Trappe und Blumenthaler Erbstollen.

Wetter-Albringhausen: Zeche Neuwülfingsburg. Aufnahme vor 1959.

Wetter-Wengern: Blumenthaler Erbstollen

Die Verleihung erfolgte 1832, und 1841 wurde der Stollen angesetzt, der eine Endlänge von 3 km erreicht hat (bis Dachs & Grevelsloch). 1842 wurden die Flöze *Adler, Hinnebecke* sowie *Trappe* im Feld *Glücksberg* (Ver. Wülfingsburg) gelöst. 1964 war das Stollenmundloch noch offen. S. Zechen Dachs & Grevelsloch und Ver. Wülfingsburg.

Wetter-Wengern: Zeche Markana

In der Berechtsame dieser Zeche ist bereits im frühen 19. Jahrhundert Bergbau betrieben worden, jedoch mit oft jahrzehntelangen Unterbrechungen. 1907 erfolgte die Konsolidation der Grubenfelder Malakoff, das aber seit 1871 stillag, Wengern sowie Sebastopol (diese beiden lagen ab 1905 still). 1908 wurde ein Stollen vom Ruhrtal her angesetzt, der 1909 fast 870 m Länge erreichte; mit 29 Beschäftigten wurden fünfzehn Tonnen Kohle gefördert. 1911 betrug die Stollenlänge 1910 m, und 1912 sind mit 116 Beschäftigten rund 25 000 Tonnen Kohle gefördert worden. † 1913 (Wassereinbrüche, ungünstige Flözverhältnisse und schwer verkäufliche Kohle). Die Felder Malakoff und Sebastopol kamen 1958 an Neu Mecklingsbank. S. Zeche Neu Mecklingsbank WO 59.

Wetter-Wengern/Oberwengern: Dreckbänker Erbstollen

Dieses war der wichtigste Erbstollen, der im Revier angelegt worden ist. Das Stollenmundloch lag in Oberwengern an der Ruhr. Die Auffahrung erfolgte zunächst als Trapper bzw. Schlebuscher Erbstollen, und das Bergwerk wurde auch Trapper Tiefer Erbstolln genannt. Es bestanden zahlreiche Flügelörter zur Lösung der einzelnen Gerechtsamen. Die Länge des Erbstollens betrug 1840 bis Sprockhövel-Herzkamp rund 4350 m. 1859 hatte der Stollen eine Länge von 9625 m und 1861 sogar 10665 m. 1865 wurden die Bergwerke St. Peter, Ver. Trappe, Dachs & Grevelsloch, Ver. Nachtigall, Neuglück, Ver. Stock & Scherenberg, Ver. Glückauf, Sieper & Mühler Gruben sowie weitere durch diesen Erbstollen gelöst, dessen Gesamtlänge ab Stollenmundloch damals über 12 360 m betrug. Bis 1882 wurden in dem Stollen gelegentlich auch Kohle und Erz abgebaut (danach nur noch Wasserabführung). Ab 1902 erfolgte die Gesamtlösung der neu konsolidierten Zeche Deutschland; sämtliche Kuxe des Erbstollens waren zu dieser Zeit im Besitz von Deutschland. Die Gesamtlänge (Endlänge) des Stollens hatte 15 km erreicht. Nach dem Ersten Weltkrieg war als letzte Zeche Kleine Windmühle zur Lösung angeschlossen, die 1930 stillgelegt wurde. Nach 1945 lebte der Kohlenabbau durch Kleinzechen wieder auf, deren Grubenwässer durch diesen Erbstollen abgeführt worden sind (z. B. Neuwülfingsburg, Ulrich und andere). Die Verleihung des Erbstollenrechts war 1739 erfolgt, die endgültige Stillegung kam 1967, sodaß der Stollen – mit Unterbrechungen – nahezu 230 Jahre in Betrieb gewesen ist.

Wetter-Wengern/Schlebusch: Schlebuscher Erbstollen

Dieser Erbstollen wurde ursprünglich Trapper Erbstollen genannt. Die erstmalige Benennung des Stollens als Schlebuscher Erbstollen stammt von 1870. Sechs Jahre später lautet die Bezeichnung Tiefer Schlebuscher Stolln; seine Länge betrug 1786 mehr als 1 km. 1788 wurde das Trapper Erbstollenrecht verliehen. In einem Bericht des Märkischen Bergamtes von 1827 wird „der wichtigste Schlebuscher Erbstollen" ausdrücklich hervorgehoben. Später gab es wiederholt Unterbrechungen in der Weiterauffahrung des Stollens, aus dem im 19. Jahrhundert auch Kohle gefördert wurde (1882 mit 40 Beschäftigten nahezu 8 000 Tonnen). 1887 erfolgte die Konsolidation der Berechtsame mit Ver. Trappe. S. Dreckbänker Erbstollen, Trapper Erbstollen und Zeche Ver. Trappe.

WITTEN EN

Franziska Erbstollen

Das Erbstollenrecht ist 1772 erstmals verliehen worden und wurde 1783 sowie vierzig Jahre später (1823) neu erteilt. Das Stollenmundloch lag südwestlich der Altstadt nahe der Ruhr. 1827 war der Stollen (ab Mundloch) 1 100 m lang. In dem Erbstollen wurde auch Kohle gefördert. 1842 betrug die Gesamtlänge über 3 000 m; 1846 ist der Erbstollen durch Franziska Tiefbau erworben worden. † 1925. S. Zechen Ver. Franziska Tiefbau und Ver. Hamburg & Franziska.

Zeche Ver. Franziska Tiefbau

Der Wittener Bergbau reicht sicher bis ins ausgehende Mittelalter zurück. Schon im 16. Jahrhundert wurde wiederholt Klage darüber geführt, dass durch „wildes Kohlengraben" Verwüstungen angerichtet worden seien. Nach Erlaß der Kleve-Märkischen Bergordnung (1542), die neben den technischen Vorschriften vor allem die Besitzverhältnise und die an den Staat zu leistenden Abgaben regelte, kam auch in Witten Ordnung in die Kohlengewinnung. Der Abbau war zunächst ganz Sache der adeligen Herrschaft. Ständig fördernde Bergwerke gab es selbst im 17. Jahrhundert noch nicht. „Gekohlt" wurde im grundherrlichen Stollenbetrieb am Abhang des Helenenberges nur nach Bedarf.

Unvollständige Aufzeichnungen aus den Jahren 1628/29 bezeugen, daß dort im Höchstfalle fünf bis sechs Wittener Bauern tagweise tätig waren. Eine Statistik aus dem Jahr 1745 nennt für das Gebiet Witten nur zwei Zechen mit einer Belegschaft von zusammen neun Mann. Die verbesserte Preussische Bergordnung von 1737 wirkte sich erst aus, seit in der zweiten Hälfte des Jahrhunderts mit staatlicher Hilfe Verkehrswege geschaffen wurden. Entscheidend für Witten wurden die 1772 vorgenommenen Verleihungen der Gewerkschaften Franziska und Franziska Erbstollen.

Ab 1839 wurden alle am Helenenberg beliehenen Kleinzechen zur Großzeche Vereinigte Franziska Tiefbau zusammengeschlossen. Schon 1837 war mit dem Abteufen des Schachtes Hardt begonnen worden (benannt nach dem langjährigen Bergmeister). 1840 konnte die erste Sohle aufgefahren werden. Die neue Zeche erfüllte alle in sie gesetzten Erwartungen, die Förderleistung stieg rasch an, und dank der günstigen Abbau- und Absatzbedingungen war das Bergwerk lange die rentabelste Kohlenzeche in ganz Preußen. Schon nach vier Betriebsjahren waren die Kosten für das Abteufen des Schachtes und die maschinellen Eirnichtungen aus Überschüssen zurückgezahlt. 1849 wurde ein Bahnanschluß angelegt. 1852 ist ein zweiter Schacht abgeteuft worden (Eleonore). Nach dessen Fertigstellung diente der Schacht 1 nur noch als Wetterschacht. 1866 betrug die Förderung 80 000 Tonnen, 1871 bereits 164 000 Tonnen. Die Belegschaft, die sich zu Ende der fünfziger Jahre auf 200 Mann belief, wuchs in den achtziger Jahren auf durchschnittlich 550 bis 600 Mann. Die höchste Förderung ist 1890 mit fast 231 000 Tonnen Kohle erbracht worden (775 Beschäftigte). 1895 erfolgte der Zusammenschluß mit der Zeche Hamburg. S. Zeche Ver. Hamburg & Franziska.

Zeche Ver. Hamburg & Franziska

Die beiden bis dahin selbständigen Anlagen Ver. Hamburg (Annen) und Ver. Franziska sind 1895 miteinander konsolidiert worden. In diesem Jahr betrug die Kohlenförderung über 545 000 Tonnen (2 350 Beschäftigte), und die Gerechtsame des Bergwerks umfaßte 18,8 km². 1896 wurde Schacht Wilhelm (Hamburg) tiefergeteuft, und 1898 erfolgte auch die Konsolidation mit der Zeche Ringeltaube; der Betrieb wurde eingestellt und die Anlage als Wetterschacht für die Zeche Hamburg eingerichtet. Schon 1894 hatte die Zeche Franziska die Zeche Vereinigte Wallfisch angegliedert, in deren Grubenfeld 1902 der erste Spatenstich zu einem neuen Schacht erfolgte (Franziska-Düren); dieser Schacht war vorübergehend Förderschacht, in der Hauptsache aber Wetterschacht von Franziska.

1904 förderten die Zeche Hamburg 362 000 Tonnen (Belegschaft 1 520 Mann) und die Zeche Franziska mit einer Belegschaft von 1 236 Mann 317 000 Tonnen Kohle. 1908 waren neun Schächte in Betrieb, und 1910 belief sich die Förderung auf 631 000 Tonnen (2 630 Beschäftigte). Förderung 1913: 670 000 Tonnen (2 545 Beschäftigte). 1918 wurde das Grubenfeld von Ver. Helene-Nachtigall angepachtet; die Berechtsame stieg damit auf 20, 2 km². 1919 erfolgte im Feld Nachtigall das Teufen von drei tonnlägigen Schächten, und 1920 waren auf Hamburg und Franziska je vier Schächte in Betrieb. Förderung 1922: 475 000 Tonnen (3 140 Beschäftigte). Während des Ruhrkampfes (1923) hat das Bergwerk nur für den Eigenbedarf gefördert; die Produktion belief sich in diesem Jahr auf ca. 210 000 Tonnen Kohle (3 220 Beschäftigte). † 1925 wurde die Zeche stillgelegt; in den folgenden Jahren sind die Anlagen abgebrochen worden. Die Schächte Hamburg 1 und 2 wurden 1937 verfüllt.

Portbänker Erbstollen

Die Verleihung erfolgte 1752; der Beginn der Erstollenauffahrung ist unbekannt. Das Erbstollenrecht ist erst 1826 verliehen worden (zusammen mit dem Längenfeld Portbank). 1828 bestanden die Schächte Portbank und Carl, und bis Ende der 1850er Jahre ist Kohle gefördert worden (Zeche Portbank). In den 1860er Jahren erfolgte die Konsolidation zu Ver. Borbecker Tiefbau. S. Zeche Ver. Franziska Tiefbau.

Zeche Wittener Steinkohlenbergwerk

Die Zeche ist 1909 durch Anpachtung und Umbenennung der Zeche Bergmann entstanden; sie verfügte über drei Schächte, den tonnlägigen Förderschacht Donatus und zwei Wetterschächte. Die Förderung betrug 1909 (160 Beschäftigte) rund 20 000 Tonnen Kohle. 1910 waren vier Schächte vorhanden und die Förderung belief sich auf rund 41 000 Tonnen (296 Beschäftigte). † 1918. S. Zeche Bergmann.

Witten-Annen: Zeche Borbachtal

Diese Kleinzeche der Firma Heinrich Buddenhorn-Sohn (gegründet 1899) hat 1945 den Betrieb aufgenommen. 1950 belief sich die Förderung auf rund 6 000 Tonnen Mager- und Eßkohle. Es bestanden insgesamt drei Betriebe (in Annen, Düren und Stockum). Mit einer Belegschaft von 134 Mann förderten diese drei Betriebe 1956 zusammen rund 39 000 Tonnen Magerkohle. Die Stollenanlage Witten-Stockum ist bereits 1956 stillgelegt worden. Der Betrieb Ringeltaube II (Düren) förderte bis in die siebziger Jahre. S. Zeche Ringeltaube.

Witten-Annen: Zeche Ver. Hamburg

Das Abteufen des Schachtes Adolf begann 1851. 1857 belief sich die Kohlenförderung bereits auf rund 36 000 Tonnen (300 Beschäftigte), 1860 war eine Förderleistung von fast 73 000 Tonnen erreicht. Das Abteufen des Schachtes 2 (Wilhelm) begann 1872; er nahm 1875 die Förderung auf. 1880 begann das Teufen des Schachtes Christiana (Bewetterung). In diesem Jahr betrug die Förderung der Zeche (786 Beschäftigte) rund 224 000 Tonnen. 1885 ist ein Gemeinschaftsvertrag mit der Zeche Ver. Franziska Tiefbau abgeschlossen worden;

der Durchschlag mit Franziska wurde 1888 hergestellt. 1895 erfolgte dann der Zusammenschluß mit der Zeche Franziska. S. Zechen Ver. Franziska Tiefbau und Ver. Hamburg & Franziska.

Witten-Annen:
Zeche Johannis Erbstollen
Um 1850 entstand dicht an der Grenze nach Rüdinghausen der Johannis Erbstollen mit einem tonnlägigen Schacht. Die Kohle wurde von dort aus mit einer Schleppbahn zur Verladestelle an der neuen Eisenbahnlinie gebracht. † 1882 ist der Erbstollen stillgelegt worden (ein Stollenflügel dieser Zeche diente den Bewohnern der Gegend im Zweiten Weltkrieg als Luftschutzraum).

Witten-Annen:
Zeche Ringeltaube
Die Vermessung des Grubenfeldes ist schon 1768 erfolgt, und um 1819 ist der Betrieb der Zeche verbürgt. 1826 wurde die Verleihung eines Längenfeldes beurkundet. Mit dem Abteufen des seigeren Schachtes Meyer ist 1850 begonnen worden. Die Zeche hatte einen besonderen Bahnanschluß. 1867 belief sich die Kohlenförderung auf fast 21000 Tonnen, 1870 auf über 50000 Tonnen (248 Beschäftigte). Die höchste Förderung ist 1885 mit knapp 141000 Tonnen erbracht worden (470 Beschäftigte). 1895 erfolgte die Konsolidatation mit der Zeche Ver. Hamburg. 1898 wurde Ringeltaube mit der südlich angrenzenden Zeche Ver. Hamburg & Franziska konsolidiert. Der Betrieb ist eingestellt worden. Der Schacht Ringeltaube war fortan Wetterschachtanlage für die Zeche Hamburg. S. Zeche Ver. Hamburg & Franziska. – Nach dem Zweiten Weltkrieg ist in den 1950er Jahren die Kleinzeche Ringeltaube II eingerichtet worden, die 1964 mit 40 Beschäftigten rund 13000 Tonnen Magerkohle und 1965 (53 Beschäftigte) 17000 Tonnen Kohle gefördert hat. 1970 wurden über 21000 Tonnen Kohle gefördert und 1971 rund 20000 Tonnen. † 1972.

Witten-Annen:
Zeche Ver. Wiendahlsbank
Im Feld der Gewerkschaft Wiendahlsbank bestand seit dem 18. Jahrhundert Stollenbau. Das Stollenmundloch lag im Tal der Brunebecke (= brauner Bach) westlich von Dortmund-Kruckel. In den 1850er Jahren sind die Schächte Friedrich (Förderschacht) und Wilhelm (Wasserhaltung) abgeteuft worden. 1853 wurde die Förderung aufgenommen. In den neunziger Jahren ist die bis dahin sehr primitive Schachtanlage großzügig ausgebaut worden; Wäsche mit Sieberei, Kokerei und Brikettfabrik wurden errichtet. 1908 übernahm die Deutsch-Luxemburgische Bergwerks- und Hütten-AG bei der Angliederung der Aktiengesellschaft Dortmunder Steinkohlenbergwerk Louise Tiefbau auch die Zeche Wiendahlsbank. Der Schacht Schulte (Louise Tiefbau) wurde verfüllt. Förderung 1913: 336000 Tonnen (1210 Beschäftigte). In den letzten Jahren ihres Bestehens förderte die Grube durchschnittlich 300000 Tonnen Fett- und Eßkohle. † 1924. Die Schächte wurden verfüllt und die Tagesanlagen abgebrochen. S. Zeche Louise Tiefbau.
⚒ *Eingang und Markenkontrolle dieser Zeche in Dortmund-Kruckel (Kruckeler Straße 256) stehen unter Denkmalchutz.* ⚒

Witten-Annen/Borbachtal:
Zeche Wunderbar
Die Mutung für diese Zeche wurde im September 1782 eingelegt, und 1783 erfolgte die Auffahrung eines Stollens, der 1784 eine Länge von etwa 70 m erreichte. Um 1790 ist der Betrieb stillgelegt worden (vermutlich wegen ungünstiger Aufschlüsse). Im 20. Jahrhundert (1933) ist die Zeche noch einmal in Betrieb gekommen. Es wurde ein Stollen aufgefahren, und 1934 ist mit über 14000 Tonnen die höchste Förderung erbracht worden (58 Beschäftigte). † 1935.

Witten-Bommern:
Zeche Alte Bommerbank
Das Bergwerk war bereits weit vor 1743 in Betrieb. Es hieß ursprünglich Bommerbank oder Altebommerbank, ab 1811 auch Alte Bommerbank & Helena Gertrud. Um 1805 waren die Kohlenvorräte über der Stollensohle abgebaut, und der Betrieb lag bis 1811 meist still. Von diesem Jahre ab erfolgte die Förderung gemeinsam mit der Zeche Helene Gertrud in Göpelschächten (Henriette, Friedrich, Engelberth und andere). 1813: Vereinigung mit Helene Gertrud, jedoch bei getrennter Betriebsabrechnung. Um 1819 war der Göpelschacht Minna in Förderung, der mit dem 1811 erwähnten Schacht Minna von Helene Gertrud identisch ist. Der Schacht Carl kam 1821 in Förderung. 1830 belief sich die Kohlenförderung auf rund 4350 Tonnen (aus den Schächten Gotthilf, Minna und Hoffnung). Der Schacht Henriette ist 1837 verfüllt worden. 1862 erfolgte die Konsolidation zu Ver. Bommerbänker Tiefbau. † 1867. S. Zechen Helene Gertrud, Helene Tiefbau, Ver. Helene-Nachtigall und Ver. Bommerbänker Tiefbau.

Witten-Bommern:
Alter Bommerbänker Erbstollen
Die Verleihung der Erbstollengerechtigkeit erfolgte 1790. In diesem Stollen ist auch Kohle gefördert worden. Die höchste Föderung wurde 1840 mit ca. 1400 Tonnen erbracht. Nach 1843 ist keine Förderung mehr erfolgt. 1850 wurde der Stollen zu Alte Bommerbank & Erbstollen konsolidiert. S. Zeche Alte Bommerbank.

Witten-Bommern:
Bommerbänker Erbstollen
Auch hier erfolgte die Verleihung der Erbstollengerechtigkeit 1790; die Genehmigung zum Auffahren des Stollens wurde 1798 erteilt. In diesem Stollen ist ab 1799 auch Kohle gefördert worden. 1831 wird das Bergwerk als bedetuender Erbstollen erwähnt; er war 1840 ca. 480 m lang und wurde 1862 zu Ver. Bommerbänker Tiefbau konsolidiert. 1870 ging er wegen unzureichender Instandsetzung teilweise zu Bruch. S. Zeche Ver. Bommerbänker Tiefbau.

Witten-Bommern:
Zeche Ver. Bommerbänker Tiefbau
In der Bommerbänker Mulde begann der Bergbau ursprünglich nahe der Ruhr unter den mehr oder weniger steilen Abhängen der Terrassenflächen zum heutigen Ruhrtal. Er wanderte dann in den Bereich des Dorfkerns weiter und zog sich entlang des Nordhanges der Bommeregge und des Südhanges des Dicken Berges, schließlich nach und nach bis ins obere Muttental. Es haben hier zahlreiche Kleinstzechen bis über die Mitte des 19. Jahrhunderts hinaus Kohle gefördert.

1862 kam es zum Zusammenschluß der allmählich unwirtschaftlich werdenden Kleinbetriebe. 1873 ist mit dem Abteufen des ersten Tiefbauschachtes begonnen worden; er konnte 1876 in Betrieb genommen werden. Die Belegschaft dieser größten Zeche im Gebiet von Bommern stieg von 385 (1884) bis 1896 auf über 600 Mann. Die Fördersohlen der Zeche erstreckten sich von der Ruhr bis weit ins Bommerholz. Nach und nach wurden zahlreiche Wetterschächte angelegt und zum Teil mit Lüftern ausgestattet. In den Wetterschacht Rosa im Bommerholz ist um 1900 eine Fördermaschine eingebaut worden. 1889 ist die Zeche Gideon übernommen worden. Kohlenförderung 1895: ca. 145000 Tonnen (600 Beschäftigte). Durch den schnellen Abbau der erreichbaren Flöze wurde die Anlage nach 1900 allmählich unrentabel. Ihre höchste Förderung hat die Zeche 1882 mit über 180000 Tonnen erbracht (430 Beschäftigte). 1906 setzte ein Bruch der Hauptsteigeleitung in der Wasserhaltung das Bergwerk unter Wasser und erzwang die Stillegung. Die Tagesanlagen (darunter neben der Wäsche eine Brikettfabrik) wurden 1910 gesprengt; Maschinenhaus und Verwaltungsgebäude sind im Laufe der Zeit zu Wohnhäusern umgestaltet worden. Die umfangreichen Bergehalden um die Schachtanlage wurden eingeebnet und bebaut. S. Zechen Vereinigte Gideon und Mont-Cenis WO 96.

Witten-Bommern:
Das Bethaus 66
Zur Kontrolle der Arbeitsaufnahme der Bergleute forderte die preußische Bergverwaltung zu Beginn des 19. Jahrhunderts die Einrichtung zentraler Versammlungsstätten. Die Bergleute hatten sich hier vor Schichtbeginn zu einer kurzen Andacht einzufinden, und die dabei durchgeführten Kontrollen dienten auch der Sicherheit der ein- und ausfahrenden Belegschaft.

Das erhalten gebliebenen Bethaus im Muttental war offensichtlich das einzige Zechengebäude, das für die geschilderte Doppelfunktion an der Ruhr errichtet worden ist. Es wurde vermutlich 1823 oder 1825 gebaut. Das eingeschossige Bruchsteingebäude ist ein bedeutendes wirtschafts- und sozialgeschichtliches Dokument. 1850 wurde das Bethaus zu Wohnzwecken umgebaut. Heute ist es als Museum die zentrale Informationsstätte über den frühen Bergbau an der Ruhr.
⚒ *Muttentalstraße 35: Das Haus trägt ein Glockentürmchen mit geschweiftem Dach (Spitze mit Posaunenengel), hat sandsteingerahmte Fenster und Türen und hammerrechte Steine an den Gebäudeecken. Der Haupteingang befindet sich an der Giebelseite (mit klassizistischer Haustür); Nebeneingänge gibt es im Souterrain und im rückwärtigen Anbau. Die Traufseite hat zwei Fensterachsen (Giebelseite je eine Zentralachse); das Dach des Hauptgebäudeteils ist abgewalmt. Die Innenräume haben Balkendecken, deren Hauptbalken durch Holzsäulen gestützt sind. Im Souterrain, das früher als Aufbewahrungsort für das Gezähe und sonstiges Arbeitsgerät diente, markiert eine rundbogige Mauerung in der Rückwand den Zugang zu einem Stollen.* ⚒

**Witten-Bommern:
Zeche Ver. Eleonore & Nachtigall**
Die Zeche Eleonore (1716 verliehen) war mit Unterbrechungen bis 1819 in Betrieb. Später bestand (seit 1824) eine Betriebsgemeinschaft mit Nachtigall, und 1829 baute Eleonore gemeinsam mit vier anderen Gewerkschaften die Muttentalbahn. 1832 erfolgte die Vereinigung mit Nachtigall (jedoch weiter getrennter Abbau, Wasserhaltung und Förderung im Schacht Neptun gemeinsam). 1833 wurde Schacht Neptun auf rund 60 m tiefer geteuft, und 1835 erreichte die Kohlenförderung rund 5 000 Tonnen. 1837 erfolge die Konsolidation zu Nachtigall. S. Zechen Ver. Nachtigall Tiefbau.

**Witten-Bommern:
Zeche Helene Gertrud**
Die Verleihung erfolgte 1790, und 1800 ist die Förderung im Göpelschacht Fortuna aufgenommen worden. Ab 1811 gab es eine gemeinsme Kohlenförderung mit der Zeche Alte Bommerbank in Göpelschächten; Helene Gertrud unterhielt außer Fortuna die Göpelschächte: Wilhelm, Minna, Juliana, Erika, Helena, Amalia, Doris und Helene. 1813 erfolgte die Vereinigung mit der Zeche Alte Bommerbank (getrennte Betriebsabrechnung), und 1828 wurde der Schacht Engelberth in Betrieb genommen (identisch mit dem bereits 1811 erwähnten Schacht Engelberth der Zeche Alte Bommerbank). 1837: Verfüllung des Schachtes Amalia (Amalie). Ab 1847 ruhte der Betrieb in den folgenden Jahrzehnten. 1892 erfolgte die Übernahme der Berechtsame durch die Zeche Ver. Bommerbänker Tiefbau. Erst 1924 kam die Kleinzeche wieder in Betrieb. Aus einem tonnlägigen Schacht wurden in diesem Jahr mit drei Beschäftigten insgesamt 460 Tonnen Kohle gefördert. † 1925. S. Zechen Alte Bommerbank, Ver. Bommerbänker Tiefbau, Helene Tiefbau, Ver. Helene-Nachtigall.

**Witten-Bommern:
Zeche Ver. Helene-Nachtigall**
Das Bergwerk war 1883 aus der Konsolidation der Zechen Helene Tiefbau und Ver. Nachtigall Tiefbau hervorgegangen. Die Entwicklung der Schachtanlage scheint in den ersten Jahren recht zufriedenstellend gewesen zu sein, allerdings wurde immer wieder über den verhältnismäßig hohen Wassereinfall geklagt. 1885 belief sich die Förderung auf ca. 162 000 Tonnen (760 Beschäftigte). 1887 geriet das Unternehmen bereits in Konkurs und wurde 1888 an die Gewerkschaft General verkauft.

In diesem Jahr ist auf Nachtigall der Kohlenabbau unter der Ruhr wegen der hohen Wasserzuflüsse eingestellt worden; 1889 wurde der Schacht Helene Hauptförderschacht. Auch ist beschlossen worden, eine Kokerei zu errichten, die zunächst aus sechzig Öfen bestand; später wurde sie noch erweitert. Vor 1890 wurde das Grubenfeld Billigkeit übernommen (die Zeche blieb weiterhin selbständig). Ein Grubenbrand auf Helene (1890) führte zu einer zeitweisen Betriebseinstellung der Grube. Die höchste Förderung ist 1890 mit über 213 000 Tonnen erbracht worden (880 Beschäftigte). Der Kohlen- und Koksabsatz des Bergwerks stockte oft, weil auch die Koksqualität zu wünschen übrigließ. Immer häufiger traten Gestängebrüche der Wasserhaltungsmaschine auf, sodaß die Förderung der Zeche mehr und mehr zurückging. Am 1. Juli 1892 ist der Betrieb stillgelegt worden. Zur Zeit der Fördereinstellung betrug die Belegschaft 282 Mann. Gefördert wurden im ersten Halbjahr 1892 rund 52 000 Tonnen Kohle. Die Schachtöffnung wurde gesichert, das eiserne Fördergerüst demontiert. Mit der Zeit verfielen die übrigen Übertageanlagen, und das Zechengelände ist eingeebnet worden. 1918 fiel die Berechtsame an Ver. Hamburg & Franziska; 1933 ist eine Teilberechtsame von Klosterbusch übernommen worden. S. Zechen Helene Tiefbau, Ver. Nachtigall Tiefbau, Ver. Hamburg & Franziska; Billigkeit, Klosterbusch WO 75 und Ver. General & Erbstollen.

**Witten-Bommern:
Zeche Ver. Hermann**
Die Zeche ging in ihren Anfängen bis in den Beginn des 19. Jahrhunderts zurück. Schon 1831 war ein Schacht in Betrieb. Die Verleihung des Grubenfeldes erfolgte 1836, und nach jahrzehntelangen Unterbrechungen und dem Teufen des Schachtes Margarethe (1883) – dieser Schacht ist später auch Alter Schacht genannt worden – wurden 1885 rund 800 Tonnen Kohle gefördert. 1889 begann das Teufen eines zweiten Schachtes (Anna, auch Neuer Schacht genannt); die Kohlenförderung belief sich in diesem Jahr auf etwas über 2 000 Tonnen (neun Beschäftigte). 1890/91 kam es zur Konsolidation mit anderen Berechtsamen. 1895 ist Schacht Margarethe stillgelegt worden. Die Kohlenförderung lag in diesem Jahr bei rund 1 400 Tonnen. Im folgenden Jahr stellte auch Schacht Anna die Förderung ein; die Zeche wurde zunächst im Stollenbau weiter betrieben. 1899 begann das Teufen eines seigeren Förderschachtes (in der Nähe des Bahnhofs Bommern); 1900 hat das Bergwerk rund 2 000 Tonnen Kohle gefördert. 1901 ereignete sich ein Wassereinbruch, und die Grube soff ab. Die Wiederaufnahme des Betriebes erfolgte 1904, und 1905 sind nach Abwerfen des Schachtes Anna rund 1 600 Tonnen Kohle gefördert worden (nur Stollenbau). 1906 kam es zur Konsolidation mit Maximus, und 1907 war ein Förderschacht in Betrieb (zwei Wetterschächte). 1910 ist die höchste Förderung mit rund 20 000 Tonnen erreicht worden. Infolge Zahlungsschwierigkeiten kam es 1914 zur Stillegung des Bergwerks; 1918 ist eine Betriebsgemeinschaft mit Gut Glück & Wrangel gebildet worden. Die Wiederaufnahme des Betriebes erfolgte 1919. 1926 belief sich die Kohlenförderung auf rund 7 000 Tonnen (25 Beschäftigte), 1927 auf rund 10 000 Tonnen (42 Beschäftigte). † 1928. Die meisten Tagesanlagen sind abgebrochen worden. S. Zechen Gut Glück & Wrangel sowie Maximus.
⚒ *Muttentalstraße 36/38: Betriebsgebäude (1906), eingeschossig, Fachwerk einfachster Bauart, flache Pfettensatteldächer; mehrere kleine Anbauten mit Satteldächern; Die Zechengebäude dokumentieren den Bergbauterieb in Kleinzechen und sind insbesondere aus sozial- und technikgeschichtlichen Gründen bedeutend.* ⚒

**Witten-Bommern:
Zeche Ver. Louisenglück**
Die ersten in Bommern konzessionierten Bergbaubetriebe lagen in der Louisenglücker Mulde. Ihnen folgten im Laufe der Zeit zahlreiche weiteren Stollenbauten, die alle die gleichen Flöze dieser Mulde abbauten. Ein Teil von ihnen wurde nach und nach mit tonnlägigen Schächten und Göpelbetrieb eingerichtet. Die Probleme der Wasserhaltung und das drohende Versiegen der jeweils erreichbaren Kohlenvorräte erzwang den Zusammenschluß der Kleinbetriebe zur Tiefbauzeche Louisenglück (1823). 1828 belief sich die Förderung auf rund 6 500 Tonnen. In den folgenden Jahren schwankte die Höhe der Produktion erheblich. 1840 wurde der erste Tiefbauschacht (Elisabeth) abgeteuft, der neben dem weiterbetriebenen tonnlägigen Schacht Jupiter der Hauptförderungsschacht der Zeche geblieben ist. Der Schacht Constanz diente der Bewetterung. Die Anlage hatte

von Anfang an große Schwierigkeiten mit der Wasserhaltung. Bei gelegentlich eintretenden Unfällen an der Pumpanlage geriet die Zeche immer in Gefahr, schnell abzusaufen. 1845 hatte die Kohlenförderung über 10000 Tonnen erreicht und 1850 sogar rund 27000 Tonnen. Die Konsolidation von Louisenglück, Turteltaube usw. zu Ver. Louisenglück erfolgte 1853. 1855 belief sich die Kohlenförderung auf rund 35000 Tonnen (275 Belegschaftsmitglieder). Zu Anfang der der 1870er Jahre war das Absaufen verschiedener Grubenbaue durch Regen und Hochwasser der Ruhr zu beklagen. 1874 hatte die Förderung rund 44000 Tonnen erreicht (280 Beschäftigte). Die Belegschaft der Anlage betrug in den günstigsten Jahren (1870 bis 1879) zwischen 230 und 330 Mann. Die höchste Förderung ist 1879 mit fast 71000 Tonnen (217 Beschäftige) erbracht worden. Mit der Ausweitung der Untertageanlagen nahm auch der Wasserzustrom derartig zu, daß die Zeche trotz Steigerung der Kohleproduktion durch Inbetriebnahme der dritten Sohle immer schneller unrentabel wurde. † 1885 setzten Brüche in der Wasserhaltungsanlage die Zeche unter Wasser und zwangen zur Einstellung des Betriebes.

⚒ *Muttentalstraße: Schacht Constanz, um 1830 etwqa 22 m tief bis zum St. Johannes Erbstollen niedergebracht; 1836 wurden mit einem Handhaspel in sechs Monaten über zweitausend Tonnen Kohle zu Tage gebracht. Bergbauhistorischer Rundweg Muttental.* ⚒

Witten-Bommern: 52
Zeche Martha

Die Mutung zu diesem Bergwerk wurde 1782 durchgeführt; die Belehnung erfolgte 1794. Der tonnlägige Schacht Brassert ist 1832 aufgefahren worden; von da an datiert erst der eigentliche Kohlenabbau. Um diese Zeit wurde auch das Schacht- und Maschinengebäude der Zeche errichtet. 1855 betrug die Kohlenförderung knapp 20000 Tonnen (115 Beschäftigte). 1861 erfolgte die Vereinigung mit der Zeche Vereinigte Nachtigall. Schon 1884 wurden die Übertagegebäude der Zeche zu Wohnzwecken benutzt. S. Zeche Ver. Nachtigall Tiefbau.

⚒ *Auf der Martha 1: Schacht- und Maschinenhaus aus den 1830er Jahren über dem tonnlägigen Förder- und Fahrschacht; T-förmiger Grundriß; Ruhrsandstein mit Eckquaderung, eingeschossig, rundbogige Toröffnungen in den Stirnwänden, mit Ruhrsandstein vermauert, rundbogige Fenster, in den Giebeln zwei runde Luken. Die in ihren wesentlichen Teilen noch bestehenden Gebäude dokumentieren den Wandel des Ruhrbergbaus vom Stollenbau zum Tiefbau.* ⚒

Witten-Bommern:
Zeche Ver. Nachtigall & Aufgottgewagt

Die Zeche ist 1839 entstanden durch Konsolidation eines Feldesteils von Ver. Nachtigall, eines Teilfeldes Widerlage und der Zeche Aufgottgewagt. Das Bergwerk betrieb die Schächte Neptun und Hercules; dieser war 1840 etwa 28 m tief. 1843 ereignete sich ein Wassereinbruch, der die Stilllegung des gesamten Tiefbaubetriebes zur Folge hatte. Die Wiederinbetriebnahme erfolgte 1844; Schacht Hercules wurde bis 146 m tiefergeteuft. Gleichzeitig begann das Teufen des Schachtes Carharina. 1845 waren 100 bis 130 Bergleute auf der Zeche beschäftigt, und 1848 erhielt das Bergwerk Bahnanschluß. 1850 sind über 56000 Tonnen Kohle gefördert worden (217 Beschäftigte). 1853 wurde eine Brücke über die Ruhr gebaut für den Kohlentransport nach Witten zur Bergisch-Märkischen Eisenbahn; die Kohlenförderung belief sich in diesem Jahr auf rund 55000 Tonnen (266 Beschäftigte). 1854 erfolgte die Konsolidation zu Ver. Nachtigall Tiefbau. S. Zechen Widerlage und Ver. Nachtigall Tiefbau.

Witten-Bommern: 303
Zeche Ver. Nachtigall Tiefbau

Die Zeche Nachtigall wird schon 1645 erwähnt und ist mit Unterbrechungen bis in das 18. Jahrhundert hinein in Betrieb gewesen. Die Verleihung des Grubenfeldes erfolgte 1731. In der Nachtigallmulde förderten um die Wende zum 19. Jahrhundert im untersten Muttental eine ganze Anzahl kleiner Stollenbetriebe, deren abbauwürdiger Kohlenvorrat jedoch nach wenigen Jahrzehnten zu Ende ging. Das führte 1832 zum Zusammenschluß von neun Kleinbetrieben zur Gewerkschaft Vereinigte Nachtigall. Sie begann noch im gleichen Jahr mit dem Abteufen eines Tiefbauschachtes (Neptun) an der Mündung des Muttenbaches ins Ruhrtal. Die Maschinenanlage dieser ersten Tiefbauzeche in Bommern lieferte Friedrich Harkort (1793 - 1880), der seine mechanische Werkstatt in Wetter betrieb. 1833 konnte die Förderung aufgenommen werden, die aber trotz günstiger Entwicklung wegen Schwierigkeiten bei der Wasserhaltung nach wenigen Jahren zum Erliegen kam. Erst nach Abteufen eines neuen Schachtes (Hercules) arbeitete die Zeche ab 1844 wieder.

Einige Jahre später wurde noch ein dritter Schacht (Catharina) niedergebracht. Damit wurde das Bergwerk die erste Großzeche der Gemeinde Bommern. Ihre Blüte erreichte sie zwischen 1867 und 1875. Der Kohlenvorrat des Grubenfeldes war Anfang der 1880er Jahre schon fast er-

Witten-Bommern: Zeche Nachtigall. 1832 kam es zum Zusammenschluß von neun Zechen zur Gewerkschaft Vereinigte Nachtigall und damit zur ersten Tiefbauzeche im Ruhrtal. Die erhaltenen Zechengebäude sind typische Beispiele für die Betriebsbauten der Anfangsphase der Industrialisierung des Reviers (oben).
Unten: Der Zeche war später eine Ziegelei mit überdachter Ringofenanlage angeschlossen.

schöpft, als es zur Konsolidation mit der Zeche Helene kam. 1921 wurde der Abbau in dem Grubenfeld erneut aufgenommen; 1925 sind 665 Tonnen und 1926 über 1 300 Tonnen Magerkohle gefördert worden. † 1928. S. Zechen Martha, Widerlage, Helene Tiefbau, Helene-Nachtigall.

⚒ *Nachtigallstraße 35: Maschinenhaus aus Ruhrsandstein, Sockelsetzung, Dachstuhl als hängendes Binderfachwerk, Satteldach mit Pfannen; Industriegitterfenster mit geradem oder halbrundem Haupt in Großausführung: verschiedene seitliche, eingeschossige Anbauten mit Pultdächern, Sozialgebäude aus Ruhrsandstein, Sockelabsetzung, Satteldach als hängendes Pfettendach, Industriegitterfenster. Ehemaliger Schornstein, quadratische Basis aus Ziegel, Kamin in Rundausführung. Die Zechengebäude sind typische Beispiele für Betriebsbauten der ersten Phase der Industrialisierung des Reviers; der Pyramidenschornstein dokumentiert die früheste Form im Schornsteinbau; höchster viereckiger Schornstein des 19. Jahrhunderts in Westfalen. Unter architekturhistorischem Aspekt ist eine frühe Industrieanlage in weitgehend unverfälschtem Zustand dieser Art und Größenordnung sonst im Revier nicht nachzuweisen. Die erhaltenen Betriebsgebäude der Zeche und die überdachte Ringofenanlage einer später hier gebauten Ziegelei sind Standort des Westfälischen Industriemuseums. Ein Stollen mit aufgeschlossenem Kohlenflöz führt in den Berg, der an das Freigelände des Museums anschließt. Er kann mit Führung besichtigt werden.* ⚒

Witten-Bommern:
Zeche Theresia

Auf dieser Zeche (auch: Teresia, Theresia bei Steinhausen, Therese oder Theresa) war 1789 durch Gewerken von Eleonore und Nachtigall Mutung eingelegt worden. Für 1790 ist der Betrieb in dem Bergwerk verbürgt; 1799 ist von einer „Inaugenscheinnahme" die Rede. Die Verleihung eines kleinen Grubenfeldes (Flöz Geitling) erfolgte 1800. Damals bestand ein Stollen unter dem Schloß Steinhausen; eine Pferdebahn zur Ruhr war vorhanden. 1819 war ein tonnlägiger Förderschacht in Betrieb. Mit Eleonore und Nachtigall ist 1824 der Vertrag über eine Betriebsgemeinschaft abgeschlossen worden. Um 1827 war der Kohlenvorrat schon nahezu abgebaut, und für 1830 wird lediglich eine Förderung von ca. 540 Tonnen gemeldet.

1832 kam es zu einer teilweisen Vereinigung mit Ver. Elenonore & Nachtigall zwecks Tiefbaus unter der St. Johannes Erbstollensohle; es blieb jedoch beim eigenen Abbau und eigener Förderung (keine Konsolidation). Ein weiteres Abbaufeld wurde 1848 verliehen, und 1851 begann das Teufen eines tonnlägigen Schachtes. 1854 erfolgte die Konsolidation zu Ver. Nachtigall Tiefbau. S. Zechen Ver. Eleonore & Nachtigall und Ver. Nachtigall Tiefbau.

⚒ *Erhalten geblieben sind: Abbaustollen und tonnlägiger Schacht Theresia, Ausbau in Gewölbemauerung (Ruhrstandstein); tonnlägiger Schacht Catharina (nach Norden einfallend) sowie Tagesbauten.*

Nachtigallstraße 27: Zweigeschossiges Bruchsteingebäude mit Satteldach (S-Pfannen-Eindeckung); im Nordgiebel sind ehemalige große rundbogige Fensteröffnungen (Obergeschoß: einfacher Rundbogen, Erdgeschoß: gedoppelter Rundbogen) noch zu erkennen, die auf die Nutzung als Zechengebäude zurückführen sind; auf den Traufseiten je fünf Fensterachsen, nachträglich stilfremd eingebaute Fenster (Umbau als Wohnhaus).

Nachtigallstraße 29: Zweigeschossiges Sandsteingebäude aus hammerrecht behauenen Steinen; Satteldach (S-Pfannen-Eindeckung); im Giebeldreieck Kreisfenster; Traufseiten 4 Fensterachsen; Fenster aus der Erbauungszeit (sandsteingefaßt).

Nachtigallstraße 31: Eingeschossiges Fachwerkhaus mit klassizistischer Fensterordnung, Traufseite 4 Achsen, West- und Ostseite holzverkleidet, Fensterläden.

Nachtigallstraße 33: Zweigeschossiges Gebäude (Erdgeschoss Bruchstein; Obergeschoß Ziegel); Ostgiebel: Fachwerk, Westgiebel zeigt Ziegelrundbogenmauerungen ehemaliger Öffnungen aus der Zeit der Zechennutzung; Traufseite: 5 Fensterachsen, Giebel: 2 Seitenfenster und Haustür; Satteldach mit S-Pfannen-Eindeckung.

Die alte Zechenanlage der Nachtigallmulde unterhalb von Schloß Steinhausen (schon 1321 als Adelssitz erwähnt, geht in seiner heutigen Anlage auf das 15. Jahrhundert zurück) wird bereits 1728 in Gerichtsakten genannt.

Unter Einbeziehung der erhaltenen Gebäude wurde auf der ehemaligen Betriebsfläche ein Museum für Gruben- und Feldbahnen aufgebaut. Auf neu verlegten Gleisen finden Vorführfahrten statt. ⚒

Witten-Bommern:
Zeche Turteltaube

Die Verleihung des Grubenfeldes erfolgte 1731, und die Zeche war – mit längeren Unterbrechungen – zunächst bis zum Beginn des 19. Jahrhunderts in Betrieb, 1811 belief sich die Kohlenförderung auf ca. 600 Tonnen (5 Beschäftigte); dann kam es bis 1824 wieder zu Betriebspausen, und 1829 wurde mit vier anderen Gruben die Muttentalbahn gebaut. 1830 sind über 2 500 Tonnen Kohle gefördert worden. Förderung 1837: ca. 3 000 Tonnen. 1853 erfolgte die Konsolidation zu Ver. Louisenglück. S. Zeche Ver. Louisenglück.

Witten-Bommern:
Zeche Widerlage

Der Stollen Gewerkschaft Widerlage ist schon 1750 in Betrieb gekommen. Er stand später durch den Schacht Brassert mit der Zeche Martha in Verbindung. Ein Teil der Förderung von Martha wurde durch den Stollen Widerlage zur Ruhr transportiert. 1832 konsolidierte die Zeche mit anderen Kleinbetrieben der Umgebung zu Ver. Nachtigall. Die höchste Förderung (Stollen- und Tiefbau) ist vermutlich 1838 mit knapp 5 000 Tonnen (16 Beschäftigte) erbracht worden. S. Zeche Ver. Nachtigall Tiefbau.

⚒ *Hardensteiner Weg: Der Stollen gilt als frühes Beispiel für den Bergbau südlich der Ruhr. Bergbauhistorischer Rundweg Muttental.* ⚒

Witten-Borbachtal:
Zeche Stuchtey

Das Bergwerkseigentum ist 1738 verliehen worden, und 1744 erfolgte die Vermessung des Grubenfeldes. Um 1750 befanden sich die Kuxe teilweise in Staatsbesitz, und bis zu Beginn des 19. Jahrhunderts ist der Betrieb (mit Unterbrechungen) verbürgt. In den 1820er Jahren war die Zeche ein bedeutender Kokserzeuger (offene Meiler). Die Kohlenförderung belief sich 1832 auf rund 1 500 Tonnen, 1835 auf fast 3 000 Tonnen. Die höchste Förderung ist 1837 mit ca. 3 500 Tonnen erbracht worden. Auch in den 1830er Jahren war eine Kokserzeugung zu verzeichnen. Seit mindestens 1867 lag das Bergwerk still. 1872 erfolgte die Konsolidation mit und 1894 die völlige Übernahme durch Ver. Hamburg. S. Zeche Ver. Hamburg.

Witten-Gedern:
Zeche Bergmann

Die Mutung für diese Zeche wurde schon 1777 eingelegt, und bereits vor 1800 ist ein Stollen im Flöz Bergmann aufgefahren worden. Der Betrieb lag dann einige Jahre still, erst 1819 begann die Fortsetzung des Stollenvortriebes. 1820 wurde ein neuer Stollen angesetzt. Aber erst in den 1840er Jahren kam es zu einer geringen Förderung, die 1847 bei etwas über 110 Tonnen lag (5 Beschäftigte). 1855 ist ein Schienenweg für Förderwagen im Stollen gebaut worden, und 1873 hatte die Förderung (7 Beschäftigte) 150 Tonnen erreicht.

1875 waren die Kohlenvorräte über der Stollensohle abgebaut; der Betrieb lag bis 1889 still. 1890 erfolgte der Übergang zum Tiefbau und das Teufen des tonnlägigen Schachtes Donatus. Die Förderung betrug 1892 rund 2 000 Tonnen (30 Beschäftigte). 1897 begann das Abteufen eines gebrochenen Wetterschachtes, der 1898 eine Teufe von 46 m erlangt hatte. 1909 waren drei Schächte in Betrieb; in diesem Jahr kam es nach Besitzerwechsel zur Umbenennung der Zeche in Wittener Steinkohlenbergwerk. Zehn Jahre später fand wieder ein Besitzerwechsel statt, und das Bergwerk wurde unter dem Namen Borbachtal nach Aufwältigung der alten Stollen und Auffahrung neuer (insgesamt neun Stollen) sowie Sümpfung des alten Tiefbaus mit den tonnlägigen Schächten Donatus und Borbeck fortgeführt. Die Förderung betrug

1920 (553 Beschäftigte) rund 32000 Tonnen. 1921 erfolgte die Umbenennung der Zeche in Ver. Tannenberg. † 1924. S. Zeche Wittener Steinkohlenbergwerk.

Witten-Gedern:
Bergmann Erbstollen
Die Verleihung des Erbstollenrechts ist 1857 erfolgt; das Stollenmundloch lag unmittelbar an der Ruhr. 1871 wurde der Stollen zu Bergmann konsolidiert. S. Zeche Bergmann.

Witten-Gedern:
Emanuel Erbstollen
Dieser Erbstollen wird bereits 1738 erwähnt. 1795 ist mit dem Auffahren begonnen worden. 1857 wird die Länge des Stollens mit ca. 150 m angegeben. Kohle ist in dem Erbstollen nur in geringem Umfang gefördert worden. † 1860. Die Erbstollengerechtigkeit wurde gelöscht.

Witten-Herbede:
Kleinzeche Egbert 10 11
Diese Kleinzeche ist 1962 in Betrieb gegangen und förderte 1964 aus einem tonnlägigen Schacht (135 m Teufe) mit sechs Beschäftigten 2660 Tonnen Eßkohle; Förderung 1965: ca. 2000 Tonnen. Die höchste Förderung wurde 1968 mit fast 5000 Tonnen erbracht (neun Beschäftigte). 1970 belief sich die Kohlenproduktion auf 3600 Tonnen. 1975 wurden mit fünf Beschäftigten noch knapp 1900 Tonnen Kohle gefördert. † 1976. – Egbert ist die einzige original erhaltene Kleinzeche im Ruhrgebiet. Sie ist ein in die Moderne projiziertes Dokument des frühen Bergbaus an der Ruhr. Das gilt sowohl für die angewandten bergbaulichen Verfahren wie auch für die Gestaltung der Zechengebäude. Die Kleinzechen waren zwei Jahrhunderte hindurch (1750 - 1950) Träger der wirtschaftlichen Entwicklung des Herbeder Raumes. Durch sie sind die verbreiteten Streusiedlungen mit Bergmannshäusern des Hügellandes zu erklären.
⚒ *Kämperstraße 97: 1. Schacht bis 20 m Teufe Eisenausbau, dann Fichte, durch Riegel abgeteilt in Förder- und Fahrtrum, verfüllt. 2. Quadratisches Fördergerüst aus Rundhölzern, seit 1979 auf Betonsockeln. 3. Holzbohlenbrücke über Kamperbach zur Haspelbude mit Pultdach. 4. Ausstattungsstücke: Elektrohaspel auf Kanthölzern, schlagwettergeschütztes Grubentelefon und Preßlufthupe, Kohlenbrecher und Transportband, Feldschmiede, Werkbank, Lüfter, Pumpen; Gleisanlage mit zwei Drehscheiben, zwei Spezialkippwagen usw. Sämtliche Stücke restauriert 1979/82.* ⚒

Witten-Herbede:
Ver. Elias Erbstollen
Die Verleihung der Erbstollengerechtigkeit erfolgte 1827, nachdem der Stollen schon seit zehn Jahren in Betrieb gewesen ist. In dem Stollen ist auch Kohle gefördert worden (um 1850 jährlich 3000 bis 5000 Tonnen). 1912 erfolgte die Konsolidation zu Herbeder Steinkohlenbergwerke. † 1923 S. Grube Herbede WO 82.

Witten-Herbede:
WO 82 305
Grube Herbede (EBV)
Diese Schachtanlage wurde im Volksmund auch Zeche Holland genannt (nach dem Grubenfeld gleichen Namens). Die Verleihung des Grubenfeldes erfolgte schon 1849, und nach einer Konsolidation (1912) zu Herberder Steinkohlenbergwerke umfaßte die Gerechtsame 7,5 km². 1913 ist mit dem Abteufen der Schächte 1 und 2 begonnen worden. Die Abteufarbeiten waren während des Ersten Weltkrieges unterbrochen; die Förderung konnte daher erst 1920 aufgenommen werden. 1922 ist eine Brikettfabrik gebaut worden. Förderung 1924: 195000 Tonnen (940 Beschäftigte). 1925 wurde die Anlage stillgelegt; 1927 erfolgte die Wiederinbetriebnahme. 1928 belief sich die Kohlenförderung auf 217000 Tonnen (660 Beschäftigte). Förderung 1930: 300000 Tonnen (930 Beschäftigte). 1938 erfolgte die Umbenennung des Bergwerks in Herbede. Förderung 1940: 241000 Tonnen (660 Beschäftigte). 1945 waren die Schächte 1 und 2 sowie zwei Wetterschächte vorhanden; die Berechtsame belief sich auf 13,8 km². 1948 kam Schacht 2 außer Betrieb; das Teufen des Wetterschachte 3 wurde begonnen (1950 in Betrieb genommen). Förderung 1950: 230000 Tonnen Anthrazitkohle. Teufe der Hauptfördersohle: 220 m. Föderung 1955: 285000 Tonnen (1265 Beschäftigte). Förderung 1965: 320000 Tonnen. Die höchste Produktion ist 1970 mit ca. 368000 Tonnen Kohle erbracht worden; sie betrug 1971 noch fast 360000 Tonnen. † 1972. Die Schächte sind 1974 verfüllt worden.

Witten-Herbede/Durchholz:
Zeche Blankenburg
Die Zeche ging auf die Konsolidation der Grubenfelder Neu-Blankenburg, Ver. Geschwind und Friedrich August zurück, die 1865 unter dem Namen Ver. Geschwind zusammengefaßt wurden. Das Bergwerk (1844 durch Vereinigung der Felder Schwind 1 und 2 sowie Adolphine entstanden) war bereits 1855 zum Tiefbau übergegangen; es hatte einen tonnlägigen Schacht mit einer Dampfmaschine für die Förderung und Wasserhaltung. Eine Pferdeeisenbahn, die 1861 zu dem Kohlenmagazin an der Ruhr führte, verband die Anlage mit dem Fluß. Später (1882) ist diese Pferdeeisenbahn in ein Anschlußgleis zur inzwischen fertiggestellten Ruhrtalbahn Hattingen/Hagen umgebaut worden.

Witten-Herbede: Grube Herbede. Aufnahme vor 1959.

Die Förderung der Zeche lag bereits zwischen 1865 und 1880 bei rund 30000 Tonnen jährlich. In den 1880er Jahren ist die Rentabilität des Bergwerks noch durch den Bau einer Brikettfabrik gesteigert worden. Die Zeche, die seit 1875 Blankenburg hieß, hatte zwei Schächte, den tonnlägigen von Schwind und einen seigeren Schacht von Blankenburg. Dieser Schacht wurde zum Hauptförderschacht ausgebaut (und der Schachtturm in Mauerung gesetzt); seine Teufe betrug später bis zu 200 m. 1910 belief sich die Förderung auf 134000 Tonnen (590 Beschäftigte).

Die Gewerkschaft erwarb 1913 die Zeche der Gewerkschaft Ver. Hammerthal in Durchholz, die seit 1893 stillag. Der Betrieb wurde durch die Gewerkschaft Blankenburg wieder eröffnet. Förderung 1913: 126000 Tonnen (515 Beschäftigte). 1918 umfaßte die Gerechtsame ca. 13 km^2, und 1919 wurden fast 80000 Tonnen Kohle gefördert (470 Beschäftigte). Beide Anlagen sind 1925 stillgelegt worden. 1939 wurde die Zeche an die Gewerkschaft Alte Haase verkauft. S. Zechen Ver. Hammerthal und Alte Haase WO 81.

⚒ *Waldweg: Wetterschornstein, 1856 errichtet als Rauchabzug der Zeche Ver. Geschwind; ab 1865 als Wetterkamin genutzt. Er ist das letzte Bauwerk dieser Art im Ruhrgebiet; im Grundriß quadratisch, Sockel 3 m mal 3 m mit zwei Kaminöffnungen, Bruchstein; bei drei Metern Höhe zieht sich der Schornstein bis zu 7 m pyramidenförmig ein; oberer Kaminteil bis 14 m in Ziegelmauerung. Der Schornstein ist durch einen sechzig Meter langen Rauchkanal mit dem Kesselhaus Geschwind verbunden.* ⚒

Witten-Herbede/Durchholz:
WO 84 306
Zeche Elisabethenglück

Schon 1808 wurde östlich des Plessbaches ein Stollenbetrieb angelegt, nachdem kurz vorher die Mutung auf ein Steinkohlenflöz eingelegt worden war. Die Verleihung des Längenfeldes Elisabethenglück erfolgte aber erst 1841. In der Folge lag der Betrieb jahrzehntelang still, und erst um 1874 ist eine geringe Förderung beurkundet. Um die Jahrhundertwende kam der größte Teil der Berechtsame an die Gewerkschaft Ver. Adolar. 1928 erfolgte die Umbenennung der Zeche in Glückauf Elisabeth, und 1930 sind mit sechs Beschäftigten rund 1400 Tonnen Kohle gefördert worden. 1933 erfolgte die Konsolidation verschiedener Grubenfelder zu Elisabethenglück, und 1935 war ein Fröderschacht (etwa 130 m tief) vorhanden (zwei Wetterschächte). In diesem Jahr sind mit 41 Beschäftigten ca. 7700 Tonnen Kohle gefördert worden. Die höchste Förderung wurde 1943 mit ca. 84000 Tonnen erreicht (304 Beschäftigte). Förderung 1950: 46000 Tonnen (226 Beschäftigte). 1951 belief sich die Gesamtberechtsame der Zeche auf 3,6 km^2. 1955 erfolgte die Anpachtung durch die Plessbach GmbH. Mit 182 Beschäftigten erreichte die Kohlenförderung 1960 rund 40300 Tonnen. † 1962. S. Zechen Ver. Adolar sowie Plessbach WO 83.

Witten-Herbede-Durchholz: Zeche Elisabethenglück. Aufnahme vor 1959.

Witten-Herbede/Durchholz:
Zeche Vereinige Gideon

Die Zeche ging auf eine sehr alte Berechtsame zurück, die 1759 unter den Namen St. Georg und Gideon bzw. 1831 (Vereinigte Kasian) verliehen worden war. Gideon war einer der im Buch der Richter beschriebenen Heerführer in der Notzeit Israels nach der Besetzung Kanaans um 1100 v. Chr.

1837 förderte das Bergwerk ca. 3000 Tonnen Kohle und 1845 mit vierzehn Beschäftigten etwa 4000 Tonnen. 1855 war der tonnlägige Pferdegöpelschacht Hermine in Betrieb (fast 60 m lang, flache Teufe). 1862 kam es zur Konsolidation mit Ver. Bommerbänker Tiefbau, und 1867 wurde der Betrieb zunächst stillgelegt (schlechte Kohlenqualität und Absatzmangel). Die Wiederinbetriebnahme erfolgte 1874, und 1882 wurde das Bergwerk (nach Erneuerung des Schachtes Hermine) zur Ver. Gideon konsolidiert. Nach mehreren Unterbrechungen des Betriebs ist das Bergwerk 1893 wegen starker Wasserzuflüsse stillgelegt worden. Erst 1931 kam es erneut in dem Grubenfeld zum Kohlenabbau; gefördert wurde aus einem Stollen, der tonnlägige Schacht Speckbahn ist abgeteuft worden (66 m flache Teufe). 1932 wurde über dem Schacht ein Gerüst gebaut, und 1935 sind mit 40 Beschäftigten über 11000 Tonnen Kohle gefördert worden, 1940 sogar fast 21000 Tonnen (60 Beschäftigte). Die höchste Förderung ist 1943 mit ca. 28000 Tonnen Kohle erbracht worden (80 Beschäftigte). Die Bergwerksgesellschaft mbH Vereinigte Gideon wurde 1944 gegründet. Förderung 1950: 14000 Tonnen Kohle (65 Beschäftigte). 1951 fand ein Besitzerwechsel statt, und 1953 belief sich die Förderung auf ca. 13 000 Tonnen (70 Beschäftigte). † Ende 1953. S. Zeche Bommerbänker Tiefbau.

Witten-Herbede/Durchholz: Zeche Ver. Hammerthal
Das Bergwerk war bereits vor 1831 in Betrieb; 1855/57 entstand aus den Feldern Hammerthal und Vergißmeinnicht die Zeche Ver. Hammerthal. Nach zehnjähriger Unterbrechung wurde das Bergwerk 1865 erneut in Betrieb genommen (das Stollenmundlich lag östlich des Plessbaches), und 1888 kam es zur Konsolidation der Gerechtsame. 1890 sind mit 35 Beschäftigten rund 5 600 Tonnen Kohle gefördert worden. Ein tonnlägiger Schacht wurde geteuft, der 1892 eine Teufe von 80 m (flach) erreicht hatte. In diesem Jahr wurden noch rund 2 500 Tonnen Kohle gefördert. † 1893. Nachdem 1906 die Kuxenmehrheit des Bergwerks durch Blankenburg erworben worden war, wurde Hammerthal 1913 völlig durch Blankenburg übernommen; der Betrieb ist wieder eröffnet worden. 1915 erfolgte das Abteufen eines Blindschachtes (86 m Teufe), und die Förderung erreichte 3 400 Tonnen. 1919 wurde ein Bahnanschluß nach Sprockhövel-Bossel gebaut. Kohlenförderung 1920: 21 000 Tonnen. Die höchste Förderung ist 1922 mit fast 26 000 Tonnen erreicht worden (142 Beschäftigte). † 1925. Die Tagesanlagen sind 1926 abgebrochen worden. 1940 kam die Berechtsame zu Alte Haase. S. Zechen Ver. Blankenburg und Alte Haase WO 81.

Witten-Herbede/Durchholz: Steinkohlenbergwerk Tinsbank
Die Berechtsame ist bereits 1754 vermessen worden, und für 1754/55 ist der Betrieb der Zeche verbürgt. Das Bergwerk war – mit Unterbrechungen – bis Ende des 18. Jahrhunderts in Betrieb. 1807 erfolgte das Ansetzen eines Stollens im Plessbachtal. Von 1830 bis 1842 ruhte der Betrieb, und 1848 kam es zu einer weiteren Verleihung (Neue Tinsbank). In dem Jahrzehnt 1850/60 ist das Bergwerk in Betrieb gewesen und kam zwischen 1875 und 1900 zu Blankenburg. Um 1920 wurde der Betrieb erneut aufgenommen, und die Gewerkschaft Tinsbank (Hamburg) hat diese Kleinzeche 1923 neu angelegt; der Betrieb wurde jedoch 1924 schon wieder stillgesetzt. In den 1930er Jahren kam das Bergwerk wieder in Förderung. Die höchste Förderung ist 1938 mit über 5 700 Tonnen erbracht worden. † 1940. S. Zeche Blankenburg.

Witten-Herbede/Hammerthal: St. Laurentius-Erbstollen
Die Mutung wurde 1858 eingelegt, und die Verleihung des Erbstollenrechts erfolgte 1860. In diesem Erbstollen ist mit Unterbrechungen und in geringem Ausmaß auch Kohle gefördert worden. 1880 wurde die Verbindung mit der Zeche Blankenburg hergestellt, und im folgenden Jahr ist der Erbstollen außer Betrieb gesetzt worden. 1891: Aufwältigung des Stollens und Herrichtung zur Pferdeförderung für Blankenburg. 1896 wurde der Erbstollen völlig durch Blankenburg übernommen. S. Zeche Blankenburg.

Witten-Herbede/Hardenstein: Zeche Ver. Hardenstein
Die Zeche ist um 1847 entstanden (der ursprüngliche Betrieb hieß Weselbank); es existierten die Schächte Alexander, Heinrich und Orion (dieser hatte eine Teufe von rund 60 m). Die Verleihung des Bergwerkseigentums erfolgte 1848. 1867 belief sich die Kohlenförderung auf rund 2400 Tonnen, 1869 auf ca. 2 500 Tonnen (7 Beschäftigte). † 1911. Das Grubenfeld kam zunächst an Ver. Gut Glück & Wrangel und 1928/34 zu Cleverbank. 1956 ist der Schacht Orion eine selbständige Kleinzeche geworden. S. Zechen Ver. Gut Glück & Wrangel sowie Cleverbank.

Witten-Herbede/Hardenstein: St. Johannes Erbstollen
Die Vermessung (auch: St. Johannis Erbstollen, St. Johannes Erbstolln oder Johannes Erbstolln) erfolgte 1783, die Verleihung des Erbstollenrechtes 1785. Die Auffahrung begann 1790 (mit Schlägel und Eisen); das Stollenmundloch lag an der Ruhr (mit selbstschließenden Türen gegen Eindringen von Hochwasser). 1824 hatte der Erbstollen eine Länge von 1,5 km (mit Flügelörtern 3 km). Zahlreiche Zechen sind im Verlaufe von fast 150 Jahren durch diesen Erbstollen gelöst worden. Auch Kohle wurde in dem Stollen gefördert; die Förderung ist erst 1870 eingestelt worden. Die Wasserabführung einiger Zechen endete 1889. † 1925. Die Berechtsame kam zu Ver. Hermann. Nach 1945 ist die Wasserlösung aus den Abbaufeldern der neu entstandenen kleinen Bergwerke noch durch Teile dieses Erbstollens erfolgt. Die letzte angeschlossene Zeche stellte 1958 den Betrieb ein. Danach wurde der Erbstollen endgültig stillgelegt. S. Zeche Ver. Hermann.

Witten-Herbede/Vormholz: Zeche Cleverbank
Die Zeche ist 1727 verliehen worden und war bsi 1755 in Betrieb. Mehrere Jahrzehnte war der Betrieb dann unterbochen, bis es 1801 zu einer neuen Verleihung des alten Feldes kam. Ab 1832 wurde das Bergwerk wieder in Betrieb genommen; es ergaben sich in der Folge jedoch lange Unterbrechungen, bis ab 1907/08 ein regelmäßiger Abbau erfolgte. 1909 sind mit acht Beschäftigten rund 1 700 Tonnen Kohle gefördert worden. Die Konsolidation mit Ver. Gut Glück & Wrangel kam 1911. 1928 war ein tonnlägiger Förderschacht vorhanden; mit vierzig Beschäftigten sind in diesem Jahr rund 13 000 Tonnen Kohle gefördert worden. Im gleichen Jahr wurde das Bergwerk in Taugenicht umbenannt. 1940 erreichte die Förderung (82 Beschäftigte) ca. 32 000 Tonnen. Die Rückbenennung in Cleverbank erfolgte 1945. 1949 war ein Förderschacht (150 m seigerer Teufe) vorhanden, und 111 Beschäftigte förderten rund 36 000 Tonnen Kohle. 1955 ging die Zeche in Konkurs und wurde in Plessbach umbenannt. S. Zechen Gut Glück & Wrangel, Taugenicht und Plessbach WO 83.

Witten-Herbede/Vormholz: Zeche Fortuna 11
Die Zeche Fortuna ins Osten ist bereits 1742 verliehen worden. 1749 erfolgte die Verleihung von Fortuna ins Westen. Diese Zeche wurde im Volksmund auch „Dröge Köttel" genannt. Nachdem Fortuna ins Osten bis 1800 mit Unterbrechungen in Förderung gestanden hatte, wurde das Bergwerk 1827 erneut in Betrieb genommen. In diesem Jahr begann auf Fortuna ins Westen das Teufen des seigeren Schachtes Aurora (auch genannt Große Fortuna, Endteufe 110 m). 1830 belief sich die Förderung beider Zechen auf zusammen knapp 3 000 Tonnen, die mit 18 Beschäftigten erbracht wurden. 1855 waren die Schächte Aurora (Fortuna ins Westen) und Juno (Fortuna ins Osten) in Betrieb. Bis 1867 sank die Kohlenförderung auf rund 1 100 Tonnen und bis 1874 sogar auf etwas über 1 000 Tonnen. Zehn Jahre später wurde die Förderung im Ostfeld eingestellt. 1889 ist die gesamte Bergwerksanlage stillgelegt worden. Fortuna ins Westen ist 1922 noch einmal kurz in Betrieb genommen worden und förderte 1925 rund 2 200 Tonnen Kohle. † 1925. Die Zeche ist 1926 an Ver. Hermann verpachtet worden. S. Zeche Ver. Hermann.
⚒ *Rauendahlstraße 166: Drei an der Längsseite zusammengebaute, eingeschossige Gebäude aus Bruchstein, verputzt. Die Betriebsgebäude dokumentieren die Wirtschafts- und Sozialgeschichte des frühen Bergbaus südlich der Ruhr. – An der Rauendahlstraße in Witten finden sich auch Pingen, kettenartig aufgereiht. Die Entstehungszeit dieser Pingen konnte noch nicht identifiziert werden.* ⚒

Witten-Herbede/Vormholz: Zeche Frielinghaus
Im Feld dieser Zeche ist schon seit Mitte des 18. Jahrhunderts Bergbau umgegangen, bevor es 1788 zur Verleihung kam. Seit Anfang des 19. Jahrhunderts war das Bergwerk mit kurzen Unterbrechungen ständig in Betrieb, und 1829 ist von Frielinghaus mit vier anderen Bergwerken die Zechenbahn im Muttental angelegt worden. 1830 belief sich die Kohlenförderung auf rund 400 Tonnen. In den 1830er Jahren ging man auch zum Tiefbau über; Schacht Orion wurde abgeteuft. 1837 ist eine Dampfmaschine (Förderung und Wasserhaltung) eingebaut worden. Die Förderung erreichte 1838 rund 13 000 Tonnen,

ging von da an allerdings ständig zurück. 1847 kam es zur Konsolidation mit Ver. Hardenstein. 1852 war der seigere Maschinenschacht Aurora in Betrieb (rund 20 m Teufe). † 1860. Im Ersten Weltkrieg ist der Betrieb wieder aufgenommen worden, und 1918 wurden mit zehn Beschäftigten rund 3 000 Tonnen Kohle gefördert. In diesem Jahr kam es zur Betriebsgemeinschaft mit Ver. Gut Glück & Wrangel, Ver. Hermann und St. Johannes Erbstollen. † 1928. S. Zechen Ver. Hardenstein, Ver. Gut Glück & Wrangel und Ver. Hermann.

Witten-Herbede/Vormholz:
Zeche Ver. Gut Glück & Wrangel
Die Zeche entstand 1880 durch Konsolidation verschiedener Betriebe, die meist Gutglück hießen und teilweise schon Mitte des 18. Jahrhunderts als Stollenzechen in Förderung gewesen sind. Das Bergwerk ist ursprünglich Am Hardenstein genannt worden und wurde 1884 verliehen (Feld Wrangel). 1898 belief sich die Förderung auf rund 1 900 Tonnen Kohle (12 Beschäftigte). Bis 1905 stieg sie auf rund 6 000 Tonnen (27 Beschäftigte). 1911 erfolgte die Konsolidation mit Cleverbank; die Förderung betrug in diesem Jahr rund 3 000 Tonnen, 1920 erreichte sie (84 Beschäftigte) ca. 21 000 Tonnen. † 1925. S. Zechen Ver. Hermann, Cleverbank und Plessbach WO 83.

Witten-Herbede/Vormholz:
Zeche Ver. Herberholz
Die Zeche ist 1854/56 durch Konsolidation verschiedener Stollenbetriebe entstanden und förderte 1857 durch einen Schacht rund 1 400 Tonnen Kohle (13 Beschäftigte). 1874 hatte die Förderung fast 30 000 Tonnen erreicht (85 Beschäftigte). Sie kam auf Grund eines Abbauvertrages auf der Zeche Louisenglück zu Tage. Die höchste Förderung ist 1882 mit rund 37 000 Tonnen erbracht worden (90 Beschäftigte). † 1891. Im ersten Jahrzehnt des 20. Jahrhunderts ist Kohlenabbau in der Berechtsame durch Ver. Hermann erfolgt. 1911 wurden die Herberholz-Grubenbaue von Ver. Hermann gesümpft. S. Zechen Loisenglück und Ver. Hermann.

Witten-Herbede/Vormholz:
Zeche Maximus
Diese Zeche entstand aus kleineren Stollenbetrieben und wird schon 1731 erwähnt. Die Betriebsgenehmigung durch die Bergbehörde wurde 1799 erteilt, und 1823 erfolgte die Verleihung des Grubenfeldes. 1833 ist ein Göpel-Versuchsschacht abgeteuft worden; 1834 wurden rund 25 Tonnen Kohle gefördert. 1838 ist der Göpelschacht Primus abgeteuft worden, und 1840 betrug die Kohlenförderung bereits tausend Tonnen. Wegen unreiner Kohle wurde das Bergwerk 1845 zunächst stillgelegt. Nach Verleihung eines neuen Feldes erfolgte 1849 die Auffahrung eines querschlägigen Tagesstollens auf 91 m Länge sowie 70 m Abbaustrecke (Stollenmundloch etwa 150 m südlich der späteren Zeche Ver. Hermann). 1855 wurde der Betrieb jedoch wieder wegen unreiner Kohle stillgelegt. Die Wiederinbetriebnahme erfolgte erst 1897, und zwar unter dem Namen Urban. Das Bergwerk förderte 1900 mit 45 Beschäftigten etwa 5 300 Tonnen Kohle. Wegen Zahlungsunfähigkeit kam es 1901 zum Konkurs, und nach Besitzerwechsel sind 1902 etwas über 3 000 Tonnen gefördert worden (19 Beschäftigte). 1904 ist das Bergwerk durch die Zeche Ver. Hermann erworben worden. Die höchste Förderung wurde 1904 mit fast 7 000 Tonnen erbracht. 1906 erfolgte die Konsolidation mit der Zeche Hermann. S. Zeche Ver. Hermann.

Witten-Herbede/Vormholz:
Zeche Ver. Morgenstern Tiefbau
Das Bergwerk ist schon im letzen Drittel des 18. Jahrhunderts in Betrieb gewesen. Die Vermessung des Grubenfeldes erfolgte erstmals 1774. 1815 gab es zwei Betriebe (Morgenstern ins Osten und Morgenstern ins Westen), die sich kurz darauf vereinigten. Der Tiefbau begann 1839; Orion war der Förderschacht, und 1840 belief sich die Kohlenförderung auf über 5 000 Tonnen. 1845 waren zwischen 12 und 57 Bergleute tätig, 1847 sogar bis 73. † 1849 wegen Erschöpfung der Vorräte.

Witten-Herbede/Vormholz: 12
Zeche Muttental
Diese Kleinzeche ist 1934 durch die Gewerkschaft Jupiter errichtet worden. Der Stollen wurde nach alter Betriebsweise im Flöz Geitling vorgetrieben. Der Name der Gewerkschaft geht wahrscheinlich auf den Stollen Jupiter zurück, der 1783 gemutet worden ist; 1788 wurde der Kohlenbergbau konzessioniert. Zeitweise ist er im 19. Jahrhundert durch die Gewerkschaft Fortuna ins Osten betrieben worden. Der tonnlägige Schacht Juno (auch Jonas genannt), 60 m Teufe, wurde im 19. Jahrhundert als Förderschacht genutzt.

1949 hat die Zeche Muttental mit einer Belegschaft von achtzig Mann insgesamt 12 000 Tonnen Eßkohle gefördert. 1950 ereignete sich ein Grubenunglück, das die Stillegung der Anlage zur Folge hatte.

⚒ *Muttentalstraße: 1. Stollenmundloch, 1979 restauriert. 2. Stollen Jupiter (Fortuna ins Osten): typisches Beispiel für den frühen im Flöz vorgetriebenen Stollenbau. 3. Schacht Juno (Jonas). 4. Kohlenverladestelle: 1934 bis 1955 von der Gewerkschaft Jupiter benutzt; einzige erhaltene Verladerampe dieses Typs. 5. Trasse der Muttentalbahn: die 6 km lange Muttentalbahn wurde ursprünglich als Pferdebahn auf Holzwinkelschienen zum Kohlentransport in Richtung Wuppertal zwischen unterem Muttental und Elberfelder Straße gebaut. 1838 sind die Holzschienen durch einserne ersetzt worden. Der Kohlentransport erfolgte später talabwärts zu den Niederlagen an der Ruhr. 1874 wurde der Betrieb eingestellt. Die Muttentalbahn zählt zu den ältesten Bahnen des europäischen Kontinents. Bergbauhistorischer Rundweg Muttental.* ⚒

Witten-Herbede/Vormholz:
Zeche Taugenicht
Diese Zeche war bereits um 1750 in Betrieb. Sie hat dann jahrzehntelang stillgelegen, und erst von 1867 an ist eine Förderung (rund 1 400 Tonnen) beurkundet. Für 1874 wird sie mit ca. 1 700 Tonnen angegeben. Der Betrieb hat wenig später anscheinend völlig geruht, und erst nach dem Ersten Weltkrieg ist die Förderung wieder in Gang gekommen. Das Bergwerk förderte aus einem tonnlägigen Schacht (40 m Teufe) mit einer Belegschaft von 24 Mann 1925 rund 1 700 Tonnen Eßkohle. 1927 war die Produktion auf rund 2 400 Tonnen angestiegen. 1928 erfolgte die Umbenennung der Zeche in Cleverbank. 1929 wurden über 14 300 Tonnen Kohle gefördert. † 1931.

Im Zweiten Weltkrieg ist der Betrieb in dem Grubenfeld wieder aufgenommen worden. Die Zeche erhielt erneut den alten Namen Taugenicht, und 1941 sind mit 81 Beschäftigten über 34 000 Tonnen Kohle gefördert worden. Die höchste Förderung wurde 1943 (89 Beschäftigte) mit mehr als 37 000 Tonnen erbracht. 1945 ist das Bergwerk in Cleverbank umbenannt worden. S. Zechen Cleverbank und Plessbach WO 83.

Witten-Herbede/Vormholz:
Zeche Ver. Tulipan
Die Zeche entstand 1791 durch Konsolidation der Felder Tulipan, Neu-Tulipan und Plato (oder Pluto); es waren mehrere Göpelschächte vorhanden (Friedrich, später auch Heinrich u.a.). Die Vermessung erfolgte 1827, und 1830 wurden rund 3 200 Tonnen Kohle gefördert. 1838 ist der Schacht Amalie abgeteuft worden, und 1855 belief sich die Förderung auf über 6 000 Tonnen Kohle (26 Beschäftigte). 1862 kam es zur Konsolidation eines Teils des Bergwerks zu Ver. Bommerbänker Tiefbau. 1869 betrug die Kohlenförderung fast 7 000 Tonnen. 1879 hatte Schacht Heinrich eine Teufe von 120 m erreicht. † 1880.

In den 1920er Jahren wurde das Bergwerk noch einmal in Betrieb genomen, lag dann aber ab 1928 still. Die Wiederinbetriebnahme als Kleinzeche erfolgte 1951, und 1952 ist ein Schacht abgeteuft worden. Die höchste Förderung wurde 1953 mit etwas über 23 000 Tonnen erbracht. † 1954. S. Zeche Ver. Bommerbänker Tiefbau.

Witten-Heven:
Zeche Billigkeit
Dieses Bergwerk ist wahrscheinlich schon um 1750 in Betrieb gewesen; als Verleihungsdatum wird der 4.12.1790 angegeben. 1793 erfolgte die Vereinigung mit den Gewerkschaften Urbanus, Compier sowie Wilde Mann und Gesellschafts-Erbstollen; später war die Zeche wieder selbständig.

Für 1867 wird eine Kohlenföderung von nahezu 18 000 Tonnen genannt und 1869 eine solche von knapp 15 000 Tonnen. Kohlenförderung 1878: ca. 6 000 Tonnen (10 Beschäftigte). 1880 förderten zwölf Beschäftigte etwas über 6 000 Tonnen Kohle. Förderung 1885: über 12 000 Tonnen (26 Beschäftigte). In den folgenden Jahren ging die Produktion zurück, und um 1887/88 kam es vorübergehend zur Betriebseinstellung. Die Wiederaufnahme der Förderung (in geringem Umfang) erfolgte 1889, und noch vor 1890 ist das Bergwerk von Ver. Helene-Nachtigall übernommen worden (blieb aber zunächst selbständig). Die höchste Förderung ist 1891 mit mehr als 15 000 Tonnen Kohle erbracht worden (35 Beschäftigte). In diesem Jahr kam die völlige Übernahme durch Helene-Nachtigall. S. Zeche Ver. Helene-Nachtigall.

Witten-Heven:
Helena Erbstollen
Das Erbstollenrecht ist 1791 verliehen worden; der Stollen wurde aufgefahren und die Verleihung des Erbstollenrechts 1835 erneutert. 1840 erfolgte die Übernahme durch Helene. S. Zeche Helene Tiefbau.

Witten-Heven:
Zeche Helene Tiefbau
Die Zeche Helene (auch Helena genannt) ist bereits 1791 verliehen worden und im selben Jahr in Betrieb gegangen. 1832 hatte die Förderung rund 200 Tonnen erreicht. 1839 begann das Teufen eines Schachtes für den Übergang zum Tiefbau, der jedoch nur zeitweise in Betrieb war. 1856 ist mit dem Teufen des Schachtes Helene (nahe Bahnhof Witten) begonnen worden. Das Gewerkschaftsstatut für die Zeche Helene Tiefbau wurde dem Bergamt 1867 eingereicht. 1870 förderte das Bergwerk nahezu 52 000 Tonnen Kohle (218 Beschäftigte). Im folgenden Jahr entstand durch Konsolidation (Helene, Heinrich und andere) die Zeche Helene Tiefbau. Die Förderung betrug 1871 rund 60 000 Tonnen (236 Beschäftigte). 1872 ergaben sich erhöhte Wasserzuflüsse, die fast zum Ersaufen des Bergwerks führten. 1880 erreichte die Förderung (247 Beschäftigte) ca. 56 000 Tonnen. Die Zechen Helene Tiefbau und Nachtigall Tiefbau sind 1883 zum Bergwerk Ver. Helene-Nachtigall konsolidiert worden. S. Zechen Heinrich und Ver. Helene-Nachtigall.

Witten-Heven:
Zeche Vincenz
Diese Zeche ist 1917 angelegt worden. 1918 wurde ein tonnlägiger Schacht geteuft; die Kohlenförderung betrug in diesem Jahr ca. 13 000 Tonnen (63 Beschäftigte). 1920 erfolgte das Abteufen eines zweiten tonnlägigen Schachtes; die Kohlenförderung betrug rund 39 000 Tonnen (208 Beschäftigte). Die höchste Förderung ist 1922 mit über 41 000 Tonnen erbracht worden (230 Beschäftigte). † 1924. Das Baufeld kam 1931 zu Klosterbusch. S. Zeche Klosterbusch WO 75.

Witten-Heven/Kleinherbede:
Zeche Heinrich
Die Verleihung des Grubenfeldes erfolgte 1819, und 1831 ist durch Konsolidation (Gesellschafts-Erbstollen, Wilde Mann) die Zeche entstanden. 1838 wurde der Plan entwickelt, eine 3 600 m lange Pferdebahn zur Ruhr zu bauen. Die Inbetriebnahme des Bergwerks erfolgte 1841, und 1842 sind rund 800 Tonnen Kohle gefördert worden. 1847 belief sich die Förderung (17 bis 40 Beschäftigte) auf ca. 3 000 Tonnen. 1855 wurde ein tonnlägiger Haspelschacht geteuft (rund 60 m flach); ein ca. 600 m langer Schienenweg zur Straße Witten/Crengeldanz ist angelegt worden. Die Konsolidation zu Helene Tiefbau wurde 1871 durchgeführt. S. Zeche Helene Tiefbau.

Witten-Hohenstein/Ardey:
Zeche Frischauf
Im Feld dieser Zeche ist wahrscheinlich bereits im 18. Jahrhundert Abbau betrieben worden. Die Verleihung der Felder Frischauf (Nord- und Südflügel) erfolgte 1844; ein Stollen wurde aufgefahren. 1847 sind mit etwa 30 Beschäftigten rund 7 500 Tonnen Kohle gefördert worden. Das Abteufen des tonnlägigen Schachtes Wilhelmine (Nordflügel) erfolgte 1852. 1855 wurde ein zweiter tonnlägiger Schacht abgeteuft (Südflügel). 1861 hatte Schacht Wilhelmine eine Länge (flache Teufe) von 335 m erreicht, und 1866 sind insgesamt rund 18 000 Tonnen Kohle gefördert worden. 1870 betrug die Förderung (124 Beschäftigte) fast 23 000 Tonnen. 1871 wurde der Südflügel des Grubenfeldes durch Vereinigte Franziska Tiefbau übernommen. Der Schacht Wilhelmine ist 1873 abgeworfen worden, und das Bergwerk ging vollständig in Franziska Tiefbau auf. S. Zeche Ver. Franziska Tiefbau.

Witten-Stockum: 58
Zeche Ver. Wallfisch
1832 sind die drei Zechen Steinbergerbank, Erbstollen Stephanie und Stephansbank zur Zeche Vereinigte Wallfisch konsolidiert worden. Die großen Schwierigkeiten mit den Grubenfeldeigentümern und Kohlenabnehmern, die insbesondere bei der Zeche Steinbergerbank schon im ausgehenden 18. Jahrhundert wiederholt das Bergamt Wetter zum Eingreifen veranlaßt hatten, setzten sich auch nach der Konsolidation fort. Es kam weiter zu Beschwerden über unpünktliche Lieferungen und Mängel der Kohlenqualität.

Mitte 1849 beantragte die Hauptkohlenabnehmerin (Glasfabrik Gebrüder Müllensiefen) sogar, die Zeche stillzulegen, zumal die Fabrik wegen der schlechten Geschäftslage ohnehin nicht mehr arbeitete. Die Zeche kam zum Erliegen. Die Wiederinbetriebnahme konnte erst im September 1849 erfolgen. 1850 ist ein neuer (tonnlägiger) Schacht niedergebracht worden, der im Februar 1851 eine Teufe von rund 55 m erreicht hatte. 1855 wurde beschlossen, zum Tiefbau überzugehen. 1873 erfolgte die Vereinigung mit der Zeche Crengeldanz; das Bergwerk wurde unter dem Namen Ver. Wallfisch weitergeführt.

In diesem Jahr wurde ein neuer (seigerer) Schacht in Betrieb genommen; die tonnlägigen Schächte wurden abgeworfen. 1874 begann das Teufen eines neuen Schachtes (Förderung und Wasserhaltung), und 1875 belief sich die Produktion auf ca. 42 000 Tonnen (147 Beschäftigte). Förderung 1885: über 59 000 Tonnen (175 Beschäftigte). 1893 waren sechs Schächte in Betrieb (davon fünf Wetterschächte in den Abbauabteilungen). 1894 ist die Zeche dem Bergwerk Franziska angegliedert worden. Die höchste Förderung wurde 1896 mit über 75 000 Tonnen erbracht (388 Beschäftigte). 1898 ist die Förderung eingestellt worden; das Bergwerk wurde durch Ver. Hamburg & Franziska übernommen. S. Zechen Ver. Franziska sowie Ver. Hamburg & Franziska.
⚒ *Steinäckerweg 19: Schachtgebäude (um 1850) über tonnlägigem Förder- und Fahrschacht (200 m Teufe), Ruhrsandstein mit Eckquaderung, rechteckiger Grundriß, dreigeschossig, Satteldach; Giebel in Backstein; früher rundbogige Tore auf allen vier Seiten (nachträglich mit Ruhrsandstein zugemauert, teilweise zu stichbogigen Eingängen und Luken verkleinert); an den Gebäudekanten die beiden Schlitze für die Seilführung der Fördermaschine; auf der Nordseite Mauerreste eines eingeschossigen Anbaus, Ostmauer noch zwei bis drei Meter hoch mit vier Fenstersohlbänken. Das Fördermaschinenhaus gehört zu den respektablen Bauleistungen, die in dieser Größenordnung aus der Zeit um 1850 kaum noch anzutreffen sind. Die Architekturformen sind für das Wittener Gebiet typisch und kennzeichnend. Das Gebäude dokumentiert den spätklassizistischen Baustil von Industrieanlagen.* ⚒

Witten-Wartenberg/Hohenstein:
Zeche Ver. Timmerbeil Tiefbau
Auch diese Zeche entstand endgültig 1853 durch Zusammenlegung mehrerer kleiner Stollenbetriebe. Bereits um 1729 war das Bergwerk kurz in Betrieb gewesen. 1853 wurde zum Tiefbau übergegangen; ein tonnlägiger Schacht ist abgeteuft worden. Die Zeche kam selbst in der günstigsten Entwicklungsperiode nie über eine Belegschaft von 25 bis 30 Mann und eine Jahresförderung von etwa 1 200 Tonnen hinaus. Nur 1867 sind über 4 000 Tonnen Kohle gefördert worden. 1873 wurde der Betrieb stillgelegt.

Ruhrbergwerke 1958 in Förderung
(vgl. Übersichts-Karte am Schluss des Buches)
Von Westen nach Osten (WO)

1 Bergwerk Friedrich Heinrich, Kamp-Lintfort
2 Bergwerk Niederberg, Neukirchen-Vluyn
3 Pattbergschächte, Duisburg (Moers)
4 Verbundbergwerk Rheinland, Moers
Zeche Rheinpreussen, Duisburg
Bergwerk Rossenray, Kamp-Lintfort
5 Zeche Wilhelmine Mevissen, Duisburg
6 Zeche Diergardt, Duisburg
7 Bergwerk Lohberg, Dinslaken
8 Bergwerk Walsum, Duisburg
9 Bergwerk Friedrich Thyssen 2/5, Duisburg
10 Zeche Friedrich Thyssen 4/8, Duisburg
11 Zeche Beeckerwerth, Duisburg
12 Zeche Westende, Duisburg
13 Bergwerk Osterfeld, Oberhausen
14 Zeche Concordia, Oberhausen
15 Bergwerk Alstaden, Oberhausen
16 Zeche Franz Haniel, Bottrop
17 Zeche Jacobi, Oberhausen
18 Zeche Rheinbaben, Bottrop
19 Bergwerk Prosper-Haniel, Bottrop
Zeche Prosper, Bottrop
20 Zeche Rosenblumendelle / Wiesche, Mülheim a.d. Ruhr
21 Zeche Wolfsbank, Essen
22 Zeche Christian Levin, Essen
23 Zeche Mathias Stinnes, Essen
24 Zeche Fritz-Heinrich, Essen
25 Zeche Emil-Emscher, Essen Verbundbergwerk Emil-Fritz, Essen
26 Zeche Helene, Essen
27 Zeche Sälzer-Amalie, Essen
28 Zeche Victoria Mathias, Essen
29 Bergwerk Zoliverein, Essen
30 Zeche Friedrich Ernestine, Essen
31 Zeche Langenbrahm, Essen
32 Zeche Car! Funke, Essen
33 Zeche Ver. Pörtingssiepen, Essen
Zeche Ver. Pörtingssiepen / Carl Funke, Essen
34 Zeche Hermann, Essen
35 Zeche Friedrich Joachim, Essen
36 Zeche Katharina, Essen
37 Zeche Bonifacius, Essen
38 Zeche Wohlverwahrt, Essen
39 Zeche Heinrich, Essen
40 Zeche Theodor, Essen
41 Zeche Fürst Leopold / Wulfen, Dorsten
42 Zeche Möller, Gladbeck
43 Zeche Graf Moltke, Gladbeck
44 Zeche Scholven, Gelsenkirchen
45 Bergwerk Bergmannsglück, Gelsenkirchen
46 Bergwerk Hugo, Gelsenkirchen
47 Bergwerk Westerholt, Gelsenkirchen
48 Bergwerk Nordstern, Gelsenkirchen
49 Zeche Wilhelmine Victoria, Gelsenkirchen
50 Bergwerk Consolidation, Gelsenkirchen
51 Steinkohlenbergwerk Dahlbusch, Gelsenkirchen
52 Zeche Graf Bismarck, Gelsenkirchen
53 Zeche Unser Fritz, Herne
54 Zeche Pluto, Herne
55 Zeche Shamrock, Herne
56 Zeche Königsgrube, Herne
57 Zeche Holland, Bochum
58 Zeche Centrum / Morgensonne, Bochum
59 Zeche Neu Mecklingsbank, Bochum
60 Kleinzeche Zollstraße, Bochum
61 Zeche Neuruhrort, Bochum
62 Zeche Ver. Dahlhauser Tiefbau, Bochum
63 Schachtanlage Hannover, Bochum
64 Zeche Fröhliche Morgensonne, Bochum
65 Schachtanlage Hannibal, Bochum
66 Zeche Carolinenglück, Bochum
67 Zeche Engelsburg, Bochum
68 Zeche Friedlicher Nachbar, Bochum
69 Zeche Prinz Regent, Bochum
70 Zeche Flora, Bochum
71 Zeche Constantin, Bochum
72 Zentralschachtanlage Lothringen, Bochum
73 Zeche Robert Müser, Bochum
74 Zeche Dannenbaum, Bochum
75 Zeche Klosterbusch, Bochum
76 Zeche Neu-Iserlohn, Bochum
77 Zeche Bruchstraße, Bochum
78 Zeche Mansfeld, Bochum
79 Steinkohlenbergwerk Aurora, Hattingen
80 Zeche Petrus Segen, Hattingen
81 Zeche Alte Haase, Sprockhövel
82 Grube Herbede, Witten
83 Schachtanlage Plessbach, Hattingen
84 Zeche Elisabethenglück, Witten
85 Zeche Neuwülfingsburg, Hattingen
86 Zeche Ulrich, Sprockhövel
87 Bergwerk Brassert, Marl
88 Steinkohlenbergwerk Auguste Victoria, Marl
89 Bergwerk Schlägel & Eisen, Herten
90 Zeche Ewald 3/4, Gelsenkirchen
91 Bergwerk Ewald, Herren
92 Bergwerk General Blumenthal, Recklinghausen
93 Zeche König Ludwig, Recklinghausen
94 Zeche Recklinghausen, Recklinghausen
95 Bergwerk Friedrich der Große, Herne
96 Zeche Mont-Cenis, Herne
97 Bergwerk Haard, Oer-Erkenschwick
Zeche Ewald Fortsetzung, Oer-Erkenschwick
98 Zeche Victor, Castrop-Rauxel
99 Zeche Ickern, Castrop-Rauxel
Steinkohlenbergwerk Victor / Ickern, Castrop-Rauxel
100 Grube Erin, Castrop-Rauxel
101 Zeche Graf Schwerin, Castrop-Rauxel
102 Zeche Adolf von Hansemann, Dortmund
103 Zeche Scharnhorst, Dortmund
104 Zeche Westhausen, Dortmund
105 Zeche Germania, Dortmund
106 Hydrogrube Hansa, Dortmund
107 Zeche Dorstfeld, Dortmund
108 Zeche Oespel, Dortmund
109 Zeche Fürst Hardenberg, Dortmund
110 Bergwerk Minister Stein, Dortmund
111 Zeche Kaiserstuhl, Dortmund
112 Zeche Gottessegen, Dortmund
113 Bergwerk Gneisenau, Dortmund
114 Zeche Emscher-Lippe, Datteln
115 Zeche Waltrop, Waltrop
116 Bergwerk Minister Achenbach, Lünen
117 Zeche Victoria, Lünen
118 Bergwerk Haus Aden, Bergkamen
Schachtanlage Grimberg 3/4, Bergkamen
119 Schachtanlage Grimberg 1/2, Bergkamen
120 Bergwerk Monopol, Bergkamen
121 Schachtanlage Grillo, Kamen
122 Zeche Alter Hellweg, Unna
123 Zeche Königsborn, Unna
124 Zeche Werne, Werne
125 Bergwerk Radbod, Hamm
126 Bergwerk Heinrich Robert, Hamm
127 Bergwerk Sachsen, Hamm
128 Bergwerk Westfalen, Ahlen

Ruhrbergwerke Ende 2003

1 West, Kamp-Lintfort
2 Lohberg/Osterfeld, Dinslaken
3 Walsum, Duisburg-Walsum
4 Prosper-Haniel, Bottrop
5 Lippe, Dorsten (u. Gelsenkirchen)
6 Auguste Victoria/Blumenthal, Marl
7 Ost, Hamm-Herringen

REGISTER
der **Zechen** und **Schächte, Flöze, Baufelder** und **Ersteinsätze** (Maschinen, Werkzeuge, Verfahren usw.), **BERGBAU-GEMEINDEN,** ORTE oder ORTSTEILE sowie **Wohnsiedlungen.** Nachgewiesen werden zuerst Katalog-Seiten, danach ggf. Seiten mit längeren Textstellen; Bildverweise bietet der Katalogeintrag.

GLOSSAR
um Bergbau und Kohle

Abbau Bergmännische Tätigkeit zur planmäßigen Hereingewinnung der Kohle bzw. nutzbarer Minerale. Auch: Bereich für den Grubenbau in der Lagerstätte, in dem die Kohle gewonnen wird. S. Ausrichtung und Grubenbau.

abteufen Herstellen, Niederbringen eines Schachtes oder Blindschachtes (aber auch eines Bohrloches oder Bunkers) mit unterschiedlicher Verfahrenstechnik (Sprengarbeit oder Bohren von Großbohrlöchern).

abwerfen Außer Betrieb setzen von Grubenbauen; auch Aufgeben von Lagerstättenteilen, die ursprünglich für den Abbau vorgesehen waren, von deren Hereingewinnung aber aus geologischen oder wirtschaftlichen Gründen abgesehen wird.

Alter Mann Verlassener, abgesperrter, versetzter oder zu Bruch geworfener Grubenbau.

anfahren Sich zur Arbeitsstätte unter Tage begeben; auch planmäßiges oder unerwartetes Erreichen eines bestimmten Punktes (z.B. Anfahren eines alten Grubenbaues).

Anschlußbergwerk Bergwerk, das im unverritzten Nachbarfeld einer Zeche unter Ausnutzung der vorhandenen Grubenbaue und technischen Einrichtungen zur Erweiterung oder Ergänzung der Lagerstätte errichtet wird.

ansetzen Einen Schacht ansetzen = mit dem Abteufen beginnen.

Aufbereitung Behandlung bergbaulicher Rohstoffe, um ihnen die für den Verbrauch oder die Weiterverarbeitung geeigneten gleichmäßigen Eigenschaften zu geben. Die Aufbereitung der Rohkohle erfolgt vorwiegend mechanisch durch Nutzung der Schwerkraft bei unterschiedlicher Dichte der zu trennenden Produkte Reinkohle, Mittelgut und Berge sowie durch Flotation in Verbindung mit Klassierung, Zerkleinerung und Entwässerung.

Aufbruch S. Blindschacht.

auffahren Herstellen einer Strecke oder eines Aufhauens.

Aufhauen Eine im Flöz aufwärts getriebene Strecke zur Freilegung der Abbaufront für den späteren Abbau.

aufschließen Herstellen des Zugangs zur Lagerstätte durch Grubenbaue der Ausrichtung.

Aufschluß s. aufschließen.

aufwältigen Wiederherstellung eines zusammengebrochenen Grubenbaues.

Ausbau Alle Einrichtungen unter Tage, die dem Offenhalten der Hohlräume dienen.

Ausrichtung Herstellen von Grubenbauen (Schächte, Blindschächte, Querschläge, Richtstrecken) zur Erschließung einer Lagerstätte für den Abbau.

ausstreichen Ein Flöz streicht zu Tage aus, kommt bis nahe an die Erdoberfläche.

Ausziehschacht Abwetteröffnung einer Grube mit Ventilator (saugend) über Tage; in seltenen Fällen blasend, wenn der Hauptgrubenlüfter unter Tage steht.

Bau (Mehrz. Baue) Ausbaueinheit, bestehend aus einem oder mehreren Grubenstempeln mit einer Kappe (im Streb) bzw. aus mehreren Segmenten verschiedener Querschnitte zusammengesetzt (in Strecken und Großräumen).

befahren S. fahren.

Berechtsame Nutzungsrecht an Grubenfeldern (Bergwerkseigentum). Nach dem Preußischen Allgemeinen Berggesetz von 1865 hat der „Bergbaulustige einen Anspruch" auf Verleihung des Bergwerkseigentums gegenüber dem Staat und auf Aufsuchung und Gewinnung von Mineralien auch ohne und gegen den Willen des Grundeigentümers (Bergbaufreiheit).

Berge Gesteinsstücke, die bei der Herstellung von Grubenbauen, der Kohlengewinnung und der Aufbereitung anfallen.

Bergebunker Grubenbau, der zur Aufnahme, Speicherung, schneller Verlademöglichkeit usw. von größeren Bergemengen dient.

Bergwerk S. Zeche.

Bewetterung Versorgung der Grubenbaue mit Frischluft (Frischwetter).

Blasversatz Versatzverfahren zum Einbringen von Bergen in den abgebauten Raum mit Hilfe von Druckluft.

Blasversatzmaschine Maschinelle Einrichtung zum Einschleusen des Blasversatzgutes in die Blasversatzrohrleitung ohne wesentlichen Druckluftverlust.

Blindschacht Seigerer Grubenbau, der zwei oder mehrere Sohlen miteinander verbindet; Blindschächte reichen nicht bis zur Tagesoberfläche. Sie werden als Gesenk von oben nach unten, selten als Aufbruch von unten nach oben hergestellt.

Bobine Seiltrommel für bandförmige (flache) Förderseile. S. Fördermaschine.

Bruchbau S. Versatz.

Deckgebirge Gebirge unmittelbar unter der Erdoberfläche, in dem keine Kohlenflöze vorkommen; das Steinkohlengebirge besteht aus miteinander abwechselnden Schichten von Gestein und Kohlenflözen.

DKBL Deutsche Kohlenbergbau-Leitung. 1947 durch Anordnung der britischen und amerikanischen Militärregierungen gebildete Körperschaft (mit dem Rechtscharakter einer juristischen Person) zur Leitung sämtlicher Bergwerke aller westdeutschen Reviere (Stein-und Braunkohle). Die DKBL wurde 1953 liquidiert.

Durchschlag Verbindung eines Grubenbaues mit einem anderen.

durchschlägig S. Durchschlag.
einfahren S. anfahren.
Einfallen Der Winkel, in dem ein Flöz oder eine andere Gebirgsschicht gegen die Waagerechte geneigt ist.
Einstriche In Schächten horizontal angeordnete Einbauten aus Holz oder Stahl in verschiedenem vertikalem Abstand zur Unterteilung der Schachtscheibe in Trume.
Erbstollen Bevorrechtigter Stollen zum Lösen (Abführen) von Wasser bzw. Zuführen der Wetter. (Erbe = Recht zur Aufsuchung und Gewinnung von Mineralien.) Der längste Erbstollen ging von der Ruhr bei Wetter aus (15 km). Die Erhstollen sind bewundernswerte bergmännische Leistungen und erforderten über Jahrzehnte außerordentlich hohe Investitionen.
fahren Mit Fahren bezeichnet der Bergmann das Fortbewegen von einer Stelle unter Tage zur anderen; er »geht« nicht durch einen Grubenbau, er »befährt« ihn.
Fahrkunst Vorrichtung zum Ein- und Ausstieg der Bergleute in Schächten; 1833 im Oberharz erfunden, 1852 an der Ruhr erstmalig verwendet.
Fahrtrum S. Trum.
Flotation Sortierverfahren; das feinkörnige Gemisch von Kohle und Bergen wird durch Wasser, dem schaumbildende Stoffe zugesetzt sind, aufgeschwemmt. Wird Luft durch das Wasser gepreßt, steigt die Kohle mit den Schaumbläschen nach oben und kann abgeschöpft werden, während die auf die chemische Behandlung nicht ansprechenden Berge nach unten sinken und weggeführt werden. S. Aufbereitung.
Flöz Anhäufung nutzbarer Mineralien in Form einer Schicht; Kohlenablagerung.
Förderberg Geneigte Strecke, die meist (anstelle eines Blindschachtes) die Aufgaben der Überbrückung der Sohlenabstände und zum Anschluß der Flöze an die Grubenbaue übernimmt.
Förderkorb 1. Das am Förderseil hängende Gestell (1 bis 4 Tragböden) zur Beförderung von Personen, Förderwagen und Material im Schacht; 2. Gefäß, das zur Kohlenförderung benutzt wird.
Fördermaschine Einrichtung zur Bewegung der Förderseile und Förderkörbe in Schächten. Die Fördermaschine besteht aus Antrieb und Treibmittel. Nach der Antriebsart unterscheidet man Dampf- und elektrische Fördermaschinen; nach der Ausführung des Seils und des Treibmittels unterscheiden sich Bobinen-, Trommel- und Treibscheiben-Fördermaschinen. Die neben dem Fördergerüst zu ebener Erde stehende Fördermaschine heißt Flurfördermaschine. Die Fördermaschine über dem Schacht im Förderturm wird Turmfördermaschine genannt.
Förderseil Nach der äußeren Form werden Rund-, Dreikantlitzen-, Flachlitzen- und Flachseile unterschieden. S. Fördermaschine.
Fördertrum S. Trum.
Füllort, das (Mehrz. Füllörter) Grubenbau im unmittelbaren Schachtbereich; im Füllort wird die waagerechte Förderung einer Sohle in die senkrechte Hauptschachtförderung übergeleitet.
Gedinge Altdeutsches Wort für Vertrag. Das Gedinge wird für bergmännische Untertagearbeiten grundsätzlich vor Ort in freier Vereinbarung (schriftlich) zwischen der Werksleitung und der Gedingebelegschaft abgeschlossen.
Gefäßförderung Schachtförderung, bei der die Kohle in am Förderseil hängende Gefäße (Skips) gestürzt und mit diesen (ohne Förderwagen) zu Tage gezogen wird.
Gefrierschachtabteufen Dem wasserführenden Gebirge wird Wärme entzogen und so ein Frostkör-per hergestellt; in ihm wird der Schacht (Gefrierschacht) wie im standfesten Gebirge abgeteuft. S. abteufen.
Geleucht Sammelbegriff für die im Untertagebetrieb verwendeten Beleuchtungseinrichtungen (ortsfeste Beleuchtung und ortsveränderliches Geleucht, Kopf- oder Handlampen).
Gerechtsame s. Berechtsame.
Gesenk s. Blindschacht.
Gestänge Stahlstangen oder -rohre zur Übertragung von Kräften auf Werkzeuge oder Maschinen; auch: Schienen der Grubenbahnen.
Gestellförderung Bei dieser werden die vollen Förderwagen auf am Förderseil hängende Förderkörbe (Gestelle) geschoben und zu Tage gezogen.
Gewerkschaft Die bergrechtliche Gewerkschaft ist eine Kapitalgesellschaft, zu deren Gründung kein festes Gründungskapital erforderlich ist. Sie entsteht durch Abschluß eines gerichtlichen oder notariellen Vertrages. Das Wertpapier der Gesellschafter (Gewerken) über ihren Anteil an dem Bergwerk ist der Kux.
Gezähe Werkzeuge, die bei bergmännischen Arbeiten gebraucht werden.
Glückauf! Der Bergmannsgruß stammt aus dem Erzbergbau und hatte ursprünglich (Ende des 16. und im ganzen 17. Jahrhundert) die Bedeutung: »Glück, tu die Gänge auf und nicht zu«; er war die stets wiederholte Bitte um gute Ausbeute. Im heutigen Sinne ist der Gruß seit dem 18. Jahrhundert allgemein gebräuchlich.
Grube s. Zeche.
Grubenbau Planmäßig hergestellter Hohlraum unter Tage. Das Grubengebäude umfaßt die Gesamtheit aller aufgefahrenen Grubenbaue eines Bergwerks.
Grubenbild Bildliche Darstellung der Grubenbaue. Man unterscheidet das Werksgrubenbild (bei der Betriebsführung aufbewahrt) und das amtliche Grubenbild (liegt bei der Bergbehörde).
Grubenholz Sammelbezeichnung für alles in der Grube verwendete Laub- und Nadelholz.
Grubenhund Kleine, aus Holz gefertigte Förderwagen der bergbaulichen Frühzeit.
Grubenstempel Stützelement aus Holz, Stahl oder Leichtmetall. S. Ausbau und Bau.
Hängebank Das obere Schachtende; liegt 10 bis 15 m über dem Niveau der Erdoberfläche und nimmt bei Gestellförderung auch den Wagenumlauf auf; im Gegensatz dazu liegt die Rasenhängebank zu ebener Erde.
Hangendes S. Nebengestein.
Hydrogrube Bergwerk, in dem die Kohle hydromechanisch (mit Hilfe eines Wasserwerfers) gewonnen wird. Die Abförderung der gelösten Kohle erfolgt in Rinnen zu einem Sammelbecken und mit Pumpen durch Rohrleitungen im Schacht nach über Tage.
Kappe Am Hangenden anliegendes Ausbauteil, das durch den Grubenstempel gestützt wird. Man unterscheidet Metall- und Holzkappen. Metallkappen sind meist als Gelenkkappen ausgebildet. S. Ausbau und Bau.
Karbon 1. Zeitabschnitt (Formation) der Erdgeschichte: Im Oberkarbon (80 Millionen Jahre Dauer) bildete sich die Steinkohle; im Unterkarbon (340 Millionen Jahre alt) entstanden z. B. die Erze des Harzes und des Erzgebirges. 2. Gesamtheit der in diesem Zeitabschnitt gebildeten Gesteinsablagerungen.
Kaue Gebäude in Schachtnähe, in dem sich die Untertagebelegschaft einer Zeche umzieht und nach der Schicht waschen kann; die Kauen werden heute als Schwarzkauen (für die Grubenkleidung) und Weißkauen (für die Straßenkleidung) mit dazwischenliegenden Duschräumen eingerichtet.
Keilhaue Man unterscheidet die einfache Keilhaue (Keilhacke) und die doppelte Keilhaue (Doppelhacke). Werkzeug zum Schrämen, Schlitzen oder Kerben. Auf den Ruhrzechen war allgemein die Doppelhacke üblich.
Koepe-Förderung Nach dem Erfinder Koepe genannte Treibscheibenförderung (s. Fördermaschine). Das Förderseil wird über die Treib- oder Koepe-Scheibe zu den Förderkörben geführt. Die Bewegung der Körbe erfolgt unter Reibung des Förderseils auf der Treibscheibe und nicht durch Aufwickeln des Seils auf eine Trommel. Zum Ausgleich des Seilgewichts und damit zur Verringerung der Gefahr des Seilrutschens ist ein Unterseil (meist Flachseil) unter die Körbe gehängt.
Kohlenarten Dem geologischen Alter

nach unterscheidet man: Anthrazit- und Magerkohle, Eßkohle, Fettkohle, sowie Gas-, Gasflamm- und Flammkohle. Hauptmerkmal der verschiedenen Kohlenarten ist der Anteil an flüchtigen Bestandteilen, die beim Verkoken freigesetzt werden. Der Anthrazit ist die gasärmste Kohle, gefolgt von der Eß- und Fettkohle. Anthrazit-, Mager- und Eßkohle werden u.a. für die Industriefeuerung verwendet; Fettkohle wird für die Herstellung von Koks zur Verhüttung von Erzen gebraucht; Gas-, Gasflamm- und Flammkohle (die „jüngste" Kohlenart bzw. die obere Schicht im Karbon) wird vor allem bei der Elektrizitätserzeugung eingesetzt.

Kohlenhobel Gerät der maschinellen Kohlengewinnung (schälende Methode), das am Kettenkratzerförderer geführt wird (verschiedene Systeme je nach Anwendungsbereich bzw. Flözmächtigkeit). Kohlenhobel werden über Motoren an Haupt- und Hilfsantrieb, die Ketten über Kettenräder antreiben, bewegt.

Kohlenstoß Angriffsfläche für die Gewinnung.

Kux Wertpapier der Gesellschafter einer bergrechtlichen Gewerkschaft.

Liegendes S. Nebengestein

Mächtigkeit Stärke der Flöze (in cm gemessen)

Malakoffturm Schachtgebäude, die etwa zwischen 1850 und 1880 oft errichtet wurden.

Markscheide Grenze eines Grubenfeldes

Mergelsohle Im Mergel (Schichtgestein aus Ton und kohlensaurem Kalk) aufgefahrene Sohle.

muten Antrag an die Bergbehörde auf Verleihung eines Grubenfeldes (Mutung).

Nebengestein Die Gesteinsschichten unmittelbar über dem Flöz nennt der Bergmann das „Hangende", die unter dem Flöz das „Liegende", beide zusammen sind das Nebengestein.

niederbringen Das Abteufen oder Abbohren eines Schachtes.

Ort, das (Mehrz. Örter) Jede Stelle im Bergwerk mit einem bergtechnischen Zweck, das Ende einer Strecke; vor Ort: der Punkt, an dem abgebaut wird.

Pinge Grabeloch oder Schürfmulde aus der Frühzeit des Bergbaus

Pumpgemeinschaft Zweck der Pumpgemeinschaft Ruhr ist es, nachhaltige Auswirkungen einer Bergwerksstilllegung für die Wasserhaltung der verbleibenden Bergwerke nach Möglichkeit abzuwenden. Die Pumpgemeinschaft wurde 1964 gegründet.

Pütt (Mehrz. Pütte) Zeche, Bergwerk, Schachtanlage. Wahrscheinlich abgeleitet vom lateinischen puteus = Grube, Brunnen. Das Wort findet sich schon im Mittelalter in bergbaulichen Urkunden. Kleine viereckige Schächte wurden um 1450 Pütte genannt. Englisch: pit = Kohlengrube, Kohlenschacht, Zeche.

Querschlag Eine Strecke, die quer zu den Gebirgsschichten aufgefahren wird.

Rasenhängebank Schachtbereich im Niveau der Erdoberfläche; wird heute meist zur Schachtbeschickung mit Material genutzt.

Richtstrecke Eine gerade Hauptstrecke, die möglichst gleichlaufend mit den Gebirgsschichten aufgefahren wird (im Gegensatz zum Querschlag).

Schacht Grubenbau, mit dem eine Lagerstätte von der Tagesoberfläche aus erschlossen wird. Seigere Schächte: senkrecht abwärts führend; tonnlägige Schächte: schräg abwärts führend; gebrochene Schächte: zunächst senkrecht, dann schräg abwärts weitergeführt.

Schachtdurchmesser S. Schachtscheibe

Schachtfahrung Aus Holz oder Stahl hergestellte Leitern in Schächten zur Benutzung in Notfällen und bei Reparaturen.

Schachtscheibe Schachtquerschnitt mit Ausbau und Einteilung in die verschiedenen Trume. Der Querschnitt kann rechteckig, quadratisch, kreisförmig oder elliptisch sein. Allgemein üblich sind kreisrunde Schachtscheiben.

Schlägel und Eisen Bergmannswappen, schon in der ersten Hälfte des 16. Jahrhunderts gebräuchlich: Rechts das Eisen mit einer Spitze (es ist ein Meißel am Stiel), links der oben etwas gerundete Schlägel (die Stiele beider Werkzeuge kreuzen sich).

Schlagwetter Explosives Gemisch von Luft mit zwei bis neun Prozent Grubengas.

Schram s. schrämen

schrämen Herstellen eines Schrams (Schlitz) parallel zur Lagerstättenebene. Ursprünglich wurde von Hand geschrämt, heute mit Schrämmaschinen (schneidende Kohlengewinnung).

Schreitausbau Sammelbegriff für alle maschinell sich fortbewegenden Ausbaueinheiten (vorwiegend im Streb).

Schüttelrutsche Fördermittel, auf Rollen laufend oder pendelnd aufgehängt; wird durch Preßluft- oder Elektromotor ständig in Längsrichtung vor- und zurückgeschoben. Der Bewegungsvorgang verläuft so, dass das Fördergut nur beim Vorwärtsgang mitgenommen wird.

seiger Seigere Schächte sind senkrecht abgeteufte Schächte (Gegensatz: tonnlägig = schräg abwärts).

Seilfahrt Beförderung von Personen im Schacht mit dem Förderkorb.

Seilscheibe Im Fördergerüst montiertes Speichenrad mit Laufrinnen am ganzen Umfang, über das die von der Fördermaschine kommenden Förderseile zu den Förderkörben laufen. Bei Treibscheiben-Fördermaschinen läuft das Förderseil über eine gerillte Scheibe, die sich um ihre waagerechte Achse dreht.

Skip (Mehrz. Skips) Schachtfördergefäß; s Gefäßförderung.

Sohle Stockwerk eines Grubengebäudes (Gesamtheit der in etwa gleichem Niveau aufgefahrenen Grubenbaue). Auch: Teil des Grubenraumes, auf dem der Bergmann im Abbau steht oder in der Strecke fährt (Fahrbahn). S. Abbau, fahren, Grubenbau.

Spülschacht Schacht zum Einbringen von Versatzgut. Solche Schächte haben nur einen geringen Querschnitt; sie werden dann niedergebracht, wenn die übrigen Schächte überlastet sind oder durch sie an Förderwegen unter Tage wesentlich gespart werden kann.

Spülversatz Verfüllen von Abbauhohlräumen mit Versatzgut. Das Spülgut wird in geschlossenen Rohrleitungen von über Tage mit Wasser transportiert.

Steinkohlengebirge Gesamtheit aller Gesteinsschichten, in denen Steinkohlenflöze angetroffen werden. S. Karbon

Stollenmundloch Eingang zu einem Stollenbetrieb.

Streb (Mehrz. Strebe) Abbauraum; er wird auf der einen Längsseite von der anstehenden Lagerstätte, auf der anderen vom Alten Mann begrenzt und wandert quer zu seiner Längsrichtung.

Strecke Grubenbau mit regelmäßigem (gleichbleibendem) Querschnitt, der söhlig aufgefahren wird; dient der Fahrung, Wetterführung, Förderung und dem Transport.

Streckenförderung Beförderung der Kohle in der Strecke.

Streichen Richtung, die die Schnittlinie eines Flözes mit der Horizontalebene hat (rechtwinklig zum Einfallen, s. dort).

sümpfen Wiederherrichten eines ersoffenen Grubenbaues.

Tagesanlagen Alle über Tage stehenden Gebäude einer Zeche (Fördertürme, Kessel- und Maschinenhäuser, Aufbereitungsanlagen, auch: Kokereien, Brikettfabriken, Veredlungsbetriebe).

Tagesschacht Jeder von der Erdoberfläche aus abgeteufte Schacht; im Gegensatz zum Blindschacht, der unter Tage einzelne Sohlen miteinander verbindet.

Teufe Tiefe.

tonnlägig Schräg nach unten führend; tonnlägiger Schacht.

Treibscheibe S. Seilscheibe.

Trum (Mehrz. Trume) Teil eines Ganzen; der Ausdruck wird meist im Zusammenhang mit der Aufteilung des Schachtquerschnittes gebraucht: Fahrtrum (Schachtteil, der der Fahrung dient); Fördertrum (nimmt den Förderkorb auf).

Tübbing (Mehrz. Tübbings) Segment aus Gußeisen oder Stahl für den Ausbau von Schachtwandungen.

Turmförderung S. Fördermaschine.

Unterwerk Während bei üblicher Ausrichtung der Betrieb oberhalb der Sohle umgeht und die gewonnene Kohle auf diese herabgefördert wird, findet beim Unterwerksbau die Gewinnung unterhalb der Fördersohle statt; die Kohle muß zu dieser heraufgefördert werden. Unterwerke, die nur selten angelegt werden, sind die tiefsten Punkte der Grube und erfordern Sonderwasserhaltungen.

Verbundbergwerk Vereinigung von zwei oder mehreren Zechen zu einem Bergwerk (Verbindung unter Tage, konzentrierte Förderung und Kohlenverarbeitung).

verritzen Aufschließen; unverritzt ist das Grubenfeld vor der Ausrichtung.

Versatz Verfüllen der beim Abbau der Flöze entstandenen Hohlräume. Unterschieden werden Eigenversatz (Bruchbau) und Fremdversatz; bei diesem wird das Versatzgut dem zu versetzenden Betriebspunkt von anderen Stellen aus zugeführt.

Vorrichtung Umfaßt die Auffahrung der Grubenbaue, die zur Freilegung der Abbaufront erforderlich sind. S. Ausrichtung.

Vortrieb Auffahren von Grubenbauen.

Walzenschrämlader Gewinnungsmaschine, die das Flöz mit einer oder zwei Walzen hereingewinnt. S. schrämen.

Waschberge Bei der Aufbereitung der Kohle anfallendes Bergematerial.

Waschkaue S. Kaue.

Wasserhaltung Grubenbaue und maschinelle Einrichtungen sowie Rohrleitungen, die dazu dienen, in die Grube eingedrungenes Wasser zu sammeln und zu Tage zu fördern.

Wetterausziehschacht Auch Wetterschacht genannt; Schacht, der ausschließlich der Bewetterung dient; der Hauptgrubenlüfter steht meist auf der Schachtöffnung.

Wetterführung Maßnahmen, um bestimmte Wetterströme (Luft) zu allen Betriebspunkten unter Tage hin- und dann wieder abzuführen (vom Einziehschacht zum Ausziehschacht).

Wetterschacht S. Wetterausziehschacht.

Zeche Bergwerk. Die Bezeichnung Zeche ist alt und will ausdrücken, dass sich mehrere Personen zusammentun mußten, um mit gemeinsamem Geld ein Bergwerksunternehmen zu betreiben. Sie alle bezahlten die »Zeche«. Das Wort wird heute in ähnlicher Bedeutung in der allgemeinen Umgangssprache verwendet.

LITERATURHINWEISE

Bader, Karl Heinz und Karl Röttger: 250 Jahre märkischer Steinkohlenbergbau — Ein Beitrag zur Geschichte des Bergbaus, der Bergbauverwaltung und der Stadt Bochum, Bochum 1987

Becher, Bernhard und Hilla Becher: Die Architektur der Förder- und Wassertürme, München 1971

Behrens, Hedwig: Mechanikus Franz Dinnendahl (1775 - 1826), Erbauer der ersten Dampfmaschinen an der Ruhr, Köln 1970

Bergmann, Walther: Unser Steinkohlenbergbau. gestern heute morgen (früher u.d.T.: Was wissen Sie vom Ruhrbergbau?), 23. Auflage (620. bis 660. Tsd.), Essen 1969

ders.: Menschenwürde und Wirtschaftsordnung, in: Die Neue Zeitung, Berlin, Frankfurt und München, Oktober 1951

ders.: Hemmnisse in der Kohlenförderung«, ebd., Februar 1952

ders.: Mehr Kohle durch verstärkten Maschineneinsatz, ebd., März 1952

Bergmann, Herbert: Warum wird nicht mehr Kohle gefördert?, ebd., Juli 1951

Biecker, Johannes und walter Buschmann: Bergbauarchitektur, Bochum 1986

Boldt, Gerhardt: Staat und Bergbau. Der Einfluß des Staates auf die rechtliche Gestaltung und wirtschaftliche Struktur des westdeutschen Bergbaus, München und Berlin 1950

Büchner, F. P.: Ruhr Almanach vom Bergmann und Bergbau, Köln 1950

Busch, Wilhelm: F. Schupp, M. Kremmer. Bergbauarchitektur 1919-1974 (Landeskonservator Rheinland, Arbeitsheft 13), Köln 1980

Buschmann, Walter: Zeche Zollverein in Essen, Köln 1987

ders.: Zechen und Kokereien im rheinischen Steinkohlenbergbau. Aachener Revier und westliches Ruhrgebiet, Berlin 1998

Dickhoff, Erwin: Essener Straßen – Stadtgeschichte im Spiegel der Straßennamen, Essen 1979

ders.: Essener Köpfe, Essen 1985

Ebert, Konrad: Die Steinkohle bleibt unentbehrlich, in: Beilage Steinkohle — Grundlage unserer Wirtschaft, Westfälische Rundschau, Dortmund, Februar 1958

Föhl, Axel: Technische Denkmale im Rheinland (Landeskonservator Rheinland, Arbeitsheft 20), Köln 1976

ders.: Sterbende Zechen, Berlin 1983

Fritzsche, C. Helmut: Lehrbuch der Bergbaukunde, 2 Bde., Berlin, Göttingen und Heidelberg 1949 und 1958

Gebhard, Gerhard: Ruhrbergbau — Geschichte, Aufbau und Verflechtung seiner Gesellschaften und Organisationen, Essen 1957

Gesamtverband des deutschen Steinkohlenbergbaus, Hg.: Steinkohle 2001. Ein nachhaltiger Energieträger. Steinkohle Jahresbericht, Essen 2001

ders.: Bergbau-Information, Essen, Jahrgänge 2001 und 2002 bis Oktober

Göhler, Günter: Wirtschaftliche Zeittafel des westdeutschen Steinkohlenbergbaus 1923 - 1964, Essen 1965

Gumbrecht, A.: Einführung in den Bergbau, Essen 1949

Gumz, Wilhelm und Rudolf Regul: Die Kohle. Essen 1954

Günter, Roland: Im Tal der Könige: Ein Reisebuch zu Emscher, Rhein und Ruhr, Essen 42000

Hembeck, Hellmuth: Ist die deutsche Kohle zu teuer? in: Beilage Steinkohle - Grundlage unserer Wirtschaft, Westfälische Rundschau, Dortmund, Februar 1958

Hermann, Wilhelm: Bergbau und soziale Verantwortung. Eine weltanschauliche Vortragsfolge. Menschenwürde, Wirtschaftsordnung und Technik. Ethos und Dämonie der Technik. Stenographisch aufgenommene Referate einer Bergbautagung, Essen 1948

ders.: Pestalozzidörfer des Bergbaus, in: Die Neue Zeitung, Berlin, Frankfurt und München, Januar 1952

ders.: Seilfahrt und Förderung in: Westermanns Monatshefte, Braunschweig, März 1953

ders.: Ruhrbergbau wandert nach Norden, in: Westfälische Zeitung, Bielefeld, Dezember 1953

ders.: Von der Keilhaue zum Kohlenhobel, in: Westermanns Monatshefte, Braunschweig, Juli 1954

ders.: Kohle – Wärme und Leben, Murnau, München, Innsbruck, Olten 1956

ders.: Mehr Kohle, in: Die Heimatstadt, Essen 1957/58

ders.: Kohle – gehobelt und geschnitten, in: Merian, Hamburg, Januar 1958

ders.: Kohle für 600 Jahre, in: Beilage Steinkohle - Grundlage unserer Wirtschaft, Westfälische Rundschau, Dortmund, Februar 1958

ders.: Haben wir zuviel Kohle?, in: VDI-Nachrichten, Düsseldorf, September 1958

ders.: Die Steinkohlenzechen – Ruhr – Aachen – Niedersachsen. Das Gesicht der Übertageanlagen in der zweiten Hälfte des Jahrhunderts, Essen 1959

ders.: Haben wir zuviel Kohle?, in: Klepzig Fachberichte, Düsseldorf, April 1959

ders.: Mechanisierung im Dienste der Leistungssteigerung, in: Energie und Technik, Düsseldorf, Mai 1959

ders.: Das brennende Problem: was wird aus der deutschen Kohle?, in: Klepzig-Fachberichte, Düsseldorf, August 1959

ders.: Zur Debatte steht: Wird die Kohle abdanken?, in: Wirtschaftsdienst, Hamburg, Dezember 1959

ders.: Eine Zeche wird stillgelegt, Beiheft

Aus Schule und Welt, Schulfunk WDR, Köln, Winter 1959/60
ders.: 100 Jahre Bergbau an der Ruhr, in: Die Heimatstadt, Essen 1959/60
ders.: Die Kohle ist die Basis der modernen Zivilsation, in: Klepzig- Fachberichte, Düsseldorf, August 1960
ders.: Kohle und Eisen sind die Basis der Ruhrwirtschaft, ebd. Oktober 1960
ders.: Die Stellung der Steinkohle in der europäischen Energiepolitik, in: Wirtschaftsdienst, Hamburg, Januar 1962
ders.: Der Ruhrbergbau hat Zukunft, in: Westfälische Rundschau, Dortmund, März 1962
ders.: Eine neue Zeche im Kohlenrevier, in: Handbücherei des exemplarischen Lehrens. Frankfurt, Berlin, Bonn 1963
ders.: Ruhrbergbau — Energielieferant Europas, in: Industrie- und Handelskurier, Den Haag, April/Mai 1963
ders.: Kohle ist das Brot der Industrie, in: Bochumer Blätter, Dezember 1963
ders.: Kohle wird nicht überflüssig, in: Wirtschaftliche Nachrichten der Industrie-und Handelskammer Essen, November 1964
ders.: Die Kohle hat Zukunft, in: Merian, Hamburg, Mai 1965
ders.: Graf Moltke – Die Geschichte einer Zeche, Bochum 1971
Hermann, Wilhelm und Gertrude: EWD Energiewirtschaftsdienst, Düsseldorf und Essen, Jahrgänge 1973 bis 1979
Hoff C. v: «Das Grubenrettungswesen« in: Beilage »Steinkohle — Grundlage unserer Wirtschaft«, Westfälische Rundschau, Dortmund Februar 1958
Huske Joachim: Die Steinkohlenzechen im Ruhrrevier — Daten und Fakten von den Anfängen bis 1986«, Bochum 1987
ders.: Die Steinkohlenzechen im Ruhrrevier: Daten und Fakten von den Anfängen bis 1997, Bochum 1998
ders.: Der Steinkohlenbergbau im Ruhrrevier von seinen Anfängen bis zum Jahr 2000, Werne 2001
Husmann, Heinrich, Karl Heinz Kirchhoff und Josef Reding: Links der Lippe rechts der Ruhr, Gelsenkirchen 1969
Jahrbuch für Bergbau, Öl und Gas, Elektrizität, Chemie. Essen, Ausgaben 1951 bis 1989/90
Internationale Bauausstellung Emscher Park, Hg.: Katalog der Projekte 1999, o. O. 1999
Keyser, Th.: Lohn- und Preisproblem im Bergbau, in: Beilage Steinkohle - Grundlage unserer Wirtschaft, Westfälische Rundschau, Dortmund, Februar , 1958
Kommunalverband Ruhrgebiet, Hg.: Route Industriekultur. Rheinische Bergbau-Route, Essen 2000
ders.: Route Industriekultur. Westfälische Bergbau-Route, Essen 2001
ders.: Route Industriekultur. Arbeitersiedlungen, Essen 2002
Kupitz, Kläre und Peter Rauwerde: Wattenscheider Zechen und Bergleute, Bochum 1983
Lemberg, Heinrich: Jahrbuch der Steinkohlenzechen und Braunkohlengruben Westdeutschland, Dortmund 1932
Matzanke, Imme: Der Bergbau im Ruhrgebiet. Überlegungen zur Erhaltung seiner Denkmäler, Münster 1986
Mariaux, Franz: Gedenkwort zum hundertjährigen Bestehen der Harpener Bergbau-Aktien-Gesellschaft — Ein deutsches Bergbauunternehmen, Dortmund 1956
Mönnich, Horst: Aufbruch ins Revier — Aufbruch nach Europa, München 1971
Nettmann, Dr. Wilhelm: Witten – Werden und Weg einer Stadt, Witten 1961
Muthesius, Volkmar: Ruhrkohle 1893 - 1943 – Aus der Geschichte des Rheinisch-Westfälischen Kohlen-Syndikats, in: Ruhrkohle, Werkzeitschrift der Ruhrkohle AG, Essen, Jahrgänge 1970 bis 1990
RAG, Vorstand, Hg.: Steinkohle, Essen, Jahrgänge 2001 und 2002 bis Oktober
Ruhrkohle, Werkzeitschrift der Ruhrkohle AG, Essen, Jahrgänge 1970 bis 1990
Schrödter, Emil: Erfolgreiche Rationalisierung und Mechanisierung, in: Beilage Steinkohle – Grundlage unserer Wirtschaft, Westfälische Rundschau, Dortmund, Februar 1958
Schultze-Gebhard: Besiedlung und Industrie zwischen Ruhr und Wupper, Sprockhövel 1980
Schunder, Friedrich: Tradition und Fortschritt, Stuttgart 1959
Spethmann, Hans: Das Ruhrgebiet im Wechselspiel von Land und Leuten, Wirtschaft, Technik und Politik, Essen, 2. Bde. 1933, 3. Bd. 1938
ders.: Forschungen zur Geschichte des Ruhrbergbaus, 2. Bd., Heft 1, Essen und Lübeck 1952
Streich, Günther und Corneel Voigt: Zechen. Dominanten im Revier. Geschichte, Gegenwart, Zukunft. Mit den Revieren Ruhr, Saar, Ibbenbüren, Essen ²1999
Suhling, Lothar: Aufschließen, Gewinnen und Fördern — Geschichte des Bergbaus, Reinbek bei Hamburg 1983
Tippelskirch, U. v.: Ohne Bergmann geht es nicht, in: Beilage Steinkohle — Grundlage unserer Wirtschaft, Westfälische Rundschau, Dortmund, Februar 1958
Verein für die bergbaulichen Interessen: Die Bergwerke und Salinen im Niederrheinisch-Westfälischen Bergbaubezirk 1929 — Gewinnung, Belegschaft usw., Essen 1930
Volkert, Ralf: Geschichte des märkischen Steinkohlenbergbaus — Von den Anfängen bis zur Bergrechtsreform 1865, Witten 1986
Voss, Gerhard: Energie und Leben. Eine Argumentationskette, Köln 1983
Wiel, Paul: Das Ruhrgebiet in Vergangenheit und Gegenwart, Essen 1963
Wilczok, Ernst: Wohnungsbau für Bergarbeiter in: Beilage Steinkohle - Grundlage unserer Wirtschaft, Westfälische Rundschau, Dortmund, Februar 1958
Wissert, Walfried: Die Organisationsformen des Ruhrbergbaus, Diplomarbeit, Freiburg i.Br., Oktober 1951

Internet:
Deutsche Steinkohle AG: http:// www.deutsche-steinkohle.de
Forum für Zukunftsenergien: www.Zukunft-der-Kohle.de
Gesamtverband des deutschen Steinkohlenbergbaus: http://www.gvst.de
RAG: http://www.rag.de
Statistik der Kohlenwirtschaft e.V.: http://www.kohlenstatistik.de
Westdeutsche Allgemeine Zeitung (WAZ): http://www.waz.de (Archiv)

BILDNACHWEIS:
Bergbau AG Lippe, Herne: 3, 14 beide, 2 lm, 103, 266 u. — Bergbau AG Niederrhein, Duisburg: 22 o beide, 132 o, 163 u (Schwarz), 164 u (Schwarz), 165 lu (Schwarz), 169 u (Schwarz), 196 o (Schwarz). — Bergbau AG Westfalen Dortmund: 16, 19 l (Schaper), 19 r (Klaus Sannemann), 138 u (Klaus Sannemann). – Deimel & Wittmar, Essen: 204 u. — Deutsches Bergbau Museum, Bochum 119 u. – Eickmann, Hans-Joachim, Bönen 162 lu. — Eller Maier Walter & Partner Düsseldorf: 135 o. — Eschweiler Bergwerks-Verein, Herzogenrath: 131. — Gesamtverband des deutschen Steinkohlenbergbaus, Essen: 20 lo, ro, m, 21 o, 21 ru, 2 lu, 24, 25, 39 (Kasper WBK) 53, 56, 57 o (11842-77), 61 (3161-72), 64 l, 66, 75 o, 8 (13708-77), 92 lo, 94 (1013-69), 100, 104 o 110 o, 122, 126 (3138-71), 129, 134 o (2469-71), 134 u (2470-71), 136 (4293-73), 137 o (5711-76), 137 u (12.791/82), 139 (Detlef Schwedt, Düsseldorf), 144, 163 o, 163 m 164 o (2186-71), 166 u (5716-76), 170 u, 17 u (2462-72), 173, 178 (507-71), 181 u, 183 192 (4607-69), 195 o (Lothar Kaster, Haan/Rhld.2), 195 u, 212 l, 216 (1034-71), 21 (4440-69), 219 u, 238 (1727-75), 239 (641-71), 240, 242 ro, 247, 250 u (5707-76), 25 (777-70), 261 o, 261 ru, 265 lu, 267 (3142-71), 268 o (1675-73), 268 u, 269, 270 (4616-69), 271 u, 272 l, 274 o (4920-69), 274 ru, 27 (4613-69), 282, 286 l, 286 mu, 28 (10.661/84), 289 o (Ruhrbergbau), 291 u. 290 o. — Gewerkschaft Auguste Victoria (Günter Schmidt), Marl: 21, 67, 274 ru, 27 o, 275 u. — Michael Grosser, Gladbeck: 15, 42, 46, 76 lo, 85 beide, 109, 128, 145 o, 160, 179 r, 249, 272 o. — Helmut Grosser, Glad-

beck: 124 ul, 124 or, 124 mr, 248 ru. — Henn & Henn (Siegfried von Quast), München: 289 u. — Sammlung Hensing, Essen: 208, 227 o, 228 o. – Archiv W. u. G. Hermann, Essen: 12 (Catoir), 62 u beide, 63 beide, 205 u, 220 o. — Foto Hüben, Herne: 235 u. — Industriegewerkschaft Bergbau und Energie, Bochum: 93. — Marga Kingler-Busshoff, Essen: 92 r — Dieter Kockerols, Köln (sämtliche Fotos von 1974 - 1977 aufgenommen): 17, 28, 29, 31, 32, 34 beide, 35 beide, 38, 41, 43 beide, 45, 46 o, 47 o, 49, 51, 60 beide, 64 r, 73, 76 lm, 77, 84 o, 88, 97, 101 u, 108 beide, 109 u, 110 u beide, 111 u, 112 ro, 121 lm, 121 ro, 125, 164 u, 167 o, 187 m, 187 u, 190, 201 lo, 203 o, 212 ro, 213 ru, 220 u, 234 ru (alte Postkarte), 235 o, 239 lu, 242 ru, 244 o, 244 lu, 248 lo, 248 lu, 258 mm, 260, 261 lu, 263 lo, 263 ro, 266 o, 284, 287 o, 290 u, 291 o. — Kommunalverband Ruhrgebiet, Essen (Reinhold Budde): 146, 191 beide, 196 u, 251 o, 283, 286 ro, 286 ru. — Karl Robert Langewiesche, Verlagsarchiv: 78, 123 beide o, 252 o, 297 o. — Lüntec, Lünen (Michael Kuhn): Umschlagrückseite. – Ruhrkohle AG, Essen: 20 u, 22 (Decker), 23 (Ulrich Tenbergen), 57 u (Rautert), 92, 104 u, 120, 165 u, 171 o, 172. — Stadt Bochum (Presse- und Informationsamt): 7, 9, 68 beide, 69 beide, 90, 107, 140, 147, 148 beide, 149, 150, 152, 153, 155 beide, 159, 161. — Stadtarchiv Bottrop (Stephanie Klein): 165 o. — Stadtbildstelle Essen: 1, 30, 36, 55, 62 o, 65, 86, 87, 99, 197, 199 o, 199 u, 201 or, 201 u, 202, 205 o (Klaus-Peter Prengel), 206, 210, 213 o, 213 lu, 216 o, 219 o, 223, 224, 225, 228 u, 229 ru, 230, 231, 287 u. — Stadt Gelsenkirchen (Presseamt): 236 o, 236 u (Michael Hubrich), 245 o, 245 u. — Stadtverwaltung Gladbeck: 124 lo, 124 ru. – Stadt Herne (Bildarchiv): 258 ru. – Stadt Herten (Svenja Küchmeister): 265 mu. – Stadtarchiv Lünen: 273 o, 273 u. – Stadtarchiv Moers: 277 m, 277 r, 277 u (Herbert Peterhofen). – Stadtarchiv Mülheim a.d. Ruhr: 280, 281 u. — Stadtverwaltung Waltrop: 18, 80. – Stadt Werne, Kulturamt: 299 o. — Josef Stoffels, Essen (sämtliche Fotos zwischen 1950 und 1959 aufgenommen): 5, 70, 82, 83, 84 u, 127, 135 u, 142 u, 157, 158 o, 158 u, 166 o, 167 u, 168, 169 o, 179 u, 180, 186 u, 187 o, 189, 193, 198, 203 u, 204 o, 211, 213 m, 221 o, 221 u, 229 lo, 233, 234 lu, 237, 240 o, 241, 242 mo, 248 ro, 251 u, 252 u, 255 l, 255 r, 256, 257, 259, 262, 271 o, 276, 277 lo, 278, 281 o, 285, 293, 296, 297 u, 298, 299, 305, 306. — Gabriele Unverferth, Dortmund: 27. — Westfälisches Amt für Denkmalpflege, Münster: 10, 11 beide, 12 o, 37, 52, 58, 66, 74, 76 or, 76 u, 76 mr, 77 u, 106 o, 106 u, 111 o, 113 beide, 119 o, 123, 141, 143 o, 143 m, 143 u, 145 u, 156 alle, 155 ru, 162 ro, 162 ru, 163 o, 174, 176, 179 lo, 179 ro, 181 u, 184, 186 o, 234 lo, 244 ru, 258 lo, 258 lu, 258 ro, 263 o, 264 u, 265 o. — Westfälisches Industriemuseum, Dortmund: 112 beide l, 121 ol, 121 u beide, 145 m, 303 beide (Annette Hudemann). — Winkhaus / Patschul, Essen (Grempel): 132 u, 250 o.

WILHELM UND GERTRUDE HERMANN (Jahrgänge 1913 und 1920) waren während ihres aktiven Berufslebens Jahrzehnte in der Presse- und Öffentlichkeitsarbeit der Kohle tätig.

Wilhelm Hermann, der seine journalistische Ausbildung 1933/34 bei einer großen bürgerlichen Tageszeitung (»Der Mittag«, Düsseldorf) absolvierte, nahm kurz vor dem Zweiten Weltkrieg seine Tätigkeit im Bergbau auf. Im Sommer 1939 wurde die von ihm herausgegebene Fachzeitschrift »Die Neuwacht« (Berlin), die als politische Zeitschrift beim damaligen Propagandaministerium registriert war, von der Geheimen Staatspolizei „für immer" verboten. Da er als Journalist unbelastet war, konnte Hermann nach der Rückkehr aus Krieg und Gefangenschaft seine publizistischen Arbeiten sofort wieder aufnehmen. Er schrieb zunächst in den (nur kurzlebigen) Besatzungszeitungen auch zu Fragen des Bergbaus und der Kohlenwirtschaft. Bei den regionalen und überregionalen Lizenzzeitungen und -zeitschriften war er schon früh ein gesuchter Mitarbeiter. Mehrere hundert grundsätzliche Beiträge aus seiner Feder erschienen in bedeutenden Tages- und Wochenzeitungen, gelegentlich auch Leitartikel und Glossen. In der „Börsen-Zeitung" (Frankfurt/M.) war er beispielsweise von 1957 bis 1964, der „Frankfurter Allgemeinen" von 1958 bis 1965, im „Handelsblatt" (Düsseldorf) von 1949 bis 1970 und beim „Industriekurier" (Düsseldorf) von 1950 bis 1970 als ständiger freier Mitarbeiter tätig. In den Revierzeitungen („Duisburger Generalanzeiger", „Neue Ruhr-Zeitung", „Recklinghäuser Zeitung", „Ruhr-Nachrichten", „Ruhrwacht", „Westdeutsche Allgemeine", „Westdeutsches Tageblatt" usw.), aber auch in vielen bedeutenden Organen außerhalb des Reviers, standen häufig seine mit Namen oder Pseudonym (Herbert und Walther Bergmann u. a.) gezeichneten meist sehr umfangreichen Beiträge. Hermann schrieb auch laufend in namhaften Fachzeitschriften („Technische Mitteilungen", „Brennstoff-Chemie", „Klepzigs Anzeiger für Energie und Technik", „Bergbau und Wirtschaft", „Bergfreiheit" usw.). Für die ersten fünf Bände des „Großen Herder" (1952 bis 1954) hat Hermann alle Artikel zu den Themenkreisen Bergbau und Kohle verfaßt. Bei den Schriftlichen Diensten VWD (Vereinigte Wirtschaftsdienste GmbH, Eschborn/Ts.) war er seit Gründung redaktioneller Mitarbeiter. In zwei Jahrzehnten (1951 bis 1970) veröffentlichte VWD mehrere tausend Fachbeiträge des Autors.

Dieses Buch ist eine Gemeinschaftsarbeit der Autoren (seit 1951 verheiratet) im umfassenden Wortsinn: von der sorgfältigen Auswertung des eigenen Facharchivs über die zeitraubenden Recherchen bei bergbaulichen, städtischen und anderen Dienststellen, öffentlichen Bibliotheken und Archiven bis zur Bildbeschaffung. Das Manuskript (einschließlich Register usw.) wurde stenographisch konzipiert und dann unmittelbar auf der Maschine satzreif niedergeschrieben. Alle Computerausdrucke, Setzmaschinen- und Umbruchkorrekturen sind gemeinsam gelesen worden. Ohne das nahtlose Zusammenwirken der Autoren hätte das Werk nicht zustande kommen können.

Zur Editionsgeschichte dieses Buchs

Nachdem der Verlag der Blauen Bücher 1975 die vier Blauen Bücher zur „Baukunst der Gegenwart" von Walter Müller-Wulckow aus den 1920er Jahren als Reprint neu herausgegeben hatte (darunter „Bauten der Arbeit und des Verkehrs") und er 1976 auch einen Katalog „Fachwerkkirchen in Hessen" vorgelegt hatte, machte Dieter Kockerols, Köln, 1977 dem Verlag den Vorschlag, ein Buch über die Zechen an der Ruhr herauszugeben, deren Übertageanlagen zu dieser Zeit im Gefolge des „Zechensterbens" massenweise abgerissen wurden und die er flächendeckend „durchfotografiert" habe. Der Verlag sah diese Herausforderung und suchte lange nach einem Autor. Nach einer Fernsehsendung mit Prof. Albrecht Timm (1915 - 1981) von der Universität Bochum, Institut für Wirtschafts- und Technikgeschichte, trat der Verleger 1978 an diesen Vorkämpfer für die Industriearchäologie in Deutschland heran.

Der Professor war von der Idee eines „Zechenkatalogs" begeistert, lehnte jedoch gesundheitsbedingt ab und verwies an seine Schüler, die inzwischen im Deutschen Bergbaumuseum arbeiteten. Kurzerhand lud er sie zu einem gemeinsamen Mittagessen ein und verwies den Verleger zu weiteren Gesprächen an die Anwesenden Evelyn und Werner Kroker sowie Rainer Slotta.

Diese jedoch mussten aus Zeitmangel von dem Mammut-Vorhaben Abstand nehmen und rieten dem Verleger, erst einmal die Literatur zu studieren, von der sie ihm eine erste Mini-Auswahl vorsetzten.

Dabei fiel der Bildband „Die Steinkohlenzechen. Ruhr – Aachen – Niedersachsen. Das Gesicht der Übertageanlagen in der zweiten Hälfte des Jahrhunderts“ auf, bei dem Wilhelm Hermann (seinerzeit Mülheim-Ruhr) für Text und Redaktion und Josef Stoffels (Fotograf in Essen) als Autoren figurieren und der 1959 von der Industriedruck AG in Essen verlegt worden war. Noch am selben Tag gelang der telefonische Kontakt zwischen dem Verleger und den beiden Autoren. Das umgehende Treffen mit Josef Stoffels und die Buch-Idee begeisterte diesen derart, dass er für das Vorhaben seine Fotos aus dem Bildband gern zur Verfügung stellte, vorausgesetzt, er müsse dafür die Fotos nicht neu heraussuchen – dazu sei er zu alt und krank. Überdies stellte sich heraus, dass Wilhelm Hermann seit kurzem im Ruhestand war und sich ebenfalls von der Idee infizieren ließ, einen Zechen-Katalog in der ihm wohlbekannten Reihe der „Blauen Bücher“ zu verfassen, wenngleich dies zeitraubend sein würde. Aber Zeit sollte nicht das Problem sein.

Wichtigstes Anliegen des geplanten „Zechenkatalogs“ sollte sein, die damals wütende Abrisswelle zu stoppen, der schon viele Übertage-Anlagen zum Opfer gefallen waren – ganz ähnlich, wie es dem Blauen Buch über die Fachwerkkirchen gelungen war, mit seinem „Vollständigkeits-Anspruch“ für deren Bewahrung einzutreten.

Nun waren schon 1970 und 1971 Bücher mit den Aufnahmen von Bernhard und Hilla Becher von Förder- und Wassertürmen erschienen, 1975 von Rainer Slotta „Technische Denkmäler in der Bundesrepublik Deutschland“, und es gab auch die ADAC-Reiseführer-Reihe „Technische Sehenswürdigkeiten“ (Bd. II für NRW: München 1977), so dass zwar der Boden für einen „Zechenkatalog“ bereitet schien. Andererseits aber mussten auch gewisse Ansprüche an ein solches Buch gestellt werden, die über den Informationsgehalt des Bildbandes von 1959 weit hinausgingen.

Bis das Blaue Buch „Die alten Zechen an der Ruhr“ im August 1981 erschien, hat es einen intensiven Briefwechsel zwischen dem Ehepaar Hermann und dem Verleger gegeben, musste der Text einmal vollkommen neu gesetzt werden und waren beide Seiten wohl oft der Verzweiflung nah: den Verleger interessierten mehr Aspekte der technischen Entwicklungsgeschichte im Bergbau, z. B. der Bautypen von Förderanlagen, ja eigentlich der denkmalpflegerische Aspekt. Für das Autorenehepaar stand als übergeordnete Frage im Vordergrund die wirtschafts- und energiepolitische Verteidigung der Zukunft des Steinkohlenbergbaus in Deutschland, an zweiter Stelle die wirtschaftsgeschichtliche Leistung des Ruhrgebiets. Deshalb hatte sich anfangs der Verleger als Co-Autor versucht und dem Autorenehepaar Textpartien untergeschoben, die Informationen zu den ihn interessierenden Aspekten liefern sollten, wobei er sich nicht nur auf die ihm bekannte Literatur stützte, sondern auch seinem Augenschein anhand der ihm vorliegenden Bilder traute – etliche Hundert davon Kleinbild-Farbdias von Dieter Kockerols.

Die erste Auflage von 10000 Exemplaren war, nicht zuletzt dank eines überwältigenden Presse-Echos, innerhalb weniger Wochen ausverkauft.

Eine gründlich überarbeitete, 3. Auflage, von 132 auf 320 Seiten erweitert, konnte erst 1990 erscheinen. Sie trug wichtigen Aspekten Rechnung, die in den vorigen Auflagen fast gar nicht behandelt worden waren: Der Haupttext ging immer wieder auch auf die Sozialgeschichte des Bergmanns ein und verzichtete weitgehend auf Prognosen für den Steinkohlenbergbau in Deutschland, stattdessen wurden auch Fragen des Umweltschutzes behandelt und sowohl im Haupttext als auch im Katalogteil wurden systematisch Informationen über Denkmalschutz-Themen in bezug auf die Zechen gegeben. In dieser Fassung erreichte das Buch bis 1999 eine Gesamtauflage von rund 50000 verkauften Exemplaren.

An einer aktualisierten 5. Auflage arbeitete das Autorenehepaar bis zum Sommer 1998, als dessen Gesundheitszustand eine Weiterarbeit nicht mehr erlaubte. Es galt insbesondere, die Geschichte „fortzuschreiben“ – zahlreiche Zechenschließungen waren zu berichten, auch Unterschutzstellungen weiterer Anlagen unter den Denkmalschutz –, weniger hingegen ging es darum, die früher mitgeteilten Informationen zu überprüfen und ggf. zu korrigieren. In dieser Situation willigte das Autorenehepaar ein, dass dieses Buch künftig von anderen anerkannten Fachleuten weiter betreut und aktualisiert werden solle. Der Verlag wandte sich unter anderem an die Deutsche Gesellschaft für Industriekultur, doch nacheinander sagten mehrere von dort empfohlene Bearbeiter ab, zum Teil erst lange nachdem sie zugesagt hatten. In der Zwischenzeit waren 1998 die zweite Auflage der Gesamtdarstellung von Joachim Huske und auch der Inventarband „Zechen und Kokereien im rheinischen Steinkohlenbergbau. Aachener Revier und westliches Ruhrgebiet“ von Walter Buschmann in der Reihe „Die Bau- und Kunstdenkmäler von Nordrhein-Westfalen. I. Rheinland“ erschienen (Berlin 1998), ebenso der Bildband von Günter Streich und Corneel Voigt. Erst im Juni 2002 fand der Verlag in Christiane Syré eine fachkundige Bearbeiterin, die die Aufgabe im beschriebenen Sinn auf sich nahm und ihre Arbeit im November 2002 dem Verlag übergab.

Während der Verlag sich noch dringenden anderen Aufgaben widmen musste, häuften sich die Verlautbarungen aus den politischen und wirtschaftlichen Gremien zum Steinkohlenbergbau in Deutschland. Es wurde die Zukunft des Steinkohlenbergbaus in Begriffen diskutiert wie maximale Jahresfördermengen, Beschäftigtenzahlen und Subventionshöhen, auf europäischer Ebene in Brüssel wie bei der Bundesregierung, der Landesregierung von Nordrhein-Westfalen sowie in den politischen Parteien, aber auch von Seiten der Ruhrkohle AG. Gleichzeitig war das Thema der denkmalgerechten Umnutzung von bergbaulichen Übertageanlagen und auch die Frage der Bergschäden akut. Der Verleger sah sich deshalb veranlasst, im Herbst 2003 die wichtigsten diesbezüglichen Informationen in das Buch einzuarbeiten. Außerdem erlaubte er sich, einige weitere Stoffels-Bilder aus dem Bildband von 1959 im Katalogteil zu zeigen.

Bei einer solchen Entstehungsgeschichte bleibt dieses Buch wissenschaftlich angreifbar, kann aber seinem eigenen Anspruch gerecht werden, eine populäre Darstellung dieser einstigen Schlüsselindustrie in Deutschland zu bieten.

Königstein, im November 2003

Hans-Curt Köster

ISBN 3-7845-6993-5

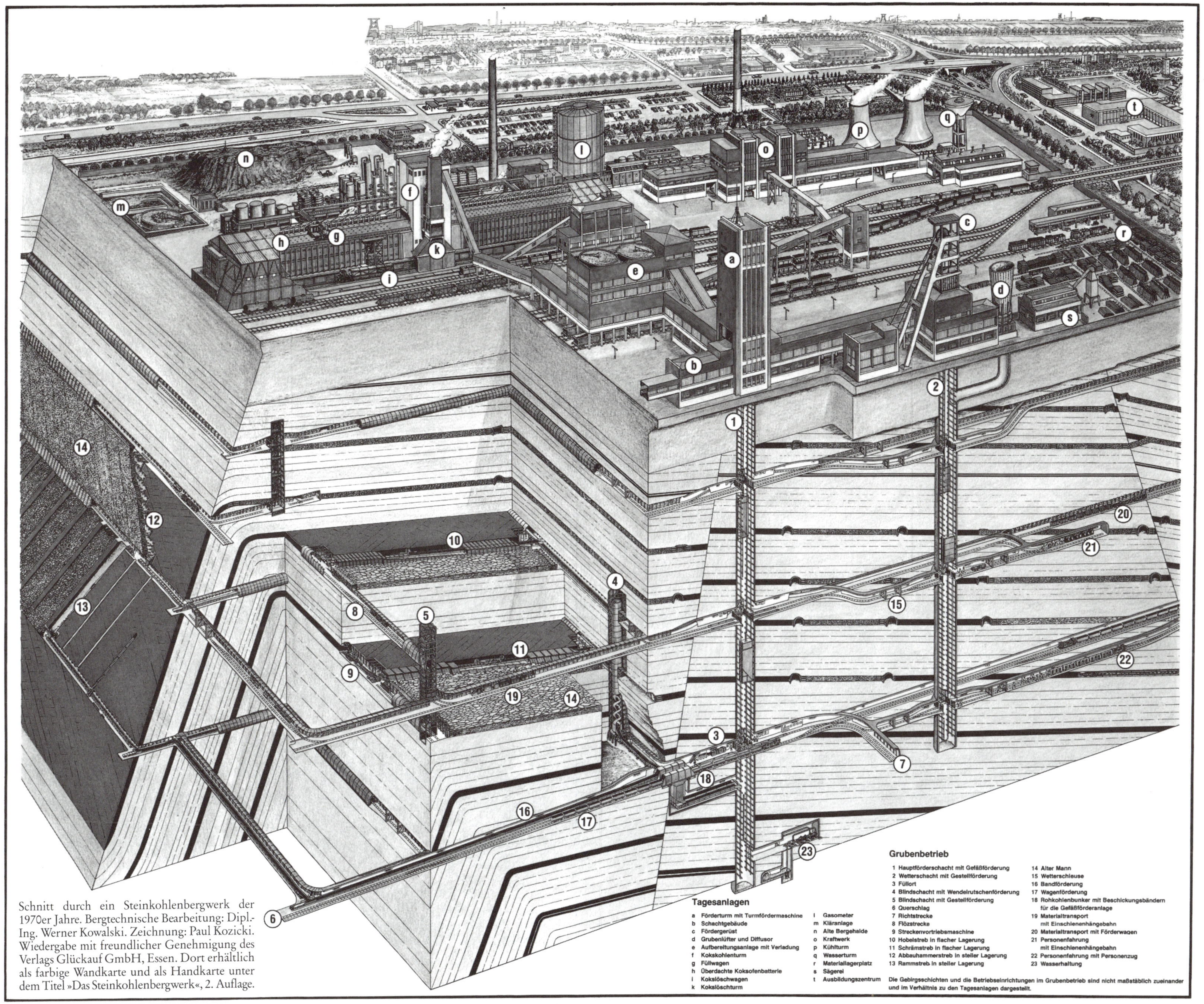

Schnitt durch ein Steinkohlenbergwerk der 1970er Jahre. Bergtechnische Bearbeitung: Dipl.-Ing. Werner Kowalski. Zeichnung: Paul Kozicki. Wiedergabe mit freundlicher Genehmigung des Verlags Glückauf GmbH, Essen. Dort erhältlich als farbige Wandkarte und als Handkarte unter dem Titel »Das Steinkohlenbergwerk«, 2. Auflage.

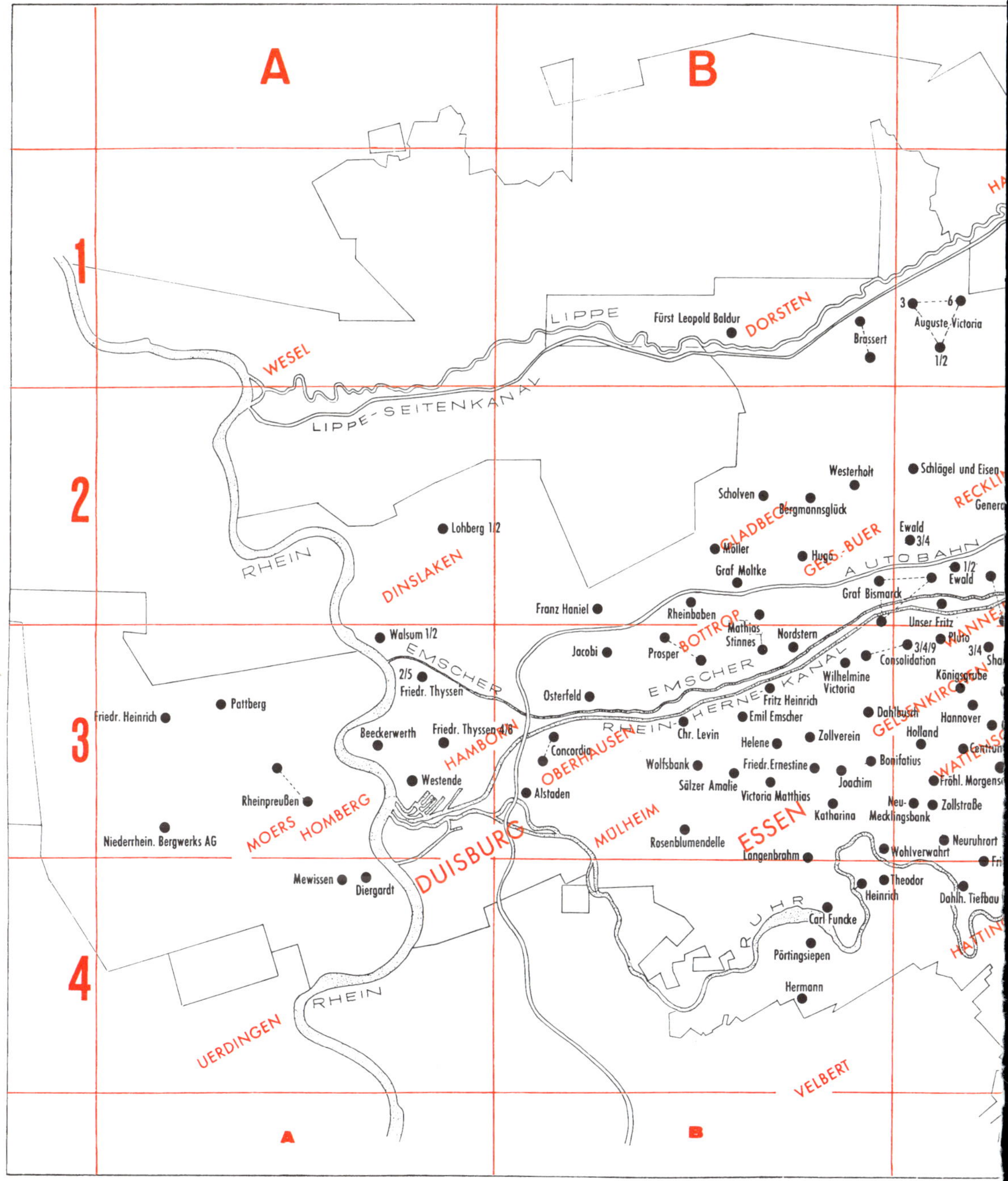

1958: 128 fördernde Schachtanlagen. Entnommen aus: Wilhelm Hermann / Josef Stoffels: Die Steinkohlenzechen Ruhr · Aachen · Niedersachsen. Das Gesicht der Übertageanlagen in der zweiten Hälfte des Jahrhunderts. Essen 1959.

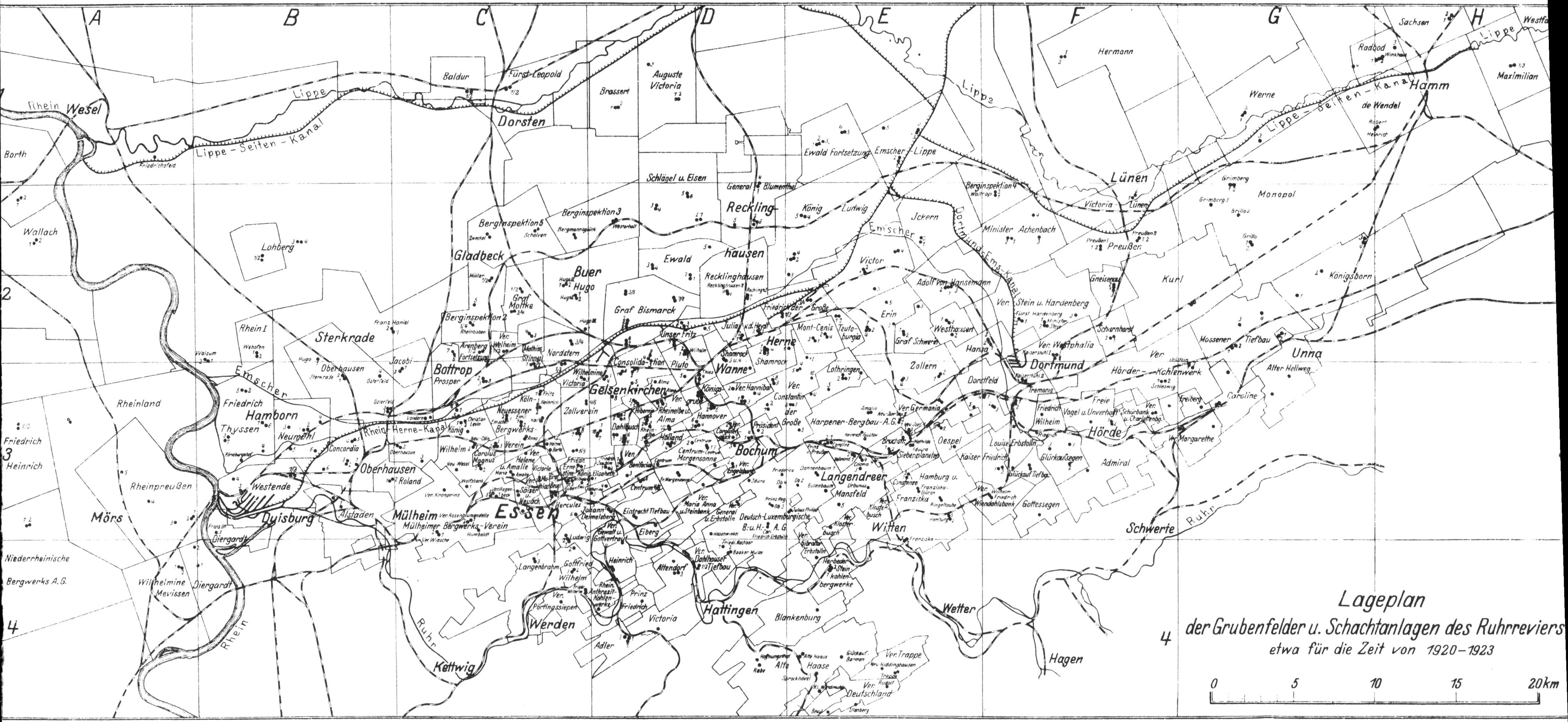
Lageplan
der Grubenfelder u. Schachtanlagen des Ruhrreviers
etwa für die Zeit von 1920–1923
0 5 10 15 20km
A
B
C
D
E
F
G
H
2
3
4
Wesel
Rhein
Lippe
Lippe-Seiten-Kanal
Dorsten
Baldur
Fürst Leopold
Brassert
Auguste Victoria
Hermann
Sachsen
Radbod
Maximilian
Hamm
Werne
de Wendel
Borth
Wallach
Lohberg
Friedrichsfeld
Schlägel u. Eisen
General Blumenthal
Ewald Fortsetzung
Emscher-Lippe
Lünen
Monopol
Grimberg
Victoria
Reckling-hausen
König Ludwig
Ewald
Recklinghausen
Berginspektion 3
Berginspektion 5
Berginspektion 4
Gladbeck
Buer
Hugo
Graf Moltke
Graf Bismarck
Jckern
Minister Achenbach
Preußen
Emscher
Dortmund-Ems-Kanal
Victor
Adolf von Hansemann
Gneisenau
Kurl
Königsborn
Ver. Stein u. Hardenberg
Erin
Westhausen
Schurnhorst
Mont-Cenis
Teutoburgia
Herne
Graf Schwerin
Hansa
Ver. Westphalia
Dortmund
Mossener Tiefbau
Unna
Alter Hellweg
Zollern
Dorstfeld
Hörder Kohlenwerk
Caroline
Berginspektion 2
Franz Haniel
Rhein I
Sterkrade
Oberhausen
Jacobi
Bottrop
Prosper
Arenberg Fortsetzung
Ver. Welheim
Mathias Stinnes
Nordstern
Consolidation
Unser Fritz
Pluto
Shamrock
Wanne
Ver. Hannibal
Lothringen
Ver. Constantin der Große
Gelsenkirchen
Wilhelmine Victoria
Zollverein
Alma
Rheinelbe
Hibernia
Königsgrube
Hannover
Holland
Dahlbusch
Präsident
Harpener Bergbau-A.G.
Ver. Germania
Oespel
Freie Vogel u. Unverhofft
Friedrich Wilhelm
Hörde
Freiberg
Ver. Margarethe
Emscher
Rheinland
Friedrich
Hamborn
Thyssen
Neumühl
Rhein-Herne-Kanal
Concordia
Oberhausen
Roland
König Wilhelm
Carolus Magnus
Neuessener Bergwerks-Verein
Ver. Helene u. Amalie
Centrum
Bochum
Centrum-Morgensonne
Langendreer
Siebenplaneten
Louise Erbstolln
Glückaufsegen
Kaiser Friedrich
Admiral
Friedrich Heinrich
Rheinpreußen
Westende
Mörs
Duisburg
Diergardt
Alstaden
Mülheim
Mülheimer Bergwerks-Verein
Essen
Johann Deimelsberg
Eintracht Tiefbau
Ver. Maria Anna u. Steinbank
General u. Erbstolln
Deutsch-Luxemburgische B.-u. H.-A. G.
Mansfeld
Hamburg u. Franziska
Witten
Gottessegen
Schwerte
Ruhr
Niederrheinische Bergwerks A.G.
Wilhelmine Mevissen
Diergardt
Langenbrahm
Gottfried Wilhelm
Heinrich
Eiberg
Altendorf
Ver. Dahlhauser Tiefbau
Herbeder Steinkohlenbergwerke
Prinz Friedrich
Rhein. Anthrazit-Kohlenwerke
Ver. Pörtingssiepen
Werden
Victoria
Hattingen
Blankenburg
Wetter
Hagen
Adler
Kettwig
Alte Haase
Ver. Trappe
Ver. Deutschland